Wissenschaftliche Untersuchungen zum Neuen Testament

Begründet von Joachim Jeremias und Otto Michel
Herausgegeben von
Martin Hengel und Otfried Hofius

42

Jesus
Der Messias Israels

Aufsätze zur biblischen Theologie

von

Otto Betz

J. C. B. Mohr (Paul Siebeck) Tübingen

CIP-Kurztitelaufnahme der Deutschen Bibliothek

Betz, Otto:
Jesus, der Messias Israels: Aufsätze zur bibl. Theologie / von Otto Betz. –
Tübingen: Mohr, 1987.
  (Wissenschaftliche Untersuchungen zum Neuen Testament; 42)
  ISBN 3-16-145163-5
  ISSN 0512-1604
NE: GT

Satz und Druck von Gulde-Druck GmbH in Tübingen. Bindung von Heinrich Koch in Tübingen.

Printed in Germany.

Vorwort des Herausgebers

Am 8. Juni 1987 feiert mein Freund und langjähriger Kollege Professor Dr. Otto Betz seinen 70. Geburtstag. Es ist ein glückliches Zusammentreffen, daß in diesem Jahr auch der erste Band seiner Aufsätze mit Studien zum antiken Judentum, Jesus und den vier Evangelien erscheint. Er enthält Früchte einer über dreißigjährigen wissenschaftlichen Arbeit in Tübingen, Chicago und wieder in Tübingen. Für mich selbst, der ich als junger Student vor nun bald 40 Jahren den fast zehn Jahre Älteren im Tübinger Stift kennenlernte, als er, gesundheitlich schwer angeschlagen, eben aus dreijähriger russischer Gefangenschaft zurückgekehrt war, bedeutet das Erscheinen dieses inhaltsreichen und anregenden Bandes Grund zu besonderer Freude, denn es dokumentiert sich darin ein guter Teil des Lebenswerkes eines Weggenossen und Fachkollegen, mit dem mich über die ganzen Jahrzehnte hinweg ein reger Austausch und persönliche Freundschaft verbunden hat. Unser Weg ging zeitweise auseinander, führte uns aber am Ende immer wieder zusammen. 1954 trafen wir uns wieder als Repetenten im Tübinger Stift, dann folgte eine gemeinsame freilich allzu kurze Assistentenzeit bis zu Beginn 1957. In den für mich schwierigen folgenden Jahren der opera aliena ließ er mich je und je am Fortgang der neutestamentlichen Forschung teilhaben, bis er im Jahre 1962 Deutschland verließ, um eine Professur im Chicago Theological Seminary USA zu übernehmen. Als ich 1972 von Erlangen nach Tübingen zurückkehrte, verband uns wieder die gemeinsame Aufgabe. Es läßt sich schwer in Worte fassen, wieviel ich dieser über Jahrzehnte hinweg andauernden Zusammenarbeit verdanke.

Trotz der erstaunlichen Vielfalt der behandelten Themen und Motive bleiben in diesem Band die durchgehenden Grundlinien unübersehbar. Da ist zunächst einmal die souveräne Kenntnis des Alten Testaments, die den Verfasser dazu befähigt, Texte des Neuen Testaments in oft unerwarteter Weise vom Alten her zu beleuchten. Diese Zusammenhänge sind größer und gehen tiefer als gemeinhin angenommen wird. Hinzu kommt eine erstaunliche Vertrautheit mit den jüdischen Quellen, Qumran, den Pseudepigrapha, dem hellenistischen Judentum und hier wieder besonders Josephus: Otto Betz war jahrelang Mitarbeiter an der Übersetzung des Jüdischen Krieges von O. Michel/O. Bauernfeind. Nicht minder vertraut ist er mit den rabbinischen Texten und den gnostischen Schriften von Nag Hammadi. Sein besonderes Spezialgebiet ist dabei die frühjüdische Auslegung des Alten Testaments. Der Autor kann es nicht verleugnen, daß er seine wissenschaft-

liche Laufbahn 1958 in Tübingen mit einer alttestamentlichen Dissertation
bei Karl Elliger über das Thema: „Offenbarung und Schriftforschung in der
Qumransekte" begonnen hat. Das Buch, das 1960 erschien (WUNT 6), ist
ein bis heute nicht überholtes Standardwerk, das, seit geraumer Zeit vergrif-
fen, unbedingt nachgedruckt werden sollte. Die Erkenntnis, daß eine überzeugende Auslegung neutestamentlicher Texte nur in ständigem Rückbezug
auf das Alte Testament und die breite jüdische Umwelt möglich ist, durch-
zieht das ganze wissenschaftliche Werk von Otto Betz wie ein roter Faden.
Gott redet zu seinem Volk in Verheißung und eschatologischer Erfüllung im
Alten und Neuen Bund. Eine besondere Bedeutung kommt für ihn dabei
den Qumrantexten zu, von denen ja bis heute erst etwa die Hälfte veröffentlicht ist, und deren wissenschaftliche Erforschung er schon in der ersten
Hälfte der fünfziger Jahre aufgenommen hat. Seine Dissertation war hier nur
die erste Frucht. Eine ganze Reihe von Beiträgen in diesem Bande bezeugt,
wie sehr er diesen Texten treu geblieben ist. Den Schritt vom Alten zum
Neuen Testament markiert seine 1961 abgeschlossene Habilitationsschrift
„Der Paraklet. Fürsprecher im häretischen Spätjudentum, im Johannesevangelium und in neu gefundenen gnostischen Texten" (AGSU 2 1963), eine
Untersuchung, die in der kritischen Auseinandersetzung mit der damals in
Deutschland vorherrschenden gnostisierenden Johannesdeutung ihrer Zeit
vorauseilte, jedoch wenig später durch einen Text wie 11QMelch und den
weiteren Fortgang der Forschung bestätigt wurde. Die Beschäftigung mit
den jüdischen Quellen führte ihn zu der nicht minder umstrittenen Frage
nach der Messianität Jesu. Seine Tübinger Antrittsvorlesung aus dem Jahre
1961 war bei der damaligen Situation der Exegese in Deutschland eine
mutige Tat, sie mag auch heute noch für manche Leser als ein σημεῖον
ἀντιλεγόμενον erscheinen (S. 138–166). 1965 folgte sein Büchlein „Was wissen
wir von Jesus", das 1968 in erweiterter Form auf Englisch als SCM Paper-
back unter dem Titel erschien: „What do we know about Jesus"? In diesem
Zusammenhang wäre auch der zusammen mit seinem Schüler Dr. Werner
Grimm verfaßte Band „Wesen und Wirklichkeit der Wunder Jesu" zu nennen (ANTI 2, 1977, Verlag Peter Lang), sowie die Studie „Jesus und das
Danielbuch II: Die Menschensohnworte Jesu und die Zukunftserwartung
des Paulus, Daniel 7, 13.14" (ANTI 6/II 1985). Eine originelle und die
stagnierende Forschung wirklich weiterführende Studie stellt auch die um-
fangreiche Untersuchung „Probleme des Prozesses Jesu", ANRW II 25.1,
565–647, dar. All diese Arbeiten, wie auch die in dem vorliegenden Band
veröffentlichten Aufsätze, zeichnen sich durch konkrete Beobachtungen an
den neutestamentlichen Texten und ihre eindringliche Interpretation vom
alttestamentlich-jüdischen Hintergrund her aus. Dem Leser erschließt sich
dadurch eine Fülle von neuen, oft unerwarteten Gesichtspunkten. Trotz der
dabei offenbar werdenden eindrücklichen Gelehrsamkeit, die auch mit der
hellenistisch-römischen Welt wohl vertraut ist, wird die christologische
Mitte neutestamentlicher Textaussagen nie aus dem Auge verloren.

Die Auslegung der Heiligen Schrift geschieht bei Otto Betz nicht in wertfreier Unverbindlichkeit. So wie er als exegetischer Lehrer immer ganz bewußt Pfarrer für die evangelische Kirche vom Evangelium Jesu her ausbilden wollte, so hat er sich auch in seinen Veröffentlichungen stets dem Wahrheitsanspruch der neutestamentlichen Texte gestellt und in der wissenschaftlichen Exegese vor allem eine Funktion im Dienste der Kirche Jesu Christi gesehen. Gerade diese Einheit von philologisch-historischer Forschung und theologischer Verantwortung macht die Lektüre der in diesem Band gesammelten, ein breites geistiges Spektrum darbietenden, Studien so anregend und fruchtbar. Man möchte wünschen, daß der zweite Band bald nachfolgt.

Die hier gebotenen Aufsätze wurden von Herrn Dr. R. Riesner ausgewählt und zusammengeordnet, die Register hat Frl. stud. phil. et theol. Ulrike Hänisch erstellt; beiden sei herzlich gedankt.

MARTIN HENGEL

Inhaltsverzeichnis

Inhaltsverzeichnis

I. Judentum

1. Die Geburt der Gemeinde durch den Lehrer

Bemerkungen zum Qumranpsalm 1QH iii. 1 ff. (1 QH ii. 21−iii. 18)[1]

In 1QH iii. 1 ff. haben wir die wohl schwierigste aller erhaltenen Qumran-
hymnen vor uns. Im Folgenden wird eine neue Deutung versucht.

DIE ÜBERSETZUNG DER HYMNE

Z. 1 und 2....

3 ...und für mich hast Du das Antlitz [der Männer] erleuchtet.[2]

4 ...[will ich] Dich in ewiger Herrlichkeit [preisen] mit all [Deinen
  Geschöpfen][3]

5 [Und Du hast mich belehrt nach der Ordnung] Deines Mundes
  und hast mich [damals] vor den Männern der Gewalttat errettet
  und vor [meinen Verfolgern].[4]

6 Jetzt aber [bedrängen sie] mich, [denn sie] achten mich [nicht][5]
  und machen meine Seele einem Schiff gleich in den Tiefen [des Meers]

7 und einer befestigten Stadt im Ange[sicht der Belagerer.][5]
  Und *ich* bin in Bedrängnis wie eine gebärende Frau von ihren Erstgeborenen,[6]

8 denn schnell kommen ihre Wehen
  und schlimm ist der Schmerz, der zu ihren Krämpfen hinzukommt
  und den Muttermund der Schwangeren erbeben läßt,
  wenn Kinder hinkommen zum Ort todbringender Krämpfe.[7]

9 Und die schwanger ist mit einem männlichen Kind,
  ist in Drangsal durch ihre Wehen,
  denn es sind todbringende Wehen,
  in denen sie ein männliches Kind ans Licht des Lebens bringt;
  und durch höllische Schmerzen bricht

---

[1] Aus der Tübinger Qumran-arbeitsgemeinschaft, Leitung Prof. O. Michel.

[2] Z. 1 und 2 lassen sich nicht mit Sicherheit ergänzen, die Z. 3 ist nach H. Bardtke ergänzt
(H. Bardtke, 'Die Loblieder von Qumran II', *Th.L.Z.* LXXXI (1956), S. 590 ff.

[3] Ergänzung am Anfang [אהל[לכה], am Schluß [מעשיכה]. Vor לכה[glaube ich ein ל zu
erkennen; jedoch ist diese Ergänzung fraglich.

[4] Ebenfalls fraglich ist meine Ergänzung von Z. 5 Anfang [ותלמדני בתכן]; am Ende dieser
Zeile und am Anfang der nächsten ergänze ich mit Bardtke [מרודפי או].

[5] Ergänzt nach Bardtke, der sich Dupont-Sommer anschließt.

[6] Übersetzung nach Bardtke.

[7] Diese Wendung stammt aus Jes. xxxvii. 3, ist jedoch in charakteristischer Weise abgeändert
worden. Dort kommen die Kinder zum Muttermund, doch fehlt die Kraft zum Gebären; in der
Qumranhymne sind an die Stelle des Muttermunds (מַשְׁבֵּר) die מָוֶת מִשְׁבְּרֵי = 'die Brandungen des
Todes' (vgl. II Sam. xxii. 5) gesetzt worden. Die Geburt vollzieht sich damit in tödlicher Gefahr.

10   aus dem Leib der Schwangeren ein wunderbarer Ratgeber mit seiner Kraft,[1]
       und es entkommt glücklich ein Mensch aus den Wehen
       in der Frau, die mit ihm schwanger ging.
11   Eilends kommen alle Krämpfe und schmerzvolle Wehen,
       wenn sie (die Kinder) geboren werden,
       und Erbeben für die, die mit ihnen schwanger gehen;
       und immer, wenn sie ihn (ihren Sohn) gebiert,
12   kommen schnell alle Wehen in den Leib der Schwangeren.

Das Gegenbild: Die Unheilschwangere

12   Aber die mit einer Schlange Schwangere ist zu schlimmem Weh bestimmt,
       und verderbenbringende Wehen stehen allen Kreaturen des Bebens bevor:
13   Dann zerbrechen Mauerfundamente wie ein Schiff auf der Wasserfläche,[2]
       und Wolken rauschen mit tosendem Schall.
       Aber die den Staub bewohnen
14   sind wie solche, die die See befahren:
       bestürzt sind sie von dem Tosen der Wasser;
       und ihre (d. h. der Schlangenschwangeren) Weisen,[3]
       sie alle sind wie Seeleute in den Tiefen des Meeres,
       denn irre geht[4] ihre ganze Weisheit im Tosen der Meere
15   beim Emporwallen der Urfluten über den Quellen der Wasser.[5]
       Wellen werfen sich wild in die Höhe
16   und Brecher von Wasser mit dem Getöse ihres Halls.
       Und wenn sie rasen, öffnen sich Scheol und Abbadon[6]
       um verderbenbringende Pfeile zu schleudern.
17   Mit ihrem Schreiten lassen sie zur Tehom hin ihre Stimme schallen,
       da öffnen sich die Tore des Todes[7]
       zur Vernichtung[8] der Geschöpfe der Schlange;
18   und die Tore der Grube schließen sich über der mit Irrtum Schwangeren,
       und die ewigen Riegel[9] über allen Geistern der Schlange.

[1] Vgl. Jes. ix. 5, das auch abgewandelt ist, denn anstelle des אל גבור steht עם גבורתו; das Suffix mag dabei auch auf Gott bezogen worden sein.

[2] Die Bilder vom angegriffenen Haus und vom Schiff auf dem Chaosmeer sind mit einander verbunden: Die Fundamente des Hauses schwanken wie das Schiff auf dem Meer.

[3] Die 'Staubbewohner', d. h. die Landratten, werden plötzlich in die Lage von Seeleuten versetzt, und zwar je, wo sie am kritischsten ist. Kein Wunder, daß sie mit ihrer Weisheit bald am Ende sind! Mit ihr zusammen gehen sie im Chaos jämmerlich zugrunde; sie werden von ihr geradewegs in das Reich des Todes geleitet. Sie, die der Schlangenschwangeren zugehören und damit wohl auch ihre Kreaturen sind, bilden das Gegenstück zum 'wunderbaren Ratgeber' (Z. 10), der vom Beter geboren wird und sich mit seiner, bzw. Gottes Kraft durch die Todeswellen der Drangsal den Weg zum rettenden Leben bahnt.

[4] Vgl. Ps. cvii. 27. Die ratlose Weisheit kann keinen Weg auf dem stürmischen Meer finden. Auch nach 1QH vi. 24 kann der vom Sturm umhergeworfene Beter mit seinem Schifflein keinen Kurs halten und gelangt dadurch bis vor die Tore des Todes.

[5] Vgl. Hiob xxxviii. 16: Es ist der tiefgelegene Quellort der Gesamtheit der Wasser gemeint.

[6] Ergänzung nach Bardtke, vgl. 1QH iii. 19.

[7] Vgl. Hiob xxxviii. 17 und 1QH vi. 24, wo der Beter mit seinem stöhnenden Hilferuf nur an die Höllentore gerät und damit erst recht die Gefahr des beutelüsternen Todes heraufbeschwört; die Gottesfestung der Heilsgemeinde rettet ihn.

[8] Ich ergänze hier, anders als Bardtke, לְכַלַּת, um das Verderbenbringende der Situation stärker sichtbar zu machen. Totenreich und Teufelsbrut sind hier erbitterte Feinde, wie in 1QH iii. 31 f.

[9] Vgl. die ewigen Tore an der Gottesfestung in 1QH vi. 31.

Für die Drangsal der Gegenseite sind ganz ähnliche Begriffe und Bilder benutzt wie der erschütterte Bau, das Schiff im Sturm, die Wehen der Frau. Aber es gibt keine Rettung, auch die Wehen enden nicht mit dem rettenden Durchbruch der Geburt, sondern in der Katastrophe. Auch hier handelt es sich um endzeitliche Wehen, sie bezeichnen aber vor allem das Endgericht, den unausweichlichen Untergang. Die Unheilschwangere hat zwar in den Weisen ein respektables Gefolge,[1] aber es kommt jetzt nicht mehr zur Geburt weiterer satanischer Kreaturen, denn über ihr und ihren Trabanten schließen sich die Tore des Todes.[2] Chaosmacht, dargestellt durch das tobende Meer, und Schlange sind nicht wie in der Offensive gegen den Beter mit einander verbündet (vgl. 1QH ii. 20 ff.), vielmehr verderben Chaosmacht und Grube die Schlange und ihre Kreaturen.

DIE DEUTUNG DES PSALMS

(a) Die Wehen als Bild für die Drangsal des Beters

Schwierig ist insbesondere die Deutung des ersten Teils, zunächst deshalb, weil der Anfang der Kolumne 3 stark verstümmelt ist; man kann nicht einmal erkennen, wo der Psalm beginnt. Wahrscheinlich ist 1QH iii. 1 ff. die Fortsetzung von 1QH ii. 31–9, wo die bedrängte Stellung des Beters inmitten der Lügenlehrer geschildert wird, in der ihm Gott beigestanden hat.[3] Um sie geht es auch in 1QH iii. 1 ff.: die Bilder, die hier verwendet sind, illustrieren die Not und Drangsal des Beters. Ergänzt man mit Bardtke in Z. 6 צררו, so ist explizit ausgesprochen, was die beiden ersten Bilder vom Schiff im sturmbewegten Meer und von der belagerten Festung bedeuten sollen (Z. 6 f.): sie bezeichnen hier, wie auch sonst,[4] die Drangsal des Beters beim Angriff seiner Feinde, der mit der Beliaalsmacht verbündeten Lügenlehrer (1QH ii. 31 f.). Diesen beiden Bildern wird das von den Geburtswehen hinzugefügt; auch in 1QH v. 30 f. illustrieren nebeneinander Wehen und Sturmwind die bedrohte Lage des Beters. Alle drei Bilder finden sich so auch im Alten Testament: das stürmische Chaosmeer bedrängt den Beter vieler Psalmen, der Angriff auf die Festung gilt dort Jerusalem, die Drangsal der Wehen erleidet vor allem die Jungfrau Zion.[5] Besonders nahe dem Gebrauch

---

[1] Die Schlangenkreaturen (Z. 17) und Schlangengeister (Z. 18) hat dies Weib wohl auch einmal aus sich herausgesetzt.

[2] Bei שחת werden beide Bedeutungen: 'Grube' und 'Verderben' (ἀπώλεια) mitgehört.

[3] Der gerade bei den ersten Psalmen meist eingerückt stehende Beginn läßt sich — vorausgesetzt, daß auch hier mit der stereotypen Formel: 'Ich will Dich preisen, Herr' begonnen worden ist — vor den drei verbliebenen Radikalen in Z. 1 nicht mehr gut anbringen. Auch in Z. 3 ist das kaum möglich, obwohl dort eine Wendung steht, wie sie am Anfang von Hymne 1QH iv. 5 ff. steht. Andrerseits kann man sich kaum vorstellen, daß der Psalm 1QH ii. 31 ff. in Z. 39 schon zu Ende gehen soll.

[4] Das vom Sturm findet sich so in 1QH ii. 12 f., 27 f.; 1QH v. 18; vi. 22 f.; das von der angegriffenen Festung steht in 1QH ii. 25 ff.; vgl. vi. 27 ff.

[5] Micha iv. 6–10; Jer. iv. 31; vi. 22–6; Jes. xxxvii. 3 b. Der Prophet schildert seinen Schmerz in diesem Bild in Jes. xxi. 3 f. Besonders wichtig sind Jes. lxvi und xxvi.

der Wehen in der hier behandelten Qumranhymne ist Jes. xxvi. 16–18, wo
die von Gott selbst heimgesuchten Frommen Ihm ihre Not klagen:

　16: Jahwe, in der Not Deiner Heimsuchung,
　　　　in bedrängender Drangsal,[1] Deiner Züchtigung, die uns traf,
　17: waren wir wie eine Schwangere, die nahe daran ist, zu gebären,
　　　　die sich windet und schreit in ihren Wehen,[2]
　18: wir gingen schwanger, wanden uns in Wehen,
　　　　wir gebaren Wind,[3] Rettung schafften wir nicht im Lande.[4]

Auch die Qual der Gottlosen beim Endgericht kann den Wehen verglichen
werden, wie das im zweiten Teil der Qumranhymne anklingt; besonders
deutlich ist dies in Hen. lxii. 4; vgl. dazu Jes. xiii. 8.

Die Bilder für die Drangsal können in der Qumranhymne iii. 1 ff. nicht
nur nebeneinander stehen, sondern auch einander überlagern. Ausdruck für
das Geschick des Frommen in der gegenwärtigen Drangsalsperiode vor der
eschatologischen Wende ist z. B. der Schmelzofen (כור), mit dem schon im
Alten Testament die Läuterung durch Leiden beschrieben wird).[5] In
1QH v. 15 f. vergleicht der Beter seine Anfechtungen dem läuternden Feuer
eines Schmelzofens für Silber und Gold, aus dem er siebenfach geläutert
hervorgehen wird. Dies Bild der leidvollen Prüfung ist in 1QH iii so fest
mit dem von den Wehen verbunden, daß es gleichsam verdeckt wird: כור
meint zunächst den Muttermund als die Stelle besonderer Drangsal und
Gefahr für das zu gebärende Kind: es muß sie passieren, damit es zum
Leben kommt. Die Bedeutung 'Schmelzofen' wird aber sicherlich deutlich
mitgehört.

In ähnlicher Weise liegt die toddrohende Chaosmacht auf dem Grund der
Schilderung der Geburtsnöte, denn der Begriff משבר meint im Bild der
Wehen den Muttermund (מַשְׁבֵּר Jes. xxxvii. 3), jedoch mit der Wendung
מִשְׁבְּרֵי מָוֶת = 'Brandungen des Todes'[6] werden die krampfartigen Wellen-
bewegungen des Mutterleibes gleichzeitig Ausdruck der Attacken der
Todesmacht.

Mit diesen mannigfachen und mehrschichtigen Bildern wird die Gefährdung und Drangsal des Beters deutlich genug gezeigt. Unheimlich ist auch
die überfallartige Schnelligkeit, mit der die Wehen hereinbrechen und
Mutter und Kind in akute Gefahr bringen.[7] Dafür führen sie auch bald zur

---

[1] Der Text ist an dieser Stelle korrupt; von R. Kittel (BH³) wird dafür vorgeschlagen בצוקת
לחץ, dazu am Schluß לנו statt למו.
[2] Der Schluß des Verses: 'So waren wir vor Deinem Angesicht, Jahwe' ist nach Guthe (in
Kautzsch, *Schriften des AT*⁴), Zusatz.
[3] Die Partikel כמו ist nach Kittel zu streichen.
[4] Der Schluß von V. 18: 'Und Weltbewohner kamen nicht ans Licht' ist nach Guthe Zusatz.
Zum Bild der Wehen für die eschatologische Not vergleiche auch Joh. xvi. 21; I Thess. v. 3.
[5] Hes. xxii. 18–22; der letzte Vers dieses Abschnitts ist in CD xx. 3 verwendet. In Deut. iv. 20
und I Kön. viii. 51, sowie in Jer. xi. 4 ist Ägypten dieser Schmelzofen des Volkes Israel; vgl. auch
Prov. xvii. 3; xxvii. 21; Jes. xlviii. 10. Die in Qumran ausgegrabenen Öfen für die handwerklichen
Betriebe der Sekte müssen dies Bild besonders nahegelegt haben.
[6] II Sam. xxii. 5; vgl. Jona ii. 4.　　　　　　　　[7] (י)נהפחו Z. 7 und 11; החישו Z. 10.

befreienden Geburt eines wunderbaren Kindes, während die Schlangen-
schwangere auf der Gegenseite noch in den Wehen vom Tod erbeutet wird.

(*b*) *Die Geburt der Gemeinde durch den Beter*
   Mit der Schilderung der Geburt wird der Rahmen der Darstellung der
Drangsal überschritten. Etwas ganz Neues ist da, was kein Analogon in den
bisher bekannten Qumrantexten besitzt.[1] Darum ist auch die Deutung
dieses Vorgangs nicht einfach. Wer wird hier geboren? Bisher hat die Antwort
gelautet: Der Messias.[2] Dazu verlockt insbesondere die Bezeichnung des
Kindes als 'wunderbarer Rat', die der messianischen Weissagung Jes. ix. 5
entnommen ist und damit nach Brownlee einen 'klaren Hinweis auf den
Messias' darstellt.[3] Messianisch klingen ihm auch die beiden anderen
Kennzeichnungen des Kindes: גבר in Z. 9, wobei er die von ihm schon früher
messianisch verstandene Stelle 1QS iv. 20 anzieht, und זכר in Z. 9, wobei er
auf Jes. lxvi. 7 verweist.[4] Brownlee's Deutung der hier behandelten Qumranhymne läßt sich damit so zusammenfassen: Die Mutter ist korporativ zu
verstehen, denn es handelt sich dabei wie an ähnlichen Stellen des Alten
Testaments um die Tochter Zion bzw. Israel, das Kind hingegen ist ein
Individuum, nämlich der Messias. Aber die messianische Deutung stößt auf
manche Schwierigkeiten und hinterläßt zudem ungelöste Probleme. Einmal
ist es merkwürdig, daß der Beter, ein Lehrer und vielleicht der Lehrer der
Gerechtigkeit, sich der Messiasgebärerin vergleicht bzw. selbst den Messias
gebären soll.[5]
   Hält man das für möglich, so erhebt sich sofort die Frage: Welcher der
beiden Messias der Sekte wird hier geboren und warum nur einer? Nach
Brownlee ist es auf Grund der Wendung vom wunderbaren Ratgeber aus
Jes. ix. 5 der davidische Messias;[6] gerade dieser aber steht in der Sekte erst
an zweiter Stelle. Schwierig ist ferner, daß diese Frau nicht nur ein Kind,
sondern auch Kinder gebiert:[7] Sollten damit die beiden Messias gemeint

---

[1] So bei Dupont-Sommer, 'La mère du Messie et la mère de l'Aspic dans un hymne de Qoumrân'
(*Revue de l'Histoire des Religions*, cxlvii, nr. 2 (April–Juni 1955), S. 174–88). John V. Chamberlain,
'Further Elucidation of a Messianic Thanksgiving Psalm from Qumran', *J.N.E.S.* xiv, Nr. 3
(Juli 1955), S. 174–88; beide Aufsätze sind mir leider nicht zugänglich gewesen. Die zuletzt
erschienene messianische Deutung dieser Hymne findet sich bei W. H. Brownlee in der Studie
'Messianic Motifs of Qumran and the New Testament' (*N.T.S.* iii (1956), S. 12 ff., besonders
S. 23 ff. Vorsichtig sind J. Baumgarten und M. Mansor 'Studies in the New Hodajoth (Thanksgiving Hymns)' II: *J.B.L.* lxxiv, Teil iii (September 1955), S. 188 ff.).
[2] Zwar wird in der apokryphen Genesisschrift der Sekte auf Kol. II die Geburt Noah's berichtet,
der ein wunderbares, engelgleiches Kind ist, wie vor allem aus der Parallelerzählung Hen.
cvi. 1–3 hervorgeht. Der Vorgang des Gebärens interessiert jedoch den Verfasser des Apokryphons in
keiner Weise.
[3] W. H. Brownlee, *op. cit.* S. 24.
[4] *Ibid.*
[5] Denn der Beter ist es, der sich der Frau vergleicht. Er leidet wie sie in den Wehen, er gebiert
darum auch wie sie.
[6] *Op. cit.* S. 25.
[7] In Z. 7 die Erstgeborenen (nach Bardtke); in Z. 8, wonach Söhne in die gefahrbringenden
Geburtswellen hineingeraten. Diese Wendung ist allerdings klar an Jes. xxxvii. 3 orientiert, wo
ebenfalls der Plural steht. Unabhängig von einer alttestamentlichen Vorlage ist der Plural in Z. 11.

sein? Jedoch eine Prüfung ergibt, daß selbst die singularen Wendungen in dieser Hymne keinen Messias meinen und damit erst recht nicht die pluralischen.

Betrachtet man den Begriff זכר, so zeigt gerade Jes. lxvi. 7, auf das Brownlee mit Recht verweist, daß es im Zusammenhang kein einzelnes männliches Kind, sondern das Kollektiv des Volkes, der Söhne Zions (בָּנֶיהָ Jes. lxvi. 8) bedeutet; es ist die endzeitliche Heilsgemeinde. Auch der Blick auf Apoc. xii. 5, wo der Begriff wieder auftaucht,[1] nützt nicht. Sicherlich ist dort nach der Meinung des christlichen Verfassers der Messias gemeint; ob dies der Sinn seiner jüdischen Vorlage war, ist mir indessen mehr als zweifelhaft. Denn am Schluß der Vision wendet sich der Drache gegen die 'Übrigen ihres Samens': die Frau hat also mehrere Kinder geboren. Es sind diejenigen, die Gottes Gebote gehalten haben[2] (Apoc. xii. 17); es geht an dieser Stelle nicht mehr um die Verfolgung des Messias, sondern um die der Gemeinde.[3] Apoc. xii und xiii sind stark von Dan. vii beeinflußt: dort ist der Menschensohn, der die dem Chaosmeer entsteigenden Tiere in der Herrschaft ablöst, Kollektivbezeichnung für das Heilsvolk (vgl. Dan. vii. 18, 27).[4]

Darum ist es sehr naheliegend, daß auch in 1QH iii. 9 זכר wie in Jes. lxvi. 7 kollektive und nicht messianische Bedeutung hat.

Das gleiche gilt für den Begriff גבר. Brownlee deutet ihn von 1QS iv. 20 her messianisch. Dort heißt es: 'Und zu dieser Zeit wird Gott durch Seine Wahrheit alle Taten eines Mannes (כול מעשי גבר) reinigen.'[5] Allein גבר bedeutet an dieser Stelle genau so wenig eine individuelle, ausgezeichnete Persönlichkeit wie drei Zeilen später, wo davon geredet wird, daß sich die beiden Geister 'im Herzen eines Mannes' (בלבב גבר) streiten. Vielmehr ist auch in 1QS iv. 20 גבר kollektiv zu verstehen, denn es geht dabei um die endzeitliche Reinigung der von Gott Erwählten (1QS iv. 22), die dann endgültig von allen (sündigen) Taten geläutert werden, die 'ein Mensch (גבר) auf Grund seiner der Anfechtung ausgesetzten Natur (Z. 22) begehen kann. Den Beweis für die Richtigkeit dieser meiner Deutung liefert mir eine Stelle aus dem Aramäischen Fragment des Testaments Levi, in der Levi im gleichen Zusammenhang wie bei 1QS iv. 20 ermahnt wird: 'Nahe wirst du Gott sein und nahe all Seinen Heiligen (לכל קדישוהי). Mach dich jetzt rein

---

[1] Brownlee meint, in Apoc. xii fänden sich essenische Anschauungen; sie sind wohl auch sonst im Judentum dieser Zeit zu finden.

[2] Sie werden zur Gemeinde Christi durch den Zusatz 'und die das Zeugnis Jesu gehalten haben'.

[3] W. Bousset, *Die Offenbarung Johannis* (Göttingen, 1896), S. 404 f.

[4] A. Bentzen, Kommentar zu Daniel in Eissfeldts *Handbuch zum Alten Testament* (Tübingen, 1952), S. 62 f. Am Begriff 'Menschensohn' wird allerdings deutlich, wie rasch der bei Daniel kollektiv gemeinte Terminus wieder individuell gebraucht werden kann, denn schon bei Henoch ist der Menschensohn der transzendente Heilbringer (Hen. xlvi. 1 ff.; xlviii. 2 ff.; lxix. 26 ff.; lxxi. 4 ff.; vgl. IV Esra xiii; Act. vii. 56; Apoc. i. 13, xiv. 14.

[5] Es ist nicht einzusehen, weshalb der Messias der Reinigung mehr bedarf als alle anderen Erwählten; מבני verstehe ich mit Y. Yadin als מבנת ('A note on DSD iv. 20', *J.B.L.* LXXIV (1955). S. 40–3).

an deinem Fleisch von jeder Befleckung irgendeines Menschen (מן כל טומאות
כל גבר).[1]

גבר ist hier der Mensch schlechthin, und die Wendung meint jede Art von
Unreinheit, die einem Menschen als solchem anhaften kann. (Vgl. 1QS xi.
14 f.) Wie in 1QS iv. 20 ff. steht er in seiner fleischlichen und für Unreinheit
empfänglichen Natur den Engeln als den 'Heiligen' bzw. den 'Himmels-
söhnen' gegenüber (בני שמים 1QS iv. 22). Um mit ihnen zu einer Gemeinde
vereinigt zu werden, bedarf er der Reinigung durch Gottes heiligen Geist
und Seine Wahrheit (1QS iv. 20–2). Das bestätigt schließlich die schöne Stelle
1QH xi. 6 ff., die analog zu 1QS iv. 20 ff. die eschatologische Zubereitung
der zur Herrlichkeit Erwählten schildert. Dort heißt es:

(10) Und um Deiner Herrlichkeit willen machst Du den Menschen (אנוש)
     rein von Frevel,
damit er für Dich heilig werde,
(11) frei von allen schmutzigen Greueln und von der Schuld des Treubruchs,
damit er vereinigt werde mit den Söhnen Deiner Wahrheit
und in das Los (einziehe) mit Deinen Heiligen.

אנוש ist hier die Gattung Mensch; die Stelle zeigt dazuhin, wie Reinheit und
Sohnschaft zusammengehören: die 'Heiligen', d. h. die Reinen, sind die
'Söhne' der göttlichen Wahrheit, und die dazu Erwählten die 'Söhne' des
göttlichen Wohlgefallens (1QH xi. 9; vgl. Luc. ii. 14).

Wer ist das Kind, der 'wunderbare Ratgeber', der in 1QH iii geboren
wird?

Es bezeichnet ein Kollektiv, nämlich die Schar derer, die sich um den
Beter scharen, die seinem Rat, seiner Lehre (1QH v. 24) folgen, es sind die
wahrhaft Weisen im Gegensatz zu den scheiternden Weisen dieser Welt
(1QH iii. 14 f.). Meine Deutung der Qumranhymne ist also umgekehrt wie
die Brownlee's: Die Gebärende meint ein Individuum, den Lehrer, das Kind
dagegen ist kollektiv zu verstehen, denn es bezeichnet die Glieder der
Gemeinde des Lehrers.

(c) Die geistliche Familie

Diese Deutung erfährt ihre Bestätigung durch eine Stelle, in der der Beter
ebenfalls von seinen Kindern, ja von seinen Säuglingen spricht und sich
einem Vater und dazu auch einer Amme vergleicht. In 1QH vii. 20–2 sagt er:

Und Du hast mich zu einem Vater von Kindern der Gnade gemacht
und zu einer Amme für Männer, die ein Zeichen sind (vgl. Sach. iii. 6).
Sie aber machen den Mund weit auf wie Säuglinge an den Brüsten,
wie ein Kind sich ergötzt am Busen seiner Amme.

Es ist kein Zweifel, daß mit diesen Säuglingen die Gefolgschaft des Beters
gemeint ist; es sind die Männer der Qumransekte, selbst wenn man nicht wie

[1] R. H. Charles *The Greek Versions of the Testaments of the Twelve Patriarchs* (Oxford, 1908), S. 247.

Bardtke in der Mitte der folgenden Zeile (1QH vii. 23) [אור ני]ב ergänzen will.[1]

Das Verhältnis des Beters und Lehrers zu seinen Schülern ist in dessen Stellung zu Gott begründet, die er so beschreiben kann:

> Denn Du bist es, der mich von meinem Vater her kennt,
> und von Mutterleib an [hast Du mich geheiligt]
> und vom Leib meiner Mutter an mir Gutes getan.
> Und von der Brust der Frau, die mit mir schwanger ging
> ward mir Dein Erbarmen,
> und am Busen meiner Amme...
> und von Jugend an bist Du mir erschienen durch die Einsicht in Dein Recht.
> und durch unwandelbare Wahrheit hast Du mich gestützt
> und durch Deinen heiligen Geist mich ergötzt... (1QH ix. 29–32).

Die Gotteskindschaft besteht also in einem Verhältnis des Vertrauens zu Gott dem Lehrer und Leiter, der den Beter bis zum Alter birgt und beschützt (*ibid.* Z. 34). Gott ist ihm Vater und Mutter zugleich, und diese geistliche Kindschaft kommt zur leiblichen nicht nur hinzu, sondern ersetzt sie sogar. Dies beschreibt der Beter weiter unten in einer Auslegung von Ps. xxvii. 10 folgendermaßen:

> Denn mein Vater kennt mich nicht,
> und meine Mutter hat mich verlassen um Deinetwillen;
> denn Du bist ein Vater für alle Kinder Deiner Wahrheit
> und freust Dich über sie wie eine Säugende über den Säugling,
> und wie eine Amme birgst Du an der Brust all Deine Geschöpfe (1QH ix. 34–6).

Alle Söhne der göttlichen Wahrheit sind also Gottes Kinder, der Beter aber ist derjenige, der sie zur Gotteskindschaft führt. Er lehrt nicht eigene Weisheit, sondern ist Sprachrohr für das göttliche Wissen, er ist transparent für das Licht, das von oben kommt. In 1QH iv. 5 dankt er Gott, dafür, daß Er ihm das Antlitz erleuchtet hat und sagt in derselben Hymne wenig später:

> Und durch mich hast Du das Antlitz von Vielen erleuchtet
> und hast Dich stark erwiesen an unzählbar Vielen,
> denn Du schenktest mir Erkenntnis
> für die Welt Deiner wunderbaren Geheimnisse (1QH iv. 27 f.).

Dieser Mittler gründet eine geistliche Familie. Es kann sein, daß es ihretwegen zum Bruch mit den leiblichen Anverwandten kommen kann, was wohl in 1QH ix. 34 gemeint ist; nach 1QH iv. 9 wird der verstoßene Beter auch von seinen Verwandten und Freunden gemieden. Umgekehrt kann der Eifer für die Sache Gottes fordern, daß man die Bande zur eigenen Familie löst. Vorbild dafür ist die Haltung Levis: Nach Deut. xxxiii. 9, einer Stelle, die in der kürzlich veröffentlichten Sammlung messianischer Testimonia aus der

---

[1] H. Bardtke, *op. cit.* S. 602 z. St.

Höhle 4 Q enthalten ist,[1] will Levi Vater, Mutter und Kinder nicht mehr kennen und seine Brüder nicht mehr ansehn, weil er Gottes Wort und Bund höher einschätzt als die Bindung an die nächsten Angehörigen. Auch Jesus zieht die geistliche Familie seinen leiblichen Verwandten vor: Wer den Willen Gottes tut, wird ihm Bruder, Schwester oder gar Mutter (Marc. iii. 31–5). In das Bild von der geistlichen Familie fügt sich die Tatsache, daß die Glieder der Qumrangemeinde einander als 'Brüder' bezeichnen (1QS vi. 22; vgl. dazu Matth. xxiii. 8, dazu Hebr. ii. 13 nach Jes. viii. 17). Philo rühmt von den Essenern, daß sie die Alten der Sekte verehren und umsorgen, wie es die Kinder mit ihren leiblichen Eltern zu tun pflegen.[2]

Es ist naheliegend, daß der Lehrer, der sich als Vater oder Amme seiner Schüler bezeichnen kann, auch das Bild von der Mutter benutzt, die Kinder gebiert. Es sind die Erstlinge (1QH iii. 7), d. h. die Besten,[3] die der Lehrer in der Drangsal des Bösen zur Welt bringt. Sie geraten dabei selbst in tödliche Gefahr, aber durch sie hindurch gelangen sie zum Licht des Lebens.[4]

Das Bild von der geistlichen Geburt gehört also, wenn auch der Vorgang noch nicht in einem einzigen Begriff gefaßt ist, nicht nur in die Welt der hellenistischen Mysterienreligionen, sondern findet sich schon im vorchristlichen Judentum. Das müßte stärker berücksichtigt werden, wenn man entsprechende Bilder und Wendungen in den neutestamentlichen Schriften beurteilt.

Paulus bezeichnet sich der Gemeinde zu Thessalonich gegenüber als ein Vater (I Thess. ii. 11), und kurz davor sagt er, daß er sie liebe wie eine Amme ihre Kinder, indem er ihnen das Evangelium, ja sich selbst schenke (I Thess. ii. 7 f.). Wie in den obenerwähnten Stellen der Hodajoth ist also auch bei Paulus das Bild vom Vater mit dem von der Amme verbunden. Auch die geistliche Geburt fehlt nicht, denn mit den Galatern möchte der Apostel noch einmal in Geburtswehen liegen, bis Christus unter ihnen Gestalt gewonnen habe (Gal. iv. 19).[5] Endlich schließt er sich mit ihnen zu einer geistlichen Familie zusammen: sie alle sind Kinder des himmlischen Jerusalem, das ihre Mutter ist (Gal. iv. 26 f.); mit der Gemeinde Christi ist Jes. liv. 1 in

---

[1] J. M. Allegro: 'Further Messianic References in Qumran Literature', *J.B.L.* lxxv (1956), S. 182 ff., F. 15 f.). Nach Exod. xxxii. 27–9 (E) wendet sich der heilige Eifer der Leviten gegen die eigenen Angehörigen, sofern sie Verehrer des goldenen Kalbs geworden sind (vgl. dazu Matth. x. 35 f.).

[2] Philo, *Quod omnis probus liber sit*, § 87.

[3] מבכר hat hier eine ähnliche Bedeutung wie ראשית (ἀπαρχή), das auch die qualitativ Besten unter den Kindern meint (vgl. L. E. Elliott-Binns, 'James i. 18: Creation or Redemption', *N.T.S.* iii (1957), S. 153.

[4] Nach der Schilderung des Josephus gleicht die Sekte der Essener schon in der Frühzeit einer geistlichen Familie. Nach *B. J.* 1, 78–80 (vgl. *A.* 13, 311) hat der weissagende Essener Judas (unter Aristobul I (104–3 v. Chr.) erwähnt) Schüler in seiner Begleitung, die 'Vertraute' (γνώριμοι) benannt werden. Die lateinische Übersetzung bezeichnet sie als 'consultores', als Leute, die sich bei Judas einen Rat holen (vgl. dazu 1QS vi. 2 f., wonach neben den gemeinsamen Mahlzeiten und dem gemeinsamen Beten das gemeinsame Sich-Beraten Merkmal auch der kleinsten Einheit der Qumransekte ist); Judas erscheint als 'papas' (vom folgenden, mißverstandenen παπαί beeinflußt?) d. h. als 'Erzieher', was dem hebräischen אומן (1QH vii. 22) entsprechen würde.

[5] Das πάλιν setzt voraus, daß er die Gemeinde schon einmal geboren hat.

Erfüllung gegangen. Auch die Bezeichnung der grundlegenden Lehren als
'Milch' gehört in diesen Bildkreis (vgl. 1 Cor. iii. 2; I Petr. ii. 2; Hebr. v. 12).
Besonders häufig findet sich diese Redeweise in den Oden Salomos. Dort
beschreibt der Beter sein Verhältnis zu Gott als das eines Kindes zum Vater
(Od. Sal. xiv. 1 f.) und gleichzeitig als das des Säuglings zur Amme bzw.
Mutter (*ibid.* xiv. 2): Barmherzigkeit und Freundlichkeit (xiv. 3), Führung
und Leitung (xiv. 4), dazu auch der heilige Geist sind die dabei verliehenen
Gaben (xiv. 8). In der christlich interpolierten Ode 19 wird die Milch des
Vaters im Becher des Sohnes dem Beter durch den heiligen Geist beschafft
(xix. 1–3). Anders als in dem Qumranpsalm geschieht in dieser Ode das
Gebären der Jungfrau schmerzlos (xix. 7), sie bedarf keiner Hebamme
(xix. 9). Die Gläubigen werden durch Christus[1] erschaffen, wenn er von
ihnen spricht: 'Ihre Glieder habe ich gebildet, meine Brüste für sie bereitet,
damit sie meine heilige Milch tränken und dadurch lebten.'[2] Auch in den
Thomasakten heißt es, daß der Christ durch Christus geboren sei.[3]
Ähnliche Klänge finden sich im johanneischen Schrifttum des Neuen
Testaments. Dort können die Jünger als die 'Kinder' Jesu angeredet werden
(Joh. xxi. 5), und so ergeht es den Empfängern des ersten Johannesbriefs von
seiten des Verfassers (I Joh. ii. 14–18); die letzteren sind dazuhin in der
Abfolge 'Väter', Jünglinge', 'Kinder' abgestuft (I Joh. ii. 12 ff.).[4]
Im Jakobusbrief bezeichnet der Verfasser sich und die Empfänger des
Briefs als diejenigen, die Gott willentlich geboren hat (ἀπεκύησεν), damit sie
Erstlinge Seiner Geschöpfe seien (Jac. i. 18).[5] Als Gegenbild zu dieser Geburt
wird nach Jac. i. 15 durch die Lust die Sünde geboren, diese gebiert ihrerseits
den Tod. Diesen finstern Mächten gegenüber steht das 'Wort der Wahrheit'
(λόγος ἀληθείας) als die Kraft, der die von Gott geborenen Erstlinge ihre
Existenz verdanken (Jac. i. 18). Vergleicht man damit die Stelle des
Sektenkanons, wonach als Kraft des Reinigungszeremoniells der Qumransekte der heilige Geist oder auch die göttliche Wahrheit genannt werden
können (1QS iii. 7), so wird man auch Jac. i. 18 vor allem auf die Wiedergeburt der Gläubigen und nicht so sehr auf die Erschaffung des Menschen
schlechthin beziehen müssen.[6]
Denn die geistliche Wiedergeburt geschieht in der Taufe. Das zeigt einmal
das Johannesevangelium. Dort werden Wasser und Geist als die Kräfte der
geistlichen Wiedergeburt genannt (Joh. iii. 5), der Geist ist dabei die eigentlich schöpferische Qualität (*ibid.* iii. 6). Das Wasser ist das Element der

---

[1] Nach R. Harris, *Odes of Solomon*, II, S. 254.
[2] Ode viii. 16 bei R. Harris, *op. cit.*
[3] § 44, angeführt bei L. E. Elliott-Binns, *op. cit.* S. 150.
[4] Der Logos-sohn, der am Busen des Vaters liegt (Joh. i. 18), hat einen Jünger, der an seiner
Brust liegt (Joh. xiii. 23), ja, er gibt denen, die ihn annehmen, die Vollmacht, Gottes Kinder zu
werden (Joh. i. 12).
[5] ἀπαρχή steht dabei in kollektiver Bedeutung im Singular.
[6] Vgl. dazu L. E. Elliott-Binns, *op. cit.*, wobei allerdings die Schriften der Qumransekte nicht
berücksichtigt sind.

Taufe, aber wie beim Reinigungsbad der Qumransekte ist die eigentlich reinigende Kraft der heilige Geist (vgl. 1QS iii. 4 ff.). Nur der geistlich Wiedergeborene kann in das Gottesreich gelangen (Joh. iii. 3, 5), und es ist darum nur natürlich, daß Johannes der Täufer angesichts der unmittelbar bevorstehenden Hereinkunft des Gottesreichs die Bußwilligen tauft. Das meint auch Jesus, wenn er nach Matth. xviii. 3 sagt: 'Wenn ihr euch nicht wandelt und wie die Kindlein werdet, so werdet ihr sicherlich nicht in das Himmelreich eingehen.' Besonders deutlich ist die Zusammengehörigkeit von Taufe und geistlicher Geburt in Tit. iii. 5, wo die Taufe als ein 'Bad der Wiedergeburt (λουτρὸν παλιγγενεσίας) und der Erneuerung des heiligen Geistes' (ἀνακαινώσεως πνεύματος ἁγίου) bezeichnet wird.

(d) Die dreifache Erschaffung des Menschen durch Gottes heiligen Geist

Der letztgenannten Stelle liegt eine Auffassung zugrunde, die später nicht mehr richtig verstanden worden ist.[1] Nach ihr geschieht in der Taufe die Erneuerung des heiligen Geistes, der also dabei nicht erstmalig verliehen, sondern offenbar schon vor der Taufe Besitz des Menschen ist. Was ist das für ein heiliger Geist? Die Erklärung dafür findet man im Schrifttum der Sekte, daneben in anderen Büchern aus dieser Zeit. In ihnen wird der bei der Geburt dem Menschen verliehene Geist als göttliche Gabe angesehen, die deshalb als 'Geist Gottes' bzw. als 'heiliger Geist' bezeichnet werden kann.[2] Damit ist nicht nur die Herkunft, sondern auch die Qualität dieses Geistes beschrieben, der heilig und rein ist und eine himmlische Kraft darstellt. Sie geht in den irdischen Leib des Menschen ein, sie ermöglicht dessen Verkehr mit Gott. Allerdings pflegt der Mensch, dessen Leiblichkeit und Kreatürlichkeit bei der Sekte nicht hoch eingeschätzt werden, diesen seinen göttlichen Geist zu beflecken und ihn damit 'verkehrt' d. h. untauglich zu machen. Schon jetzt prüft Gott die Menschen, ob ihre Geister rein erfunden würden (Hen. cviii. 9). Selbst der Beter in den Qumranpsalmen bedarf der Reinigung und Stärkung durch den heiligen Geist.[3] Die Befleckung des von Gott geschenkten Geistes wird durch die Gegenkraft des Irrtumsgeistes verursacht, dem das schwache Menschengebilde nicht genügend Widerstand entgegensetzen kann (vgl. 1QS iv. 23–6; iii. 21–4).[4] Darum ist seine Reinigung erforderlich, die im Reinigungsbad

---

[1] Das zeigt die Korrektur ἀνακαινώσεως διὰ πν. ἁ. in D G it. Ambst.

[2] Nach Sap. Sal. xii. 1 ist Gottes unvergänglicher Geist in Allen, in CD v. 11 wird den Irrlehrern und Gegnern der Sekte der Vorwurf gemacht, sie hätten ihren heiligen Geist befleckt, und im hbr. T Napht[1] heißt es: 'Wohl dem Menschen, der den heiligen Geist Gottes, den Er in sein Innres gelegt und eingehaucht hat, nicht befleckt!' (10, 9).

[3] Er dankt Gott dafür, daß Er ihm den 'verkehrten Geist' gereinigt habe von zahlreicher Missetat (1QH iii. 21); vgl. dazu die bei Marcion und Gregor von Nyssa erhaltene Vaterunserbitte: 'Dein heiliger Geist komme auf uns herab und reinige uns!' (zu Luc. xi. 2).

[4] Dadurch wird die Sohnschaft verleugnet. Die 'Eigenen', d. h. die Kinder und Geschöpfe Gottes bzw. des Logos hören Ihn nicht mehr bzw. sie nehmen Ihn nicht an (Joh. i. 11). Der Vater bzw. Schöpfer hat Auspruch auf den Gehorsam dessen, der sein Bild trägt (vgl. dazu W. Eltester: 'Schöpfungsoffenbarung und natürliche Theologie', *N.T.S.* III (1957), S. 97.

durch eine erneute Zufuhr des heiligen Geistes erfolgt.[1] Dieser kann dabei
wie Wasser über den Menschen gesprengt (1QS iv. 20), aber auch in ihn
'hineingeschwungen werden'.[2] Der zuletzt genannte Terminus stammt aus
der Opfersprache: wie die Opferstücke durch Schwingen Gott symbolisch
zugeeignet werden,[3] wird auch der Mensch durch die Verleihung des
heiligen Geistes heilig, d. h. Gott zugeeignet. Darum kann sein neues
Verhältnis zu Gott als Kindschaft empfunden werden.

Gottes heiliger Geist ist eine schöpferische Kraft. Ihr dankt der Mensch
das Leben, sein Leben im Leibe und sein geistliches Leben. Die erste
Geistverleihung, die den Menschen ins Dasein ruft, macht aus dem Staub-
gebilde (1QH iii. 21 u. a.) des menschlichen Leibes das Menschenkind
(בן אדם), die zweite, beim Reinigungsbad erfolgende, aus dem Menschenkind ein 'Kind der Wahrheit' oder ein 'Kind des Lichts', die dritte, von
Gott selbst vollzogene, vollkommene Geistausgießung macht ihn den
'Himmelskindern' (בני שמים 1QS iv. 22), d. h. den Engeln, gleich.
Besonders ausführlich und wunderbar erscheint diese letzte Metamorphose
der Gläubigen in der Syrischen Baruchapokalypse (Kap. 51).

Von dieser Konzeption her läßt sich auch die mit Recht als schwierig
empfundene, weil mit der Geburt aus dem Geist scheinbar konkurrierende,
Geistverleihung und Proklamation der Gottessohnschaft Jesu in der Taufe
erklären. Es ist dabei wohl nicht nur an eine jeweils neue Aktualisierung des Geistes gedacht, sondern an eine zweite, die erste über-
bietende, Geburt Jesu aus dem Geist. Und nach Act. ii. 33 kennt Lukas
auch für Jesus die dritte und endgültige Stufe des Geistempfangs, denn nach
der an dieser Stelle übernommenen Christologie wird Jesus erst mit der
Erhöhung und der damit verbundenen, letzten, Verleihung des Geistes zum
Gottessohn eingesetzt (Act. xiii. 33; ii. 36).[4] Der erhöhte Christus wird so
sehr als Träger einer pneumatischen Existenzweise angesehen, daß er mit
πνεῦμα parallel (Luc. xii. 12, xxi. 15; Act. x. 14, 19; xvi. 7) und von Paulus
sogar gleichgesetzt werden kann (II Cor. iii. 17).

Der auferstandene Christus hat einen pneumatischen Leib, d. h. wohl die
Leiblichkeit der Engel, der himmlischen Wesen I Cor. xv. 40. Auch dem
Gläubigen wird er diese Existenzweise nach deren Auferstehung zukommen
lassen, denn der erhöhte Christus ist eine schöpferische Kraft (πνεῦμα
ζωοποιοῦν I Cor. xv. 45). Darin besteht die Überlegenheit des zweiten
Adam im Vergleich zum ersten: der erste repräsentiert die irdische Daseins-
form, er ist eine ψυχὴ ζῶσα (I Cor. xv. 45), der zweite hingegen stellt die
himmlische, d. h. pneumatische Existenzweise dar und zwar so, daß er sie

---

[1] Vgl. dazu 1QS iii. 6-8; 1QH xvi. 12 und die eschatologische, durch Gott selbst ausgeführte
Geisttaufe in 1QS iv. 20-2.

[2] הניף 1QH vii. 6f.; xvii. 26; Frgt. ii. 9, 13 (zu ergänzen).

[3] Vgl. Gesenius-Buhl, *Hebräisches und Aramäisches Handwörterbuch* (Leipzig, 1921), *s.v*

[4] Sie steht auch hinter der Formel Röm. i. 3; vgl. dazu E. Schweizer im Artikel πνεῦμα, *Th.W.B.*
vi, S. 398.

nicht nur in sich trägt und verkörpert, sondern auch so, daß er sie wirkend schafft. Paulus spricht, sicherlich auf Grund seiner Bindung an das Alte Testament, nicht von einer Neugeburt, sondern von der Erschaffung und Neuschöpfung des Menschen: der erhöhte Christus schafft seine Gläubigen bei deren Auferstehung um in die pneumatische Existenzweise der himmlischen Welt, die er selbst besitzt.

Damit wird der Erwählte auch bei Paulus dreimal durch den Geist geschaffen. Das erste Mal geschieht es bei seiner Geburt, in der er zur 'lebenden Seele' wird (I Cor. xv. 45). Anstelle von ψυχή kann Paulus auch πνεῦμα rein anthropologisch, als Inbegriff der psychischen Funktionen des Menschen, gebrauchen,[1] bzw. das menschliche Selbst damit beschreiben;[2] dabei versteht er sicherlich auch diese Form des Geistes als eine göttliche Gabe.[3]

In der Taufe ereignet sich die zweite Erschaffung des Menschen: er wird durch den heiligen Geist zu einer καινή κτίσις (II Cor. v. 17). Das πνεῦμα schafft eine neue Beziehung zu Gott: es versetzt in die Sohnschaft (πνεῦμα υἱοθεσίας Röm. viii. 15), es ruft: ᾿Αββᾶ ὁ πατήρ Röm. viii. 15), es bezeugt dem—vorher schon vorhandenen—Geist des Menschen, daß er ein Kind Gottes ist (*ibid.*).[4] Die dritte Verwandlung des Menschen erfolgt bei der Auferstehung. In ihr erfaßt der schöpferische heilige Geist nicht nur die innere, sondern auch die äußere Gestalt des Menschen, die zum Himmelsleib wird.

Das πνεῦμα ist also die lebenschaffende Kraft der himmlischen Welt, durch die Gott bzw. der erhöhte Christus dem Menschen Leben und geistiges Vermögen—denn Gott ist Geist Joh. iv. 24—verleiht. Dieser Akt der Schöpfung kann dem der Zeugung verglichen werden: der aus der Kraft des Schöpfers Entstandene trägt dessen 'Bild' (εἰκών Gen. i. 26; I Cor. xv. 49), so wie der Sohn die Züge des Vaters trägt. Darum kann Paulus vom Geist der Sohnschaft sprechen und die eschatologische Neuschaffung des Menschen am Bild des Samens erläutern, in dem das σῶμα des aus ihm entstehenden Wesens schon enthalten ist (I Cor. xv. 35 ff.). So wird auch die enge Verbindung von Schaffen und Zeugen (männlicher Aspekt) und Zum-Leben-bringen und Gebären (weiblicher Aspekt) deutlich, aber auch die Tatsache, daß sich der pneumabegabte Lehrer und Gründer einer Gemeinde als deren Vater bzw. Mutter bezeichnen kann.

---

[1] Phil. i. 27 stehen beide parallel, πνεῦμα in I Cor. vii. 34; II Cor. vii. 1; vgl. I Cor. ii. 11; I Thess. v. 23.
[2] Gal. vi. 18; Phil. iv. 23; Philem. xxv; vgl. I Thess. v. 28.
[3] *Th.W.B.* vi, S. 433 f.
[4] Die stufenweise Erhöhung des Menschen durch Gottes Geist bedeutet auch eine graduelle Steigerung seiner Sohnschaft.

2. Das Volk Seiner Kraft

Zur Auslegung der Qumran-Hodajah III, 1–18

Professor Otto Bauernfeind zum 67. Geburtstag

Heilbringer oder Heilsvolk?

Noch immer erfreut sich die schwierige Qumran-Hodajah 1QH iii. 1–18 (ii. 31 ff.) der messianischen Deutung. Der langen Reihe von Interpreten, die in ihr die Geburt des endzeitlichen Heilbringers angekündigt sehen[1], hat sich auch J. Licht in dem bisher umfangreichsten Werk über die Danklieder | der Sekte[2] angeschlossen. Zwar, so meint er, enthalte diese Hodajah nichts von der Persönlichkeit, dem Aussehen und Auftrag des Messias, aber es werde darin von dessen Geburt gesprochen[3]. Diese steht jedoch merkwürdigerweise nicht im Mittelpunkt; vielmehr sind es die ihr voraufgehenden Wehen: J. Licht hat darum der Hodajah den Titel ‚Messiaswehen' (חבלי משיח) gegeben. Auch muß er einräumen, daß nur an dieser Stelle der Hodajoth der Messias erwähnt sei[4]; er erklärt sich diesen auffallenden Tatbestand damit, daß die Sekte auch sonst nur wenig vom Messias spreche (*ibid.*). Ausschlaggebend für die messianische Deutung ist auch für ihn die Wendung vom ‚wunderbaren Ratgeber' (פלא יועץ, Z. 10), die in Jes. ix. 5 den neuen davidischen König und darum für die

---

[1] W. H. BROWNLEE, vor allem in ‚Messianic Motifs of Qumran and the New Testament', *N.T.S.* III (1956), 12 ff.; A. DUPONT-SOMMER, ‚La mère du messie et la Mère de l'Aspic dans un hymne de Qoumran', *Revue de l'Histoire des Religions,* CXLVII (1955), 174–88; J. V. CHAMBERLAIN, ‚Further Elucidation of a Messianic Thanksgiving Psalm from Qumran', *J.N.E.S.* XIV (1955), 32–41; M. BLACK, ‚Messianic Doctrine in the Qumran Scrolls', *Studia Patristica,* vol. 1 (Berlin 1957), 449; M. DELCOR, ‚Un Psaume Messianique de Qumran', *Mélanges Bibliques für A. Robert* (1957), S. 334 ff. Eigentümlich hellenisierend ist die Deutung TH. H. GASTER's, (*The Scriptures of the Dead Sea Sect* [London, 1957], S. 204 f.): Er bringt diesen Psalm mit der Vorstellung von der periodischen Vernichtung und Erneuerung der Welt in Verbindung, die durch die wunderbare Geburt eines Heilandes angezeigt werde (Anm. 5). Diese Auffassung wird nicht zuletzt durch die Übersetzung begünstigt, die selbst da noch frei ist, wo sie ausdrücklich wörtlich sein will (vgl. a.a.O. S. 204, Anm. 8).

[2] J. LICHT, *Megillath Hahodajoth* (Jerusalem, 1957).

[3] שמדובר כאן בלידתו של המשיח S. 76.

[4] S. 77 unten.

Sekte den weltlichen Messias meine[5]. Die Gebärende ist die Gemeinde, die neutestamentliche Parallele Apoc. xii.

In meiner Studie ‚Die Geburt der Gemeinde durch den Lehrer‘[6] habe ich nachzuweisen versucht, daß im Gegensatz zu allen bisher erfolgten Deutungen und im Einklang mit allen anderen Hodajoth auch im Danklied 1QH iii. 1–18 nichts vom Messias zu finden sei. Wohl schildere es die Wehen der messianischen Zeit, allein nicht der Heilbringer, sondern die Heilsgemeinde komme darin zur Welt, und nicht die Gemeinde, sondern der Lehrer selbst werde dort einer gebärenden Frau verglichen. Das Bild von den Wehen und der Geburt 1QH iii. 5ff. sei mit 1QH vii. 20–2 zu verbinden, wo der Beter sich als Amme und seine Schüler als Säuglinge bezeichne, und die erstere der beiden Stellen schildere, wie diese geistlichen Kinder durch den Begründer und Lehrer der Gemeinde inmitten der Drangsal der letzten, bösen Zeit zur Welt gebracht würden. Das Licht aus Qumran falle demnach nicht so sehr auf den Mythos in Apoc. xii, als vor allem auf die paulinischen Aussagen I Thess. ii. 7f. und Gal. iv. 19, in denen der Apostel sein Verhältnis zur Gemeinde im Bild einer Gebärenden und Amme beschreibe. Es gehe nicht um die natürliche Geburt eines Einzelnen, sondern um die geistliche Geburt der Gemeinde.

Den Nachweis für diese Deutung führte ich außerdem an Hand der alttestamentlichen Aussagen, die dieser Hodajah zugrunde liegen, und des in der Sekte üblichen Gebrauchs des Begriffes גבר, mit dem in 1QH iii. 10 das neugeborene Kind bezeichnet wird. In der ebenfalls dafür eingesetzten Wendung vom ‚wunderbaren Ratgeber mit seiner Kraft‘ (פלא יועץ עם גבורתו *ibid.*) sah ich das Gegenbild zu den im Folgenden erwähnten ‚Weisen der Welt‘: während jene im endzeitlichen Sturm des Chaosmeeres jämmerlich scheitern (Z. 14f.), kann die durch den Lehrer in der Kraft des göttlichen Geistes geborene Gemeinde von den Pforten der Hölle nicht überwältigt | werden[7]. Einen Schriftbeweis für die kollektive Deutung gerade dieser Wendung hatte ich damals allerdings nicht gefunden; er soll jetzt beigebracht werden.

Es handelt sich dabei um eine Stelle, die auch dem erfolgreichen Erforscher des alttestamentlichen Hintergrundes der Hodajoth, J. Licht, entgangen ist, die jedoch m. E. den Schlüssel zum Verständnis dieser

---

[5] Auffallend ist dabei allerdings, daß im Neuen Testament wohl Jes. ix. 1 (Matth. iv. 15f.; Luc. i. 79) und Jes. ix. 6 (klingt an in Luc. i. 32f.), nicht aber Jes. ix. 5 messianisch verwendet sind.

[6] *N.T.S.* III (1957), 312–26.

[7] Diese Aussage, die für das Selbstbewußtsein der Sekte besonders wichtig ist (vgl. 1QH vi. 25ff.), erfolgt hier nicht explizit; da es aber in 1QH iii. 12ff. um das Chaos der Todesmacht und die Öffnung der Höllentore geht, die die Gemächte des Teufels und der Welt verschlingen, gibt die Hodajah das Gegenbild zur Weissagung Jesu Matth. xvi. 18. Vgl. dazu meine Studie: ‚Felsenmann und Felsengemeinde‘, *Z.N.W.* XXXXVIII (1957), 49–77.

schwierigsten aller Danklieder liefert. Sie bestätigt die von mir gegebene Deutung, denn sie rechtfertigt die Verbindung von Schwangerschaft, Geburt und geistlicher Familie und erlaubt auch die kollektive Auslegung des wunderbaren, kraftvollen Ratgebers. Diese Stelle befindet sich in dem wichtigen Kapitel Num. xi, das u. a. von der Geistausgießung auf die 70 Ältesten im Lager Israels berichtet. Nach Num. xi. 12 richtet Mose aus Verzweiflung über das undankbare, fleischlüsterne Volk an Gott die Frage: ‚Bin ich denn schwanger gegangen mit diesem ganzen Volk (האנכי הריתי את כל העם) oder habe ich es geboren (ילדתיהו), daß Du zu mir sagen könntest: „Leg es an deine Brust (בחיקך) wie die Amme mit dem Säugling tut" (האמן את היונק).‘ Die Last des Volkes wird Mose zu schwer. Er meint mit diesen vorwurfsvollen Worten, Israel sei so unreif und unverständig wie ein Kind, und er selbst komme sich vor, als habe ihn Gott nicht zum Führer über ein Volk, sondern zur Fürsorgerin für Unmündige gesetzt.

Der Beter der Hodajoth und Lehrer der Sekte übernimmt in 1QH iii. 10 Moses Wort. Als Begründer und Leiter des wahren Israel der Endzeit versteht er sich als zweiten Mose[8]. Aber er unterschlägt gleichsam die Fragepartikel und wendet den Vorwurf in dankbares Lob: Gott hat ihn zur Mutter (הריה) des neuen Heilsvolkes (1QH iii. 10) und zur Amme (אומן) gemacht, die ihren Säugling (יונק) an der Brust hält (בחיק 1QH vii. 20f.).

Das Mosewort wird vom Beter der Sekte nicht nur ins Positive gewendet, sondern auch ausgebaut und vor allem eschatologisch interpretiert. Das geschieht mit der Erwähnung der Wehen, die zur Schwangerschaft und Geburt hinzugefügt und besonders breit ausgeführt werden. Gerade weil die Wehen im Spätjudentum vielfach zur Schilderung der endzeitlichen Drangsal dienen, wird durch ihren Einbau und Ausbau in 1QH iii. 5ff. die eschatologische Deutung von Num. xi. 12 erreicht. Bei Pseudo-Philo ist auch das Bild von den Wehen auf Mose angewandt; es dient dort der drastischen Darstellung von Moses Schmerz beim Anblick des goldenen Kalbes[9]. Dabei | findet sich mancher in der Qumran-Hodajah verwendete Zug; es fehlen jedoch die eschatologische Note und der Durchbruch zur befreienden Geburt. Sie kommen durch die Verbindung von Num. xi. 12 mit Jes. ix. 5 herein, denn an der letzteren Stelle wird die Geburt eines wunderbaren Kindes messianischer Art angekündigt.

---

[8] Vgl. dazu C.D. vi. 4–8, wo in der Auslegung des Brunnenliedes Num. xxi. 18 der Toraforscher (= Lehrer) der Sekte als Gesetzgeber (מהוקק) bezeichnet und der Auszug der Büßer Israels aus Juda dem Exodus Israels aus Ägypten gleichgesetzt wird.

[9] Pseudo-Philo xii. 5: Mose zerbricht die Gesetzestafeln, seine Hände öffnen sich, er wird einem erstgebärenden Weibe gleich (vgl. 1QH iii. 7f.), das in seinen Schmerzen die Hände auf die Brust preßt und keine Kraft besitzt, die das Gebären unterstützen könnte.

Die Umdeutung von Jes. ix. 5

Aber Jes. ix. 5 geht in 1QH iii. 10 eben nicht auf den Messias, sondern auf die Gemeinde, das wahre Heilsvolk Gottes. Diese kollektive Interpretation wird durch die Verbindung mit Num. xi. 12 erreicht.

Der פלא יועץ wird durch die Wendung עם גבורתו näher bestimmt. Bisher hat man das Suffix der 3. Pers. sing. mit dem יועץ verbunden und עם als Präposition עִם verstanden; die Übersetzung lautete demnach: ‚einen wunderbaren Ratgeber mit seiner Kraft.‘ J. Licht hat – wie ich sehe, als einziger – eine zweite Möglichkeit erwogen: er punktiert עַם und bezieht das Suffix des rectum גבורה auf Gott. Die Wendung עם גבורתו versteht er als Genitivattribut von יועץ; das wunderbare Messiaskind ist also Ratgeber des Volkes der göttlichen Kraft[10]. Dieser Vorschlag, der von J. Licht selbst als zweitrangig und minder gut beurteilt wird[11], kommt der hier einzig möglichen Deutung sehr nah. Denn es geht in der Tat um das Gottesvolk; das ergibt sich aus der in 1QH iii. 10 verwendeten Stelle Num. xi. 12[12].

Denn nach ihr ist es das Volk, mit dem Mose schwanger geht. Der Lehrer der Sekte und zweite Mose hat die in Jes. ix. 5 auf פלא יועץ folgende zweite Bezeichnung des Kindes, אל גבור, im Blick auf Num. xi. 12 durch עם גבורתו ersetzt, denn אל geht in der Sekte stets auf Gott allein. Diese Wendung darf jedoch nicht wie bei J. Licht als Genitivattribut des פלא יועץ betrachtet werden, vielmehr muß die Zweigliedrigkeit von Jes. ix. 5 erhalten bleiben. עם גבורתו ist Apposition und erläutert den פלא יועץ: der wunderbare Ratgeber ist ‚das Volk Seiner Kraft‘.

Bei dieser eigentümlichen Verschmelzung von Jes. ix. 5 und Num. xi. 12 wird der ursprüngliche Sinn beider Stellen im Sinn der Sektendogmatik geändert. Mose meint mit dem Volk in Num. xi. 12 das kindlich schwache und hilflose Israel; das Heilsvolk der Hodajah ist dagegen mit Jes. ix. 5 wunderbar, klug und kraftvoll. Nach Jes. ix. 5 ist eine Einzelperson Repräsentant des eschatologischen Gottesregiments, in 1QH iii. 10 dagegen auf Grund von Num. xi. 12 ein ganzes Volk, die Sekte selbst. Es ist der in den Wehen der Endzeit zum Leben erweckte heilige Rest, der sich durchretten | kann[13]. Wenn der Lehrer und Beter im Danklied 1QH iii. 1–18 die Geburt der Gemeinde meint, so ist doch nicht ausgeschlos-

---

[10] Vgl. a.a.O. S. 80. Das Suffix der 3. Person bezeichnet hier wie an so vielen anderen Stellen in den Sektenschriften Gott selbst.

[11] *Ibid.*; vgl. auch im Anhang S. 246 s.v. גבורה.

[12] Vgl. Num. xi. 12: הריתי כל העם mit 1QH iii. 10 עם . . . הריה.

[13] Die Verwendung von פלט Pi. für den Vorgang des Gebärens ist wohl durch Hiob xxi. 10 veranlaßt, doch wird diese Stelle in 1QH iii. 10 ebenfalls in charakteristischer Weise verändert. Dort ist die Gebärerin Subjekt des פלט, in 1QH iii. 10 dagegen das neugeborene Kind (nach Hiob xxiii. 7). Auch das zum פלא יועץ gehörige Prädikat יגיח (Z. 9) paßt besser zu einer kollektiven Deutung (es ist Hiob xxxx. 23 vom Hervorbrechen eines Stromes, Hiob xxxviii. 8 vom Meere gebraucht).

sen, daß diese selbst dabei auch an den *Messias* gedacht hat. Es kommt der
davidische Messias, der Sieger über die Feinde und Wender der Not, in
Frage. Im Segensspruch für den ‚Fürsten der Gemeinde', d. h. den davidischen Messias (vgl. CD vii. 20 f.), heißt es von diesem, er möge die
Gottlosen mit dem Hauch seiner Lippen töten und den Geist des Rates
und ewig währender Kraft[14], den Geist der Erkenntnis und der Furcht des
Herrn erhalten (1QS bV, 24 f.). Dabei ist deutlich Jes. xi. 1–5 benutzt,
und wie diese Stelle konnte auch Jes. ix. 5 auf den davidischen Messias
bezogen sein. Er, der auch der ‚Messias Israels' heißt (1QS a ii. 14), wird
in der Anweisung für das messianische Mahl der Sekte (1QS a ii. 11–12)
erwähnt. Dort steht in der Einleitung zur Tischordnung, sie gelte für den
Fall, daß Gott ‚mit ihnen den Messias zeuge' (אם יוליד [אל]א[ת] המשיח אתם
Z. 11 f.). Die Schreibung des Wortes יוליד ist praktisch sicher; dennoch
wird auf Grund des folgenden אתם ein Schreiberversehen für ein ur-
sprüngliches יוליד angenommen[15]. Könnte aber nicht auf Grund der in
1QH iii. 5 ff. ausgesprochenen Gedanken der Text von 1QS a ii, 11 f.
unverändert übernommen werden? Denn aus der geistlichen, von Gott
durch Vermittlung des Lehrers geschaffenen Gemeinde geht auch der
zum Hause Davids gehörige Messias Israels hervor; er würde demnach
‚mit ihnen', d. h. wie sie selbst, von Gott ‚gezeugt', aus der Kraft seines
Heiligen Geistes geboren. Der Messias ist ja der Geistgesalbte *kat exochen*.

Das Volk der göttlichen Kraft

Warum nennt der Beter die von ihm selbst geborene Gemeinde das
Volk Seiner, d. h. der göttlichen, Kraft?

Ihre Stellung zum Lehrer besitzt im Verhältnis des Lehrers zu Gott eine
Analogie, ja, sie wird durch dieses erst eigentlich begründet. Wie der
Beter ist Gott selbst der Vater aller Kinder Seiner Wahrheit, und wie
dieser birgt Er sie an Seiner Brust wie eine Amme[16]. Die geistliche
Zeugung und Geburt der Gemeinde geht auf Gott selbst zurück; der
Lehrer ist lediglich der von Ihm benutzte Mittler. Werden die ‚Weisen'
der Welt als ‚Otterngezücht'[17], d. h. Ausgeburten des Satans, bezeichnet,
so haben die Glieder der Gemeinde | Gott selbst zum Vater. Der Beter der
Hodajoth denkt ähnlich wie Johannes der Täufer, der die unbußfertigen
Heuchler mit derselben Wendung Teufelssöhne nennt, den Anspruch auf

---

[14] Bzw. ‚der ewig währenden Kraft'.

[15] D. Barthélemy – J. T. Milik, *Qumran Cave I* (Oxford, 1955), S. 117 u. vgl. dazu auch die
ausführliche Behandlung der Stelle durch M. Black, ‚Messianic Doctrine in the Qumran
Scrolls', *Studia Patristica*, vol 1, part 1 (Berlin, 1957) 444 ff.

[16] 1QH ix. 35: כי אתה אב לכול בני אמתכה
ix. 36ß וכאומן בחיק תכלכל לכול מעש[י]כה

[17] 1QH iii. 17. מעשי אפעה

Abrahamssohnschaft verwirft und es für möglich hält, daß Gott jederzeit auch aus Steinen sich Kinder erwecken könne (Matth. iii. 9). Auch im Jakobusbrief wird ausdrücklich davon gesprochen, daß die Gläubigen von Gott geboren sind (Jac. i. 18). Es ist dies ein geistliches Verhältnis: der Lehrer nennt diejenigen, die Gott ihren Vater heißen dürfen, ‚Kinder Seiner Wahrheit' (1QH ix. 35)[18]. Wie im Neuen Testament kennt man in Qumran den Gegensatz zwischen dem neuen wahren Israel, das eine geistige Größe darstellt, und dem Israel des Alten Bundes, dem ‚Samen Abrahams' nach dem Fleisch. Geistlich gesehen kann das letztere Teufelsbrut sein[19], und Gott und der Teufel sind unablässig am Werk, sich geistliche Kinder zu zeugen (vgl. dazu Matth. xiii. 24–39).

Es ist Gottes Kraft, die das geistliche Kind schafft. Der durch das Fleisch bestimmte, befleckte und hinfällige Mensch wird durch Gottes Stärke und die Gabe des Heiligen Geistes in eine wehrhafte Festung verwandelt, die dem Ansturm der Sünde siegreich widersteht. Das zeigt ein Vergleich der Stelle 1QH i. 21–3 mit 1QH vii. 6 ff. Beide Male spricht der Beter von sich selbst; zunächst sieht er sich als den alten Adam, dann als das geistliche Gotteskind, die neue Kreatur. Vergleicht man 1QH vii. 8 f. mit 1QH vi. 26 ff., wo die Gemeinde als Veste im Krieg der Gottlosigkeit beschrieben wird, so wird auch von daher die Geburt der Gemeinde durch den Lehrer verständlich. Beide, Lehrer und Gemeinde, werden in fast gleichen Wendungen als Burg gezeichnet; der erstere verkörpert die letztere, er trägt die Bauelemente der geistlichen Gemeinde an sich und in sich und braucht sie nur aus sich herauszusetzen. Noch fehlen in den Hodajoth die aus dem Neuen Testament bekannten Termini ‚Wiedergeburt' und ‚neue Kreatur'; doch ist die damit gemeinte Sache gegeben. Im Vordergrund stehen die göttliche Kraft und der heilige Geist; beide gehören beim Gottesmenschen zusammen (1QH vii. 6 f.). Sie kennzeichnen lediglich zwei Seiten des göttlichen Wesens: Stärke und Heiligkeit[20]. Die Erschaffung des neuen Menschen wird in Analogie zu der des alten gesehen, und die geistliche Bindung an Gott tritt neben die natürlichen Bande der Familie; ja, sie hebt diese bis zu einem gewissen Grade auf (1QH ix. 34–6). Absichtlich wohl sagt der Beter, daß Gottes Kraft (גבורתו) das männliche Kind (גבר), d. h. die geistliche Gemeinde der Männer von Qumran, schaffe. Denn ein ähnliches Wortspiel findet sich an einer wichtigen Stelle des Neuen Testaments. Nach der Verheißung

---

[18] Sie sind gleichsam aus der Wahrheit (geboren); vgl. Joh. xviii. 37.

[19] Vgl. Joh. viii. 37–44; Apoc. ii. 9, iii. 9. Die Erschaffung der geistlichen Gemeinde geschieht auf Grund der Erwählung; ihr Kennzeichen sind die guten Werke und die Gesinnung ihrer Glieder.

[20] Zur Zusammengehörigkeit von גבורה und רוח in den Hodajoth beachte die Tatsache, daß die Engel, die ‚Geister' (רוחות 1QH iii. 22; xi. 13, xiii. 8), auch ‚Krafthelden' (גבורים) genannt werden können (1QH fr. x. 7); vgl. viii. 11, x. 34, v. 21, iii. 35. Gott selbst ist der גבור in 1QH vi. 30.

der Geburt Jesu an Maria durch den Engel Gabriel (גבריאל vgl. | 1QM ix.
16) wird Jesus aus der ‚Kraft (גבורה) des Höchsten' gezeugt und nicht etwa
von einen Manne (גבר), den Maria ‚kennen' und der sie ‚erkennen' könnte
(ידע)²¹. Bei Lukas, nicht in 1QH iii. 10, erscheint der aus der Kraft Gottes
geborene Messias.

Auch in Luc. i. 35 stehen der Heilige Geist *(πνεῦμα ἅγιον)* und die Kraft
Gottes *(δύναμις ὑψίστου)* in Parallele²². Und doch unterscheidet sich die
Geburt Jesu aus dem Geist von der Wiedergeburt des Beters und seiner
Gemeinde, denn nach Lukas ersetzen die lebenschaffende göttliche Kraft
und der Heilige Geist den Mannessamen und die fleischliche Zeugung;
Gottes גבורה und der menschliche גבר sind also einander entgegengesetzt,
schließen sich aus. Lukas und Matthäus führen über das jüdische Denken
hinaus in die hellenistische Vorstellungswelt. Bei der Sekte bleibt die
natürliche Erzeugung des Menschen, jedoch wird auch dort ihm das
geistliche, erwählende und lebenschaffende, Wirken Gottes zum Heil.
Dabei hat Gottes ‚Erkennen' (ידע) im Raum der Sekte nur geistige Bedeutung; Einsicht, Wahrheit und der Heilige Geist sind die Kräfte, mit denen
Gott in das Leben des Beters theophaniehaft eintritt, ihn leitet und nährt
(1QH ix. 31 f.). Ja, dieser wird das Instrument, durch das Gottes machtvolle Wirklichkeit vor den Menschen manifest wird. An zahlreichen
Stellen bekennt der Beter, daß Gott durch ihn sich stark erwiesen habe²³.
Diese Wendung ist bezeichnend für die Frömmigkeit und Humilitäts-
theologie der Sekte; sie fehlt noch im Alten Testament. Zwar wird dort
festgestellt, daß der Mensch nichts aus eigener Kraft vermöge (I Sam. ii.
9); aber Medium der göttlichen Kraft ist dort nicht der Erwählte, sondern
der Verworfene, der verstockte Pharao der Mosezeit. Er wird es vor
allem in der Septuaginta, die die Gottesrede Exod. ix. 16 so wiedergibt:
... *ἵνα ἐνδείξωμαι ἐν σοὶ τὴν ἰσχύν μου*²⁴. So übernimmt Paulus die Stelle und
gebraucht sie zum Nachweis der göttlichen Prädestination (Rom ix.
17)²⁵. Paulus weiß aber auch wie die Sekte vom Wirken der Gotteskraft
im Erwählten, ja, sie kommt gerade in der Schwachheit des Menschen
zur Vollendung (II Cor. xii. 9), und da, wo der Apostel schwach ist, ist er
stark (*ibid.* V. 10).

---

²¹ Luc. i. 34 f.: *ἐπεί ἄνδρα οὐ γινώσκω*; vgl. dazu 1QH ix. 29 f., wo der Beter vor Gott bekennt:
‚Von meinem Vater her, d. h. vom Akt der Zeugung an, hast Du mich erkannt (ידעתני)'.
Maria gleicht dabei Ruth, die im Volke Israel auch niemanden kennt (Ruth ii. 11), und
sich dem Manne (Boas) nicht zu erkennen gibt (Ruth iii. 3: *μὴ γνωρισθῇς τῷ ἀνδρί*; vgl. auch
iii. 14). Zum Vergleich Maria–Ruth siehe D. DAUBE, ‚Evangelisten und Rabbinen',
Z.N.W. XXXXVIII (1957), 119 f., der das *ἐπισκιάζειν* (= *ṭallel*) der göttlichen Kraft in
Luc. i. 35 zu dem Ausbreiten des Mantels (*tallit*) durch Boas in Beziehung setzt (Ruth iii.
9).
²² Vgl. auch Act. i. 8, x. 38; Rom. xv. 13, 19; Luc. i. 17; I Thess. i. 5.
²³ הגבירכה בי 1QH ii. 24, iv. 8, 22 f., v. 15 f, viii. 35, ix. 37, xi. 3.
²⁴ M. T.: בעבור הראתך את כחי
²⁵ Statt *ἰσχύν μου* setzt Paulus *δύναμίν μου*.

Quasi modo geniti

Die Gotteskraft schafft neues Leben. Ist die Zeugung Jesu aus dem Gottesgeist, der den Mannessamen ersetzt, in der Sekte ohne Analogie, so kennen | doch Neues Testament und Qumranschriften die Erneuerung durch den Heiligen Geist und die Taufe[26]. Die Glieder der Gemeinde gleichen eben geborenen Kindern, die mit Milch ernährt werden und schmecken, wie freundlich der Herr ist[27]. Wie bei den Säuglingen der Hodajoth handelt es sich dabei um geistliche Nahrung, ja um Gottes Heiligen Geist selbst[29]. Die geistliche Neugeburt ist Voraussetzung für den Eintritt in die Gottesherrschaft (Joh. iii. 5); nach den Synoptikern, bei denen wie in der Sekte die Wiedergeburt und das Wiedergeborenwerden begrifflich fehlen, muß man das Gottesreich empfangen wie ein Kind (Marc. x. 15; Luc. xviii. 17). Denn den Kindern fällt das Gottesreich zu (Marc. x. 14 par.), genau so wie den geistlich Armen (Matth. v. 3), den Reinen (Matth. v. 8)[29] oder den Sanftmütigen (Matth. xviii. 4; vgl. v. 5)[30]. Nach Matth. xviii. 6 spricht Jesus von den Kindern als den ‚Kleinen, die an mich glauben‘; in der Damaskusschrift werden die ‚Kleinen‘ der Herde in Sach. xiii. 7 auf die ‚Armen‘ (πτωχοί = ענוים) gedeutet, die auf Gott achten, d. h. Ihm treu verbleiben (C.D. xix. 9). All diese Wendungen bestätigen die auch in der Sekte vorhandene Überzeugung, daß nicht der an sich starke, eigenmächtige und eigenwillige Mensch Gefäß der göttlichen Gaben und Kräfte wird, die in der Himmelsherrschaft zählen, sondern der Leere und Reine, Demütige und Kleine, das Kind, das sich ganz auf den Großen verläßt. Und wie der geringste Bruder (Matth. xxv. 40,45) ist auch das schwache Kind ein wahrer Stellvertreter Christi auf Erden (Matth. xviii. 5)[31].

Die Rückwendung des Erwachsenen zu Gott wird der Rückkehr zum Kind-Sein verglichen (Matth. xviii. 3). Erfolgt beim Ersteren der Anstoß zum Abfall aus dem Innern, seinem Eigenwillen und seinem abgöttischen Herzen heraus (1QS ii. 11 f.), reizen ihn die eigenen Glieder und Sinne zur Sünde (Matth. xviii. 8 f.), so kann das Kind nur durch ein von außen her

---

[26] Vgl. dazu meinen Aufsatz: ‚Die Geburt der Gemeinde durch den Lehrer‘, a.a.O. S. 300–6.

[27] I Petr. ii. 2: ὡς ἀρτιγέννητα βρέφη τὸ λογικὸν ἄδολον γάλα ἐπιποθήσατε; vgl. die Verwendung von Ps. xxxiv. 9 in V. 3.

[28] Diese ergötzen sich wie der Säugling an der Brust seiner Amme (1QH vii. 21 f.), und nach 1QH ix. 32 ist es der heilige Geist, mit dem Gott als Amme Sein Kind ergötzt. Vgl. dazu Od Sal viii. 16 und Joseph und Aseneth xvi. 14, wo die himmlische Honigwabe der Engelnahrung als der ‚Geist des Lebens‘ bezeichnet wird.

[29] Nach Pesiqtha 61 b sprach man in der Schule Hillel's vom ‚einjährigen Kind, das rein von jeder Sünde ist‘.

[30] Der Besitz der Erde wird über die Gottesherrschaft erlangt.

[31] Vgl. dazu die Gleichsetzung von ‚Kleinen‘ und ‚Armen‘ in der Damaskusschrift (C.D. xix. 9).

kommendes Ärgernis verführt werden (*ibid.* V. 6 f.). Die Kinder sind
deshalb als solche Erben des Gottesreiches (Marc. x. 14 f. par.). Ist es dann
nicht paradox, wenn man die christliche Kindertaufe gerade auch auf
diese Stelle gründet? Das Kind bedarf ja zum Heil der Taufe nicht,
während der Erwachsene, der es begehrt, Buße tun und wie ein Kind
werden muß (Matth. xviii. 3). Aber man muß vor einem Trugschluß
warnen. Wohl mag das kleine Kind noch rein von Sünde sein, aber der
Beter der Hodajoth betont ausdrücklich, daß Gott ihn vom ersten Au-
genblick an, vom Mutterleib her, geheiligt habe | (1QH ix. 29 f.)[32]; ja
Gottes Erwählung geschieht, noch ehe der Mensch geschaffen ist (1QH
xv. 14 f.). Ohne Gottes Gnade und Fürsorge ist also auch das Kind
verloren. Deshalb bringen auch die Mütter ihre Kinder zu Jesus, daß er sie
anrühre (Marc. x. 13) bzw. ihnen die Hände auflege und über ihnen den
Segen spreche (Matth. xix. 13, 15). Damit werden sie in den Heilsbereich
einbezogen, und Jesus handelt hier wie der Lehrer der Hodajoth als
Mittler der Gotteskraft[33]. Und auch wer an ihn glaubt, wird wie das
Mitglied der Sekte Mittler des schöpferischen Gottesgeistes, der Lebens-
kraft, die den neuen Menschen schafft. In diesen Zusammenhang gehört
das schwierige Wort Joh. vii. 38: der Glaubende verströmt lebendiges
Wasser aus seinem Leib; es ist das Samenwasser des Geistes, das den
Menschen geistlich, von oben her, neu zeugt (Joh. iii. 6), ja, ihn so sehr
mit dieser Kraft anfüllt, daß auch er zum Lebensspender wird[34]. Auch
Joh. iv muß mit von daher verstanden werden: Jesus, der Spender des
lebendigen Wassers, führt die den Männern hörige Frau aus dem Bereich
des Fleisches in den des Glaubens, d. h. des Geistes (vgl. Joh. iv. 24) und
läßt durch sie auch andere zum Glauben kommen (*ibid.* v. 39). Was der
Welt als unedel und verächtlich gilt, das hat Gott erwählt (I Cor. i. 28).

---

[32] הקדשתני ist nach Jer. i. 5 in 1QH ix. 30 zu ergänzen. Vgl. dazu 1QH xv. 14 f. In 1QH ix.
29 ff. steht Gottes Fürsorge, in 1QH xv. 14 f. wie in Jer. i. 5 Gottes Erwählung im
Vordergrund.

[33] Vgl. dazu II Cor. xii. 9, wonach Christus, der als der erhöhte Herr der Geist ist (II Cor. iii.
17), für Paulus der Spender der göttlichen Kraft ist. Diese zeltet über ihm wie die
Schechina (ἐπισκηνοῦν V. 9); vgl. dazu das ἐπισκιάζειν der Kraft Gottes in Luc. i. 35.

[34] Vgl. dazu 1QH viii. 16, wonach Gott die Lehre (punktiere שמחה) im Munde des Beters zu
einem starken Regen für jeden Durstigen und zu einem Quell von lebendigem Wasser
gemacht hat, der nicht trügt.

3. Stadt und Gegenstadt
Ein Kapitel zelotischer Theologie

I. Das Zionsschema

In einem Beitrag für die Otto Michel gewidmeten Josephus-Studien hat Otto *Böcher* das Thema der „Heiligen Stadt im Völkerkrieg" umfassend und eindrücklich behandelt; meine Studie, die auf einem 1961 in Jerusalem gehaltenen Vortrag basiert[1], soll eine kleine Ergänzung zu dieser Darstellung sein. *Böcher* hat gezeigt, wie der israelitische Glaube an die unüberwindliche Stärke des Zion, von ihm „Zionsschema" genannt[2], die Zukunftserwartung in apokalyptischen Kreisen bestärkt und bereichert hat: Jerusalem galt als das von Gott verteidigte Bollwerk im endzeitlichen Krieg, vor dem der Angriff der heidnischen Heere zerschellen wird[3]. Diese Hoffnung wurde weder durch die eigene Kritik am angeblich entweihten Tempel noch durch dessen Zerstörung im Jahre 70 n. Chr. entscheidend geschwächt. Sie richtete sich danach auf eine neue, ideale und unvergängliche Stadt, die jetzt schon im Himmel bereitsteht und sich in naher, visionär geschauter Zukunft auf die Erde herabsenken wird[4].

Auch der *Kampf der Zeloten* gegen Rom wurde meines Erachtens vom Kraftquell des Glaubens an den Zion gespeist. Freilich hat Josephus, der wichtigste Zeuge für die zelotische Theologie, diese Tatsache weitgehend verdeckt oder in ihr Gegenteil verkehrt. Für ihn waren die Zeloten keine hôvĕvê ẓiyyôn. Vielmehr wird ihnen die Alleinschuld am Fall Jerusalems aufgebürdet: Nicht die Gesamtheit der Juden, sondern nur die kleine Schar der tyrannischen Aufrührer hatte die bis dahin blühendste der von Rom beherrschten Städte ins Unglück gestürzt und den Untergang des Tempels, dazu die Katastrophe des Volkes auf dem Gewissen[5]. Der

---

1 Der beim 3. Weltkongreß für Jüdische Studien gehaltene Vortrag hatte den Titel „City and Counter-City".
2 Es wird vor allem im Psalter, im Buch Jesaja und von manchen der späteren Propheten entfaltet.
3 So vor allem in der Kriegsrolle von Qumran und im äth. Henoch.
4 In der Johannesoffenbarung Im 4. Esra und der syrischen Baruchapokalypse.
5 Bell 1, 11.27 f.; 5, 11–20; 6,328. Die Einheit von Volk, Stadt und Tempel ist für Josephus besonders wichtig und ein Kennzeichen der sadduzäischen Theologie.

Glaube der Zeloten tritt im Bellum nur selten ans Licht; Josephus spricht lieber von Ehrgeiz und Wahn, Gesetzlosigkeit und Greueln, Raub und Mord, und zwar besonders im Abschnitt unmittelbar vor der römischen Offensive gegen Jerusalem, das als Ort des Grauens ein reinigendes Gewitter dringend brauchte (Bell 5, 1–20). Aber gelegentlich gelingt es, die von Schmerz und Haß gewobene Decke wegzunehmen und die wahren Motive der Aufständischen zu erkennen; das haben bereits *J. Klausner*[6], *O. Michel-O. Bauernfeind*[7] und *M. Hengel*[8] in vorbildlicher Weise getan. Hier soll ein Stück zelotischer Theologie mit Hilfe der *Qumrantexte* freigelegt werden, obwohl deren Verfasser nicht unter den Zeloten gesucht werden sollten. Trotz vieler schwerwiegender Unterschiede gibt es manche Gemeinsamkeiten, gerade im Blick auf das „Zionsschema" und den Heiligen Krieg; die Qumrangemeinde hat ja ein ähnliches Schicksal wie die Zeloten erlitten, nachdem sie sich am Aufstand beteiligt hatte[9].

II. Die Gegenstadt vor Jerusalem und der Heilige Krieg

Am Anfang des 5. Buches des Bellum schildert Josephus den Höhepunkt des Bruderkampfes in Jerusalem. Die jüdischen „Feinde der Stadt" sind in drei Lager geteilt: (Bell 5, 21) Simon bar Giora hält die Oberstadt und Teile der Unterstadt, Johannes von Gischala den Tempelberg und Eleasar ben Simon den inneren Tempelbezirk besetzt. Ihre Untaten, die den Anfang vom Ende bedeuten (Bell 5, 3), werden mit apokalyptischen Farben gemalt: Stadt und Tempel sind von Einheimischen in ein Totenfeld oder Massengrab verwandelt, der Leib des Volkes wird wie von wilden Tieren in Stücke gerissen (Bell 5,27) und der Krieg von außen, das Kommen der Römer, wird von vielen als Erlösung und Ende der inneren Mißstände herbeigesehnt (Bell 5,28).

Merkwürdigerweise hörte beim Anmarsch des Titus dieser Streit schlagartig auf (Bell 5,71). Josephus, der sich in die Mentalität der Zeloten versetzt, meint, mit Bestürzung hätten diese gesehen, wie die Legionen

---

Dieses Thema behandelt der Beitrag *W. Grimms* zur Josephus-Festschrift für O. Michel: Die Preisgabe eines Menschen für das Volk, Priesterliche Traditionen bei Josephus und im Johannesevangelium S. 133–146.

6   Hisṭoriyä šel ha-bayiṭ ha-šenî, Jerusalem 1963.

7   In der reich kommentierten Ausgabe Josephus De Bello Judaico I–III, Darmstadt 1959–1969.

8   Die Zeloten (AGSU 1), Leiden 1961, vor allem S. 235–276.

9   Nach *S. H. Steckoll* soll Qumran nicht im Jahre 68 n. Chr. zerstört worden sein, sondern nach der Einnahme Jerusalems im Jahre 70 noch existiert haben (Marginal Notes on the Qumran Excavations, in: Rev Qum 25, VII [1969], S. 39).

drei Lager schlugen, zwei auf dem Berg Skopus, sieben Stadien von der Stadt entfernt (Bell 5,68), und dazu das der zehnten, von Jericho her kommenden, Legion auf dem Ölberg (Bell 5,70). Der rasche Gesinnungswechsel wird geschickt durch ein selbstkritisch gehaltenes Gespräch der Zeloten erklärt: Man dürfe nicht untätig zusehen, wie drei den Atem abschnürende Mauern aufgeführt würden und der Krieg[10] ungescheut eine Gegenstadt erbaue (ἀντιπολί ζειν Bell 5,73). Die Haltung müßiger Zuschauer, die im Schutze ihrer Mauern säßen, und erst recht eine nur im Bruderkrieg sich bewährende Tapferkeit seien unangebracht; sonst falle die Stadt, ohne daß es den Gegner auch nur einen Blutstropfen koste (Bell 5,74). Dann griffen die Zeloten zu den Waffen, machten sich gegenseitig Mut, und stürmten in einem plötzlichen Ausfall über das Kidrontal hinweg auf die ahnungslos am Ölberg schanzenden Soldaten der 10. Legion (Bell 5,75). Diese wurden überrannt, zerstreut oder auch niedergeschlagen. Die Angreifer, durch neue Kräfte aus der Stadt verstärkt, drängten sogar die Legion von ihrem Lager ab; sie wäre ganz vernichtet worden, hätte nicht Titus mit einer auserlesenen Truppe Hilfe geleistet und die Zeloten in der Flanke angegriffen (Bell 5, 76–84). Wenig später, nach dem Rückzug der ersten Angreifer, brach noch ein frischer Haufe mit solchem Ungestüm aus der Stadt, daß man sich an den Ansturm wilder Tiere erinnert sah (Bell 5, 85) Keiner der Legionäre wartete diesen Angriff ab, alle flohen den Ölberg hinauf. Nur Titus sei mit wenigen Begleitern mitten auf dem Berghang geblieben, habe sich der dicht gedrängten Hauptmasse der Angreifer entgegengestellt und so die Legion vor einer Katastrophe bewahrt. Freilich habe sich diese zunächst zerstreut, zumal man annahm, daß auch Titus geflohen sei; das traf wohl auch zu, wie *J. Klausner* bemerkt (Bell 5, 86–97)[11].

Abgesehen vom großen Erfolg der Zeloten sind zwei Punkte bemerkenswert: 1. Die Notiz, das römische Lager stelle eine Gegenstadt dar; 2. die Art der jüdischen Kampfführung. Wie ich im folgenden zeigen möchte, entspringt beides einem wichtigen Element zelotischer Theologie.

Zu 1: Das Bild von der *Gegenstadt* ist vom Glauben an die Gottesstadt motiviert und analog zur Beschreibung *Jerusalems* ausgeführt. Diese ist wenig später in die Schilderung der Kämpfe eingeschaltet (Bell 5, 136–247); dabei beschränkt sich Josephus auf die Mauern und den Tempel. Hatten die Legionäre auf zwei Hügeln vor Jerusalem ihr Lager geschlagen (Bell 5, 67–70), so entspricht das der Lage Jerusalems, das auf

---

10 πολέμου; die Lesart des Codex M πολεμίου ist erleichternd.
11 *J. Klausner*, Historiyä V, S. 240. Schon vorher war Titus bei einem Erkundigungsritt zusammen mit 600 Reitern am Damaskustor überfallen worden, wobei er fast in Gefangenschaft geriet (dazu *Klausner* S. 239 f.).

zwei Hügeln erbaut ist (Bell 5, 136). Den drei Wällen, mit denen die Römer sich schützten, korrespondieren die drei Mauern Jerusalems (Bell 5,136), und drei gewaltige Türme decken die besonders empfindliche Stelle im Norden der Stadt (Bell 5, 142–183). Jerusalem stellt eine Festung dar, der sowohl die Natur durch tiefe Täler als auch das jüdische Volk in zäher, über Jahrhunderte sich erstreckender Arbeit ihre Stärke gaben. Der *Tempel* bildet seinerseits noch eine Festung innerhalb der Stadt, ihren harten, heiligen Kern; ihm gilt der zweite Teil der Stadtbeschreibung (Bell 5, 184–247). Auch er ist durch Täler und drei Mauern geschützt, von denen die erste am Fuß des Tempelhügels erbaut ist (Bell 5, 187), die zweite die auf ihm liegende Anlage umschließt (Bell 5, 195) und die dritte eine Trennungswand gegenüber dem inneren Vorhof bildet (Bell 5, 199). Und wie die Stadt so war auch der Tempel an der Nordwestseite durch einen „Turm" gedeckt, nämlich die Burg Antonia, die nach Josephus als ganze das Aussehen eines Turmes bot (Bell 5, 242–245). Diese Darstellung gründet gewiß im gemeinjüdischen Urteil über Jerusalem. Sie ist *religiös* fundiert; ihre Künstlichkeit verrät den Glauben an die Erwählung von Stadt, Tempel und jüdischem Volk und an die Einzigartigkeit dieser Konstellation. Auch die Dreizahl war von der Tradition bestimmt. In den rabbinischen Schriften heißt es: „Und wie es in der Wüste drei Lager gab: ein Lager der Schechina, ein Lager der Leviten und ein Lager Israels, so gab es diese auch in Jerusalem: von dem Tor Jerusalems bis zum Tor des Tempelbergs das Lager Israels, vom Tor des Tempelberges bis zum Nikanortor das Lager der Leviten und vom Nikanortor nach innen das Lager der Schechina"[12]. Vom Glauben an die Gottesstadt erklärt sich der Ansturm auf die Gegenstadt, aber auch das Ausharren der Zeloten in Jerusalem. Josephus läßt seinen Gegner Johannes von Gischala sagen, er fürchte keine Eroberung, da die Stadt Gottes Eigentum sei (Bell 6,98). Und die Tatsache, daß Gott im Tempel wohnt, bietet den besten Schutz; Er steht als Bundesgenosse auf der Seite der Juden, die deshalb allen Gefahren trotzen können (Bell 5, 459). In der Gegenstadt des römischen Lagers fehlt scheinbar die Entsprechung zu solch einem schützenden, das Heil garantierenden Kern. Aber Josephus hat die Person des Titus an diese Stelle gesetzt: Er wohnt bei seinen Soldaten und rettet sie aus höchster Gefahr (Bell 5, 81).

Zu 2: Der Glaube an die Unbesiegbarkeit Jerusalems hat die Kampfführung der Zeloten bestimmt, den Angriff auf die Gegenstadt inspiriert. Es ist eine Art von *Heiligem Krieg*, der mit dem unsichtbaren Gott als Bundesgenossen geführt wird[13]. Das läßt auch die von Josephus gegebene

---

12 T Kelim 1, 12 vgl Sifr. Num Par. 1,§4, Jalq. Schim. § 700.
13 Vgl. *M. Hengel*, Zeloten, S. 277–296.

Darstellung der Kämpfe erkennen, trotz ihrer bewußt rationalen und
prorömisch gehaltenen Form. Sie kann daher kaum aus einer römischen
Quelle stammen, wie *W. Weber* und *H. Lindner* meinen[14]. Denn die echt
jüdische Konzeption des Heiligen Krieges liegt ihr zugrunde. Den von
Lindner[15] richtig erkannten Gegensatz von römischer ratio und jüdischer
Wildheit hat Josephus hineingebracht, der schon für die inneren Kämpfe
der Zeloten den Vergleich mit Bestien gebrauchte (Bell 5,4.27); damit wird
das enthusiastische Draufgängertum der heiligen Krieger diffamiert. Die
Elemente dieses Krieges, die sich beim Heerbann des Alten Israel und beim
Kampf der Makkabäer finden, die dann in der Kriegsrolle von Qumran
eschatologisch orientiert sind, haben die Verteidigung Jerusalems bestimmt. Wichtig waren auch die prophetischen Orakel der Schrift. Die
unheilige Gegenstadt am Ölberg wurde wohl deshalb so hart attackiert,
weil sie sich gerade an der Stelle befand, an der Gott beim endzeitlichen
Angriff der Völker erscheinen wird (Sach 14,3 f.): Mit den himmlischen
Scharen wird Er die heidnischen Heere zerstreuen und Seine Königsherrschaft aufrichten (vgl. Sach 14,3.9; 12,3 ff.). Diese Verheißung mag den
Zeloten vor Augen gestanden haben, als sie sich zu ihrem Ausfall
entschlossen, zumal Sach 12, 5–8 die Juden und Bewohner Jerusalems als
Mitstreiter Gottes und Sieger über die Feinde anerkennt. Die Aktualität
gerade dieser Prophetie wird von dem ägyptischen Juden erwiesen, der
unter dem Statthalter Felix die eschatologische Wende einleiten wollte; er
führte seine Anhänger vom Ölberg her gegen die Stadt (Bell 2,262).

Vorbereitung und Durchführung des Kampfes folgen den Regeln im
Heiligen Krieg. Die Szene, nach welcher die Zeloten voll Furcht auf die
Feinde sahen, ihre Schuld bekannten und schließlich einander ermunter-
ten (Bell 5, 73–75), ist eine psychologisierende Fassung der drei Akte, wie
sie unverstellt vom Kampf des Judas Makkabäus berichtet sind. Vor der
Schlacht bei Beth-Horon (1 Makk 3, 16 ff.) waren die Kämpfer des Judas
angesichts der zahlenmäßigen Übermacht des Gegners verzweifelt; und wie
im Bericht des Josephus, wurde die Verzweiflung in direkter Rede
geäußert (1 Makk 3,17). Demgegenüber verwies Judas auf die Hilfe des
Himmels; diese Macht entwerte die Zahl des Feindes (1 Makk 3, 18–22).
Nach 1 Makk 3, 44–53 gehören auch Bittgebet und Klage, ferner das
Fasten, die Volkstrauer am Heiligtum und das Forschen nach tröstenden
Worten der Schrift zur Vorbereitung im Heiligen Krieg. Das Gebet zu Gott
beginnt mit einer Frage ähnlich der in Bell 5,73: „Was sollen wir tun . . .

---

14 *W. Weber*, Josephus und Vespasian, Untersuchungen zu dem jüdischen Krieg des
     Flavius Josephus, Berlin 1921, S. 210–237; *H. Lindner*, Die Geschichtsauffassung
     des Flavius Josephus im Bellum Judaicum (AGSU 12), Leiden 1972, S. 99–102.
15 *H. Lindner*, Geschichtsauffassung, S. 114.

wie können wir vor ihnen bestehen, wenn Du nicht hilfst? " Als wichtiges Argument folgt dann das Erinnern an die Hilfe, die Gott den Vätern gewährt hat[16].

Der zelotische *Angriff* gegen die Römer war von einem Geschrei begleitet (Bell 5,75), das ohne Zweifel dem Kampflärm, der těrû'ä im Heiligen Krieg, entspricht (vgl. Jos 6,5; Ri 7,20; 1 Sam 17, 20; 1 Makk 4,13 f.). Der große Kriegslärm, durch das Blasen von Hörnern verstärkt, war auch für die endzeitliche Kampfführung in Qumran vorgesehen[17]. Josephus betont dann den stürmischen Angriff der Zeloten, den er dem Anspringen wilder Tiere vergleicht (Bell 5,80.85.92); die Römer hielten ihn für unwiderstehlich und stoben in panischer Furcht auseinander (Bell 5, 92 f.). Die Wendung πανικὸν δεῖμα weist auf den Gottesschrecken, der im Heiligen Krieg die Feinde lähmt (2 Chr 14,13; 17,10; 20,29). Schließlich bemerkt Josephus, die Juden seien, von Fortuna begünstigt, in den Augen der Feinde und auch nach eigener Ansicht viel zahlreicher erschienen als sie waren (Bell 5,78). Diese Feststellung, in der Gott durch Fortuna ersetzt ist, spiegelt den Glauben, die himmlischen Heerscharen kämpften unsichtbar an der Seite der heiligen Krieger (vgl. 2 Sam 5,24; 2 Chr 14,10 f.; 20,22; 1 QM 1,16; 7,6 f.; 12, 8–13; 15,14 f.; 19,12). Umgekehrt faßt Josephus das Auftreten des Titus in Wendungen, die im Heiligen Krieg Israels das Eingreifen Gottes bezeichnen: Er kam eilends zu Hilfe (βοηϑεῖν Bell 5,81) und brachte die Gegner zum Weichen (Bell 5,82); er erscheint als der deus ex machina, als der Held (gibbôr) im Heiligen Krieg (vgl. 1 QM 12, 9–12).

Der stürmische Angriff, der Triumph des Enthusiasmus über die Disziplin, wird schon beim Sieg der Juden über Cestius erwähnt (Bell 2,517). Damals brachen die Juden unmittelbar vom Laubhüttenfest auf, griffen zu den Waffen und stürmten im Vertrauen auf ihre große Zahl ungeordnet und mit Geschrei den Römern entgegen. Die Wucht ihres Angriffs war so gewaltig, daß sie die Schlachtreihen sprengte (Bell 2,518) Auch in der Schlacht bei Beth Horon, dem klassischen Schauplatz de Heiligen Krieges, triumphierte der wilde Kampfeseifer über die Ordnun und Taktik der Römer (Bell 2, 540–555).

Zum Heiligen Krieg gehört auch die List (Jos 8,2; 1 QM 3,2.8). Simon bar Giora war bei der Abwehr des Cestius den Römern in den Rücken gefallen und hatte sich ihres Trosses bemächtigt (Bell 2,521). Josephus erzählt, wie beim Anmarsch des Titus die Zeloten eine große Zahl von Legionären mit einem Friedensangebot dicht an die Mauer lockten, sie durch einen Hagel von Geschossen überraschten und dann von der Stadt

16 1 Makk 4,8–11; vgl. dazu die Kriegsrolle von Qumran 10, 1–12, 18.
17 1 QM 8,10 těrû'aṭ milḥamä gĕdôlä, dazu die Lärmtrompeten 1 QM 7,13.

vertrieben (Bell 5, 109–118). Nach diesem Erfolg hätten sie getanzt und vor Freude geschrieen, was Josephus als Frevel gegen das Kriegsglück beurteilt (ib. §120). In Wirklichkeit war man auch hier der Tradition gefolgt: Wie die List zählt auch der Gesang nach errungenem Sieg zur Ordnung im Heiligen Krieg (Ex 15,20 f; 1 Makk 4,24; 2 Makk 15,29; 1 QM 14,4 ff.; Bell 2,554)[18]. Der Vorwurf der Hybris war unbegründet, da man Gott für Seine Hilfe zu preisen pflegte, eine Tatsache, die Josephus mit dem Reden von der Tyche verdeckt.

Die Zeloten haben demnach auf die *alte Überlieferung* vom Zion und von der vernichtenden Völkerschlacht vor Jerusalem gebaut. Außer den Zionsliedern und der besonders aktuellen Verheißung Sach 14,3 f. mag ihnen die Weissagung vom belagerten und befreiten Gottesherd (Jes 29, 1–8), ferner vom Scheitern Gogs östlich vom Toten Meer (Hes 39,11) und schließlich vom Ende des Königs aus dem Norden (Dan 11,45) bedeutsam gewesen sein. Vor allem aber hatten die heiligen Krieger an *Sanheribs Abzug* von Jerusalem gedacht (Jes 37, 36 ff.; vgl. 1 Makk 7,37 ff.; 2 Makk 15,22 ff.). Nach Bell 5,303 hieß der Platz zwischen dritter und zweiter Mauer im Norden der Stadt „das Assyrerlager", und in seiner großen Rede vor den Verteidigern Jerusalems hatte Josephus vergeblich versucht, diese Tradition aus dem Bollwerk ihrer Zionstheologie herauszubrechen (Bell 5,388 ff.). Er wies darauf hin, daß Sanherib nicht durch Menschenhand gefallen sei und spielte dabei an Jes 31,8 an, das in 1 QM 11,11 f. zittiert und auf die „Kittäer", die Gegner der Endzeit, angewendet wird: „Assur fällt, und zwar nicht durch das Schwert eines Menschen". Für die Kämpfe an der Steige von Beth-Horon mag das ebenfalls in Qumran gebrauchte, messianisch orientierte, Orakel Jes 10, 27–34 maßgebend gewesen sein[19]. Denn Cestius benützte damals die Route, auf welcher der von Jesaja angezeigte Feind nach Jerusalem ziehen soll; auch ein Teil der Truppen des Titus hatte das getan (Bell 5, 40–42). Noch in der trostlosen Endphase des Krieges verkündigten in Jerusalem auftretende Propheten das Kommen der göttlichen Hilfe (Bell 6,286), und kurz vor dem Brand des Tempels lockte die Weisung eines „Pseudopropheten", Gott befehle, zum Heiligtum hinaufzugehen und die Zeichen der Rettung zu erwarten, 6000 Menschen in den Tempel, der dann zur tödlichen Falle wurde (Bell 6, 283–287). Diese Weisung hatte das Dogma vom uneinnehmbaren Tempel noch in letzter Minute aktualisiert.

Dieses Dogma und die mit ihm verbundene Erwartung eines endzeitlichen Sieges vor den Mauern Jerusalems war zur Zeit des Josephus ganz

---

18 Vgl. *M. Hengel*, Zeloten, S. 290.
19 4 Qp Jes 10, 32–11,3; vgl. dazu *M. Hengel*, Zeloten, S. 282.290.

aktuell[20] und darum sicher auch diesem bekannt. Aber für *Josephus* waren die Zeloten keine heiligen Krieger, sondern Übertreter der Gebote[21], wahnsinnige Menschen[22], deren Verblendung von Gott gewirkt ist (Bell 5,342 f.). Deshalb sehen sie die Wirklichkeit nicht: Wollte Gott ihnen wirklich helfen, so hätte Er das gleich nach der Ankunft des Titus getan (Bell 5,407 f.). Josephus sieht somit in den in Buch 5 geschilderten Ereignissen die entscheidende Phase des Krieges und das Kriterium für eine göttliche Symmachie. Gottes Hilfe blieb aus, und Josephus weiß auch, warum. Denn gerade in diesem Augenblick präsentierte sich Jerusalem als entweihte, befleckte Stadt, die bedeckt war mit den Opfern des Bürgerkrieges (Bell 5,19; 6,110) und nicht etwa umgeben von Leichen heidnischer Soldaten und Opfern des heiligen Kriegs. Deshalb ist Gott aus dem Tempel geflohen und hat sich auf die Seite der Feinde gestellt (Bell 5,412; 6,299 f.); die Gegenstadt ist in Wahrheit die Gottesstadt. Jerusalems Fall ist unvermeidlich, und auch die Zeloten müßten das wissen. Denn nach einer alten Weissagung ist der Bruderkrieg das Zeichen für die baldige Eroberung der Stadt (Bell 6,109; vgl. Lk. 11,51)[23]. Die Römer werden zum Werkzeug des läuternden Gottesgerichts; der Tempel soll durch Feuer gereinigt werden (Bell 6,110; vgl. 2,539). Diese Thesen, vor allem in der großen Rede vor Jerusalem verkündigt (Bell 5, 362–374; 376–519), sind Ausführung des Auftrags, den Josephus in der Höhle von Jotapata empfing: Von da an wußte er sich als Bote Gottes berufen, dem wie einst Elia in der Höhle am Horeb befohlen wurde, einen Heiden als Herrscher und Vollzugsorgan des Strafgerichts an Israel zu designieren (Bell. 3, 352–354.399–402). Damals hatte Josephus am eigenen Leibe erfahren, daß alles Glück zu den Römern übergegangen war; jetzt wurde diese Tatsache zum Thema seiner Botschaft über die Zukunft Israels (Bell 3,354). Josephus übernahm die Rolle eines Unheilspropheten von der Art Jeremias, der das Zionsschema aufkündigen mußte; Gott wurde zum Bundesgenossen der Römer (Bell 7, 318.332).

Für Jerusalem wendet sich alles zum Gegenteil: Ihre Attribute gehen auf die Gegenstadt über; diese ist in Wahrheit die Gottesstadt. Die römischen Legionäre werden zu echten „Eiferern", wenn Josephus sie als ζηλωταὶ τῆς ἀνδρείας bezeichnet (Bell 5,314; 6,59). Die Einwohner des

---

20 Vgl. auch Mt 5,14 b und dessen Umformung in Oxyr. Pap. I,6 und Thomasevangelium Logion 32: Es sagte Jesus: „Eine Stadt, die man auf einem hohen Berg erbaut und die stark befestigt ist, kann nicht fallen, noch wird sie sich verbergen können".

21 Zur Gesetzlosigkeit der Zeloten vgl. den diesbezüglichen Exkurs bei *O. Michel –
O. Bauernfeind*, Josephus II 1, S. 211 f

22 Bell 2, 265.651; 3,454.479; 4,362; 5,34.121. 424.436; 6,20. Dazu *M. Hengel*, Zeloten, S. 16.266.

23 Vgl. dazu die Anm. 34 bei *O. Michel – O. Bauernfeind*, Josephus II 2, S. 165.

belagerten Jerusalem beten um die Befreiung durch Rom (Bell 5, 28). Während die Zeloten den Tempel entweihen, verehren die Römer diese heilige Stätte, indem sie viele Sitten des eigenen Volkes zugunsten der Gesetze der Juden mißachten (Bell 5,402); Titus hält eine Scheltrede gegen die jüdischen Frevler am Heiligtum (Bell 6, 124–128). Hier zeigt sich, daß die Erwählung Gottes, die dem Zion galt, nicht rückgängig gemacht wird, und die Römer erkennen sie faktisch an. Aber für die Juden wird sie unwirksam, durch ihr gottloses Verhalten zeitweilig aufgehoben. Die Heiligkeit des Ortes vergeht, Gott wird gleichsam von ihm vertrieben. Gottes Erwählung ist die Voraussetzung für die Heiligkeit eines Orts; der Mensch anerkennt oder hebt sie auf[24].

III. Die Gegenstadt in der Wüste

Die Verkehrung des Glaubens an die heilige Stadt stellt keineswegs einen von der Not gebotenen Alleingang des Römerfreundes und Verräters Josephus dar. Die Vorstellung von einem entweihten Tempel und einer durch Gottes Gegenwart geheiligten Gegenstadt findet sich in den *Texten von Qumran*, und auch dort verbindet sie sich mit der Erwartung eines *endzeitlichen Heiligen Krieges*. Nach der Kriegsrolle kehren die Verbannten des wahren Gottesvolkes aus der „Wüste der Völker" zurück und lagern sich in der „Wüste Jerusalems"; von dort aus kämpfen sie die Schlacht gegen die Kittäer, die „Kinder der Finsternis" (1, 2–7). In den Hodajoth wird das Bild einer von Gott gegründeten, stark befestigten Stadt gezeichnet, von der aus der Krieg gegen die angreifenden Frevler geführt wird: Das Schwert eilt herbei, der „Held" spannt den Bogen, das Gericht an den Gottlosen beginnt (1 QH 6, 25–36). Das Bild der von Gott erbauten Stadt, die ein Bollwerk gegen das Böse darstellt, hat seine biblische Basis im Orakel Jes 28, 16 f., wonach Gott auf dem Zion einen bewährten Stein und einen köstlichen Eckstein legen wird. Die Qumranleute waren davon überzeugt, diese Verheißung sei zu ihrer Zeit in Erfüllung gegangen, wobei Gott nicht nur den Grundstein gelegt, sondern auch den ganzen Bau mit erlesenen Steinen aufgeführt hat. Diese Steine sind die Mitglieder der Gemeinde, die „Männer der Heiligkeit"; Gottes Erwählung und die Bewährung der Menschen garantieren die Uneinnehmbarkeit der Stadt (1 QH 6, 25–27; 1 QS 8,7 f.). Diese ist aber nicht Jerusalem, sondern eine Art von Gegenstadt in der Wüste. Die mit Mauer und Turm bewehrte Siedlung von Qumran bildet gleichzeitig das Lager der heiligen Krieger, die, vollkommen an Geist und Leib, bereitstehen für den

---

24 Vgl. dazu Mekh. Ex. zu Ex 19,12 und zu Ex 12,25.

Tag des Gerichts (1 QM 7,5). Mit ihrer Wehrhaftigkeit und den Maßen, die denen des Tempels in Jerusalem entsprechen, weist sie auf die eschatologische Dauer und Heiligkeit der Gemeinde; diese stellt einen heiligen, nicht mit den Händen erbauten Tempel dar (4 Q Flor 1,6 f.). Während fremde Eroberer den ersten Tempel in Jerusalem wegen der Sünde Israels zerstörten (4 Q Flor 1,5 f; vgl. CD 1,3 f.; Apk 11,8), wird dieses von Gott erbaute Heiligtum nicht fallen, sondern den Ränken der Belialskinder widerstehen und damit auch das Gericht überstehen (4 Q Flor 1,7 f.). Wieder wird die Gegenstadt mit den Verheißungen für die heilige Stadt und deren Tempel versehen. Der Reichtum an Bäumen, der dem neuen Jerusalem geschenkt werden soll (Jes 60,13), findet sich jetzt schon im dürren Land (1 QH 8, 4–6); der Begriff „Libanon; der bei den Rabbinen den Tempel bezeichnet (b Ber 5 a; Echa r 1,31), wird auf Qumran bezogen (1 Qp Hab 12,3), desgleichen das Wort an Jerusalem, es werde neu aus Edelsteinen erbaut (Jes 54, 11 f in 4 Q 165)[25]. Dabei werden diese Begriffe als Bilder verstanden: Bäume und Edelsteine meinen die Priester und Laien, die Gott erwählt hat; diese bilden das Heiligtum, in dem man den Gott wohlgefälligen Opferdienst des Betens und Toragehorsams vollzieht und dadurch das Land entsühnt (1 QS 8,6; CD 3,21–4,1). Das bedeutet, daß Stellung und Funktion des Jerusalemer Tempels auf die Gegenstadt übergegangen sind. Das zeigt auch die *Polemik* dieser Gemeinde, die in mancher Hinsicht an die Darstellung des Zelotenzwists bei Josephus erinnert: Werkzeuge der Gewalt und Teufelssöhne haben an Jerusalem gebaut und es durch Mauern und Türme zu einem Bollwerk des Frevels gemacht (4 Q Test 25–30); man hat in ihr eine „Gemeinde der Lüge" errichtet (1 Qp Hab 10, 9–13); vgl. 8, 8–13; 9,4 f.). Auch Nahums Drohwort gegen die „Blutstadt" Ninive (3,1 ff.) wird auf Jerusalem bezogen, das deshalb vom „Schwert der Völker" heimgesucht werden soll. Denn dort herrschen „Gefangenschaft, Raub und Zank untereinander, Verbannung und Furcht vor dem Feind; eine Menge von Leichen der Schuld wird in ihren Tagen fallen" (4 Qp Nah 2, 1–11). Josephus hat vielleicht das Orakel Nah 3, 1–4 im Sinn, wenn er von einer alten Weissagung spricht, nach welcher ein Bruderkrieg die Katastrophe der Stadt signalisiert, und seine Schilderung der zelotischen Kämpfe in Jerusalem darauf abgestimmt (vgl. Bell 6, 110 mit 5, 1–20 und 4 Qp Nah 2); die Qumranexegeten haben in „Ephraim", d. h. wohl den rachbegierigen Pharisäern unter Salome Alexandra, den Urheber der inneren Wirren gesehen[26]. Dennoch haben auch sie die Erwählung Gottes voll anerkannt;

25 *J. M. Allegro*, Qumran Cave 4, Oxford 1968, S. 27 f.
26 Auch das Bild von der Hure 4 Q 184 (*J. M. Allegro*, Qumran Cave 4, S. 82–84) beschreibt wohl die Lügengemeinde (vgl. Nah 3,4 und die Auslegung in 4 Qp Nah 2,7–11). Zur Polemik gegen Jerusalem vgl. auch Apk 11,8, wo Jerusalem Sodom

Jerusalem wird restauriert. Dafür spricht die Beschreibung eines neuen Jerusalem, von der einige aramäische Fragmente erhalten sind[27], und vor allem die noch nicht veröffentlichte Tempelrolle aus Höhle 11.

Aus all diesen Stellen erhellt die *Norm*, nach der man über Stadt oder Gegenstadt entschied: Die Heiligkeit eines Ortes steht und fällt mit der Art der Menschen, die in ihm leben und Dienst tun; Gesetzlosigkeit entweiht die Stätte, die sich Gott als Wohnung erwählt hat. Diesen Grundsatz hat R. Jose so formuliert: „Es ist nicht der Ort, der den Menschen ehrt, vielmehr ehrt der Mensch den Ort, an dem er weilt"; der Sinai wurde durch die Schechina geheiligt, als diese abzog, war er wieder profan[28]. Solch eine auf die Person abhebende Maxime erklärt, wie es in Qumran zu einer „anthropologischen" Deutung des Tempels und der Eigenschaften des neuen Jerusalem kommen konnte, warum die Heilsgemeinde mit ihren Gliedern deren Erbe antrat. Auch die Hoffnung, im neuen Jerusalem werde es keinen Tempel mehr geben, weil dort Gott und Christus wohnten (Apk 21,3.22), ist von dieser Hochschätzung heiliger Personen gesetzt.

IV. Die Heiligung Jerusalems

Die Qumrantexte könnten zum Schluß verleiten, die von Josephus berichteten Greuel der Zeloten seien bloße Dichtung, Aktualisierung traditioneller Polemik. Aber sie sind m. E. nicht einfach erfunden. Freilich hat Josephus übertrieben, was schon der rhetorische, bilderreiche Stil verrät; er wollte außerdem an die Drohworte der Schriftpropheten erinnern. Aufschlußreich ist z. B. das Faktum eines eifrigen Opferdienstes im Tempel (Bell 5,16 f.). Er wäre unmöglich gewesen angesichts der fortdauernden Kämpfe im Tempelbezirk und all der Greuel, die Josephus erzählt (Bell 5, 14—20)[29]; es kann sich also nur um gelegentliche Zusammenstöße gehandelt haben. Einem permanenten Bruderkrieg widerspricht auch die sofortige Einigung, die beim Anmarsch der Römer erfolgte. Aber auch diese temporären, inneren Kämpfe entsprangen m. E. dem Glauben an die heilige Stadt und einen heiligen Krieg, für den man die Mithilfe Gottes und Seiner Herrscharen braucht. Aus diesem Grunde wollten die radikalen Zeloten Jerusalem von allen halben, die Reinheit der Stadt gefährdenden Menschen befreien und diese in ein

---

und Ägypten heißt, während nach Apk 14,1 die Gemeinde der Heiligen den Berg Zion darstellt.
27 *M. Baillet*, Fragments araméens de Qumran 2 in: RB 62 (1955), S. 222—245.
28 Mekh. Ex. zu Ex. 19,12 (ed. *Lauterbach* II, S. 214 f.).
29 *J. Klausner*, Hisṭoriyä V, S. 237, dazu den Hinweis auf die Ansicht von *H. Graetz*.

Heerlager von Heiligen verwandeln. Die Gegensätze zwischen den einzelnen Aufstandsgruppen sind nicht zuletzt dem Grad ihres Eifers und der unterschiedlichen Auffassung von Heiligkeit zuzuschreiben. Nach *J. Klausner* war Johannes von Gischala in erster Linie an der politischen Seite des Aufstandes gegen Rom interessiert; rituelle Fragen, wie die von Rein und Unrein und der verbotenen Speisen, fochten ihn wenig an[30]. In den Augen eines Eleasar ben Simon, der die religiöse Seite des Zelotismus besonders betonte, war Johannes kein echter Zelot. Gerade Eleasar und dessen nicht allzugroßes Gefolge wird von Josephus mit dem Begriff „Zeloten" bezeichnet (Bell 5,5 ff.). Ihr Dasein im Tempel, das Essen von geweihten Gaben, wies wohl ähnliche Motive und Züge auf wie das mönchisch-asketische Gemeinschaftsleben in Qumran. Jerusalem war für die Zeloten die heilige Stadt, deren Zustand einer dauernden Überwachung bedurfte. Vor ihrer Ankunft wurde sie durch Heiden und auch Juden befleckt. Das Verbrennen des Herodespalastes und der Festung Antonia, das Niedermetzeln der dort stationierten, meist heidnischen, Soldaten (Bell 2, 430–456), muß als Akt der Austilgung alles Unheiligen bewertet werden, genau so wie die Hinrichtung vieler angesehener Juden (Bell 2, 441; 4, 138–146). Das „Volk der Heiligen des Höchsten" wurde angestrebt und für es ein durchs Los gewählter Mann als Hohepriester bestimmt (Bell 4, 155.157), dazu ein neues Synhedrium gewählt (Bell 4,336). Jerusalem sollte durch heilige Männer wieder werden, wozu es durch Gottes Wahl bestimmt worden war, nämlich der Wohnort Gottes, des Bundesgenossen im Heiligen Krieg.

Die zelotische Auffassung vom Heiligen Krieg stimmt somit weitgehend mit der essenischen überein. Verschieden war, daß die Essener geduldig Gottes Kommen erwarteten. Sie wurden nicht müde „im Dienst der Wahrheit", wenn sich die „letzte Zeit über ihnen hinzog"(1 Qp Hab 7,11 f.), denn alle Zeiten treffen nach der Ordnung ein, die Gott für sie in Seiner geheimen Wahrheit festgesetzt hat (1 Qp Hab 7,13 f.). Der Krieg ist ganz Gottes Sache; Assur fällt durch ein Schwert, das nicht von Menschen stammt (1 QM 11,11 f.). Die Zeloten hingegen waren aktiv. Die Frage: „Worauf sollen wir warten? " drückt ihre Kampfbereitschaft richtig aus. Gott war ihr Bundesgenosse (Bell 5, 389.403; 6,99.101); nur durch eigene Initiative ruft man Seine Arme und Armeen herbei. Die aufständischen Gruppen verbrachten ihre Zeit nicht nur mit Müßiggang und inneren Fehden, wie Josephus die Leser glauben läßt. In Wirklichkeit hat Johannes von Gischala Jerusalem auf den Waffengang mit Rom gründlich vorbereitet und zwar sowohl diplomatisch, durch Gesandtschaften zu den Armeniern

---

30 *J. Klausner*, Hisṭoriyä V, S. 236. Vgl. dazu *M. Hengel*, Zeloten, S. 381: Johannes mag ursprünglich der Schule Hillels angehört haben.

und Parthern, die er für einen totalen Aufstand des Ostens gegen Rom gewinnen wollte, als auch militärisch, durch das Verbarrikadieren und Verproviantieren der Stadt[31]. Übrigens erscheinen die beiden Versionen des Heiligen Krieges bereits im Alten Testament, wobei die zelotische mehr der älteren, in den Kämpfen der Richter und in den Samuelisbüchern hervortretenden Auffassung der Symmachie entspricht, während sich die Essener auf Jesaja und die Chronikbücher berufen konnten.

V. Anhang

Der Grundsatz, der Mensch heilige den Ort, war auch in anderen Fällen von Stadt und Gegenstadt maßgebend, so etwa beim samaritanischen Schisma, dessen Anbruch nach Josephus (Ant 11, 302–347) – ähnlich wie das der Qumrangemeinde – mit der Absonderung jerusalemischer Priester begann (Ant 11, 312). Diese ließen sich am Fuße des Garizim, in Sichem, nieder, auf dem Berg wurde ein Heiligtum errichtet. Im 2. Jh. v. Chr. setzte die Polemik gegen die Samaritaner ein[32]. Die Zerstörung des Heiligtums auf dem Garizim durch Johannes Hyrkan (Ant 13,254 f.) sollte wohl der Reinigung des Landes dienen[33]. Wie der Brief der Samaritaner an Antiochus Epiphanes zeigt, war das Heiligtum einem anonymen Gott geweiht, für den der Name des Zeus Hellenios erbeten und bewilligt wurde (Ant 12, 258 f., 261–263)[34]; die Samaritaner gaben sich dabei als Sidonier aus, die nach griechischen Sitten leben wollten. Die Rivalität zwischen Garizim und Jerusalem zeigen auch Joh 4,20 f. und die rabbinische Diskussion, bis schließlich im 4. Jh. n. Chr. die völlige Trennung erfolgte[35]. Freundlicher war das Verhältnis Jerusalems zur jüdischen Kultgemeinde in Elephantine, wie deren Brief an Bagoas, den Statthalter von Judäa, zeigt[36]. *H. G. Kippenberg* erwägt die Möglichkeit, diese Gemeinde könne dadurch entstanden sein, daß im Gefolge der deuteronomistischen Reform andersdenkende Juden die Stadt Jerusalem ver-

---

31 *J. Klausner*, Historiyä V, S. 227 f.
32 Vgl. die LXX-Version von Jos 24,1 (Silo statt Sichem), dazu Jes Sir 50, 25 f.; Jud 5,16; Jub 30, 5.7. Zum Ganzen siehe *H. G. Kippenberg*, Garizim und Synagoge, Berlin 1971, S. 50 ff.
33 Als Tag der Zerstörung (129–128 v. Chr.) galt der 21. Kislew, der nach der Fastenrolle (IX) als Freudentag begangen wurde.
34 Zur Wahl dieses Namens (gegen 2 Makk 6, 1–3: Zeus Xenios) vgl. *A. Schalit*, Die Denkschrift der Samaritaner an König Antiochos Epiphanes zu Beginn der großen Verfolgung der Jüdischen Religion im Jahre 16 v. Chr. in: ASTI 8, S. 131 ff., vor allem S. 144 f.
35 *H. G. Kippenberg*, Garizim, S. 142.
36 *A. C. Cowley*, Aramaic Papyri of the Fifth Cent. B. C. Oxford 1930, Nr. 30, S. 108–119.

ließen[37]. Das Heiligtum dieser Kolonie hatte Abmessungen, die dem salomonischen Tempel entsprachen; außerdem war es nach Jerusalem orientiert[38].

Wichtig für unser Thema ist die jüdische Kolonie Leontopolis, die vom sadokidischen Priester Onias gegründet worden war. Josephus meint, Onias sei dabei vom Haß gegen Jerusalem geleitet worden (Bell 7,431). Leontopolis bildete eine Gegenstadt; sie war nach dem Plan von Jerusalem gebaut, und sein Heiligtum war dem Tempel in Jerusalem ähnlich (Bell 1,33; 7,430)[39]. Die Stelle Jes 19,19, in der ein Altar des Herrn in Ägypten verheißen wird, war wohl der ἱερὸς λόγος dieser Gründung. Aber wie in Qumran wurde auch hier die Rechtmäßigkeit auf die rechten Leute zurückgeführt: „Jerusalem war der von Gott erwählte Ort, der ägyptische Tempel hatte den von Gott erwählten Priester"[40]. Es kam jedoch nicht zum Bruch zwischen Stadt und Gegenstadt. Als im Jahre 103 v. Chr. die ägyptische Königin Kleopatra gegen Gaza und Ptolemais rückte, befanden sich mit Hilkia und Ananias zwei Priester aus dem Haus des Onias als Feldherrn in ihrem Heer. Einige Ägypter rieten Kleopatra, in das Land Israel einzumarschieren und den König Alexander Jannäus abzusetzen. Aber Ananias brachte die Königin davon ab; so wurde der Führer der Gegenstadt zum Retter der Stadt (Ant 13, 352–355).

37 *H. G. Kippenberg*, Garizim S. 41, Anm. 40.
38 *B. Porten*, A Revised Plan of the Jewish District in Elephantine, Paper read at the 1959 Meeting of the ASOR at Ann Arbor Michigan.
39 Von den Rabbinen wurde der Choni – (= Onias) Tempel bedingt anerkannt. Zum Bau des Tempels vgl. *M. Delcor*, Le Temple d'Onias en Egypte, in: RB 75 (1968), S. 188–205 und *S. H. Steckoll*, der manche Beziehungen zwischen dem Tempel des Onias und der Qumransiedlung aufgedeckt hat (Rev Qum 21, VI [1967], S. 55–69).
40 *A. Schlatter*, Geschichte Israels von Alexander dem Großen bis Hadrian, Stuttgart ³1925, S. 125 f.

4. Rechtfertigung in Qumran

Festschrift für Ernst Käsemann zum 70. Geburtstag

In den Schriften von Qumran gibt es m. E. kein Nomen, das die Rechtfertigung des Menschen durch Gott zum Ausdruck bringt[1]; auch das Verbum „gerecht sprechen" *(hiṣdîq)* wird nicht für diesen Akt gebraucht. In dieser Hinsicht folgte man dem Sprachgebrauch des Alten Testaments[2]. Und wie dort hat man in Qumran die Gerechtigkeit Gottes im Verein mit Begriffen wie Hilfe, Rettung als causa efficiens des Heils bekannt. Von dem viel verhandelten Begriff der *„Gerechtigkeit Gottes"*[3] gilt es zunächst auszugehen, wenn man die Eigenart der Rechtfertigung

---

[1] Der Begriff *mišpaṭ*, der in 1QS 11,2.12.14 als „Rechtfertigung" übersetzt wird (so etwa *E. Lohse*, Die Texte aus Qumran, 1964, 41–43), meint das (prädestinierende) göttliche Urteil vgl. Anm. 47. Zur Vieldeutigkeit von *mišpaṭ* im AT (Richten, Rechtschaffen, Rechtsspruch, Rechtsnorm) vgl. ThW II 177.

[2] Das deutsche Wort „Gerechtigkeit" bringt noch am ehesten zum Ausdruck, was mit *ṣædæq* bzw. *ṣedaqā* im AT und in Qumran gemeint ist (Zur Gerechtigkeit im AT vgl. *H. H. Schmid*, Gerechtigkeit als Weltordnung, BHTh 40, 1968). Die genaue Übersetzung wichtiger Begriffe der Qumrantexte ist oft schwierig, da ihre Bedeutung variiert. Das gilt besonders von einer so abstrakt gehaltenen Schrift wie der Gemeinderegel (1QS) und gerade auch von Wörtern, mit denen Prinzipien der Lehre und des Lebens der Gemeinde beschrieben werden; vgl. dazu *J. Licht*, Megillat Hasserakîm, Jerusalem 1965, 26. Dieser ausführliche, in das Denken der Qumrangemeinde tief eindringende Kommentar ist wegen seiner Abfassung in hebräischer Sprache in der neutestamentlichen Exegese zu wenig bekannt.

[3] Vgl. dazu *E. Käsemann*, An die Römer, HNT 8a, ([1]1973) [3]1974, 18–29, und *P. Stuhlmacher*, Gerechtigkeit Gottes bei Paulus, FRLANT 87, [2]1966, besonders die auf S. 148–166 erscheinende Behandlung der Gerechtigkeit Gottes in Qumran, in der auch die bisher dazu erschienenen Untersuchungen von A. Dietzel, H. Braun, S. Schulz, W. Grundmann und J. Becker gut besprochen werden. Die Exegese in *K. Kertelge*, Rechtfertigung bei Paulus, NTA 3, [2]1967 leidet vor allem unter der ungerechtfertigten Eintragung des Bundesgedankens (Gerechtigkeit Gottes = Bundestreue; Wahrheit = Treue usw).

in Qumran betrachten und ihre Bedeutung für das Neue Testament beurteilen will.

1. *ṣædæq und ṣᵉdaqā*

Die „Gerechtigkeit Gottes" wird in den Schriften von Qumran mit zwei traditionellen Nomina des Stammes ṣdq bezeichnet, mit *ṣædæq* und *ṣᵉdaqā*. Obwohl schon im Alten Testament der Unterschied zwischen diesen beiden Begriffen gelegentlich verwischt ist – und zwar gerade auch da, wo sie auf Gott bezogen sind[4] –, so sind sie noch in Qumran verschieden nuanciert: *ṣædæq* bezeichnet Maß und Ordnung des Rechten, Gott Wohlgefälligen[5], während *ṣᵉdaqā* eher den rechtlichen

---

[4] Vgl. etwa Jes 51,5 mit Jes 46,13; 56,1 oder Ps 35,28 mit Ps 51,16; 71,15f; 145,7.

[5] *rectitudo, fas.* Der Lehrer der Qumrangemeinde ist ein *môrē (haṣ-) ṣædæq* (1Qp-Hab 1,13; 5,10; 7,4; 8,3; 9,9f; CD 1,11; 20,32) und nicht etwa ein Lehrer der *ṣᵉdaqā;* vgl. auch die *bᵉnê ṣædæq* (1QS 3,20.22), den *mᵉšîaḥ ṣædæq* (4QPB 3), den *malkî ṣædæq* in 11QMelch, dazu Henoch als den „Schreiber der Gerechtigkeit" (äthHen 12,4; 15,1). Ferner wird die Wahrheit (*ᵃᵉmæt*) überwiegend mit *ṣædæq* und nicht mit *ṣᵉdaqā* verbunden (CD 20,29; 1QM 14,6; 1QS 4,2.24; 9.17; anders ist es in 1QS 1,5; 8,2, wo es um das Tun von Wahrheit und Gerechtigkeit geht). Während im AT für Gottes Gerechtigkeit vor allem der Begriff *ṣᵉdaqā* gebraucht wird (vgl. etwa Ps 5,9; 31,2; 36,7.11; 40,11; 51,16; 69,28; 71,2.15f.19.24; 88,13; 89,17; 119,40.142; 143,1.11; 145,7), bezeichnet in Qumran auch *ṣædæq* den Inbegriff des göttlichen Wollens und Wirkens: „Wahrheit bist Du und Gerechtigkeit (*ṣædæq*) sind alle Deine Werke" (1QH 4,40, ähnlich 13,19); „Gerechtigkeit und Wahrheit sind Deine Gerichte über uns" (CD 20,29f); „(Du bist) meine Gerechtigkeit" (1QS 10,11). „Seine Gerechtigkeit" (*ṣidqô*) ist neben „Seiner Majestät" Gegenstand des Lobpreises (1QS 11,15). Wie *ᵃᵉmæt* ist auch *ṣædæq* in den Qumrantexten ein Kennzeichen für die Willensoffenbarung Gottes, die Rechtlichkeit Seiner Zeugnisse und Satzungen (CD 3,15; 20,29f; 1QH 1,30: fr 2,5; vgl. 9,33; fr 7,8). Neu sind Bildungen wie *ṣædæq ʾel* (1QM 4,6), *ʾel ha[ṣṣ]ædæq* (1QM 18,8) oder die Wendung: „Dir gehört die Gerechtigkeit" (1QH 11,18). Im Jubiläenbuch ist das absolute „Gerechtigkeit" meist die Norm des von Gott geforderten sittlichen Tuns (1,17.20.23.25; 5,17; 7,20.26.34.37; 10,10.17; 20,2.9; 21,21; 22,10.15; 23,21.26; 25,15; 30,18f). Aber ähnliche Aussagen werden von der *ṣᵉdaqā* Gottes gemacht (*ṣidᵉqat ʾel* 1QS 10,25; 11,12); „Dir gehört *ṣᵉdaqā*" (1QH 16,9; 17,20); „Deine Gerechtigkeit steht fest für immer" 1QH 8,2; vgl. 1QS 11,12; sie wird offenbar werden vor allen Geschöpfen (1QH 14,16). Gott ist eine „Quelle der Gerechtigkeit" (1QS 11,6); diese ist „in Seiner Hand" (1QH 11,7); nicht beim Menschen, sondern beim höchsten Gott sind alle Werke der Gerechtigkeit (1QH 4,30f; 1,26f). Die *ṣᵉdaqā* Gottes ist heilschaffend und illuminierend (1QS 11,5). Wichtig ist, daß die Gerechtigkeit Gottes von der Schuld der Sünden reinigt (1QS 11,14f; 1QH 4,37; 11,30f); sie stellt den Beter in den Gottesbund (1QH 7,19f). Abweichend vom AT kann die „Gerechtigkeit der Wahrheit" Gottes den Beter auch „richten" (*šapaṭ* 1QS 11,14).

Akt und im Blick auf Gott die befreiende Rechtshilfe meint[6]. Und wie im Alten Testament, so wird auch in Qumran die heilbringende Gerechtigkeit Gottes *(ṣᵉdaqā)* vor allem im Gebet des Einzelnen[7] bekannt[8]. Auch da, wo das Nomen *ṣædæq* nicht ausdrücklich als Gerechtigkeit Gottes bestimmt wird, sondern absolut steht, ist es vielfach auf Gott zu beziehen. Im Alten Testament gilt das zB von den Stellen Hos 10,12; Jo 2,23f, an denen die Gerechtigkeit dem Regen verglichen und so als göttliche Gabe dargestellt wird. In Qumran wurden diese beiden Gottessprüche metaphorisch verstanden: Der „Regen der Gerechtigkeit" *(jôrē ṣædæq)* galt als ein Hinweis auf den „Lehrer der Gerechtigkeit" *(môrē ṣædæq)*, der angesichts des kommenden Strafgerichts das Tun der Gerechtigkeit lehrt (CD 1,11f)[9]. Das Gericht aber führt zum Sieg der Gerechtigkeit in der Welt.

---

[6] Deshalb kann das Nomen *ṣᵉdaqa* auch in den Plural gesetzt werden; auch in Qumran rezitiert man die „Heilstaten Gottes *(ṣidᵉqôt ʾel* 1QS 1,21; 10,23; 1QH 17,17; vgl. Ri 5,11; 1Sam 12,7; Mi 6,5; Ez 3,20; 30,13; Ps 71,15f). Bei den Rabbinen hält sich diese Bedeutungsnuance insofern durch, als *ṣᵉdaqā* das Almosengeben bezeichnen kann (b Git 7a; Lev r 34 zu 25,39).

[7] Dagegen fehlt naturgemäß die von Gott (in priesterlichen Heilsorakeln) gegebene Verheißung Seiner heilschaffenden Gerechtigkeit, wie sie bei Deutero- und Tritojesaja zu finden ist (Jes 46,13; 51,5f.8; 56,1).

[8] Ich verzichte auf eine ins einzelne gehende formgeschichtliche Bestimmung der Gebete in Qumran, da diese keine klaren Hinweise auf bestimmte kultische Begebenheiten enthalten. Gattungsbezeichnungen wie „Reflexionen", „Stücke im Lehrstil", „Meditationen" bleiben so lange spekulativ, als ihnen keine hebräischen Begriffe korrespondieren, die in den Gebeten bzw. deren Kontext erscheinen.

[9] Vgl. vor allem den Bezug zu Hos 10,12 in CD 1,11–14. Der Sendung des Lehrers der Gerechtigkeit für die Büßer Israels (CD 1, 10–12) wird die Halsstarrigkeit des Volkes gegenübergestellt und mit Hos 4,16 einer störrischen Jungkuh verglichen (CD 1,13f). In Hos 10,11 ist Ephraim bildlich eine gelehrige und gefügige Jungkuh mit schönem Hals; auf dieses Bild wird in CD 1,19 angespielt. – Die Stelle Hos 10,12 könnte m. E. neben Jes 43,17–20 die Komposition von Mk c. 4 bestimmt haben. Denn von ihr her läßt sich das Problem erklären, daß in die Saatgleichnisse vom Gottesreich die Bildworte vom Leuchter und Maß eingefügt sind. Markus sah wohl im Gleichnis vom Sämann das Wort Hos 10,12a erfüllt: „Sät für euch in Gerechtigkeit, so werdet ihr nach dem Maß der Gnade ernten!" Hos 10,12b „Brecht euch einen Neubruch!" *(nîrû lakaem nîr)* aber verstand der Evangelist ähnlich wie LXX und Targum, indem er das ungebräuchlich gewordene *nîr* = ‚Neubruch' als *ner* = ‚Leuchter' deutete (LXX φωτίσατε ἑαυτοῖς φῶς γνώσεως, T: *qajjᵉmû lᵉkôn ʾulpan ʾorajᵉta*').

2. Die endzeitliche Offenbarung der Gerechtigkeit

Der Triumph von Wahrheit und Gerechtigkeit, der mit der großen endzeitlichen Wende erfolgen wird, ist eines der *durchgängigen Themen* in der Qumranliteratur. In einer Welt, die von Unrecht und Irrtum beherrscht wird, sind Wahrheit und Gerechtigkeit nur einer kleinen Schar von Erwählten bekannt. Eindeutige Evidenz bringt das kommende große Gericht, das der Macht von Irrtum und Unrecht ein Ende setzt und allen Geschöpfen die Wirklichkeit und Gerechtigkeit Gottes gleichsam ad oculos demonstriert (so *Loblieder* 1QH 14,15f). Nach der *Kriegsrolle* (1QM) hat den gleichen Effekt der große Kampf zwischen den Kindern des Lichtes und denen der Finsternis. Das zeigt die Beschriftung der Feldzeichen, für die theologische Zentralbegriffe wie Wahrheit und Gerechtigkeit Gottes *(ṣædæq ʾel)*, Seine Majestät und Sein Gericht gewählt sind (1QM 4,6). Nach der Eliminierung des Bösen werden „Erkenntnis und Gerechtigkeit"[10] alle Enden des Erdkreises durch ein immer stärker werdendes Licht erhellen, bis alle Zeiten der Finsternis beendet sind (1QM 1,8). Mit dem gleichen Bild wird in der *Gemeinderegel* (1QS) vom sieghaften Durchbruch der Wahrheit gesprochen (4,18f)[11].

Eine ähnliche, aber ausführlichere, Beschreibung der Offenbarung der Gerechtigkeit findet sich in einem leider nur fragmentarisch erhaltenen Text aus der Höhle 1, dem sogenannten „*Mysterienbuch*" (1Q 27)[12]. In dieser echt apokalyptischen Schrift wird das Endgericht als ein „Geheimnis der Zukunft" *(raz nihjā* I, 4f) bezeichnet. Es beginnt mit dem Eingesperrtwerden der „Kreaturen des Irrtums", dh der Beseitigung der Dämonen (I,6). Damit wird die Macht des Bösen erledigt: „Die Gottlosigkeit wird sich vor der Gerechtigkeit verziehen *(galā)* wie sich die Finsternis vor dem Licht verzieht, und wie der Rauch verschwindet und nicht mehr da ist, so wird auch die Gottlosigkeit für immer verschwinden. Und die Gerechtigkeit *(ṣædæq)* wird offenbar werden *(jiggalæ)*

---

[10] *Y. Yadin* (*Mᵉgillat Milḥaemaet Bᵉnê ʾOr* usw, Jerusalem 1957, 258f) ergänzt *daʿat wᵉṣædæq*; so auch *E. Lohse* aaO (Anm. 1), 180.

[11] Zu der von Ihm festgesetzten Zeit der Heimsuchung wird Gott allen Irrtum für immer vernichten: „Und dann wird die Wahrheit auf Erden für immer hervortreten. Denn sie wird befleckt auf den Wegen des Unrechts unter der Herrschaft des Irrtums bis zur Zeit des festgesetzten Gerichts." Mit der Wendung *ᵃᵉmæt tebel* ist nicht die „Wahrheit der Welt" gemeint (gegen *E. Lohse* aaO 15); der Erdkreis ist vielmehr der Ort, auf dem sich die Wahrheit durchsetzen wird.

[12] Livre des Mystères, veröffentlicht von *J. T. Milik* in Bd I der Discoveries in the Judean Desert, Oxford 1955, 102ff.

wie die Sonne, die Norm der Welt. Und alle, die an den Geheimnissen der Gottlosigkeit festhalten, werden nicht mehr sein. Vielmehr wird Erkenntnis den Erdkreis erfüllen, und Torheit wird es dort nicht mehr geben" (I,6–8).

Auffallend ist die schlichte, auf dramatische Gerichtsszenen und die Ausmalung ewigen Glücks verzichtende Sprache dieses Abschnitts. Es geht einzig um die *Durchsetzung der Gerechtigkeit* und die dabei erfolgende Eliminierung des Irrtums. Dieser hat unter den Menschen das Unrecht, die Gottlosigkeit, inszeniert; die Gerechtigkeit wurde dadurch unterdrückt, verdeckt. Sie wird nach der Verdrängung des Irrtums allen offenbar; ihr Hervortreten gleicht dem Aufgang der Sonne, die das Dunkel vertreibt und mit ihrem Licht die Welt erfüllt[13]. Dann fallen die Schranken, die der Erkenntnis der Wahrheit gesetzt sind (1Q 27 I,8; vgl. 1QS 4,22f), die Majestät Gottes wird erkannt und gepriesen (1QS 11,15), und die Erwählten werden verherrlicht, ein jeder mit der Glorie, wie sie Adam besaß (1QS 4,23)[14].

Die Gerechtigkeit *(ṣædæq)* erscheint hier als *Weltordnung*. Sie ist der Schöpfung gleichsam eingestiftet, muß aber unter den Menschen offenbart, freigesetzt und in Kraft gesetzt werden; sie ist also keine befreiende Macht, sondern bedarf selbst der Befreiung. Die kosmische Dimension der Gerechtigkeit wird schon durch den Vergleich mit dem Aufgang der Sonne deutlich gemacht. Ihre universale Weite ist im „Mysterienbuch" so beherrschend, daß kein Bezug der Gerechtigkeit zur Tora oder zum Bund mit Israel erwähnt wird, ebensowenig wie die Herkunft von Gott, obwohl sie vorausgesetzt ist. Auch scheint die Offenbarung der Gerechtigkeit unabhängig vom Verhalten der Gerechten, ihrem Eifer oder auch ihrer Not, zu sein. Gerade das „Mysterienbuch", das die lebenswichtige Kenntnis der endzeitlichen Krisensituation den Menschen abspricht[15],

---

[13] Damit wird auch das Böse gleichsam offenbart, seine Scheinwirklichkeit enthüllt: Es verzieht sich wie ein Nebel, weicht wie die Finsternis vor dem Morgenlicht. Die beiden Bedeutungen des Verbums *galā* = ‚weggehen' und ‚offenbaren' werden in schönem Wortspiel für den eschatologischen Abzug und die damit erfolgende Enthüllung des Bösen ausgenützt.

[14] Vgl. dazu Mt 13,43: „Dann werden die Gerechten leuchten wie die Sonne im Reich ihres Vaters" vgl. Ri 5,31; Dan 12,3. Nach TestJud 24,1 wird der Messias aufstehen ὡς ἥλιος δικαιοσύνης, nach TestSeb 9,8 wird der Herr aufgehen als φῶς δικαιοσύνης.

[15] 1Q 27 I,3f: „Sie kennen das Geheimnis des (zukünftigen) Geschehens nicht … sie wissen nicht, was über sie kommen wird, und retten ihr Leben nicht vor dem Geheimnis des (zukünftigen) Geschehens." Vgl. äthHen 49,2: Gott ist mächtig in allen Geheimnissen der Gerechtigkeit, und Unrecht wird verschwinden wie ein Schatten.

schreibt das *Wissen um die Wahrheit* und damit die Voraussetzung für das Tun der Gerechtigkeit, *allen Völkern* zu. Nur bleibt dieses Wissen nutzlos, weil es durch die Praxis ungerechten Umgangs Lügen gestraft wird; gerade die unsinnige Diskrepanz von Wissen und Tun gilt dem Einsichtigen als ein Zeichen dafür, daß Gottes Gericht und die Offenbarung der Gerechtigkeit unmittelbar bevorstehen:

„Und daran ist es für euch erkennbar, daß sie (dh die Weissagung vom kommenden Gericht) nicht zurückgenommen werden kann: Hassen nicht alle Völker den Irrtum? Und doch wird er durch sie alle in Gang gehalten! Erklingt nicht vom Mund aller Nationen die preisende Kunde von der Wahrheit? Aber gibt es eine Sprache und Zunge, die an ihr festhält? Welches Volk hat Gefallen daran, daß es von jemandem unterdrückt wird, der stärker ist als es? Wem gefällt es, wenn ihm auf ungerechte Weise sein Besitz geraubt wird? Aber welches Volk unterdrückt nicht seinen Nachbarn, und wo ist die Nation, die nicht einer anderen den Besitz raubt?" (1Q 27 I,8–12).

Man hat wohl bei dieser pessimistischen Schilderung der internationalen Lage vor allem an die *Römer* gedacht. Rom galt im Orient als ein Raubstaat, der die Länder und Völker ausplündert[16]; auch der Habakkuk-Kommentar von Qumran schildert die Kittim = Römer auf solche Weise[17]. Es geht im „Mysterienbuch" einmal darum, auf die Schuld auch der Heiden hinzuweisen, die wider ihr besseres Wissen einander Unrecht antun und die Wahrheit mit Füßen treten[18]. Auf der an-

---

[16] Vgl. den Brief des Mithridates VI Eupator an den Partherkönig Arsaces (Sallustius Historiae Fragment IV,17 „neque quicquam a principio nisi raptum habere ... quin socios amicos, procul iuxta sitos, inopes potentisque trahant, excindant ... 20. Romani arma in omnis habent, acerruma in eos, quibus victis spolia maxuma sunt" ... (zitiert von *A. Schalit,* in: Aufstieg und Niedergang der Römischen Welt, Band II 2, 1975, 219). Vgl. dazu die Ausführungen Augustins über die *civitas terrena:* Sie strebt wenigstens nach *iustitia* und *pax,* weil sie diese nicht entbehren kann XIX, 12. Aber die *superbia* und die *inoboedientia* Gott gegenüber führen zu Gewalt und Unterdrükkung, Krieg und Zwietracht (vgl. *H. Hermelink,* Die civitas terrena bei Augustin, in: Festgabe für A. v. Harnack, 1921, 306f).

[17] 1QpHab 2,11–3,13: Sie ziehen daher, um die Städte des Landes zu schlagen und zu plündern; 6,1f; sie häufen ihren Besitz mit all ihrer Beute; 6,6f: sie verteilen ihr Joch und ihre Fronlast auf alle Völker Jahr um Jahr. Die rabbinische Polemik, die Rom als *malkût ha-ræša'* bezeichnete (b Ber 61b), erscheint wie eine säkulare Version der Satansherrschaft in der Apokalyptik.

[18] Vgl. dazu Röm 2,12–16, wo Paulus auf den Zwiespalt zwischen Hören und Tun hinweist und auch das ἀνόμως ἁμαρτάνειν der Heiden erwähnt. Im Unterschied

deren Seite wird der rechtliche Charakter des Endzeitgeschehens betont:
Gott hebt als Richter der Welt das Chaos von Irrtum und Unrecht auf.
Die Wahrheit gilt im „Mysterienbuch" als Theorie der Gerechtigkeit[19]
und als eine Art von common sense; sie ist, bis zu einem gewissen Grade,
jedem Volk aus eigener, schmerzlich gewonnener Erfahrung bekannt,
und zwar als Inbegriff dessen, was recht ist und doch nicht befolgt wird.
Sie hat sich im Verhalten zum Mitmenschen und Nachbarvolk zu be-
währen. Auf der anderen Seite erscheint in Qumran die Wahrheit als die
Summe der geoffenbarten Tora, als Inbegriff der speziellen Lehre der
Gemeinde und der von Gott gewollten Gerechtigkeit. Die enge Verbindung von *Wahrheit und Gerechtigkeit,* die sich aus der Erfahrung um-
strittener Schriftauslegung erklärt, ist in Qumran neu gegenüber dem
Alten Testament, desgleichen auch die Reflexion auf das Wissen um die
Wahrheit und deren praktische Mißachtung bei den Völkern.

Im Bekenntnis 1QH 14,15f wird von einer *Offenbarung der Gerechtigkeit Gottes* gesprochen und dabei der Begriff *ṣᵉdaqā* gebraucht:
„Denn Du bist gerecht, und Wahrheit sind alle Deine Erwählten[20]. Aber
allen Irrtum und alles Unrecht wirst Du für immer vernichten, Und
Deine Gerechtigkeit *(ṣidᵉqatᵉka)* wird den Augen Deiner Geschöpfe[21]
geoffenbart *(wᵉniglᵉta)*." Hiernach wird die Wahrheit im engen Kreis
der Erwählten gelebt, und die Offenbarung von Gottes Gerechtigkeit,
der auch hier die Eliminierung von Irrtum und Unrecht voraufgehen,

---

vom Mysterienbuch kann Paulus aber auch ein Beachten der Rechtssätze des Gesetzes
bei den Heiden finden (Röm 2,26 vgl 2,15f).

[19] Vgl. 1QH 11,7: „Und ich habe erkannt, daß Wahrheit Dein Mund ist und in
Deiner Hand Gerechtigkeit *(ṣᵉdaqā)* und in Deinem Denken alle Erkenntnis." Völ-
lige Reinigung durch die Wahrheit Gottes führt zur Läuterung der Werke (1QS 4,20).
Vgl. TestGad 3,1: „Hört nun auf das Wort der Wahrheit, um Gerechtigkeit zu tun!"
Zur Verbindung von Gottes Wahrheit und Gerechtigkeit vgl. auch Röm 3,4f: Gott ist
wahr, jeder Mensch ein Lügner; Gott wird gerechtfertigt, wenn man mit Ihm rechtet.

[20] Wie sich Gott in Seinem Handeln als gerecht erweist, so bezeugen auch die von
Ihm Erwählten durch den Wandel nach der im Gesetz geoffenbarten Wahrheit die
Gerechtigkeit und rechtfertigen damit ihre Erwählung. Vgl. 1QH 5,15: Gott hat den
armen, an der Schwäche des Fleisches partizipierenden Menschen dazu erwählt, damit er in der Welt die Größe Gottes erweise.

[21] *maᶜᵃśæka.* Dieses Wort kann beides bedeuten „Deine Werke, Taten" oder: „Deine
Geschöpfe, Kreaturen". Diese Doppelbedeutung erklärt den Wechsel ἔργα/τέκνα im
Q-Logion Mt 11,19/Lk 7,35: Das heilsgeschichtlich sinnvolle Wirken der Weisheit Gottes kann durch das unsinnige Urteil der Weltkinder (Mt 11,16–19) nicht widerlegt
werden. Vielmehr wird die Weisheit durch das Verhalten ihrer Kinder gerechtfertigt.
Das m. E. ursprüngliche *maᶜᵃśim* = ‚Geschöpfe' (τέκνα) ist in der Mt-Fassung auf
die Werke der Weisheit bezogen.

kommt in erster Linie *den Gerechten* zugute, führt deren Wahrheit zum Sieg. Das zeigt eine ähnliche Aussage in der *Damaskusschrift:* Es wird ein Buch des Gedächtnisses vor Gott geschrieben werden für diejenigen, welche Ihn fürchten und Seinen Namen achten ... „bis daß Heil und Gerechtigkeit *(ješa uṣᵉdaqā)* offenbar wird *(jiggalǣ)* für diejenigen, die Gott fürchten". Dann wird man den Unterschied sehen zwischen einem Gerechten und einem Gottlosen, und Gott wird Tausenden Barmherzigkeit erweisen (20,20f). An dieser Stelle ist die *Gerechtigkeit mit dem Heil* verbunden; sie wird nicht befreit, sondern ist selbst die befreiende Macht. Obwohl es nicht ausdrücklich gesagt wird, ist auch hier die Gerechtigkeit Gottes gemeint; das erhellt vom Hintergrund des Alten Testaments.

Denn die Erwartung einer heilschaffenden Offenbarung der Gerechtigkeit Gottes ist traditionell. Sie wird vor allem bei *Deutero- und Tritojesaja* bezeugt[22], wo die gleiche Sprache und ähnliche Bilder gebraucht sind. Das Warten auf das erlösende Licht der Gerechtigkeit wird in der prophetischen Bußliturgie Jes 59 zum Ausdruck gebracht:

„Darum bleibt fern von uns das Recht
und erreicht uns die Gerechtigkeit *(ṣᵉdaqā)* nicht.
Wir warten auf Licht, und siehe: Finsternis,
auf den hellen Tag, und im Dunkeln wandeln wir,
wir tappen wie die Blinden an der Wand" (V. 9f).

In der Damaskusschrift werden die Büßer und Vorläufer der Qumrangemeinde Blinden verglichen, die tastend ihren Weg gehen, bis ihnen der Lehrer der Gerechtigkeit gesandt wird; so wird ihr Warten belohnt (CD 1,9–11). Die Verbindung von Gerechtigkeit und Heil (CD 20,19f) findet sich schon in Jes 51,5f.8 und 56,1:

„Nahe ist Meine Gerechtigkeit *(ṣidqî),* geht aus Mein Heil *(jišᶜî)*
... die Himmel werden zerfetzt wie Rauch
und die Erde zerfällt wie ein Gewand ...
doch Mein Heil *(jᵉšûᶜatî)* wird ewig sein
und Meine Gerechtigkeit *(ṣidᵉqatî)* wird nicht aufhören" (Jes 51,5f).

„Meine Gerechtigkeit *(ṣidᵉqatî)* wird ewig sein,
Mein Heil *(jᵉšûᶜatî)* von Geschlecht zu Geschlecht" (Jes 51,8).

Besonders wichtig ist das Orakel Jes 56,1:

---

[22] Dazu *J. J. Scullion,* SEDEQ-SEDAQAH in Isaiah cc. 40–66 with special reference to the continuity in meaning between Second and Third Isaiah, in: Ugarit-Forschungen 3, 1971, 335–348. *Ṣᵉdaqā* wird für Gottes heilbringende Tätigkeit verwendet, wobei Tritojesaja den Gebrauch von Deuterojesaja fortsetzt.

„Bewahrt das Recht und tut Gerechtigkeit *('asû ṣ°daqā)*
Denn nahe ist Mein Heil zu kommen *(kî q°robā j°šû atî labo)*
und Meine Gerechtigkeit, daß sie offenbart werde *(w°ṣid°qatî*
l°higgalôt).“

Es hat hier den Anschein, als werde das menschliche Tun der Gerechtigkeit zur Vorbedingung für die Erlösung gemacht. Aber das ist nicht der
Fall; Gottes Offenbarung steht so oder so nahe bevor. In Qumran hat
man diese Aussagen des dort besonders geschätzten Jesajabuches in freier
Verbindung auf die endzeitliche Offenbarung der Gerechtigkeit bezogen,
aber auch die später noch zu behandelnde Rechtfertigung des Erwählten
in ihnen bestätigt gesehen[23]. Im *Neuen Testament* entspricht nach dem
Freerlogion zu Mk 16 die Haltung der Jesusjünger sprachlich und sachlich weitgehend der qumranischen Weltbetrachtung, vor allem des Mysterienbuches: Die Gegenwart steht im Zeichen der Tyrannei des Teufels
und der Dämonen, die verhindern, daß die Wahrheit Gottes ergriffen
wird; darum soll Christus seine Gerechtigkeit offenbaren (ἀποκάλυψόν
σου τὴν δικαιοσύνην). Der Sühnetod des Messias gilt als eschatologischer
Erweis der Gerechtigkeit Gottes (Röm 3,21.26; Hebr 9,26)[24]; wenn
deren Offenbarung nach Röm 3,21 durch Gesetz und Propheten bezeugt
ist, so bietet die Stelle *Jes 56,1* das am besten zutreffende Prophetenwort.
Wichtig wurde sie für *Matthäus*, der von ihr her das Wesen der Buße
und der Gerechtigkeit Gottes verstand.

---

[23] Nach Jes 45,21 ist Gott ein Gerechter und Helfer *(ṣaddîq umôšî'a)*. Vgl. auch
Ps 36,7: „Er (Gott) wird Deine Gerechtigkeit wie das Licht herausgehen lassen und
Dein Recht wie die Mittagssonne." Im fragmentarisch erhaltenen Kommentar zu Ps 37
aus der Höhle 4Q ist dieser Vers leider nicht mehr erhalten. Das klassische Beispiel für
Gottes helfende Macht *(j°šû'ā)* ist Israels Rettung am Schilfmeer (Ex 14,13 vgl 1QM
11,9f). Auch in der rabbinischen Literatur kann *ṣ°daqā* für die rettende Hilfe Gottes
verwendet werden. Im Anschluß an Ps 37,6 wird „das Maß der Barmherzigkeit (Gottes)" = *middat ha-raḥ°mîm* von R. Schimon ben Jochai (2. Jh. nChr) als *ṣ°daqā* bezeichnet, und zwar in der paradox klingenden Aussage, die Gerechtigkeit halte das
Maß des (strafenden) Rechtes *(middat haddîn)* nieder, dh lasse es nicht zur Geltung
kommen (Tanch. B. Noah § 8).

[24] Nach Hebr 9,26 wurde durch den Tod des Hohenpriesters Jesus die endzeitliche
Aufhebung der Sünde offenbar gemacht (πεφανέρωται). Nach Röm 1,17 wird die
Gerechtigkeit Gottes im Evangelium offenbart (ἀποκαλύπτεται); in Röm 3,26 gebraucht Paulus dafür das Wort ἔνδειξις (hebr. *ra'°jā*). Die kosmische Weite der Offenbarung wird Röm 10,18 durch den Hinweis auf das Lob der Gestirne (Ps 19,5) angezeigt. Dazu bemerkt *A. Schlatter,* Gottes Gerechtigkeit, ⁴1965, 137: „Die Botschaft von
ihm (dh Christus) durchdringt die Welt so mächtig wie die, welche die Sonne an die
Menschheit ausrichtet."

3. Das Tun der Gerechtigkeit und die Gerechtigkeit Gottes nach Matthäus

Matthäus fand im Thema der Verkündigung Jesu: „Die Zeit ist erfüllt[25] und das Reich Gottes nahe herbeigekommen! Tut Buße und glaubt dem Evangelium!" (Mk 1,15) einen Bezug zu Jes 56,1, den er verdeutlicht hat. Denn in seiner Wiedergabe (Mt 4,17) lautet diese Stelle: „Tut Buße! Denn das Himmelreich ist nahe herbeigekommen!"[26] Die Voranstellung des Bußrufs und dessen ausdrückliche Begründung[27] durch das nahe Himmelreich ergibt eine strukturelle Übereinstimmung mit Jes 56,1: „Tut Gerechtigkeit, denn nahe ist Mein Heil zu kommen und Meine Gerechtigkeit, daß sie offenbart werde." Daraus ergibt sich, daß Matthäus den Ruf: „Tut Buße!" mit der Mahnung: „Tut Gerechtigkeit!" (Jes 56,1) gleichsetzen konnte, während das Himmelreich im Heil Gottes sein jesajanisches Gegenstück hat.

Nach *Mt 3,17* hat schon Johannes der Täufer diesen Bußruf mit den gleichen Worten wie Jesus verkündigt. Er war für den ersten Evangelisten ein „Lehrer der Gerechtigkeit": „Johannes kam zu euch auf dem Weg der Gerechtigkeit, aber ihr habt ihm nicht geglaubt!" (Mt 21,32). Auch der „Lehrer der Gerechtigkeit" in Qumran wurde ja von Gott dazu gesandt, um eine Gruppe von Büßern „auf dem Weg nach Gottes Herzen zu leiten" und das Gericht an den Treulosen kundzutun (CD 1, 10–12); auch ihm gegenüber war der Glaube heilsentscheidend[28].

Und wenn sich Jesus nach *Mt 3,15* der Taufe unterzog, weil es ihm geziemte, „alle Gerechtigkeit zu erfüllen", so bekundete er damit nicht nur seine Solidarität mit den Büßern Israels, sondern auch seine Übereinstimmung mit dem Wirken des Täufers (πρέπον ἡμῖν) und mit Gottes heils-

---

[25] Die Einleitung: „Die Zeit ist erfüllt!" hat Matthäus in 4,17 weggelassen, vielleicht deshalb, weil er bereits im Reflexionszitat 4,14 von der Erfüllung gesprochen hatte, oder auch, weil diese Aussage in Jes 56,1 keine Entsprechung hat.

[26] ἤγγικεν entspricht dem jesajanischen *qarᵉbā labo'*, ist also auf die nahe Zukunft zu beziehen.

[27] Das eingefügte γάρ ist durch das *kî* in Jes 56,1 veranlaßt.

[28] Vgl. die Aussage οὐκ ἐπίστευσαν Mt 21,32 mit den Stellen, die vom Unglauben bzw. Glauben gegenüber der Botschaft des ‚Lehrers der Gerechtigkeit' sprechen (1QpHab 2,6–10; 8,1f). – Nach Josephus Ant 18,117 befahl Johannes den Juden τὰ πρὸς ἀλλήλους δικαιοσύνῃ καὶ πρὸς τὸν θεὸν εὐσεβείᾳ χρωμένοις ... und so zur Taufe zu kommen. Die Kardinaltugenden essenischer Frömmigkeit sind bei Josephus in das gleiche Doppelgebot gefaßt Bell 2,139: πρῶτον μὲν εὐσεβήσειν τὸ θεῖον, ἔπειτα τὰ πρὸς ἀνθρώπους δίκαια φυλάξειν.

geschichtlichem Plan. Denn als Verkündiger der Buße und der Gottesherrschaft kam auch er auf dem „Weg der Gerechtigkeit" (Mt 21,32 bis
37); Matthäus hat die Gerechtigkeit zum zentralen Anliegen des Evangeliums Jesu gemacht.

Das tritt vor allem in der von ihm gestalteten *Bergpredigt* hervor. Ihr
Thema, die neue Gerechtigkeit, wird analog zur Gerechtigkeit der
Schriftgelehrten und Pharisäer dargestellt (vgl. Mt 5,20). Diese letztere
bestimmt den Aufbau des Hauptteils dieser Predigt: a) Gebotserfüllung
(5,20–48) b) gute Werke (6,1–18) c) volle Konzentration auf den Willen Gottes (6,19–34). Jesus geht dabei von den Hauptgebieten der rab-
binisch-jüdischen Lehre über die Gerechtigkeit aus, aber prüft und über-
bietet sie im Licht der kommenden Gottesherrschaft[29]. Dabei fügt Matthäus in den entscheidenden Vers 6,33 die Gerechtigkeit Gottes ein (καὶ
τὴν δικαιοσύνην αὐτοῦ), die neben dem Reich alleiniger Gegenstand des
menschlichen Trachtens sein soll. Was hat er mit der ,Gerechtigkeit Gottes' gemeint? G. Strecker[30] folgt der bereits von G. Schrenk vertrete-
nen Ansicht[31], es handele sich hier um die Gerechtigkeit, die vor Gott
gilt und als ethische Leistung von den Jüngern verlangt wird; das gleiche meine die Gerechtigkeit, nach der man hungert und dürstet (Mt 5,6).
Die eindeutigen Stellen Mt 5,20 und 6,1, in denen das Tun der Gerechtigkeit gefordert wird, geben somit den Ausschlag und gelten als Norm,
der auch 5,6 und 6,33 unterworfen werden. Aber dieses Verfahren ist

---

[29] Siehe dazu die Darstellung der rabbinischen Gerechtigkeit bei Bill. I,250–252.
Die Gerechtigkeit (*zakût* = Verdienst) erwirbt sich der Mensch in erster Linie durch
das Tun der Gebote. Deshalb zeigt Jesus in a) Mt 5,21–48 an einzelnen Beispielen,
wie die Gebote Gottes wirklich erfüllt werden müssen, damit der vom Gottesreich her
geforderten Gerechtigkeit Genüge getan wird. In zweiter Linie wird *zakût* durch
fromme Werke, wie Almosen-Geben, Beten und Fasten, erworben; deshalb wird in
b) Mt 6,1–18 gesagt, daß nur das ganz auf Gott gerichtete Tun dieser Werke von
Gott belohnt werden kann. Der anschließende Abschnitt über das Nicht-Sorgen um
irdische Güter (Mt 6,19–34) ist m. E. analog zum Problem des jüdischen Frommen zu
verstehen, wie das wichtigste unter den verdienstvollen Werken, nämlich das Studium
der Tora, mit der Sorge um das tägliche Brot sich vereinigen lasse, da es doch nach
Jos 1,8 Tag und Nacht betrieben werden soll; vgl. dazu Mekh zu Ex 16,4 (ed. *Lauterbach* II,103). Jesus setzt an die Stelle des Forschens (ζητεῖν = *daraš*) in der Tora
das Suchen nach der Gottesherrschaft.

[30] Der Weg der Gerechtigkeit ²1966, FRLANT 82, 155–157.

[31] *G. Schrenk*, ThW II 200: „Was den Jünger in Einklang mit dem göttlichen Willen bringt", so auch 5,6, obwohl die Gerechtigkeit dort, entgegen dem jüdischen Ver-
dienstgedanken, Gottes Gabe sein soll. Ferner *A. Oepke*, ThLZ 78, 1953, 257–264;
G. Klein, RGG³ V 27.

nicht richtig. Weder im Alten Testament noch in Qumran bezeichnet die Wendung „Gerechtigkeit Gottes" eine vom Menschen zu erbringende Leistung[32]; sie meint eine Verhaltensweise Gottes (Gen subj); so ist es auch in Mt 6,33. Matthäus hat nämlich das 6. Kapitel der Bergpredigt *mit Hilfe von Jes 56,1 gerahmt* und in das dort gegebene, in Mk 1,15 wieder entdeckte, Verhältnis von menschlichem Tun der Gerechtigkeit und Gottes heilbringender, erlösender Gerechtigkeit einbezogen. Das ist zunächst evident beim redaktionellen, als Überschrift gedachten Anfangsvers 6,1: „Achtet auf eure Gerechtigkeit, daß ihr sie nicht vor den Menschen tut!" Mit ihm erinnert Matthäus sprachlich und sachlich an die Forderung Gottes Jes 56,1a: „Achtet *(šimᶜrû)* auf das Recht und tut Gerechtigkeit!" (*waᶜᵃśû ṣᵉdaqā* = ποιεῖν δικαιοσύνην)[33]. Diese Forderung wird in Jes 56,1b mit der Nähe des Heils und der Gerechtigkeit Gottes begründet. Wie der thematische Anfang 6,1 nach Jes 56,1a gestaltet ist, so hat Matthäus beim klimaktischen Schluß 6,33f den zweiten Teil dieser Jesajastelle mitgedacht und ihr entsprechend die Gerechtigkeit Gottes eingefügt[34]: „Trachtet zuerst nach dem Reich und nach Seiner (Gottes) Gerechtigkeit!" Damit steht die Basileia an der Stelle des kommenden Gottesheils[35]; die δικαιοσύνη αὐτοῦ aber muß wie in Jes 56,1b die *erlösende Gerechtigkeit Gottes* meinen und kann nicht wie in 5,20; 6,1 die Leistung der Jünger sein. Richtig hat dies P. Stuhlmacher gesehen[36]; ich liefere lediglich den sein Urteil stützenden Schriftbeweis. Wie in Qumran, so ist auch bei Matthäus das Tun der Gerechtigkeit keineswegs die Bedingung für das Kommen des Gottesreichs, sondern bezeichnet die Art, wie der Mensch Gott begegnen soll. Anders ist das in der *rabbinischen Ethik.* Hier werden das Tun der Gerechtigkeit und das

---

[32] M. E. auch nicht in Jak 1,20; dagegen steht in TestDan 6,10 das Hangen an der Gerechtigkeit Gottes in Parallele zum Abtreten von der Ungerechtigkeit.

[33] Auch die Einleitung der Bergpredigt ausschließlich durch Makarismen und vor allem deren ethische Färbung im Vergleich zu Lk 6,22f könnte durch Jes 56,1f mitveranlaßt sein. Denn das Tun der Gerechtigkeit in Jes 56,1 wird in 56,2 durch einen Makarismus aufgenommen: „Heil dem Menschen, der dieses tut, und dem Menschensohn, der daran festhält!"

[34] Von daher wird das Urteil, Matthäus habe anders als Jesus nicht mehr mit der Nähe der Parusie gerechnet, zu überprüfen sein (gegen *H. Conzelmann–A. Lindemann,* Arbeitsbuch zum Neuen Testament, UTB 52, 1975, 258; vgl. auch: „Konsequent tritt die Erwartung der Parusie zurück" 259).

[35] Nicht ganz richtig ist die Feststellung: „Dem systematischen Ort der δικαιοσύνη θεοῦ in der paulinischen Theologie entspricht (bei Matthäus) das Himmelreich" (*H. Conzelmann–A. Lindemann* aaO 257).

[36] *P. Stuhlmacher,* Gerechtigkeit (Anm. 3), 189.

Heil Gottes kausal verknüpft: Das Achten auf die Gebote führt die messianische Erlösung herbei[37]. Wenn dabei speziell das Halten des Sabbats die Rettung bringt[38], so bietet sich dafür Jes 56,1f als Schriftbeweis an. In Qumran hat dagegen die Gerechtigkeit Gottes stets den Vorrang vor dem menschlichen Tun; das gilt auch von ihrem Wirken in der Gegenwart.

4. Die Rechtfertigung des einzelnen in der Gegenwart

In manchen der Loblieder[39] von Qumran und vor allem im Schlußpsalm der Gemeinderegel (1QS 10,1–11,22)[40] wird die Gerechtigkeit Gottes *(ṣidᵉqat ʾel)*[41] als eine im eigenen Leben erfahrene, helfende Kraft gepriesen. Das geschieht im Stil von Gerichtsdoxologien, in denen der einzelne Beter vor Gott als den Schöpfer und Richter tritt und sich dabei in die Situation des Endgerichts stellt. Dabei betont er zunächst den *absoluten Gegensatz zwischen Gott und Mensch*, den die Gerechtigkeit Gottes überwinden hilft:

9. „Und was mich betrifft, so gilt: Zum Menschen gehört das Unrecht und zum Bereich des Fleisches der Irrtum.

Und was meine Verfehlungen und Frevel, meine Sünde und die Verderbtheit meines Herzens anlangt,

10. so sind sie dem Bereich des Gewürms eigen, denen, die in Finsternis wandeln.

Denn nicht in des Menschen Hand liegt sein Weg,

Und der Mensch lenkt nicht seinen Schritt.

Vielmehr steht bei Gott das Recht,

und von Seiner Hand kommt die Vollkommenheit des Weges

---

[37] b Joma 86b (R. Jose der Galiläer um 110 nChr) Bill. I,599f.

[38] b Schabb 118b (R. Schimon ben Jochai um 150 nChr); vgl. Jes 56,2b: „Heil dem Menschen, . . . der sich hütet, daß er den Sabbat nicht entweiht."

[39] ZB 1QH 4,37; 7,19; 11,31.

[40] Dieser Schlußpsalm ist formal und inhaltlich den Lobliedern (1QH) verwandt, jedoch auch in mancher Hinsicht verschieden. In den Lobliedern spricht ein Ich, das in vielen Aussagen eine ausgeprägte Führungsrolle innerhalb der Gemeinde erkennen läßt; davon verrät der Schlußpsalm in 1QS nichts. Verschieden ist ferner, daß der Beter in 1QS von Gott in der 3. Person redet und erst im Schlußteil (11,15–22) zur 2. Person übergeht. Wichtig für die Analyse des Schlußpsalms sind strukturelle Beobachtungen, zB zum Wechsel der Themen (in 1QS 11,2–7 abcde–edcba; vgl. *J. Licht, Megillat Hassᵉrakîm*, 226f).

[41] Oder auch *ṣᵉdaqā* mit Suffix der 2. bzw. 3. Person (= Gott).

11. und auf Grund Seiner Erkenntnis geschieht alles Zukünftige,
und alles, was existiert, hat seinen Bestand auf Grund Seines Planes.
Was aber mich betrifft: Wenn ich wanke,
12. so sind die Gnadentaten meines Gottes meine Hilfe für immer;
und wenn ich strauchle in der Verkehrtheit des Fleisches, so gilt das
Urteil über mich (gefällt) durch die Gerechtigkeit Gottes, die immer
währt"[42] (1QS 11,9–12).

Dieses Bekenntnis des einzelnen, der die Gerechtigkeit Gottes jetzt
schon als eine ihn persönlich bestimmende Macht erfährt, ist *ähnlich ge-*
staltet wie die oben besprochene Botschaft von der Offenbarung der Gerechtigkeit, die im Weltmaßstab und in der nahen Zukunft erfolgen soll
(1Q 27). Zunächst wird in beiden Fällen das Eingeweihtsein in die endzeitlichen Geheimnisse Gottes betont, das ein sinnvolles Reden von Gottes Gerechtigkeit überhaupt erst ermöglicht (1QS 11,3–6; 1Q 27 I,3f).
Ferner ist hier und dort das Eingreifen der Gerechtigkeit durch das Unrecht erzwungen, das die Menschen versklavt (1Q 27,I,5) und auch das
Mitglied der Heilsgemeinde irritiert und in die Sünde führt (1QS 11,9f).
Schließlich wird der endliche Sieg der Gerechtigkeit verkündet, der das
Ziel der von Gott gelenkten Geschichte bildet, hier des einzelnen, dort
der Menschheit überhaupt (1QS 11,12; 1 Q 27, I,6–8). Diese Gerechtigkeit wird im Gebet ausdrücklich auf Gott bezogen, als Seine Kraft gepriesen und *ṣᵉdaqā* genannt. Sie bestimmt das Geschick des Beters, hilft
ihm weiter, wenn er strauchelt, und sorgt so als nie versagende Kraft
dafür, daß er in der endzeitlichen Krisis besteht.

Der Beter braucht diese Kraft, weil er sonst der Macht der Sünde verfällt. Das *Geständnis eigener Schwäche,* das durch ein reiches Sünden-
vokabular gekennzeichnet ist (1QS 11,9), geht dem Preis der Gerechtigkeit Gottes voraus. Man darf jedoch nicht übersehen, daß der Beter sein
Bekenntnis recht allgemein hält. Er gibt die isolierte Stellung vor Gott,
in die er sich mit der Gerichtsdoxologie begeben hat, für einen Augenblick auf und zieht sich gleichsam in den „Bereich des Fleisches" zurück;
dh er beruft sich auf das Allgemein-Menschliche seiner Natur. Er sündigt, weil auch er Mensch und als solcher durch das Fleisch konstituiert
ist. Dieses verfällt dem Irrtum wie es nach dem Tod den Würmern an-
heimfällt; so wird in Leben und Tod das dem allwissenden, ewigen Gott

---

[42] Das Verbum *taʿᵃmod ist auf ṣᵉdaqā* zu beziehen und nicht etwa auf *mišpaṭ*
(gegen *J. Maier,* Die Texte vom Toten Meer I, 1960, und *E. Lohse* [s. Anm. 1] 41).

entgegengesetzte Wesen des Fleisches enthüllt[43]. Damit wird die Sünde des Beters zwar mit der Kreatürlichkeit erklärt, aber nicht beschönigt. Wie wir sehen werden, rechtfertigt der Beter keineswegs sich selbst, sondern Gott, der ihn erwählt und zur Freiheit von der Sünde vorherbestimmt hat; Sinn und Ziel menschlicher Existenz ist das Lob der Gottesgerechtigkeit (1QS 11,16).

An der *Schwäche* des Menschen scheitert jeder Versuch der Selbstbestimmung oder auch Mitbestimmung über das eigene Geschick: „Der Weg des Menschen liegt nicht in seiner Hand, er lenkt nicht seinen Schritt" (1QS 11,10; vgl. 1QH 15,13); gemeint ist, daß keiner von sich aus vollkommen wandelt, eigene Gerechtigkeit erlangen kann[44]. Das steht bei Gott allein; er schafft den Gerechten (1QH 15,14f). Diese Gewißheit gründet beim Qumranfrommen in der *Prädestination allen Geschehens*, das nach Gottes im voraus entworfenem Plan abläuft (1QS 11,10)[45]: Jedes Geschöpf ist vorherbestimmt, ehe es geschaffen wird, der Gerechte wie der Gottlose (1QH 15,12–17). Es ist das Wohlgefallen Gottes *(raṣôn)*[46], dem der Beter seine Erwählung und Führung im Leben verdankt: „Denn ohne Dich wird kein Wandel vollkommen und ohne Dein Wohlgefallen geschieht nichts" (1QS 11,17). Aber es wird in gleicher Bedeutung auch die *Gerechtigkeit Gottes* genannt: Sie hat den *mišpaṭ*, das erwählende Urteil[47], über den Menschen veranlaßt (1QS 11, 12). Mit Rücksicht auf die prädestinierende Gerechtigkeit Gottes wird die Sünde des Beters scheinbar relativiert, mit dem Hinweis auf die krea-

---

[43] Auch die „Kinder des Lichtes" werden vom Teufel verführt, in Krankheit und Sünde gestürzt; ohne die Hilfe Gottes und des „Engels Seiner Wahrheit" (Michael) wären sie verloren (1QS 3,24 vgl. 1,18f). Zur Schwäche des Fleisches vgl. 1QH 1,21 bis 23; 4,29f; 3,23f; 12,24–26; 13,14; 17,19; 18,25, dazu *J. Licht, Megillat Ha-Hôdajôt*, Jerusalem 1957, 34f. Wie für Paulus, so ist auch für die Qumranfrommen das Fleisch das Irdische am Menschen vgl. 1QH 10,3f; 12,31; vor allem aber ist der fleischliche Mensch unrein (1QS 11,14f), er wandelt in der Finsternis (1QS 11,10).

[44] „Keiner ist gerecht in Deinem Gericht" (1QH 9,14f; vgl. 7,28); nur durch die Güte Gottes wird der Mensch gerecht (1QH 13,17; vgl. 16,11).

[45] Zur Prädestination vgl. 1QS 3,15–17; CD 2,7 und *G. Stählin*, Das Schicksal im Neuen Testament und bei Josephus, in: Josephus-Studien, O. Michel zum 70. Geburtstag, hg. v. *O. Betz, K. Haacker* und *M. Hengel*, 1974, 319–343.

[46] Die Erwählten sind die *bᵉnê rᵉṣônô* = die Söhne des (göttlichen) Wohlgefallens (1QH 4,32f vgl. 11,9; 1QS 8,6).

[47] *mišpaṭî* ist gen. obj. = „das (prädestinierende) Urteil Gottes über mich" (1QS 11,12.14). Vgl. 1QS 3,16f: „In Deiner Hand liegen die Urteile (nicht ‚Satzungen' *E. Lohse* aaO [Anm. 1], 11) über jeden" *(mišpᵉtê kôl);* zum Genitiv vgl. 1QS 3,15 „Und bevor sie existieren, hat Er den ganzen Plan über sie *(maḥªšabtam)* festgesetzt".

türliche Schwäche erklärt; denn notorische Sündhaftigkeit oder Verstockung stünden im Widerspruch zu Gottes Plan. Die Prädestination ist auf die Präszienz Gottes gegründet (1QS 11,11): „Vom Gott der Erkenntnisse kommt alles Werden und Geschehen, und ehe sie (die Geschöpfe) existieren, hat Er den ganzen Plan über sie festgelegt" (1QS 3, 15). Es gibt keinen Widerspruch zwischen Gerechtigkeit Gottes und Prädestination. Denn die Gerechtigkeit Gottes wirkt nicht nur imputativ, indem sie den Erwählten für gerecht erklärt, sondern auch sanativ, weil sie ihn von der Sünde reinigt und zum gerechten Wandel in der Gemeinde führt. Die Erwählten bilden eine Gruppe von Menschen, die der Gerechtigkeit dienen und diese in ihrem Leben offenbaren[48]; die Gerechtigkeit Gottes aber sorgt dafür, daß sie trotz der Schwäche des Fleisches und der gegenwärtigen Herrschaft des Bösen den Plan erfüllen, den Gott für sie gedacht hat (1QS 3,16):

13. „Durch Sein Erbarmen hat Er mich nahe gebracht und durch Seine Gnadenerweise wird das Urteil über mich verwirklicht
14. Durch die Gerechtigkeit Seiner Wahrheit *(b^{e}ṣid^{e}qat 'amittô)* hat Er mich gerichtet
und durch Seine Gerechtigkeit *(b^{e}ṣid^{e}qatô)* wird Er mich vom Schmutz des Menschen reinigen
15. und von der Sünde, wie sie Menschenkindern eignet, damit ich vor Gott lobe Seine Gerechtigkeit und vor dem Höchsten Seine Majestät" (1QS 11,13–15).

Die Tempora dieser Aussagen schwanken zwischen Qal und Imperfekt; so wird das sich über einen langen Zeitraum hinweg erstreckende Wirken der helfenden Gerechtigkeit Gottes gut zum Ausdruck gebracht. Diese *reinigt von Schmutz und Sünde,* rituellen und ethischen Vergehen (11, 14f). Diese Aussage wird auch an anderen Stellen gemacht[49]; sie bezeichnet das *opus proprium* der gegenwärtig wirkenden göttlichen Gerechtigkeit. Wie geschieht es? Die dabei verwendeten Begriffe: ‚Sühnen, Reinigen, Schmutz, Übertretungen' erscheinen vor allem im Abschnitt 1

---

[48] Sie sind die *b^{e}hîrê ṣædæq* (1QH 2,13) bzw. die *b^{e}nê ṣædæq* (1QS 3,20.22). Hier meint *ṣædæq* nicht etwa die göttliche Kraft der Erwählung (sonst wäre wohl *ṣ^{e}daqā* gesetzt und das Suffix der 3. pers. sing. angewendet). Vielmehr ist *ṣædæq* die von den Erwählten zu bewährende Gerechtigkeit. Aber die Qumrangemeinde vermeidet den Begriff *ṣaddîqîm* = ‚Gerechte' als Selbstbezeichnung, so wie auch Paulus die Christen nicht mit diesem im Judentum so geläufigen Prädikat ‚Gerechte' benennt.

[49] „Durch Seine Gerechtigkeitserweise *(ṣid^{e}qôtâw)* wird mein Frevel getilgt" (1QS 11,3); „Du reinigst mich durch Deine Gerechtigkeit" (1QH 11,31).

QS 3,4–12, der von den Reinigungsriten und dem Leben im Geist der
Qumrangemeinde handelt. Dort wird vor der Illusion gewarnt, die Reinigung von Sünden könne allein durch Waschungen und sühnende Akte
gewonnen werden. Denn nur durch den heiligen Geist, der in der „Gemeinschaft Seiner Wahrheit" lebendig ist, wird man von allen Übertretungen rein; das vollzieht sich praktisch durch die demütige Beugung
unter die Gebote, in denen der Geist gleichsam investiert ist (1QS 3,4–6;
vgl. 8,15f). So reinigt auch die Gerechtigkeit, indem Gott die Sünden
vergibt. Aber wirksam wird die Vergebung erst für denjenigen, der sein
Leben nach dem heiligen Geist, in der Gemeinschaft der Heiligen, führt,
in der dieser Geist zu finden ist. Dementsprechend hat man den Akt des
„Nahebringens" (*higgiš* 1QS 11,13) konkret als Hineinführung in die
Gemeinde zu verstehen, in der es allein Schutz vor dem Ansturm von
Tod und Teufel geben kann (1QH 6,22–25) und die Anbetung Gottes
im Kreis der Himmlischen eröffnet wird (4QSl 39,18f; 1QH 3,21–23;
1QSb 4,25; 1QS 11,8)[50]. Dem Wirken der Gerechtigkeit Gottes kor-
respondiert auf der Seite des Erwählten die *Buße;* sie hat im Geschehen
der Rechtfertigung die gleiche Bedeutung wie der Glaube bei Paulus[51].
Verwirklicht wird die Buße im Sich-Beugen unter die Gebote, wie sie in
der Gemeinde der Wahrheit Gottes gelehrt und gelebt werden. Insofern
ist auch die helfende Gerechtigkeit *(ṣᵉdaqā)* mit der Wahrheit Gottes
verbunden (1QS 11,14): Nach Seiner Wahrheit lenkt Gott die Schritte
des Beters auf die Pfade der Gerechtigkeit (1QH 7,14). Im Verein mit
der Wahrheit wird die Gerechtigkeit Gottes auch zum Medium des Gerichts (1QS 11,14): Sie *richtet,* indem sie das Leben nach dem wahr, dh
radikal, verstandenen Gebot Gottes ausrichtet, ihn züchtigt, erzieht;
auch wird durch das Schuldbekenntnis der Gerichtsdoxologie die Vergebung Gottes ausgelöst (vgl. Lev 26,40–42). So bleibt der Büßer vor
der Strafe des Endgerichts bewahrt (1QpHab 8,2f). Freilich ist das Le-

---

[50] Der Aspekt der Einbeziehung in die Gemeinde erhellt auch aus 1QH 14,18: „Und
so bin ich herangebracht worden *(huggaští)* in die Gemeinschaft aller Männer meines
Kreises" und 1QH 7,19f: „Durch Deine Gerechtigkeit hast Du mich in Deinen Bund
gestellt." Der auf neutestamentliche Aussagen wie Röm 5,2; Eph 2,13 oder Hebr 7,19
vorausweisende Sinn von *higgiš* ergibt sich aus 1QS 11,14f (vgl. mit 1QH 3,19–23).
Zur Verbindung von Reinigung, Heiligung, Rechtfertigung vgl. 1Kor 6,11. Es ist jedoch nicht richtig, mit *K. Kertelge* das Wirken der Gerechtigkeit Gottes in Qumran
unmittelbar auf die Gemeinde zu beziehen (Rechtfertigung aaO [Anm. 3], 30–33); sie
gilt vielmehr dem einzelnen Erwählten, der freilich in die Gemeinde geführt wird.

[51] Gott vergibt denen, die sich von der Sünde abwenden *(šabê pæšaʿ* 1QH 14,24)
und reinigt sie von ihren Sünden (vgl. 1QH 4,37; 17,15; fr. 2,13).

ben im Geist und in der Wahrheit, und damit auch das Werk der Gerechtigkeit Gottes, jetzt noch unvollständig. Es bleibt ausgerichtet auf die volle Geistbegabung der Endzeit (1QS 4,20–22); der Erwählte ist für die „Zeit des Wohlgefallens" bestimmt (1QH 15,15), der Vernichtung des Bösen und der neuen Schöpfung (1QS 4,20.25).

In Qumran hat die *Gerechtigkeit Gottes absolute Priorität vor dem menschlichen Tun.* Sie führt zwar zum Gehorsam gegen das Gesetz, aber dieser wird nicht zum Verdienst. Die enge Verbindung der heilschaffenden Gerechtigkeit Gottes mit der *Vorherbestimmung des einzelnen* ist ein *Novum gegenüber dem Alten Testament.* Das Ungenügen und die generelle Ungerechtigkeit des Menschen vor Gott werden zwar auch dort gelegentlich bekannt (Hi 15,14; 25,4); ferner wird von Israel gesagt, es habe nicht durch seine Gerechtigkeit und die Geradheit seines Herzens die heidnischen Völker beerbt, sondern durch die Liebe, die Gott den Vätern entgegenbrachte (Dtn 7,8; 9,5). Die Stelle Dtn 7,8 war für Qumran sehr wichtig. Sie wird in der Damaskusschrift (CD 8,14–18) mit dem ausdrücklichen Hinweis darauf wiederholt, daß Gott die gleiche Liebe auch den späteren Geschlechtern schenke, und zwar den „Büßern in Israel, die vom Weg des Volkes weichen"; ihnen gehöre der Bund der Väter. Das bedeutet, daß nur noch eine *Restgemeinde* das Bundesvolk repräsentiert, und diese ist aus *einzelnen Erwählten* zusammengesetzt. Anstelle der geschichtlichen Erwählung des Volkes Israel erscheint hier die vorgeschichtliche Prädestination des einzelnen, der auf diesen Akt Gottes mit der Buße reagiert. Dennoch gibt die auf den einzelnen gerichtete Gerechtigkeit Gottes keinem frommen Individualismus Raum. Denn der aus der Volksgemeinde Israel herausführende Weg des Erwählten endet in der eschatologischen Heilsgemeinde. Als Erbin Israels und des Bundes ist die Heilsgemeinde der Ort, an dem die Gerechtigkeit Gottes unter den Menschen sichtbar wird, wo man auf sie mit dem Tun der Gerechtigkeit antwortet (1QS 10,25f). Die menschliche Gerechtigkeit hat sich am Nächsten, und nicht etwa Gott gegenüber, zu bewähren[52]; schon von daher ist eine Gemeinschaft gefordert, die den „Nächsten" bieten kann[53].

---

[52] 1QS 8,2: „Wahrheit und Gerechtigkeit zu tun und Recht und barmherzige Liebe und demütig zu wandeln, ein jeder mit seinem Nächsten." Hier wird Mi 6,8 aufgenommen, jedoch der Begriff ṣᵉdaqā vor mišpaṭ eingefügt und der demütige Wandel nicht auf Gott, sondern auf den Nächsten bezogen.

[53] Es ist nicht etwa so, daß in Qumran „die Starrheit des Prädestinationsgedankens dadurch aufgelockert werde, daß man mit der Möglichkeit der Bekehrung rechne" (so

Auch gegenüber der *rabbinischen Lehre von Erwählung und Buße*
ergeben sich wichtige Unterschiede. Zwar haben große Lehrer wie Hillél
und besonders Aqiba gelegentlich Aussagen gemacht, aus denen sich eine
Vorherbestimmung allen Geschehens folgern läßt[54]. Aber es fehlt die
dualistische Einbettung und systematische Ausgestaltung der Prädestination; auch wird ihr die Handlungsfreiheit des Menschen unverbunden an
die Seite gestellt (Abot 3,15). *Alle Menschen,* nicht nur die Kinder des
Lichtes, sind nach dem Bilde Gottes geschaffen und von Ihm geliebt
(Abot 3,14); *ganz Israel* ist erwählt und die Erwählung an die Tora gebunden[55]. Wie in Qumran, so wird auch nach rabbinischer Lehre die
Buße verlangt, wenn Gott Sünden vergeben soll. Aber die Buße ist nicht
von Gott gewirkt, und ein jeder ist dazu ermächtigt, recht zu handeln
und die Sünde abzuwehren. Wie die *palästinischen Targume* Jeruschal-
mi I und Neofiti zeigen, hat man vor allem in Gottes Wort an Kain *Gen
4,7* den Schriftgrund für die *Handlungsfreiheit des Menschen* und seine
Herrschaft über die Sünde gesehen: „Wenn du recht handelst, darfst du
aufschauen; handelst du aber nicht recht, so lauert die Sünde an der Tür
und nach dir steht ihre Begierde; du aber sollst über sie herrschen!" In
einer midraschartigen Wiedergabe dieses und des folgenden Verses wird
betont, der Mensch habe die Macht *(rašût),* über den bösen Trieb zu
herrschen; es liege an ihm, wenn er verdienstvoll handele oder aber sün-
dige. Das rechte Tun führe dazu, daß Gott die Schuld vergibt, während
Er sie beim Sünder auf den Tag des großen Gerichts aufbewahrt[56]. In
einem frei erdachten Disput zwischen Kain und Abel leugnet der erstere,
dessen Opfer abgelehnt wurde, die Existenz eines gerechten, aufgrund
der Früchte guter Taten richtenden Gottes, ferner das Endgericht und
die kommende Welt, den Lohn für die Gerechten und die Bestrafung der
Gottlosen. Abel widerspricht ihm an jedem Punkt; der Streit führt zu
einem Ringkampf, in dem Kain den Bruder erschlägt. – In diesem Disput, der die Auseinandersetzung der Rabbinen mit den „Epikuräern"
den Freigeistern und Fatalisten, vielleicht auch den sadduzäischen Leh-

---

K. *Kertelge* aaO [Anm. 3], 38); vielmehr sind die Büßer mit den Erwählten identisch,
weil Gottes Güte und Gerechtigkeit zur Buße leiten.

[54] Vgl. Aqibas Ausspruch: „Alles ist vorhergesehen, aber die freie Wahl ist gegeben
(hakkol ṣapûi, weharešût netûnā); mit Güte wird die Welt gerichtet, aber alles nach
der Menge der Tat." (Aboth 3,15); zu Hillel siehe B Ber 60a. Zum Ganzen vgl. *E. E.
Urbach, Chaz"al,* Jerusalem ²1971, 229f.   [55] *E. E. Urbach* aaO, 232.

[56] Die Umstandsbestimmung *lappætaḥ* = „an der Tür" hat, als *labætaḥ* = „auf
ewig" verstanden, die eschatologische Dimension, das Sündenerlassen und Sünden-
behalten im Endgericht, suggeriert.

ren, spiegeln könnte, ist die Gerechtigkeit Gottes als *iustitia distributiva* gedacht; sie ist Gottes Antwort auf das Handeln des Menschen, für das dieser die volle Verantwortung trägt[57]. Von daher ergibt sich, daß die Rabbinen zwischen zwei Handlungsweisen Gottes unterschieden: Der strafenden Gerechtigkeit *(dîn)* und der vergebenden Barmherzigkeit *(raḥamîm)*.

Paulus, der seine Auffassung von der Macht der Sünde m. E. auch in Gen 4,7 begründet sah, kam zu einem anderen Schluß: Die Tat Kains zeigte ihm das Versagen des Menschen, die Herrschaft der in die Welt eingebrochenen Sünde[58]. Er hat, ähnlich wie das in Qumran geschah, die *Rechtfertigung mit der Prädestination des einzelnen* verbunden und die Kette: ,Vorherbestimmung, Berufung, Rechtfertigung und Verherrlichung' gebildet (Röm 8,30; vgl. 9,6–33). Dagegen hat sich die rabbinische Theologie zur Wehr gesetzt. Zwar kennt auch sie den Konflikt zwischen Gottes Gebot und menschlichem Eigenwillen, wie ihn Paulus in Röm 7 schildert[59]. Aber der Ungehorsam ist ein vermeidbares Vergehen, und die Vergebung Gottes setzt das Tun der Buße voraus.

Eine Rechtfertigung des Sünders *contra legem* gibt es in Qumran nicht, aber auch keine eigene Gerechtigkeit durch Gesetzeswerke. Das zeigt schon die Tatsache, daß der Begriff „Verdienst" *(zakût)* völlig fehlt und mit ihm der Lohngedanke *(śakar).* Statt dessen schenkt Gottes Gerechtigkeit die Gewißheit des Heils, die sich freilich nicht auf ein endgeschichtliches Ereignis wie das Kreuz des Messias berufen kann, sondern aus der Zugehörigkeit zur Heilsgemeinde das Erwähltsein erschließt.

---

[57] Vgl dazu PsSal 9,1–4: Der Mensch vollzieht trotz der Allwissenheit Gottes sein Handeln nach freier Wahl und in eigener Vollmacht; Gott prüft nach Seiner Gerechtigkeit die Menschen. Schon aufgrund dieser Aussage wird es klar, daß die Psalmen Salomos nicht in der Qumrangemeinde entstanden sein können.

[58] Die personale Fassung der Sünde bei Paulus, ihr In-die-Welt-Kommen (εἰσέρχεσθαι) ihr Herrschen (βασιλεύειν), ferner ihr Wirken durch die Begierde (ἐπιθυμία) hat in Gen 4,7 eine gute Basis. Ohne diesen Rückhalt an der Tora, vor allem in Gen 3 und 4,7, hätte Paulus seine Ausführungen in Röm 5,12–21 und 7,7–11 nicht in dieser Schärfe vortragen können.

[59] Interessant ist die spekulative Auslegung der dunklen Worte *ṣawlaṣaw, qawlaqaw* usw in Jes 28,10.13 im Prophetentargum. Aus ihnen haben die Rabbinen einen Konflikt zwischen dem Gesetz und dem Eigenwillen des Menschen herausgelesen, der zum Ungehorsam führt. Auch als die Propheten verkündigten, Gott werde, falls die Israeliten Buße tun, ihnen vergeben (so auch Tg zu Jes 6,10), nahmen diese die Botschaft nicht an und wandelten nach ihrem eigenen Gutdünken. Deshalb werden sie den Heiden ausgeliefert, die das Gesetz nicht kennen, und in der kommenden Drangsal vergebens Gottes Hilfe erflehen.

5. Der Tod des Choni-Onias im Licht der Tempelrolle von Qumran

Bemerkungen zu Josephus Antiquitates 14,22–24

A. Schalit zum 80. Geburtstag

Zu den mancherlei Verdiensten des verehrten Jubilars zählt nicht zuletzt sein entschlossenes Eintreten für Flavius Josephus, den Kronzeugen für die Geschichte des frühen Judentums. Gerade in der deutschen Forschung hat es an abschätzigen Urteilen nicht gefehlt. Josephus zählte zu „den mittelmäßigen Skribenten, deren Art es ist, gegen diejenigen zu prahlen, die man am gründlichsten ausgeschrieben hat"[1], oder erschien als ein hemmungsloser Apologet und Fälscher seiner Quellen, so etwa in den Werken von H. Willrich, W. Weber und R. Laqueur. Demgegenüber hat A. Schalit in seinem Herodesbuch und in scharfsinnigen Aufsätzen gezeigt, daß das Zeugnis des Josephus und vor allem die von ihm verarbeiteten Urkunden und Listen für unser Wissen um die Zeit des Zweiten Tempels ungemein wichtig sind; sein dahingehendes Urteil steht in der Einleitung eines von ihm herausgegebenen Sammelbandes zur Josephusforschung[2].

Zu einer Revision des herkömmlichen Josephusbildes nötigt auch die *Entdeckung neuer Quellen* aus der von diesem Historiker hauptsächlich beschriebenen Zeit. Ich denke dabei vor allem an die Handschriften aus der Wüste Juda; sie haben die von Josephus gegebenen Berichte über die Essener bestätigt und ergänzt[3]. Auch mein kleiner Beitrag, der von der jüngst erfolgten Veröffentlichung der sogenannten „Tempelrolle" aus Qumran profitiert, soll dazu dienen, das so stark erschütterte Vertrauen in die Werke des Josephus etwas zu festigen.

---

[1] G. HOELSCHER, Artikel Josephus in Pauly-Wissowa Band IX, Spalte 1948.

[2] A. SCHALIT, Zur Josephus-Forschung, Wege der Forschung Band 84, Darmstadt 1973, S. VII–XVIII.

[3] Vgl. dazu Y. M. GRINTZ, Die Männer des Yaḥad-Essener, in: Josephus-Forschung a.a.O. S. 294–336.

1. Choni–Onias, der Kreiszieher, bei Josephus und in der Mischna

Am Anfang von Buch 14 seiner Antiquitates erzählt Josephus von dem letzten Bruderzwist im Haus der Hasmonäer, einem Konflikt zwischen Hyrkan II und Aristobul II, der von dem aus Idumäa gekommenen Antipater geschürt worden sein soll. Dieser habe den willensschwachen Hyrkan dazu angestiftet, seinen jüngeren, energischen Bruder Aristobul aus dem Hohepriesteramt zu verdrängen, und es fertiggebracht, zusammen mit Hyrkan zum Araberkönig Aretas zu fliehen und ihn für seine Sache zu gewinnen (§ 8–18). Aretas zog daraufhin mit einem großen Heer gegen Aristobul und besiegte ihn (§ 19); sodann belagerte er Jerusalem, da sich Aristobul mit seinen Anhängern, die zum Priesterstand gehörten, in den Tempel geflüchtet hatte (§ 20 f.). Bei seiner Schilderung dieser kritischen, den Höhepunkt der Auseinandersetzung bildenden, Situation erzählt Josephus vom Auftreten und Tod eines jüdischen Gerechten und Gottesfreundes namens Onias (§ 22–24)[4]. Die Bedeutung dieses Mannes und sein besonders enges Verhältnis zu Gott wird durch die Bemerkung erhellt, Onias habe einmal eine Zeit der Dürre durch Gebet beendet: Gott habe ihn erhört und Regen gesandt (§ 22). Ich gebe diesen Text in einer Übersetzung aus dem Griechischen, die uns A. Schalit geschenkt hat[5]:

וצדיק אחד חביב־אלוהים, חוניו שמו, שהתפלל פעם לאלוהים בשעת
עצירת גשמים שיסיר את הבצורת, ואלוהים שמע לקולו והמטיר, (חוניו
זה) התחבא בראותו שהמהומה עומדת בתוקפה. והוא הובא למחנה
היהודים והם דרשו ממנו, שכשם שהתפלל והפסיק את הבצורת כך יערוך
תפילות נגד אריסטובולוס ובני־סיעתו המורדים. וכשהתנגד וסירב, הכריחו
ההמון (לכך). אז עמד בתוכם ואמר: 'אלוהינו מלך העולם, מאחר שאלה
העומדים אתי הם עמך והנצורים כוהניך, בבקשה ממך, שלא תשמע את
אלו נגד אלו ולא תקיים מה שמבקשים אלו נגד אלו'. (וכשעמד) והתפלל
תפילה זו הקיפו אותו הרשעים שביהודים והרגוהו בסקילה.

Übersetzung (mit Berücksichtigung des griechischen Textes):

(22) Da war ein gewisser Onias, ein gerechter Mann und Gottesfreund, der einmal in einer regenlosen Zeit zu Gott gefleht hatte, er möge die Dürre beenden, und wirklich von Gott erhört worden war, der regnen ließ. Dieser Mann versteckte sich, als er sah, daß der Bruderkrieg unvermindert hart andauerte. Aber er wurde gewaltsam in das Lager der Juden geführt, und diese verlangten von ihm, er solle, wie er damals durch sein Gebet der regenlosen Zeit ein Ende gesetzt hatte, so nun gegen Aristobul

---

[4] Im Bellum fehlt diese Episode.
[5] קדמוניות היהודים Jerusalem 1963, S. 119.

und dessen Mitstreiter Flüche äußern. (23) Als er aber trotz seines Widerspruchs und seiner Weigerung von der Menge genötigt wurde, trat er in deren Mitte und sprach: (24) „O Gott, Du König des Alls! Da die jetzt bei mir Stehenden Dein Volk sind und die Belagerten Dir als Priester dienen, bitte ich Dich, weder auf jene zu hören, wenn sie gegen diese etwas wünschen, noch das zum Ziel zu führen, was diese gegen jene vorbringen!" Als er aber so gebetet hatte, drangen Übeltäter unter den Juden von allen Seiten auf ihn ein und brachten ihn durch Steinigung um (Antiquitates 14,22–24).

Die Notiz vom erfolgreichen Gebet verrät, daß mit Onias der aus Mischna und Talmud bekannte[6] Charismatiker Choni, der Kreiszieher, gemeint ist; nach m Taanith 3,8 hatte er einmal den dringend benötigten Regen für die Einwohner Jerusalems in reichem Maße herbeigefleht. Was bei Josephus beiläufig erwähnt wird, ist in der rabbinischen Überlieferung thematisiert, während diese umgekehrt nichts vom Tod Chonis bei der Belagerung Jerusalems sagt. Dennoch lohnt es sich, die beiden thematisch so verschiedenen Texte miteinander zu vergleichen. Ich gebe die Erzählung m Taan. 3,8 nach der Mischna-Ausgabe von Ch. Albeck:

עַל כָּל צָרָה שֶׁלֹּא תָבֹא עַל הַצִּבּוּר, מַתְרִיעִין עָלֶיהָ; חוּץ מֵרֹב גְּשָׁמִים. מַעֲשֶׂה שֶׁאָמְרוּ לוֹ לְחוֹנִי הַמְעַגֵּל: הִתְפַּלֵּל שֶׁיֵּרְדוּ גְשָׁמִים. אָמַר לָהֶם: צְאוּ וְהַכְנִיסוּ תַּנּוּרֵי פְסָחִים, בִּשְׁבִיל שֶׁלֹּא יִמּוֹקוּ. הִתְפַּלֵּל, וְלֹא יָרְדוּ גְשָׁמִים. מֶה עָשָׂה? עָג עוּגָה וְעָמַד בְּתוֹכָהּ, וְאָמַר לְפָנָיו: 'רִבּוֹנוֹ שֶׁלָּעוֹלָם, בָּנֶיךָ שָׂמוּ פְנֵיהֶם עָלַי, שֶׁאֲנִי כְבֶן בַּיִת לְפָנֶיךָ. נִשְׁבָּע אֲנִי בְשִׁמְךָ הַגָּדוֹל שֶׁאֵינִי זָז מִכָּאן, עַד שֶׁתְּרַחֵם עַל בָּנֶיךָ'. הִתְחִילוּ הַגְּשָׁמִים מְנַטְּפִין. אָמַר: לֹא כָךְ שָׁאַלְתִּי, אֶלָּא גִשְׁמֵי בוֹרוֹת שִׁיחִין וּמְעָרוֹת. הִתְחִילוּ לֵירֵד בְּזַעַף. אָמַר: לֹא כָךְ שָׁאַלְתִּי, אֶלָּא גִשְׁמֵי רָצוֹן, בְּרָכָה וּנְדָבָה. יָרְדוּ כְתִקְנָן, עַד שֶׁיָּצְאוּ יִשְׂרָאֵל מִירוּשָׁלַיִם לְהַר הַבַּיִת מִפְּנֵי הַגְּשָׁמִים. בָּאוּ וְאָמְרוּ לוֹ: 'כְּשֵׁם שֶׁהִתְפַּלַּלְתָּ עֲלֵיהֶם שֶׁיֵּרְדוּ, כָּךְ הִתְפַּלֵּל שֶׁיֵּלְכוּ לָהֶן'. אָמַר לָהֶן: 'צְאוּ וּרְאוּ, אִם נִמְחַת אֶבֶן הַטּוֹעִים'. שָׁלַח לוֹ שִׁמְעוֹן בֶּן שָׁטָח: אִלְמָלֵא חוֹנִי אַתָּה, גּוֹזְרַנִי עָלֶיךָ נִדּוּי. אֲבָל מָה אֶעֱשֶׂה לָךְ, שֶׁאַתָּה מִתְחַטֵּא לִפְנֵי הַמָּקוֹם וְעוֹשֶׂה לָךְ רְצוֹנָךְ כְּבֵן שֶׁהוּא מִתְחַטֵּא עַל אָבִיו וְעוֹשֶׂה לוֹ רְצוֹנוֹ. וְעָלֶיךָ הַכָּתוּב אוֹמֵר: יִשְׂמַח אָבִיךָ וְאִמֶּךָ וְתָגֵל יוֹלַדְתֶּךָ'. (משלי כג

כה)

---

[6] In b Ber 19a wird Choni kurz erwähnt, weil dort das am Schluß der Mischnaerzählung berichtete Urteil Schimon bän Schätachs erscheint, in b Mezia 28b ist ohne die Nennung Chonis dessen Hinweis auf die Auflösung des אבן הטועים aufgeführt; dieser wird erklärt als eine Art von Ablieferungsstelle für gefundene Sachen.

Übersetzung:

Bei jeder Not – möge sie nicht über die Gemeinde kommen! – bläst man für sie die (Alarm-)Trompete, außer wenn viel Regen fällt. Eine Begebenheit: Man sagte zu Choni, dem Kreiszieher: „Bete darum, daß Regen fallen möge!" Er antwortete ihnen: „Geht hinaus und holt die Öfen (zum Braten) der Passahlämmer herein, damit sie nicht aufweichen!" Er betete, aber es kam kein Regen. Was tat er da? Er zog einen Kreis und stellte sich in dessen Mitte. Und er sprach vor ihm: „Herr der Welt! Deine Kinder haben ihre Hoffnung auf mich gesetzt, da ich wie ein Haussohn vor Dir bin. Ich schwöre bei Deinem großen Namen, daß ich nicht von hier weichen werde, bis Du Dich Deiner Kinder erbarmst!" Da begann der Regen herabzutröpfeln. Er sprach: „ Nicht darum habe ich gebetet, sondern um Regen, der Zisternen, Gräben und Höhlen füllt!" Da begann der Regen mit Macht zu fallen. Er sagte: „Nicht darum habe ich gebetet, sondern um Regen des Wohlgefallens, des Segens, der gern gegeben wird." Der Regen ging nun auf solche ordentliche Weise nieder, bis die Israeliten aus Jerusalem hinaus zum Tempelberg hinaufgingen wegen des Regens. Sie kamen und sprachen zu ihm: „So wie Du gebeten hast, daß Regen falle, so bete nun, daß er wieder aufhöre!" Er sagte zu ihnen: „Geht hinaus und seht, ob der Stein der vergessenen Dinge (= der Fundstein) aufgeweicht ist!"

Da ließ Shimon bän Schätach ihm ausrichten: „Wenn du nicht Choni wärest, so würde ich über dich den Bann verfügen! Aber was soll ich gegen dich machen? Denn du versündigst dich gegen Gott, und Er tut dir doch deinen Willen! Es ist, wie wenn ein Sohn sich an seinem Vater versündigt und dieser ihm doch seinen Willen tut. Und von dir sagt die Schrift: ,Es freuen sich dein Vater und deine Mutter, und es jauchzt die, welche dich geboren hat!'" (Prov 23,25).

Gemeinsam sind einmal die äußeren Umstände Ort und Zeit. In beiden Berichten ist Jerusalem der Schauplatz, wobei jeweils der Tempel hervortritt. Die Mischna nennt als Zeitgenossen und wohlmeinenden Kritiker Chonis den Pharisäer Schimon bän Schätach, der unter Alexander Jannai (103–76 B.C.) und Salome Alexandra (76–67 B.C.) eine wichtige Rolle spielte; dazu paßt, daß nach Josephus der Tod des damals wohl schon alten Choni in das Jahr 65 B.C. fiel. Auffallend ist ferner die Beurteilung dieses Mannes. Bei Josephus erhält Onias-Choni nicht nur das Prädikat eines Gerechten, sondern wird darüber hinaus auch als ein Liebling Gottes[7] gelobt. Gerade diese Auszeichnung wird von der Mischna bestä-

---

[7] Die passive Bedeutung des griechischen Wortes ist hier gemeint (חביב אלהים), nicht die seltener vorkommende aktive. Vielleicht ist ein Wortspiel mit dem Namen Choni (חוני = יחוניה) beabsichtigt, der mit der Wurzel חן, חנן verbunden wird: Choni ist der von Gott Geliebte.

tigt und in ihrer aktuellen Bedeutung illustriert. Denn Choni ist sich einer spektakulären Erhörung seines Gebets ganz sicher: Soviel Regen wird fallen, daß die Öfen für das Passahlamm gefährdet sind; wie bei Josephus (§ 21) wird an die Passahzeit erinnert. Die Zuversicht Chonis wird in seinem Gebet erklärt: Das Volk hat sich an ihn als seinen Fürbitter gewandt, weil er „wie ein Haussohn ist vor Gott"[8]. Auch im eigens angefügten Urteil Schimon bän Schätachs wird diese Ausnahmestellung Chonis vor Gott hervorgehoben, dazu der Vergleich mit dem Haussohn interpretiert und als Grund für die exzeptionelle Behandlung Chonis von seiten Gottes und der Menschen angeführt: Die Art, wie Choni vor Gott tritt und ihn im Gebet beschwört, wie er scheinbar über ihn verfügt und die Regenspende mehrfach korrigiert – das ist an sich Sünde, unverschämt, blasphemisch und schwer zu bestrafen. Aber Schimon bän Schätach resigniert: Was will man machen? Gott selbst erfüllt Choni seinen Willen, wie einem Sohn, der sich seinem Vater gegenüber versündigt und dennoch seinen Wunsch durchsetzt. Schimon fügt einen Schriftbeweis hinzu: Es gibt eben den Sohn, über den sich Vater und Mutter freuen (Prov 23,25). So rechtfertigt er seine Hilflosigkeit gegenüber dem Charismatiker, der sich vor Gott viel erlaubt und gerade so alles erreicht. Was in der rabbinischen Erzählung ausführlich beschrieben ist, wird bei Josephus mit dem Wort חביב אלוהים zutreffend auf den Begriff gebracht: Choni handelt vor Gott wie ein Kind, das sich der Liebe seines Vaters ganz gewiß ist und deshalb auch kühne Bitten vorbringen darf. Auch der von Choni gezogene *Kreis,* der den Eindruck des Magischen oder Zauberischen erwecken könnte, wirkt nicht suspekt. Choni erhält in der rabbinischen Überlieferung den Namen „der Kreiszieher" (המעגל); die Anwendung solch eines Kreises scheint für ihn kennzeichnend gewesen zu sein. Die Kritik Schimon bän Schätachs mag sich auch auf diese dem Zauber nahestehenden Praktiken bezogen haben. Die Rabbinen sind generell bei Wundern den Verdacht auf Zauberei nicht losgeworden[9]. Für Schimon bän Schätach gilt das in besonderer Weise, da er nach dem Talmud 80 Zauberinnen in Askalon gehängt haben soll; wir kommen später noch einmal auf diese Tradition zurück. Aber der Beigeschmack des Zauberischen ist in der rabbinischen Erzählung von Choni verschwunden. Denn der Kreis bedeutet den Ort des Gebets, aus dem Choni erst dann heraustreten will, wenn er erhört ist; und er wurde nur gezogen, weil das Gebet zunächst ohne Wirkung blieb. Schließlich mag der Kreis Chonis sein biblisches Vorbild in dem Graben haben, den der um Regen bittende Elia um den Altar auf dem Karmel zog (1.Kön 18.32).

---

[8] Vgl. dazu M. HENGEL, Der Sohn Gottes, Tübingen 1975, S. 68f.: „Der charismatische Wundertäter oder auch der zu Gott entrückte Mystiker . . . werden mehrfach von Gott als ,Sohn' bezeichnet." HENGEL verweist auf Chanina ben Dosa.

[9] Vgl. dazu E. E. URBACH, Chaz"al (Jerusalem ²1971, Kapitel 6, S. 82–102).

Auch wird aus beiden Berichten deutlich, daß Choni neben seiner kindlich wirkenden Unbekümmertheit vor Gott auch eine ungewöhliche *theologische Reife* besaß. Sein Beten und Handeln waren getragen vom Wissen um Gottes Allmacht und die schlechthinige Abhängigkeit des Menschen und von einem hohen Verantwortungsbewußtsein für Gottes Volk. Im rabbinischen Bericht redet Choni Gott nicht etwa als „Vater", sondern als „Herrn der Welt " an und beschwört ihn bei seinem großen Namen; nach Josephus wird Gott als „König der Welt" angerufen (§ 23). Und nicht etwa Ruhmsucht, sondern einzig und allein die Sorge um das Wohl der Menschen motiviert das kühne Gebet: Gott soll sich ihrer erbarmen, weil sie seine Kinder sind (על בניך תרחם). Die Gotteskindschaft wird von Choni nicht exklusiv bewertet. Seine Auszeichnung, vor Gott wie ein Haussohn zu sein, ist im Gebet eingebettet in den zweifachen Hinweis auf die Gotteskindschaft der Menschen: „Deine Kinder haben mich gebeten ... erbarme dich über deine Kinder."[10] Und gerade der Haussohn Choni kennt die Grenzen, die beim Umgang mit Gott geboten sind, und schärft sie den Menschen ein, die zwar auch Gottes Kinder, aber doch mit dem guten Ton im Hause Gottes nicht immer voll vertraut sind. Denn als die Menge, durch die mehrfach gelungene Korrektur des Regens verwöhnt, von Choni verlangte, er solle durch neuerliches Beten auch dem Regen des Wohlgefallens und Segens Einhalt gebieten, weil er offensichtlich die tiefer gelegenen Wohngebiete Jerusalems gefährdete, da wies er dieses Ansinnen entschieden ab: „Geht hinaus und seht, ob der Fundstein aufgeweicht ist!" Diese Weigerung ist es, um deretwillen die Rabbinen Chonis Geschichte erzählen: Sie illustriert und begründet die Halacha: „Bei jeder Not – sie möge nicht über die Gemeinde kommen! – bläst man für sie die Trompete, außer wenn viel Regen fällt!" (חוץ מרוב גשמים).

Dieses Wissen Chonis um das, was vor Gott recht ist, und der aus ihm erwachsende *Widerstand* gegen ein ungebührlich bittendes Volk, tritt noch stärker und folgenschwerer im Bericht des *Josephus* hervor. Choni soll mit der gleichen Kraft, mit der er den Regen erwirkte, den im Tempel sich verteidigenden Aristobul und dessen Anhänger verfluchen (14,22). Aber er widersetzt sich diesem Ansinnen und spricht, als er schließlich in ein Gebet einwilligt, das Gegenteil von dem aus, was das Volk von ihm verlangt. Auch setzt er eine Barriere vor alle noch ungesprochenen, aber denkbaren, Gebete der sich bekämpfenden Parteien: Gott soll sie nicht erhören, obwohl sie von seinem Volk und seinen Priestern ausgehen. Es scheint, als habe bei Josephus Choni die Rolle eines Fürbitters für Israel mit der eines Anklägers vertauscht. Aber als ein Mann, der sonst um

---

[10] Auch bei Josephus wird die besondere Zugehörigkeit der bittenden Israeliten zu Gott betont: Sie sind „Sein Volk, Seine Priester" (§ 23).

„Wohlgefallen, Segen und freie Gabe"[11] Gottes betet, kann er schlechterdings keinen Fluch erwirken. Und gerade mit seiner Weigerung bleibt
sich Choni seiner Verantwortung gegenüber dem Volk bewußt, behält
die Aufgabe des Fürbitters bei und macht seinem Namen, ein Mittler der
Gnade Gottes zu sein, alle Ehre. Denn dadurch, daß er der unverständi-
gen Menge nicht zu Willen ist und ihrem destruktiven Beten den Weg zu
Gott versperrt, dient er dem Wohl des Volkes, das sich bei diesem Zwist
selbst Schaden zufügt und mit dem beabsichtigten Fluch auch Gottes
Eigentum bedroht. Choni will den Zorn Gottes über dessen vom Haß
verblendete Kinder verhüten; genau das ist die Aufgabe eines echten
Fürsprechers.

Meines Erachtens darf die in der Mischna gegebene Choni-Überliefe-
rung auch für den bei Josephus gebotenen Bericht vorausgesetzt werden,
obwohl sie damals vielleicht noch gar nicht schriftlich niedergelegt war.
Außer den schon erwähnten sachlichen Übereinstimmungen sind auch
solche formaler Art auffallend. Dazu gehört die Gebetsanrede „König der
Welt" (Ant 14,24), die dem rabbinischen „Herrn der Welt" in etwa
entspricht, dann der Appell an die bereits bewährte Kraft des Gebets: *Wie*
Choni durch sein Gebet die Dürre beendete, *so* soll er Aristobul verfluchen (Ant 14,22); *wie* er das Fallen des Regens bewirkte, *so* soll er darum
beten, daß er aufhöre (Taanith 3,8). Entscheidend ist der bei Josephus
erwähnte Hinweis auf das erhörte Gebet um Regen, der die Verbindung
beider Traditionen und die Identität von Onias = Choni sicherstellt. An
sich wäre er für die Geschichte vom Tod dieses Gottesmannes nicht
unbedingt erforderlich. Auch die Geschichte als ganze wirkt als Zugabe,
als ein *donum superadditum.* Denn das von Josephus erzählte Auftreten des
Onias und auch sein Tod sind für den Verlauf und Ausgang des Kampfes
der beiden Brüder und Parteien eigentlich nicht von Bedeutung. Josephus
spricht zwar von einem *Gericht,* durch das Gott das Land für die Ermor-
dung des Onias bestrafte: Es war eine Teuerung infolge eines starken
Windes, der die Früchte des Landes schädigte; damit hatte sich die Drohung Lev 26,14–16 erfüllt[12]. Aber gerade dieses Strafgericht wird auch
noch mit einem anderen Frevel des Volkes erklärt, der besser zu ihm paßt
und deshalb ursprünglicher zu sein scheint: Die belagernden Juden hatten
trotz eines festen Versprechens und eines sehr günstigen Preises der
eingeschlossenen Priesterschaft keine Tiere für die Opfer am Passahfest

---

[11] Auch die Begriffe „Segen" in der Mischna und „Fluch" im Josephusbericht sind Berührungspunkte, freilich entgegengesetzter Art. Das Wort „freie Gabe" (נדבה) scheint mir
an Jes 55,1 anzuspielen: Gott bietet den Durstigen unentgeltlich Wasser an. Das ganze
Kap. Jes 55 mag bei den beiden Berichten über Choni im Hintergrund stehen, weil es für
den Beter um Regen und Mann des Friedens spricht (vgl. 55,10.13).

[12] Auf die Bedeutung des Kap. Leviticus 26, vor allem der Verse 40 ff., für die Qumrangemeinde hat D. GARNETT hingewiesen (Salvation and Antonement in the Qumran Scrolls,
Tübingen 1978, WUNT II,3.

geliefert (§ 25–29)[13]. Diese doppelte Begründung der Teuerung macht deutlich, daß die Oniasgeschichte nicht recht integriert ist[14]. Aber die Verbindung zwischen den beiden Motiven: Tod eines Gerechten und Unglück nationalen Ausmaßes, erscheint auch sonst bei Josephus, z. B. bei der Darstellung Johannes des Täufers (Ant 18,116–119). Herodes Antipas hatte diesen „guten Mann" hinrichten lassen. Nach der „Meinung einiger Juden" war die Niederlage seines Heeres gegen den Araberkönig Aretas das gerechte Strafgericht Gottes für diese Tat.

2. Der Tod Chonis im Licht der Tempelrolle von Qumran

Während die Mischna durch Schimon bän Schätach einen an Blasphemie grenzenden Umgang Chonis mit Gott andeutet, weigert sich dieser bei Josephus, das Volk Gottes zu verfluchen. Diese Weigerung und die durch sie ausgelöste Steinigung Chonis lassen sich von der kürzlich veröffentlichten Tempelrolle (11 Q Miqdash) her neu beleuchten[15]. Unter den Bestimmungen für die Heiligung Israels, die vor allem im dritten Teil dieser umfangreichen Schriftrolle enthalten sind[16], fällt die eigenwillige, von der rabbinischen Überlieferung bewußt abweichende, Auslegung der Stelle Deut 21,22f. auf (Kolumne 64,6–13). Auch in ihr geht es um die Verfluchung des Gottesvolkes. Ich gebe den Text:

6   כי *vacat* (סוף דברים כא כא)

7   יהיה איש רכיל בעמו ומשלים את עמו לגוי נכר ועושה רעה בעמו

8   ותליתמה אותו על העץ וימת על פי שנים עדים ועל פי שלושה עדים

9   יומת והמה יתלו אותו העץ כי יהיה באיש חטא משפט מות ויברח אל

10   תוך הגואים ויקלל את עמו ואת בני ישראל ותליתמה גם אותו על העץ

11   וימות ולוא תלין נבלתמה על העץ כי קבור תקוברמה ביום ההוא כי

12   מקוללי אלוהים ואנשים תלוי על העץ ולוא תטמא את האדמה אשר אנוכי

13   נותן לכה נחלה

---

[13] Zu den Opfern für Passah und Mazzoth vergleiche jetzt auch Megillath Ha-Miqdash Kol 17,6–16. Für jeden Tag von Mazzoth sollen zwei Stiere, ein Widder, sieben Lämmer und ein Ziegenbock als Opfer vorgesehen werden.

[14] G. HÖLSCHER, a.a.O. Sp. 1073f., schreibt sie, wie auch die anderen legendenartigen Erzählungen in Antiquitates Buch 13ff., einem von ihm angenommenen herodesfeindlichen und den Hasmonäern nahestehenden Priester zu, der Nikolaos von Damaskus korrigiert hat.

[15] Y. YADIN, Megillath Ha-Miqdash, Jerusalem 1977. Wichtig ist vor allem Band I, S. 285–290.

[16] Sie sind vor allem dem zweiten Teil des Buches Deuteronomium entnommen.

Es werden in diesem Text 11 Q Miqd 64,6–13 zwei Vergehen des Hochverrats in kasuistischer Diktion aufgeführt, die beide mit der in Deut 21,22f. geforderten Bestrafung durch „Hängen an das Holz" geahndet werden sollen, obwohl sie dort nicht erwähnt sind: Einmal die Verleumdung und Auslieferung Israels an eine fremde Nation (Zeile 6–9a) und dann die Flucht zu den Heiden mit der von dort aus erfolgenden Verfluchung des Gottesvolkes und der Kinder Israel (Zeile 9b–11a). Im letzten Abschnitt (Zeile 11a–13) wird für beide Fälle die Bestimmung Deut 21,23 geltend gemacht: Der Leichnam soll am Tag der Hinrichtung begraben werden, weil „ein am Holz Hängender von Gott und Menschen verflucht ist" und das Land entweiht. Yadin sagt mit Recht, die beiden Vergehen – vor allem das zuerst genannte – seien aus aktuellem Anlaß in die Tempelrolle hereingebracht und mit Deut 21,22f. verknüpft worden[17]; die besonders harte Todesstrafe der Aufhängung sollte das schwere, in der Schrift so nicht erwähnte Vergehen des Hochverrats sühnen.

Betrachtet man die in der Tempelrolle nach Deut 21,22 gebotene *Art der Hinrichtung* genauer, so erkennt man den Gegensatz zur pharisäischen, später in der Mischna Sanhedrin 6,4 verankerten Auslegung dieser Stelle. Nach dieser wird das Hängen als eine abschreckende Zusatzstrafe verstanden; der Leichnam des bereits durch Steinigung Hingerichteten wird ans Holz gehängt[18]. Dagegen ist in diesem Qumrantext das Hängen des lebenden Delinquenten der Strafvollzug; er kommt praktisch einer Kreuzigung gleich[19]. Diese Art der Hinrichtung ist einmal aus der gegenüber Deut 21,22 geänderten Reihenfolge der Verben „Hängen – Sterben" zu erschließen: „Ihr sollt ihn ans Holz binden, sodaß er stirbt" (Zeile 8; 10f.), und dann auch aus der (eigens eingefügten) Erwähnung der zwei und drei Zeugen, die das Hängen vollziehen sollen; nach Deut 17,6f. bezieht sich die Mitwirkung der Zeugen auf die Hinrichtung des Delinquenten. Daß mit der Hängung die Kreuzigung und nicht etwa der Tod durch Erhängen[20] gemeint war, geht nicht zuletzt aus dem historischen Ereignis hervor, auf das Yadin in diesem Zusammenhang hinweist. Es ist dies die sowohl von Josephus berichtete als auch in den Qumranschriften erwähnte Kreuzigung der 800 pharisäischen Gegner der Hasmonäer durch Alexander Jannai. Josephus spricht dabei vom „Gekreuzigtwerden" (Ant 13,380; vgl. 383), der 4 Q Pescher zum Propheten Nahum 1,3–4 vom „Aufhängen lebender Menschen" (vgl. auch Zeile 8), und zwar in deutlichem Bezug zu Deut 21,22f.

---

[17] a.a.O. S. 285. Sie ermöglichen auch einen Rückschluß auf die historische Lage zur Zeit der Abfassung der Tempelrolle.

[18] Vergleiche auch Josua 8,29; 10,26, dazu b Sanhedrin 46b, Yadin a.a.o. S. 287.

[19] Wahrscheinlich wurde sie aus der nichtjüdischen Umwelt übernommen (M. HENGEL, Crucifixion, London 1977, S. 84).

[20] Er wird in der Mischna (Sanh 7,1) durch חנק bezeichnet.

Durch Ant 13,380 wird auch das Vergehen des Hochverrats *historisch konkretisiert*. Es ist zwar in der Tempelrolle formal angelehnt an das Vergehen der Verleumdung von Volksgenossen (עמיך) in Lev 19,9, jedoch wird statt dessen der Verrat am Gottesvolk (עמך עמו) ins Auge gefaßt. Als solch ein Verrat konnte die von Alexander Jannai so hart bestrafte Rebellion der extremistischen Pharisäer gelten: Sie hatten sich an den syrischen König Demetrius gewandt, er möge ihnen gegen Jannai helfen. Demetrius fiel daraufhin mit einem großen Heer in Judäa ein, wobei sich die rebellierenden Juden zunächst auf seine Seite stellten (Ant 13,376–379). Es kam zur Schlacht mit Jannai[22]. Demetrius siegte und zwang Jannai zur Flucht ins Gebirge, dann aber wurde er von seinen jüdischen Sympathisanten verlassen. Nach Josephus geschah dies aus Mitleid für Jannai (§ 379), nach dem Pesher Nahum deshalb, weil Demetrius nach Jerusalem ziehen wollte (I,2). Das Verhalten der pharisäischen Rebellen wurde als Auslieferung der Juden an eine fremde Nation im Sinne von 11 Q Miqd 64,6f. gedeutet; von daher ließe es sich erklären, daß Jannai die Kreuzigung für die rechtlich angemessene Strafe hielt, die offensichtlich auch im Pescher Nahum mit dem Hinweis auf Deut 21,22f. gebilligt wird[23].

Als Hochverrat und Auslieferung des Volkes an eine fremde Nation konnte auch der *Anschlag des Antipater und Hyrkan* gegen Aristobul gewertet werden. Denn ihre Intervention beim Araberkönig Aretas führte ja zum Einmarsch eines feindliches Heeres in Judäa und sogar zur Belagerung Jerusalems (Ant 14,8–18). Neben der Bestimmung 11 Q Miqd 64,6f. kommt auch die dort in Zeile 9f. beschriebene zweite Weise des Hochverrats in Frage, wonach die Flucht zum heidnischen Feind als ein durch Hängen zu ahndendes Verbrechen bezeichnet wird, vor allem dann, wenn ihr eine Verfluchung „seines Volkes und der Kinder Israel" folgt, zu welcher man ja den Beter Choni zwingen wollte. Es ist verständlich, daß dieser sich nach Ant 14,22 „wegen des starken und andauernden Konfliktes verborgen hatte". Sicherlich verabscheute Choni das Verhalten Hyrkans und wollte keinesfalls seine charismatische Gabe in dessen Dienst stellen. Auch teilte er wohl die in der Tempelrolle strafrechtlich verankerte Ansicht, der Hochverrat sei ein besonders schweres Verbrechen, ein Frevel gegen Gott selbst. Dieser theologische Bezug kommt im Gebet Chonis nach Ant 14,24 zum Ausdruck: Gottes Volk

---

[21] Die Tatsache der Kreuzigung erhellt auch aus dem Umstand, daß die von Alexander Gehängten der Hinrichtung ihrer Frauen und Kinder zusehen mußten.

[22] Vgl. dazu: A. Schalit, Der Schauplatz des letzten Kampfes zwischen den aufständischen Pharisäern und Alexander Jannäus, in: Josephus-Studien, Festschrift für O. MICHEL, Göttingen 1974, S. 300–318.

[23] So nach der Ergänzung der beiden zerstörten Zeilen I,7f, die Y. YADIN im Einklang mit 11 Q Miqd 64,6–13 vollzog.

und Gottes Priester stehen einander feindlich gegenüber, mit ihrer Verfluchung wäre Gott selbst verflucht.

Dieser theologische Bezug beherrscht auch die Ausführungen zum Hochverrat, wie sie in der Tempelrolle gemacht werden. Das Suffix der 3. Person Singularis im mehrfach erwähnten Wort עמו (Z. 7. 10) ist nicht etwa auf das Subjekt der Sätze, d. h. den verräterischen und fluchenden Mann, zu beziehen, sondern umschreibt wie so oft in der jüdischen Literatur den Namen Gottes; Sein Volk ist gemeint[24]. Wer Israel preisgibt, tastet Gottes Eigentum an, so wie die Befleckung des von ihm gegebenen Landes Gottes Heiligkeit verletzt (11 Q Miqd 64,12f.). Der enge Zusammenhang von Israel und Gott wird dann noch deutlicher, wenn man die Herleitung der beiden in 11 Q Miqd 64 erwähnten hochverräterischen Vergehen und ihre Begründung aus der Schrift näher prüft. Die Schrift kennt zwar eine Verfluchung von Gott und König (1 Kön 21,13; vgl. Jes 8,21), aber es fehlt die Verfluchung des Volkes und dessen Auslieferung an den Feind. Außerdem wurde die Naboth fälschlicherweise zur Last gelegte Tat mit der Steinigung bestraft (vgl. Exodus 22,27) und nicht mit der Kreuzigung, dem Hängen an das Holz. Die Verbindung des Hochverrats mit Deut 21,22f., wie sie in 11 Q Miqd 64 vorliegt, kam meines Erachtens über den in Deut 21,23 erwähnten Ausdruck „Verfluchung Gottes" (קללת אלוהים) zustande, der in der Exegese der damaligen Zeit eine wichtige Rolle spielte und dabei kontrovers war. In 11 Q Miqd 64,12 wird er verbal wiedergegeben: מקוללי אלוהים ואנשים תלוי על העץ)[25]. Wie Y. Yadin richtig erkannt hat, ist er in doppelter Bedeutung, in passiver und aktiver, gemeint: Die ans Holz Gehängten – תלוי ist kollektiv gemeint – sind von Gott und den Menschen verflucht; aber sie sind auch solche, die Gott und den Menschen fluchten. Denn das in Zeile 10 genannte Vergehen der „Verfluchung Seines Volkes" steht in ursächlichem Zusammenhang mit der Wendung קללת אלוהים in Deut 21,23: Nach der Auffassung der Qumranexegeten geschieht die Verfluchung Gottes dadurch, daß man Sein Volk, die von ihm erwählten Menschen verflucht bzw. sie den Heiden in die Hände spielt. Auch die Rabbinen konnten Deut 21,23 in diesem aktiven Sinn verstehen, wenn sie die Strafe der Aufhängung des Hingerichteten auf den Gotteslästerer (המגדף) und den Götzendiener (העובד ע"א) beschränkten und im Blick auf die Wendung קללת אלוהים bemerkten: „Weil er den Namen verflucht (wörtl.: gesegnet) hat und der Name Gottes entweiht worden ist (מפני שברך את השם ונמצא שם שמים מתחלל; m Sanh 6,4). Freilich wird dabei unter dem Eindruck von

---

[24] Merkwürdig ist das Nebeneinander von Gottesvolk und Kindern Israel (עמו ובני שראל) in Zeile 10. Vielleicht kommt darin der sektiererische Anspruch der Qumrangemeinde zum Ausdruck, im Unterschied von der Masse Israels allein das wahre Gottesvolk zu sein.

[25] Die Näherbestimmung על העץ, die an dieser Stelle im hebräischen Text fehlt, erscheint ins Griechische übersetzt auch in der Septuaginta zu dieser Stelle und im Galaterbrief des Paulus 3,13; in 11 Q Miqd 64,12 wird sie zum erstenmal auch im Hebräischen bestätigt.

Lev 24, 10–16 die Gotteslästerung als Mißbrauch des Gottesnamens definiert (Sanh 7,5) und mit der Steinigung bestraft, so daß die Aufhängung eine Zusatzstrafe für den bereits Hingerichteten ist (Sanh 6,1 ff.). Daß man aber im 2. und 1. Jhdt. v. Chr. das Hängen auch anders deuten konnte, zeigt die Kreuzigung des Jose bän Joezer aus Seredah durch Jakim-Alkimos[26]. Vor allem ist an die Sanh 6,4 erwähnte, wohl vortannaitische Tradition zu erinnern, nach der Schimon bän Schätach in Askalon 80 Frauen (= Zauberinnen) aufgehängt haben soll, was nach der Mischna ein außerordentliches, durch besondere Umstände veranlaßtes, Verfahren war. Auffallend ist dabei auch die Erwähnung der Stadt Askalon (אשקלון), die damals der jüdischen Jurisdiktion nicht unterstellt war. M. Hengel hat die Vermutung geäußert, dieser Vorfall sei auf eine Hinrichtung von 80 sadduzäischen Gegnern unter Schalome Alexandra zu beziehen, die als Vergeltung für die Kreuzigung der 800 Pharisäer gedacht war und eben darum speziell durch „Hängen" vollzogen wurde; die stolzen Sadduzäer wären dann polemisch in heidnische Hexen verwandelt worden[27]. Trifft diese Deutung Hengels zu, so könnte hinter dem Namen „Askalon" (אשקלון) ursprünglich ein איש קלון (Mann der Schande) oder eine von Deut 21,23 abgeleitete Wendung ähnlich der מקוללי אנשים... in 11 Q Miqd 64,12 stehen, welche den Verrat und die Verfluchung des Gottesvolkes zum Ausdruck bringen und die Tat Simons rechtfertigen sollte.

Ganz deutlich ist dieses Vergehen nach Ant 14,24 von Choni angesprochen. Denn die an Gott gerichtete Bitte um Nichterhörung der beiden zerstrittenen Parteien wird damit begründet, daß es sich bei der einen um „Dein Volk" und bei der anderen um die „Dir (dienenden) Priester« handelt. Choni will so verhindern, daß das in der Tempelrolle erwähnte und von Deut 21,23 abgeleitete Verbrechen der Verfluchung „Seines Volkes" (עמו) begangen wird, und zwar weder von ihm selbst noch von den beiden feindlichen Parteien. Durch diese Weigerung wahrte Choni den Ruf des Gerechten und Lieblings Gottes sowie den eines hervorragenden Fürbitters für Israel; denn er verhinderte eine mögliche Verfluchung und deren verhängnisvolle Folgen für das Gottesvolk. Freilich wurde er gesteinigt und erlitt somit die Strafe für den Gotteslästerer (Lev 24,10–16) bzw. für den falschen Propheten und Volksverführer (Deut 13,1–11). Aber seine Hinrichtung war ein Frevel; Josephus schreibt sie deshalb den „Übeltätern unter den Juden" zu.

Bei dieser Darstellung Chonis dienten *biblische Gestalten als Vorbilder*. Man wird z. B. an den Gottesknecht in Jes 53,9 erinnert, der stellvertretend den Tod erlitt, der „keine Sünde beging, in dessen Mund kein Trug

---

[26] Midr. Teh. 11,7; vgl. Ber r 65 (149), dazu Isaak nach Gen 22,6. Von Jose bän Joezer heißt es: אזל קומי שריתא למצטלבא.

[27] Crucifixion a.a.O. S. 48f. Vergleiche dazu Ant 13,380 mit Ant 13,410.

erfunden wurde". Vor allem ist Choni als ein Gegentyp zum Frevler Bileam gezeichnet, der nach Jos 13,22 von den Israeliten erschlagen wurde[28]. Bileam sollte Israel verfluchen, aber Gott wollte nicht auf ihn hören (vgl. Jos 24,9f.); umgekehrt verhinderte Onias, daß Gott einen Fluch gegen Israel erhörte. Josephus hat in Antiquitates 4 die Bileamtradition ausführlich wiedergegeben: Balak sandte zu Bileam, er solle Flüche für den Untergang Israels vollziehen[29]. Josephus schildert dann die Kraft des Gottesgeistes, der sich bei Bileam durchsetzt und einen Segen statt des beabsichtigten Fluches hervorbrachte (Ant 4,102–128). Am Schluß steht ein in der Schrift nicht berichteter Rat Bileams an Balak, die Israeliten zum Götzendienst zu verleiten und so den Zorn Gottes über sie heraufzubeschwören; der Abfall zum Baal-Peor wird auf das Konto Bileams gesetzt (Ant 4,129f.). In unserem Zusammenhang ist es wichtig, daß in Targum Neofiti zu Num 25,1–5 (vor allem zu Vers 4) und in Sifre Num § 131 zu Num 25,4 eine Verbindung zu Deut 21,22ff. gezogen wird: Die abgefallenen Israeliten sollen getötet und ans Kreuz (צליבה) gehängt worden sein. Ferner steht Bileam in Sanhedrin 10,2, also im Kontext der Vollstreckung der Todesstrafe, an der Spitze der Privatleute, die keinen Anteil an der kommenden Welt erhalten werden. Es hat den Anschein, als ob Jesus, der Gekreuzigte, an dieser Stelle und darüber hinaus im Talmud unter dem Namen „Bileam" kritisiert worden sei[30].

3. Der von Gott Verfluchte im Neuen Testament

Von daher muß man fragen, ob nicht auch der Prozeß und die Kreuzigung Jesu im Licht des Gebots Deut 21,22ff. und seiner auf die Kreuzigung zielenden Deutung gesehen worden sind. Nach der von M. Wilcox vollzogenen Untersuchung „Upon the Tree" – Deut 21,22ff.[31] ist diese Frage zu bejahen. So hat z. B. der Apostel Paulus die Stelle Deut 21,22ff. auf die Kreuzigung Jesu bezogen und in Galater 3,13 die Wendung vom „Fluch Gottes" (קללת אלוהים) passivisch übersetzt: „Verflucht ist jeder, der am Holz hängt." Daraus hat er für seine Theologie gefolgert, daß Jesus für uns zum Fluch wurde und uns so vom Fluch des Gesetzes über die

---

[28] Zur paradigmatischen Rolle Bileams im Neuen Testament vergleiche 2 Petrus 2,15; Judas 11; Offenbarung des Johannes 2,4.

[29] Ant 4,104 ἀρὰς ποιεῖσθαι. Vgl. Ant 14,22 ἀράς τιθέναι, dazu Ant 4,127: Israel wird nicht Mangel leiden an den Früchten der Erde, mit Ant 14,28: Die Frucht des ganzen Landes wird verdorben.

[30] Vgl. b Sanh 106a: Bileam, war er Wahrsager oder Prophet? B Sanh 106b: Bileam, der Lahme, war 33 Jahre alt, als ihn Pinehas Lista'a tötete. Das ist wohl kaum eine Anspielung auf Pilatus, sondern auf einen zelotischen Pinehas. Nach Aboth 5,19 werden die Schüler des gottlosen Bileam die Hölle erben. (Vgl. dazu H. L. STRACK, Jesus und die Häretiker in Talmud und Midrasch, Leipzig 1910).

[31] Journal of Biblical Literature 96 (1977) S. 85ff.

Gottlosen losgekauft hat. Wahrscheinlich hat er die Stelle Deut 21,23 mit der Aussage Deut 27,26 verbunden, nach welcher die Nichtbefolgung der Tora durch einen Fluch bedroht wird (vgl. Galater 3,10), und darüber hinaus an Deut 30,15 ff. gedacht, wonach der Ungehorsam gegenüber dem Gesetz Tod, Unheil und Fluch (קללה) für Volk und Land nach sich zieht. Wie Onias einem Fluch in den Weg trat und dafür den Tod erlitt, so hat nach Paulus der Messias durch seinen Tod die Verfluchung der sündigen Menschen abgewendet. Auch in der Apostelgeschichte wird die Kreuzigung Jesu mit der Wendung „ans Holz hängen" beschrieben (5,30; 10,39), woraus sich ergibt, daß auch die ersten Christen Deut 21,23 im Sinne der in der Tempelrolle gegebenen Auslegung interpretierten und im „Holz" das Kreuz sahen. Auch die Stelle Apostelgeschichte 13,28–30, wo zunächst ein „todeswürdiges Vergehen" Jesu bestritten und dann dessen Tötung, Abnahme vom Kreuz und Bestattung erwähnt wird, verrät ebenso deutlich den Bezug zu Deut 21,23 wie Johannes 19,31, wonach man den Gekreuzigten noch am Tag der Hinrichtung vom Kreuz abnahm und davor warnte, ihn bis zum folgenden Sabbattag hängen zu lassen. Schließlich ist auch der Ausdruck „Ärgernis des Kreuzes" (1. Korinther 1,23, Galater 5,11) von Deut 21,23 her religiös motiviert[32].

M. Wilcox hat vor allem die Beziehungen zu Deut 21,22 ff. in Glaubensaussagen des Neuen Testaments aufgezeigt. Meines Erachtens wird der Einfluß dieser Stelle auch in den Berichten über den geschichtlichen Ablauf des Leidens Jesu sichtbar. Am Schluß des Verhörs Markus 14,53 stellt der Hohepriester fest, Jesus habe mit dem offen ausgesprochenen Bekenntnis, der Messias und Sohn Gottes zu sein, „Gott gelästert"; nach der Meinung des Gerichts[33] ist er deshalb „des Todes schuldig" (Markus 14,64). Man mag an Deut 21,22 ff. gedacht haben. Die Sünde, die nach Deut 21,23 die Todesstrafe verdient (חטא משפט מות), ist zwar nach 11 Q Miqd 64,12 die Verfluchung von Gott und Menschen, aber nach Sanh 6,4 gerade die Gotteslästerung; als Frevel gegen Gott und sein Volk konnte auch die Behauptung Jesu, er wolle den Tempel niederreißen (Markus 14,58), ausgelegt werden. Die solchen Frevel sühnende Strafe ist die „Aufhängung am Holz". Im Fall Jesu war das die Kreuzigung, welche mit der Auslieferung an das Gericht des römischen Präfekten zu erwarten war. In Johannes 11,47 ff. wird das messianische Auftreten Jesu von den Priestern Jerusalems als eine tödliche Gefahr für Israel betrachtet: „Die Römer werden kommen und diesen Ort (d. h. Jerusalem mit dem Tempel) und das Volk beseitigen" (11,48). Deshalb urteilt der Hohepriester:

---

[32] H. W. KUHN, Jesus als Gekreuzigter in der frühchristlichen Verkündigung bis zur Mitte des 2. Jahrhunderts, in: Zeitschrift für Theologie und Kirche 1975, S. 1–46, besonders S. 36 f.

[33] Nach A. SCHALIT ist es richtiger, an einen Untersuchungsausschuß zu denken (Besprechung des Buches von P. WINTER, „On the Trial of Jesus" in Kirjath Sepher Band 37 [1962] 332–341, bes. 340).

„Es ist besser für euch, wenn *ein* Mensch für das Volk stirbt, als wenn das ganze Volk zugrunde geht" (11,50)[34]. Hier wird wohl das in 11 Q Miqd 64,7 f. erwähnte Vergehen angesprochen: „Wenn ein Mensch ... sein Volk einer fremden Nation ausliefert und dadurch seinem Volk Übles antut (Zeile 8: איש ··· משלים את עמו לגוי נכר ועושה רעה בעמו). Es wird dort mit der Hinrichtung durch Hängen bedroht, einer Strafe, die offensichtlich bei den Sadduzäern auch zu dieser Zeit noch gesetzlich verankert war. Dafür spricht die Erklärung, welche die Juden nach Johannes 19,7 vor Pilatus abgaben: „Wir haben ein Gesetz, und nach unserem Gesetz muß er sterben, weil er sich selbst für Gottes Sohn erklärt hat" (vergleiche auch 18,31). Solch ein Gesetz, das den offensichtlich auch hier als Blasphemie verurteilten Messiasanspruch ahnden soll, kann nur von Deut 21,22 ff. abgeleitet und im Sinne von 11 Q Miq 64 verstanden worden sein; denn die für Jesus geforderte Todesstrafe ist das Kreuz (Johannes 19,10.15 f.).

4. Die Lästerung des Gekreuzigten

Wird beim Verhör Jesu auf die aktive Deutung der Wendung קללת אלוהים abgehoben (= er hat Gott gelästert), so bei seiner Hinrichtung auch auf die passive. In Markus 15,29–32 heißt es, die am Kreuz Jesu Vorübergehenden hätten ihn „gelästert": „Weh dir, der du den Tempel abreißen und in drei Tagen wieder aufbauen wolltest! Rette dich und steig herab vom Kreuz!" Desgleichen verspotteten ihn auch die Hohenpriester zusammen mit den Schriftgelehrten und sagten: „Andere hat er gerettet, sich selber kann er nicht retten. Bist du der Messias und König Israels, so steig jetzt vom Kreuz herab, damit wir es sehen und zum Glauben kommen!" In dieser Szene wird der Gekreuzigte von den Menschen mit den gleichen Worten verlästert, mit denen er seinen als Gotteslästerung verurteilten Messiasanspruch begründet hat, nämlich mit der Ankündigung, er werde den alten Tempel durch einen neuen ersetzen. Dabei hat Jesus wohl – wie das 4 Q Florilegium zu 2 Samuel 7,10–14 – an das lebendige Heiligtum des endzeitlichen Heilsvolkes gedacht. Aufgrund von 2 Sam 7,13 konnte aus diesem Tempelwort ein messianischer Anspruch abgelesen werden. Auch die spöttische Aufforderung: „Rette dich selbst!" enthält eine Anspielung auf den Messiasanspruch, wie aus 4 Q Florilegium Zeile 11–13 ersichtlich ist: Der Davidssproß wird am „Ende der Tage auf dem Zion aufstehen ... um Israel zu retten" (להושיע את ישראל). In diesem Bericht des Markus wird die Wendung קללת אלוהים תלוי im Sinne von 11 Q Miqd 64,12 ausgelegt (מקוללי אלוהים ואנשים): Der am Kreuz

---

[34] Zur Darstellung dieser Stelle und ihres Zusammenhangs mit der sadduzäischen Politik vergleiche W. GRIMM, Die Preisgabe eines Menschen zur Rettung des Volkes, in Josephus-Studien a.a.O. S. 133–146.

hängende Jesus hat Gott gelästert und wird deshalb von den Menschen, die vorübergehen, „gelästert".

Daß man auch bei den Rabbinen die Wendung vom Gottesfluch des Gekreuzigten (Deut 21,23) in einer geschichtlichen Begebenheit erfüllt sehen konnte, zeigt eine in Tosefta Sanhedrin 9,7 aufgezeichnete und dem Rabbi Meir zugeschriebene Erzählung, in welcher das Ärgernis des Kreuzes noch deutlich sichtbar wird. Von zwei einander völlig gleichenden Zwillingsbrüdern sei der eine zum „König über die ganze Welt" geworden, der andere aber zu den Räubern gegangen. Diesen letzteren habe man gefangen und ans Kreuz geschlagen; ein jeder, der vorüberging, sagte: „Es hat den Anschein, als sei der König gekreuzigt!" Dabei wird auf Deut 21,23 verwiesen: „ Ein Fluch Gottes ist ein Gehängter." Abgesehen von der auch hier erfolgenden Anwendung von Deut 21,22f. auf die Strafe der Kreuzigung ist die Tatsache bedeutsam, daß in dieser tiefsinnigen anekdotischen Erzählung die Wendung vom Fluch Gottes als Lästerung Gottes durch den gekreuzigten Menschen gedeutet wird. R. Meir denkt vielleicht auch daran, daß der Mensch im Bilde Gottes erschaffen wurde[35]. Denn der „König über die ganze Welt" scheint mir ein Hinweis auf Gott zu sein. Der gefallene Mensch, der am Holz hängt, die mors turpissima crucis erleidet, stellt gerade deshalb eine Lästerung des Königs der Könige dar, weil er dessen Ebenbild ist, so wie ein Zwilling die Züge seines Bruders trägt. Aber darum ist es auch ein Gott lästernder Spott, wenn die vorübergehenden Menschen sagen: „Es hat den Anschein, als hinge der König am Kreuz!"

---

[35] Die Bedeutung der Gottebenbildlichkeit erhellt aus dem berühmten Wort Aqibas: „Geliebt ist der Mensch, denn er wurde im Bilde erschaffen . . ." (Aboth 3.14)

II. Jesus

6. Jesu Heiliger Krieg

In den Lobliedern (*Hodajoth*) der Qumransekte hört man auch von Krieg und Kriegsgeschrei, und eine ganze Rolle aus der ersten Höhle hat den Krieg zum Thema und daher den Namen „Kriegsrolle" erhalten. Es geht darin um den Krieg der „Kinder des Lichts gegen die Kinder der Finsternis" (1QM i 1), [1] d.h. um die grosse endzeitliche Auseinandersetzung zwischen dem Machtbereich Gottes, Seinen Engeln und den Frommen auf Erden, und dem Herrschaftsbereich Beliaals, seinen Geistern und den Gottlosen dieser Welt. Man führt also einen heiligen, aber nicht nur geistlichen, Krieg. Denn wie in den heiligen Kriegen des Alten Testaments wird dies endzeitliche Ringen um die Durchsetzung der Gottesherrschaft auch als eine Auseinandersetzung zwischen irdischen Mächtegruppen und Nationen geführt. Sie werden auf die beiden religiös und metaphysisch bestimmten Lager aufgeteilt. So stehen auf der Seite Gottes die Stämme Levi, Juda und Benjamin (1QM i 2), und im grossen Heerlager Beliaals finden wir die Erzfeinde Israels wie Edom, Moab, Ammon, die Philister, Assur und seine Trabanten (1QM i 1 f), aber auch ferner gelegene Nationen wie sie etwa die Völkertafel Gn 10 aufführt (1QM ii 10 ff). Das religiöse und das politische Moment sind unauflöslich miteinander verbunden; so erhalten beispielsweise die Helfer der Feinde des Heilsvolks die Bezeichnung „Bundesfrevler" (1QM i 2).

Der Charakter diese endzeitlichen Kampfes ist stark von der Tradition des heiligen Kriegs bestimmt wie sie im Alten Testament hervortritt. Dort gehören göttliche Führung und menschliche Aktion eng zusammen, allerdings gehen die Vorstellungen über die Art des Zusammenwirkens dieser beiden Faktoren in den

---

[1] Ich verwende hier für die Qumranschriften folgende Abkürzungen: 1QS = *Serech Hajjachad* (Sektenregel); 1QS a = *Serech Ha'edah* (Gemeinderegel); CD = Damaskusschrift; 1Qp Hab = *Pescher* zum Propheten Habakuk (Habakukkommentar); 1QM = *Serech Hammilchamah* (Kriegsrolle); 1QH = *Hodajoth* (Loblieder).

verschiedenen alttestamentlichen Schriften oft stark auseinander. Einige Stellen, in denen die kriegsentscheidende Rolle Gottes besonders betont wird, zitiert die Kriegsrolle wörtlich: so Dt xx 2-4 in 1QM x 2-5; Nu x 9 in 1QM x 6-8 und Jes xxxi 8 in 1QM xi 11 f. Das zeigt, dass man sich in der Sekte angesichts der grossen feindlichen Übermacht der göttlichen Hilfe besonders bedürftig weiss und von ihr sich viel verspricht; aber man bereitet auch selbst diesen Krieg eifrig vor. Bewaffnung und Taktik der Gottesstreiter in der Kriegsrolle zeigen zeitgenössisches Kolorit; vor allem scheint das modernste, das römische Heer, den Militärs der Sekte Vorbild gewesen zu sein. Die durch aktuelle Einflusse modifizierte alttestamentliche Tradition wird nun in den Rahmen der eschatologischen Erwartungen und Vorstellungen hineingestellt: es geht um den grossen Kampf der Endzeit, der mit dem Weltgericht verbunden ist.

Auch die altorientalischen Vorstellungen vom Chaoskampf geben, ähnlich wie sie im Psalter und in den Propheten benutzt wurden, dem Drama dieser Auseinandersetzung seine Farbe. Tod und Totenreich sind mit Beliaal verbündet und können auch im Toben entfesselter Elemente ihre lebenbedrohende Kraft beweisen. Der entscheidende Wesenszug der Macht der Finsternis bleibt für die Sekte jedoch das widergöttlich Böse: ihr Dualismus ist vor allem ethischer Natur [1]).

Komplex wie das Bild von den kriegerischen Kräften sind auch die Aussagen der Sekte über Anbruch und Verlauf des Ringens. Der eigentliche endzeitliche Krieg steht noch aus, jedoch sein Gang ist klar gegliedert und fest umrissen, fast fahrplanmässig bestimmt (1QM ii 6 ff). Er wirft seine Schatten voraus: Die Gegenwart ist die „Periode der Gottlosigkeit" (CD vi 10. 14; xii 23; xv 7), d.h. die Epoche, in der Beliaal regiert und die Frommen bedrängt und verführt (1QS i 17 f). Auch sie ist schon ein Akt des Endzeitdramas, in dem sich vor dem grossen göttlichen Schlussangriff die teuflischen Mächte in einer letzten gewaltigen Anstrengung und Kraftenfaltung aufbäumen. Die Anfeindungen, die die Sekte überall erleidet, die Macht der Sünde und des Abfalls, die jeden von ihr bedrohen, werden als Zeichen der endzeitlichen Offensive Beliaals bewertet. In dieser Form hat der Krieg schon begonnen. Er richtet sich gegen den Einzelnen, der als der Erwählte Gottes

---

[1]) Vgl. dazu K. G. KUHN, *ZThK* 47 (1950), S. 193-211, und *ZThK* 49 (1952), S. 296 ff (bes. 297 und 303).

und für die Heilszeit Bestimmte eine endzeitliche Figur ist, wie auch gegen die Gemeinde, die jetzt schon, allerdings verkannt und sehr gering, das darstellt, was sie dereinst vollkommen und gefeiert sein wird: das lebendige Heiligtum Gottes [1]). Dem Ansturm der gott-feindlichen Macht gegenüber nimmt dies Heiligtum auch die Züge einer Festung an, die auf ein Felsenfundament gegründet und durch eine hohe Mauer und einen starken Turm gesichert, mit fest ver-riegelten Toren dem Ansturm der Feinde trotzt (1QH vi 25 ff).

Ich gebe einige Stellen aus den *Hodajoth*, die die Offensive Be-liaals und die göttliche Bewahrung bzw das Eingreifen Gottes in diesem heiligen Krieg zeigen. Die beiden ersten auf Kol. 1QH ii enthalten den bedrohlichen Angriff auf den Einzelnen, die letzte, 1QH vi, 22 ff, schildert den Sturm auf die endzeitliche Gottesfestung der Gemeinde.

Der wohlerhaltene Psalm 1QH ii 20-30 befand sich schon in der ersten Ausgabe SUKENIKS [2]) und ist darum schon mehrfach übersetzt worden. Ich gebe hier noch einmal eine Übertragung:

1QH ii: (20) ,,Ich preise Dich, mein Herr,

    denn Du hast meine Seele in das Bündlein der Lebendigen getan (1Sa xxv 29)

(21) und hast mich (schirmend) umzäunt gegen die Fallstricke der Grube.

    Denn die Gewalttätigen (*h' rjsjm*) trachteten mir nach dem Leben,

(22) weil ich mich an Deinen Bund hielt.

    Aber sie sind ein Kreis des Nichts und eine Gemeinde des ,,Nichtsnutz'' (*'dt blj'l*)),

    sie wissen nicht, dass von Dir her meine Stellung hält,

(23) und durch Deine Gnadenerweise meinem Leben Hilfe zuteil wird,

    denn mein Gang geht von Dir aus.

    Sie aber machen (mit Deiner Bewilligung) [3])

    einen Angriff auf mein Leben,

(24) damit Du Dich verherrlichst im Gericht an den gottlosen Menschen

---

[1]) 1QS viii 5 f; viii 9 f; ix 6; xi 8. Vgl. 1QH vi 26.
[2]) E. SUKENIK, *Megilloth Hagenuzoth* I und II, Jerusalem 1948 und 1950.
[3]) *m'tkh* von zweiter Hand hinzugefügt. Vgl. dazu Jes xxviii 2, wonach Jahwe selbst den Angriff auf Seine Stadt Jerusalem inszeniert.

und durch mich Deine Kraft erzeigest den Menschen gegenüber,
denn ich stehe durch Deine Huld.

(25) Ich aber dachte: Streiter lagern sich wider mich, umgeben
mich mit ihrem Kriegsgerät [1])

(26) und schiessen Pfeile, gegen die es kein Heilmittel gibt; und
Speere flammen [2]) wie Feuer, das durch Holz genährt wird;

(27) und wie das Tosen vieler Wasser ist der Lärm ihres Halls,
wie Platzregen und Wolkenbruch, um Viele zu verderben.

(28) Bis zu den Sternen hinauf zerklüften „Ende" (Otter)
und „Nichts" (Sturm),
wenn sich ihre Wellen emporwerfen.
Ich aber, da mein Herz wie Wasser zerschmolz,
da hielt meine Seele fest an Deinem Bund.

(29) Sie spannten ein Netz aus für mich-es fasste ihren Fuss,
und gruben Fallen meinem Leben-und fielen selbst hinein.
Aber mein Fuss steht auf gerader Bahn,

(30) von ihrer Versammlung aus preise ich Deinen Namen".

Die Angreifer gehören zur „Gemeinde Beliaals" (Z 22), des „Nichtsnutz", der mit einer Anspielung auf seinen Namen auch als „Nichts"
(*šw'* Z 22; 28) oder als „Ende" (*'p'h* Z 28) bezeichnet wird [3]).
Diese Macht des Nichts und des Nichtsnutz ist aber „nichtend" d.h.
aggressiv verderbend: Fallstricke des Verderbens werden ausgelegt
(Z 21) und Netze gespannt, um den Frommen darin zu fangen (Z 29).
Dabei entspinnt sich ein regelrechter Krieg, bei dem der Beter in
der Defensive verharrt. In ihn greifen auch kosmische Mächte ein,
deren lebenbedrohende Gefährlichkeit besonders durch chaotische
Wassermassen geschildert ist, die ihre Wellen bis zu den Gestirnen
erheben und dabei den Raum zwischen Himmel und Erde gleichsam aufspalten (Z 27 f). Auch eine militärische Aggression wird
Bild für die Gefährdung des Beters: die Feinde sind „die Gewal-
tätigen" (*h'rjṣjm* Z 21), die als Glieder der Beliaalgemeinde ihm

---

[1]) Lies **sbbwnj* statt *sbbwm*.

[2]) **ḥnjt* verstehe ich hier kollektiv: die Wendung bezieht sich wohl auf
den Anblick der in der Sonne blitzenden Speerspitzen des Gegners.

[3]) Diese Begriffe sind wie *šḥt*, das sowohl „Grube" (Teil des Totenreichs)
wie „Verderben" bedeuten soll, doppelsinnig zu verstehen. Bei *šw'* = „Nichts"
ist, wie der Zusammenhang zeigt, auch *šw'h* = „Sturm, Untergang" mit-
gemeint. *'p'h* heisst eigentlich „Otter" und ist sowohl auf Beliaal als auch
seinen Repräsentanten, die Schlange, zu beziehen (vgl 2 Cor xi, 3; Apc xii,
9 ff; xx 2.); neben *šw'* ist es auch nach *'p'* = *'ps* „Ende" hin zu interpretieren.

nach dem Leben trachten (Z 21). Wie der folgende Qumranpsalm zeigt, handelt es sich dabei um die konkreten irdischen Gegner der Sekte. Dort geht nämlich die Bedrohung des Beters von dem unheiligen Eifer der „Lügenprediger" (*mljṣj kzb* 1QH ii, 31) aus und von der „Gemeinde der Erweichungsforscher" (*'dt dwršj hḥlḳwt* Z 32), die wir aus der Damaskusschrift und den *Pescharim* als Widersacher des Lehrers der Gerechtigkeit kennen [1]). Ihnen gegenüber erscheint der Beter des Psalms 1QH ii, 20 ff als eine Festung, die die Feinde mit ihrem Kriegsgerät berennen (1QH ii, 26 f), die aber bei Gott selbst ihre Rückendeckung hat (Z 22 f). Ein heiliger Krieg spielt sich ab: hier stehen die Repräsentanten Beliaals, dort der Vertreter der Gottesmacht. Eine ähnliche Situation schildert der voraufgehende Psalm (1QH ii 1 ff). Auch dort ringen die beiden Machtbereiche miteinander; Gott wird das Gericht vollziehen, indem Er die „Hüften der Gegner zerschlägt" (1QH ii 5, erg. durch BARDTKE nach Dt xxxiii 11 [2]). Aber diese sind jetzt noch stark und ängstigen den Beter (Z 6), der als Sprecher Gottes (Z 7) in der Welt der Bosheit steht (Z 8), den einen als Arzt (Z, 8), als Klugheit (Z 9), Wahrheit (Z 10) und stärkende Kraft (Z 9), den andern zum Spott (Z 10), aber auch als Falle, die die Frevler fängt, d.h. dem Gericht überführt (Z 8). Er ist wie ein Turm in dem brandenden Meer der Gottlosigkeit:

    1QH ii, 10 ff: „Da wurde ich um der Verkehrtheit der Gottlosen willen

  (11) Verleumdung auf den Lippen der Gewalttätigen (*'rjṣjm*); Spötter knirschten mit ihren Zähnen, [3])
     ja, ich wurde ein Spottlied für die Frevler.

  (12) Und wider mich strömte die Rotte von Gottlosen,
     und sie tosten wie Meerestürme wenn seine Wogen branden,
     Kot (13) und Lehm warfen sie aus.
     Du aber machtest mich zu einem Panier für die Erwählten der Gerechtigkeit
     und zu einem Dolmetsch von Erkenntnis durch wunderbare Geheimnisse........".

Von Z 15b an heisst es:

---

[1]) CD i 13-21; 4Qp Nah i 2. 7. Es handelt sich dabei wohl um die Pharisäer und nicht um die priesterlichen Gegner der Sekte. Der Täufer, der ursprünglich wohl der Qumransekte angehört hat, bezeichnet sie als „Otternbrut" (Mt iii 7 par) d.h. als Teufelssöhne.

[2]) H. BARDTKE, Die Loblieder von Qumran *Th Lz.* 81 (1956) Sp. 589.

[3]) Vgl auch 1QH i 39 nach Ps. xxxv 16.

„Und ich wurde zu einem eifernden Geist (*lrwḥ ḳn'h*) für
alle Tr[ug]forscher (ich erg (*dwršj ḥl[ḳwt]*) [1]),

(16) und [alle] Männer des Trugs tobten wider mich wie der Hall
vieler Wasser

und Ränke Beliaals waren (17) [all] ihre Pläne, und sie
kehrten zur Grube hin

das Leben eines Mannes, den Du durch meinen Mund
gefestigt hast und den Du Verständnis gelehrt hast …."

Auch in diesem Psalm sind die Feinde des Beters die Gottlosen,
Frevler und Gewalttätigen, die gegen ihn anlaufen, ihn verspotten
und ihm nach dem Leben trachten. Ihr Toben wird den sturmge-
peitschten Meereswogen verglichen, sie sind auch hier vereint mit
der Chaosmacht, den „Vielen Wassern" [2] (Z. 16). Konkret, unmy-
thologisch gesprochen geht es um den Konflikt zwischen den falschen
Lehrern (Z 15b) und dem Beter, der ein Dolmetsch der göttlichen
Erkenntnis ist: Er, der Eiferer, ist das gottgesetzte Panier, um
das sich die Erwählten der Gerechtigkeit scharen (Z 13). Während
in 1QH ii 31 der Eifer auf Seiten der Gegner eingesetzt wird, ist
hier der Beter der „eifernde Geist" für die Sache Jahwes (Z 15b).
In dem Loblied 1QH 4 wird sogar von einem Gegenangriff des
frommen Beters berichtet. Er sagt dort:

„Während ich mich auf Dich stütze,

will ich mich aufrichten und aufstehen wider meine Lästerer,

und meine Hand wird gegen alle meine Verächter sein"

(1QH iv 22).

Weiter unten wird dann gezeigt, wie mit dieser Erhebung eine
geistliche Auferstehung verbunden sein muss. Der heilige Krieger
geht erst den Weg der Demut und der Busse, ehe er im Vertrauen
auf Gottes Gnade sich wieder aufrichten und getrosten Mutes
auch Schlägen entgegen sehen kann (1QH iv 33-37).

Im übrigen aber steht der Beter in den Hodajoth in der Defensive.
Anders als in der Kriegsrolle steht in den Lobliedern nichts davon, dass er ähnlich wie seine Gegner zur Waffe greife. [3] Im Vertrauen auf Gott hält er sich allerdings in einer stabilen Position:
Gott hat ihn wie einen starken Turm und wie eine steile Mauer

---

[1] BARDTKE, *op cit* ergänzt hier *dwršj ḥl[wm]*; aber diese Wendung kommt
in den Qumranschriften m.W. so nicht vor.

[2] Vgl dazu H. G. MAY: „Some Cosmic Connotations of Majjim Rabbim"
„Many Waters" *JBL* LXXXIV (1955), pp. 9-21.

[3] Diesen Hinweis verdanke ich Herrn Prof. BAUERNFEIND, Tübingen.

aufgestellt und ihn so für die „Kriege der Gottlosigkeit" gewappnet (1QH vii 7 f).

Doch nicht nur der Einzelne, sondern vor allem die Gemeinde wird von der widergöttlichen Macht bestürmt. Dabei bewährt sie sich als das feste Bauwerk, das Gott selbst auf ein Felsenfundament gesetzt und wehrhaft gestaltet hat. Das wird im letzten Teil des Loblieds 1QH vi 20 ff sichtbar, in dem der Beter zunächst seine gefährdete Lage und darauf die Rettung schildert:

1QH vi 22b: „[Ich aber war] wie ein Schiffsmann in einemSchiff [1])

(23)   im Toben der Meere: alle ihre Wasserwogen und Wellen tob-
         ten über mir (vgl Ps xlii 8)
       in schwindelerregendem Wind (vgl Jes xix 14).
       [Es gab für mich keine] Windstille [2])
       in der man hätte Atem schöpfen können,
       und keinen (24) Pfad, nach dem man den Weg auf dem Meer
         hätte richten können.
       Und es toste die Tehom bei meinem Seufzen
       und [mein Stöhnen gelangte] [3]) bis zu den Toren des Todes.
       Aber ich wurde wie einer (25), der in eine befestigte und
         starke Stadt hineingeht,
       durch eine hohe Mauer hinein, sodass man entkommen kann,
       und zu einem [ewigen] [4]) Fundament nach Deiner Wahrheit,
         mein Gott.
       Denn Du (26) setzest einen Kreis (von Männern) auf einen Fels
       und einen Träger nach einer Schnur, die recht misst (vgl
         Jes xxviii 17),
       und einem Senkblei [von Wahrheit] [5])
       und erprobte Steine (vgl Jes xxviii, 16) zu bauen an einem
         starken [Ba]u [6])

(27)   sodass er nicht erzittern wird,
       und alle, die ihn betreten, nicht wanken werden.
       Kein Unbefugter wird hineingehen,
       denn seine [To]re haben schildartige Flügel, [7])

---

[1]) Ich ergänze *w'nj hjj[tj]*.
[2]) Ich ergänze *[w'jn lj]*.
[3]) Ich ergänze *[wtbw' nhmtj]*.
[4]) Ich ergänze *['wlm l]*.
[5]) Ich ergänze *['mt ['b]nwt*.
[6]) Ich ergänze *lb[njt]*.
[7]) Ich ergänze *[lš ']rjh*.

(28) die keinen Einlass gewähren,
    und starke Riegel, die nicht zerbrochen werden.
    Und es wird keine Kriegsschar hineinkommen mit ihrem
        Kriegsgerät,
    mit einer vollständigen (Ausrüstung von) allerlei Sch[wer-
        tern [1])]
(29) gottloser Kriege.
    Und dann wird eilen das Schwert Gottes zur Zeit des Gerichts,
    und alle Söhne der Wahrheit werden erwachen [zum Krieg
        gegen] 30) die Gottlosigkeit [2]),
    und alle Schuldigen werden dann nicht mehr sein.
    Dann wird der Held seinen Bogen spannen,
    und der Befestigungsring öffnet [seine Tore] endlos weit [3])
(31) und die ewigen Tore, damit man das Kriegsgerät herausführe;
    und man [hält] den Gegner zurück von einem Ende bis zum
        andern [4]),
    [und] es gibt [keine] Rettung für ein gottloses Gebilde [5]):
    man tritt sie nieder, bis sie vernichtet sind.
    Und es gibt kein [Sich - Retten],
(33) und keine Hoffnung auf viel [Kraft] [6]),
    und keine Zuflucht für alle Kriegshelden.
    Denn beim höchsten Gott ist das [Gericht, [7])]
    und [beim Helden sein Schwert [8])].
(34) Und die im Staub Schlafenden erheben das Panier,
    und die vom Wurm zerfressenen Toten das Banner,
    um [ihren Feind] zu durch[bohren] (?) [9]).
    Und sie (i.e. die Gegner) werden alle vernichtet
(35) in den Kriegen gegen die Frechen,
    und der, der die züngelnde Geissel schwingt,
    wird nicht in die Festung hineingelangen...

Die Beschreibung des gottgesetzten starken Bauwerks geht in eine
Schilderung des heiligen Kriegs der Endzeit über. Die Gegner

---

[1]) Ich ergänze *ḥ[rbwt]*.
[2]) Ich ergänze *[lmlḥmh ʿl]*.
[3]) Ich ergänze *[dltjw]*.
[4]) Ich ergänze *jʿsw[r]w*.
[5]) Ich ergänze *[wʾjn]*.
[6]) Ich ergänze *wʾjn š[gb]wʾjn tḳwh brwb [ʿwz]*.
[7]) Ich ergänze *h[mšpṭ]*.
[8]) Ich ergänze *[wlgbwr ḥrbw]*.
[9]) Ich ergänze *lḥ[ll ʾwjbm]*.

berennen das durch starke Tore gesicherte Haus, aber mitten in
diesen Ansturm hinein bricht plötzlich die göttliche Gegenoffensive. Das Schwert Gottes erscheint, und der Krieg wandelt sich
in das endzeitliche Strafgericht. Auch die Gerechten, die Söhne
der Wahrheit, nehmen daran teil: Sie wachen auf (Z 29), und sogar die Toten erheben sich aus dem Staub, um einzugreifen (Z 32 f).
Der Gegner wird vernichtet (Z 30), er wird förmlich niedergetreten
(Z 32). In dieser Schilderung fehlen die kämpfenden Engelscharen,
die in 1QH iii 34-36 erwähnt sind; dafür steht im Mittelpunkt
der ,,Held", der seinen Bogen spannt (Z 30). Damit ist wohl kaum
Gott selbst gemeint, der ja das Schwert führt; vielleicht ist dieser
zweite ausgezeichnete Streiter der Messias aus Juda (vgl CD
VII, 20 f) oder auch der Engel Michael (1QM xvii 6 f).

Die Sekte bereitet sich schon jetzt auf den heiligen Krieg vor.
Sie weiss sich als Gottes heilige Miliz (1QS ii, 19 ff), und ihr Wohnbereich gilt ihr als ein heiliges Heerlager. Die Anordnung, dass der
Abort sich 1000 Schritte vom Lager entfernt befinden müsse
(1QM vii 6 f) und dass ,,keine Blösse einer schlimmen Sache"
(1QM vii 7 vgl Dt xxiii 15) ringsum in den Lagern gesehen werden
darf, zeigt, dass man die Gebote der Reinhaltung des Lagers
im heiligen Krieg (Dt xxiii 10-15) in vollem Umfang übernommen
hat. In Dt xxiii 15 werden diese Massnahmen damit begründet,
dass Gott selbst inmitten des Lagers einherziehe, um den Sieg
über die Feinde zu verleihen. Die heilige Lade bekundet die An-
wesenheit Gottes (2Sa xi 5 f). Vor Gottes Augen darf es nichts
Unheiliges, d.h. Unreines, geben, und wer infolge eines nächtlichen Begebnisses, d.h. eines Samenergusses, unrein geworden ist,
muss das Lager für diesen Tag verlassen (Dt xxiii 11). Für den
heiligen Krieger ist geschlechtliche Enthaltsamkeit geboten (2
Sa xi 5 ff), und die zumindest stark verbreitete Ehelosigkeit der
Essener hat m.E. darin ihre Begründung, dass sie sich jetzt schon
in einen auf die Endzeit ausgerichteten, ständigen und allgemeinen
heiligen Dienst und heiligen Krieg gerufen wissen. Auch JOSEPHUS
berichtet von der Reinhaltung der Essenersiedlung und bestätigt
damit, dass man nicht erst beim Beginn des noch ausstehenden
heiligen Krieges, sondern jetzt schon das heilige Heerlager Gottes
darstellen wollte. [1])

---

[1]) Nach JOSEPHUS musste die Notdurft an einem ,,ziemlich einsamen",
d.h. abgelegenen ,Ort verrichtet werden (τοὺς ἐρημοτέρους τόπους ἐκλεγόμενοι
BJ II, § 149). Es wird dazu ein Loch gegraben, das nachher wieder zu-

Der heilige Krieg in den Berichten der Synoptiker.

Einige dunkle Jesusworte lassen sich besser verstehen, wenn sie von der Konzeption des heiligen Kriegs her gedeutet werden. [1] Zu ihnen gehört das Wort von den Himmelstürmern Mt xi 12. J. Weiss hat es 1906 als „dunkel und bisher nicht überzeugend geklärt" bezeichnet [2]), und heute, genau 50 Jahre später, spricht ERNST FUCHS—übrigens in einer Stellungnahme zur Frage des historischen Jesus!—vom „dunklen Stürmerspruch". [3]) Die besondere Bedeutung und Schwierigkeit dieses Worts ist auch von A. SCHWEITZER in seiner *Geschichte der Leben- Jesu- Forschung* hervorgehoben worden [4]). BILLERBECK hat zwar allerlei rabbinische Parallelen, meist aus dem 3. und 4. nachchristlichen Jahrhundert, beigebracht, die von einer Gewaltanwendung gegen das Himmelreich sprechen. Dazu gehören etwa starke Bedrückung des Heilsvolks durch die Weltreiche, Empörungen in Israel wie die zelotische Bewegung oder der Bar - Koseba - Aufstand, dann positiv Busse und Halten der Gebote, Thorastudium und Wohltätigkeit [5]). Abgesehen davon ,dass sich bei diesen Belegen auch Fälle recht sanfter Gewalt befinden, hat die dort beschriebene Gewaltanwendung das Ziel, das Himmelreich herbeizuführen. Dass das nicht der Sinn des Jesusworts ist, spürt offenbar der Sammler selbst, wenn er gesteht, dass diese Beispiele der Gewaltanwendung gegen das Gottesreich" nicht im Sinne von Mt xi 12" seien [6]).

---

gedeckt wird (*ib*, § 148 f) und während der Entleerung verhüllt man sich mit einem Mantel, um nicht „die Strahlen des Gottes zu beleidigen" (ὡς μὴ τὰς αὐγὰς ὑβρίζοιε τοῦ θεοῦ *ib* § 148; vgl. dazu Dt xxiii 15). Zu diesem Zweck bekommt jeder Novize eine Hacke verliehen (*ib*, § 148), dazu ein Lendentuch (περίζωμα) und ein weisses Gewand (*ib*, § 137); weiss ist die Farbe der Priesterkleidung.

[1]) Es ist wohl methodisch richtig, wenn man die Suche nach dem historischen Jesus, die in der Gegenwart verschiedentlich gefordert wird und auf Grund der Qumranschriften erneut versucht werden kann, vor allem an den dunklen Jesusworten einsetzen lässt, die wie erratische Blöcke in dem Mosaik der Evangelien liegen und von deren Verfassern selbst nicht mehr ganz verstanden oder aber umgedeutet worden zu sein scheinen. Gerade sie machen manchmal den Eindruck von Urgestein.

[2]) In *Die Schriften des Neuen Testaments*, Göttingen 1906, Bd I, S. 293 f.

[3]) E. FUCHS, Die Frage nach dem historischen Jesus, *ZTh K* 53 (1956), S. 221.

[4]) A. SCHWEITZER, *Die Geschichte der Leben- Jesu- Forschung* 6. Auflage, Tübingen 1951, S. 256 f; S. 617.

[5]) P. BILLERBECK, *Aus Talmud und Midrasch* Bd I, München 1922, S. 598-600.

[6]) *Op cit*, S 598 f.

Was sind das für Stürmer des Himmelreichs ?

Bei Matthäus lautet das Wort:

„Von den Tagen Johannes des Täufers an bis jetzt wird dem
Himmelreich Gewalt angetan (βιάζεται) und Gewalttätige
rauben es aus (βιασταὶ ἁρπάζουσιν αὐτήν)" Mt xi 12.

Lukas dagegen sagt:

„Das Gesetz und die Propheten gehen bis Johannes. Von da
an wird das Gottesreich verkündigt und jeder drängt sich gewaltsam in es hinein (καὶ πᾶς εἰς αὐτὴν βιάζεται)." Lk xvi 16.

Bei Lukas ist das Wort leichter verständlich. Mit Johannes, so
meint der Evangelist, hört die Periode von Gesetz und Propheten
auf, sie wird abgelöst durch die der Predigt des Evangeliums.
Diese Predigt ermöglicht den Eintritt in das Gottesreich, wovon
alles stürmisch Gebrauch macht. Abgesehen davon, dass damit die
Reaktion des Volks auf die Predigt des Täufers und Jesu kaum
richtig wiedergegeben ist-vgl dazu Mt vii 13 f- hat Lukas das
Stürmerwort Jesu missverstanden und in sein Gegenteil verkehrt [1]).
Das Hochgefühl über den Siegeszug des Evangeliums hat Lukas
die dunklen Gewalten unterschätzen lassen, denen es dabei begegnet ist.

Das Stürmerwort steht bei Matthäus in Zusammenhang von Jesu
Stellungnahme zum Täufer. Mit Johannes ist ein Wendepunkt in der
Heilsgeschichte erreicht. Allerdings gehört er nicht in das kommende Gottesreich hinein, er ist vielmehr sein Bote und Weg-
bereiter, eine Gestalt zwischen den Zeiten. Der „Kleinere" in
der vollkommenen Ordnung des Gottesreichs ist grösser als er
(Mt xi 11) [2]). Das Gottesreich ist nah, aber noch nicht da, wenigstens nicht in seiner Vollkraft (Mk ix 1). Johannes ist sein Bote,
und die Nachricht von der baldigen Ankunft der Gottesherrschaft
alarmiert deren Gegner. Jesus ist mehr: er ist ein Kämpfer für
das Gottesreich, der über dessen Kraft verfügt, nämlich über
Gottes heiligen Geist. Mit Jesu Wirken ist das Eschaton virtuell

---

[1]) Auch E. Fuchs hat das Stürmerwort lukanisch missverstanden, wenn
er es so wiedergibt: „Man drängt sich mit Gewalt in die Gottesherrschaft
hinein" (*op cit.* S 221).

[2]) In der eschatologischen Gemeinde von Qumran werden jeweils ein
Grosser und ein Kleiner einander zugeordnet und stehen auch so eingetragen
in der Rangliste (1QS v, 23). Der Kleine vertraut sich dem Grossen an, der
Grosse leitet den Kleinen nach den Normen der Sekte (1QS v 25). Der Kom-
parativ ὁ μικρότερος könnte ein Hinweis auf ein Zweierverhältnis sein und
den Bruder meinen, der sich vom Grossen belehren lässt.

da und der heilige Krieg hat begonnen, wenn auch der Sieg noch nicht erstritten ist. Das wollen Mt xi 5 und vor allem Mt xii 28 sagen: Wenn Jesus im Geiste Gottes die Dämonen austreibt, ist die Gottesherrschaft schon zu den Menschen herabgekommen. Mit der Evangeliumspredigt, den Wundertaten, der Sündenvergebung, der Taufe, bricht Jesus in den Bereich der widergöttlichen Mächte ein. Schon gleich nach seiner Taufe schlägt er den Teufel zurück, der ihm als Versucher, als Lügenlehrer und falscher Ausleger der Schrift begegnet. So bezeichnet auch die Sekte ihre Gegner, und auch mit Krankheit und Tod, mit Sturm und Wind, von denen wir in den *Hodajoth* hören, hat Jesus zu kämpfen. Auch sie sind Waffen der finsteren Gegenseite, und Jesus siegt über Beliaal, wenn er Sturm und Wind zum Verstummen bringt (Mt viii 26) oder das bewegte Meer, auf dem er wandelt, mit Füssen tritt [1]). (Mt xiv 25). Der Kampf ist mit Jesu Auftreten nicht beendet, sondern erst recht entfacht, denn die endzeitlichen Gegner setzen der in ihm wirksamen Kraft des Gottesreichs ihre höchste Anstrengung entgegen. Von dieser Situation her muss Mt xi 12 verstanden werden. Die βιασταί kann man mit den *'rjṣjm*, den ,,Gewalttätern'' der Qumranpsalmen, vergleichen. *'rjṣ* meint im Alten Testament den gewaltigen Streiter (Js xlix 25), vor allem aber den Gewalttätigen in schlechtem Sinn, der Andere bedrängt und ihnen nach dem Leben trachtet (Ps liv 5; lxxxvi 14; xxxvii 25); auch die Völker, die Jerusalem bestürmen, gehören dazu (Js xxix 5). Das Bild vom Sturm gegen das Gottesreich stammt wohl von Js xxix 5 ff. Dort sind die Gewalttäter die Völker, die den ,,Herd (Gottes)'' (V 1), d.h. den Berg Zion, belagern (V 8) und seine Bollwerke stürmen und bedrängen (V 5b, 7). Gott selbst hat dies Ungemach veranlasst (V. 2), aber Er schafft auch selbst die wunderbare Rettung. Es

---

[1]) Vgl dazu 1QH iii 17 und vi 24. Zum Verständnis des Wunders vom Meerwandel ist m. E. Ps xci heranzuziehen, in dem die Motive des Kampfs gegen die Chaosmacht enthalten sind (v. vii). In Ps xci 13 heisst es: ,,Auf Löwen und Ottern wirst du schreiten und junge Löwen und Drachen zertreten (κατα-πατεῖν). In 1QH v 5 ff sind die Gegner des Beters als Löwen dargestellt (vgl auch den ,,Löwen des Zorns'' im Nahumpescher, und in 1QH ii 28 ist die Otter (*'p'h*) Exponent der Beliaalsmacht. Vgl. dazu Hb x 29: ,,Wer den Sohn Gottes mit Füssen tritt'', dazu 1 Ptr v 8, wo der Teufel als brüllender Löwe umhergeht, der die Menschen verschlingen will. Vgl. dazu auch den Sturm auf die Gottesstadt ä. Hen. lvi: Die von den Strafengeln aufgescheuchten Könige des Ostens brechen wie Löwen und Wölfe von ihren Lagern auf, treten das Land der Auserwählten nieder, sodass (lvi,5) es wie eine ,,Dreschtenne und ein fester Pfad'' wird (lvi,6).

sind theophanieartige Erscheinungen, mit denen Er eingreift:
Donner und Erdbeben und grosser Hall, dazu Sturmwind, Unwetter
und Feuersflammen (Js xxix 6; vgl dazu 1QH iii 34-36). Es ist der
Jahwe der himmlichen Herrscharen (V 6), und dass diese beim
Kampfgeschehen nicht ausdrücklich genannt werden, schliesst nicht
aus, dass Jesaja sie daran beteiligt denkt.

Auch im Matthäuswort ist das Himmelreich — und damit die
Himmelsherrschaft, da βασιλεία τῶν οὐρανῶν beides bedeuten kann —
als eine Festung gedacht. Die Gewalttätigen stürmen gegen sie an
und wollen sie ausrauben (ἁρπάζειν) [1]. Sie sind die Exponenten
Beliaals, und wie in den Qumranschriften damit auch die irdischen
Widersacher der Sekte gemeint sind, so kann man zu den Stürmern
des Matthäus alle Opponenten der mit Jesu Wirken einsetzenden
Gottesherrschaft zählen. Die βιασταί in Mt xi 12 sind demnach
sowohl feindliche Geistermächte [2] als auch irdische Machthaber, etwa, wie A. SCHLATTER richtig erkannt hat, Herodes,
der den Täufer gefagen setzen lässt, dazu auch die Jesus feindlich gesinnte Priesterschaft und das Rabbinat, das das Himmelreich verschliesst (Mt xxiii 13). [3] Hinter all diesen Gegnern
steht Beliaal, und es ist kein alltäglicher, sondern der endzeitliche Angriff, den er gegen die Repräsentanten der Gottesherrschaft inszeniert. Das ist bei der bisher durchgeführten Exegese
des Stürmerspruchs noch nicht klar herausgestellt worden. Das
Himmelreich wird auf Erden dargestellt durch die Gefolgschaft
Jesu und vor allem durch Jesus selbst, mit dem jetzt schon Gottes
Kraft am Werk ist. Das sind die heiligen Streiter des endzeitlichen
Kriegs, die Richter im Endgericht und als Angehörige des lebendigen endzeitlichen Heiligtums (Mt xvi 17-19) die Diener Gottes.

Jesus führt mit Wort und Tat den heiligen Krieg um die Verteidi-

---

[1] Zu ἁρπάζειν als einer gewaltsamen Aktion der gottfeindlichen Macht
siehe Mt xiii 19; Joh. x 12.

[2] M. DIBELIUS, der dazu das Freerlogion heranzieht; erwähnt bei E.
KLOSTERMANN, Matthäusevangelium, im *Handbuch zum Neuen Testament*,
Tübingen 1927, S. 99.

[3] A. SCHLATTER, *Der Evangelist Matthäus*, Stuttgart 1929, S. 368.
SCHLATTER hat auch deutlich betont, dass im Stürmerspruch „feindselige
Gewalt" gemeint ist, die „sich der göttlichen Herrschaft widersetzt" und
nicht „drängender Eifer, der den Anteil am Reich erwerben möchte" (*ib*).
Die enge Verbindung von Chaosmacht und weltlichen Herrschern zeigt
etwa T Juda xxi 7, wo die Könige Seeungeheuern verglichen werden, die
die Menschen wie Fische verschlingen und dabei ausplündern: ὅτι οἱ
βασιλεῖς ὡς κήτη ἔσονται καταπίνοντες ἀνθρώπους ὡς ἰχθύας ..... οἴκους, ἀργούς,
ποίμνια, χρήματα ἁρπάσουσιν.

gung und Heraufführung der Gottesherrschaft. Besonders deutlich
zeigt sich das bei den Austreibungen der Dämonen, weil dort eine
unmittelbare Begegnung mit der Macht Beliaals und dessen Geistern stattfindet. Jesus weist den Verdacht der Pharisäer, er
sei ein Verbündeter Beliaals, zurück, indem er auf die Geschlos-
senheit und Solidarität der finsteren Mächte verweist (Mt xii 25).
Er ist vielmehr deren schärfster Gegner, wenn er Dämonen austreibt. Er setzt ihnen die Kraft Gottes, Seinen heiligen Geist,
entgegen (Mt xii 28).

Den Machtbereich Beelzebuls (Beliaals) vergleicht Jesus mit
eine Königreich (βασιλεία), einer πόλις, d.h. einer Siedlung, die
von einer Mauer umgeben ist, und einem Haus (Mt xii 25). Solche
Bilder wendet auch die Qumransekte zur Kennzeichnung der Position Beliaals an. In 1QS i 16 wird von dem Regiment Beliaals
gesprochen, ebenso in 1QS iii 17. 22, und das Bild von dem Haus
liegt der Wendung von den ,,Toren des Todes" zugrunde (1QH vi
24, vielleicht auch 1QH iii 16).

In dem Gespräch mit den Pharisäern über die Dämonenaustreibung
gibt Jesus einen Vergleich, der die Richtigkeit unsrer Exegese
von Mt xi 12 bestätigt. Er sagt, dass wer in das Haus des Starken
(ὁ ἰσχυρός) einbrechen und dessen Geräte rauben wolle, ihn
zuerst binden müsse, ehe er die Plünderung bewerkstelligen könne
(Mt xii 29). In diesem Wort ist die Situation umgekehrt wie in
Mt xi 12: Der ,,Starke" hat sich in seinem Haus eines Angriffs
zu erwehren, damit es nicht ausgeplündert werde (ἁρπάζειν
wie in Mt xi 12). Dieser Starke ist Beliaal, der nunmehr nicht
der Angreifer, sondern der Verteidiger ist; seine Geräte sind wohl
nicht allein sein Hausrat und die von ihm gefangenen Menschen,
sondern auch seine Waffen, sein Kriegsgerät [1]).

Noch andere Jesusworte beziehen sich auf den heiligen Krieg,
so Mt x 34, wonach Jesus nicht den Frieden, sondern das Schwert
in die Welt hineinwirft. Es ist ein Drohwort gegen das ehebre-
cherische Geschlecht, gegen die Gottlosen, die keinen Frieden haben, sondern dem Gottesschwert des endzeitlichen Kriegs verfallen
werden, wenn das Endgericht über sie hereinbricht. Die Frontlinie
zwischen Gerechten und Gottlosen zieht sich durch die enge Gemeinschaft einer Familie:

---

[1]) In 1QH ii 26; vi 28. 31 wird im Zusammenhang mit dem heiligen
Krieg von den *kljm* (= σκεύη) als *klj mlḥmwt* gesprochen.

„Ich bin gekommen, um den Sohn mit seinem Vater, die Tochter mit ihrer Mutter und die Schwiegertochter mit ihrer Schwiegermutter zu entzweien; und in den eigenen Hausgenossen werden dem Menschen Feinde erstehen (Mt x 35 f).

Dies Wort hat Micha vii 6 zum Vorbild, aber es gehört auch noch in einen anderen Traditionszusammenhang, der für die Qumransekte besonders bedeutsam war. In der erst kürzlich teilweise veröffentlichten Sammlung messianischer Testimonia aus der Höhle 4 des Qumranbereichs [1]) befindet sich auch das Orakel für Levi aus dem Mosesegen (Dt xxxiii 8-11). In Dt xxxiii 9 (frgt 15 f) heisst es von Levi, dass er Vater, Mutter und Kinder nicht mehr kennen wolle und seine Brüder nicht mehr ansehe, weil er Gottes Wort und Bund höher stelle als die Bande der Familie (Dt xxxiii 9b; frgt Z 17). Ja, der Eifer für die Sache Gottes wendet sich gegebenenfalls gegen das Leben der eigenen Angehörigen. Nach Ex xxxii 27-29 (E) sammeln sich alle Leviten um Mose, der ihnen befiehlt, ein Schwert zu ergreifen und die von Jahwe abgefallenen Verehrer des goldenen Kalbes zu töten. Dabei heisst es wörtlich: „Tötet auch den eigenen Bruder, Freund und Verwandten! [2])" Es gibt also eine Bindung an Gottes Sache, die den Bruch mit der eigenen Familie, ja sogar den Kampf gegen sie erfordern kann, und die Qumransekte hat unter anderen auch wohl dieses Wort als Schriftbeweis für die Richtigkeit ihrer Separation von der Welt betrachtet. Es sind die Leviten, die Priester Gottes, die der heilige Eifer zum Schwert greifen lässt (Ex xxxii 27-29). Auch Jesus, der „Heilige Gottes" (Joh vi 69; Mk i 24), führt das Schwert. In der Johannesapokalypse, die man als eine Art von Kriegsrolle der Christenheit bezeichnen könnte, ist das Schwert das Kennzeichen des Christus triumphans: er trägt ein spitzes, zweischneidiges Schwert, das aus seinem Munde kommt (Apc i 16; ii 12; ii 16; xix 15; xix 21). Es dient zum Gericht an den Gottlosen, den Heiden (Apc xix 15.21) bzw den unbussfertigen Gemeindegliedern (Apc ii 16). Als Schwert des Mundes ist es aber auch ein geistliches Schwert nämlich das Schwert seines Worts [3]).

---

[1]) J. M. ALLEGRO, Further Messianic References in Qumran Literature *JBL* 75 (1956), pp. 182 ff.
[2]) Vgl dazu Dt xiii 7-12.
[3]) Vgl Hbr iv 12 und Sap Sal xviii 15-19. Nach Jes xi 4 ist es der Stab seines Mundes, mit dem der verheissene Spross Isais den Gewalttätigen tötet ('rṣ = „Land" ist an dieser Stelle durch 'rjṣ = „Gewalttätiger" zu

Auch das Zeichen Jonas gehört ursprünglich vielleicht in diesen Zusammenhang, und zwar sofern es nicht Jona, den Propheten und Bussprediger, sondern den Mann im Bauche des grossen Fisches meint:

> „Wie Jona drei Tage und drei Nächte im Bauch des Riesenfischs (τοῦ κήτους) gewesen ist,
> so wird der Menschensohn drei Tage und drei Nächte im Schoss der Erde sein (ἐν τῇ καρδίᾳ τῆς γῆς Mt xii, 40.).

In den Pirke des R. Elieser x sind allerlei pseudepigraphe Deutungen des Berichts von Jonas Aufenthalt im Bauche des Fischs gesammelt. Nach einer R. Meir zugeschriebenen Auslegung erscheint der Fisch, der den Propheten verschlungen hat, als Jonas Freund, der von Leviathan bedroht ist, Jona selbst aber ist in das Meer hinabgekommen, um die Stätte Leviathans zu sehen. Der Fisch bringt ihn dorthin und Jona verkündigt dem Repräsentanten der Chaosmacht: „Ich werde dereinst die Schlinge an deine Zunge legen, um dich hinaufzuziehen und zu schlachten für das grosse Mahl der Gerechten" [1]. Jona stellt sich ihm damit, als der endzeitliche Streiter und Besieger der Chaosmacht vor, sein Abstieg in das tobende Meer, das dadurch zur Ruhe gebracht wird, ist ein erster Beweis seiner Kraft, und neben der Gerichtsankündigung an Leviathan dient ihm der Aufenthalt in der Tiefe zur Erkundung ihrer Geheimnisse. Der Fisch zeigt ihm den Ort, aus dem die Brandungen des Meeres und seine Wogen hervorbrechen, dazu die Säulen der Erde und ihre Grundfesten, die unterste Scheol und die Gehinnom, den Grundstein, der auf den Urtiefen, unterhalb des Tempels Jahwes, befestigt ist [2]. All dies ist wohl eine Exegese der Wendung „Herz der Meere" (Jona ii 4), die diesen Bereich als ein wunderbares und geheimnisvolles Gegenstück zur himmlischen Welt betrachtet, die nach den Pseudepigraphen Männer wie Henoch und Levi schauen dürfen. Wenn in Mt xii 40 an dessen Stelle „Herz der Erde" steht, so ist das sachlich kaum ein Unterschied, denn in den Mythen des Alten Orients liegt die lebensfeindliche Macht tief im Innern der Erde [3]. Der Menschen-

---

ersetzen). Nach 1QS b v 24 soll der „Fürst der Gemeinde", d.h. der weltliche Messias, mit der Kraft seines Mundes die Heiden schlagen.

[1]) P. BILLERBECK, *op cit* Bd I, S 644 f.

[2]) *Ib* S. 646.

[3]) Vgl. Innanas Abstieg zu dem „Grossen Unten" (*ANET*, 1950, p. 52 ff); in den Ugarittexten redet man von der „Tiefe der Erde" oder dem „Herz der Erde" (*ANET* p. 139).

sohn, der dort hinuntersteigen und drei Tage und Nächte verweilen
soll, will wohl den Gegner Gottes in seiner Wohnung aufsuchen, um
ihn zu fangen und zu richten. Wenn die Gemeinde das Jonawort
mit Tod und Auferstehung Jesu in Verbindung gebracht hat, entspricht das der Deutung, dass er gerade dadurch dem Tod und dem
Teufel die Macht genommen hat.

Mit dem Hinweis auf das Zeichen des Jona lehnt Jesus die
Forderung des „bösen und ehebrecherischen Geschlechts" nach
einem Zeichen ab. Was für ein Zeichen soll er diesen Menschen,
vertreten durch Schriftgelehrte und Pharisäer, bieten? Josephus
berichtet an verschiedenen Stellen von Männern, die in dieser
Zeit Zeichen und Wunder zu tun versprechen und so eine wun-
dersüchtige Menge verführen. Sie geben sich als Propheten aus,
Josephus hingehen hält sie für Betrüger und Verführer des Volks,
die in Wahrheit auf Neuerungen und Umsturz aus sind (B.J. II,
§ 259.). Damit hat er nicht ganz unrecht, denn die „Zeichen der
Freiheit" (σημεῖα τῆς ἐλευθερίας ib), die sie in der Wüste zeigen
wollen, sollen offenbar das Ende der Fremdherrschaft ankün-
digen. Sie knüpfen an die ideale Zeit der israelitischen Geschichte,
die Mosezeit, an. So überredet Theudas das Volk, seinen Besitz
aufzunehmen und mit ihm zum Jordan zu ziehen, den er, wie
einst Josua, spalten werde (Ant XX, § 97). Fadus, der Prokurator
Judäas, greift sofort mit seinen Truppen ein, lässt die Leute vertreiben und viele davon, darunter Theudas selbst, umbringen. (*ib*
§ 98). Ähnlich scheitert das Unternehmen des Ägypters, der auf
den Ölberg zieht und verheisst, dass er von dort aus die Mauern
der von den Römern besetzten Stadt Jerusalem einstürzen lassen
werde. Der Zug auf den Ölberg erfolgt von der Wüste aus, und
das Wunder von Jericho soll offenbar in diesem Zeichen der Freiheit
wiederholt werden. (B.J. II, § 262). Hier kommt der Prokurator
Felix mit seinen Schwerbewaffneten dem Aufruhr zuvor; wieder
werden Viele getötet, der Ägypter allerdings entkommt, er wird
unsichtbar. (Ant XX, § 172). [1]) Auch der samaritanische Prophet
knüpft an das klassische Zeitalter Israels an, wenn er mit einer

---

[1]) Ein Vergleich der beiden Berichte des Josephus über diesen Vorfall
ist sehr aufschlussreich. In den *Antiquitates* (xx. § 170) erscheint der
Ägypter gleichsam als ein zweiter Josua, der das Wunder von Jericho an
Jerusalem nachvollziehen will, nach *B.J.* II, § 262 ist er ein Stasiast, der sich
der römischen Besatzung in Jerusalem und der Herrschaft über das Volk be-
mächtigen will.

bewaffneten Menge auf den Garizim zieht, wo er die dort von Mose verborgenen heiligen Geräte (σκεύη) auffinden will. Auch dies Unternehmen wird von Josephus als Aufstand beurteilt und durch Pilatus blutig niedergeschlagen (Ant XVIII, § 85-87). Allgemeiner ist das Ziel der Unternehmung des Sikariers Jonathan angegeben, der die Juden der Cyrenaika in die Wüste führt, wobei er ihnen Zeichen und wunderbare Erscheinungen verspricht (B.J. VII, § 438).

Deutlich tritt bei dieser Gruppe von Goëten das Motiv des heiligen Kriegs gegen die Fremdherrschaft in Erscheinung. Er wird angekündigt durch besondere göttliche Offenbarungen in der Form von Zeichen und Wundern, ganz ähnlich wie sie Mose oder Josua taten. Unter dem Mantel der Propheten verbergen sich waffentragende Revolutionäre und Messiasprätendenten.

Nach dem Zeugnis der Gemeinde hat Jesus diese Art von Zeichen angelehnt. Er weiss, dass gerade in der Endzeit mit ihren hochgespannten Erwartungen allenthalben Menschen mit messianischem Anspruch auftreten werden, die viele in die Irre führen (Mt xxiv 5), dass man Gerüchte hören wird, der Messias sei da (Mt xxv 23), und dass man dabei vor allem auf die Wüste zeigen wird (Mt xxiv 25). Es sind falsche Messiasse und falsche Propheten, die mit ihren grossen Zeichen und Wundern das Volk und, wenn möglich, auch die Auserwählten verführen (Mt xxiv 24). [1])

Was unterscheidet Jesus von diesen Messiasprätendenten und seinen heiligen Krieg von den Unternehmungen, die sie in Szene setzten? Dass die Römer zumindest ihn ähnlich beurteilt haben wie diese Aufrührer, zeigt sein Kreuzestod. Er ist die Todesstrafe, die gegen ,,Räuber" (*latrones*; λῃσταί) verhängt wird, d.h. Menschen, die die pax Romana gefährden, die sich gegen die römische Obrigkeit erheben, ohne dass eine förmliche Kriegserklärung vorangegangen ist. Sie stehen ausserhalb des Rechts, es trifft sie die gleiche Strafe wie den Strassenräuber und Mörder, nämlich die Kreuzigung [2]).

Und doch führt Jesus seinen heiligen Krieg anders. Gewiss kann die Gottesherrschaft nicht völlig aufgerichtet werden, solange

---

[1]) Vgl. dazu SYR BARUCH xlviii 34: ,,Es werden Gerüchte sein, und Menschen, die phantastische Dinge tun, werden offenbar, und nicht wenig Versprechungen wird man zählen''.

[2]) Siehe dazu *PW* 4, Sp. 1729; POMPEJUS SEXTUS, *Digesten* 50, 16, 118; *Tac. Hist.* iv 11. Diesen Hinweis verdanke ich meinem Kollegen, Herrn Assistent MARTIN HENGEL, Tübingen.

heidnische Machthaber die Welt regieren, und wie unlöslich religiöser und politischer Eifer miteinander verbunden sind, beweisen die Makkabäerkriege, die für all diese Aufstände das grosse Vorbild sind. Aber das zeigt das Jonazeichen, das offenbaren Jesu Wunder: Jesus kämpft nicht gegen die Starken, sondern gegen den Starken. (vgl. Lk iv 13). Er sucht ihm jetzt schon seine Beute abzujagen. Die Sünder, die Besessenen, die Kranken sind nicht Jesu Gegner, sondern die Gefangenen Beliaals; ihnen bringt er nicht neue Ketten, sondern die Freiheit. Jesus verbindet (vgl. Lk iv 18 nach Is lxi ff) die Aufgabe des heiligen Krieges mit der des heiligen, priesterlichen Dienstes der Endzeit[1]). Beide Motive beherrschen das Leben auch der Qumransekte, ihr gegenüber weicht Jesu Auffassung in anderer Weise ab. Das zeigt die Tempelreinigung. Die Leute um den Lehrer der Gerechtigkeit bekämpfen den unreinen Gottesdienst am Tempel und betrachten ihn und die heilige Stadt als entweiht. Sie vollziehen darum einen Exodus und errichten am Ufer des Toten Meeres einen neuen heiligen Bezirk[2]). Jesus dagegen zieht nicht aus Jerusalem aus, sondern in diese Stadt ein. Er reinigt den Tempel von der Befleckung durch Geldgeschäfte (J ii 16). Er tritt als ein priesterlicher Eiferer, ein Pinehas, auf, den der Eifer um das Haus Gottes gefressen hat. Er will, dass es ein Haus werde, in dem man Gott die geistlichen Opfer der Gebete darbringe (Mk xi 17 nach Js lvi 7: in den Tempel gehört nur der „Tisch Gottes", dh. der Altar, und nicht der des Geldwechslers, und der Stuhl des Lehrers, und nicht der des Taubenhändlers (Mk xi 15). Das ist auch die Auffassung der Qumransekte, aber sie greift nicht ein, sondern wartet auf das Kommen der dazu bevollmächtigten Endzeitgestalten, des davidischen und des priesterlichen Messias. Mit Einzug und Tempelreinigung übernimmt Jesus deren Rollen. Aber die Führer der Jerusalemer Kultgemeinde anerkennen Jesu Anspruch nicht. Sie trachten ihm nach dem Leben, und im Gegenschlag treten ihre Leute, ganz ähnlich wie die Feinde des Beters im Qumranpsalm 1QH ii 20 ff, mit Schwertern und Stangen auf. Der bewaffnete Haufe im Garten Gethsemane ist für Jesus nicht

---

[1]) Der heilige Dienst Jesu soll, von den Qumranschriften her beleuchtet, in einer besonderen Untersuchung dargestellt werden.

[2]) Dieser Vorgang hat sein Vorbild in I Makk iii 46 ff, wonach Judas Makkabäus und seine Leute im Blick auf die entweihte und verwüstete heilige Stadt in Mizpa den heiligen Dienst tun und sich auf den heiligen Krieg vorbereiten.

nur eine Vertretung der ihm feindlich gesinnten Obrigkeit, sondern auch Repräsentant der widergöttlichen Gewalt. Der Menschensohn wird in die Hände der Sünder übergeben (Mk xiv 41), ihnen gehört diese Stunde (Lk xxii 53), sie ist der Augenblick, in dem die Finsternis Vollmacht besitzt (Lk xxii 53). Ihr Fürst überwältigt die nächsten Kampfgenossen Jesu, denn er lässt sie schlafen in einem Augenblick, wo sie ,,wach sein'' sollten für die letzte Auseinandersetzung in diesem heiligen Krieg, und Jesus ruft ihnen zu: ,,Steht auf!'' (Lk xxii 45 f). [1]) Das Ende ist gekommen, das Jesus unter die Gottlosen wirft (Lk xxii 37), d.h. dem Gericht Gottes ausliefert, als wäre er ein Sünder.

Nach dem Zeugnis der Synoptiker hat Jesus um die von Gott bestimmte Notwendigkeit seines Todes gewusst: sie lassen ihn nach Sach ix 9 in die heilige Stadt einziehen und ihn verkünden, dass ihn nach Sach xiii 7 das erwachende Schwert Gottes zuerst treffen müsse (Mk xiv 27 f). Denn zum Wirken Jesu gehört neben dem heiligen Krieg gegen den Einen der heilige Dienst für die Vielen, und nach der Deutung der ersten Zeugen ist die Krönung des heiligen priesterlichen Diensts das Kreuz, an dem Jesus sich selbst als Opfer darbringt, und der Sieg über die Macht der Finsternis und des Todes ist die Auferstehung.

Auch rein historisch gesehen unterscheidet sich Jesu Ende von dem der scheiternden Messiasprätendenten. Beim Zusammenbruch des von den letzteren entfachten Aufruhrs verliert stets auch eine beträchtliche Zahl der mitziehenden Menschen das Leben, bei Jesu Ende hingegen geschieht nicht einmal seinen nächsten Freunden, den Jüngern und seinen Anverwandten ein Leid. Es stirbt nur der Eine, der gegen den Einen gefochten hat. Nach den Synoptikern ringen am Beginn von Jesu Wirken, nämlich bei der Versuchung, der Gottessohn und der Satan einsam und weltabgeschieden miteinander, und so ist auch das Ende im Grunde eine Auseinandersetzung zwischen ihnen beiden allein, da sie Jesus ohne Engellegionen und ohne die Schar entschiedener Anhänger führt.

Das Ende Jesu ist stark von der deutenden Kraft der ersten Glaubenszeugen gestaltet worden. Dabei hat man wohl die zum

---

1) ,,Aufwachen'' und ,,Aufstehen'' sind Termini, die für den heiligen Krieg bedeutsam sind. Sie kennzeichnen das entscheidende Eingreifen wichtiger Kämpfer oder Waffen (vgl. Nu x 35; Sach xiii 7; 1QM xii 11 f nach Ri v 12; 1QH vi 31).

heiligen Krieg gehörenden Züge nicht etwa verstärkt, sondern eher abgeschwächt. Angesichts der römischen Kontrolle erscheint das durchaus verständlich, denn es war gefährlich, Anhänger eines heiligen Kriegers zu sein [1]).

Die Verbindung Jesu zum heiligen Krieg muss auch bei der Frage nach seinem Selbstbewusstsein mit berücksichtigt werden. Zwar lässt sich auch das Wirken eines Rabbi und eines Propheten mit dem heiligen Krieg verbinden, jedoch wird dieser in der Endzeit vor allem vom Messias geführt. Jesus hat Aufgaben übernommen, die zum Bereich der beiden, von der Qumransekte erwarteten, endzeitlichen Heilbringer, des davidischen und des priesterlichen Messias, gehören. Dabei hat er wohl auch Teile der Gottesknecht- und Menschensohntradition auf sich bezogen, zumal man in seiner Zeit die zu den verschiedenen endzeitlichen Gestalten gehörenden Züge nicht immer scharf getrennt, sondern auch vermischt und verbunden hat [2]).

Schwierig ist die Frage, ob Jesus bewusst in den Tod gegangen ist und ihn als von Gott geordnete Notwendigkeit angesehen hat oder ob er hoffte, dass ihn Gott beim Höhepunkt des heiligen Krieges mit dem Eingreifen Seiner Engellegionen retten werde. Die Evangelisten denken an die erste der beiden Möglichkeiten, die sie durch Leidensweissagungen und Schriftzitate stützen. Dieser Darstellung stehen einige, vor allem durch Lukas berichtete, Züge entgegen, so etwa die Forderung Jesu, ein Schwert zu kaufen (Lk xxii 36), die Antwort der Jünger, dass man zwei Schwerter besitze (Lk xxii 38), ferner der verzweifelte Ruf des Gekreuzigten (Mk xv 34 par). Jesus wusste sich jedoch auch als endzeitlichen Priester und als *Ebed* Gottes, daher kam es, dass er sein Leben nicht nur bis zum Äussersten in Gefahr brachte, sondern es auch als Opfer und Sühne darreichte bzw. in stellvertretendem Leiden dahingab. Diese Überhöhung des messianischen heiligen Kriegs durch den priesterlichen heiligen Dienst hat bewirkt, dass Jesus mehr war als ein Theudas, der in den Glauben seiner Jünger auferstanden ist. Darum konnte früh schon das Wort des Deutero-

---

[1]) Das muss wohl auch bei der Beurteilung des Menschensohngeheimnisses und der in der dritten Person gesprochenen Menschensohnworte berücksichtigt werden.

[2]) So führt z.B. der Menschensohn nach ä.Hen xlvi 4-6 einen heiligen Krieg, der davidische Messias begründet nach T Juda xxiv ein Friedensreich und reinigt nach Ps Sal xvii die Stadt Jerusalem, der Priester der Endzeit bindet nach T Levi xviii 12 den Belial.

jesaja, das Gottes Urteil und Verheissung für das Leiden Seines Knechts enthält, auf Jesu Tod bezogen werden:

„Er soll die Starken zum Raube haben,
darum, dass er sein Leben in den Tod gegeben hat (Js liii 12).[1]

---

[1] Vgl. Lk xxii 37; Rö iv 25; Hbr ix 28. Das Wort ist in der Fassung LUTHERS zitiert, die jedoch ähnlich lautet wie die Wiedergabe in der Septuaginta und darum wohl auch dem Verständnis entspricht, das die ersten Christen von diesem dunklen Spruch besassen.

7. Felsenmann und Felsengemeinde

Eine Parallele zu Mt 16 17–19 in den Qumranpsalmen

Der semitische Sprachcharakter der Verse Mt 16 17-19 ist heute wohl durchweg anerkannt[1]. Die von Strack-Billerbeck gegebenen rabbinischen Parallelen beziehen sich jedoch auf die Begründung der Welt oder des Menschengeschlechts, nicht aber auf den Bau der Gemeinde; sie stammen dazuhin meist aus dem vierten nachchristlichen Jahrhundert[2]. Um so größere Beachtung verdient daher eine Stelle aus den Lobliedern (Hodajoth)[3] der Qumransekte, nach der Gott die Gemeinde der Endzeit auf einen Felsen gründet; von dort her fällt neues Licht auf die Matthäusverse, die noch immer eine »crux interpretum ... et criticorum« sind[4].

1. Die Gemeinde in den Qumranschriften

Es empfiehlt sich, dem Vergleich der beiden Stellen einige Bemerkungen über die Rolle der Gemeinde und ihre bildliche Beschreibung in den Qumranschriften vorauszuschicken.

Die Qumransekte muß vor allem als eine vom offiziellen Judentum[5] getrennte und in sich fest geordnete Gemeinde verstanden

---

[1] Die jüngste Übersicht über die Auslegung dieser Stelle in unserem Jahrhundert findet sich wohl in O. Cullmanns Artikel Πέτρα in Kittels Theologischem Wörterbuch. Bd. VI, pp. 94—112. Zur altkirchlichen Exegese siehe Joseph Ludwig: »Die Primatworte Mt 16 18. 19 in der altkirchlichen Exegese« in Neutestamentliche Abhandlungen XIX B, 4. Heft, Münster i. W. 1952. Dazu und zur Auslegung der Reformatoren siehe Henri Clavier Πέτρος καὶ πέτρα in »Neutestamentliche Studien für Rudolf Bultmann«, Berlin 1954, S. 94—109.

[2] Strack-Billerbeck, Kommentar zum Neuen Testament, München 1922, Bd. I, S. 733.

[3] Für die Qumranschriften werden in dieser Studie folgende Abkürzungen verwendet: 1QS = Serech Hajjachad (Sektenregel); 1QSa = Serech Ha'edah (Gemeinderegel); CD = Damaskusschrift; 1Qp Hab = Pescher zum Propheten Habakuk (Habakukkommentar); 1QM = Serech Hammilchamah (Kriegsrolle); 1QH = Hodajoth (Loblieder, Psalmen). Abkürzungen für kleinere, sonst noch erwähnte Schriften der Sekte werden an der jeweiligen Stelle eigens erklärt.

[4] Henri Clavier, op. cit. S. 94.

[5] »Offizielles Judentum« im strengen Sinn gibt es allerdings erst seit der Zerstörung Jerusalems und des Tempels im Jahre 70 n. Chr. und dem dadurch bedingten

werden. Bildet für die Christen zu Jerusalem das Christusgeschehen den Inhalt ihres Credos, so ist die Qumrangemeinde sich selbst erster Gegenstand des Glaubens: Ihre Geschichte, ihre Daseinsberechtigung, ihre Mission sind der Inhalt ihrer Lehre. Das zeigen vor allem die Pescharim, gegenwartsbezogene Auslegungen biblischer Kapitel, oder etwa die Mahnreden im ersten Teil der Damaskusschrift. Man denkt und spricht dort ganz bewußt in der Tradition des ATs, ganz ähnlich wie dies in den großen Actareden geschieht und wie es die Gewohnheit des Paulus in den Synagogen war (Act 17 2 f.). Ja, man benutzt in diesen beiden aus dem Judentum hervorgegangenen Sekten der Christen und der Qumranleute bisweilen die gleichen Schriftzitate, wenn auch nicht immer zum selben Zweck[6]. Wo auf der einen Seite die Einzelperson des Christus als die Erfüllung eines alttestamentlichen Wortes angesehen wird, kann dies auf der anderen manchmal auf ein Kollektiv, nämlich die Gemeinde, bezogen sein.

So wird in den Acta der Ebedgedanke mit Christus verbunden[7], in Qumran dagegen vorwiegend mit der Gemeinde: Sie verschafft durch ihre vollkommene Existenz den Menschen Sühne, sofern sie bußwillig sind[8]. In Act 4 11 ist Ps 118 22 zitiert und auf Christus als den Eckstein bezogen, in der Sektenregel dagegen erscheint die Ps 118 22 verwandte Stelle Jes 28 16 so verkürzt und gewandelt, daß sie die gottgesetzte Existenz der Qumrangemeinde bestätigt (1 QS VIII, 7f.).

Wie die neutestamentliche Christusgemeinde betrachtet sich die essenische Qumransekte als die legitime Inhaberin des alttestamentlichen Gottesbundes, wobei einmal die Bewahrung des alten, ein anderes Mal die Begründung eines neuen Bundes betont werden kann: Beides wird zusammengefaßt und aufgehoben in dem Gedanken, daß es sich dabei um einen ewigen Bund handelt[9].

Sieg der pharisäischen Partei, die in den darauffolgenden Jahren festlegte, was im Judentum als orthodox zu gelten hatte.

[6] So wird Deut 18 15 in Act 3 22 f. 7 87 und in den messianischen Testimonia der Sekte aus Höhle 4 auf den Messias bezogen; Jes 54 16 belegt in Act 9 15 die Erwählung des Paulus, in CD VI, 8 die des »Stabs«, des Thoraforschers der Sekte (wahrscheinlich ist es der Lehrer der Gerechtigkeit); Am 5 25-27 stützt in Act 7 42 f. die Polemik des Stephanus gegen den Opferdienst, in CD VII, 14ff. rechtfertigen Am 5 26 f. vor allem den Exodus nach Damaskus; Am 9 11 beweist in Act 15 16 f. die Richtigkeit der Heidenmission, in CD VII, 16 f. die Tatsache der Wiederaufrichtung der Thora in der Gemeinde des Neuen Bundes; Hab 1 5 bestätigt in Act 13 41 und in 1Qp Hab II, 1—4 die wunderbare eschatologische Situation, in der man sich befindet.

[7] Jes 53 7 f. wird in Act 8 32 f. zitiert und auf Jesus bezogen; Jesus wird in Act 3 18 3 26 4 27. 30 als »Gottesknecht« bezeichnet. In Act 13 47 wird allerdings ein Vers des Ebedliedes Jes 49 6 auf den Dienst der Apostel bezogen.

[8] Vor allem in 1 QS VIII, 5—10, von W. Brownlee als »Ebedabschnitt« bezeichnet (BASOR 135, Oct. 1954, S. 34 f.).

[9] Die Bewahrung des Bundes wird im Sektenkanon (V, 9) betont, ebenso auch die Tatsache des »ewigen Bundes« (1 QS III, 11 f.; IV, 22; V, 5 f.). Vom »Neuen Bund im Land Damaskus« redet die Damaskusschrift (CD VI, 19; VIII, 21; XX, 12; un-

In der bisweilen bewußt esoterischen Sprache der Qumranschriften werden Entstehung und Charakter der Gemeinde vor allem durch B i l d e r beschrieben, die aus dem AT stammen. Zwei stehen dabei im Vordergrund, nämlich das Bild vom B a u und das von der P f l a n z u n g; beide spielen ja auch eine wichtige Rolle im NT.

In 1QS VIII, 5f. stehen beide beieinander: Die in der Wahrheit stabil gewordene Gemeinde ist »eine ewige Pflanzung, ein heiliges Haus für Israel und der Kreis eines Allerheiligsten für Aaron«. Ihr eschatologischer Status wird in 1QS XI, 8 ebenfalls in diese zwei Bilder gefaßt, jedoch ist dort die mit den Engeln vereinigte Gemeinde nicht mehr in Priester und Laien geteilt. Auch das Jubiläenbuch verwendet beide Bilder bei der besonders wichtigen Verheißung für das Heilsvolk der Endzeit (Jub 1, 16f.; der Bau ist dabei allerdings der Gottestempel der Endzeit), und als Pflanzung erscheint die Gemeinde, wo sie zum erstenmal in der Damaskusschrift erwähnt wird (CD I, 7). Im Pescher des Habakuk gilt der Libanon als Metapher für den »Rat der Gemeinde« (1Qp Hab XII, 3[10]). Vor allem findet man diese Bilder in den Hodajoth, wo sie auch breiter ausgeführt sind. Das von der Pflanzung erhält dabei geradezu paradiesischen Charakter, so als ob man bewußt die Gemeinde der Endzeit im Bild der Urzeit beschreiben wolle (1QH 8, 4—10; 1QH 10, 22—25; vgl. auch 1QH 6, 15f.), und ihre Segenswirkungen werden vor allem nach Hes 31 geschildert. Das ganze Land Israel soll von dieser Pflanzung in Besitz genommen werden (CD I, 7), und in den Kreisen der Sekte hat man nicht nur die Bundestradition, sondern auch die Väterverheißungen bewußt für sich beschlagnahmt, so etwa die für Abraham, daß aus ihm die »Pflanze der Gerechtigkeit für ewige Geschlechter und ein heiliger Same ausgehen werde« (Jub 16, 26; 36, 6ff.). Denn nicht das geschichtliche, sondern nur das endgeschichtliche Israel ist nach ihrem Verständnis Erfüllung dieser Verheißung.

Beim Bild vom Bau in den Qumranschriften werden vor allem dessen Heiligkeit und Unerschütterlichkeit betont. Die Heiligkeit ergibt sich naturgemäß durch das Bild vom sakralen Bau, dem »Heiligtum« und Tempel (קודש), die Stabilität durch das von der festen Stadt der steilen Mauer und dem starken Turm. Das Bild vom Tempel bezeichnet stets die Gemeinde, dabei kann es — im Gegensatz zu seiner neutestamentlichen Verwendung — durch das vom »Allerheiligsten« (קודש קודשים) des aaronidischen Klerus erweitert und gesteigert werden. Bei den profanen Bildern wechselt die Anwendung, und Gott, die Gemeinde oder auch eine Einzelgestalt innerhalb der Gemeinde werden durch sie charakterisiert.

---

sicher ist der »neue Bund« in 1Qp Hab II, 3. In der Benediktion für den »Fürsten der Gemeinde«, vermutlich den weltlichen Messias, ist die Erneuerung des Bundes endzeitliche Aufgabe 1QSb V, 21; endzeitlich gedacht ist auch die schöne Stelle 1Q 34 bis II, 5—7, in der die Erneuerung des Gottesbundes für das heilige, erwählte Volk der Endzeit — jetzt dargestellt durch die Sekte — verkündigt wird.

[10] Es ist ein Gemeinplatz der Agada, den Libanon an einigen Stellen des ATs auf den Tempel zu deuten (W. Bacher, Die Agada der Tannaiten, Straßburg 1884, Bd. I S. 26, Anm. 2).

So wird etwa Gott für den von Verderbern und Feinden bedrängten Beter eine starke Zufluchtsstätte und feste Mauer (1QH 3, 37, vielleicht auch 1QH 9, 28). Aber durch Gottes Kraft und seinen heiligen Geist wird auch dieser Beter selbst wie ein starker Turm[11] und eine steile Mauer[12], die den Ansturm der »Kriege der Gottlosigkeit« bestehen (1QH 7, 6ff.). In dem Segen 1QS b V. 20ff. wird die endzeitliche Stellung des »Fürsten der Gemeinde« durch eben diese beiden Bilder von der steilen Mauer und dem starken Turm zum Ausdruck gebracht. In 1QH 3, 7 ist die von Feinden umringte Stadt Bild für die bedrängte Lage des Beters, in 1QH 6, 25 repräsentiert sie die stabile Gemeinde, in der sich der Angefochtene bergen kann. Und im Jubiläenbuch wird die gefährdete Existenz der inmitten einer heidnischen Umgebung lebenden Patriarchen dadurch gekennzeichnet, daß Abraham und Isaak bei Hebron in einem Turm wohnen (Jub 29, 16. 19; 31, 6).

Diese profanen Bauten sind in den Hodajoth nur Bilder: Gott, der Beter, die Gemeinde werden mit ihnen nur verglichen und nicht etwa identifiziert[13]. Anders dagegen ist es, wenn von der Gemeinde als heiligem Bau gesprochen wird. Er dient nicht nur als Vergleich, sondern wird von der Gemeinde dargestellt (1QS VIII, 5f.; VIII, 9f.; IX, 6; XI, 8; vgl. 1QH 6, 26; 1QH 7, 9).

Es ist also besonders der Sektenkanon, in dem die Gemeinde als Heiligtum, als idealer, lebendiger Tempel erscheint, in dem man Gott geistliche Opfer darbringt (1QS IX, 4f.). Auch das »Zuverlässige Haus« in CD III, 19, das Gott selbst erbaut und das bis dahin nicht seinesgleichen hat, ist dieser lebendige Tempel der Endzeit, in dem jetzt schon Priester, (Leviten) und Laien nach der Verheißung von Hes 44 15 ihren vollkommenen Dienst tun (CD III, 19 — IV, 4).

Dieses heilige Haus ist ein »Haus der Wahrheit« (1QS V, 6; VIII, 9), weil es auf einem Fundament der Wahrheit erbaut ist. Das Fundament, in den Hodajoth durch den aramäischen Begriff א(ו)ש (1QH 6, 25; 7, 9; 3, 13), in dem Sektenkanon durch יסוד bezeichnet, spielt vor allem in der letztgenannten Schrift eine wichtige Rolle.

Dort ist das »Fundament der Einung« (יסוד היחד 1QS VII, 17; VIII, 10), d. h. die Plattform der Gemeinde, ein »Fundament des heiligen Geistes für eine ewige Wahrheit« (1QS IX, 3) oder ein »festgegründetes Fundament der Wahrheit für Israel« (1QS V, 5), das sühnende Wirkung für das ganze Land hat (1QS IX, 4; vgl. 1QS V, 5 »für Israel«).

Dies Fundament der Wahrheit enthält die Grundprinzipien der Sekte: Gottes Wahrheit ist in ihm verkörpert und hat darin ihre institutionelle Ausprägung erfahren. Darum wird auch die Auflehnung

---

[11] מגדל עוז Ps 61 4; Prov 18, 10. חומה נשגבה Jes 30 18; Prov 18 11.

[12] Die Siedlung Qumran war ummauert und hatte dazuhin einen festen Turm; der Gebrauch beider Bilder war darum für diese Gemeinde sehr naheliegend. Offensichtlich war eine solche Anlage charakteristisch für die frommen Dissidenten dieser Zeit. So zogen sich die beiden Brüder von Judas Makkabäus, Jonathan und Simon, vor Bakchides in die Wüste zurück und sicherten ihr Lager durch Türme und Mauern (Jos. A. XIII, § 26).　　[13] Es wird die Partikel כְ = »wie« vor das Bild gesetzt.

gegen diese fundamentalen Ordnungen der Sekte besonders schwer
bestraft (1QS VII, 17f.), denn der Bau darf in seinen Fundamenten
nicht erschüttert werden[14].

Aber auch die Opposition der Sekte wird durch das Bild vom Bau
geschildert. Der Gegenspieler des Lehrers der Gerechtigkeit baut nach
dem Habakukpescher eine »Trugstadt durch Blut und eine Gemeinde
durch Lüge« (1Qp Hab X, 9f.). Und wie in der Polemik des Hesekiel
gegen die falschen Propheten werden die Gegner der Damaskusgemeinde auf Grund ihrer Lügenpredigt (CD VIII, 13) als »Mauer-
bauer« (החיץ בתי CD IV, 19; VIII, 12 nach Hes 13 10) und als
»Tüncheschmierer« (התפל טחי CD VIII, 12 nach Hes 13 10) bezeichnet.
Auf beiden Seiten befindet sich also ein Führer mit je einer Organisa-
tion, mit einer Gemeinde: Drüben ist es ein Lug- und Truggebäude,
auf der Seite der Sekte jedoch ein heiliges Haus.

Mit diesen Bildern übernimmt sie alttestamentliche Traditionen,
wie sie vor allem in der Predigt der Propheten erscheinen. Aber auch
das NT besitzt beides: Das Bild von der Pflanzung, wozu das vom
Baum und das von den Früchten zählen[15], und das Bild vom Bau,
dem Tempel und der Festung, wozu auch das vom Fundament[16] und
das vom Eckstein[17] gehören. Hier wird deutlich, daß es sich vor allem
beim Bau nicht nur um ein einzelnes Bild, sondern um eine ganze
Bildgruppe handelt, die sich vielseitig verwenden läßt.

2. Der Qumranpsalm (1QH 5, 20ff.)

Auch Mt 16 17-19 muß im Rahmen der Bildgruppe vom heiligen
Bau verstanden werden. Das zeigt vor allem eine Stelle in dem
Qumranpsalm 1QH 5, 20ff. Da noch keine Übersetzung des leider
auch lückenhaften Psalms bekannt geworden ist, gebe ich im folgenden
einen Überblick über das Ganze und eine Übertragung der Parallelstelle[18].

Der Psalm setzt in 1QH 5, 20ff. mit der stereotypen Formel ein: »Ich
will Dich preisen, Herr«, die mit der Hilfe Gottes für die »Armen« (ענוים
Z. 21; חסד אביוני Z. 22) begründet wird (Z. 20—22). Dann aber schildert
der Beter die beklagenswerte Lage, in der er sich befunden hat. Man vernimmt dabei von einer Krise innerhalb der Gemeinschaft des Psalmisten, der
in ihr die führende Stellung innehat (Z. 24); daß er der Lehrer der Gerechtigkeit sei, ist jedoch nicht nachzuweisen. Die Fülle der biblischen Wendungen,
dazu einige Lücken im Text, machen das Verständnis dieser Stelle nicht

---

[14] 1QS VIII, 7f. nach Jes 28 16, in das die »Fundamente« eigens eingetragen
wurden.   [15] Mt 3 10 Lc 3 9 Mt 7 17 par. Mt 13 32 par. Mt 15 13 Rm 11 16ff.
I Cor 3 6.   [16] I Cor 3 10-17 Eph 2 20-22 I Ptr 2 4-9 I Tim 3 15.

[17] Mt 21 42 Mc 12 10f. Lc 20 17 Act 4 11 I Ptr 2 4-7 Rm 9 33 10 11.

[18] Kurz vor Abschluß der Arbeit ist eine Übersetzung des Anfangs dieses
Psalms (die Verse 1QH 5, 20—39) durch J. Baumgarten und M. Mansor in JBL,
LXXV (1956), S. 107ff., erschienen.

ganz leicht. Der Beter hatte sich offenbar gegen Hader und Streit der Männer zu wenden, die sich um ihn sammeln und sein »Brot essen« (1 QH 5, 23; ergänze nach Ps 41 10 ‏לחמי‏ ‏[לכול או]ר‏[כ]‏לי‏). Mit Bildern aus Deut 32 33[19] werden sie als falsche Propheten dargestellt, die ihren Mund für Beliaal öffnen (Z. 26, von Baumgarten-Mansor so ergänzt), ihre Zunge träufelt Drachengeifer. Der Beter ist durch sie in arge Bedrängnis geraten, die in den folgenden Zeilen breit und dramatisch in biblischen Wendungen und Bildern geschildert wird (Z. 30—40).

Auch im zweiten Teil des Psalms beobachten wir ein ähnliches Bild. Wieder erklingt die Stimme des Beters zunächst in Dank und Zuversicht. Er ist versetzt aus dem »Rat der Gewalttat« (‏סוד חמס‏ 1 QH 6, 5) in den »Rat Gottes« (ib.; ich ergänze hier nach Z. 11 Anfang ‏[בעצת]־ה‏). Er weiß, daß es noch »eine Hoffnung gibt für die, die sich bußfertig vom Frevel wenden« (Z. 6), daß Gott sie läutert, bis sie von der Schuld gereinigt sind (Z. 8). Gott selbst lehrt und führt sie (Z. 9f.). Er wird sie in die Mitte der Engel versetzen, damit sie für ewige Generationen Seine wunderbaren Taten rühmen, bis Seine Wahrheit bei allen Völkern der Erde bekannt ist (Z. 11f.); ja, mit den Angesichtsengeln werden sie Gemeinschaft haben[20]. Mit dem Bild von der paradiesischen Pflanzung wird dann ihre Herrlichkeit und segensreiche Wirkung geschildert (Z. 15f.). Vom Wasserquell mit seiner Segenskraft wechselt man dann zum Lichtquell mit seiner zerstörenden Hitze: Neben der paradiesischen Fülle für die Guten steht am Ende das Feuergericht für die Schuldigen (Z. 18f.). Bis zur Scheol hinab frißt sich das verzehrende Feuer (ich ergänze 1 QH 6, 17 Mitte nach 1 QH 3, 29).

Von Z. 19 an berichtet der Beter wieder über den Abfall seiner Gefährten[21]. Die Bedrängnis wird ähnlich wie in 1 QH 5, 30ff. geschildert. Sie bildet den Hintergrund für unsere Matthäusparallele.

Von 1 QH 6, 19 an gebe ich meine Übersetzung dieses Psalms:

19 ›Sie aber, die unter das Joch meines Zeugnisses gebunden sind (‏נצמדי תעודתי‏) ließen sich betören durch [Lügenredner   (ich erg. ‏במ]דברי שקר‏) und handelten treulos] am Dienst der Gerechtigkeit   (ich erg. ‏[ויבגדו]‏)

20 Du aber Gott hast ihnen Befehl gegeben, um zu helfen daß sie weg von ihren Wegen auf den Weg (Deiner Meßschnur) gelangen könnten, dort [zu wandeln]   (ich erg. ‏ק]נוכה להתהלך[בה‏) den ein Unbeschnittener, Unreiner oder Räuber

21 nicht begehen kann. Da gerieten sie ins Wanken (und kamen ab) vom Weg Deines Herzens Sie (fielen) ins Verderben[22] und (ihr Trieb) verfinstert sich (ich erg. ‏[נפלו ויצרם‏)

22 und Beliaal hält Rat mit ihren Herzen (‏ויעץ בליעל‏)[23] und in der Gier gottlosen Planens wälzen sie sich in Schuld. [Ich aber war] wie ein Schiffsmann in einem Schiff   (ich erg. ‏ואני היי]חתי‏) im Toben

---

[19] Deut 32 33 ist in CD VIII, 9—12 zitiert und allegorisch ausgelegt.

[20] Die Angesichtsengel sind die höchste Engelklasse nach T. Levi 3, 7; 18, 5.

[21] Vorausgesetzt, daß die großen Lücken so oder ähnlich ergänzt werden müssen, wie ich es hier versucht habe.

[22] Jes 47 11 ist hier in freier Weise verwendet.

[23] Nah 1 11 ist in 1 QH 6, 21 Schluß und 1 QH 6, 22 gebraucht, jedoch in be-

23 der Meere: Ihre Wasserwogen und all ihre Wellenbrecher tobten über mir (Ps 42 8)
in schwindelerregendem Wind (Jes 19 14).
Es [gab für mich] keine Windstille   (ich erg. ‏דממה לי ואין‎)
in der man hätte Atem schöpfen können und keinen
24 Pfad, nach dem man den Weg auf dem Meer hätte richten können;
Und es toste die Tehom bei meinem Seufzen
und [mein Stöhnen gelangte] bis zu den Toren des Todes
(ich erg. nach 1QH 10, 33 ‏נהמתי ותבוא‎).
Aber ich wurde
25 wie einer, der in eine befestigte und starke Stadt hineingeht,
in eine hohe Mauer, bis man entkommt
und zu einem [ewigen] Fundament [nach] Deiner Wahrheit, mein Gott
(ich erg. ‏ל עולם‎)
26 Denn Du wirst einen Kreis (von Männern) auf einen Felsen setzen
und einen Träger (‏כפיס‎) nach einer Schnur, die recht mißt (Jes 28 17)
und einem Senkblei von [Wahrheit]   (ich erg. ‏לב[נות אמת‎)
um erprobte Steine (Jes 28 16) zu [bauen] für einen starken Bau
(ich erg. ‏עוז לב]נית‎)
27 so daß er nicht erzittern wird
und alle, die ihn betreten, nicht wanken werden.
Kein Unbefugter wird hineingehen,
denn [seine To]re haben schildartige Flügel   (ich erg. ‏ריה לשע]‎)
28 die keinen Einlaß gewähren und starke Riegel, die nicht zerbrochen werden.
Und es wird keine Kriegsschar hineingehen mit ihrem Kriegsgerät
mit einer vollständigen (Ausrüstung von) allerlei [Schwertern]
(ich erg. ‏ר]בות ח]‎)
29 gottloser Kriege.
Aber dann wird eilen das Schwert Gottes zur Zeit des Gerichts
und alle Söhne der Wahrheit werden erwachen [zum Krieg gegen]
30 die Gottlosigkeit   (ich erg. ‏על מלחמה ל]‎)
Alle Schuldigen aber werden dann nicht mehr sein.
Dann wird der Held seinen Bogen spannen
und der Befestigungsring öffnet seine [Torflügel] endlos weit
(ich erg. ‏דלתיו]‎)
31 und die ewigen Tore, um das Kriegsgerät herauszubringen.«

Die Beschreibung des gottgesetzten starken Bauwerks geht also
in eine Schilderung des heiligen Kriegs der Endzeit über. Die Gegner,
Exponenten Beliaals und des ihm verbündeten Chaosmeers, berennen

---

zeichnender Weise abgeändert. Nah 1 11 lautet:
»Aus dir (i. e. Ninive) ging hinaus, der Unheil plante (‏חשב‎) wider Jahwe
der Nichtnutziges sann« (‏בליעל יעץ‎).
Die Sekte macht aus dem Objekt ‏בליעל‎ = »Nichtnutziges« das Subjekt ‏בליעל‎
= »Nichtsnutz«, d. h. ihren Erzfeind Beliaal, der mit dem Menschenherzen Rat
abhält, um den Menschen zu verführen. Denn wem der Teufel als Ratgeber das
Herz bewegt, dem geht auch der Mund in teufelsgemäßer Weise über. So klagt der
Beter über die Ungetreuen weiter oben in diesem Psalm:
»Sie aber planen das Verderben ihrer Herzen
und ihren Mund öffnen sie in Beliaals Weise« (‏לבליעל פיהם ופתחו‎) (1QH 5, 26).

das durch starke Tore gesicherte Haus. Als der Druck am höchsten
steigt, werden diese Tore geöffnet, denn aus ihnen bricht gleichsam die
göttliche Gegenoffensive hervor, die gleichzeitig das Endgericht an
den gottlosen Stürmern des Himmelreichs ist (vgl. dazu Mt 11 12).
Auch die Gläubigen kämpfen mit, ja, sie werden verstärkt durch die
Toten, die aus dem Staube sich zu diesem Kampfe erheben. Das Auf-
wachen (Z. 29) setzt sich also fort zu einer Auferstehung von den
Toten, die bisher nirgends in den Qumranschriften so deutlich ausgesprochen ist wie an dieser leider stark versehrten Stelle, die vom
heiligen Krieg der Endzeit handelt.

Ein Vergleich dieser Psalmstelle mit Mt 16 17-19 ist naheliegend.
Denn in beiden handelt es sich um dieselbe Situation: Es wird der
Bau einer eschatologischen Gemeinde angekündigt, die den Ansturm
einer mythischen, feindlichen Macht zu bestehen hat. Aber auch eine
Betrachtung der einzelnen Aussagen beider Texte ist sehr lohnend,
denn was bei Matthäus meist nur knapp berichtet wird, kann durch
die ausführlicheren Schilderungen dieses Qumranpsalms aufgehellt
werden.

3. Die Begriffe für die Gemeinde: ἐκκλησία und סוד

Der in Mt 16 18 für die Gemeinde verwendete Begriff ἐκκλησία
steht in der Septuaginta häufig für das hebräische קהל[24]. Aber ist
קהל das Äquivalent für ἐκκλησία bei Matthäus und besonders an
unserer Stelle?

קהל meint im Alten Testament, vor allem in der Priesterschrift und
beim Chronisten, die Versammlung der wehrfähigen Männer und besonders
auch die Kultgemeinschaft. Wie im Rabbinat[25] ist קהל auch in den Schriften der Qumransekte überraschend selten. An den wenigen Stellen in den
letzteren bezeichnet קהל nicht die Gemeinde, sondern eine für besondere
Zwecke einberufene Versammlung dieser Gemeinschaft[26]. Jesus will aber
mit seinem Bau in Mt 16 18 mehr als eine Versammlung. Dem Begriff
ἐκκλησία würde daher eher eine der Selbstbezeichnungen der Sekte entsprechen, deren Glieder sich ja auch als Berufene und Erwählte verstehen.
Für עדה, das in der Damaskusschrift, dem Habakukpescher und der Gemeinderegel (1QSa) bevorzugt wird, spricht vor allem die Wendung in 1Qp
Ps. 37, Kol. II, 16, wonach der Lehrer der Gerechtigkeit Gott »die Gemeinde
Seiner Auserwählten bauen soll« (לבנות לו עדת בחירו). Das trifft genau
die Bedeutung von ἐκκλησία als der Gemeinde der »Herausgerufenen« in
Mt 16 18![27].

---

[24] Siehe dazu die Ausführungen im Artikel ἐκκλησία (K. L. Schmidt) im ThWB.
Bd. III, S. 532.

[25] Strack-Billerbeck, op. cit. Bd. I, S. 733.

[26] So in 1QS a I, 25 und II, 4 (in 1QSa I, 4 steht das Hiphil von קהל); ähnlich ist קהל wohl auch in der sehr fragmentarischen Schrift von den drei Feuer-
zungen 1Q 29, 5—7 gemeint, so auch in 1QH 2, 12. 30 und CD VII, 17; XI, 22.

[27] Weniger geeignet ist יחד, das in 1QS zusammen mit den Wendungen
עצת היחד oder auch mit עצה verwendet wird. Man sieht, wie in den Qumran-

Aber auch der Begriff סוד, der in unsrer Qumranparallele für den gottgesetzten Bau verwendet wird, ist zur Aufhellung von ἐκκλησία in Mt 16 18
geeignet. סוד hat einen weniger institutionellen und dafür oft einen mehr
intimen Charakter; es meint einen Kreis von Männern, einen Konventikel.
In seiner Verwendung kommt סוד besonders dem Begriff עצה nahe, zu dem
es in 1QH 5, 24 parallel steht. Denn wie עצה meint סוד beides, nämlich
einen geistigen Sachverhalt, einen Ratschlag vor allem zur rechten Thora-
befolgung, und auch den Kreis von Individuen, die in dies Wissen einge-
weiht, durch es konstituiert sind und danach leben. סוד kann ganz allgemein
die Menschen in ihrer fleischlichen Natur und Hinfälligkeit bezeichnen
(1QS XI, 7. 9; 1QH 1, 22; 1QS XI, 10) oder gar die gottlose Gegenpartei
der Sekte meinen (1QH 6, 5; 7, 34). Aber סוד kann auch ein Kreis von
Engeln sein, (1QH 4, 25; [קן] סוד [קן דשים] 1QDM IV, 1 Mosereden), die den
göttlichen Geheimnissen besonders nahe stehen und mit denen daher die
Angehörigen der Sekte einst selbst Gemeinschaft haben möchten (1QH 6,
13; siehe auch 1QS XI, 8; 1QH 3, 22). Dann wird es vor allem für die Qumrangemeinde angewendet.

An unserer Stelle 1QH 6, 26 ist סוד im Bilde ein Bau, in Wirklichkeit aber ein Kreis von Männern, in dem der סוד, die esoterische
Lehre des Beters unseres Psalms, bekannt ist und die Lebensführung
bestimmt. Dieser סוד hat aber vor allem endzeitlichen Charakter,
genau so wie die עדה, die nach 1Qp Ps. 37 II, 16 der Lehrer der Gerechtigkeit für Gott bauen soll.

So werden die Treuen der Damaskusgemeinde in ein Buch eingetragen
und zählen damit zu dem »Sod des (Heils)volks« (CD VIII, 21b), in 1QS
VIII, 5f. ist der »Sod« das von dem aaronidischen Klerus gebildete Allerheiligste im eschatologischen Bau Gottes und nach 1QS XI, 8 wird der
»Sod« der Gotterwählten einst den Engeln beigegeben, damit er mit ihnen
zusammen den »Sod eines heiligen Bauwerks und einer ewigen Pflanzung«
bilde. Wie diese letzte Stelle zeigt, kann סוד durch beide Bilder, das vom
Bau und das von der Pflanzung, dargestellt werden.

Die Selbstbezeichnungen der Qumransekte סוד und עדה können
also eine Gemeinde bezeichnen, die vom ersten Anfang her und für
das letzte Ende bestimmt ist, nämlich die endzeitliche Gemeinschaft
der von Gott Erwählten. Eben dies meint aber auch der Begriff
ἐκκλησία im NT und vor allem in Mt 16 18.

In 1QH 6 26 ist der »Sod« in das Bild vom Bau gefaßt. Dieser
»Kreis« der für das Eschaton Auserwählten wird von Gott auf einen
Felsen gesetzt, so wie man einen Balken als Träger darauf setzen kann,
um von daher ein sicher stehendes Bauwerk zu errichten (1QH
6, 26). Der Fels dient als Fundament und garantiert die Stabilität des
Baus, die auch durch die sorgfältige Bauweise und das erprobte
Material betont wird (ib.). Damit ist er in der Lage, die »Eintretenden«
schützend aufzunehmen, die draußen dem Ansturm einer gottfeindlichen Macht ausgesetzt sind (1QH 6, 20—24).

---

schriften die Bezeichnungen für die Sekte wechseln können, ohne daß immer ein
Grund dafür ersichtlich wäre.

Der »Sod« auf dem Fels unterscheidet sich darin von der Ekklesia in Mt 16 18, daß er von Gott selbst und nicht von einem auf
Erden wirkenden Stifter wie Jesus auf den Felsen gebaut wird. Aber
dieser Unterschied wiegt nicht schwer angesichts der Tatsache, daß
wir schon in dem auf 1QH 5—6 folgenden Psalm 1QH 7 eine ganz
ähnliche Stelle finden, in der der Beter diesen »Sod« und Bau als
seinen eigenen bezeichnet (1QH 7, 9). Und auch das NT zeigt, wie
die Gemeinde Christi, je nachdem sie als eine allgemeine oder als die
einzelne konkrete verstanden wird, als »Haus Gottes« (I Tim 3 15),
als »Tempel Gottes« (I Cor 3 16) oder »Bauwerk Gottes« (I Cor 3 9)
benannt wird, während doch einzelne Apostel einen solchen Bau auf-
führen (I Cor 3 10ff.), das Fundament legen können (I Cor 3 10), das
im Grunde schon liegt und Christus selbst heißt (I Cor 3 11). Ja, die
Gläubigen als die lebendigen Bausteine dieses Tempels können auf-
gefordert werden, sich selbst zu bauen (I Ptr 2 5). Gemeint ist wohl
stets dasselbe: Der Bau der Gemeinde der Endzeit ist Gottes Bau,
von Ihm kommt alles und Ihm gehört alles, aber es sind doch von
Ihm beauftragte Menschen, die an diesem Bau arbeiten.

4. Das Felsenfundament und der Tempel

Die Frage, inwieweit es möglich ist, die Ekklesia in Mt 16 18 dem
»Sod« in 1QH 6, 26 zu vergleichen, fordert auch die prüfende Betrachtung der Fundamente. In Mt 16 18 wird eine Person als Felsenfundament der Ekklesia bezeichnet. Das findet sich nicht in den Qumrantexten.

Dagegen werden im Alten Testament Personen als Fels benannt. In
vielen Psalmworten ist Gott selbst der Fels des Beters. Dabei wird sowohl
das in unsrem Qumranpsalm verwendete סלע [28], als auch der Begriff צור [29]
gebraucht. צור kann so sehr mit Jahwe identifiziert werden, daß es allein
als Bezeichnung für Gott stehen kann [30]. Wichtig ist, daß in Jes 51 1f. Abraham der Fels genannt wird, aus dem die Israeliten gehauen sind.

Man geht wohl nicht fehl, wenn man dies Bild aus der Anschauung des
großen Felsens erklärt, der das Allerheiligste des Jerusalemer Tempels
trug. Die Hochschätzung dieses Felsens zeigt sich besonders in der rabbinischen Spekulation: Der heilige Fels ist der Ursprung der Welterschaffung
und zugleich die höchste Stelle der Erde; er ist die Himmelspforte und gehört zum zukünftigen Paradies. Zugleich ist der Fels als Verschlußstein der
Urflut der Ursprung der Gewässer der Erde und die Pforte der Totenwelt [31].

Das Fundament des »Sod« ist nach 1QH 6, 26 ein Fels; da aber dieser
Sod nach 1QS VIII, 5f. als Tempel gefaßt wird, so hat wohl auch die Sekte
bei der Wendung 1QH 6, 26 den Tempelfels und den Tempel in Jerusalem
vor Augen.

---

[28] So in Ps 18 3 31 4 u. ö.   [29] Jes 17 10 Ps 31 3 62 8 94 22 u. ö.
[30] II Sam 22 32 Ps 18 32 Jes 44 8, mit dem Artikel in Deut 32 4; so auch in
1QH 11, 15.
[31] O. Cullmann, πέτρα in THWB, Bd. VI, S. 95.

Aber in den Schriften der Sekte ist das Fundament vor allem eine geistige Größe: In ihm ist die göttliche Wahrheit verankert, auf der die Sekte steht und nach der sie ihr Leben ausrichtet.

Zu dem unsrer Stelle voraufgehenden Bild von der befestigten Stadt gehört ein »(ewiges) Fundament gemäß Deiner Wahrheit, mein Gott« (1QH 6, 25), und wir haben oben gesehen, daß in 1QS mit יסוד das Fundament der Qumrangemeinde bezeichnet wird, das die göttliche Wahrheit in sich schließt (1QS V, 5; IX, 3 f.). So muß auch סלע in 1QH 6, 26 nach יסוד hin interpretiert werden, es ist real und geistig zu verstehen.

Auch im Neuen Testament ist das Fundament, das θεμέλιον, eine geistige Größe, ein Bild für die grundlegende Verkündigung, die Lehre, das Bekenntnis (Hbr 6 1 I Cor 3 10 Rm 15 20), und auch wo dies Bild auf eine Person übertragen wird (ὁ θεμέλιος), meint es sie als eine verkündigende (Eph 2 20) oder als eine verkündigte (I Cor 3 11)[32]. Am Schluß der Berg-predigt vergleicht Jesus den, der seine Worte hört und tut, dem Mann, der sein Haus auf den Fels baut (Mt 7 24). Dies auf den Fels gegründete Haus hat wie in unserem Qumranpsalm dem Ansturm von Wind und Wasser standzuhalten. Wie wir später sehen werden, ist darunter die Bedrohung durch Beliaal, die gottfeindliche Macht des Abfalls und des Todes, zu verstehen.

סוד dagegen ist primär eine geistige Größe und dann wie an unsrer Stelle der Kreis von Menschen, der durch diese geistige Größe konstituiert wird; in unsrem Bild stellt dieser Sod ein Bauwerk dar.

Der Bau des »Sod«, der auf das Fundament des סלע gesetzt ist, ist jetzt schon da als ein Kreis von Menschen, der nach der von Gott geoffenbarten und im יסוד zusammengefaßten Wahrheit lebt. Das auf diesem Fundament stehende heilige und feste Haus ist der lebendige Tempel Gottes. Man heiligt sich in ihm durch Reinigungsbäder, die mit Wasser vollzogen werden und doch durch den heiligen Geist wirksam sind (1QS III, 6ff.), man bezeichnet sich selbst als »Heilige« (אנשי קודש 1QS V, 13) und bringt in diesem heiligen Hause die geistlichen Opfer der Gebete und des vollkommenen Wandels dar[33] 1QS IX, 4).

Jesus spricht auch vom Bau eines Tempels: Er verkündigt, daß er den von Händen gemachten Tempel zu Jerusalem auflösen und innerhalb von drei Tagen einen nicht mit Händen gemachten Tempel erbauen werde (Mc 14 58 15 29f. Mt 26 61 27 40 (Joh 2 19); Act 6 14).

---

[32] Das Bild vom θεμέλιον und dem Bau darauf war in der philosophischen Belehrung üblich (s. Epiktet II, 15, 8). Es ist jedoch, wie die Qumrantexte zeigen, nicht mehr erforderlich, seinen Gebrauch in den neutestamentlichen Schriften aus dem Hellenismus herzuleiten; vielmehr stehen Jes 28 16 und Ps 118 21 dahinter. Vgl. dazu M. Dibelius in Lietzmanns Handbuch zum Neuen Testament zu Eph 2 20.

[33] Die Damaskusschrift weiß allerdings auch von realen Opfern (CD XI, 17—21); wie bei den Tempeln so hat man auch bei den Opfern reale und geistliche Auffassung nebeneinander. Die geistlichen Opfer scheinen insbesondere mit Prov 15 8 begründet worden zu sein, das in CD XI, 19—21 zitiert wird, vgl. dazu Jos A, XVIII, § 19.

Man wird wohl nicht fehlgehen, wenn man diesen nicht mit Händen gemachten Tempel als einen lebendigen und damit als die Heilsgemeinde der Endzeit versteht. Mt 16 18 und Mc 14 58 gehören zusammen, denn auch die auf dem Fels zu errichtende Ekklesia ist das lebendige Heiligtum der Endzeit, genau so wie der »Sod« in 1QH 6, 26. Diese endzeitliche Gemeinde ist jetzt schon durch einen Kreis von Menschen vorgebildet, die sich um einen Mann und seine Lehre gesammelt haben, sich unter sein Joch gebunden wissen (1QH 5, 24; Mt 11 29).

Unsere Qumranstelle zeigt also, daß die Spiritualisierung des Tempelsbegriffs im NT nicht aus hellenistischen Voraussetzungen erklärt werden muß, und daß das palästinensische Urchristentum, wie auch Jesus selbst, sehr wohl den Gedanken von der Gemeinde als endzeitlichem Tempel gehabt haben kann.

Es bestätigt sich O. Michels Ansicht, daß es »offenbar von Anfang an urchristlicher Gedanke ist, daß ein mit Händen gebauter Tempel für die Endzeit unmöglich ist« und daß von daher die Weissagung vom Tempel Gottes der Endzeit spiritualisiert wurde[34]. Auch seine Annahme, daß diese Vorstellungen vor allem auf Jes 28 16 gegründet sind, ist durchaus richtig (s. u.)[35], ebenso die Vermutung, daß Paulus mit dem Bild von der Gemeinde als dem Tempel Gottes »die Weissagung Jesu in einer Mc 14 58 verwandten Form katechetisch auswertet«[36]. Schließlich ist sein Hinweis wichtig, daß die persönliche Zuspitzung des Bilds vom Tempel »hellenistische Parallelen« besitzt[37], d. h. wohl kaum in den spätjüdischen Bereich gehört. Denn ebensowenig wie in den Qumranschriften das Fundament der eschatologischen Gemeinde durch eine Einzelperson dargestellt werden kann, ist auch das Bild vom Tempel wie bei Paulus auf den Leib des einzelnen Menschen übertragen (vgl. I Cor 6 19).

Bemerkenswert ist jedoch, daß es im apokalyptischen Judentum, das den Qumranschriften verwandt ist, auch die Hoffnung auf einen neuen Tempel im eigentlichen Sinne gab, den Gott in der Endzeit selbst erbauen sollte (Hen 91, 13 93, 7 Sib 3, 29 Jub 1, 17). Wahrscheinlich hat auch die Qumransekte für die Endzeit nicht nur an ein geistliches Haus Gottes gedacht, sondern auch an ein reales Heiligtum, an einen neuen Tempel im Neuen Jerusalem. Das kann man aus den aramäischen Fragmenten der Beschreibung des Neuen Jerusalem schließen, wo in Fragment 8 die Maße des Tempels gegeben werden[38].

---

[34] O. Michel im Artikel ναός in ThWB Bd. IV, S. 890, Anm. 24. Dort findet man auch die Diskussion über das schon dem alten Tradenten schwer verständliche Jesuswort Mc 14 58 (S. 887f.), für die besonders R. Bultmann und J. Jeremias das Richtige beigetragen haben.

[35] O. Michel, op. cit., S. 892.   [36] O. Michel, op. cit., S. 890.

[37] O. Michel, op. cit., S. 891.

[38] M. Baillet, »Fragments araméens de Qumran 2. Déscription de la Jérusalem Nouvelle« RB 62 (1955), S. 228ff. Vgl. dazu das Fragment 32 aus der Höhle 1 und die liturgischen Gebete in 1Q34^bis, die sich vielleicht auf den großen Versöhnungstag beziehen (Barth.-Milik, Qumran Cave 1, p. 152).

Das würde ebenfalls das von uns beobachtete Beieinander von realer
und vergeistigter Vorstellung in den Qumranschriften bestätigen.

5. 1QH 6, 26f. als freie Auslegung von Jes 28 16f.

Im Gegensatz zu Mt 16 18 wird in unserem Qumranpsalm die
Errichtung des Baues auf dem Felsen näher beschrieben. Dabei ist
der Beter deutlich von Jes 28 16f. bestimmt.

In Jes 28 14-22, einem Orakel, in dem Jahwe den herrschenden Kreisen
zu Jerusalem das Strafgericht ankündigt und gleichzeitig auf seinen köstlichen Eckstein zu Zion als den Anfang eines neuen Tempels hinweist, sah
die Qumransekte das Gericht über ihre Gegner und die eschatologische
Existenz der eigenen Gemeinde vorhergesagt. Nach Jes 28 sind diese Gegner
Männer des Spotts und der Lüge (vv. 14. 17) und gehören als solche schon
zum Bereich der Finsternis; sie haben aber dazuhin noch einen Bund
mit dem Tod und der Scheol geschlossen (vv. 15. 18). Sie taten dies mit dem
Ziel, sich gegen diese chaotische Macht zu schützen (v. 15), die auch als
»Wasser« geschildert werden kann (v. 17b). Aber dafür fallen sie nun dem
Gericht Jahwes anheim, der Recht und Gerechtigkeit als Maßstab hand-
habt (v. 17a). Rettung gibt es nur bei dem köstlichen Eckstein in Zion
(v. 16), den die Sekte auf sich selbst bezog. Der Abschluß des Orakels in
v. 22 b bestätigte ihr die Richtigkeit dieser aktualisierenden Exegese, denn
das dort angekündigte und von Jahwe fest beschlossene Ende für das ganze
Land (Erde) war bis jetzt noch nicht eingetroffen; nach ihrer Ansicht stand
es unmittelbar bevor.

In 1QH 6, 26f. werden die vv. 16 und 17 von Jes 28 benutzt und ausgelegt.

Nach Jes 28 16 setzt Jahwe einen »erprobten Stein« auf den Zion, d. h.
den Zionsfelsen (אֶבֶן בֹּחַן). Die Sekte übernimmt diesen Begriff, setzt ihn
jedoch in den Plural und demokratisiert ihn dadurch. Es geht ihr um die
Gemeinde, und darum wird in 1QH 6, 26 ein »Sod« auf den Fels gesetzt.
Es ist möglich, daß sie bei בֹחַן an die in der Bedrängnis des Beliaalsregiments
der Gegenwart erprobten und bewährten Angehörigen der Sekte denkt
(vgl. dazu 1QS I, 17), denn nur aus solchen Treuen kann das heilige endzeitliche Haus gebaut werden.

Jes 28 17 ist in 1QH 6, 26 verwendet, um die Sorgfalt der göttlichen
Arbeit zu charakterisieren, bei der eine »Meßschnur des Rechts« und ein
»Senkblei der Wahrheit« verwendet werden (1QH 6, 26)[39]. Der Begriff
צדקה ist in der Qumranstelle durch אמת ersetzt, sicherlich mit Absicht.
Denn dieser Begriff bringt noch deutlicher als צדקה die Absicht der Sekte
zum Ausdruck, den mit ganzer Hingabe erforschten göttlichen Willen als
die Wahrheit anzuerkennen, die getan werden muß (1QS I, 5; V, 3); außerdem ist ja gerade אמת besonders mit dem Fundament יסוד verbunden

---

[39] Dabei wird das Jesajawort dem im Qumranpsalm gebrauchten Bild frei
angepaßt: In Jes 28 17a sind Recht und Gerechtigkeit erster Gegenstand der Aus-
sage, während Meßschnur und Senkblei nur als Bilder hinzutreten. Im Bild der
Sekte aber sind Recht und Wahrheit Näherbestimmungen von Meßschnur und
Senkblei. Auch gehört Jes 28 17a zur folgenden Gerichtsankündigung und nicht zum
Wort vom Bau zu Zion.

(1QS IX, 3f.). Dagegen bleibt משפט stehen, denn das in den משפטים, den Rechtssätzen, konkretisierte göttliche Recht dient dazu, den Wandel des Sektenangehörigen zu normieren und in den rechten Schranken zu halten.

Neu ist in das Bild vom Bau der Begriff כפיס eingebracht (1QH 6 26).

כפיס findet sich im AT nur in Hab 2 11, wo er auch Teil eines Bauwerks ist; er gehört in das Holz und parallel dazu steht dort der Stein in der Mauer. Während die Lxx mit diesem Begriff offenbar nichts anzufangen wußten, gibt Hieronymus eine Definition, die auch dem rabbinischen Gebrauch entspricht[40]. Der Stamm כפס bedeutet »befestigen, gürten«, und ein כפיס ist ein Träger in einem Bau, der ihn stabilisiert; vor allem gilt dies für den Fußboden und die Wände[41]. Nach Hieronymus ist er aus Holz, im Rabbinat kann er auch aus Eisen sein (Middoth III, 4)[42]. Der »Kaphis«, der zugleich mit dem »Sod« in 1QH 6, 26 auf den Fels gesetzt und nach Recht und Wahrheit ausgerichtet wird, spielt eine wichtige Rolle im Ganzen des Baus, denn erst nach ihm können die erprobten Steine für das starke Haus gebaut werden (ib.). Vielleicht wird bei diesem Träger an die Gestalt des Lehrers gedacht, der die Steine im Bau, d. h. die Mitglieder der Gemeinde, stabilisiert und sie nach Wahrheit und Recht ausgerichtet hält, so wie der Lehrer der Gerechtigkeit die Büßer der Damaskusbewegung geführt und gelehrt hat (CD I, 8—12).

Der Skopus der in 1QH 6, 26f. durchgeführten Exegese von Jes 28 16f. ist, wie auch in 1QS VIII, 7f. ersichtlich wird, die Unerschütterlichkeit des von Gott gesetzten Bauwerks.

In beiden Qumranstellen wird dies durch das eingefügte Verbum זוע Hitp. unterstrichen: Der Bau wird nicht zittern (1QH 6, 27; 1QS VIII, 8). Aber auch die in dies Bauwerk Eintretenden (באיה) werden nicht »wanken« (ימוטו 1QH 6, 27). Mit מוט bezeichnet unser Psalm die unsichere Haltung, die die Jünger des Lehrers auf dem Gott wohlgefälligen Wege zeigen (1QH 6, 21). Die »Eintretenden« aber sind die Menschen, die in den Gottesbund der Qumransekte eintreten: בוא ist geradezu t. t für diesen Vorgang (1QS II, 12; vgl. 1QS I, 16).

Jes 28 16f. wird also im Rahmen des Psalms in deutlicher und dennoch freier Weise so benutzt[43], daß es gleichsam eine Weissagung auf die eschatologische Gestalt der Sekte ist. Auch im NT werden Jes 28 16 und die ihm verwandten Zitate Ps 118 22 und Jes 8 14 in einer ähnlich freien Weise angewendet.

---

[40] »Lignum quod ad continendos parietes in medio structurae ponitur« (Ges.-Buhl, Hebräisches und Aramäisches Handwörterbuch, 17. Aufl., Leipzig 1921).

[41] In 1QH 6, 36 steht כפיס neben תפל = »Tünche«, gehört also wohl zur Wand. Die Lückenhaftigkeit der Stelle läßt keine nähere Bestimmung zu.

[42] Siehe M. Jastrow, Dictionary of Talmud Babli . . ., New York 1950.

[43] Die Sekte liebt solche midraschartigen Wiedergaben von Schriftworten; meist erscheinen sie gleichsam geräuschlos ohne Einleitungsformel dem Kontext angepaßt (vgl. etwa die erweiternde Auslegung des Aaronitischen Segens in Num 6 24-26 in 1QS II, 2—4 und die freie Wiedergabe von Deut 29 18-20 in 1QS II, 13—17.

Paulus verbindet in Rm 9 33 Jes 28 16 mit Jes 8 14, und im 2. Kapitel des 1. Petrusbrief sind zunächst Ps 118 22 und Jes 8 14 kombiniert und an Jes 28 16 angefügt. An beiden Stellen aber ist der erprobte Stein auf die eine Person des Christus und nicht etwa wie in der Sekte auf die Gemeinde bezogen.

6. Der Kaphis

In Mt 16 17 steht nichts von einem Träger im Bau. Die Stelle spricht nur von einem Fels (πέτρα) und einem Felsenmann (πέτρος). Wie das griechische κηφς zeigt, steht hinter dieser Verbindung ein | aramäisches Wortspiel mit dem Begriff כיפא [44]. Es ist zunächst verlockend, zu erwägen, ob nicht der Felsenmann Kephas auch als ein Kaphis, ein Träger, verstanden werden konnte, vor allem wenn man in Betracht zieht, daß in Gal 2 9 Petrus zusammen mit Jakobus und Johannes als ein στῦλος der Gemeinde erscheint.

Allerdings ist στῦλος der freistehende Träger im Bau, כפיס dagegen scheint in Wand oder Fußboden eingefügt. Aber auch der στῦλος gehört in das Bild von der Gemeinde als dem lebendigen Heiligtum und hat darin tragende Funktion. Das zeigt Apc 3 12: Wer die Bedrängnis und Verführung der Endzeit siegreich besteht, wird eine Säule im Tempel Gottes werden [45]. Wahrscheinlich stammt dies Bild vom στῦλος aus Jer 1 18, wonach Gott den Propheten zu einer eisernen Säule machen will; dabei sind auch die Bilder von der festen Stadt und der ehernen Mauer hinzugefügt. Sie versinnbildlichen die Stabilität und Unüberwindlichkeit des Propheten gegenüber der Bedrohung durch die Machthaber der Umwelt. Auch beim endzeitlichen Haus in der Henochbildrede von den Schafen werden eigens Säulen erwähnt (Hen 90 28 f.). In den von Strack-Billerbeck zu Mt 16 18 angeführten rabbinischen Beispielen wird Abraham in Gen R 14 (10c) einem mächtigen Balken verglichen, der in der Mitte eines Speisesaals steht, während ihn nach Jelammedenu in Jalqut 1 § 766 Gott den Fels nennt, auf dem Er die Welt baut (Str.-B. Bd. I, S. 733). Abraham ist also einmal ein Kaphis, das andere Mal gleichsam ein Kepha.

Daß כיפא und כפיס zwei verschiedenen Stämmen angehören, ist kein entscheidender Einwand. Denn schon im AT werden bei Wortspielen durchaus nicht immer stammverwandte, sondern auch einander ähnlich klingende Begriffe in Verbindung gebracht. Die Rabbinen taten dies oft bei der Schriftauslegung und fanden so einen unerwarteten, hintergründigen Sinn.

---

[44] Wahrscheinlich ist dabei ein Spiel mit den verschiedenen Bedeutungen und Gebrauchsmöglichkeiten des Begriffs כיפא beabsichtigt (H. Clavier, op. cit., S. 106). Clavier hat diese auch aus M. Jastrow ersichtlichen Bedeutungsmöglichkeiten dargelegt und darüber hinaus gezeigt, daß in Ortsnamen des heutigen syrisch-palästinensischen Raums ein Echo von כיפא erhalten ist (Felsenklippen und Felsenwände mit Höhlen haben Namen, in denen das arab. Käf oder Khf enthalten ist, ib., S. 101—103).

[45] O. Michel bemerkt zu dieser Stelle: »Die Metapher στῦλος legt nahe, daß ναός metaphorisch verstanden werden will« (op. cit., S. 893).

Berühmt ist die Auslegung der Fellkleider von Adam und Eva im Paradies (Gen 3 21) durch R. Meir. כת:ת עור interpretiert er als כתות אור und folgert daraus, daß die ersten Menschen das Lichtgewand besaßen, mit dem Gott nach Ps 104 2 selbst bekleidet ist (Gen. r. XX, 21).

Auch Jesus hat wohl solche Wortspiele geschätzt [46]. Die Qumransekte liebte es, Begriffe in einer mehrsinnigen Art zu deuten, sie nach | einem ähnlich klingenden bzw. geschriebenen Wort hin zu interpretieren und ihnen auf diese Weise einen zweiten, vertiefenden Sinn zum eigentlichen hinzuzufügen. Das zeigen insbesondere die allegorischen Auslegungen von Zitaten in der Damaskusschrift (Hes 44 15 in CD IV, 2ff.; Num 21 17 in CD VI, 3ff.; Am 5 26f. in CD VII, 15ff.). Auch in unserem Psalm kann man bei einzelnen Begriffen an eine doppelsinnige Verwendung denken [47].

Es ist jedoch klar, daß Matthäus den Petrus-Kephas nur als den Felsenmann versteht und verstanden haben will. Aber es ist nicht ausgeschlossen, daß man in den judenchristlichen Gemeinden, wie etwa der zu Jerusalem, auch an die Nebeninterpretation כפיס-כיפא gedacht und sie mitgehört hat [48]. Auf alle Fälle gehört auch das Bild vom στῦλος ähnlich wie das vom Kaphis in den Rahmen des heiligen Baus; beide sind wie das Felsenfundament ein Ausdruck für dessen Stabilität.

7. Der Einzelne und die Gemeinde

Die Sekte konnte nicht nur die Begriffe, sondern auch die Bilder frei gebrauchen, indem sie sie modifizierte oder auf andere Personen und Kreise übertrug. Schon in dem auf 1QH 5—6 folgenden Psalm 1QH 7, 6ff. erscheint dasselbe Bild vom Bau auf dem Felsen, jedoch steht nun die Person des Beters stärker im Vordergrund.

Er ist nicht mehr der geängstete und schutzsuchende Verfolgte, sondern bezeichnet sich selbst als gottgesetzten starken Turm und als eine steile Mauer. Beide Bezeichnungen sind Prov 18 10f. entnommen und er-

---

[46] M. Black, »An Aramaic Approach to the Gospels and Acts«, S. 119—141 (1954).

[47] בֹּחַן = »Erprobung« (1QH 6, 25; 7, 9) ist nicht plene geschrieben, weil auch בַּחַן = »Turm« mitverstanden werden soll. Ebenso ist es auch bei אוֹש = »Fundament« (1QH 6, 25), anders geschrieben in 1QH 7, 9: Hier soll auch die Bedeutung אש = »Feuer« mitgehört werden (vgl. Sach 2 9). In 1QH 7, 12 sind die גרי למשפט sowohl diejenigen, die Gottes Recht fremd gegenüberstehen (גֵרִים) als auch diejenigen, die es angreifen (גָרִים, vgl. 1QH 2, 23); sie sind die Exponenten der Beliaalsmacht (עדת בליעל 1QH 2, 22).

[48] Vgl. dazu H. Clavier (op. cit., Abschnitt 3), »Le jeu du double sens«, S. 105 —107). Mit der hebräischen Wiedergabe von Πέτρος = פטרוס durch Delitzsch und Ginsberg kann eine Beziehung zum Erstgeborenen, der den Mutterschoß durchbricht, hergestellt werden (פטר). Petrus wäre damit der geistlich Erstgeborene unter den Jüngern.

scheinen zum Teil auch in 1QH 6, 25. In 1QH 7 sind sie ausdrücklich als
Bilder und Vergleiche behandelt, auch geht der Beter von ihnen sofort
zur Schilderung des auf dem Felsen zugerichteten Bauwerks über, das
wieder als »Sod« bezeichnet und in Z. 10 als »heiliger Rat« und als Gottes
Bund dargestellt ist. Der Beter gibt sich als ein Lehrer, der sich zu den von
Gott selbst Belehrten rechnen darf, und durch den Gott zwischen Gerechten
und Gottlosen scheidet.

Ich gebe den ersten Teil dieses Psalms:

6 Ich preise Dich, mein Herr,
   denn Du hast mich gestützt durch Deine Kraft
7 und Deinen heiligen Geist hast Du in mich gesprengt,
   so daß ich nicht wanken werde.
   Und Du hast mich stark gemacht angesichts der Kämpfe der Gottlosigkeit
   und in all ihrem Verderben
8 hast Du mich nicht mutlos werden lassen
   (so daß ich weggegangen wäre) von Deinem Bund.
   Und Du hast mich wie einen starken Turm gesetzt
   und einer hohen Mauer gleich
   und hast meinen Bau auf einem Felsen zugerichtet (ותכן על סלע מבניתי)
9 und ewige Fundamente für meinen Kreis (ואושי עולם לסודי),
   und alle meine Wände zu einer erprobten Mauer[49],
   die nicht zittern wird (ולוא תודעזע).
10 Und Du, mein Gott, hast ihn (d. h. den Bau, Kreis) gegeben für die Erschöpften
            (lies ליעפים nach Jes 50 4)
    zu einem heiligen Rat, und hast ihn gesetzt als Deinen Bund
                                                 (ich erg. ותשימהו ל)
    Und meine Zunge (hast Du gemacht) wie die von Männern,
    die von Dir selbst belehrt sind.
11 Da ist kein Mund, der nach dem Geist des Verderbens redet
    noch gibt eine Zunge Antwort irgendeinem der Schuldigen.
    Denn meine Lippen schweigen gegenüber lügnerischen Lippen.
    Denn alle, die mich angreifen
12 um des Rechtes willen, erklärst Du als gottlos,
    um durch mich zu scheiden zwischen einem Gerechten und einem Gottlosen«
                          (1QH 7, 6—12).

Die Kraft des Beters ist der heilige Geist Gottes. In ihm ist er stark
in dem Bau der Gemeinde, der den Erschöpften offen steht. In diesem Geiste
lehrt er und tut an dieser Gemeinde den Ebeddienst: Jes 50 4 ist deutlich
verwendet (Z. 10)[50]. Mit ihm widersteht er dem Geist der Gottlosigkeit

---

49 לחומת בחן. Auch die Übersetzung »Mauer eines Turms« ist möglich und
von der Sekte mitverstanden worden. Siehe dazu die Anmerkungen auf der vorigen
Seite.

50 למודי אל vgl. dazu CD XX, 4 und Jes 54 13. Die von »Gott Gelehrten«
stehen an der ersteren Stelle parallel zu den »Männern des Wissens« (אנשי דעת);
Gott kann als ein »Gott des Wissens« bezeichnet werden (1QS III, 15; I Sam 2 3).
Ihm am nächsten stehen die himmlischen »Geister des Wissens« 1QH 3, 22f. Die
gottgelehrten Männer des Wissens sind gleichsam die irdischen Vertreter der himmlischen Welt des Wissens.

und der Lüge, der sich offenbar auch seiner bedienen möchte. Und in ihm wird er das Werkzeug Gottes, durch das Er scheidet zwischen Gerechten und Gottlosen, d. h. doch wohl solchen, die zu Seinem Bunde zählen und solchen, die davon ausgeschlossen sind.

Hier steht also innerhalb der Gemeinde die wehrhafte Einzelpersönlichkeit. Sie hat eine große Autorität vor allem nach außen | hin, doch ist sie innerhalb der Gemeinde nicht einzigartig. So sehen wir z. B. aus 1QS IX, 12ff., daß der »Maskil«, der »Einsichtige« der Sekte, ganz ähnliche Rechte und Pflichten besitzt, wie sie hier genannt sind.

Der Maskil prüft die Männer (1QS IX, 12 und 14) und bestimmt auf Grund ihrer »Reinheit der Hände« und Einsicht, ob sie in die Gemeinde eingeführt werden können (1QS IX, 15f.).

In unserem Psalm scheint ein solcher Maskil zu sprechen; in 1QH 5, 23f. wird Ps 41 10 benutzt; Ps 41 beginnt aber mit einem Makarismus des Maskil. Im Maskil der Sekte ist die Tradition von den Maskilim in Dan 12 lebendig: Es sind die Einsichtigen der Endzeit, die dann leuchtend dastehen wie der Glanz der Himmelsfeste (Dan 12 3), gereinigt sind und alles verstehen (12 10). Die Maskilim in Dan 12 sind keine herausragende Einzelpersönlichkeiten und Führer, sondern die den »Gottlosen« gegenüberstehenden Gerechten, zu denen sich jedes Mitglied der Sekte jetzt schon zählt. Jeder wußte sich auch als Maskil der Endzeit und strebte darum auch danach, jetzt schon ein von Gott Gelehrter (1QH 7, 10) und ein Lehrer zugleich zu sein (1QS IX, 12ff.). Der Ebeddienst der Lehre gilt allgemein. Das geht aus 1QS VIII, 6 hervor, wonach die Sekte Sühne schafft für das Land und das Gericht an den Gottlosen vollzieht (vgl. dazu 1Qp Hab V, 3—5 und I Cor 6 2). Was der Beter in unserem Psalm von sich sagt (1QH 7, 12), ist mithin die Aufgabe des Kollektivs, dessen Repräsentant er ist.

Von daher kann man auch verstehen, daß nach Matthäus die Binde- und Lösegewalt einmal dem Petrus allein und dann der Gemeinde als ganzer übertragen werden kann (Mt 16 19 18 18; vgl. Joh 20 23). Immer muß die Einzelpersönlichkeit, auch da wo sie hervortritt, im Rahmen der Gesamtgemeinde verstanden werden. Das gilt auch für das Ich in den Qumranpsalmen.

Wenn der Beter in den Hodajoth auch in sehr persönlicher Weise mit seinem Gott spricht, so sind doch seine Funktion, seine Not, seine Mission in gewisser Weise Sache jedes einzelnen Mitglieds der Sekte. Das zeigen einmal die vielen stereotypen Wendungen in diesen Psalmen, dazu die alttestamentlichen Bilder, der Formalismus und die Stilisierung, die hier und da zu beobachten sind; die Psalmen erhalten dadurch ein allgemeines Gepräge. Ebenso beweist die von uns beobachtete Übertragbarkeit der Bilder, daß sie nicht an den Qualitäten einer Person haften.

Auch im NT finden wir diesen Wechsel der Bilder und der damit gekennzeichneten Personen. So wird Christus als Fundament bezeichnet (I Cor 3 11), dann sind es die Apostel und Propheten (Eph 2 20) und schließlich die Grundwahrheiten der Lehre (Hbr 6 1). Oder Christus ist der Schlußstein, der den Bau zusammenhält (Eph 2 20), aber auch die drei στῦλοι zu Jerusalem haben darin eine tragende Funktion (Gal 2 9). Gerade Eph 2 20 ff.

zeigt, daß es sich bei diesem Bild vom »Bau« nicht um ein einheitlich durchge-
führtes Bild handeln kann, sondern eben um eine ganze Gruppe von Bildern,
um »eine Fülle von Beziehungen mit beweglichem Bedeutungswandel«[51]. |

Die Bilder in den Qumranschriften stammen aus dem AT. Je
nach Bedarf werden sie aufgenommen, interpretiert und auch übertragen. Sie gelten vor allem der Gemeinde, aber auch der einzelne
Vertreter dieser Gemeinde kann sie auf sich beziehen.

Das Verhältnis des Einzelnen und der Gemeinde muß auch unter
dem endzeitlichen Aspekt betrachtet werden. Das Bewußtsein von
der endzeitlichen Mission der Sekte schafft allen ihren Mitgliedern
eine besondere Würde.

Sie alle sind die dafür auserwählten Instrumente Gottes, in ihnen
sind die Weissagungen der Propheten des ATs erfüllt. Zwar gibt es innerhalb der Heilsgemeinde der Endzeit eine hierarchische Stufung, die der
Ordnung in der Gegenwart entspricht; das zeigt etwa das messianische
Mahl, bei dem jeder seiner Doxa entsprechend am Tisch sitzt (1QSa
II, 14)[52]. In seiner Funktion der Außenwelt gegenüber ist jedoch jeder
der Treugebliebenen von entscheidender Bedeutung.

Auf diese Funktion kommt alles an. Der Mensch als solcher, als
Person, gilt nicht viel in der Sekte. Seine Kreatürlichkeit, Schwäche,
Verderbtheit wird oft in recht starker und für uns bisweilen geradezu
geschmackloser Weise zum Ausdruck gebracht[53]. Was der Mensch
an Gutem besitzt, ist das Geschenk Gottes an den von Ihm Erwählten.
Aber eine solche Gabe wird nicht inhärierende Qualität. Immer wieder
ist man durch die Macht Beliaals und der Finsternis bedroht, die auch
die »Söhne der Gerechtigkeit« verführt und in Sünde und Schuld
stürzt (1QS III, 21ff.). So ist auch die Stellung des Beters in 1QH
7, 6ff. nur solange stabil, als er im heiligen Geiste Gottes spricht und
durch ihn gestärkt wird. Denn auch er könnte wanken und im »Geist
des Verderbens« reden. Die Dynamik in all diesen Aussagen rührt
daher, daß man sich als ein Kämpfer im heiligen Krieg der Endzeit
betrachtet, in dem bis zum endgültigen Eingreifen Gottes alles un-
entschieden ist.

Schließlich kann vom Gottesbund her die einzelne Persönlichkeit
keine fundamentale Bedeutung haben. Denn wenn auch von einer
Neugründung des Bundes und dem Bau einer Gemeinde geredet
werden kann, so ist damit kein absoluter und grundlegender Neu-
anfang gemeint. Diese Gemeinde des neuen Bundes der Endzeit nimmt
den alten und ewigen Gottesbund auf, ihr Fundament ist im Grunde
schon gelegt. Bau und Bund gehören zusammen: Wer in den »Bau«
der Gemeinde eintritt, tritt damit auch in Gottes Bund ein (1QS
I, 16; 1QS V, 7f.).

---

[51] H. Rendtorff im NT Deutsch: Epheserbrief zur Stelle.

[52] Vgl. dazu den Rangstreit der Jünger im Blick auf das eschatologische Mahl
Lc 22 24-30.

[53] Vgl. etwa 1QS XI, Schluß; 1QH 1, 22; 1QH 10, 3ff.

Man mag das Verhältnis von neuem Bau und ewigem Bund mit dem Tempel zu Jerusalem vergleichen oder auch mit den immer wieder erfolgen- | den Bundesschlüssen. Es bleibt der eine Tempel Gottes trotz aller Zerstörung und allem Wiederaufbau, und der eine ewige Bund trotz allem Bundesbruch und aller Erneuerung.

Der wahre, lebendige Tempel der Endzeit wird neu gesetzt als »Sod«, er wird gebildet von den Männern, die den alten Bund gehalten haben und ihn auch in »dieser letzten, bösen Zeit« durchhalten. Mit dem Kreis um den Lehrer ist begonnen, was mit dem Einbruch der großen Wende vollkommen verwirklicht wird. Wer treu bleibt, besteht auch im Endgericht; wer von von dieser Gemeinde abfällt, hat auch im Eschaton keine Chance. Er hat, wie es die Damaskusschrift ausdrückt, »keinen Anteil am Haus der Thora«, d. h. der endzeitlichen Gemeinschaft, in der die Thora alles in allem ist (CD XX, 13)[54]. Die Gegenwart, die an der frühen Vergangenheit ausgerichtet ist, steht also auch mit der letzten Zukunft in ganz enger Verbindung, jetzt entscheidet sich das Schicksal im Eschaton.

So sind die Bilder, mit denen der Beter in 1QH 7, 6ff. seine gottgesetzte Stellung in der Gegenwart beschreibt, im Segen für den »Fürsten der Gemeinde« Ausdruck für dessen eschatologische Funktion: Er wird dann, ein starker Turm und eine hohe Mauer, die Völker mit der Kraft seines Mundes schlagen, mit seinem Stab das Land verwüsten und mit dem Hauch seiner Lippen die Gottlosen töten (1QSb V, 7—9).

Und doch besteht äußerlich ein deutlicher Unterschied zwischen der gegenwärtigen und der zukünftigen Existenz der Gemeinde: Jetzt lebt sie im Exil und in der Bedrängnis durch Beliaal (1QS I, 17f.), einst aber ist sie triumphierende Gemeinde im Neuen Jerusalem[55].

Der Bau der Gemeinde ist fest, weil in ihr die Tradition vom Gottesbund des ATs bewahrt ist und weil sie die Verheißung besitzt, endzeitliche Gottesgemeinde zu sein. Aber ihre Glieder sind dennoch von der Versuchung und Verfolgung der jetzt herrschenden Beliaalsmacht bedroht. So gilt auch in Mt 16 18 die Verheißung der Unüberwindlichkeit der Ekklesia und nicht etwa dem Felsenmann[56]. Wie wenig gerade er die Stabilität und Unüberwindlichkeit dieser Gemeinde garantieren kann, zeigt ja sein im Anschluß daran berichteter Fall.

---

[54] Ch. Rabin (»The Zadokite Fragments«, Oxford 1954 z. St.) vergleicht diese Aussage mit Eph 5 5, wonach die »Götzendiener« vom »Königreich Christi« ausgeschlossen sein werden (siehe auch I Cor 6 10 und Gal 5 21); aber auch Joh 14 2 »meines Vaters Haus« stellt er diesem »Haus der Thora« an die Seite.

[55] Vom neuen Jerusalem ist in einer aramäischen Schrift apokalyptischer Art die Rede, von der Fragmente in 1Q, 2Q, 4Q, 5Q gefunden worden sind (vgl. dazu Barth.-Milik, op. cit., S. 134).

[56] Origenes bezieht sie auf den Fels und kommt dennoch zu einer »demokratischen« Auslegung des Felsenworts Mt 16 18 (Origenes Werke, Bd. X in den »Griechischen Schriftstellern der ersten drei Jahrhunderte«, Leipzig 1935, S. 84—86 z. St.).

Der Beter unseres Psalms weiß sich in einer ähnlichen Gefahr. Er vergleicht sich mit einem auf dem Meer umhergeworfenen Schiff (1 QH 7, 4) bzw. dem darin fahrenden Schiffer (1 QH 6, 22). Dies Bild ist das Gegenstück zum stabilen Bau der Gemeinde, denn in 1 QH 3, 13 werden die erschütterten Mauerfundamente dem wehrlosen Schiff auf dem tobenden Meer gleichgestellt. Man meint damit die Anfechtung des Teufels, durch die der Mensch den Halt verliert. Auch die wankend gewordenen und abgefallenen Jünger des Beters (1 QH 6, 19—21) sind gleichsam Opfer dieser stürmischen Macht des Meeres geworden, sie sind vom Gottesweg gewichen wie ein Schiff, das in der hochgehenden See nicht mehr Kurs halten kann (1 QH 6, 24 vgl. mit 6, 21).

8. Todestore und Beliaalsmacht

Der auf den Fels gesetzte Bau in Mt 16 18 ist von einer widergöttlichen Macht bedroht, die als »Tore des Hades« bezeichnet und als Totenreich verstanden wird[57]. Nur wird der aggressive Charakter dieser Macht zu wenig beachtet. Auch unser Qumranpsalm verwendet für sie dasselbe Bild; er spricht von den »Toren des Todes« (שערי מות) 1 QH 6, 24). Diese Wendung stammt aus dem AT[58], und wie in 1 QH 3 17 gehören auch in unserem Psalm die Todestore mit der Chaosmacht zusammen.

Diese erscheint als Urmeer (תהום 1 QH 3, 17; 6, 24), das mit seinen Wellenbrechern und Wogen (1 QH 3, 6. 13; 6, 26) das Schiff und seine Insassen umbrandet. Es droht sie zu verschlingen (1 QH 3, 14) und es gibt keine Windstille, in der man Atem schöpfen könnte (1 QH 6, 23) und keinen Pfad, wonach der Schiffer «auf der Oberfläche des Meeres seinen Weg gerade richten könnte« (1 QH 6, 24). Und so »tost die Tehom zu seinem Seufzen« (1 QH 6, 24) und sein Stöhnen dringt bis zu den »Toren des Todes« (ib.). Die Gemeinde allein, die Gott auf einen Felsen setzt, kann ihm in

---

[57] Siehe dazu O. Cullmann, op. cit. S. 107.

[58] Jes 38 10 Hi 38 17; vgl. auch Sap 16 13 Psal Sal 16 2. Auch in 1 QH 3, 17 haben wir wohl [מות] שערי zu ergänzen. Vielleicht hat die Bedrohung des heiligen Hauses durch die als Wasserkraft dargestellte Chaosmacht auch ihre Stütze in Nah 2 7 gefunden: Dort heißt es:

»Die Tore der Flüsse werden geöffnet (שערי הנהרות נפתחו)
da gerät der Palast (Tempel (היכל) ins Wanken.«

Dies Wort steht in der Vision von der Erstürmung Ninives, dessen Königspalast wohl durch die von den Belagerern geöffneten Schleusentore des Tigris bedroht wird. Versteht man diese historische Schilderung als mythologische Aussage, so werden die Flüsse Erscheinungen der Chaosmacht, die aus ihren Toren hervorbrechend den Tempel (היכל) ins Wanken bringt. Dies Kapitel des Propheten Nahum ist im jetzt teilweise veröffentlichten Pescher Nahum kommentiert (J. M. Allegro, »Further Light on the History of the Qumran Sect«, JBL 75 (1956), S. 90 ff.). Auch Ps 74 zeigt beide Motive, Zerstörung des Tempels und Chaosmacht.. Vgl. auch die Macht der Ströme in Od. Sal. 39, 3. 8, wo sie allerdings als Gottes Streitmacht (39, 1) für die Ungläubigen den Tod bringen (39, 3 ff.); wie Od. Sal. 38 zeigt, sind sie mit Irrtum und Tod verbündet.

dieser Bedrohung Geborgenheit geben: Sie wird ihm zur Festung, zu der er sich durchrettet (1 QH 6, 25).

Aber die Chaosmacht ist in den Schriften der Sekte nichts anderes als der Exponent Beliaals oder besser eine seiner Erscheinungsweisen. Die kosmische Macht der »Vielen Wasser« (מים רבים) steht in 1 QH 2 16 parallel zu Beliaal. Die alttestamentliche Tradition von der Chaosmacht wird übernommen, jedoch im Rahmen des ethischen Dualismus der Sekte neu verstanden[59]. Der kosmische Mythos wird ethisch interpretiert, lediglich für die Schilderung des Weltendes bleibt er in realer Kraft (1 QH 3, 25 ff.).

Sturm und Wasser als chaotische Gewalten begegnen uns nicht nur in dem schon erwähnten Schlußgleichnis der Bergpredigt (Mt 7 24 ff.), sondern vor allem in den Wundern von Jesu Sturmstillung und Meerwandel. In beiden triumphiert Jesus über das Meer, das wie in unserem Psalm das Fahrzeug umherwirft (Mt 14 24). Während der bedrängte Beter unseres Qumranpsalms erzählt, daß es keine Windstille gebe, in der man Atem schöpfen könne (1 QH 6 23), kann Jesus den Winden und dem Meer drohend entgegentreten, so daß eine »große Windstille« (γαλήνη μεγάλη) eintritt (Mt 8 26). In der Qumransekte kann dies Gott allein. Von ihm bekennt der Beter, daß Er den Sturm zur Windstille kehren (תשיב סערה לדממה) und das Leben des Armen retten werde (1 QH 5, 18). Oder während der Schiffer in 1 QH 6, 24 nicht »einen Weg gerade richten« kann »auf der Oberfläche des Meeres« (1 QH 6, 24), heißt es von Jesus: »Er kam zu ihnen, indem er auf dem Meer wandelte« (Mt 14 25 f.). Die Todesmacht des Meeres kann ihm so nichts anhaben, ja, er tritt das Meer mit Füßen.

Das meint nämlich das Wandeln auf dem Meer. Ich glaube, daß dabei an Gen 3 15 und Ps 91 13 gedacht ist: Schlange, Löwen, Ottern usw. sind Trabanten der Chaosmacht, die der siegreiche Gottesstreiter niedertritt bzw. ihnen, wie dem besiegten Feind den Fuß auf den Kopf setzt (vgl. Lc 10 19 und Hbr 10 29). Im Gebet für die Energumenen in den Apostolischen Konstitutionen (VIII, 7) beginnt der Bischof: »Der Du den Starken gebunden und ihm seine ganze Waffenrüstung genommen hast, der Du uns die Macht gegeben hast, auf Schlangen und Skorpionen zu treten und auf jede Macht des Feindes . . .«.

Od. Sal. 39 berichtet, daß man die todbringenden Ströme im Glauben überschreiten muß, um nicht von ihnen »erschüttert« zu werden (im Syrischen steht dasselbe Verbum wie in 1 QH 6, 27 und 1 QS VIII, 8, nämlich זוע, Ettaf Od. Sal. 39, 4). In Od. Sal. 38, 2 rettet die Wahrheit vor den Klippen und Wellen; sie ist die Gegenkraft des Irrtums und des Todes und hilft, so daß man auf dem rechten Weg fortgeht. In Od. Sal. 6, 8 trägt der alles überschwemmende Strom den Tempel fort (איחי להיכלא), aber er ist doch eine von Gott ausgehende Segensmacht, die den Durst der Menschen stillt (ib. 11 f.) (zitiert nach W. Bauer: »Die Oden Salomos«, Berlin 1933 in Lietzmanns Kleinen Texte.) In T. Naphtn werden die Jakobssöhne in einem

---

[59] Vgl. dazu K. G. Kuhn in ZThK 47 (1950), S. 193—211; und 49 (1952), S. 296 ff. (bes. 297 und 303).

Schiff vom Sturm umhergeworfen, Levis Bußgebet bricht jedoch dessen
Macht (T. Napht 6, 4—9). Vgl. dazu Hen 101 4-6.

Auch in diesen Wundergeschichten sind Wind und Meer Träger
der Chaosmacht, die von Jesus wie eine Person bedroht werden kann
(Mt 8 26) und ihm gehorsam sein muß (Mt 8 27). In den Schriften der
Sekte steht hinter ihnen Beliaal, der die Menschen verführt und
wankend macht. Der sinkende Petrus, der an Jesus zweifelt, verfällt
der Macht des Meeres und des Teufels; die Kraft seines Glaubens war
zu gering (Mt 14 30-32; vgl. Od. Sal. 39, 5). Dagegen beweist der Sieg
Jesu über das Meer seine Kraft auf eine ähnliche Weise, wie die Tatsache, daß er den Satan vom Himmel fallen sieht (Lc 10 18).

9. Petrus als Gottesmund und Teufelsmund

Auch in Mt 16 wird Petrus vom Satan überwältigt. Das zeigt
sich daran, daß er Jesus einen satanischen, verführerischen Rat gibt
(Mt 16 22 f.). In unserem Qumranpsalm wird die Macht der Verführung
so geschildert, daß »Beliaal sich mit dem Herzen der Menschen »berät«
(1 QH 6, 21 f.), so daß sie sich »durch den Trieb eines gottlosen Planens
in Schuld wälzen« (1 QH 6, 22)[60]. Gerade die Gefolgschaft des Beters
ist auf diese Weise gestürzt und hat damit die Krise um ihn hervorgerufen (ib.). Denn auch wer in den Gottesbund eintritt, ist von der
abgöttischen Macht in seinem Herzen bedroht und verfällt der Treu-
losigkeit oder der Heuchelei (1 QH 5, 22 f.; CD XX, 8 ff.; 1 QS II, 11 ff.).
Und in 1 QH 7, 6 ff. muß der Beter beteuern, daß er nach dem Heiligen
Geiste Gottes und nicht etwa nach dem »Geist des Verderbens« redet.
Beliaal ist zwar ohnmächtig der Gemeinde als ganzer gegenüber
(Mt 16 18), der Einzelne dagegen kann seine Beute werden. Eben noch
war Petrus der Sprecher Gottes und Seiner Offenbarung (Mt 16 17),
jetzt aber ist er der Sprecher des Satan; es ist als ob Beliaal seinem
Herzen einen verführerischen Rat eingegeben habe, den er nun offen-
bart. So wird er für Jesus zum »Satan« (Mt 16 23). Das Satan-Sein
ist nicht etwa eine persönliche Qualität, sondern Ausdruck einer
Funktion, denn Petrus ist in diesem Augenblick das Werkzeug des
Satan. Und so ist es auch mit seinem Fels-Sein: Jesus nennt den
Simon »Fels« auf Grund seines Messiasbekenntnisses, das ihm Gott
im Himmel selbst geoffenbart hat[61], er ist ein Fels, solange er Sprecher |

---

[60] Zum Satan als Verführer siehe K. G. Kuhn, πειρασμός—ἁμαρτία—σάρξ in
ZThK 1952, S. 200 ff. (bes. S. 201 f.; 216 ff.).

[61] Luthers Auslegung dieser Stelle trifft zwar nicht formal, aber sachlich das
Richtige (zusammengestellt in G. Eberle, Luthers Evangelienauslegung, S. 798;
dazu WA 10 III, 208—216. Noch enger als mit Bekenntnis und Glauben hängt das
Fels-Sein mit der göttlichen Offenbarung zusammen. Das hat Origenes richtig erkannt: »Wenn wir wie Petrus sprechen, nachdem uns nicht Fleisch und Blut, sondern das Licht geoffenbart hat, das vom himmlischen Vater her in unsrem Herzen
leuchtet, werden auch wir das was Petrus . . . op. cit., S. 84—86.

Gottes, Sein Werkzeug ist, denn diese Offenbarung ist die Wahrheit, wie sie etwa im Fundament der Sekte verankert ist. So ist auch der Beter in 1QH 7, 6ff. ein starker Turm, solange ihn die Kraft des heiligen Geistes Gottes stark macht.

Der Weg vom Gottesmund zum Teufelsmund ist nicht weit. Schon der Beter des Qumranpsalms hatte über die Männer zu klagen, die einst zu ihm gehörten:

> »Sie aber trachten nach dem Verderben ihres Herzens
> und ihren Mund öffnen sie wie Beliaal will» (1QH 5, 26).

Nach dem Zeugnis der Sekte gehört es zu den unbegreiflichen Geheimnissen Gottes, daß auch der Gerechte versucht wird und fallen kann. Besonders eindrucksvoll ist dies in 1QS III, 21—24 ausgesprochen:

> »Aber in der Hand des Engels der Finsternis liegen die Verirrungen aller Söhne
>   der Gerechtigkeit;
> und all ihre Sünde, ihre Verkehrtheiten und ihre Schuld
> und die frevelhaften Taten geschehen unter seiner Herrschaft
> nach den Geheimnissen Gottes bis zu seinem (d. h. des Finsternisengels) Ende.
> Und all ihre Plagen und die Zeiten ihrer Bedrängnis
> geschehen unter dem Regiment seiner Feindschaft
> und dem aller Geister seines Loses,
> um die Kinder des Lichts zum Straucheln zu bringen.«

Die Jetztzeit ist die Zeit, in der Beliaal im Regimente sitzt (1QS I, 18), und die Damaskusschrift nennt sie »Periode der Gottlosigkeit« (CD VI, 10. 14; XII, 23; XV, 7).

Aber die Gerechten sind der Macht der Verführung nicht schutzlos preisgegeben. Jesus tritt für Petrus ein. Er ringt gleichsam um ihn mit dem Satan, so wie nach der Lehre der Sekte die Geister der Wahrheit und der Verkehrtheit im Herzen des Menschen um ihn selbst ringen (1QS IV, 23).

Darum kann Jesus zu Simon sagen: »Simon, Simon, siehe der Satan hat sich euch auserbeten, um euch im Sieb zu schütteln wie den Weizen, ich aber habe für Dich gebetet, daß dein Glaube nicht nachlasse, und du, wenn du dich bekehrt hast, stärke deine Brüder« (Lc 22 31f.). Es gibt eine Solidarität unter den Streitern gegen den Satan, die Gottes heiligen Krieg der Endzeit führen. In der Sekte weiß man, daß »der Gott Israels und der Engel Seiner Wahrheit allen Kindern des Lichts helfen« (1QS III, 24f.), und wen Gott stärkt mit Seiner Kraft, der wird auch seiner Gemeinde ein starker Turm (1QH 7, 6—8).

10. Die Schlüssel des Himmelreichs

Nicht der Einzelne ist unüberwindlich, sondern das Ganze des Baues, das heilige Haus der Gemeinde. Es steht auf einem Felsenfundament und ist darum stabil. Aber es ist auch deshalb den Anschlägen der Hölle gegenüber geschützt, weil es für alle Unbefugten unzugänglich ist. Kein »Fremder« darf herein (1QH 6, 27).

Der Parallelpsalm 1 QH 7 erläutert, welcher Art dieser ausgeschlossene Fremde ist: Es ist der, welcher dem »Recht« (משפט) als der Norm dieses Baues feindlich gegenübersteht (und den Beter darum bedrängt 1 QH 7, 12). Beim letzteren wird, wie schon betont, wohl auch גֵּר = »Fremder« mitgehört. Von daher ergibt sich eine Verbindung zu den זדים 1 QH 6, 35, den Feinden des Gotteshauses: Die Fremden sind die Feinde.

Die Türen des göttlichen Bauwerks gewähren keinen Eintritt, ihre Riegel bleiben intakt, wenn »Krieger« — d. h. Männer im Dienst der »Kriege der Gottlosigkeit« (1 QH 7, 7) — gegen sie anstürmen (1 QH 6, 28). Auch diese Krieger sind die Streiter Beliaals, sie tragen die Waffen der Gottlosigkeit[62].

Aber dieser teuflische Ansturm ist gleichzeitig das Signal für das Eingreifen Gottes, der nun auch seine Gemeinde zur Gegenoffensive und zur endgültigen Vernichtung der Herrschaft des Bösen ansetzt (1 QH 6, 29ff.). Die »ewigen Tore« dieses Gotteshauses, das Gegenbild zu den zur Vernichtung bestimmten »Toren des Todes«, sind nun weit geöffnet, aber nicht zum Einzug für die Draußenstehenden, sondern für den Auszug der Gotteskrieger zum Endkampf gegen die Beliaalsmacht (1 QH 6, 31). Im einzelnen schildert ihn die Kriegsrolle. Bis dahin ist die Entscheidung über Drinnen und Draußen abhängig von einer Vollmacht, die wir der in Mt 16 19 an Petrus verliehenen Schlüsselgewalt vergleichen können.

Das Bild vom Schlüssel setzt das eines Hauses voraus. Man kann auch das Himmelreich bei Matthäus dem endzeitlichen »Haus der Thora« in der Damaskusschrift an die Seite stellen, denn beide bezeichnen im Gegensatz zur Gegenwart die Zeit, in der Gottes Regiment die Herrschaft des Bösen abgelöst hat.

Die Inhaber dieser Vollmacht, einzulassen oder auszuschließen[63], wechseln. Nach 1 QS V, 3 und VI, 21—23 bestimmen die Vollmitglieder, wer der Sekte endgültig angehören und damit in dies Haus und in den Losbereich der Kinder des Lichts Eingang finden kann.

In 1 QH 7, 12 kann auch der einzelne Beter von sich sagen, daß Gott durch ihn die Trennung zwischen einem Gerechten und einem Gottlosen vollziehe. In CD XIII, 13 ist es der Aufseher über das Lager, ohne dessen Wissen niemand in die Gemeinde gebracht werden darf. Aber auch in der

---

[62] Vgl. dazu das Bild von der geistlichen Waffenrüstung in Eph 6 10ff. und die σκεύη im Haus des Starken (Mt 12 29). Dort ist die Situation umgekehrt wie in unserem Qumranpsalm: Die Dämonenaustreibungen Jesu gleichen einem Einbruch in den festen Machtbereich Beliaals. Die σκεύη sind vor allem das Kriegsgerät des Teufels.

[63] Das bedeutet hier das »Binden und Lösen«. Man muß es als ein Urteil verstehen, dem eine Prüfung des Verhaltens vorausgeht. Drei Kreise wurden davon betroffen: a) der Novize (1 QS VI, 10ff.); b) das straffällig gewordene Gemeindeglied (Mt 18 15-17; 1 QS VIII, 16ff.); c) die Menschen überhaupt beim Endgericht (1 QH 7, 12). Vgl. dazu אסר und שרא als Akte der Disziplinargewalt (»den Bann verhängen«, »den Bann aufheben« — Rabbinat Strack-Billerbeck, Bd. I, S. 739.

Damaskusschrift entscheidet die Mehrheit über die Einschreibung und damit den Platz des Neuen in der Gemeinde (CD XIII, 12).

Die jetzt in Kraft befindlichen Rechtssätze der Sekte sind zwar interimistisch (1QS IX, 10f.; CD VI, 10f.), aber da der Bund, den sie vertritt, ein ewiger ist, gilt seine Ordnung für immer, und eine jetzt gefällte Entscheidung wirkt endzeitlich und damit endgültig.

So ist es auch mit der Scheidung zwischen gerecht und gottlos, d. h. mit Annahme oder Ablehnung eines Menschen für die Gemeinde. Die Schlüsselgewalt des Petrus, das Binden und das Lösen, bezieht sich ebenfalls auf Zulassung oder Ablehnung hinsichtlich der endzeitlichen Ekklesia.

Auch im NT wechselt diese Vollmacht. In Mt 23 13 wird von den Pharisäern gesagt, daß sie das Himmelreich vor den Menschen verschließen. In Mt 18 18 sind es alle Glieder der Gemeinde, die binden und lösen können. Diese Vollmacht wird dort im Zusammenhang mit einem Vergehen in der Gemeinde erwähnt (Mt 18 15-17, wozu 1QS VI, 1 eine gute Parallele liefert). Das ist sicherlich nicht zufällig. Denn gerade bei Verstößen gegen die Rechtsgrundsätze der Gemeinde wurde von der Vollmacht Gebrauch gemacht, in einem besonders schweren Fall den Sünder aus der Gemeinde auszuschließen.

Nach Apc 3 8 steht der erhöhte Christus selbst an der Tür des eschatologischen Gotteshauses, um dort zu öffnen und zu schließen (nach Jes 22 22). Überhaupt ist Apc 3 7-18 eine bemerkenswerte Parallele zu Mt 16 17-19, da manche Motive gemeinsam sind. Einmal ist es die Schlüsselgewalt (Apc 3 7. 8), dann die Bedrohung der Gemeinde. Denn die Vertreter des Synagoge des Satan stehen ihr gegenüber (v. 9) und die Stunde der eschatologischen allgemeinen Versuchung steht ihr bevor (v. 10). Aber es fehlt auch nicht die Zusage, daß diese Versuchung sie nicht überwältigen kann (v. 10) und nicht die Verheißung, daß der Sieger ein στῦλος im Tempel der Gottesstadt sein werde (v. 12). Das sind die ausgeführten Motive von Mt 16 17-19 in umgekehrter Reihenfolge. Sie sind in das Bild vom endzeitlichen Kampf eingebaut, das hier bis zum Horizont des Sieges erweitert ist (vv. 3 9. 11).

Auch hinsichtlich des Endgerichts sehen wir den Einzelnen und die Mehrheit als verantwortliche Träger. Nach Mt 25 31 ff. scheidet der Menschensohn im Auftrag Gottes zwischen Gerechten und Gottlosen, nach Lc 22 30 fungieren die Zwölf in der Basileia Christi als die Richter der 12 Stämme Israels.

11. Menschliches Wissen und göttliche Offenbarung

Das Bekenntnis, daß Jesus der Messias und Gottes Sohn sei, kann Petrus nur auf Grund einer göttlichen Offenbarung ablegen, da »Fleisch und Blut« ein solches Wissen nicht aus sich heraus besitzen kann. Nach der Anschauung der Qumransekte vermag der Mensch nichts ohne den göttlichen Akt der Offenbarung und ohne die Selbsterschließung Gottes, für die der Mensch auch aufgeschlossen werden muß (1QH 18, 19f.). Denn auch des Menschen Ohr, nicht nur sein Herz (1QS V, 5) ist unbeschnitten (1QH 18, 19f.; vgl. dazu Act

7 51). Darum öffnet Gott die Ohren des Beters für »Seine wunderbaren Geheimnisse« (1QH 1, 21; 1QH frgt. 4, 7; in unserem Psalm 1QH 6, 4). Aber diese Offenbarung ereignet sich für die Sekte vor allem beim Studium der Schrift.

12. Schlußbemerkungen

Die Frage nach der Echtheit von Mt 16 17-19 läßt sich auch mit den Qumranparallelen nicht entscheiden. Aber sie sprechen für die palästinensische Herkunft dieses Wortes. Man darf daraus auch folgern, daß Jesus den Kreis von Männern, die das Joch seiner Lehre trugen, als Material für den Bau des endzeitlichen, lebendigen Heiligtums Gottes angesehen hat. Vor ihm hatte der Stifter der Qumransekte Männer um sich gesammelt, die die eschatologische Gemeinde bilden sollten und er hatte auch seinen Gegenspieler als Erbauer einer Gemeinde betrachtet. Es galt wohl zu dieser Zeit und in diesem Raum allgemein, daß, wer lehrte, zugleich auch baute, und für Jesus und den Qumranlehrer besonders, daß sie an Gottes Heiligtum der Endzeit bauen wollten. Es war jetzt noch klein und hatte den Sturm der satanischen Macht zu bestehen, die vor dem Eintritt der Gottesherrschaft sich noch einmal gewaltig aufbäumte, aber es war unüberwindlich.

Was man jetzt war und dermaleinst sein sollte, war esoterisches Wissen. Man barg es in alttestamentlichen Bildern, die man jetzt erst recht verstand, und gründete es auf Worte, die man jetzt sich erfüllen sah. Die Bilder konnte man wechseln und verbinden, man wendete sie einmal auf einen Einzelnen und dann wieder auf das Ganze der Gemeinde an. Und wo ein Einzelner mit einem solchen Bild bezeichnet wurde, meinte es nicht seine Persönlichkeit, sondern seine Funktion in dieser endzeitlichen Lage und Gemeinde. Aus dieser Rolle konnte man sehr rasch herausfallen, denn die verführerischen Kräfte waren groß. Darum suchte man Halt in der Gemeinschaft der Gemeinde, die den Gottesbund bedeutete und damit auf Gottes Setzung beruhte.

Durch die Hodajothstelle wird auch das Verständnis einzelner Begriffe des Matthäusworts gefördert. So sind die Hadestore als ein Ausdruck der vor allem ethisch offensiven Macht des Satans zu bewerten; die Schlüsselgewalt, das Binden und Lösen, bezieht sich auf die Vollmacht der Annahme bzw. Ablehnung der Menschen für die Heilsgemeinde; diese Vollmacht ist in der Qumransekte den Vollmitgliedern vorbehalten. Aber auch auf die Komposition des 16. Kapitels des Matthäus wirft der Qumranpsalm 5—6 neues Licht. Das paradoxe Beieinander von göttlich geoffenbartem Messiasbekenntnis und satanisch inspiriertem Ratschlag läßt sich von dem raschen Wechsel von kraftvoller Geistbegabung und teuflischer Angefochtenheit verstehen, der nach den Qumranpsalmen erfolgen kann.

Schließlich wird deutlich, wie stark alttestamentliche Traditionen Sprache und Selbstverständnis auch der Sekten des damaligen Judentums bestimmt haben, und vielleicht sind auch die in den Evangelien verwendeten Stoffe und ihre Komposition nicht unbeeinflußt von der Art der Auslegung, welche die alttestamentliche Tradition in der Qumransekte gefunden hatte.

8. Albert Schweitzers Jesusdeutung im Lichte der Qumrantexte

Die neutestamentliche Forschung der Gegenwart sieht in Albert Schweitzers Darstellung der Leben-Jesu-Forschung den klassischen Nekrolog für eine Wissenschaft, die seit der Aufklärung mit großer Leidenschaft betrieben worden war: Wie Marc Anton in Shakespeares »Caesar«, kam Schweitzer zu begraben, nicht zu preisen.

Nach seiner Ansicht hatten zu Beginn des 20. Jahrhunderts zwei Kräfte die luftigen Gebilde der modern-historischen, psychologisierenden Leben-Jesu-Forscher zum Einsturz gebracht: die Eiseskälte der konsequenten literarischen Kritik, die besonders von William Wrede ausging, und die Feuerglut der konsequenten Eschatologie, wie sie Johannes Weiß und Albert Schweitzer selbst entfachten. Trotz ihrer gleichen Wirkung auf die Leben-Jesu-Forschung gelten für Schweitzer diese beiden Kräfte und Arbeitsweisen als diametral verschieden: man könne nur die eine oder die andere wählen. Tatsächlich werden aber heute beide irgendwie miteinander verbunden. Einerseits ist Schweitzers These, Jesu Wirken sei auf die Naherwartung des Gottesreiches gegründet und somit eschatologisch zu verstehen, Allgemeingut geworden. Andererseits wandelt man entschlossen in Wredes Wegen und behandelt die literarischen Fragen mit großer Energie und neuen, Wrede und Schweitzer noch unbekannten Methoden. Die Evangelien erscheinen nun als das Ergebnis eines lange währenden Prozesses mündlicher und schriftlicher Überlieferung; sie enthalten Verkündigung, keinen neutralen Bericht, und spiegeln dabei eher Glauben und Leben der ersten Gemeinden als Wort und Wirken des historischen Jesus wider; der Glaube an den auferstandenen und erhöhten Herrn beherrscht in ihnen Darstellung und Diktion. Zur Skepsis gegenüber der Möglichkeit, den verwickelten literarischen

Prozeß von hinten her aufrollen, das Osterlicht gleichsam abschalten und zum historischen Jesus zurückfinden zu können, gesellt sich ein theologisches Argument: zum Wesen des Glaubens gehöre es, sich auf das verkündigte, unkontrollierbare Wort und nicht auf objektivierte historische Fakten zu gründen.

Von daher gesehen müsse das Fragen nach dem historischen Jesus als unangemessen erscheinen; statt dessen habe der Theologe die Verkündigung der neutestamentlichen Christuszeugen zu übernehmen und ihre bleibende Bedeutung für die menschliche Existenz aufzuhellen. Freilich steht praktisch auch beim Schöpfer und entschiedensten Verfechter dieser Argumente, Rudolf Bultmann, ein Bild des historischen Jesus im Hintergrund: es zeigt den unmessianischen jüdischen Lehrer und Boten der Gottesherrschaft, zu dem Wrede durch das Bollwerk des Gemeindeglaubens hindurch den Weg freigelegt hatte. Auf dem Grunde der Christusbotschaft der Apostel steht somit die Gottesreichspredigt Jesu; existential verstanden wollen beide dasselbe: sie rufen beide auf zur eschatologischen, entweltlichten Existenz.

1901, im selben Jahre, als Wredes fast gleichnamiges Buch erschien, hatte der junge Schweitzer in der programmatischen Schrift: »Das Messianitäts- und Leidensgeheimnis« eine kühne Skizze des Lebens Jesu gezeichnet (ja, er dachte damals daran, selbst ein ausführliches »Leben Jesu« zu schreiben!). Das war ihm möglich, weil er in den Evangelien nicht zuerst kerygmatische Kompositionen, sondern mit großer Treue tradierte, historisch zuverlässige Zeugnisse sah. Vor allem gilt das für Markus: Schweitzers Lösung erhebt die »unabgeschwächte, unzusammenhängende und widerspruchsvolle Markusdarstellung als solche zur Geschichte« (Leben-Jesu-Forschung[5] S. 375). Was nach ihm die Markusberichte im Innersten zusammenhält, ist Jesu Überzeugung, die Ankunft des Gottesreiches stehe nahe bevor und er selbst sei dazu erwählt, Israel auf diese Stunde vorzubereiten; ja, später wollte Jesus das Kommen des Gottesreiches, in dem er selbst als Messias herrschen sollte, durch sein stellvertretendes Leiden und Sterben herbeizwingen. Dieses ganz von der Endzeiterwartung beherrschte Jesusbild ist plötzlich aktuell geworden; die Neutestamentler, die, einer natürlichen Regung folgend, wieder damit beginnen, nach dem historischen Jesus zu fragen und Jesus-Bücher zu schreiben, tun deshalb gut daran, nicht nur auf Schweitzer, den Historiker der Leben-Jesu-Forschung, sondern auch auf Schweitzer, den Deuter des historischen Jesus, zu hören.

Die eschatologische Qumrangemeinde

Die Aktualität der These Schweitzers ist heute nicht zuletzt bedingt durch die 2000 Jahre alten Schriften, die man in den Höhlen am Toten Meer gefunden hat. Sie enthalten das Selbstzeugnis einer jüdischen Sekte, die noch zu Jesu Zeit blühte und ihm sicher bekannt war. Nicht nur in ihrer Lehre, sondern auch in ihrem Leben machten die Männer dieser Sekte, die man mit den Essenern gleichsetzen muß, Ernst mit der Eschatologie: Die Überzeugung vom nahen Ende der Zeit, von Gottes großem Gericht und der Neuschaffung der Welt beherrschte ihr Denken und Handeln. Schweitzer hat einst betont, die Überlegung, wie man es anstelle, unversehrt durch das Gericht hindurchzugehen und in das Reich der Herrlichkeit hinübergerettet zu werden, müsse in einer Zeit der Naherwartung ungeheure Bedeutung gewinnen und starke, das ganze Leben umgestaltende Kräfte entbinden (Leben-Jesu-Forschung[5] S. 422).

Diese Ansicht wird durch die Texte vom Toten Meer durchaus bestätigt. Die Endzeiterwartung zwang die von Priestern geführten Männer der Sekte zu einer Scheidung von der unreinen Welt, zum Rückzug in die Wüste, wo man für Gottes Kommen den Weg bereiten wollte. Sie führte zu einem heiligen Leben innerhalb der Mauern von Qumran, das von den mönchischen, im Grunde unjüdischen Idealen der Armut, Keuschheit und des Gehorsams geprägt war. Auf solche Weise hoffte man vor Gottes heiligem, verzehrendem Glanz zu bestehen; man wandelte jetzt schon seiner Berufung würdig in der Reinheit der heiligen Engel, mit denen man einst zu einer einzigen gottesdienstlichen Gemeinschaft zusammengeschlossen zu werden hoffte. Somit fällt im heiligsten der Stürme nicht alles zusammen, vielmehr bildet die Gemeinschaft der erwählten, ausgesonderten Heiligen gleichsam das Kontinuum zwischen der vom Teufel beherrschten Gegenwart und dem kommenden Gottesreich.

Der großen Wende am Ende der Zeit entsprach die entschlossene Wendung zur eschatologischen Existenz. Sie wurde, wie dann in der Predigt Johannes des Täufers und auch Jesu, mit dem Wort »Umkehr« beschrieben; die Männer in Qumran konnten sich geradezu »Büßer« nennen. Die Buße war nicht in einem einzigen Entschlusse erschöpft, sondern mußte täglich neu bewährt werden. Denn obwohl man zur Gemeinde der Heiligen zählte, war man selbst noch nicht rein und ständig von den dunklen Mächten versucht, die auch den Erwählten zu Fall bringen wollten. Aber die Gottesherrschaft hing nicht nur als dunkle, drohende Wolke über den Häuptern der Menschen – dieses Bild Albert Schweitzers gilt vor allem für die ahnungslose massa perditionis –, sondern wirkte an den Büßern mit ihrer läuternden und erhaltenden Kraft. Darin unterscheiden sich die eschatologisch gestimmten Gruppen der neutestamentlichen Zeit – die Essener, die frühen Christen und die Zeloten – von den Sadduzäern und Rabbinen: Sie besitzen jetzt schon das Angeld des heiligen Geistes, der, wie Schweitzer richtig sah (Leben-Jesu-Forschung[5] S. 409), am Ende im Vollmaß geschenkt wird. Dieser Geist leitet sie in die Wahrheit, wie sie in der Heiligen Schrift geborgen liegt; er läßt sie im radikal verstandenen Gebot der Tora Gottes Forderung für die Gegenwart und im eschatologisch gedeuteten Wort der Propheten Gottes Absicht für die Zukunft erkennen. Darum ist Buße Abkehr von Irrtum und Sünde und Rückkehr zur recht ausgelegten Schrift, und der Organisator der Sekte, der zur Gerechtigkeit führende Lehrer, ein pneumatischer Exeget des Gotteswortes.

Dennoch blieb die von ihm gegebene Weisung nicht für immer, sondern machte dem Wort des Lehrers der Endzeit Platz. Man könnte darum auch sie als »Interimsethik« bezeichnen, wie Schweitzer die eschatologisch bedingte Lehre Jesu nennt. Freilich gibt es in der Schau der Sekte dabei keinen völligen Bruch, denn Interimsethik und Endzeitlehre verhalten sich zueinander wie partieller und vollkommener Geistbesitz. Ja, die Interimsethik ist ein wichtiger Teil des eschatologischen Programms. Sie bereitet dem Kommen Gottes den Weg, indem sie die Gemeinde formt, der Seine Heimsuchung gilt. Mit Recht hat Schweitzer die Mitarbeit des die Endzeit erwartenden Menschen betont: Buße und sittliche Erneuerung bilden in gewisser Weise die Voraussetzung für das von Gott herbeigeführte Wunder (Messianitätsgeheimnis[3] S. 27). So führen die Männer von Qumran ihr heiliges Leben nicht nur für sich; sie schreiben ihm sühnende Wirkung für das Land Israel zu, das sonst beim Kommen des heiligen Gottes dem Bann verfiele (Sektenregel 8,6; vgl. Maleachi 3, 24). Diese Seite des heiligen Dienstes ist um so wichtiger, als nach essenischer Ansicht der Gottesdienst im Tempel falsch gehandhabt wird und damit seinen eigentlichen Zweck, Sühne zu wirken, nicht mehr erfüllt.

Insofern bringt der Einbruch des Endes eine wirkliche Wende, als er die bestehenden Machtverhältnisse völlig verkehrt. Die Gegenwart steht im Zeichen der Herrschaft des Bösen: der Teufel, die Dämonen, die gottlosen Menschen regieren die Welt. Der Gerechte leidet. Nur die Gewißheit von der baldigen Wandlung läßt ihn die Drangsal ertragen, ja, sie erfüllt den von Gott Geschlagenen mit Freude und Stolz (Loblieder 9, 10. 20–24). Die zeitliche Züchtigung ist ein Zeichen für Gottes Vatergüte, die den Frommen erziehen, zum Ziel führen will; sie befestigt die Erwählungsgewißheit. Breit ausgeführt wird das Bild von den Geburtswehen der neuen Zeit: für die einen bilden sie den Durchgang zum Heil, die anderen stürzen sie in nicht endenwollende Not (Loblieder 3). Wer jetzt leidet, wird bald triumphieren, was jetzt gerichtet ist von der Welt, wird dann richtend und rächend am Weltgericht beteiligt sein.

Das Geheimnis der Endzeitgemeinde

Allerdings ist dieser Sachverhalt in ein Geheimnis gehüllt. Man beschreibt ihn in Bildern und Weissagungen des Alten Testaments, die dort vielfach dem neuen Jerusalem gelten und nun auf die Heilsgemeinde bezogen sind. Groß ist der Gegensatz zwischen der wichtigen Rolle, die der Schar der Gerechten in Gottes Zukunft zufällt, und ihrer jetzt noch geringen Gestalt. Man illustriert und überwindet ihn ähnlich, wie dies Jesus in den Gleichnissen vom Sämann, von der selbstwachsenden Saat, vom Senfkorn und vom Sauerteig tat: Dem unscheinbaren Beginn steht der überwältigende Enderfolg gegenüber – ein Wunder, zu dem der Mensch nichts beitragen kann (Messianitätsgeheimnis[3] S. 24–26). So gleicht die Qumrangemeinde einer Pflanzung im dürren Land. Noch ist sie klein und steht verborgen unter hoch aufgeschossenen Bäumen. Aber sie ist unverwelklich und treibt einen Schoß, aus dem die ewige, wahre Pflanzung der Endzeit hervorgeht. Stark ausgebildet ist dessen Wurzelstock, der sich zum lebendigen und heiligen Wasserquell hinstreckt und der Pflanzung Kraft und Lebenssaft zuströmt. Es macht nichts, wenn jetzt noch die Vorübergehenden den Wurzelstock zertreten, wenn wilde Tiere diesen Schoß abweiden oder Vögel in den Zweigen nisten. Denn er, der Unscheinbare, bleibt für immer: Gott selbst schützt ihn mit den heiligen Engeln und der wabernden Feuerflamme – wie den Zugang zum Paradies. Dagegen sind die hohen Bäume, die ringsum rasch aufwachsen, alle dem Untergang geweiht, denn sie trinken nicht vom Lebensquell und bringen keine Frucht. Aber, so wird ausdrücklich betont, niemand ahnt diesen Sachverhalt, keiner weiß um das Geheimnis der eschatologischen Pflanzung. Der Weltmensch draußen erblickt mit sehenden Augen nichts, und bei allem Sinnen und Planen kommt er nicht zum Glauben an den lebendigen Quell (Loblieder 8).

Beides wird deutlich: Nähe und Unterschied dieses Bildes zu den Gleichnissen Jesu. Während Jesus in schlichten Vergleichen spricht, ist die Schilderung im Loblied der Sekte breit ausgeführt, eine Allegorie, in der jeder Einzelzug das Selbstverständnis der Wüstengemeinde und ihr Verhältnis zur Welt verhüllend beschreibt; sogar die in der Nähe des Wüstenklosters Qumran mit viel Mühe angelegte Baumpflanzung ist in das Bild einbezogen. Nicht das Gottesreich in seiner unbegreiflichen Andersartigkeit, sondern die Heilsgemeinde in ihrer festgeformten, für die Ewigkeit vorgebildeten Gestalt bildet den Inhalt der eschatologischen Hoffnung; ja, der Begriff der »Gottesherrschaft«, den die Predigt des Täufers und die Gleichnisse Jesu zum Thema haben und dabei als durchaus bekannt voraussetzen, fehlt in den Qumranschriften ganz und ist durch den der Heilsgemeinde ersetzt. Aber manche Motive sind hier und dort gemeinsam. Auch Jesus gebraucht die Bilder von Pflanzung, Baum und Garten und dann auch von Acker und Weinberg; er spricht von der festen Verwurzelung und der rasch aufschießenden, zum Welken bestimmten Pflanze, vom Zertretenwerden durch die achtlos vorübergehenden Menschen, von fruchtbringenden und unfruchtbaren Bäumen; auch er verwendet das Motiv von dem alle Vögel herbergenden Weltenbaum, das im Alten Testament den zum Fall verurteilten Fremdherrschern gilt (Hesekiel 31; Daniel 4), ganz selbstverständlich für die heilige, ewigwährende Größe der Endzeit (Markus 4, 32). Vor allem aber findet sich hier und dort das Geheimnis, das die eschatologische Gottesordnung umgibt. Es ist keine erkünstelte Theorie, sondern gehört wesensmäßig zur Sache. Der Außenstehende sieht immerzu und nimmt doch nichts wahr – dieser von Jesaja 6,9 abgeleitete Satz wird nicht nur von Markus (4, 12), sondern schon von der Qumrangemeinde zitiert (Loblieder 8, 13 f.) und hat sicherlich, wie Schweitzer es sah, auch in der Predigt des historischen Jesus einen wichtigen Platz.

Ein zweites Bild, mit dem die Qumrangemeinde ihre von Gott gegründete, ewigwährende Existenz beschreibt, ist das der heiligen Festung. Gott selbst legt ihr Fundament auf einen Felsen, erstellt einen Träger nach rechtem Maß und schichtet erprobte Steine; so richtet er selbst dieses Bauwerk auf. Damit erfüllt Er Seine Verheißung, Er werde in Zion einen erprobten Grundstein legen (Jesaja 28, 16), über jede Erwartung hinaus. Sein Bau ist beides zugleich, Festung und Heiligtum, genauso wie der Tempel zu Jerusalem. Aber er steht nicht auf dem Zion und ist nicht von Händen gemacht, denn die Männer der Heilsgemeinde sind die von Gott erwählten, lebendigen Steine. Darin liegt sein Geheimnis. Von der Verborgenheit dieses Bauwerks ist nicht die Rede. Das Bild erinnert recht deutlich an die wehrhafte Siedlung Qumran, von der heute noch stattliche Ruinen künden, und an die Stadt auf dem Berge, die nach Jesu Wort nicht verborgen bleibt (Matthäus 5, 14).

Wehrhaftigkeit und Heiligkeit machen den geistlichen Bau der Gemeinde unüberwindlich. Wer sich in den Schutz dieser Festung begibt, ist gegen Chaos und Höllenpforten gesichert; der Ansturm der gottlosen Mächte kommt vor den Toren der Festung zum Stehen, ja er zerstiebt beim Ausfall der von Gott selbst geführten Besatzung.

Die Verwandtschaft dieses in den Qumranschriften mehrfach erwähnten Bildes mit dem vielumstrittenen Worte Jesu, er werde seine Gemeinde auf einen Felsen gründen und die Pforten der Hölle könnten sie nicht überwinden (Matthäus 16, 18), ist unverkennbar; wie man jetzt sieht, hat Matthäus 16, 18 – übrigens auch Matthäus 7, 24–27 – ebenfalls die Verheißung Jesaja 28, 16 als Hintergrund. Schweitzer meint, mit Unrecht bezweifle man die Geschichtlichkeit dieses Wortes (Leben-Jesu-Forschung[5] S. 416), und die Qumranparallele, ein Zeugnis des vorchristlich-palästinischen Judentums, spricht für die Richtigkeit seines Urteils. Auch ein weiteres, sicher authentisches Jesuswort, auf das Schweitzer wiederholt aufmerksam macht, wird von ihr her neu beleuchtet: der dunkle Spruch von den Stürmern des Himmelreichs (Matthäus 11, 12). Hier scheint mir allerdings die Qumranstelle in eine andere Richtung zu weisen als Schweitzers Deutung. Die »Gewalttätigen«, die das Gottesreich bedrängen und ausrauben, sind nicht etwa die ungestümen Frommen, die den neuen Äon herbeizwingen wollen, sondern deren Gegner. Seit den Tagen des Täufers, des Herolds der kommenden Wende, berennen sie in einem letzten, verzweifelten Ansturm das wahre, lebendige Heiligtum der Endzeitgemeinde, die Bürger und Boten der Gottesherrschaft in einer vergehenden Welt. Ihre Stunden sind gezählt; Bußruf und rettende Taufe künden mit Macht das Ende des alten, von Gottes Gegenspielern beherrschten Äons an. Denn die Bußtaufe ist, wie Schweitzer richtig sah, Unterpfand und Schatten der von Gott selbst gespendeten Geistestaufe der Endzeit: Wer jetzt von Johannes »getauft ist, hat die Gewiß-heit, daß er der Geistausgießung, die vor dem Gericht kommt, teil-haftig wird und nachher als einer, der mit dem Zeichen der Buße ge-zeichnet ist, Sündenvergebung erfährt« (Leben-Jesu-Forschung[5] S. 423). Genauso ist auch die bußfertig empfangene, im Leben nach der Wahrheit bewährte Waschung der Qumrangemeinde Unterpfand einer endzeitlichen Reinigung durch Wahrheit und Geist; und die feierlichen Gemeinschaftsmahle geben, wie Speisung und Abend-mahl in der Gemeinschaft mit Jesus, Anrecht auf das messianische Mahl.

Ein zweites Signal der Äonenwende sind Jesu machtvolle Taten. Mit den Austreibungen der Dämonen ist ihm der Einbruch in das Zentrum der feindlichen Macht, das Haus des Starken, gelungen; das Wort Matthäus 12, 29 bildet gleichsam das positive Gegenstück zu Matthäus 11, 12.

Das Messiasgeheimnis

Aktuell geworden ist auch Albert Schweitzers Beitrag zum Messias-problem. Die neutestamentliche Forschung der letzten Jahrzehnte hat die Frage, ob Jesus sich selbst als Messias verstanden habe, ent-weder a limine abgewiesen oder meist mit »Nein« beantwortet: Erst das Osterbekenntnis der Jünger habe Jesus zum Christus gemacht, in den Würdeprädikaten komme der Gemeindeglauben zum Ausdruck. Freilich habe schon der historische Jesus vom »Menschensohne« ge-sprochen, jedoch bleibe unklar, welchen Anspruch er mit diesem dunk-len Titel erhob, ja, ob dieser nicht an manchen Stellen einem andern gelte. Vor allem hat man die Messiaswürde vom historischen Jesus gelöst und sich gegen Schweitzer für Wrede entschieden: Das Messias-geheimnis, das nach dem ältesten Evangelisten, Markus, den irdischen Jesus umgibt, sei Rückprojektion der Gemeinde, die ihren Osterglau-ben nachträglich mit der unmessianischen Jesustradition verband.

Dagegen sah Schweitzer im geheimgehaltenen Messiasbewußtsein eine machtvolle Realität, die Jesu Handeln bestimmte und seiner Bot-schaft vom überraschenden Kommen des Gottesreiches entsprach. Seine Einwände gegen Wredes Lösung treffen auch die Forschung von heute: Wie konnte Jesus von den Juden zum Tode verurteilt und an Pilatus als Messiasprätendent überantwortet werden, wenn er ledig-

lich prophetischer Prediger war? Wie konnten die Jünger den Auferstandenen ausgerechnet als Messias verkünden, wenn nichts in Wort
und Leben auf diese Würde wies? Und legt man nicht den galiläischen
Fischern und »armen Evangelisten« allzuviel schöpferische Fähigkeit
bei, wenn man von ihnen den Ausbau der Christologie erwartet?

Auch in Qumran sieht man die große Wende mit dem Auftritt des
Messias verknüpft; ja, man kennt überraschenderweise zwei Messiasse,
einen aus Aaron und einen aus Israel. Der erstere, der Führer des Klerus in der letzten Zeit, steht im Range über dem Laienmessias aus
Israel, dem Sproß aus Davids Haus. Dennoch gibt der letztere mit
seinem Erscheinen das Signal zum Anbruch der neuen Zeit: Er zieht
zum Zion, wo Gott für ihn die zerfallene Hütte Davids errichtet, und
besiegt den drohend vor die Stadt gezogenen Feind. Erst dann kann
der priesterliche Messias seines Amtes walten, die vollkommene Lehre
verkünden und in Kraft setzen, ferner den Kult am gereinigten Tempel leiten.

Gestalt und Werk des davidischen Messias werden auf Weissagungen des Alten Testamentes gegründet, so auf Genesis 49, 10; Numeri
24, 17; 2. Samuelis 7; Jesaja 9 und 11. Freilich ist dieser Retter – das
zeigt auch der Doppelmessias für Priester und Laien – ganz dem Bild
der Gemeinde zugeordnet; er steht außerdem im Schatten des endzeitlichen Handelns Gottes. So gewinnt er nie die Selbständigkeit und
Kraft, die er im Credo der ersten Christen besitzt. Dennoch trägt die
Messiaserwartung in Qumran zur Klärung einiger christologischer
Probleme bei. So läßt sich die Vexierfrage Jesu, warum der Messias,
der doch Davids Sohn sei, von diesem als sein »Herr« bezeichnet
werde (Psalm 110, 1; Matthäus 22, 41–46), im Lichte des eschatologischen Schriftbeweises der Qumranlehrer einigermaßen sicher beantworten. Anders als etwa bei den Rabbinen zählt dort zu den messianischen Testimonien auch das Orakel des Nathan, durch den Gott
dem David ansagen läßt:

»Wenn einst deine Zeit um ist und du dich zu deinen Vätern legst,
will ich deinen Nachwuchs aufrichten, der von deinem Leib kommen
wird, und will sein Königreich befestigen. Der soll Meinem Namen
ein Haus bauen, und Ich will seinen Königsthron auf ewig befestigen.
Ich will ihm ein Vater sein, und er soll Mein Sohn sein« (2. Samuelis
7, 12–14).

Der Davidide, dessen Königsthron für immer feststehen wird, kann
nach Ansicht der Sekte nicht Salomo, sondern nur der davidische

Messias sein; denn erst in der Endzeit gibt es ewige Dauer. Dieser Davidssproß am Ende der Tage hat zwar seiner leiblichen Herkunft nach David zum Ahnherrn, wird aber nach dem Nathanorakel auch von Gott adoptiert. Somit schließen davidische Abkunft und Gottessohnschaft einander nicht aus, sondern gehören zusammen; dabei bildet die letztere die eigentliche Würde des Messias, die ihn über den Begründer der Dynastie erhebt und zu dessen Herrn macht.

Während dieses Gespräch Jesu mit den Pharisäern gewöhnlich als schriftgelehrte Reflexion der Gemeinde gilt, hielt es Albert Schweitzer für historisch: Jesus bestreite darin nicht etwa die davidische Abstammung des Messias, sondern spiele auf sein Messiasgeheimnis an; dabei beweise er, daß er die Rabbinen mit den von ihnen geschmiedeten Waffen zu schlagen imstande war. Für dieses Urteil spricht die von Schweitzer selbst öfters genannte Stelle Römer 1,3 f., wohl das älteste christologische Bekenntnis des Neuen Testaments überhaupt: »Jesus ist der Sohn Davids nach dem Fleisch, eingesetzt zum Sohn Gottes in Macht nach dem heiligen Geist, kraft der Totenauferstehung«. Deutlich wird hier auf 2. Samuelis 7, 13 f. angespielt und die Erhebung in den Stand der Gottessohnschaft näher bestimmt: An Ostern, durch die vom Geist gewirkte Auferstehung von den Toten, wird der Davidide Jesus als Gottessohn und damit auch als Messias inthronisiert. Gerade als der Auferstandene, Tod und Grab Entrissene, steht Christus über seinem längst verstorbenen und noch immer im Grabe ruhenden Ahnherrn David, was dieser nach der Schau der Apostel einstmals selbst vorausverkündigt hat (Psalm 16, 10, zitiert in Apostelgeschichte 2, 24–31). Auch in diesen Schriftbeweis ist das Nathanorakel einbezogen (Vers 30), und das anasteso to sperma sou (2. Samuelis 7, 12) mag die Verbindung zu Jesu Auferstehung (anastasis) begünstigt haben (Vers 32). Schweitzer hat einst betont, daß gerade die Stelle Römer 1, 3 f. verbiete, an der davidischen Herkunft Jesu zu zweifeln; von daher liegt es nahe, daß schon der historische Jesus sein Sendungsbewußtsein mit der Erwartung eines davidischen Erlösers verbunden und für sich den Messiasanspruch, wenn auch erst spät und nur im geheimen, geltend gemacht hat.

Dafür spricht noch ein anderer Zug im oben zitierten, eschatologisch verstandenen Nathanorakel: die Tatsache, daß nicht David, sondern der Davidssproß, der Messias, das Gotteshaus bauen soll. Jesu Wort, er werde einen neuen Tempel anstelle des alten errichten, war ein Hauptanklagepunkt im Prozeß, in dem der Hohe Rat den Messiasanspruch Jesu verhandelte (Markus 14, 53 ff.). Schweitzer konnte noch fragen: »Woher weiß der Hohepriester, daß Jesus der Messias zu sein behauptet? ... Warum versucht man zuerst, Zeugen für ein Tempelwort, das als Gotteslästerung gedeutet werden konnte, aufzubringen, um ihn auf dieses hin zu verurteilen?« (Leben-Jesu-Forschung[5] S. 439). Ist nun aber der Tempelbau ein wesentliches Amt des Messias, so ist die Antwort auf Schweitzers Fragen gegeben und der Gang des Prozesses klar. Die Zeugenaussage, Jesus habe verkündigt, er werde den mit Händen gemachten Tempel auflösen und innerhalb von drei Tagen einen anderen, nicht mit Händen gemachten, erbauen (Markus 14, 58), muß als indirekter Beweis für Jesu Messiasanspruch gelten. Da das Wort der Zeugen nicht übereinstimmt – es gibt Jesu Absicht falsch wieder, da der lebendige Tempel der Büßer-Gemeinde erbaut werden soll (Matthäus 16, 18; vergleiche Hosea 6, 2) –, stellt der die Verhandlung führende Hohepriester an Jesus direkt die Messiasfrage, wobei er den »Gesalbten« im Sinne des Nathanorakels als Gottessohn interpretiert (Markus 14, 61). Jesus antwortet mit »Ja« und verbindet dabei die Verheißung vom thronenden Davididen in Psalm 110, die in der Frage nach der Messiaswürde Ausgangspunkt war, mit der Vision vom kommenden, die Weltreiche richtenden Menschensohn (Daniel 7, 13; Markus 14, 62). Zweierlei ist an Jesu Antwort bemerkenswert: Einmal steht die Inthronisation, das allen sichtbare Sitzen des Messias zur Rechten Gottes, noch aus, zum anderen werden hier Messias- und Menschensohnerwartung miteinander verknüpft.

Beides, das Bewußtsein seiner futurischen Messianität und die Integration des Messiasgedankens in das Bild des apokalyptischen Menschensohnes, war nach Schweitzer Werk des historischen Jesus. Man wird diesem Urteil kaum widersprechen können. Wer das Wort vom Tempelbau auf den historischen Jesus zurückführt – und das wird auch von den modernen Forschern in der Regel getan –, muß ihm auch das Bewußtsein zugestehen, der Erwählte zu sein, den Gott beim Endzeitbeginn in das Amt des Messias einsetzen wird. Zum andern gehören auch manche Menschensohnworte zur alten, ursprünglichen Schicht, und schon die Bilderreden des Henochbuches setzen Messias und Menschensohn einander gleich. Freilich wird die vorchristliche Herkunft dieser Reden heute manchmal angezweifelt, da sie – im Gegensatz zu den anderen Teilen dieses Werks – in Qumran durch keine Fragmente nachgewiesen sind. Ihr Fehlen könnte deshalb kein

Zufall sein, da man dort, abgesehen von den menschlichen Heilsgestalten – dem Propheten und den beiden Messiassen –, auch noch
einen himmlischen Erlöser, Michael, kannte; dieser mächtige Engel
hätte sich schlecht mit dem himmlischen Menschensohn, der zentralen
Figur der Bilderreden, vertragen. Dabei schätzte die Sekte das Danielbuch, das als erstes den Menschensohn bot. Vielleicht aber hat sie diesen noch kollektiv, als das Volk der Heiligen, verstanden; so will ja
das Danielbuch selbst ihn ausgelegt wissen (7, 22. 27). Dann hätte
Jesus zuerst die Synthese zwischen Messias und Menschensohn vollzogen und die Erlösererwartung aus der nationalen Beschränktheit
in universale Weite geführt.

Wie das Nathanorakel hat man auch den 2. Psalm in Qumran auf
die Endzeit bezogen. Zwar fehlt in dem leider nur fragmentarisch erhaltenen Kommentar die Auslegung des für die frühen Christen so
wichtigen Verses 7, jedoch wird an anderer Stelle betont, Gott werde
»bei ihnen den Messias zeugen« (Zusatz zur Sektenregel 2, 11); diese
Aussage gründet auf Psalm 2, 7 und setzt die messianische Deutung
voraus. Demnach lebt vielleicht der Messias jetzt schon unerkannt in
der Gemeinde, bis ihn Gott am Tage, da Er das große »Heute« spricht,
»zeugt«, als Sohn adoptiert. Das geschieht durch die Salbung mit dem
Geist der Heiligkeit und Kraft und durch die Inthronisation.

Als weiterer Hinweis auf ein messianisches Selbstbewußtsein Jesu
kann sein Zug nach Jersualem gelten. Denn nur dort konnte seine
Messiaswürde manifest werden. Auf dem Zion würde er die Salbung
empfangen, den neuen Tempel erbauen, vor den Toren Jerusalems
den Widerstand aller Feinde brechen. Darum wird Jesus von seinen
Brüdern bedrängt, nach Judäa zu ziehen und dort seine Werke offen
zu tun (Johannes 7, 3); und er selbst weiß, daß er in Jerusalem sein
muß, wenn seine Stunde gekommen ist (Johannes 7, 8 f.; Lukas 18,
31–34). Auch der in Qumran ersehnte Davidssproß wird auf dem Zion
erscheinen, um Israels Erlöser zu sein (Kommentar zu 2. Samuelis 7).
Nach diesem Messiasdogma handeln noch die sonst so ganz anders
gearteten Messiasprätendenten der jüdischen Freiheitsbewegung: Ein
Prophet aus Ägypten sucht vom Ölberg her in die Stadt einzudringen
(Josephus Bellum 2, 261–263), der Zelot Menahem zieht wie ein König
in Jerusalem ein (Bellum 2, 433 ff.); später tut dies Simon bar Giora,
der dabei vom Volk als »Retter und Beschützer« umjubelt wird (Bellum 4, 575), und schließlich Bar Koseba, der eben jetzt, nach neuen
Handschriftenfunden, deutlicher in das Licht der Geschichte tritt.

Der Messias, die heilige Stadt und das heilige Volk gehören zusammen. Ihre Einheit, wahre Gestalt und Bestimmung treten freilich erst in der Endzeit allen sichtbar hervor; bis dahin sind sie durch ein Geheimnis verhüllt, das vor allem die jetzt schon gegebenen Endzeitgrößen birgt. In Qumran webt man am schützenden Schleier für das heilige Volk, das mit der Gemeinde keimhaft vorhanden ist; bei Markus wird der in Jesus gekommene Messias nur in »geheimen Epiphanien« offenbar. Deutlicher spricht man von den zukünftigen Größen: in Qumran vom Messias, den man im allgemein anerkannten Schriftwort beschreibt, während Jesus das Wunder der nahen Gottesherrschaft im verständlichen Gleichnis erklärt. Mit ihm und den Jüngern steht jedoch das für Gottes Kommen bereitete Heilsvolk da: im Leben der Urgemeinde, das in mancher Hinsicht an Qumran erinnert, setzt man Ordnung und Ethos der Jüngergemeinschaft fort, und das Christusbekenntnis entfaltet, was durch Wort und Tat Jesu gegeben und an Ostern und Pfingsten von Gott her bestätigt worden war.

9. Die Frage nach dem messianischen Bewußtsein Jesu

,,Die Frage nach dem messianischen Bewusstsein Jesu und das Petrusbekenntnis'' lautet der Titel eines Aufsatzes, den R. BULT-MANN 1919 veröffentlicht hat [1]). BULTMANN bekennt sich darin zur These WREDES [2]): ,,Vor Tod und Auferstehung ist Jesus weder vom Volk noch von seinen Jüngern als der Messias bzw. als der zum Messias Bestimmte erkannt worden. Daraus ergibt sich die Konsequenz, er selbst hat gar nicht daran gedacht, sich für den Messias zu halten und zu erklären'' [3]). Den Beweis dafür liefert das für Markus charakteristische Messiasgeheimnis, wonach Jesus allen, die ihn auf Grund seiner Wundermacht als Messias bekennen, Schweigen gebietet und seine Botschaft absichtlich in Gleichnisse hüllt, damit das Volk sehe und doch nicht erkenne, höre und doch nichts verstehe, und also verstockt bleibe bis zum Gericht [4]). WREDE hielt dieses Messiasgeheimnis für eine Hilfskonstruktion der Gemeinde. Als nämlich die Christen das Leben Jesu zu erzählen begannen, hätten sie die Kluft zwischen dem eigenen Messiasglauben und der Tradition, die nur ein unmessianisches Leben Jesu bot, durch solch eine Theorie überbrückt und erklärt: Auch der irdische Jesus trat schon messianisch auf, aber er selbst wollte, dass seine Würde ein streng gehütetes Geheimnis blieb. In Wahrheit aber, so meint BULTMANN mit WREDE, bilde die Auferstehung die bekenntnisentbindende Wende. Denn ,,die Ostergewissheit schliesst beides ein: 1. den Glauben, dass Jesus lebt; 2. den Glauben, Jesus ist der Messias'' [5]).

---

[1]) *ZNW* 19 (1919/20), S. 165-174.
[2]) W. WREDE, *Das Messiasgeheimnis in den Evangelien*, 1901.
[3]) *A.a.O.*, S. 166f.
[4]) Zum Messiasgeheimnis gehört nach WREDE, *a.a.O.*, S. 81-114, auch noch das Unverständnis der Jünger, jedoch ist dieser Zug nicht spezifisch markinisch und im Vierten Evangelium noch mehr betont.
[5]) *A.a.O.*, S. 166. Vgl. dazu: *Die Geschichte der synoptischen Tradition*, 3. Aufl. 1957, S. 314. Dort wird der Osterglaube bezeichnet als Gewissheit, dass Jesus auferstanden und als Auferstandener der kommende Messias sei.

An dieser Sicht hat sich bei BULTMANN nichts mehr geändert [1]).
Seine Schüler haben die Frage nach dem historischen Jesus und
damit die Frage nach Jesu Selbstbewusstsein von neuem gestellt.
Ihre Antwort ist verschieden. Man urteilt, Jesus habe sich als
inspiriert, als Werkzeug des lebendigen Gottesgeistes verstanden [2]),
man betont die unerhörte Vollmacht, die das Geheimnis seiner
Person und seines Wirkens umschliesst [3]), oder stösst in Jesu Lehre
auf den Tatbestand einer „indirekten Christologie" [4]). Mit einem
Messiasbewusstsein Jesu hat das nichts zu tun; an diesem Punkte
hält man an WREDES These und BULTMANNS Urteil fest. „Denn
dies ist das eigentlich Erstaunliche, es gibt tatsächlich keinen
einzigen sicheren Beweis, dass Jesus einen der messianischen Titel,
die ihm die Tradition anbot, für sich in Anspruch nahm" [5]). Erst
ab Ostern wird er als der Messias bekannt.

Aber diese Auskunft befriedigt nicht. BULTMANNS analytisches
Urteil, die Ostergewissheit schliesse den Glauben ein, Jesus lebt,
übernehmen wir gern. Anders steht es mit dem synthetischen Satz.
„Wie konnte", so fragen wir mit A. SCHWEITZER [6]) und N. A.
DAHL [7]), „der Ostergewissheit der Glaube entspringen, Jesus müsse
nun der Messias sein?" BULTMANN sagt: "Schaute man den Auferstandenen, so war der Gedanke, er sei der kommende Menschensohn, nicht so fernliegend" [8]). Diese Antwort setzt jedoch einfach
den kommenden Menschensohn, eine himmlische Gestalt, an die
Stelle des irdisch gedachten Messias und Davidssohns [9]). Und

---

[1]) Vgl. seinen Beitrag: „Das Verhältnis des urchristlichen Christus-
kerygmas zum historischen Jesus" in: *Der historische Jesus und der kerygmatische Christus*, Berlin 1960, S. 233-235.

[2]) So E. KÄSEMANN, „Das Problem des historischen Jesus", *ZThK* 51
(1954), S. 146-148.

[3]) So G. BORNKAMM, *Jesus von Nazareth*, 1956, S. 54f. Allerdings wird das
Urteil von einer „unmessianischen Geschichte Jesu" durch das von einer
„Bewegung zerbrochener Messiaserwartungen" ersetzt (S. 158).

[4]) S. H. CONZELMANN, „Zur Methode der Leben-Jesu-Forschung",
Beiheft 1 zur ZThK 56 (1959), S. 12.

[5]) G. BORNKAMM, *a.a.O.*, S. 158.

[6]) *Geschichte der Leben-Jesu-Forschung*, 5. Aufl. 1933, S. 383f.

[7]) Der gekreuzigte Messias, in: *Der historische Jesus und der kerygmatische
Christus*, 1960, S. 149-169. 158.

[8]) *A.a.O.*, S. 166.

[9]) Dass man Messias und apokalyptischen Menschensohn für die Zeit
Jesu nicht ohne weiteres gleichsetzen darf, lehrt die Eschatologie von
Qumran. Die Sekte kannte offensichtlich die Bilderreden des Äth. Henoch
nicht, während die 4 anderen Teile dieses Sammelwerkes durch Fragmente
aus der Höhle 4 belegt sind (vgl. dazu J. T. MILIK, *Dix ans de découvertes*

nirgends bezeugt das neutestamentliche Credo, Jesus sei an Ostern zum Menschensohn erhöht worden. Dagegen bekennt man schon früh, Gott habe ihn kraft der Auferweckung zum Herrn und Christus gemacht (Apg. ii 36), den Davididen in die messianische Würde des Gottessohns eingesetzt (Röm. i 3f). Was hätte denn die Jünger dazu bewogen, einem unmessianischen Jesus von Nazareth auf Grund der Auferstehung den Titel „Christus" zu geben, so früh und so fest, dass schon Paulus ihn meist wie einen Eigennamen gebraucht, während er nie vom Menschensohn spricht? Hatten sie nicht, wie die anderen Juden, aus der Schrift gehört, der Messias bleibe für immer (Joh. xii 34)? Oder sollte ausgerechnet ein unmessianischer Jesus ihr Messiasbild zurechtgerückt haben?

Nicht nur von BULTMANN und dessen Schülern, sondern auch von neutestamentlichen Forschern der Gegenseite wird ein Messiasbewusstsein Jesu bestritten. Der Würdename „Messias" ist nach E. STAUFFER „unjesuanisch", er kommt in der Logienquelle, dem ältesten Jesusbuch der Christenheit, gar nicht vor. Jesus selbst hat die Messiasprädikation stets vermieden, übergangen oder abgewehrt [1]. Statt dessen erklärte er sich für den Menschensohn: er war der Filius hominis incognitus [2]. Auch für den Gottessohn hat sich Jesus nach STAUFFER gehalten; das beweise „der kühne und einsame Jubelruf" Mt. xi 25-27 [3]. CULLMANN ist nicht ganz so entschieden. Indessen glaubt auch er nachweisen zu können, dass „Jesus selber sich niemals die charakteristische, von seinen jüdischen Zeitgenossen angenommene Aufgabe des erwarteten Messias zugeschrieben hat" [4]. Vielmehr habe er die Rolle des leidenden Gottesknechts auf sich genommen und sich für den Menschensohn und Weltenrichter erklärt [5]. Aber, ganz abgesehen von der Frage, wie Jesus zwei so diametral entgegengesetzte Titel und Ämter in seiner Person geeint wissen konnte [6], bleibt dann das Problem, warum

---

dans le Désert de Juda, 1957, S. 30f). Freilich erscheint der von Milik gezogene Schluss, die Bilderreden müssten deshalb eine judenchristliche Schrift aus dem 2. nachchristlichen Jahrhundert sein, zu gewagt.

[1] *Jesus, Gestalt und Geschichte*, 1957, S. 121.
[2] *A.a.O.*, S. 122-124.   [3] *A.a.O.*, S. 124-125.   [4] *Die Christologie des Neuen Testaments*, 1957, S. 113.   [5] *A.a.O.*, S. 161f.
[6] R. OTTO (*Reich Gottes und Menschensohn*, 1934, S. 203ff) hat diese Auffassung besonders leidenschaftlich vertreten und dabei betont, der jüdischen Messiaserwartung gegenüber stelle die Verbindung von Menschensohn und Gottesknecht die „neue Didache" Jesu dar. Dabei beruft er sich vor allem auf Mk. ix 12 (sicher ein „echtes Urwort Jesu!") und auf Mk. x 45 (*a.a.O.*, 208f).

die Jünger den Auferstandenen gerade als Messias bekannten, erst recht ungelöst [1]).

Darauf kommt es jedoch entscheidend an. Wer nach Jesu Selbstbewusstsein forscht, stösst auf das Messiasbekenntnis der Urgemeinde als erstes Faktum und erstes Problem. Warum schliesst die Ostergewissheit der Jünger den Glauben ein, Jesus sei der Messias?

Die Antwort auf diese Frage ergibt sich

1. aus dem Zeugnis der Schrift. Der Schriftbeweis hat den Glauben der Jünger bestärkt und bestätigt, Gott habe Jesus mit der Auferweckung als Messias inthronisiert;

2. aus dem Bewusstsein Jesu selbst. Er hat diesen Glauben geweckt, weil er sich, im Lichte der Schrift, als den Messias verstand.

Die Jünger und Jesus selbst lebten im Alten Testament. Wer nach der Bildung des christlichen Credo und nach dem Bewusstsein Jesu fragt, hat diese Tatsache vor andern in Rechnung zu stellen und das Schriftverständnis der neutestamentlichen Zeit so weit als möglich nachzuvollziehen.

Das möchte ich bei der Darlegung meiner beiden Thesen tun.

1. *Das Messiasbekenntnis der Gemeinde und der Schriftbeweis.*

Eine bekannte, aber zu wenig beachtete Stelle hat im Schriftbeweis der ersten Christen eine wichtige Rolle gespielt. Das Studium der Messiaserwartung der Qumrangemeinde [2]) hat mich auf sie

---

[1]) Sie hätten den gekreuzigten und auferstandenen Herrn vor den Juden viel leichter als den leidenden, sterbenden und von Gott wieder zum Leben erweckten Gottesknecht verkündigen und sich dabei auf Jes. 53 berufen können.

[2]) Man darf freilich von der Messiaserwartung der Qumrangemeinde für die Frage nach dem messianischen Bewusstsein Jesu nicht allzuviel Aufschluss erwarten. Die messianischen Aussagen in den Qumranschriften sind meist kurz und nicht zahlreich; in den Hauptschriften fehlen sie entweder ganz oder stehen am Rand. Gott selbst sitzt im Regiment und erscheint bald zum Gericht; der Messias ist nur ein Werkzeug in Seiner Hand. Zudem muss ja der davidische Messias aus Israel seine Würde mit einem Messias aus Aaron teilen, der als endzeitlicher Hoherpriester noch vor dem Laienmessias rangiert. Und doch ist der Messias aus Israel in zweifacher Hinsicht bedeutender als sein klerikaler Kollege: 1. Als grosser Kriegsheld führt er den Umschwung der Dinge herbei; sein Auftritt gibt das Signal zum Anbruch der neuen Zeit. 2. Nur den davidischen Messias künden Gesetz und Propheten an, während für den Messias aus Aaron das klare Schriftzeugnis fehlt. Meist ist es ein Parallelismus membrorum, der den Exegeten der Sekte zu ihrem Doppelmessias und speziell dem Messias aus Aaron zu einem nicht minder fragwürdigen Dasein verhilft, wie es etwa bei Matthäus das Füllen der

geführt. Die Männer vom Toten Meer erhofften zwei Messias-
gestalten: einen Messias aus Aaron und den Messias aus Israel, aus
Davids Geschlecht. Da Jesus kein Aaronide war, scheidet der
Messias aus Aaron für unser Thema aus. Auf den letzteren, den
traditionellen Messias, kommt es uns an.

Der davidische Messias läutt in den Schranken der Schrift. Viel
mehr, als das Alte Testament vom Messias weiss, sagt die Qumrangemeinde eigentlich nicht. Ausserdem sind es meist die uns bekannten Orakel, nach denen man das Bild des Messias malt [1]). Dabei
werden Herkunft und Amt besonders betont: Der Messias ist der
Davidsspross; er steht als der Retter und ideale Regent seines
Volkes auf.

a) Die Nathanweissagung.

Nun hat man in Qumran auch den durch Nathan verkündigten
Gottesspruch 2 Sam. vii eschatologisch interpretiert [2]). In ihm
wird David, der den Bau eines Tempels erwägt, vom Propheten
belehrt, Gott bedürfe solch eines Hauses nicht. Vielmehr werde er

---

Eselin besitzt (Mt. xxi 2; vgl. die Pescharim zu Gen. xlix 10 und 2 Sam.
vii aus der Höhle 4Q).

[1]) Auf ihn weist der Juda-Spruch im Jakobs-Segen (Gen. xlix 10), den
man in Qumran so erklärt: Der ,,Herrscherstab'', der nicht von Juda weichen
wird, versinnbildlicht den ,,Bund des Königtums'', den Gott einst mit
David schloss und der nun durch den Davidsspross, den Gesalbten der
Gerechtigkeit, erneut in Kraft gesetzt wird (4Q Pescher zu Gen. xlix 10).
Der Messias ist nach Nu. xxiv 17 das ,,Szepter'', das aus Israel aufsteigt und
die Feinde zerschmettert (CD 7, 19-21); nach Jes. xi 4 verheert er die Erde
mit seinem Stab und schlägt die Völker mit der Kraft seines Mundes. Er ist
nach diesem Prophetenwort auch mit den Gaben des Gottesgeistes erfüllt
und darum der ideale Regent. Die Völker dienen ihm als Knechte, und
ihre Herrscher fallen vor ihm nieder. Sein Regiment offenbart das Wesen
der Gottesherrschaft: Er richtet die Armen in Gerechtigkeit und erzieht
in Geradheit die Demütigen des Landes, sodass sie unsträflich wandeln
vor Gott (1QSb V, 20ff). Dagegen fehlen alle uns aus der Weihnachtsgeschichte vertrauten Schriftworte, die auf die Geburt des Messias weisen,
so Micha v 1f (vgl. Mt. ii 6; Joh. vii 42) und Jes. vii 14 (Mt. i 22f; Lk. i 31);
ja, Jes. ix 5, die Stelle vom neugeborenen, wunderbaren Kind, wird in 1QH
3, 10 kollektiv interpretiert und als geistliche Geburt der Gemeinde erklärt.
Man sagt wohl, der Messias werde von Gott gezeugt und denkt dabei an
Ps. ii 7, versteht aber diese Zeugung sicherlich in alttestamentlichem Sinne
als Salbung und Adoption (1QS a 2, 11; vgl. dazu O. MICHEL-O. BETZ:
,,Von Gott gezeugt'' in: *Festschrift für J. Jeremias*, BZNW 26 [1960] S. 1-23.

[2]) Der Nathanspruch ist eine besonders bedeutsame Stelle, in ,,höchstem
Masse traditions-schöpferisch'' und in der Folgezeit immer neu interpretiert
und aktualisiert; in ihm ,,liegt der geschichtliche Ursprung und die Legitimation auch aller messianischer Erwartungen'' (G. VON RAD, *Theologie des
Alten Testaments* Bd. I, 1957, S. 309).

selbst Seinem Volk einen sicheren Wohnort schaffen (V. 10) und
dem König ein Haus erbauen (V. 11). Gemeint ist das Haus der
davidischen Dynastie: den Sohn, der aus Davids Lenden kommt,
will Gott aufrichten, seinen Königsthron für immer befestigen
(V. 12). Ja, Er will ihm ein Vater, und dieser soll Ihm ein Sohn
sein (V. 14), der zwar gezüchtigt werden kann wie ein Sohn, aber
nicht wie Saul die Gnade Gottes für immer verliert (V. 15). Dieser
Davidide soll dem Namen Gottes ein Haus, d.h. den Tempel,
erbauen (V. 13) [1]).

Es ist bezeichnend, dass die Sekte in diesem Spruch zunächst sich
selbst, ihre eigene eschatologische Existenz, geweissagt sieht.
Der sichere Ort, den Gott für Israel bereiten will, ist nichts anderes
als der lebendige Tempel der Endzeitgemeinde, in dem man Ihm
den Weihrauch der toragemässen Werke darbringt. Das wird breit
ausgeführt und mit weiteren Bibelstellen belegt [2]).

Kürzer ist der Kommentar zum ewig herrschenden Sohn. Gemeint ist der Davidsspross, der sich am Ende der Tage mit dem
Gesetzesforscher, d.h. dem Messias aus Aaron, erhebt. Wenn er auf
dem Zion erscheint, wird die gefallene Hütte Davids, Israel, wieder
erstellt, denn, um Israel zu retten, steht der Messias auf (Z. 11-13) [3]).

---

[1]) Zur Analyse von 2 Sam. vii vgl. neuerdings E. KUTZSCH, ,,Die Dynastie
von Gottes Gnaden", *ZThK* 58 (1961), S. 137-153 und besonders S. HERR-
MANN, ,,Die Königsnovelle in Ägypten und in Israel", *Festschrift f. A. Alt*
S. 33-44.

[2]) Z. 4-9 nach 2 Sam. vii 10; Ex. xv 17f; Dt. xxiii 3. Diese Auslegung wurde
veröffentlicht von J. M. ALLEGRO, Fragments of a Qumran Scroll of Eschatological Midrašim", *JBL* 77 (1958), S. 350-354. Die kollektive Deutung
der Nathanweissagung ist insofern nicht ganz unberechtigt, als die in den
Vss. 22-24 zum Ausdruck kommende Überlieferung ,,die grosse Zusage von
dem Träger der Krone auf das Ganze des Gottesvolkes übertragen" hat
(G. VON RAD, *a.a.O.*, S. 308).

[3]) Scheinbar sieht man hier das nationalistisch gefärbte Messiasbild, wie
es noch grösser und strahlender etwa in den Psalmen Salomos steht (17 und
18). Der Schein trügt. Gewiss erwartet man auch in Qumran den Messias
Judaeorum. Aber das Israel, das mit ihm an die Spitze aller Nationen tritt,
ist keine politische oder völkische, sondern eine geistliche Grösse; es stellt
das Israel der Erwählten dar. Seine Männer leben jetzt noch als kleine
heilige Schar inmitten einer jüdischen massa perditionis, die das Schwert
des Messias genau so trifft wie die widerspenstigen Heiden. Dieser kleinen
Herde gehört die Verheissung. Der Messias führt als Gottes Werkzeug diese
Verheissung zum Ziel. Er richtet für immer die Königsherrschaft über das
Gottesvolk auf und erneuert dabei den Bund der ,,Einung"; darum gilt er
als ,,der Fürst der Gemeinde" (1QS b 5, 20; CD 7, 20). Somit werden beim
Anbruch der Endzeit zwei Bundesschlüsse erneuert: der Bund, den Gott
einst mit David schloss (vgl. dazu den neu veröffentlichten Text 4 Q BT
IV, 4-8, wo nach der Erwählung Israels und Judas der mit David geschlossene

Der Satz, Gott werde diesen Davididen als Sohn anerkennen, ist zwar zitiert, aber nicht kommentiert (Z. 10) [1]).

Auch ausserhalb von Qumran, bei den Pharisäern [2]) und ersten Christen, bezog man das Nathanorakel auf die messianische Zeit. Im Hebräerbrief wird es zum Erweis der Gottessohnschaft Jesu ausdrücklich zitiert (i 5), an anderen neutestamentlichen Stellen klingt es recht deutlich an. Ja, jetzt erst schöpft man diese Weissagung völlig aus, aber nicht für das Bild der Endzeitgemeinde, sondern für die Christologie. Die Juden des Johannesevangeliums behaupten, nach dem Zeugnis der Schrift müsse der Messias aus Davids Samen und aus Bethlehem kommen (vii 42); neben Micha v 1 haben sie an das τὸ σπέρμα σου in 2 Sam. vii 12 als Testimonium gedacht.

Nach der Apostelgeschichte hatte das Nathanorakel in der Christuspredigt vor Juden einen zentralen Platz. Petrus und Paulus verkünden jeweils in ihrer ersten grossen Rede—Petrus an Pfingsten, Paulus im pisidischen Antiochien — Gott habe Seine Verheissung für David in Jesus herrlich erfüllt. Wie der Kommentar, den man in Qumran dem Nathanorakel gab, kehren sie das ,,Aufstellen'' des Endzeit-Davididen besonders hervor. Ja, sie legen es zweifach aus: Gott hat aus Davids Samen den Retter Israels ,,heraufgeführt'' (Apg. xiii 23, 33; vgl. iii 26), und Er hat ihn mit der Auferstehung zum Messias ,,eingesetzt'', ihn inthronisiert (Apg. ii 30-36; vgl. xiii 34).

Im Evangelium des Lukas wird ein anderer Teil der Nathanweissagung betont. Der Engel Gabriel kündigt Maria an: ,,Siehe... du wirst einen Sohn gebären, den du Jesus heissen sollst (i 31). Der wird gross sein und ein Sohn des Höchsten genannt werden. Gott der Herr wird ihm den Thron seines Vaters David geben (V. 32),

---

Bund erwähnt wird), und der Bund mit dem Gottesvolk. Auf dem letzteren liegt das Schwergewicht.

[1]) Die Zurückhaltung der Sekte gegenüber dem Kindschaftsverhältnis ist auffallend. Denn das entscheidende Neue in diesem von Jahwe gesetzten Rechtsverhältnis war ohne Frage die Adoption des Trägers der Krone an Sohnesstatt (G. von Rad, *a.a.O.*, S. 309 vgl. S. 318).

[2]) Vgl. dazu den messianischen Ps. Salomos xvii 5 ,,Du, Herr, erwähltest David zum König über Israel, schwurst seines Stammes wegen ewig ihm, nie fände sein Königsreich vor Dir ein Ende''; vgl. Ps. cxxxii 11. In Ps. cxxxii ist wie in Ps. lxxxix die Nathanweissagung ausgewertet. Auch das die Makkabäer verherrlichende 1 Makkabäerbuch erwähnt diese Tradition; vgl. 1 Makk. ii 57 mit 2 Sam. vii 11ff. In späterer Zeit hat man allerdings 2 Sam. vii nicht mehr messianisch ausgelegt, sondern auf Salomo bezogen (Bill. Bd. III, S. 677; vgl. Pesiqta Rabbati z. St.).

und er wird über das Haus Jakob in Ewigkeit herrschen, und seines Königtums wird kein Ende sein" (V. 33). Jesus hat demnach David zum Vater, dessen Thron er für immer erhält, wie es dem Davididen von 2 Sam. vii 12f zugesagt ist. Aber er wird auch ein Sohn des Höchsten heissen und somit Erbe der Zusage Gottes 2 Sam. vii 14: „Ich will ihm ein Vater, und er soll Mir ein Sohn sein".

Davidssohnschaft und Gottessohnschaft zeichnen also den Messias aus. Was ihn zum Sohn des Höchsten macht, ist die Kraft des Höchsten, der heilige Geist (Lk. i 35). So steht es im Anfang des Römerbriefes. Was David durch einen Propheten, Maria aus Engelsmund erfuhr, ist in Röm. i 3-4 in ein altes, vorpaulinisches Credo gefasst: Jesus ist Davidssohn nach dem Fleisch, zum Sohn Gottes eingesetzt nach dem heiligen Geist, kraft der Totenauferstehung. Schon im Alten Testament ist der Gottesgeist die Kraft, die den König über den gewöhnlichen Menschen erhebt und zu Rettertaten begabt [1]; auch das Spätjudentum hebt die Geistsalbung des Messias besonders hervor [2]. Neu ist, dass im christlichen Credo Jesus mit der Auferstehung zum Gottessohn eingesetzt wird.

Eine weitere, für die Messiaswürde Jesu besonders wichtige Stelle wird meines Erachtens vom Nathanorakel erhellt. Es ist die von allen Synoptikern berichtete Frage: Wie kann man den Messias als Sohn Davids bezeichnen, wenn ihn David, vom heiligen Geist geleitet, im cx Psalm seinen Herrn nennt? [3] Die Frage hat den modernen Schriftgelehrten fast noch mehr Kopfzerbrechen bereitet, als den alten, an die sie gerichtet war. Warum wird sie überhaupt gestellt, und was soll die Antwort sein? R. BULTMANN denkt zunächst an eine christologische Reflexion der palästinischen Gemeinde, die dem Davidssohn den Menschensohn, einem politischen den himmlischen Messias entgegensetzt, vielleicht aus dem Grunde, weil sich Jesu davidische Abstammung nicht nachweisen liess. Aber — so muss er sich selbst gleich fragen — wie war es dann möglich, dass das Dogma von der davidischen Herkunft

---

[1]) Vgl. 1 Sam. x 1. Nach der Salbung sagt Samuel zu Saul: „Du sollst herrschen über das Volk des Herrn, und du sollst es erretten aus der Hand seiner Feinde ringsum". (Nach Septuaginta und Vulgata so zu ergänzen). Nach 1 Sam. xi 6 kommt der Geist Gottes über Saul, der dann zum heiligen Krieg gegen die Ammoniter aufruft. Mit der Salbung zum König empfängt er den Geist des Herrn (1 Sam. xvi 13), im folgenden Kapitel wird sein Sieg über Goliath berichtet.

[2]) T. Juda 24, 2; T. Levi 18, 7.

[3]) Mk. xii 35-37; Mt. xxii 41-45; Lk. xx 41-44.

Jesu so früh, schon vor Paulus, in der Gemeinde zur Herrschaft kam? BULTMANN modifiziert darum seinen Vorschlag und möchte die palästinischen Bestreiter der Davidssohnschaft auf einen bestimmten Kreis beschränken oder noch besser diese Geschichte im Schoss der hellenistischen Gemeinde entstanden sehen: ihr schwebte der übernatürlich entsprungene Gottessohn als Gegenbegriff zum Davidssohn vor [1]). Aber die Sache liegt einfacher. 2 Samuelis vii bietet den Schlüssel zur Lösung. Mit der kniffligen Frage wird nicht etwa die davidische Abstammung Jesu bestritten, auch ist nicht an den Menschensohn als Gegenbegriff gedacht. Vielmehr ist Jesus der Davidssohn, wie man im alten Bekenntnis Röm. i 3f und in den Evangelien immer wieder bezeugt. Aber als der endzeitliche, ewig regierende Davidide ist er gleichzeitig der Gottessohn, und darin besteht seine einzigartige, den Vater David überragende Würde.

Nach urchristlicher Exegese hat der König an einer zweiten Stelle die Überlegenheit seines endzeitlichen Sohnes bekannt. Er prophezeite, so führt Petrus in der Pfingstrede aus, Gott werde seine Seele nicht in das Totenreich lassen noch zugeben, dass Sein Heiliger die Verwesung schaue (Apg. ii 27, 31 nach Ps. xvi 10). Nun ist aber David gestorben, wovon sein Grabmal jetzt noch sichtbar Zeugnis ablegt (V. 29). Also, folgert Petrus, hat er vom Messias gesprochen (V. 25, 30). Warum vom Messias? Weil David durch Gottes Eid einen Sohn und Erben zugesichert erhielt (V. 30), der nach 2 Sam. vii 13 für immer regieren wird und darum der König der Endzeit, der Messias, sein muss. Von diesem ewigen Herrscher, der gleichsam noch in seiner Lende war, konnte David verkünden, er werde nie die Verwesung sehen. Diese Weissagung hat sich mit Jesu Auferstehung erfüllt, der — so schliesst Petrus aus Psalm cx — die Einsetzung zur Rechten Gottes gefolgt ist (V. 33-35 nach Ps. cx 1). Als der Auferstandene und zum Herrn Erhöhte ist Christus grösser als sein Vater; der Apostel betont: ,,Denn nicht David ist in den Himmel gestiegen'' (Apg. ii 34 vor dem Zitat Ps. cx 1). Den gleichen Schriftbeweis trägt der lukanische Paulus den Juden in Antiochien vor (Apg. xiii 34-37).

b) Die messianischen Titel.

Es ist deutlich, dass im alten Bekenntnis der Urgemeinde der

---

[1]) *Die Geschichte der synoptischen Tradition*, 1957, S. 144-146; *Theologie des Neuen Testaments*, Bd. I, 1948, S. 28f.

Messias im Mittelpunkt steht. Der „Christus" ist das zentrale, eigentliche Würdeprädikat. Und wie man ihm die anderen Titel zuordnen muss, geht aus dem hier dargelegten Schriftbeweis klar hervor.

1. Der „Gottessohn" gehört nicht etwa zum „Menschensohn", wie J. SCHREIBER nach seiner jüngst gehaltenen Antrittsvorlesung meint [1]), sondern, wie Rudolf BULTMANN richtig sah [2]), zum Messias: Mit seiner Inthronisation wird der Endzeitkönig von Gott als Sohn adoptiert (vgl. Heb. i 3-9). Viele neutestamentliche Stellen sprechen ja auch von Christus, dem Gottessohn [3]). Der Titel „Gottessohn" geht auch nicht auf die Heidenchristen zurück, so wiederum SCHREIBER [4]), sondern auf die messianisch verstandenen Stellen 2 Sam. vii 13f und Ps. ii 7, ist also palästinischer Provenienz [5]).

2. Genausowenig haben erst die Heidenchristen Jesus als den σωτήρ, als den Retter, bekannt [6]). Schon im Alten Testament ist der königliche Gesalbte ein Retter; Saul wird gesalbt, um das Volk Israel aus der Hand seiner Feinde zu „retten" (1 Sam. x 1 G, V; vgl. v 27). Nach dem sonst recht kargen Messiaszeugnis von Qumran steht der Davidsspross als Retter Israels auf — das wird als Kommentar zum Nathanorakel gesagt. Als hätte er diese Qumranexegese gelesen, erklärt der lukanische Paulus da, wo er das Nathanorakel christologisch gebraucht, Gott habe Jesus als Israels Retter heraufgeführt (Apg. xiii 23); noch stärker hebt das Simeon im Benedictus hervor (Lk. i 68-72). Und wenn Gabriel der Maria mit Nathans Spruch den Thronerben Davids und Gottessohn verheisst, so verkündet der zweite Himmelsbote der Weihnachtsgeschichte den Hirten auf Bethlehems Feld: „Euch", d.h. den Vertretern Israels, „ist heute der Retter geboren!" (ii 11). Darüber-

---

[1]) „Die Christologie des Markusevangeliums", *ZThK* 58 (1941), S. 163, Anm. 4: „Der Menschensohn Titel kommt dem Titel ‚Sohn Gottes' am nächsten."

[2]) *Theologie des Neuen Testaments*, 1948, S. 50f.

[3]) Mt. xvi 16; Mk. xiv 61 par; Joh. xi 27 vgl. xx 31; 2 Kor. i 19; 1 Joh. i 3, iii 23, v 20; 2 Joh. iii.

[4]) *A.a.O.*, S. 180.

[5]) „Even in Judaism, the Messiah is the ‚Son of God' (Ps. ii 7) to a greater extent than the rest of the children of Israel, although they too are ‚the children of the Lord, their God'" (Dt. xiv 1; J. KLAUSNER, *From Jesus to Paul*, 1943, S. 478).

[6]) Gegen U. WILCKENS, *Die Reden in der Apostelgeschichte*, 1960, S. 176 und andere (siehe dort).

hinaus spielt Lukas in dieser Geschichte von der Geburt des endzeitlichen Davididen mehrfach auf den Kampf mit Goliath an, in
dem der junge David ein Retter Israels war [1]). Schliesslich muss
man sich fragen: Sollte denn wirklich erst den Heiden der ,,Retter''
Christus bedeutsam geworden sein, wenn den Juden Palästinas
schon der Name ,,Jesus'', das heisst: ,,Gott rettet'', den Retter
verhiess? Matthäus hat den Namen ,,Jesus'' eigens auf den Retter
des Volkes gedeutet (i 21), und noch in der Verspottung des Gekreuzigten klingt die messianische Retteraufgabe an: ,,Andere hat er
gerettet, sich selbst kann er nicht retten [2]). Ist er Christus, der
König Israels, so steige er jetzt herab vom Kreuz!'' (Mk. xiv 31f.).

    3. Der ,,Knecht Gottes'' (παῖς θεοῦ Apg. iii 13, 26; iv 27, 30;
Did. 9, 2; 10, 2) ist wie die liturgische Formel des Spätjudentums
,,David, Dein Knecht'' gebraucht [3]) und darum messianisch gefärbt.
Der ,,Heilige Gottes'' wird Wechselbegriff zum Christus und
Gottessohn. Das bestätigt der Vergleich des Petrusbekenntnisses,
wie es Matthäus und Johannes formulieren: Hier ist Jesus der
,,Heilige Gottes'' (Joh. vi 69), dort der ,,Messias, der Sohn des
lebendigen Gottes'' (Mt. xvi 16), ferner Markus, der die Dämonen
Jesus einmal als den ,,Heiligen Gottes'' (i 24) und dann als den
,,Gottessohn'' anrufen lässt (iii 11, v 7).

    4. Schliesslich bezeichnet der Titel ,,Kyrios'', Herr, schon vom
Schriftbeweis her den erhöhten Messias. Er stammt daher nicht
erst, wie man heute zumeist meint, aus dem religiösen Sprachgebrauch des Hellenismus, sondern vom palästinischen Christentum. Der auferstandene und damit zur Rechten Gottes erhöhte

---

    [1]) Vgl. dazu meinen Aufsatz: ,,Donnersöhne, Menschenfischer und der
davidische Messias'', *Rev. de Qumran* 3 (1961) S. 41-70, besonders S. 65f.
R. BULTMANN (*Die Geschichte der synoptischen Tradition*, 3. Aufl. 1957,
S. 325) meint, die Geburtsgeschichte Lk. ii 1-20 müsse im hellenistischen
Christentum entstanden sein, da die Termini εὐαγγελίζεσθαι (V. 10) und
σωτήρ (V. 11) hellenistisch seien. Aber auch der Beter in den Hodajoth von
Qumran weiss davon, dass den Armen die ,,Frohbotschaft'' vom Erbarmen
Gottes verkündigt wird (18, 14; vgl. Lk. iv 18 nach Jes. lxi 1f), und der
,,Retter'' wird in Lk. ii vom Alten Testament her beleuchtet. Auch der
Messias als Friedensbringer (Lk. ii 14) ist schon ein alttestamentlicher
Gedanke (vgl. Jes. ix 5f und den Targum dazu, desgleichen die Wiedergabe
der Nathanweissagung in 1 Chron. xxii 9). Schliesslich haben die ,,Menschen
des (göttlichen) Wohlgefallens'' (Lk. ii 14) von den בְּנֵי רְצוֹנוֹ der Qumran-
texte her eine überraschende Erklärung gefunden.

    [2]) Natürlich ist diese Stelle auch von Ps. xxii (xxi) 9 her beeinflusst; aber
erst in Mt. xxvii 43 tritt das deutlich hervor.

    [3]) J. JEREMIAS, ,,παῖς'' *ThWBNT*, Bd. V, S. 698f.

Christus ist nach dem viel zitierten Psalm cx der Herr [1]). Petrus ruft an Pfingsten, nachdem er sich als Zeugen der Auferstehung bekannt und eben diesen Psalm angeführt hat: ,,So möge nun das Haus Israel mit Gewissheit erkennen, dass Gott ihn zum Herrn und zum Christus gemacht hat, diesen Jesus, den ihr gekreuzigt habt!'' (Apg. ii 36) [2]). Und deshalb ist für Paulus, der den Erhöhten verkündigt, ,,Jesus Christus der Herr''. Nathanweissagung und Psalm cx sind in diesem Bekenntnis auf die kürzeste Formel gebracht. Beide gehören im messianischen Schriftbeweis eng zusammen. Der Prophet verheisst, Gott werde den Davidssohn als ewig thronenden Regenten einsetzen; David schaut im Psalm cx, wie Er dieses Versprechen einlöst, Seinen Sohn als Herrn inthronisiert. Der Ruf der feiernden Christen: ,,Marana tha!'' ,,Unser Herr, komm!'' [3]) fordert den erhöhten Christus auf, herabzusteigen und seine Herrschermacht auch auf der Erde durchzusetzen, wie das der cx Psalm kraftvoll beschreibt [4]).

Ich möchte einem Missverständnis begegnen. Die christologischen Titel stammen so, wie sie die Urgemeinde gebrauchte, doch nicht einfach aus dem Alten Testament. Nur beim zentralen Würdeprädikat ,,Messias'' trifft das zu. Aber weder im Alten Testament, noch in Qumran, sind der ,,Retter'', der ,,Herr'' und der ,,Heilige Gottes'' messianische Titel, strenggenommen auch der ,,Sohn Gottes'' nicht. Diese Begriffe erscheinen dort in messianisch interpretierbare Aussagen eingebunden; sie sind noch nicht abgelöst, verselbständigt und zu Titeln erhöht. Aber sie liegen bereit; sie fallen dem, der am Baum des Schriftbeweises kräftig zu schütteln beginnt, als reife

---

[1]) Der bekennende Ruf κύριος 'Ιησοῦς (i Kor. xii 3) grenzt nicht etwa Jesus von anderen ,,Herren'' ab (so z.B. S. SCHULZ, ,,Markus und das Alte Testament'', *ZThK* 58, 1961, S. 185 im Gefolge BOUSSETS und BULTMANNS). Vielmehr bestätigt die Gemeinde die jubelnde Huldigung der übermenschlichen Mächte, den Zuruf der Engel zum inthronisierten Herrn, mit diesem Bekenntnis, das dem ,,Jahwe ist König geworden!'' in den alttestamentlichen Thronbesteigungspsalmen entspricht.

[2]) Es ist irrig, diese Stelle als Hinweis auf eine alte, ,,adoptianische'' Christologie zu bewerten, nach der Jesus erst an Ostern der Christus wurde, während er vorher kein Messias war (so zuletzt JOHN A. T. ROBINSON, *Twelve New Testament Studies*, 1962, S. 142, 146). Vielmehr erfolgt an Ostern die Inthronisation des Davididen, die Einsetzung in seine königliche Würde, der Antritt seiner Herrschaft im Himmel.

[3]) i Kor. xvi 22, Apk. xxii 20.

[4]) Ps. cx 1-4. Auch weil der jüdische Messias der König ist, konnte er in Analogie zum römischen Kaiser κύριος = dominus genannt werden (J. KLAUSNER, *a.a.O.*, S. 484).

Früchte in den Schoss. Das geschieht begreiflicherweise da, wo nicht die Heilsgemeinde oder das Gottesreich, sondern der Messias, ein ganz bestimmter, schon gekommener Messias, Mitte der Predigt und dann auch des Credos wird; ferner da, wo sich zum Osterglauben eine echt jüdische [1]) Reflexion auf das Zeugnis der Schrift gesellt. Sie wird, wie Lukas zutreffend zeigt, nicht von der Heidenmission gefordert, sondern von der Predigt vor Juden, die man ja nur durch die Schrift überwinden kann (vgl. Apg. xviii 28). Selbstverständlich werden diese Titel auf heidnischem Boden mit neuem Inhalt gefüllt, ja, der Kyrios und der Soter erhalten dort erst ihr volles Gewicht [2]).

c) Auferstehung und Messiaswürde.

Dieser Schriftbeweis erlaubt nun auch eine erste Antwort auf die Hauptfrage, warum die Jünger den Auferstandenen ausgerechnet als den Messias und Gottessohn bekannten. Gott hat das David gegebene Versprechen: ,,Ich lasse dann deinen Samen aufstehen'' (ἀναστήσω τὸ σπέρμα σοῦ 2 Sam. vii 12) mit der ,,Auferstehung'' (ἀνάστασις) des Davididen Jesus erfüllt [3]). Er hat ihn an Ostern zum Gottessohn eingesetzt, ihn inthronisiert. Das endzeitliche Schöpferhandeln Gottes ist besonders ein ,,Aufstellen'' oder ,,Erwecken'': Er stellt dabei die Heilsgestalten auf den Plan, er ,,weckt'' die Toten ,,auf'', indem Er sie auf ihre Füsse stellt [4]).

---

[1]) Der Schriftbeweis in Apg. ii und xiii verrät nichts von der Allegorese oder Typologie, wie sie in der hellenistischen Gemeinde üblich waren (zum hellenistischen Schriftbeweis vgl. R. BULTMANN, *Theologie des Neuen Testaments*, 1948, S. 115f). Ausserdem war den Heidenchristen an einem messianischen Jesus nichts gelegen. Die Tatsache, dass der Schriftbeweis in Apg. ii nach der Septuaginta geführt wird, ist kein Gegenargument (gegen E. HAENCHEN, ,,Die Apostelgeschichte'', *Meyer-Kommentar*, 1956, S. 152).

[2]) Vgl. R. BULTMANN, *a.a.O.*, S. 120-132. Abwegig ist jedoch die Behauptung, die kerygmatische Tradition des Heidenchristentums, wie sie etwa im Christuslied Phil. ii 6-11 erscheinen soll, komme ohne der urgemeindliche Jesustradition und ohne das Alte Testament aus (so S. SCHULZ, *a.a.O.*, S. 186). Solch ein Urteil entspringt der mangelnden Kenntnis des Spätjudentums, die im SCHULZ'schen Aufsatz auch sonst zutage tritt. Ich verweise z.B. auf die Behauptung, in Aboth 1, 1 sei von den Propheten nicht die Rede (S. 191). Die Propheten sind auch in T Yadaim 2, 6 (68, 3, 24) das mittlere Glied zwischen Mose und Rabbinen.

[3]) In der Apostelgeschichte erscheint die alte kerygmatische Formel ὃν ὁ θεὸς ἀνέστησεν (ἀνήγειρεν): Apg. ii 24, 32, iii 15, iv 10, v 30, x 40, xiii 30, 33f, xvii 31; vgl. E. HAENCHEN, ,,Die Apostelgeschichte'', *Meyer-Kommentar*, 1956, S. 148.

[4]) Zum ,,Aufstellen'' der messianischen Heilsgestalten vgl. T. Simeon 7, 1f (Hoherpriester aus Levi und Endzeitkönig aus Juda); nach T. Levi

Dieser doppelte Gebrauch der Verben ἀνιστάναι und ἐγείρειν findet sich in kerygmatischen Formeln der Apostelgeschichte [1]).

Wie Nathans Wort bestärkt auch der messianisch verstandene Psalm cx den Glauben, Gott habe den Auferstandenen zum Messias gemacht. Für das Verständnis des Spätjudentums bedingt er die

---

18, 2f „stellt" Gott den endzeitlichen Priester „auf", nach T. Juda 24, 1 „geht" der Stern aus Jakob in Frieden „auf", „steht" ein Mensch aus seinem Samen „auf" (gemeint ist der davidische Messias); hinter diesen Aussagen steht der messianisch verstandene Bileamsspruch Nu. xxiv 17. Vgl. ferner T. Dan 5, 10; T. Joseph 19, 11. Nach Dt. xviii 15, 19 wird Gott den (endzeitlich gedachten) Propheten wie Mose „aufstehen lassen" (vgl. Testimonia von Qumran aus 4Q; Apg. iii 22, vii 37); nach Dan. xii 1 „steht" in der Endzeit Michael „auf". Eine besonders wichtige Rolle spielen die Verben קוּם bzw עָמַד (Qal und Hiph.) in Qumran. Ich gebe nur wenige

Beispiele: Nach CD 5, 17f „standen" Mose und Aaron durch den Lichtfürsten „auf", während Belial den Jannes und dessen Bruder „aufstehen liess". In der Endzeit „steht "der Messias aus David „auf" (CD 7, 20f), ebenso der endzeitliche Lehrer der Gerechtigkeit (CD 6, 10f). Im Fragment eschatologischer Midraschim heisst es vom Davidsspross, er „stehe" zusammen mit dem Toraforscher „auf", er „erhebe sich", um Israel zu retten; das ist der Augenblick, in dem Gott die zerfallene Hütte Davids „aufstellt" (Z. 10-13). Ähnlich wird das „Erwecken" (הֵעִיר) gebraucht: Gott „erweckt" den Kyrus für die heilsgeschichtliche Aufgabe an seinem Volk (Jes. xlv 13; vgl. xli 2, 25).

Besonders wichtig ist die Stelle Hos. vi 2, die in Ber. R. 56, 1 zu Gen. xxii 4 auf die Auferstehung der Toten bezogen wird und sicherlich auch für die ersten Christen eine grosse Rolle gespielt hat: Gott wird „uns nach zwei Tagen neu beleben (יְחַיֵּנוּ), am dritten Tage und wieder aufrichten (יְקִמֵנוּ),

sodass wir leben vor Ihm". Das Stehen - auf - den - Füssen ist das Kennzeichen des Lebenden im Unterschied zum (liegenden) Toten. Nach Ez. xxxvii 10 macht der Geist Gottes die Toten lebendig, sodass sie sich „auf ihre Füsse stellen"; dieses Schriftwort wird in Apk. xi 11 bei der Erweckung der beiden getöteten Zeugen angeführt. Nach Wajj. R. 10 soll R. Schimʿon ben Chalafta einen gestorbenen Sklaven des Kaisers Antoninus (Pius) mit den Worten zum Leben erweckt haben: „Was liegst du da, und dein Herr steht auf seinen Füssen?" — Auch im gnostischen Schrifttum spielt dieser Sprachgebrauch eine wichtige Rolle. Das Pneuma ist die Kraft, ohne die die Menschen nicht „stehen" (aheratou) können (Evangelium Veritatis 30, 21f; Apokryphon des Johannes 51, 15-20; 67, 4-7); vgl. dazu Irenäus adv. här. I, 30, 6 (Ophiten); I, 24, 1 (Satornil). Nach den Mandäern wurde Adam durch das „Grosse Leben" und dessen Helfer mit der Seele beschenkt und dadurch „aufgerichtet" (Ginza 108.242f.430; Johannesbuch 57; Liturgien 99f).

[1]) Gott hat Jesus als den Heilbringer für Israel „aufgestellt" (ἀνέστησεν) d.h. auf den Plan gerufen (iii 26, xiii 33 in Verbindung mit Ps. ii 7), ihn „auferweckt" (ἤγειρεν v 30). Er hat ihn von den Toten „aufstehen lassen" (ἀνέστησεν xiii 34), „auferweckt" (ἤγειρεν iii 15, iv 10, xiii 30, 37). Besonders wichtig ist Apg. xiii 33f.

Erhöhung, die Entrückung oder auch Auferweckung, des von Gott erwälhten Herrn. Wer zur Rechten des transzendent gewordenen Gottes thronen soll, kann nicht, wie im Alten Testament, ein irdischer, sondern nur ein zum Himmel erhöhter König sein. Jesus wird daher im Himmel inthronisiert, wobei die Engel und Mächte dem Herrscher huldigen (vgl. Phil. ii 10f); ehe die Gottesherrschaft auf Erden aufgerichtet wird, muss sie im Himmel durchgesetzt sein [1]).

Freilich besitzen die beiden Schriftworte nur vergewissernde Kraft. Sie brachten das Messiasbekenntnis der Ostergemeinde nicht hervor. Die Ursache dafür liegt woanders: beim historischen Jesus selbst.

II. *Das messianische Selbstbewusstsein Jesu und das Alte Testament.*

a. Die Nathanweissagung.

Die Frage nach Jesu Messiaswürde führt hinter die Auferstehung zurück. Die Kreuzesinschrift „Der Juden König" (Mk. xv 26 par) beweist, dass man mit dem Manne aus Nazareth einen Messiasprätendenten hingerichtet hat; dasselbe bestätigen die Verurteilung durch Pilatus und das Verhör vor dem Hohen Rat. Ja, N. A. Dahl meint, die Jünger hätten Jesus deshalb an Ostern „Christus" genannt, weil man ihn — freilich zu Unrecht — als Messias verurteilt hat; Kaiphas und Pilatus wären somit die indirekten Urheber der Christologie [2]). Aber man braucht solch einen befremdlichen Schluss nicht zu ziehen. Vielmehr hat die Gemeinde Jesus darum als den Messias bekannt, weil er sich selbst als solchen gewusst und vor dem Hohen Rat bezeugt hat. Das zeigt das Verhör, wie es im ältesten Bericht, bei Markus cp. xiv, dargestellt wird.

Viele Zeugen treten auf, aber ihre Zeugnisse sind nicht gleich (V. 56) und lassen keine Verurteilung zu. Einige behaupten: „Wir haben gehört, wie er sagte: Ich werde diesen mit Händen gemachten Tempel auflösen und nach drei Tagen einen andern, nicht mit Händen gemachten Tempel erbauen" (V. 57f). Auch ihr Zeugnis stimmt nicht überein (V. 59). Nun fordert der Hohepriester, der die

---

[1]) Dieser Gedanke wird auch in der Kriegsrolle von Qumran zum Ausdruck gebracht: In der Endzeit wird der Satan gestürzt und der Erzengel Michael unter den göttlichen Wesen „erhöht", gleichzeitig damit das Regiment Israels über alles Fleisch aufgerichtet (xvii 5-8).

[2]) In einer im Sommer-Semester 1961 in Tübingen gehaltenen Vorlesung "Messiastitel und Christusname".

Verhandlung leitet, Jesus auf, er solle sich zu den Anklagen äussern (V. 60). Und als dieser schweigt, stellt er die Frage: ,,Bist du der Christus, der Sohn des Hochgelobten?'' (V. 61f). Jesus antwortet: ,,Ich bin es, und ihr werdet den Menschensohn sehen sitzend zur Rechten der Kraft und kommen mit den Wolken des Himmels'' (V. 62). Dieses Bekenntnis wertet der Hohepriester als Gotteslästerung und erwirkt daraufhin das Todesurteil (V. 63f).

Man versteht den Gang des Verhöres nicht [1]). ALBERT SCHWEITZER fragte: ,,Woher weiss der Hohepriester, dass Jesus der Messias zu sein behauptet? . . . Warum versucht man zuerst, Zeugen für ein Tempelwort, das als Gotteslästerung gedeutet werden konnte, aufzubringen, um ihn auf dieses hin zu verurteilen?'' [2]) Und wie kann der Messiasanspruch Gotteslästerung sein? Die Nathanweissagung zeigt, wie Markus seinen Bericht verstanden wissen will. Sie offenbart einmal das ganze Schwergewicht der Frage des Hohenpriesters: Jeder, der für sich die Messiaswürde beansprucht, hat zu bedenken, dass er dann nach der Schrift auch der Sohn des Hochgelobten, Gottes Sohn, sein muss. Nicht nur die eigene, sondern auch Gottes Ehre steht auf dem Spiel. Ein machtloser Mensch, der Messias zu sein behauptet, lästert den allmächtigen Gott. Trotzdem sagt der gebundene Jesus: ,,Ich bin's''. Aber er fügt hinzu: ,,Ihr werdet den Menschensohn sitzen sehen zur Rechten der Kraft'' [3]). Er will damit sagen: Meine Ohnmacht ist kein Gegenbeweis, denn die von Gott vollzogene Inthronisation steht noch aus. Aber sie kommt; Psalm cx wird an mir erfüllt.

Zum andern lässt das Nathanorakel die Antwort auf SCHWEITZERS Fragen zu. Was hat ein Tempelwort im Prozess um den Messiasanspruch zu tun? Nach 2 Sam. vii 13 soll der von Gott erweckte

---

[1]) Nach J. KLAUSNER (*Jesus of Nazareth*, 1926, S. 340) und besonders A. SCHALIT (Besprechung von P. WINTER *On the Trial of Jesus* in *Qiryath Sepher* 37, 1961, S. 340) ist die Mk. xiv 53ff beschriebene nächtliche Sitzung nicht als Gerichtsverhandlung des Plenum, sondern als Zeugenverhör eines Ausschusses zu verstehen, das Klarheit über Schuld oder Unschuld des Angeklagten erbringen soll. Nach Mischna Sanhedrin 5, 5 konnte ein solches Verhör in der Nacht stattfinden, wonach die Verhandlung am Morgen wieder aufgenommen wurde.

[2]) *Geschichte der Leben-Jesu-Forschung*, 5. Aufl., 1933, S. 439.

[3]) Der zweite Teil der Aussage: ,, . . . und kommen mit den Wolken des Himmels'' geht schwerlich auf Jesus selbst zurück, zumal die Reihenfolge von Dan. vii 13ff, auf das dieses Wort anspielt, unter dem Einfluss der Parusieerwartung verkehrt ist. Erst kommt der Menschensohn mit den Wolken des Himmels, dann wird er inthronisiert und in die Herrschaft eingesetzt.

Davidsspross den Tempel erbauen; Sacharja hat diese Forderung
für den Davididen Serubbabel wiederholt (vi 13). Wird das Nathan-
wort endzeitlich interpretiert, so ist die Errichtung des Gotteshauses
messianische Pflicht. Umgekehrt erhebt jeder, der sich als Erbauer
des Tempels ausgibt, indirekt den Anspruch, der Messias und Sohn
Gottes zu sein. Jetzt wird klar, warum der Hohepriester, als das
Zeugenverhör beim Tempelwort stockt und der Angeklagte kein
Wort dazu sagt, direkt die Messiasfrage stellt und das Bekenntnis
Jesu erzwingt. Den messianischen Rang des Tempelwortes enthüllt
auch die Verspottung Jesu auf Golgatha. Von Markus wird sie in
zwei parallelen Gängen erzählt: eine erste Gruppe höhnt den
hilflosen Tempelerbauer, eine zweite den ohnmächtigen Messias und
König von Israel (Mk. xv, 29-32). Messiaswürde und Tempelbau
gehören im Handeln Herodes des Grossen zusammen; das hat A.
SCHALIT in seinem jüngst erschienenen Werk *Hordos Hamäläkh*
klar gezeigt [1]).

---

[1]) Jerusalem, 1960, S. 233f. Herodes hatte sich mit den radikalen Juden
auseinanderzusetzen, die in einem frommen König aus Davids Haus, dem
Messias, den allein legitimen Regenten Israels sahen; dabei führt SCHALIT
ebenfalls die Nathanweissagung als fundamentale Stelle für die messianische
Erwartung an. Herodes bemühte sich um den Nachweis der Abkunft seiner
Sippe aus Davids Geschlecht; er wollte ferner dartun, dass sein glorreiches
Regiment die Erwartung eines Messias überflüssig mache. Hatte er nicht
dem Volke seine beiden grössten Güter wiedergeschenkt: ein Reich, wie es
seit David und Salomo nie mehr in Israel bestand, und dazu einen Tempel,
den Herodes aus einem einfachen Gotteshaus ohne Gestalt und Schöne in
ein Bauwerk umgewandelt hatte, das die Grösse und Pracht des salomonischen Tempels besass? Denn die Wiederherstellung der glanzvollen
davidisch-salomonischen Ära wurde vom Messias erwartet. — Auch der
Talmud bringt in einer legendarischen und dunklen Erzählung den Tempelbau des Herodes mit seiner königlichen Würde in Zusammenhang (b. B.
Batra 4a): Herodes soll von R. Baba ben Buta den Rat erhalten haben, den
Tempel wieder aufzubauen. Er weigert sich aus Furcht vor der Regierung
(Rom). Der Rabbi rät ihm, in Rom um Erlaubnis anzufragen, jedoch bis
zum Empfang der Antwort schon mit dem Umbau zu beginnen. Man ver-
bietet in Rom den Umbau; sei er bereits begonnen, so habe sich Herodes als
schlechter Untertane erwiesen. Denn man wisse, dass er weder ein König,
noch königlicher Abkunft, sondern ein Freigelassener sei. — In b Meg 12a
wird Jes. xlv 1 als eine anklagende Rede Gottes über Cyrus gedeutet, die
an den Messias gerichtet ist: Cyrus hat die Aufgabe, Gott ein Haus zu bauen
und die Gefangenen Israels zurückzuführen (Jes. xlv 13), nach Esra i 3 nur
unvollkommen gelöst. Jes. xlv 13 spricht vom Wiederaufbau der Stadt;
R. Nachman ben Chisda setzt statt dessen die messianische Aufgabe des
Tempelbaus ein! vgl. vor allem Midr. Teh. zu Ps. 29 Par. 2, 116 b: Wenn
der Messias an den Weltvölkern Rache genommen haben wird, soll sofort
das Heiligtum erbaut werden. Eine negative Beziehung zwischen Messias

Um Jesu Messiasanspruch ging es also bei diesem Verhör. Das trifft auch historisch gesehen zu, wie immer man über die Markusdarstellung urteilen mag [1]). Und nähme man an, das Tempelwort habe darin keine Rolle gespielt — es besteht freilich kein Anlass dazu —: Dass Jesus es irgendwann gesprochen hat, steht fest [2]). An sechs Stellen wird es im Neuen Testament bezeugt [3]), und wenn es dunkel erscheint, so spricht das eher für, als gegen die Authentität.

Demnach hätte sich Jesus als den Messias gewusst. Er hat sich beim Verhör offen dazu bekannt, und Jesu gutes Bekenntnis (vgl. I. Tim. vi 13) nahm der Osterglaube der Jünger auf.

b) Das messianische Wirken Jesu.

Aber, so wird man fragen, kann denn dieses eine, zudem noch dunkle Wort die ganze Last des Beweises tragen? Wird denn die These vom Messiasbewusstsein nicht durch Wort und Werk des irdischen Jesus widerlegt?

Mir scheint: Wie der Christus im Credo die Mitte hält, so stellt Jesu Messiasbewusstsein den Schlüssel zum Verständnis seines irdischen Wirkens dar [4]). Jesus trat freilich nicht als der mächtige Befreier Israels auf, den man im Messias erhoffte; eben darum blieb ihm die Anerkennung seines Volkes verwehrt. Aber er war ja

---

und Tempel wird in IV. Esra 9, 26-10, 51 und Midr. Echa 1, 51 erwähnt: Der Messias wird in dem Augenblick geboren, in dem man den Tempel zerstört.

[1]) Vgl. dazu R. BULTMANN, *Die Geschichte der synoptischen Tradition*, 1957, S. 307: Die messianischen Stücke xiv 55-64; Mk. xv 2, xv 26 gehören einer späteren Schicht der Passionsgeschichte an. Nach J. SCHREIBER, *a.a.O.*, S. 157 zeigt Mk. xiv 62-64 besonders deutlich die im ,,mythischen Kerygma (gemeint ist der gnostische Erlösermythus) begründete Tiefe der Messiasgeheimnistheorie'' an.

[2]) Vgl. R. BULTMANN, *Das Evangelium des Johannes*, 11. Aufl. 1950, S. 88f. — Wenn die Aussage der beiden Zeugen über das Tempelwort als falsch bezeichnet wird (Mk. xiv 57), so nicht deshalb, weil Jesus dieses Wort nie gesprochen hätte. Vielmehr ist falsch, dass Jesus den Jerusalemer Tempel selbst abreissen wollte; dieser wird in der Katastrophe der Endzeit zerstört (vgl. Mk. xiii 2; Micha iii 12; Jer. xxvi 6, 18; Josephus bell. 6, 300ff). Falsch ist ferner, dass der Neubau des Tempels auf ein reales Heiligtum wie das des Jerusalemer Tempels bezogen wird; s.u. S. 21.

[3]) Mk. xiv 58 par Mt. xxvi 61; Mk. xv 29; Mt. xxvii 40; Joh. ii 19; Apg. vi 14.

[4]) E. FUCHS meint, Jesus habe für seine Person so wenig etwas Besonderes sein wollen, wie der Apostel Paulus in Korinth (2 Kor. xii 11); er habe kein Amt, sondern nur einen einzigen Auftrag gehabt (,,Das Neue Testament und das hermeneutische Problem'', *ZThK* 58 [1961], S. 212f). Aber Amt und Auftrag lassen sich in neutestamentlicher Zeit schwer voneinander trennen; und wie hat Paulus um die Anerkennung seines Apostelamtes gekämpft!

noch nicht inthronisiert, sondern wartete auf seine Einsetzung zum
Christus in Kraft. Bis dahin war seine Messiaswürde verhüllt [1]).
Es gibt bei den Synoptikern strenggenommen keine unmessianische
oder gar antimessianische Tradition. Das Messiasgeheimnis spiegelt
eine historische Realität; es erscheint mir absurd, es mit J. Schreiber [2]) vom gnostischen Erlösermythus herzuleiten, und das ausgerechnet jetzt, wo diesem Koloss der Fels der fortgeschrittenen
Forschung gegen die tönernen Füsse rollt [3]).

Ich greife zum Schluss nur noch die unbestrittenen Tatsachen
aus Jesu Wirken heraus und zeige, wie sie in Deckung gebracht
werden können mit dem Bild, das die eschatologisch gedeutete
Schrift vom Davididen der Endzeit entwirft. Diese Tatsachen sind:

    1. Jesus rief zur Busse und predigte in Vollmacht das Gottesreich.

    2. Jesus war Exorzist.

    3. Jesus wanderte im Lande umher und zog schliesslich in Jeru-
salem ein.

    1. Jesus rief zur Busse und predigte in Vollmacht das Gottes-
reich. Damit setzte er den Auftrag des hingerichteten Täufers fort.
Dessen Wirken hatte nach Lukas den Sinn dem kommenden Herrn
ein wohlgerüstetes Volk zu bereiten (i 18). Die Evangelisten nennen
für Jesu Predigt ein ähnliches Ziel. Jesus weiss sich zu den irrenden
Schafen Israels — und nur zu diesen! — gesandt (Mt. xv 24), er
sammelt die Zerstreuten [4]) und nimmt sich ihrer erbarmungsvoll

---

    [1]) Auch der Menschensohn muss nach äHen 62, 6f geoffenbart werden.
,,Vor seiner Macht'' ist er von Gott in Verborgenheit verwahrt und nur den
Erwählten bekannt. Dennoch ist er auch in der Zeit seiner Verborgenheit
schon der ,,Menschensohn'' und nicht etwa nur designiert. Das Gleiche gilt
von Jesus, dem verborgenen Messias. Ferner fällt auch beim Menschensohn
die Wende der Zeiten mit der Inthronisation zusammen (vgl. Dan. vii 13;
äHen 45, 3; 51, 3; 55, 4; 61, 8; 62, 2. 3. 5; 69, 27.29); diese Inthronisation
wird so beschrieben: Der Herr der Geister setzte ihn (*anbaro*) auf den Thron
Seiner Herrlichkeit (ib. 61, 8; 62, 2).

    [2]) J. Schreiber, *a.a.O.*, S. 154-183. Das Messiasgeheimnis bei Markus
ist Ausdruck einer hellenistisch-gnostischen Christologie, nach der der präexistente Erlöser in Verborgenheit über die Erde geht, leidet, stirbt und
aufersteht. Die für den gnostischen Mythus typische Verbundenheit von
Erlösten und Erlöser ist von Markus ,,unter dem Schleier des Messias-
geheimnisses . . . zur Sprache gebracht'' (S. 167).

    [3]) Vgl. dazu C. Colpe, *Die religionsgeschichtliche Schule. Darstellung und
Kritik ihres Bildes vom gnostischen Erlösermythus*, 1961. Vor allem ist es
um die archaische, iranische Herkunft dieses Mythus schlecht bestellt.

    [4]) Mt. x 6; vgl. xii 30; Lk. xi 23; Mt. xxvi 31; Mk. xiv 27 und besonders
Mt. ii 6, wo Micha v 1 durch 2 Sam. v 2 ergänzt ist.

an (Mt. ix 35 f; Mk. vi 34). Das ist, von der Schrift her gesehen, messianischer Dienst. Die Könige waren ποιμένες λαῶν, nicht nur in Griechenland, sondern auch im alten Orient [1]). David wurde von der Herde genommen, damit er Fürst Israels sei; das hatte Nathan in dem hier so oft erwähnten Orakel gesagt (2 Sam. vii 8) [2]). Ezechiel und Jeremia prägten dieses Wort eschatologisch um: Der Davidide der Endzeit wird der ideale Hirte Israels sein (Ez. xxxiv 23f, 25-31, Jer. xxiii). Nach den Psalmen Salomos sammelt der Gesalbte Gottes ein heiliges Volk (17, 28), er behütet dann des Herren Weide treu und recht und lässt nicht zu, dass eines dieser Schafe auf der Weide kränkle (17, 45) [3]). So ist es kein Wunder, dass Matthäus ein zusammenfassendes Zeugnis über Predigt und Heilungen Jesu mit den Worten beschliesst: Er fühlte Erbarmen mit ihnen, denn sie waren abgequält und erschöpft wie Schafe, die ohne Hirten sind (ix 35f) [4]).

Auch Jesu *Lehre* steht nicht im Widerspruch zum messianischen Dienst. Gewiss hat in Qumran der endzeitliche Davidide nichts mit der Lehre zu tun, aber nur deshalb, weil sie dem Messias aus Aaron anvertraut ist. Grundsätzlich kommt man auch in der Endzeit ohne den Lehrer nicht aus. Wo man von einem Priestermessias nichts weiss, muss der Davidide der Lehrer sein. So scharen sich nach dem Prophetentargum die Frommen um den Messias, der darüberhinaus viele dem Gesetz unterwirft [5]). Und sollte ein Messias, der den „Gottesbund" erneuern und die Königsherrschaft über Sein Volk in Ewigkeit aufrichten wird, der die Armen in

---

[1]) Vgl. die bei E. Norden, *Agnostos Theos*, 4. Aufl. Neudruck 1956, S. 211 f. gegebenen Belege für Gudea von Lagasch, Hammurapi, Nebukadnezar. Ferner nennt Assurbanipal sein königliches Regiment ein „Hirtenamt" (re-u-tu), Annalen I, 5 (ed. S. Langdon, 1903 S. 1).

[2]) Im Hirtenamt über Israel erschöpfte sich nach einem kürzlich veröffentlichten Text aus Qumran Davids Regiment. Man erklärt, Gott habe Seinen Bund mit David deshalb aufgerichtet, damit dieser ein Hirte und Fürst über Sein Volk sei (4Q b T IV, 4-8; M. Baillet, „Un recueil liturgique de Qumran, Grotte 4", *RB* 68, 1961, S. 195-250).

[3]) Das göttliche Verwerfungsurteil über den Messiasprätendenten Bar Kosiba fand man in Sach. xi 17: „Wehe du nichtsnutziger Hirt, der du die Herde im Stich lässt!" (Midr. Echa zu 2, 2 (63a); p. Taʿan. 4, 68d 65). Der König ist ein Helfer für alle Entrechteten und Unterdrückten; „ihr Blut ist kostbar in seinen Augen" (Ps. lxxii 12-14, xlv 7f).

[4]) Vgl. dazu auch Nu. xxvii 17f: Josua (יְהוֹשֻׁעַ) soll als Nachfolger Moses das Volk führen, damit es nicht wie eine Herde ohne Hirten sei.

[5]) Zu Jes. liii 5. Zum Messias als Lehrer und Gesetzgeber der Völker vgl. Ber. R. 18 zu Gen. 49, 11, Midr. Teh. zu Ps. 21, 1.

Gerechtigkeit regieren und die Demütigen des Landes erziehen wird ¹), nicht ein Bild von der Gottesherrschaft entwerfen können, wie es Jesus in der Bergpredigt tut? Schliesslich: Wie konnte Jesus das Volk anders sammeln und für Gott zubereiten, als eben durch den Bussruf und die Predigt vom Gottesreich?

Hat nun der irdische Jesus mit der Sammlung des Volkes eine Gottesgemeinde, eine Kirche, gebaut? Blicken wir noch einmal kurz zurück. Die Qumransekte verstand sich als das für Gottes Ankunft bereite Volk, als wahre Bundesgemeinde inmitten eines treulosen Israel, und als geistliches, Gott wohlgefälliges Heiligtum im Gegensatz zum entweihten Tempel in Jerusalem. Dennoch verkündigte sie, der Messias aus David werde den Bund erneuern und die Königsherrschaft über das Gottesvolk aufrichten (1QS b V, 21). Mit der Erhebung des endzeitlichen Davididen stellt Gott die gefallene Hütte Davids, Israel, wieder auf (4Qp Midr 2. Sam. 7, Z. 11-13) und schliesst dann mit Seinem Volk einen Bund des Heils (Ez. xxxiv 25). Erst mit der grossen Geisttaufe der Endzeit werden die Erwählten ganz rein und mit den Engeln zu einer neuen Gottesgemeinde geeint (1QS 4, 20-22). Ähnlich denkt Lukas. Er lässt die Jünger den Auferstandenen fragen: ,,Stellst du jetzt für Israel dein Reich wieder her?'' (Apg. i 6), während dieser als Antwort auf den baldigen Geistempfang und damit auf die Gründung der Gemeinde verweist (V. 8).

Von solchen Erwartungen her fällt auch auf die Stellung Jesu zur Kirche neues Licht. Als der endzeitliche Davidide sammelt er das Gottesvolk und beruft mit den Zwölfen die Führer der Stämme (Mt. xix 28; Lk. xxii 29f) ²). Beim Einbruch der Gottesherrschaft wird er die Kirche als die Versammlung aller Erwählten in Herrlichkeit auferbauen ³). Gerade das meint wohl auch das Tempelwort in seinem ursprünglichen Sinn. Der Tempel, den Jesus erbauen will, ist, wie Markus richtig interpretiert, nicht mit Händen gemacht; er stellt das Heiligtum des neuen Israel dar. Das Tempelwort gehört somit zu Jesu berühmtem Spruch, er werde auf dem Felsen Petrus seine Gemeinde erbauen (Mt. xvi 18). Für diese Verbindung liefert

---

¹) 1QS b V, 20-23 nach Jes. xi 4.

²) R. BULTMANN (*Jesus*, 1951, S. 40) bestreitet freilich die Echtheit dieses Wortes. Aber der Zwölferkreis ist schon früh bezeugt (1 Kor. xv 5).

³) Einen analogen Vorgang bildet die Einsetzung des Menschensohnes (äHen 62, 6-8). Wenn der Menschensohn aus seiner Verborgenheit herausgeholt und den Königen und Mächtigen der Erde offenbart ist, wird die Gemeinde der Erwählten und Heiligen gesät (62, 8).

das Nathanorakel den erwünschten Beweis. Warum erwidert Jesus Petri Messiasbekenntnis mit der Ankündigung des Gemeindebaus? Weil er als der Messias einen Tempel zu bauen hat [1]).

2. Der irdische Jesus tat Heilungswunder, er trieb vor allem Dämonen aus. Wieder könnte man meinen, der Messias aus David habe nichts mit solchen Taten zu tun. Aber ist es Zufall, wenn nach den Evangelien die Dämonen Jesus beschwörend „Gottessohn" nennen [2]), die Heilung Suchenden ihn als „Davidssohn" anflehen [3]), und die Frage des Täufers, ob Jesus der erwartete Heilbringer sei, mit dem Hinweis auf die vollbrachten Heilungswunder beantwortet wird? (Mt. xi 2-5; vgl. Jes. xxix 18f, xxxv 5f). In der Zeit Jesu gilt eben der Messias als der Heiland schlechthin, dessen rettende Kraft sich auch auf die leibliche Not erstreckt [4]). Und weil er der mit Gottes Geist und Kraft Gesalbte ist, hat er über die unreinen Geister Macht [5]). Das Alte Testament kennt nur einen, der einen bösen Geist vertrieb, nämlich David; und davon berichtet es gleich, nachdem dieser gesalbt und Gottes Geist auf ihn gekommen war (1 Sa. xvi 13-23).

3. Jesus wanderte, ohne Ruhe zu finden, in seiner Heimat umher, ja, er war sogar gezwungen, ausser Landes, zu den Heiden zu gehen (Mk. viii 27). Gerade so teilt er das Schicksal Davids, der, obgleich zum König gesalbt, vor dem Regenten des Landes wich und sich in steter Gefahr befand [6]). Von dieser Beziehung her wird

---

[1]) Man darf jedoch nicht einfach vom Faktum der „christlichen" Gemeinde auf einen „Christus" als Gründer schliessen, da ein unmessianischer Rabbi allenfals eine „Schule", keine Gemeinde, ins Leben gerufen hätte (So R. OTTO, *Reich Gottes und Menschensohn*, 1934, S. 127). Denn der unmessianische Lehrer der Gerechtigkeit gründete eine eschatologische Gemeinde.

[2]) Mt. ix 27, xv 22, xx 30f; Mk. x 47f; Lk. xviii 38f.

[3]) Mt. viii 29; Mk. v 7; Lk. viii 28; Mk. iii 11; Lk. iv 41.

[4]) Die „Hilfe" eines σωτήρ ist zwar vor allem politisch gemeint, aber sie kann sich auch auf Rettung aus leiblicher Not beziehen (vgl. etwa den Spott am Kreuz Mk. xv 31; Mt. xxvii 42). Zum leiblichen Heil in der messianischen Zeit vgl. ferner Syr Bar 73, 2; IV. Esra 7, 28; 12, 34; Philo de praem. et poen. § 22ff. Rabbinische Belege bei BILL. I, 593-596. Von Vespasian wird die Heilung eines Blinden und eines Lahmen in Alexandrien berichtet (Tacitus Hist. IV, 81, 1-3; Sueton Vespas. 7, 2f).

[5]) „Es wird zwar durchaus glaubhaft von der Heilung Dämonischer durch Jesus berichtet, und er selber hat nach dem kaum in seiner Authentität bezweifelten Spruch Mk. iii 27; Mt. xii 28 solche Vollmacht für sich in Anspruch genommen" (E. KÄSEMANN, „Das Problem des historischen Jesus", *ZThK* 51 [1954], S. 146). Der Messias als der zweite Erlöser wiederholt die Wunder der Mosezeit (Midr. Qoh. 1, 9; BILL. I, 69f).

[6]) 1 Sam. Kpp. xxi-xxvii; zum Aufenthalt im heidnischen Gebiet vgl. 1 Sam. xxvi 19f, xxvii 1-12.

das dunkle Wort von „Herodes dem Fuchs" erhellt (Lk. xiii 31-33).
Es fällt gerade, als man zu Jesus sagt: „Geh von hier weg und zieh
weiter! Denn Herodes will dich töten!" Meines Erachtens ist ein
Spiel mit den Worten שׁוּעָל „Fuchs" und שָׁאוּל „Saul" intendiert:
es macht Herodes zum „Saul", zum verworfenen Fürsten, der den
erwählten, aber noch nicht eingesetzten Gesalbten Gottes verfolgt.

Schliesslich zog Jesus in Jerusalem ein. Was hat er gerade dort
zu tun? Warum verkündet er seinen Entschluss, nachdem ihn
Petrus als Messias bekannt hat (Mk. viii 29, 31; Mt. xvi 16, 21)?
Weil das Heil aus Zion kommt (Ps. xiv 7, liii 7), weil der Messias
nur in Jerusalem, der Davidsstadt, inthronisiert werden kann [1]).
Auf dem Zion erhebt sich der messianische Retter Israels, sagt der
eingangs erwähnte Kommentar von Qumran; dahinter steht wohl
Ps. ii 6; „Habe Ich doch meinen König eingesetzt auf Zion, meinem
heiligen Berg!" und Ps. cx 2: „Jahwe streckt dein mächtiges Szepter
in Zion aus!" Dementsprechend handeln die Messiasprätendenten,
von denen Josephus erzählt: Der Prophet aus Ägypten will vom
Ölberg her die Stadt überrumpeln (bell. 2, 261-263), der Zelot
Menachem zieht wie ein König in Jerusalem ein (bell. 2, 433 ff);
später tun das Simon bar Giora, der vom Volk als Retter umjubelt
wird (bell. 4, 575), und schliesslich Bar Kosiba, der gerade jetzt,
nach neuen Handschriftenfunden, deutlicher in das Licht der
Geschichte tritt. Der Messias, die heilige Stadt mit dem Tempel,
und das heilige Volk gehören zusammen; freilich tritt ihre Einheit,
wahre Gestalt und Bestimmung erst in der Endzeit allen sichtbar
hervor [2]).

Eines fällt noch ins Gewicht: Die Abkunft Jesu von Davids
Geschlecht. Sie ist gut bezeugt [3]); auch die Frage nach dem Davids-

---

[1]) Der Zion ist der Thron der göttlichen Herrlichkeit Jer. xiv 21, xvii 12.
Der mit dem Messias identifizierte Menschensohn von IV. Esra 13 tritt bei
seiner machtvollen Offenbarung vor den feindlichen Völkerheeren auf die
Spitze des Zion (35), und damit wird der völlig auferbaute, himmlische Zion
allen offenbar: Ipse autem stabit super cacumen montis Sion; Sion autem
veniet et ostendetur omnibus parata et aedificata, sicut vidisti montem
sculpi sine manibus (vgl. V. 7).

[2]) Vgl. die 14. Bitte des Achtzehn-Gebets: „Erbarme Dich, unser Gott,
durch Deine vielen Gnadentaten über Dein Volk Israel und über Deine
Stadt Jerusalem und über das Königreich des Hauses Davids, Deines
rechten Gesalbten!"

[3]) „Jesus war nach dem einhelligen Zeugnis des Neuen Testaments
Davidide und hatte nach jüdischem Familienrecht rechtlich als Sohn des
Davididen Joseph von Nazareth zu gelten" (J. JEREMIAS, *Jerusalem zur*

sohn (Mk. xii 35-37 par) spricht, wie wir sahen, nicht gegen sie. Glaubte Jesus, er sei Davidide, so liegt es nahe, dass seine Vollmacht im Messiasbewusstsein Ausdruck fand; war er vom Geist inspiriert, so konnte er der (Geist-) Gesalbte sein [1]).

Freilich sprach er das nicht öffentlich aus. Es ist naiv, damit zu rechnen, in der Logienquelle müsste dann ein Messiastitel enthalten sein. Die Hinrichtung des Täufers war ein deutliches Warnsignal. Ausserdem bezeugt der Messias nicht sich selbst, sondern wartet, bis ihn Gott der Welt offenbart. Jesus sprach von sich als dem Menschensohn, und zwar in der dritten Person. Das bar nascha ist im Aramäischen der Zeit Jesu nicht der gewöhnliche Ausdruck für ,,Mensch''. Das feierliche Wort umschreibt im Munde Jesu den von Gott Erwählten; es wird zur Chiffre, die den Messiasanspruch verdeckt, aber Sendung und Vollmacht durchschimmern lässt [2]). Auch die Art, wie Jesus von Gott als ,,Meinem Vater'' spricht, könnte ein indirekter Hinweis auf seine messianische Würde sein.

C) *Der Messias und das Leiden.*

Es bleibt eine schwierige Frage: Wie passt zum Messiasbewusstsein die Bereitschaft, Leiden und Tod zu erdulden? Das Alte Testament fordert sie nicht. Im Nathanorakel steht zwar, Gott könne den als Sohn angenommenen Davididen züchtigen, aber nur dann, wenn dieser sich verfehlt (2 Sam. vii 14).

Wichtigen Aufschluss gibt das Daseinsverständnis des Gerechten in der spätjüdischen Zeit. Er ist davon überzeugt, der Herrlichkeit in der Gottesherrschaft gehe notwendig eine Zeit der Drangsal vorauf: das ewig scheinende Licht der Wahrheit breche durch das Dunkel einer in Irrtum und Lüge gefangenen Welt, und die Geburt

---

Zeit Jesu, 2. Aufl. 1958, Bd. II, S. 146). Vespasian, Domitian und Trajan verfolgten die Davididen, um niemanden vom königlichen Stamm übrig zu lassen; diese Verfolgung betraf nach Hegesipp auch die Verwandten Jesu (Euseb. hist. eccl. III, 12. 19f. 32, 3f).

[1]) Der alttestamentliche König war Charismatiker (G. VON RAD, *a.a.O.*, Bd. I, S. 321f). Der Geist Jahwes ruht auf dem Davidsspross (Jes. xi 2, nach dem Targum zu dieser Stelle ist es der Geist der Prophetie; Jesus gilt in Apg. iii, 22 als der Mose gleiche Prophet). Die Rabbinen sollen nach b Sanh. 93b Bar Kosiba daraufhin geprüft haben, ob er die in Jes. xi 2 geforderten Eigenschaften besass.

[2]) Freilich werden mit dieser Deutung nicht alle Menschensohnworte erfasst. Aber die Dan. 7, 13 aufnehmenden Menschensohnworte sind wohl Gemeindebildung.

der neuen Ära vollziehe sich in furchtbaren Wehen [1]). Die Gegenwart steht im Zeichen der Teufelsherrschaft [2]). Für den Frommen
gilt es darum, leidend auszuhalten bis zur grossen Wende; fest zu
bleiben im Glauben, da man durch viel Drangsal in das Reich Gottes
eingehen muss (vgl. Apg. xiv 22). Der Beter in den Lobliedern von
Qumran, der Lehrer der Gerechtigkeit, spricht immer wieder von
Verfolgung, Anfechtung und Lebensgefahr [3]) und empfindet sie
als Angriff des Teufels [4]), als Drohung des Todes [5]). Die von ihm
begründete Gemeinde der Erwählten teilt sein Schicksal. Dabei
wird in der Darstellung ihrer gegenwärtigen eschatologisch bedingten Drangsal gelegentlich an das Leiden des jesajanischen Gottesknechts, ja an messianische Stellen des Alten Testaments erinnert.
Die Gemeinde ist nach Loblied 8 der fest verwurzelte, jetzt noch
verborgene ,,Schoss'' (נֵצֶר vgl. Jes. xi 1) [6]) für die immerwährende,
endzeitliche Pflanzung (Z. 6). Er befindet sich in dürrem Land
(Z. 4 vgl. Jes. liii 2), unbeachtet, ja misshandelt: Hohe Bäume
überragen ihn und drohen ihn fast zu ersticken (Z. 6, 9), die Tiere
des Waldes weiden ihn ab; sein Wurzelstock (גֵּזַע vgl. Jes. xi 1)
ist ein Trampelplatz für alle, die vorübergehen; sein Gezweig dient
allen Vögeln (Z. 8f). Die Schüler des Lehrers werden sogar dem
wunderbaren messianischen Kind von Jes. ix 5 verglichen; denn
in den schrecklichen Wehen der letzten Zeit bringt sie ihr Meister
zur Welt [7]). Vom Hintergrund solcher Aussagen her versteht man

---

[1]) Zur Kennzeichnung der eschatologischen Wende als eines machtvollen
Durchbruchs von Licht, Gerechtigkeit und Wahrheit durch die Nacht von
Lüge und Unrecht vgl. die Aussagen des Mysterienbuches von Qumran
(1Q 27, I, I, 5-7), des Sektenkanons (1QS 4, 19) und der Kriegsrolle (1QM
1, 8f). Den biblischen Hintergrund dieser Vorstellungen bildet vor allem
Ps. xxxvii 6, 20. Das Bild von den Wehen wird in 1QH 3, 7-11 ausgeführt.

[2]) 1QS 1, 16f; 3, 20-22.

[3]) Vor allem in den Liedern auf Kol. II-VI, VIII, IX. Hinzu kommt das
Gefühl von Heimatlosigkeit und Fremde: Der Lehrer ist von seinen Freunden
und Verwandten getrennt, von seiner Heimat weggestossen wie ein Vogel
aus seinem Nest (4, 8f); er lebt im Exil beim fremden Volk (5, 5), wo ihn
die Gottlosen drohend umgeben wie die Löwen, die Daniel in der Grube
umlauerten (5, 6f. 9f. 13).

[4]) 1QH 2, 16. 22; 4, 13; 5, 26f.

[5]) 1QH 3, 9. 19. 26; 5, 6. 8.

[6]) A. MÉDEBIELLE (Miscellanea Biblica Orientalia für A. Miller, *Studia
Anselmiana* 27f, 1957, 301-326), hat die Bezeichnung Jesu als Ναζωραῖος
(Mt. ii 23, xxvi 71; Apg. ii 22, iii 6, iv 10 u.a.) vom נֵצֶר in Jes. xi 1 her zu
deuten versucht.

[7]) 1QH 3, 6-12. Zur Deutung dieser schwierigen Stelle vgl. meine Aufsätze ,,Die Geburt der Gemeinde durch den Lehrer'', *NTS* 3 (1957), S. 314-

das standhaft erduldete Martyrium, das die Essener durch die
Römer erlitten. Wer Gottes Bund und Gebot in den Anfechtungen
der Endzeit treu bewahren wollte, musste dazu bereit sein, sein
Leben herzugeben, um ein besseres zu empfangen (Jos. bell. 2,
152f) [1]. Das wussten auch die Zeloten: selbst ihr Todfeind Josephus
berichtet manches Beispiel zelotischer Todesverachtung und
heroisch ertragenen Martyriums [2]. Dieses Leiden und Sterben
erhält vom Eschaton her seinen Sinn. Den Blutzeugen erwartet
grosse Glückseligkeit (Bell. 1, 650-653), sein Tod schreit nach Gottes
Rache an den Frevlern; vielleicht sollte er, da diese Rache am
umfassendsten im Endgericht vollzogen würde, den Anbruch der
Gottesherrschaft herbeizwingen [3]. Schliesslich erhoffte man von
solchem Leiden eine sühnende Wirkung zugunsten des ganzen
Volkes [4].

Das Martyrium ist ein Wesensmerkmal der jüdischen Religion
überhaupt [5]. Mit dem Psalmwort: ,,Um Deinetwillen werden wir
täglich getötet, werden wir wie Schlachtschafe geachtet'' (Ps. xliv
23, vgl. Röm. viii 36), beschrieb der Gerechte der spätjüdisch-
römischen Zeit sein Dasein schlechthin (b Git 57b). Rabbinische
Lehrer wie Elieser ben Simon und Jehuda Hanasi riefen alle
Züchtigungen Israels zu sich herab, heiligten sich dadurch, dass sie
Krankheit und Schmerz stellvertretend für ihr Volk ertrugen
(Qoh. R. 11, 2; b Kil. 32b). Man beobachtet im neutestamentlichen
Judentum ein starkes Interesse für die Sterbestunde der Gerechten,
ihren Abschied von der Welt (Adam, Henoch, die Zwölf Patriarchen,

---

326, und ,,Das Volk Seiner Kraft'', *ibid.* 5 (1958), S. 67-75; wie ich urteilen
J. CARMIGNAC, *Les Textes de Qumran*, 1961, S. 195 und P. BENOIT, ,,Qumran
et le Nouveau Testament'', *NTS* 7, 1961, S. 283.

[1] Josephus lässt allerdings das Moment der Endzeiterwartung unerwähnt.

[2] Die Belege finden sich eingehend besprochen bei M. HENGEL, *Die
Zeloten*, 1961, S. 261-277.

[3] M. HENGEL, *a.a.O.*, S. 272f.

[4] 4 Makk. vi 29, xvii 22; Mekh. Ex. xii 1; Lev. R. xx 7 zu xvi 1; j Sanh.
30c, 28f. Dass der Einsatz des eigenen Lebens den gegen Israel entflammten
Zorn Gottes abwenden und dem ganzen Volke Sühne schaffen konnte, sah
man zur Zeit Jesu nicht nur an einer Gestalt wie der Moses oder der des
Gottesknechts von Jes. liii, sondern auch am Eiferer Pinehas. Sein entschlossenes Eintreten für Gottes Sache (Nu. xxv 13) wurde in Sifre Nu. z. St.
mit dem Hinweis auf Jes. liii 12: ,,Dafür, dass er sein Leben dem Tode
preisgab'', kommentiert und die Sühnkraft dieser Tat als bis hin zur Totenauferstehung fortwirkend gedacht (vgl. auch Num. R. 20, 25-21, 3 und M.
HENGEL, *a.a.O.*, S. 161-163).

[5] Zur Stellung der offiziellen Synagoge zum Martyrium vgl. BILL. Bd. I,
S. 221-226, zum sühnenden Leiden II, S. 280-282.

Mose, Elia). Die Prophetenbücher des Alten Testaments, die in mancher Hinsicht der synoptischen Überlieferung gleichen , lassen für den spätjüdischen Frommen eines vermissen: den Tod des Propheten. In der Ascensio Jesajae und der Vita Prophetarum wird diesem Bedürfnis Rechnung getragen und ein Märtyrertod mancher Propheten erzählt.

Schon von daher wäre es begreiflich, dass auch Jesus, der Heilige Gottes, die Last der letzten Zeit auf sich geladen hätte, dass er, der von Gott Erwählte, wie der auserwählte Gottesknecht des zweiten Jesaja, durch Leiden und Tod zur Vollkommenheit zu gehen bereit gewesen wäre. Gefangenschaft und Tod Johannes des Täufers konnten zeigen, dass das Zeugnis vom nahen Gottesreich nicht nur durch das Wort, sondern auch mit dem Opfer des Lebens verkündigt werden musste. Jesu Wort vom Kreuztragen (Mk. viii 34 par; Mt. x 38) hat altertümlichen Klang und erinnert an die Martyriumsbereitschaft der Zeloten: Wer sich zu ihnen hielt, musste sich dazu anschicken, sein Kreuz zu tragen [1]).

David war ein leidender Regent [2]). R. Jonathan (um 140 n. Chr.) nannte neben Mose den König David als Beispiel des Gerechten, der für sein Volk sühnend einzutreten bereit ist. Er verwies dabei auf 2 Sam. xxiv 17, wo der König bittet, die Strafe auf ihn zu legen, aber die ,,Schafe'', seine Untertanen, zu schonen (Mekh. Ex. 12, 1 [2a]). Auch dem Davididen der Endzeit bleiben Leiden und Tod nicht immer erspart. Der stark messianisch gefärbte Segen Jakobs für Juda in Jub. 31, 20 endet mit der Drohung: ,,Alle, die dich hassen, quälen und verfluchen, sollen von der Erde vertilgt und vernichtet werden''. Und im Testament Ruben heisst es vom Samen Judas, den Gott zum Völkerherrscher auserwählt hat: ,,Fallt nieder vor seinem Samen, denn euretwegen wird er in sichtbaren und unsichtbaren Kriegen sterben und für immer König sein!'' (7, 11f).

In einem leider unvollständigen Satz der Damaskusschrift heisst

---

[1]) Keiner unter Jesu Hörern verstand Worte wie ,,sein Kreuz tragen'' und ,,seine Seele verlieren'' besser als die Zeloten (A. SCHLATTER, *Geschichte Israels von Alexander dem Grossen bis Hadrian*, 3. Aufl., 1925, S. 264).

[2]) Selbst in dem ,,profanen'' Bericht von Davids Thronnachfolge ist der König auch als ein leidender Gesalbter verstanden: Er muss aus Jerusalem fliehen, Thron und Lade zurücklassen, bis entschieden ist, ob Gott an ihm Gefallen hat (2 Sam. xv 16ff). In der nordischen religionsgeschichtlichen Schule misst man auch dem sakralen Leiden des Königs grosse Bedeutung bei (vgl. G. VON RAD, *a.a.O.*, Bd. I, S. 315f).

es: ,,. . . [bis aufsteht der Messi]as von Aaron und Israel, und er wird ihre Sünde sühnen'' (CD 14, 19). Ist der Messias Subjekt dieser Aussage [1]), so wäre damit das sündentilgende, sühneschaffende Amt des Messias in einem vorchristlichen Text bezeugt, vielleicht beeinflusst vom Bild des leidenden Gottesknechts (vgl. Jes. liii 4-6, 12). Vor allem wird im Targum, das die Messiaserwartung der neutestamentlichen Zeit oft besser bewahrt hat als etwa Talmud und Midrasch, das Schicksal des Messias mit Leiden und Tod verknüpft. Das Prophetentargum legt das Lied vom Gottesknecht Jes. lii 13-liii 12 messianisch aus. Es verteilt zwar das Leiden auf Israel und die Heiden, aber sollte diese gekünstelte Exegese ursprünglich sein? J. JEREMIAS vermutet, sie sei antichristlich gefärbt [2]). Wahrscheinlich hatte man vorher den Messias durch Leiden und Tod zum rechtfertigenden Siege gelangen lassen, wie das der zweite Jesaja vom Gottesknecht verhiess.

Freilich entsprach das nicht der offiziellen Messiaserwartung. Die Rabbinen reden meist vom triumphierenden Messias, und das Neue Testament bezeugt selbst, dass man beim Messias nicht an Leiden und Tod zu denken gewohnt war [3]). Der Grund dafür ist naheliegend: Das unterdrückte Volk sehnte sich nach dem erlösenden, glanzvollen Regiment des inthronisierten Herrschers. Wo man aber von einem verborgenen, noch nicht eingesetzten und der Welt offenbarten Messias sprach, legte man ihm auch das Leiden auf [4]).

---

[1]) Es könnte auch Gott sein, vor allem wenn man die Anfangslücke mit L. GINZBERG ergänzt: ,, . . . bis Gott den Messias sendet.'' Aber die Sekte spricht in den uns bekannten Texten nie vom ,,Gesandtwerden'' des Messias, sondern von dessen ,,Kommen'' oder ,,Aufstehen''. Die von Ch. Rabin gegebene Ergänzung ist darum vorzuziehen (The Zadokite Documents, 1954, S. 70f).

[2]) Artikel ,,παῖς'' im *ThWB zum NT*, Bd. V, S. 693: ,,Die messianische Deutung von Jes. lii 13-liii 12 war so fest eingebürgert, dass Tg Js sich ihr nicht entziehen konnte, aber die Leidensaussagen werden in brüskem Widerspruch zum Urtext durch das gängige Messiasbild ersetzt!''

[3]) Vgl. Mk. viii 31ff par; Lk. xxiv 20f; Apg. xvii 3; 1 Kor. i 23; Gal. v 11 u.a.

[4]) Vgl. dazu die bei BILL. II, 284ff und M. ZOBEL, *Gottes Gesalbter*, 1938, S. 141ff gegebenen Stellen. Bereits im Kreise der Schüler R. Jehudas des Fürsten nannte man den Messias auf Grund von Jes. liii 4 den ,,Siechen'' oder ,,Aussätzigen'' (b Sanh 98b); der in der ersten Hälfte des 3. Jhdts. lebende Amoräer Jehoschua ben Levi weiss den verborgenen Messias unter armen, mit Schwären behafteten Kranken an der Pforte Roms sitzend (ib. 98a, vgl. 93 : Gott belastet den Messias mit Geboten und Leiden wie mit Mühlsteinen). Vor allem wird im Zohar Jes. liii auf den Messias bezogen: Der Messias wird geschlagen, damit alle Sünder genesen (Zohar Teil 3, S.218a

Wie immer ein Erlöser Israels sich seinen Weg vorstellen mochte,
der Gang der Geschichte zwang ihn unter das Leidensjoch. Das
messianische Auftreten eines Theudas, Menahem und Bar Kosiba
endete mit dem gewaltsamen Tod. So hat auch das messianische
Handeln — der Einzug in Jerusalem, die Tempelreinigung — Jesus
ans Kreuz gebracht. Die führenden Männer Israels konnten zudem
keinen Einklang, sondern nur den Konflikt zwischen dem Wort der
Schrift und Jesu nunmehr enthülltem Messiasanspruch sehen.
Denn selbst in Jerusalem hat sich nach ihrer Auffassung Gott nicht
zu Jesus bekannt; der Anbruch der grossen Wende, das Zeichen
der Freiheit, blieb aus. Der falsche, machtlose Messias — nicht
etwa der häretische Lehrer! — musste ans Kreuz. Er lästerte Gott
und wurde ausserdem zur Gefahr für das von den Römern beherrschte Volk.

_____

mit Hinweis auf Jes. liii 5); er nimmt alle Leiden, Schmerzen und Drangsale
Israels auf sich, *a.a.O.*, Teil 2, 212b mit Hinweis auf Jes. liii 4f). Er ersetzt
so die sühnende Wirkung des einstmaligen Opferkults.

10. The Dichotomized Servant and the End of Judas Iscariot

Light on the dark passages Matthew 24, 51 and parallel; Acts 1, 18

I. The Problem

THE strange end of the parable *Matthew* 24, 45-51 (=*Luke* 12, 42-46) presents a riddle which is not yet solved in a satisfactory way. The central figure of this parable is a servant who is appointed to lead the household during the absence of his master. There are two possibilities for the servant: He can be faithful and wise and demonstrate this attitude by giving his fellow-servants their food at the proper time; in this case his reward will be great, because the Lord will set him over all his possessions. Or, he is wicked and says to himself: "My master is delayed", eats and drinks with the drunken and beats his fellow-servants; after an unexpected return his Lord will punish him severely. The purpose of this parable is clear. It illustrates man's true eschatological existence which means to be open for God's future and to fulfill faithfully the daily duties toward our fellow-men. But the punishment of those who fail to realize authentic existence is enigmatic: the Lord will cut the wicked servant in two (διχοτομήσει αὐτόν) and give him his portion with the hypocrites (*Matth.* 24, 51). The parallel, *Luke* 12, 46, presents the same strange text which therefore must have been found in "Q", the Logia-Source. However, *Luke* has ἄπιστοι instead of ὑποκριταί, and *Matthew* adds his favorite phrase: "There men will weep and gnash their teeth" (8, 12; 13, 42.50; 22, 13; 25, 30).

Several questions arise. Why will the Lord cut his servant in two, "dichotomize" him? Why should this cruel punishment not be sufficient, and how can the servant, being cut himself in portions, receive his portion with the hypocrites? Why with the hypocrites? Was the crime of drinking with the drunken and of beating the fellow-servants "hypocrisy"?

The answer to these questions is not easy, because the crucial verb διχοτομεῖν and the phrase τιθέναι μέρος τινός are hapaxlegomena in the New Testament. The door is open to all sorts of speculations, and it would be interesting to report the suggestions made on this crux interpretum. Let me mention that of Joachim JEREMIAS. Being the unsurpassed master in discovering mistranslations, he sees behind διχοτομήσει αὐτόν an Aramaic יְפַלֵּג לֵהּ "he will distribute to him" (dative) scilicet "blows" = "he will beat him". The basic meaning of פְּלַג "to divide" has suggested the false rendering "he will cut him (accusative) in two". In a similar way *Matthew*'s hypocrites came into existence. The Aramaic original had the noun חֲנֻפִין which can be both, "wicked men" and "hypocrites". *Luke*'s ἄπιστοι is the correct translation. Finally, the statement τὸ μέρος αὐτοῦ μετὰ τῶν ὑποκριτῶν θήσει is explained by J. JEREMIAS as a Semitism which simply meant "he will treat him as a wicked man" (1).

This is very ingenious, indeed. But I have some doubts on this solution. First: can פְּלַג לֵהּ, without any direct object, mean "to beat him"? The Peshitto has for the servant's beating his fellow-servants the verb meḥa' (2). Second, the punishment of beating is no adequate illustration for the seriousness of the present kairos and the impending last Judgment (3). Third, the phrase "to give his portion" has a specific eschatological meaning which should not be obscured.

II. The Qumran Curse against the Hypocrite

The second column of the *Rule of the Community (1 Q S)* contains a passage which helps to solve the problem. It is part of a curse against the hypocrite, the man who enters the covenant in order to win the eschatological blessings of it, but has made up his mind to walk stubbornly in his selfish ways. The sect warns against such a magic misunderstanding of the covenant by the curse which ends: God will "single out" the hypocrite "for evil so that he will be cut off from the midst of all the Sons of Light; ... He (4) will give his alloted portion in the midst of those accursed forever" (*1 Q S* II, 16-17).

(1) J. JEREMIAS, *Die Gleichnisse Jesu*, 1958, p. 49, note 2.
(2) Used also in Aramaic. *Targum Onqelos* renders מַכּוֹת (*Deut.* 29, 21) by מְחָתָה.

(3) The solution of J. JEREMIAS fits δείρεσθαι in the additional statement *Luke* 12, 47f which will be discussed later.
(4) God is the subject who gives the alloted portions. I follow here the translation of P. WERNBERG-MØLLER. (The Manual of Discipline, Grand Rapids, 1961, p. 24, 55).

1° The twofold eschatological action of God corresponds to the double punishment suffered by the wicked servant. It is quite evident from the *second half* of *Matth.* 24, 51. For "He will give his portion with the hypocrites" (τὸ μέρος αὐτοῦ μετὰ τῶν ὑποκριτῶν θήσει) means the same as the end of the Qumran curse: "God will give his alloted portion in the midst of those accursed forever" (יתן גורלו בתוך ארורי עולמים). The terms μέρος or μερίς and κλῆρος in the New Testament, גורל in the Dead Sea Scrolls, and חֵלֶק in the Rabbinic writings can designate the "portion" or "lot"

which is attributed by God to each individual and determines his present and future status: his post in the eschatological community and the corresponding share of the eternal blessings, or his place among the hypocrites or faithless who are doomed for eternal punishment (5).

Seen from this background, *Matthew*'s "hypocrites", and not the "faithless" of *Luke*, are original; for, the curse of Qumran is directed against a hypocrite. And *Matthew*'s additional comment: "There men will weep and gnash their teeth" interprets correctly "the portion with the hypocrites" as the place (cf. ἐκεῖ) of eternal torment, the hell (6). Finally, it becomes apparent that the Sinaitic Syriac, which in the parallel *Luke* 12, 46 has shifted the word for "portion" ("he will divide his portion and set him with the unbelievers"), presents a later text obscuring the meaning of the original.

2° The *first part* of the servant's punishment has its parallel in the first half of the Qumran curse, quoted before: "The hypocrite shall be cut off from the midst of all the Children of Light" (ונכרת מתוך כול בני אור). The fact, that the Lord will "cut the servant in two", "in the middle" (διχοτομήσει αὐτόν) is due to a more literal

---

(5) See W. FÖRSTER, article on κλῆρος in *Theologisches Wörterbuch zum Neuen Testament*, edited by G. KITTEL and G. FRIEDRICH, vol. III, p. 758-763, and J. SCHNEIDER, article on μέρος, *ibidem*, vol. IV, p. 597-602. Important are the passages: *Psalms* 50, 18 ("you put your lot with adulterers"); *Daniel* 12, 13 (alloted place in the eschaton); *1 Q Serek* I, 9-10.16; V, 3; VI, 16.18-19.21-22; IX, 7 (alloted place in the Community); *1 Q Hodayot* III, 22-23; XVI, 13; XI, 11-12; *1 Q Serek* XI, 7-8; *1 Q Genesis Apocryphon* II, 20-21 (alloted share with the angels); *1 Q Milḥamah* I, 11 ("lot of darkness"); *1 Q Serek* IV, 24 ("lot of error"); *1 Q Serek* III, 24; *1 Q Milḥamah* XIII, 2 ("lot of Belial"). In the New Testament, *Acts* 26, 18; *Colossians* 1, 12 (alloted place in the eschatological community); *Apocalypse* 20, 6 (share in the first resurrection); *Apocalypse* 22, 19 (share in the tree of life). Rabbinic literature: *Babylonian Talmud, Berakot* 16 b (alloted share in the Garden of Eden) and 61 b (alloted share in eternal life).

(6) Those "accursed forever" will become alloted to the darkness of eternal fire where no intercessor can help (*1 Q Serek* II, 8-9). Cf the parable of Dives and Lazarus (*Luke* 16, 24-31). The opposite eternal lot is that with the angels which is predetermined by the place in God's community in the present age (see the references in note 5).

and more dramatized rendering of כרת מתוך = "to cut off from the midst of". This was possible because of three reasons:

a) The verb כרת which means "to cut" (for example, a tree: *Deut.* 19, 5; 20, 19f, or "to cut off" the head of a person *I Sam.* 17, 51; 31, 23), occurs often in the Old Testament with the object ברית = "to make a covenant". Passages as *Jer.* 34, 8 and *Gen.* 15, 9f.17 suggest that the phrase כרת ברית points to a rite in which a sacrificial animal was cut in two; the partners of the covenant had to pass between the halves. Martin NOTH has shown that a similar phrase occurs in the texts of Mari (II, 37), where qa-ta-lum ha-a-ri-im bi-ri-it X and Y (= "to kill an ass between X and Y") is terminus technicus for "making a covenant" (7). Therefore, the Old Testament usage of כרת could suggest the "cutting in two" (8).

b) The form נכרת in the Qumran curse is followed by מתוך כול בני אור "from the midst of all the Sons of Light", which alludes to the very common Old Testament phrase: "That man (or: "soul") shall be cut off from the midst of his people (מקרב עמו). Since the parable did not mention such a group of people, the disconnected מתוך or מקרב could have been related to the servant himself: he will be cut בתוכו = "in his midst", or בקרבו = "in his belly".

c) The form נכרת in the curse is preceded by יבדילהו לרעה = "God will single him out for evil". הבדיל can also mean "to separate", for example "to divide" a bird for an offering (*Lev.* 1, 17) or "to sever" its head from the neck (*Lev.* 5, 8). And God's famous act of separating the light from the darkness (*Gen.* 1, 4) is translated in the Septuagint by διαχωρίζειν ἀνὰ μέσον = "to separate in the middle" (9).

This solution for the riddle of διχοτομεῖν is corroborated by the following facts: *a)* The curse of Qumran contains some other parallels to our parable (10); — *b)* the main scriptural background for

---

(7) M. NOTH, *Das alttestamentliche Bundesschliessen im Lichte eines Mari-Textes*, in *Gesammelte Studien zum Alten Testament*, München, 1957, p. 142-154, esp. 143 f.

(8) See also *Joshua* 3, 13; 4, 7: the waters of the river Jordan are "cut in two" (כרת niphal).

(9) This part of the Qumran curse could point to the suggestion of J. JEREMIAS, mentioned above: God's action against the wicked servant could have been in Aramaic פלג. The meaning of it, however, was not "to beat", but "to separate", id est: single him out from the household of God.

(10) The Beatitude ("blessing") for the faithful servant (*Matth.* 24, 46) suggests a "Woe" or a curse upon the wicked; it also recalls the passage *1 Q Serek* II, 13-14, where the hypocrite of the Qumran curse "blesses himself in his heart saying: Salvation will be given to me because I walk in the stubbornness of my heart", which means that he purposely tries to betray God by setting "the stumbling-block of his iniquity before him" (cf *1 Q Serek* II 12). The wicked servant of the parable "says in his heart: My lord is delayed" (*Matth.* 24, 48)

the Qumran concept of God's "cutting off", extinction by God, stands also behind our parable: This is *Psalm* 37.

A pesher, found in Cave 4 (11), relates this psalm, which proclaims the extinction of the wicked and the blessings of the faithful, to the eschatological destiny of the men at Qumran and of their opponents. Our parable, too, is an eschatological version of *Psalm* 37. For this psalm depicts the righteous as men who wait patiently for the Lord (verses 7, 9), who are generous and give liberally to their fellow-men (verses 21, 26) and who therefore will possess the land (verses 9, 11, 29). This is exactly told about the good servant in the parable: he waits for his Lord and gives his fellow-servants their food; therefore he is set over all the possessions (*Matth.* 24, 45.47). On the other hand, the wicked of *Psalm* 37 live in abundance (verse 16), bring down the poor and needy (verse 14b), and seek to slay the righteous (verses 14b, 32). Therefore they will be cut off; this is mentioned four times and always expressed by the niphal of כרת (12). The bad servant of the parable follows their example and fulfills their fate: he eats and drinks with the drunken and beats his fellow-servants (*Matth.* 24, 49); he will, therefore, become "dichotomized" which according to my solution meant "become cut off" (יכרת). The statement that his share is alloted with the hypocrites, corresponds to the reward of the faithful servant who is set over all the possessions.

III. The Addition Luke 12, 47 f.

Luke presents the following addition to this parable: "And that servant who knew his master's will but did not make ready or act according to his will, shall receive a servere beating (δαρήσεται πολλάς). But he who did not know, and did what deserved a beating, shall receive a light beating" (12, 47f).

---

whereby he, too, "sets the stumbling-block" which causes him to betray his Lord, purposely "before him".

(11) First published partly by J. M. ALLEGRO in *Palestine Exploration Quarterly* (86) 1954, p. 69-75; now better edition by H. STEGEMANN, *Der Pešer Psalm 37 aus Höhle 4 von Qumran*, in *Revue de Qumrân*, nº 14, tome 4, fasc. 2 (mai 1963), p. 235-270.

(12) Verses 9a; 22b; 34b; 38b. As in our parable, no place or group, from which the wicked will be cut off, is mentioned. One of the three non-canonical psalms of *11 Q Ps a*, which was published by J. SANDERS in an English translation and labeled "an apostrophe to Zion", says in line 7: "He who pronounces violence clean and announces lies, yea, the unjust, will be cut off from thee"; in line 13: "All about are thine enemies cut off, O Zion, and all who hate thee are scattered" (W. H. BROWNLEE, *The Meaning of the Qumran Scrolls for the Bible*", New York, 1964, p. 32f). Important is also *Ezekiel* 14, 8: "I will cut him off from the midst of My people", because this chapter has influenced the curse of Qumran (cf. *Ezechiel* 14, 3 with *1 Q Serek* II, 12).

This legalistic conclusion drawn from the parable is characterized by the distinction between deliberate and inadvertent sins, which also occurs in the Qumran law-code (13) and in the Phariseic view of extinction by God (14). Furthermore, the punishment by beating is remarkable. It may be due to the application of the ius talionis which was common in the Sacred Law of the Early Christian Church (15): The servant who has beaten his fellow-servants will be beaten by the Lord. But more influential could have been the warning against the hypocrite in *Deut.* 29, 18-21 which forms the basis of the Qumran curse *1 Q Serek* II, 11-17 (16) and was also well known in Christian circles (17). Everyone who hears the words of the sworn covenant and makes up his mind to walk in the stubbornness of his heart (*Deut.* 29, 18) will become the victim of God's wrath (*ibidem*, 19a). The curses written in this book will settle upon him (*ibid.*, 19b), God will "blot out" his name from under heaven (*ibid.*, 19c), and the whole land will be devastated by "plagues" and sicknesses (*ibid.*, 21). Since the word מחה = "to blot out" (*Deut.* 29, 19c) means in Aramaic also "to strike, to beat" (18), it could have suggested the punishment of "beating" in *Luke* 12, 47f. This is even more true for the "plagues" (*Deut.* 29, 21) which are designated in the Masoretic text by the term מכות (19), in the Septuagint by πληγαί, and in the *Targum Onqelos* by מחתה = "bea-

tings". The passage *Deut.* 29, 18-21 was used in the Sacred Law of the Early Christians; from there it has influenced *Luke*'s addition. This is confirmed by *Apocalypse* 22, 18f. At the end of the *Apocalypse of John* the writer declares: "I warn everyone who hears the words of the prophecy of this book: if anyone adds to them, God will add to him the plagues (πληγάς) described in this book; and if anyone takes away from the words of the book of this prophecy, God will take away his share in the tree of life and in the holy city

---

(13) ביד רמה: *1 Q Serek* V, 12; VIII, 17.22; IX, 1; *Damascus Document* VIII, 8; X, 3. — בשגגה: *1 Q Serek* VII, 3; VIII, 24; cf. IX, 1-2; VIII, 26.

(14) *Mishnah, Kārēthōth* I, 2: על שגגה — על זדון.

(15) See E. KÄSEMANN, *Sätze heiligen Rechtes im Neuen Testament*, in *New Testament Studies* 1 (1954-1955), p. 248-260. The Pharisees applied it to punishments carried through by God Himself (*Mishnah, Sota*, I, 7; *Aboth* II, 6). See also I. HEINEMANN, *Philons Griechische und Jüdische Bildung*, Neudruck Darmstadt, 1962, S. 371f.

(16) See my book "*Offenbarung und Schriftforschung in der Qumransekte*", Tübingen, 1960, p. 170-174.

(17) See *Acts* 8, 23; *Hebrews* 12, 15; *Apc. John* 22, 18f.

(18) The Peshitto has it for the servant's beating his fellow-servants in *Matth.* 24, 49.

(19) The Jewish punishment of Makkoth certainly came into the mind of all the readers of such a passage.

which are described in this book" (22, 18f). The curse of *Deut.* 29, 18-21 is used here in a free way (20). The warning is constructed in a parallel fashion regarding to both, crime and punishment; again, the ius talionis is applied (21). In *Apocalypse* 22, 19 we find an eschatological punishment quite similar to that of *Luke* 12, 46: God will take away the violator's share in the tree of life (ἀφελεῖ ...τὸ μέρος αὐτοῦ ἀπὸ τοῦ ξύλου τῆς ζωῆς). Verse 18 mentions the πληγαί which are now related to the Book of *Apocalypse* and to a person, not to the land. The same is true for *Luke* 12, 47f: the πληγαί are referred to a person and interpreted in a more literal and dramatic way as "beatings". The same interpretation is given in *Mishnah, Makkoth* III, 14 according to which the verses *Deut.* 28, 58f shall be read during the application of the punishment of makkoth (="beatings"): The plagues (מכות) upon those who do not keep the words of the covenant are understood as "beatings".

IV. The End of Judas Iscariot according to Acts I, 18

The concept of extinction by God stands behind the end of Judas Iscariot as told in *Acts* 1, 15-26. The Qumran terminology in this pericope which has its scope in the election of Matthias has been observed by others (22). But as far as I can see, no one has ever made the attempt to explain the end of Judas, mentioned there, from the Qumran background. When compared with *Matthew*'s version of the death of Judas (27, 3-10), the report in *Acts* has both basic similarities and striking differences. According to *Matthew* Judas committed suicide by hanging; *Luke* speaks of his fatal fall on a field. This field, called "Field of Blood" (*Matth.* 27, 8; *Luke* 1, 19), a local tradition of Jerusalem, is the common nucleus of both narratives which tell that the field was bought with the blood money. However, *Matthew* lets the priests buy it after Judas had committed suicide and thrown the money down in the temple (27, 5-7); according to *Acts* 1, 18, Judas himself had acquired it before his fatal accident. Finally, both Evangelists consider the end of Judas as being foretold in Scripture. But *Matthew* thinks of passages in *Jeremiah* and *Zechariah* (27, 9f), *Luke* of a word which "the Holy Spirit spoke beforehand through the mouth of David" (*Acts* 1, 16). What is this word and why is *Luke*'s report so different from that of *Matthew*?

(20) Elements of *Deut.* 29, 18.19.21 are combined and form a new unit which is no more related to the Book of the Covenant but to the prophetic book of the *Johannine Apocalypse* itself.

(21) In both verses, crime and punishment are designated by the same verb.

(22) See the survey given by H. BRAUN, *Qumran und das Neue Testament,* in *Theologische Rundschau,* Neue Folge, 29 (1963), p. 142-149.

I shall attempt to answer these questions by using the "Parable of the Wicked Servant" and the results gained from it. This parable has three features in common with *Acts* 1, 15-26:

a) As the servant of the parable, Judas Iscariot was commissioned with an important post in the household of God (23); he, too, had to give his fellow-disciples their food at the proper time. For he carried the common purse (*John* 12, 6) out of which the supplies for the Twelve were purchased. Judas, too, was a wicked servant. Before he betrayed his Lord, he deceived his fellow-disciples "because he was a thief, and as he had the money box he took what was put into it" (*John* 12, 6).

b) Both pericopes speak of an earthly possession and of an alloted eternal portion. The terms κλῆρος, χωρίον, τόπος run like a thread through *Acts* 1, 15-26; and the given local tradition of Haqeldama, "Field of Blood", fits these terms very well. Judas was alloted his share (κλῆρος) in the ministry (1, 17), but he was faithless and bought a field (χωρίον) with the reward of his wickedness (1, 18). He died by falling on this field and had to go to his own place (τόπος 1, 25). With this last remark, *Luke* euphemistically refers to hell, which means that Judas received the same eschatological punishment as the wicked servant of our parable.

c) But he also suffered a similar death. *Luke* says that Judas, "falling headlong burst open in the middle and all his bowels gushed out" (1, 18). The central fact in this statement "he burst open in the middle" (ἐλάκησεν μέσος) reminds us of the wicked servant who was dichotomized, "cut in the middle". Behind ἐλάκησεν μέσος again the Hebrew נכרת stands. Judas was "cut off", extinguished by God Himself; this is why he could not have committed suicide. As in *Matth.* 24, 51, this נכרת was interpreted in a dramatic way, perhaps because the circumstances of his death were not known any longer. Because of the given tradition of "the Field of Blood", *Luke* described the dramatic extinction as a fatal fall on this field (24). He also was influenced by a passage from *Psalm* 37; this

---

(23) Judas had received an office among the disciples (*Acts* 1, 20b), a place in the ministry and apostleship from which he turned aside (1, 25). *Luke* also tells that another disciple was chosen by lot in order to fill the place of Judas (1, 26); he was, of course, expected to be a faithful servant.

(24) Here again, the ius talionis may have influenced such a report. We find a kind of parallel to *Acts* 1, 18f in *Jubilees* 4, 31 according to which the house of Cain fell on him and he died in the midst of his house, killed by its stones. "For he had killed Abel with a stone, and therefore was killed by a stone, according to a righteous judgment". The biblical statement that Cain built a city (*Gen.* 4, 17; *Jub.* 4, 9) is used in *Jubilees* in a similar way as the tradition of Haqeldamah in *Acts* 1, 18f: the property acquired and established by the sinners does not give protection, but is used by God as an instrument of His vengeance.

psalm, used in our parable, is meant by the Scripture concerning Judas which was spoken by the mouth of David (25). For this *Psalm* of David, which tells so much on possession of the land and the extinction of the wicked, says in verse 24 of the righteous: "When he falls he shall not be "cast headlong" (יוטל, καταραχθή-σεται), for the Lord is the stay of his hand". The opposite must be true for a man like Judas who has deserted and betrayed his Lord (26). He was cast headlong and "torn in pieces" as the passive καταρήγνυσθαι could suggest (27). The "gushing out of the bowels" does not require a special scriptural background (28), it is the natural outcome of one's bursting open in the middle. The dramatized interpretation of "extinction by God" provided an aetiology for the name Haqeldama: the blood of its wicked owner was shed on this field (1, 19).

V. Punishment by Extinction and the Sacred Law

Closely related with *Acts* 1, 15-26 is the story of Ananias and Sapphira in *Acts* 5, 1-11. There, too, a field plays an important role, and both the Lord (29) and His Church are deliberately (30) betrayed in connection with this field; finally, the two guilty persons are cut off by sudden death. But we see a new feature in this story. The punishment, carried through by God, was induced by Peter, the speaker of the Church (31). However, Peter had not to utter a curse or a formula of excommunication, for God acted imme-

---

(25) Not *Psalm* 69, 25 or *Psalm* 109, 8 which are quoted afterwards, because in this case verse 16 should read δεῖ (as does the Western text), not ἔδει.

(26) The translation πρηνὴς γενόμενος = "swelling up" (*Revised Standard Version*, in the margin) from πρήθω, πίμπρημι is therefore not possible.

(27) See *Babylonian Talmud, Nedarim* 50b: A woman banned by Rabbi Yehudah (third century A. D.) burst open and died. The Rabbis knew of other cases in which a ban had caused sudden death (*Babylonian Talmud, Mo'ed Qatan* 17a; *Abodah Zarah* 25b: cf. P. BILLERBECK, *Kommentar zum Neuen Testament aus Talmud und Midrasch*, vol. IV, part ɪ, p. 305).

(28) One may, of course, refer to *II Sam.* 20, 16 (Septuagint) or to *Babylonian Talmud, Chullin* 56b: a man fell from the roof of a house so that his belly burst open and his bowels gushed out (cf. P. BILLERBECK, *opus citatum*, vol. II, p. 595) or to *Mishnah Sanhedrin* IX, 5: a man who has committed twice a crime is brought into a narrow prison cell and fed with barley until his belly will burst.

(29) *Acts* 5, 4b: "You have not lied to men but to God"; 5, 9: "How is it that you have agreed together to tempt the Spirit of the Lord?" Christ's Spirit, given to the Christians, is deceived; see the defilement of the Holy Spirit in Qumran and *I Cor.* 5, 5, note 34.

(30) Compare *Acts* 5, 4c: "How is it that you have contrived this deed in your heart?" with *1 Q Serek* II, 12, where the hypocrite sets the stumbling-block of his iniquity before him.

(31) God has to be "reminded" by such an act. The act of reminding God is more explicitly discussed in my book "*Der Paraklet*", Leiden, 1963, p. 94-100.

diately after the apostle had discovered the deceit and convinced the guilty ones.   But in the case of the Corinthian who lived with his father's wife (*I Cor.* 5, 1-5), Paul demanded that the community (32) had "to deliver this man to Satan for the destruction of the flesh" (5, 5a).   In a solemn ceremony, God (33) was asked to carry through the judgment of the community and to extinguish the offender.   Paul, too, points to the eschatological dimension. But he hopes that the spirit of this man will be saved in the last judgment (5, 5b), after the sinful body of flesh has been destroyed (cf *Rom.* 6, 6) (34).   Extinction by sudden death and eternal torment are now separated; by suffering the former, man can be spared of the latter.   This interpretation must be attributed to the Pharisaic heritage of Paul.   For the crime of living with one's father's wife is listed in the *Mishnah* as the second of the 36 Karethoth (35), sins which will be punished with extinction; and this punishment has nothing to do with man's fate in the world to come (36).   The Pharisaic concept of extinction (כרת) re-interprets the Biblical formula: "That man" or "that soul shall be cut off from the midst of his fellowmen" (37).   Intended to designate a non-specified capital punishment, this formula was now understood as death from heaven (כרת בידי שמים) (38) over against execution by a human court (מיתה בידי אדם) (39).   God Himself will "cut off" all

(32) Cf. *I Cor.* 5, 4: "When you are assembled..."

(33) In this case, Satan to whom the man is delivered (5, 5) functions as the "destroyer" (cf *I Cor.* 10, 10) who stands in the service of God.   Cf *Mekhilta to Exodus*, Pisḥa 13 to *Exod.* 12, 29 (ed LAUTERBACH I, 97): The Rabbinic exegetes consider immediately the possibility that an angel, not God Himself, had slain the first-borns of Egypt; but they finally reject it because of *Exod.* 12, 12.

(34) Cf the *Testament of Naphtali* X, 9 and the *Babylonian Talmud, Schabbath* 152 b: the spirit of man must be given back in purity to God who has given it to man.   See the remarks in my book "*Offenbarung und Schriftforschung in der Qumransekte*", Tübingen, 1960, p. 126-135.

(35) Instead of "Kᵉrīthōth" one should better read "Kārēthōth" (G. DALMAN, *Worte Jesu*, vol. I, Leipzig, 1889, p. 276).

(36) *Babylonian Talmud, Sanhedrin* 64 b: Extinction is carried through in this age.   In *Palestinian Talmud, Peah* I: 15 d (referring to הכרת תכרת *Num.* 15, 31) is stated, that the soul is cut off, but her guilt remains with her, id est it is not expiated by death.

(37) ונכרת האיש ההוא מקרב עמו.   This formula occurs especially in the Priestly Code in cases in which the holiness of God or of His people is violated (forbidden sexual relations, witchcraft, transgressions against the laws of Sabbath, Passover, the Day of Atonement).

(38) The Rabbis and, to some extent, the New Testament writers, too, used the passive in order to circumscribe God as the subject.   But the fact that God Himself will extinguish the guilty ones was derived from passages in which the third person sing. niphal is replaced by the first person sing. hiphil: "I shall cut off" (*Lev.* 17, 10; 20, 3.6; cf 23, 29f).

(39) *Mishnah, Yebamoth* IV, 13; *Mekhilta, Exodus* Baḥodesh 7 to *Exod.* 20, 6 (LAUTERBACH), vol. II, p. 251).

those who offend Him deliberately (40) by "cutting" the days of their lives. He will extinguish them through sudden or premature death, in the age of 20-50 years and usually without posterity (41).

VI. Conclusions

The concept of extinction by God is an interesting example of existential re-interpretation of Scripture. In the time of Jesus, God Himself had to carry through the judgments which according to the Old Testament formula were intended to be handled by a human court. God will defend His holiness and the purity of His community against acts of defilement: He will "cut off" all those who commit deliberately those sins (42). God's intervention was required for those cases which could not be treated by the community or by the Sanhedrin, either because they were done secretly or because the jurisdictional competence of the Jews was limited or suspended by the Roman government (43). The concept of extinction by God found its expression in parenetic speeches or in a curse. For the Christian Church it became a kind of divine sanction protecting the Kerygma against the unbelieving world (44). But the members of the community, too, were warned (45) and directed toward God who knows the hearts of all men (*Acts* 1, 24; *II Tim.* 2, 19) and whose mighty arm will reach every one (46). The

(40) *Mishnah, Kārēthōth* I, 2: עַל זְדוֹנָם כָּרֵת.

(41) *Babylonian Talmud, Mo'ed Qatan* 28 a; *Palestinian Talmud, Bikkurim* II, 64 c; *Sanhedrin* XI, 30 b. The latter two passages prove that the Rabbis understood the verb כָּרַת as "divide in the middle".

(42) The deliberate sin is indicated by the fact that the hypocrite of Qumran (*1 Q Serek* II, 13) and the wicked servant (*Matth.* 24, 48) "speak in their heart", cf the servant "who knows the will of his lord" (*Luke* 12, 47), the accusation: "You have contrived this deed in your heart" (*Acts* 5, 4), and the wife's knowledge in *Acts* 5, 2.

(43) This was especially the case after the end of the Jewish Sanhedrin (*Babylonian Talmud, Kethuboth* 30 a).

(44) In *Acts* 3, 22f *Luke* quotes *Deut.* 18, 15, the promise of a future prophet like Moses. As the Qumran sect, *Luke* interprets this promise eschatologically and adds the following verse: "It shall be that every soul that does not listen to that prophet shall be cut off from the people" (cf *Deut.* 18, 19). For *Luke*, the future prophet is Jesus.

(45) The warning was necessary, because only the deliberate offense against God's commandment was punished by extinction. For Judas Iscariot cf *Mark* 14, 21 and perhaps *John* 13, 26 (L. R. Fisher, Betrayed by Friends, Interpretation 18 (1964), p. 36).

(46) Cf. PHILO, *De Specialibus Legibus* III, 121 to *Exod.* 21, 13: God delivers into the hands of a killer the criminal who succeeded in escaping the punishment through a human court; he will be brought to and condemned at the invisible court of nature where the whole truth will be discovered (I. HEINEMANN, *opus citatum* in note 15, p. 402, 533).

community could proclaim God's judgment by cursing the stubborn sinner; we may think of the Anathema before the Eucharist (47) and of the ban of the Synagogue (48).

There were, however, different possibilities of explaining the way in which God will exert His judgment.

1° Nothing in the Dead Sea Scrolls suggests that the *men of Qumran* expected God's immediate and open response in such a manner that the cursed offender was cut off by a sudden or premature death in the present. They were waiting for the last Judgment. This Judgment will be the great crisis, in which the final borderlines between truth and falsehood, life and death, the righteous ones and the sinners, will emerge in a clear and irrisistable way. Then the curse of the covenant will be realized. At the eschatological advent of God, the fire of His glory will destroy the unfaithful member of the community together with the great massa perditionis: "But as for all those of the members of the covenant who have broken through the boundary of the Law: When the glory of God will appear unto Israel they shall be cut off from the midst of the camp" (*Damascus Document* XX, 25 f) (cf *Deut.* 29, 19) (49). The greatest sin in Qumran was the stubbornness of the heart, the intentional rejection of the call for repentence; the greatest virtue to have a contrite heart (*1 Q Serek* IV, 3.11). The members of the community knew that they were not perfect because the ideal purity of the community could not be achieved in the present age, under the rule of Satan and his demons (*1 Q S* III, 20-24). Therefore God had to cleanse the chosen ones at the end of time (*1 Q S* IV, 20-22). But in contrast to the stubborn sinner, the chosen ones were full of grief about their former sins and present failures.

2° *Jesus*, too, preached repentance and proclaimed God's coming and the final Judgment. Whilst the human rulers and judges can kill the body only, God, the true king and heavenly judge, can destroy both soul and body in hell (*Matth.* 10, 28). This He will do in one eschatological act. God does not threaten the

(47) Cf. G. Bornkamm, *Das Anathema in der urchristlichen Abendmahls-liturgie* in: *Das Ende des Gesetzes*, München, 1952, p. 123-133; E. Käsemann, *Sätze Heiligen Rechtes im Neuen Testament*, in *New Testament Studies* 1 (1954-55), p. 250 f.

(48) P. Billerbeck, *opus citatum* in note 27, Exkurs 13, vol. IV, part ι, p. 293-333.

(49) The last Judgment must be also meant in *1 Q pesher Habakuk* X, 3-5: The Wicked Priest "will be declared unrigtheous by God in the midst of the nations and punished by fire and sulphur", which means that the high priest of Israel will be thrown into hell as if he would have been a heathen. According to *1 Q pesher Habakuk* IX, 9f this priest was given into the hands of his enemies in order that he might be humiliated until destruction.

sinner's life in the here and now, for the present is characterized by His patience; it is the kairos in which man has the chance to repent and to escape the coming wrath of God. God lets the tares grow together with the wheat till the harvest time; then both will be separated and the tares be burned (*Matth.* 13, 24-30). The parallel parable of the Dragnet (*Matth.* 13, 47-50) speaks of the last Judgment, too; it also presupposes God's patience in the present (50). The same motif occurs in the parable of the Fig Tree (*Luke* 13, 6-9). This tree is threatened by being "cut down", for in spite of much care it does not bear fruit; but it is saved by the intervention of the patient owner. The Dead Sea Scrolls offer some significant parallels for this parable (51). This is also true for the story of Jesus cursing a fig tree near Jerusalem (*Mark* 11, 12-14.20f). It contains many difficulties. However, it is clear that the fig tree with its display of foliage made the impression to offer some fruits, too. The disappointing tree illustrates the hypocrite—in this case the unbelieving Israel or Jerusalem—of whom the fruits of repentance are expected in the present kairos but cannot be found. Therefore Jesus cursed the tree; with this symbolic action (52) he pointed to the coming encounter with the living God. He did the same with the parable of the Rich Fool (*Luke* 12, 16-20). This parable was not told in order to illustrate the general truth that we are threatened by death in the midst of our lives (53); it rather points to the last Judgment with its surprising, uprooting revelations. The confident words with which the rich fool assures his soul of a blessed existence for many years remind us of the confident inward talk of the hypocrite in *1 Q Serek* II, 13f. In both cases God's "No" stands in a sharp contrast to the human monologue.

From the background of these parables we may find out what

---

(50) J. JEREMIAS, *opus citatum* in note 1, p. 72; 189-191. Cf *Matth.* 13, 48 a: "When it (= the dragnet) was full...", and J. CARMIGNAC, *Le Docteur de Justice et Jésus-Christ*, Paris, 1957, p. 104 (English translation: *Christ and the Teacher of Righteousness*, Baltimore, 1962, p. 98).

(51) The "cutting down" of a tree (ἐκκόπτειν) which can be designated in Hebrew by the word כרת (*Deut.* 19, 5; 20, 19f) is used also in Qumran for "cutting off" a man's life. The *Genesis Apocryphon* tells us that Abraham having entered Egypt foresaw the danger of his becoming extinguished in a dream of two trees, a cedar and a palm. Men came and sought to cut down the cedar but it was saved by the palm which interfered on behalf of its companion (XIX, 14-16). This reminds us of the gardener whose petition saved the tree in *Luke's* parable (13, 8f). Moreover, the Teacher of Righteousness who speaks in the *Hodayoth* illustrates his life-preserving care for the community by using the picture of a gardener who digs about his trees and waters them (VIII, 20-26; cf *Luke* 13, 8b).

(52) G. MÜNDERLEIN, *Die Verfluchung des Feigenbaumes*, in *New Testament Studies* 10 (1963), p. 89-104.

(53) J. JEREMIAS *opus citatum* in note 1, p. 143.

Jesus has said on the fate of the wicked servant in *Matth.* 24, 51. He has interpreted God's cutting off as an eschatological act which will take place in the last Judgment.   In the context of the parable, this meant that the returning lord will expel (54) the wicked servant from his household and deliver him to eternal punishment (55). The correct rendering of כרת is ἐκβάλλειν which is found in the similar case *Matth.* 25, 30: "Cast the worthless servant into the outer darkness; there men will weep and gnash their teeth".

3o The *Earliest Christian Church*, too, stressed repentance as the only way of finding God's forgiveness.   A radical turning away from wickedness and evil intention could even bring salvation for a sinner against whom words of excommunication were already uttered.   This is proved by the case of Simon Magus as reported in *Acts* 8, 20-24; there the influence of *Deut.* 29, 18 (Septuagint) (56) and of the Sacred Law of the Church again can be seen.   In contrast to Jesus, the early Christians were inclined to give a more detailed description of the final Judgment, to objectify it.   This tendency can be seen in the allegorical explanations of the parables of the Tares and of the Dragnet (*Matth.* 13, 37-43; 47-50), which must be considered as later additions (57); they, too, show features which

(54) We reach a result which among others was suggested by C. H. DODD, *The Parables of the Kingdom*, 1961, p. 126, note 1.   He holds that *Matth.* 24, 51 is either an allegorizing supplement signifying the destruction of the unbelievers, or that it must be a mistranslation of an original Aramaic which may have meant "he will cut him off" id est will expel him from his household, or "will divide him his portion with the unfaithful".

(55) It is not necessary to assume that the whole parable is a product of the Early Christians or that the second half of it is part of another parable on a wicked servant (so Emil G. KRAELING, *The Four Gospels*, New York, 1962, p. 176f).   For *Psalm* 37 renders the two parts of the parable into a firm unit, and Jesus himself interpreted this psalm in an eschatological way (*Matth.* 5, 5; 25, 34 alludes to *Psalm* 37, 11, and *Luke* 6, 21 to *Psalm* 37, 19).

(56) After a kind of curse: "Your silver perish with you" (*Acts* 8, 20) and a formula of excommunication: "You have neither part or lot in this word, for your heart is not right before God" (8, 21) follows the call of repentence: "Repent therefore of this wickedness of yours (μετανόησον οὖν ἀπὸ τῆς κακίας σου, cf *1 Q Serek* V, 1 רע מכול שוב) and pray the Lord that, if possible, the intent of your heart (ἐπίνοια τῆς καρδίας σου = מחשבת לבכה in *1 Q Hodayot* IV, 13) may be forgiven you (8, 22).   For I see that you are in the gall of bitterness and in the bond of iniquity" (8, 23, cf *Deut.* 29, 18).   And Simon answered: "Pray for me to the Lord, that nothing of what you have said may come upon me" (8, 24).

The Qumran curse against the hypocrite makes it clear that ὁ λόγος in 8, 21 should not be translated by "matter" (this is done in the *Revised Standard Version*) nor interpreted as *"Das Christentum"* (so E. HÄNCHEN, *Die Apostelgeschichte*, Göttingen, 1956, p. 262); it is God's word of promise, given to the covenant (cf *1 Q Serek* II, 13 "the words of this covenant").

(57) J. JEREMIAS, *opus citatum* in note 1, p. 70-72.

we see in a similar way in the writings of Qumran (58). The Son of Man who is in charge of the last Judgment will send his angels as the agents of punishment. They will "gather out of his kingdom all offenses and all evil-doers and throw them into the furnace of fire » (13, 41f); "they will separate (ἀφοριοῦσιν) the wicked from the midst of the righteous and throw them into the furnace of fire" (13, 49f). The style of this statement betrays a Semitic background; its content reminds us of *Matth.* 24, 51 (59) and of the curse of Qumran according to which God "will single out" the hypocrite "for evil so that he will be cut off from the midst of all the Sons of Light" (60) (*1 Q Serek* II, 16f). We can now understand why the strange word "offenses" (σκάνδαλα) is used in this context (*Matth.* 13, 41). For the curse of Qumran mentions twice the term "offense (מכשול) of his sin" (II, 12.17).

The present form of *Matth.* 24, 51 must be also attributed to the Earliest Church. For it was the Church, which described the torment of hell with the formula: "There men will weep and gnash their teeth" (*Matth.* 13, 42 and 13, 50, cf. 25, 30) (61). The Church may also have elaborated the servant's expulsion from the Lord's household according to a curse similar to that of Qumran which told that God will single out the hypocrite for evil, cut him off from the midst of the Sons of Light and give him his lot with the accursed ones. We may assume that the Greek text is the translation of an *Aramaic* original. The *Genesis-Aprocryphon* of Qumran helps us to reconstruct the possible Aramaic version of *Matth.* 24, 51 a, b. It offers in Abraham's dream of his threatening extinction in Egypt the verb קצץ = "to cut" (XIX, 15f) (62); it also tells of Enoch (II, 20-21) that "his lot was apportioned" [with angels, literally watchmen (63)] = (עם עירין [עדבה פליג). The (Hebrew)

---

(58) Both explanations display a dualism which is quite similar to that in the Dead Sea Scrolls, however interpreted by Christian faith. The "Son of Man" is opposed by the devil (*Matth.* 13, 38), and his followers are the "Sons of the Kingdom" in contrast to the "Sons of the Evil One" (13, 38f). In Qumran, Michael and Beliaal figure as heads of the metaphysical realms, and the "Sons of Light" and "the Sons of Darkness" are their representatives on earth. — The angels as agents of God's judgment (13, 41. 49) appear also in *1 Q Serek* II, 6f and in *1 Q Hodayot* V, 8f; in the latter passage they are depicted as fishermen and hunters who catch the evildoers (cf *Matth.* 13, 47f; *Jeremiah* 16, 16).

(59) As in 24, 51, *Matthew* concludes in 13, 42 and 13, 50 with the formula: "There men will weep and gnash their teeth".

(60) In *Matth.* 13, 38 (cf 8, 12) the righteous, the members of the Christian Church, are called "the Sons of the Kingdom".

(61) The torment in hell is mentioned in *1 Q Serek* II, 8; IV, 12f; *1 Q pesher Habakuk* X, 5.

(62) It is used for "cutting down" a tree, but actually the "cutting off" of Abraham, a person, is meant.

(63) This is suggested by the editors in order to fill the lacuna.

term for "hypocrite" (חנף) is found in *1 Q Serek* IV, 10.   Therefore *Matth.* 24, 51 a, b may have been in Aramaic: ויקוץ לה ועדבה יפלג עם חנפיא.   Perhaps the מתוך or מקרב was already translated in Aramaic (64), and also God's action of "singling out" the servant (65); in connection with the verb קצץ "to cut", both could have caused the false rendering διχοτομεῖν.   But even without such an Aramaic version the author of "Q", the Logia-Source, had in mind the curse against the hypocrite which was well known to him because it formed a part of the Sacred Law of the Earliest Church.   This curse was recited in Hebrew, the sacred language (66), and not in Aramaic; its Hebrew form suggested and explains best the false interpreta διχοτομήσει αὐτόν.

4o The verb διχοτομεῖν points to another tendency which may have arisen later among the early Christians.   This tendency becomes even more evident from the reports in *Acts* 1, 18f and 5, 1-11 which we discussed above.   In both cases, the eschatological dimension, the last Judgment, is still to be seen, but the sudden, *dramatic death* of Judas Iscariot, Ananias and Sapphira, stands in the foreground.   The same shift is caused by the verb διχοτομεῖν in *Matth.* 24, 51.   The servant's punishment which was originally understood as one eschatological act was now divided in two and even attributed to two different aeons.   There was first the sudden, cruel killing of the body in this age, and then the giving up of the person to eternal torment in hell.   Thereby the orientation toward the last Judgment is diminished.   If the passage *Mark* 11, 20f, in which the withering away of the cursed fig-tree is reported, is a later addition (67), it, too, confirms the desire for dramatic, miraculous judgments in the present.

5o The last step was done by the Pharisees of the *Mishnah*, who "de-eschatologized" the concept of extinction by God.   Premature death became now the decisive factor, and guilt and punishment were discussed in a detailed and casuistic manner.

---

(64) Perhaps by the nouns גרם, גשום or גוף.   Originally the noun could have been related to the subject: The Lord "himself", "personally" (בגופו, בגרמה) will cut off the servant; the Greek translator connected it with the object: The Lord will cut the servant "in his body" (בגופו, בגרמה).

(65) The *Targum Onqelos* to *Deut.* 29, 20 renders והבדילו לרעה by יפרשנה לבישא, which could have been understood: "He will divide the wicked".

(66) The use of Hebrew for halachic regulations is proved by the Qumran texts and by the *Mishnah*.

(67) So G. MÜNDERLEIN, *opus citatum* in note 52, p. 90.

11. Jesu Lieblingspsalm

Die Bedeutung von Psalm 103 für das Werk Jesu

Theo Sorg zugeeignet *

„Jesu Lieblingspsalm" scheint ein wenig angemessenes, weil von subjektiver Wahl und Willkür bestimmtes Thema zu sein. Aber m. E. hat der 103. Psalm, der sowohl den Juden als auch den Christen besonders ans Herz gewachsen ist, in Wort und Wirken Jesu so viele deutliche Spuren hinterlassen, daß man für ihn das Prädikat „Lieblingspsalm Jesu" durchaus in Erwägung ziehen kann. Wie kaum ein anderer Text rühmt er die große Barmherzigkeit und vergebende Liebe Gottes und damit gerade das, was uns Jesus in seinem Gebet und in manchen Gleichnissen gelehrt, aber auch in seinem Verhalten bewährt hat. In ihm finden sich Wendungen und Begriffe, die in der Botschaft Jesu geradezu thematisiert worden sind, so etwa die Königsherrschaft und die Gerechtigkeit Gottes (Ps. 103, 17.19.22), dazu das Tun des Gotteswillens (V 20 f.). Aber es sind nicht nur einzelne Aussagen dieses Psalms, die sich in den Evangelien wiederfinden. Der Beter bietet vielmehr gerade auch das, was die Sendung Jesu besonders auszeichnet und sie von der seines Vorläufers Johannes unterscheidet, nämlich den Lobpreis des gnädigen Gottes anstelle der Warnung vor dem unerbittlichen Richter der Welt; Psalm 103 enthält ein Hauptthema von Jesu Theologie. Man erkennt dies durch eine traditionsgeschichtliche, gesamtbiblische Betrachtung der Evangelien, bei der die alttestamentliche Basis der Botschaft Jesu freigelegt werden soll. Die Tatsache, daß man deren Bezug speziell zu Psalm 103 bisher nicht gesehen und gewürdigt hat, ist nicht zuletzt dem Übergewicht anderer exegetischer Methoden, z. B. der Form- und Redaktionsgeschichte, zuzuschreiben. Vorrang müßte aber die methodische Frage haben, wie Jesus seine Bibel gelebt und gelehrt und sich dabei mit der Schriftauslegung seiner Zeitgenossen auseinandergesetzt hat. Denn auch deren Leben und Denken war wesentlich vom Wort Gottes bestimmt; jüdische Geschichte ist eine Geschichte der Auslegung der Heiligen Schrift.

---

*) Psalm 103 wurde als alttestamentlicher Leittext für die Feiern zum 450jährigen Jubiläum der Reformation in Württemberg (1534–1984) gewählt. Die Planung und Durchführung der Jubiläumsfeierlichkeiten lag in den Händen von Prälat Theo Sorg-Stuttgart.

1. Die aktualisierende Aufnahme von Psalm 103 im „Vater Unser"

Starke Anklänge an den Psalm 103 gibt es im Gebet, das der Herr selbst uns gelehrt hat, vor allem in dessen ausführlicher, von Matthäus gegebener Form (6,9–13); diese hat sich ja schon früh in der Kirche durchgesetzt. Solch eine Beziehung braucht nicht wunderzunehmen. Denn auch im damaligen Hauptgebet der Juden, den dreimal am Tage rezitierten Achtzehn Bitten (Schmone Esre)[1], ist ein Einfluß von Ps. 103 zu spüren. Und Jesus hatte ja dieses Gebet vor Augen, als er den Jüngern das „Vater Unser" gab. *Fr. Chr. Oetinger* meinte, Jesus habe im „Vater Unser" den Juden gewohnte, im Talmud gängige Wörter gebraucht; sein Gebet sei gleichsam das kürzeste Biblische Wörterbuch.[2] In der Tat bietet das Gebet Jesu zentrale Begriffe des alttestamentlich-jüdischen Glaubens und Hoffens, in denen das Werk und Wesen Gottes, dazu Sinn und Ziel unseres Lebens zum Ausdruck gebracht und in kurzen Bitten zusammengefaßt sind. Auch ein Jude kann das Vater Unser mit uns beten. Es ist ein Gebet, das die Welt umspannt *(H. Thielicke)* und die Anliegen aller Menschen vor Gott bringt. Aber es nimmt auch das jüdische Beten, so etwa die Achtzehn Bitten, ernst und speziell den Psalm 103 in sich auf, der – wie schon erwähnt – seinerseits auf diese Bitten eingewirkt hat.

a) Die Achtzehn Bitten (Schmone Esre) und Psalm 103

Die einzelnen Bitten dieses jüdischen Hauptgebetes enden jeweils mit einem Segensspruch (Benediktion) für Gott, der die Macht hat, jede Bitte zu erfüllen. Ja, die ersten drei der Achtzehn Bitten sind in ihrer Gänze „Benediktionen", während das „Vater Unser" mit einem solchen Lobpreis, der Doxologie, abschließt. Die Benediktion, welche die jeweilige Bitte kurz zusammenfaßt und als Lobspruch vorträgt, gibt dieser ihren Namen; z.B. „Vergebung", „Erlösung" usw. Mit der 15. Benediktion (= Bitte) wendet sich der Beter ausdrücklich an den Gott der Gnade und der vergebenden Liebe, so wie er in Ps. 103 gepriesen wird: „Erbarm Dich unser, Du bist ja ein barmherziger und gnädiger Gott!" (vgl. Ps. 103,8). Im Vertrauen auf diesen vom Psalmisten bezeugten Gott wird in der 6. Benediktion um die Vergebung der Sünden gebeten und in der 8. die Heilung von Herzensqualen und Krankheiten erfleht. Denn nach dem für Jesus wichtigen und uns Christen wohl vertrauten 3. Vers in Ps. 103 vergibt Gott alle Sünden und heilt alle Gebrechen. Wie ein rabbinischer Kommentar bemerkt, geht auch die Reihenfolge dieser beiden Benediktionen auf Ps. 103,3 zurück.[3] Zwischen ihnen steht als 7. Benediktion die

---

1 Wir dürfen es in seinem größten Teil für die Zeit Jesu voraussetzen.
2 Biblisches und Emblematisches Wörterbuch, ed. J. Hamberger, Stuttgart 1849, S. XXVI. Dazu dessen Vorläufer unter Stichwort „Leben": ... „wie dann das Gebet des Herrn lauter Talmud'sche Formeln sind".
3 Babylonischer Talmud Megillah 17b (Baraitha), vgl. P. Billerbeck/H.L. Strack: Kommentar zum Neuen Testament aus Talmud und Midrasch, IV/1, 1978[7], 216.

Erlösung, die in Ps. 103,4 zur Sprache kommt: Gott „erlöst dein Leben vom Verderben". Der Einfluß von Ps. 103 erstreckt sich auch auf die 9. Benediktion, der die 4. Bitte des „Vater Unser" entspricht. Denn nach Ps. 103,5 macht Gott unser „Verlangen mit Gutem satt"; im Schmone Esre führt dies zur Bitte um ein ertragreiches Jahr: „Mach satt die Welt mit den Schätzen deines Guten!"

Was in Ps. 103 als Gotteslob verkündigt wird, erscheint im Schmone Esre oft als Bitte, wobei aber der Lobpreis nicht vergessen ist. Allgemein kann man den Aufbau dieses jüdischen Hauptgebets im Zeugnis des Psalters begründet sehen. Denn wenn z.B. die Bitte: „Vergib uns, unser Vater!" durch die Benediktion bestätigt wird: „Gepriesen seist Du, Herr, der reich an Vergebung ist!", so ist solches, von Vertrauen und Erhörungsgewißheit bestimmtes Beten nicht zuletzt durch die Gotteserfahrung der Väter möglich gemacht, wie sie etwa in Ps. 103,3 preisend bezeugt wird: „Der dir alle deine Sünden vergibt und alle deine Gebrechen heilt!"

Noch ein weiteres Zeichen des Gottvertrauens ist in diesem Zusammenhang wichtig. In der 4. Benediktion des Schmone Esre, mit der die eigentlichen Bitten beginnen, wird Gott vertrauensvoll als „Unser Vater!" angeredet, was dann noch einmal in der 6. Benediktion, der Vergebungsbitte, geschieht. Solche Anrede mag ebenfalls durch Ps. 103 ermächtigt sein. Nirgends findet sie sich im alttestamentlichen Psalter, auch nicht in den Lobliedern von Qumran. Andererseits wird in Ps. 103,13 das Erbarmen Gottes der Liebe eines Vaters zu seinen Kindern verglichen; eben dies dürfte das Wagnis der im Judentum sich häufenden Anrede Gottes als „Unser Vater (im Himmel)" ermöglicht haben. Denn wie schon die Umschreibung des Gottesnamens beweist, bestimmt im allgemeinen die Ehrfurcht das frühjüdische Gottesbild. Darum bezeugen die ersten drei Benediktionen den furchterregenden, starken und heiligen Gott. Der Umschwung, die Hinwendung zu „unserem Vater" in der 4. Benediktion wäre unmöglich ohne den Rückhalt, den eine Aussage wie Ps. 103,13 den Betenden geben kann.

b) Das „Vater Unser" und Psalm 103

Noch deutlicher als das jüdische Achtzehn-Bitten-Gebet nimmt Jesus Ps. 103 in sein Gebet für die Jünger auf. Indirekt zeigt er dadurch an, daß auch die Bitten des „Vater Unser" von einem Lobpreis Gottes begleitet sein sollen, wie ihn dieser Psalm durchweg darbringt[4] und wie ihn das Schmone Esre nicht vergißt. Jesus läßt uns gleich mit der Anrede: „Vater unser im Himmel!" beginnen und lädt dadurch ein, Gott zu bitten wie die lieben Kinder ihren lieben Vater. *Martin Luthers* Erklärung dieser Anrede

---

4 Im Midrasch Tehillim, einem rabbinischen Kommentar zu den Psalmen, wird zu Ps. 103,11 (Buber S. 432) gesagt, fünfmal erschiene dort die Wendung: „Lobe den Herrn, meine Seele!" (zusammen mit Ps. 104,1); das entspreche den fünf Büchern der Tora.

wird von Ps. 103,13 voll bestätigt: „Wie sich ein Vater über seine Kinder erbarmt, so erbarmt sich der Herr über die, so ihn fürchten." Die Ergänzung „Vater *im Himmel*" wehrt einem Mißbrauch dieser vertraulichen Anrede. Die Gottheit Gottes, des ganz anderen und Unvergleichlichen, wird so gewahrt: Der Schöpfer und Herr der Welt, der im Himmel thronende König aller Könige, will unser Vater sein. Jesus hat an die Hoheit Gottes in Mt. 5,34f., erinnert: „Der Himmel ist Gottes Thron . . . und die Erde der Schemel seiner Füße." Weil er unmittelbar darauf Gott als „den großen König" bezeichnet, ist Ps. 103,19 der Schriftgrund für Mt. 5,34 f.: Gott hat „im Himmel seinen Thron errichtet, seine Königsherrschaft erstreckt sich über alles!" Wir Christen haben den Zugang zum Herrn des Himmels und der Erde durch unseren Heiland gewonnen, der am Kreuz die erbarmende Liebe des Vaters geoffenbart hat. Dieser Gott ist auch in Ps. 103 bezeugt, und zwar, wie später im Schmone Esre, in der paradoxen Einheit von unnahbarer Heiligkeit und väterlichem Erbarmen.

Daß wir im Vater Unser den Gott des 103. Psalms anrufen, wird auch an der *1. Bitte* des Herrngebets deutlich: „Dein Name werde geheiligt!" Denn der Psalmist beginnt mit dem Lob des heiligen Gottesnamens, das er mit seinem ganzen Innern, mit ganzer geistiger Kraft und Konzentration, darbringen will (V. 1). Der Name[5] weist auf den offenbaren Gott, den man bitten und preisen kann. Nach rabbinischer Ansicht kann die „Heiligung des Namens" zur Hingabe des eigenen Lebens führen; das Martyrium für Gottes Sache wird so bezeichnet (Quiddusch Ha-Schem). Jesus hat am Kreuz diese „Heiligung des Namens" stellvertretend für die Seinen vollzogen (Joh. 17,19); das hohepriesterliche Opfer des Messias und Gottessohnes hat einen endzeitlichen, unüberholbaren und alle Menschen betreffenden Sinn.

Auch bei der *2. Bitte:* „Dein Reich komme!", welche das Thema des Herrngebetes bildet, kann man den 103. Psalm im Hintergrund sehen. Denn zu den wenigen Stellen der hebräischen Bibel, an denen sich das Wort „Königsherrschaft, Reich" (malkuth) auf das Regiment Gottes bezieht, zählt Ps. 103,19: „Gott hat im Himmel seinen Thron errichtet, und seine Königsherrschaft erstreckt sich über alles"; in diesem Sinne wird auch in Ps. 103,22 das Regiment Gottes (mämschalah) erwähnt.

Ich habe oben gezeigt, daß Jesus sich bei der Begründung des Schwurverbots auf die königliche Majestät Gottes in Ps. 103,19 bezogen hat (Mt 5,34 f.). Deshalb ist es recht wahrscheinlich, daß auch seine Botschaft vom Gottesreich diese Aussage von der allumfassenden Königsherrschaft berücksichtigt. Die Bezeichnung „Himmelsherrschaft", die Matthäus vorwiegend gebraucht, legt sich aufgrund des Parallelismus Himmel-Königsherrschaft in Ps. 103,19 nahe. *H. Gese* vermutet, Jesus habe die in den Psalmen zutage tretende Theologie der Königsherrschaft Gottes

---

5 Der Name Gottes war den Rabbinen sehr wichtig. Denn im Targum, der aramäischen Übersetzung unseres Psalms, wird der Name mehrfach eingetragen, so in V. 2: „Lobe, meine Seele, den Namen des Herrn!", ebenso V. 20.21.22: „Preiset den Namen Gottes!"

übernommen, – stellt dann freilich den Psalm 22 in die Mitte[6]: „Denn des
Herrn ist das Reich, und er ist der Herrscher über die Völker" (V. 29).
Anders als das Gotteslob von Ps. 103 ist das „Vater Unser" auf das baldige
Ende der Geschichte, auf die sichtbare, weltüberwindende, Offenbarung
der Basileia ausgerichtet. Jesus hat sich im Sinne von Jes. 52,7; 56,1; 61,1 f.
als den Freudenboten der endzeitlichen Erlösung und Aufrichtung der
Gottesherrschaft verstanden; diese Stellen überlagern die Aussage von
Ps. 103,18 f. Aber die Doxologie des „Vater Unser" und die Stelle Mt.
5,34 f. zeigen deutlich, daß Jesus auch die gegenwärtige Herrschaft des
Schöpfers der Welt betonte; trotz der Macht der Finsternis sitzt Gott im
Regimente, denn „Sein ist das Reich und die Kraft". Vor allem aber wird
in Ps. 103 die universale Geltung der Herrschaft Gottes gerühmt, die das
„Vater Unser" im Unterschied zu den Achtzehn Bitten charakterisiert:
Während in diesen die Gebetsanliegen sich auf Israel und Jerusalem, auf
den Tempel und das Reich Davids konzentrieren, werden im „Vater
Unser" keine speziellen Namen erwähnt: Jesu Gebet ist für alle Menschen
da und will deren Nöte in der universalen Offenbarung des Reiches Gottes aufgehoben sehen. Es ist ebenfalls von Bedeutung, daß in Ps. 103,17
die Gerechtigkeit Gottes (sᵉdaqah) parallel zu Seiner Gnade steht; sie ist
somit eine helfende und befreiende Macht, die hier, wie in Mt. 6,33, mit
der Gottesherrschaft verbunden wird. In Ps. 103,6 werden auch die
Heilstaten (sidᶜqoth) des Gottes gerühmt, dessen Recht den Unterdrückten zur Seite steht.

Bei der *3. Bitte:* „Dein Wille geschehe wie im Himmel so auf Erden!"
hat Jesus die Aussage Ps. 103,21 im Blick, wonach die Engel als Gottes
Diener seinen Willen auf vorbildliche Weise tun. Sie handeln nach seinem
„Wohlgefallen", – das ist die eigentliche Bedeutung des hebräischen Wortes rason = „Wille" –, und tun „instinktiv", was Gott haben möchte und
ihn erfreut. So bitten wir im „Vater Unser", Gott möge dafür Sorge tragen, daß solch ein „unwillkürliches", von Gottes Willen geleitetes Handeln auch bei uns Menschen möglich werde. In der 13. der Achtzehn Bitten sind diejenigen, die Gottes Willen tun, das erklärte Vorbild für den
Beter. Daß dazu gerade die Engel gehören und Ps. 103,21 das Ideal für den
wahren Gehorsam bietet, kommt in einer jüdischen Auslegung der wichtigen Stelle Ex. 19,8 zum Ausdruck. Danach haben die Israeliten bei der
Gesetzgebung am Sinai versichert: „Alles, was Gott sagt, wollen wir
tun!" Das geschah zu einem Zeitpunkt, als sie den Inhalt der Gebote Gottes noch gar nicht kannten, die erst drei Tage später im einzelnen verkündigt wurden (Ex. 20,1 ff.); rabbinisch gesprochen, war bei den Israeliten
die Bereitschaft zum Tun dem Hören vorangegangen. In dieser Stunde
soll eine Himmelsstimme ausgegangen sein und gefragt haben: „Wer hat
meinen Kindern (Israel) das Geheimnis geoffenbart, nach welchem die
Dienstengel ihre Aufgaben vollziehen?" Denn es steht geschrieben:

---

6 Ps. 22 und das Neue Testament, ZThK 65 (1968), S. 1–22.

„Preist Gott, ihr seine Engel, ihr starken Helden, die ihr sein Wort tut und auf die Stimme seines Wortes hört!" (Ps. 103,20).[7] Das Geheimnis des himmlischen Dienstes besteht eben darin, daß bei den Engeln das Tun des Gotteswortes noch vor dem Vernehmen geschieht; das Gleiche hat Israel am Sinai versprochen, während Jesus im „Vater Unser" uns darum bitten lehrt. Es ist darum wenig wahrscheinlich, daß bei der 3. Bitte an einen Widerstand auch im Himmel gedacht ist; vielmehr wird der vollkommene Gehorsam der himmlischen Diener auch für die Menschen auf Erden erbeten (vgl. Mt. 5,48). Die durchgängige Einstimmung der Engel auf Gottes Willen war da erfolgt, als Jesus den Satan wie einen Blitz vom Himmel fallen sah (Luk. 10,18).

Die 9. Benediktion für ein gesegnetes, die Menschen sättigendes Jahr ist, wie wir sahen, an Ps. 103,5 orientiert: Gott sättigt uns mit Gutem. Analog dazu bitten wir im „Vater Unser" um das tägliche Brot, das Gott uns heute, für den jeweiligen Tag geben soll, so wie er in der Wüste dem hungernden Volk Israel das Manna gewährt hatte, und zwar jeweils die Ration für einen, den heutigen, Tag (Ex. 16,4). Durch diesen Bezug zur Mannaspeisung hat die *4. Bitte* des „Vater Unser" auch eine endzeitliche Ausrichtung, die in Ps. 103,5 und der 9. Benediktion fehlt.[8] Denn man hat im Judentum zur Zeit Jesu eine der Mannaspeisung entsprechende, wunderbare Versorgung Israels, das Brot vom Himmel, erhofft (vgl. Joh. 6,31 f).

Während die *7. und letzte Bitte* des „Vater Unser" ihr Gegenstück in der 7. Benediktion des Schmone Esre und darüber hinaus einen Anhalt hat an Psalm 103,4, wonach Gott „dein Leben vom Verderben erlöst"[9], gibt es zur *6. Bitte:* „Und führe uns nicht in Versuchung!" weder im Schmone Esre noch in Psalm 103 eine Entsprechung. Diese Bitte des Christus entspringt der endzeitlichen Situation: Angesichts der nahen Gottesherrschaft und des Gerichts ist die Bewahrung vor der versucherischen Macht des Bösen (vgl. Joh. 17,15; Offb. 3,10) schlechterdings heilsnotwendig; wir bitten, daß Gott uns ihr nicht überlassen möge, zumal er weiß, was für schwache Geschöpfe wir sind (Ps. 103,14).

Genauso wichtig in dieser letzten, bösen Zeit ist die Vergebung, um die Jesus uns im „Vater Unser" bitten heißt. Wir sahen schon, daß diese *5. Bitte* der 6. Benediktion vergleichbar und auf Ps. 103,3 gegründet ist: Weil Gott „dir alle deine Sünden vergibt", beten zu ihm die Juden: „Vergib uns, unser Vater, denn wir haben an Dir gesündigt. Wisch' unsere Missetaten aus!" (6. Benediktion, vgl. Ps. 103,3 a). Aber wie Jesus in der

---

7 Babylonischer Talmud Schabbat 78a; vgl. auch Sohar Bereschith 80a und J. Agnon, Attäm Re'itäm Jerusalem 1959–60, S. 77 und 81 f.

8 Vgl. aber die Wiedergabe von Ps. 103,5 im Targum: „Der durch Gutes die Tage deines Alters sättigt und für die kommende Welt deine Jugend erneuern wird wie den Adler!"

9 Von daher gesehen ist die Erlösung vom „Bösen" nicht so sehr auf die Person des Bösen = Satans, sondern auf die von ihm ausgehende Macht des Bösen zu beziehen, die ins Verderben führt (so auch Joh. 17,15).

ersten Vater-Unser-Bitte nicht etwa nur die Heiligkeit Gottes bekennt, sondern sie auch von uns bekannt, im Leben bewährt und vor der Welt bezeugt sehen will, wie er in die Bitte um das Kommen des Reiches unsere Nöte mit einbezieht und nach der 3. Bitte den Willen Gottes auch auf Erden befolgt sehen will, so geschieht das analog auch in der Bitte um Vergebung. Sie erhält im „Vater Unser" eine von uns zu verantwortende Bedingung: Gott möge uns unsere Schuld vergeben, wie wir das gegenüber unseren Schuldnern tun. Das ist neu in dem von uns überprüften Umfeld des „Vater Unser". Man mag sich fragen, ob denn unser Vergeben die Voraussetzung dafür sei, daß Gott uns vergibt, ob er mit seinem Erbarmen auf unsere Vergebungsbereitschaft reagiert. Im Anschluß an das „Vater Unser" bringt Matthäus ein Jesuswort (vgl. Mk. 11,25), in dem unser Vergeben als conditio sine qua non erscheint: „Denn wenn ihr den Menschen ihre Vergehen vergebt, wird euer Vater im Himmel auch euch vergeben. Wenn ihr aber den Menschen nicht vergebt, wird auch euer Vater eure Vergehen nicht vergeben" (Mt. 6,14 f.). Für Matthäus ist dieser Hinweis auf Gottes Gerichtshandeln und unsere Verantwortung eine Folgerung, die sich aus dem „Vater Unser" ergibt: Wir müssen Friedensstifter durch gegenseitiges Vergeben sein, wenn uns der Frieden und die Versöhnung mit Gott geschenkt werden sollen. Für Jesus hat m. E. der in Ps. 103,13 angestellte Vergleich zwischen menschlichem und göttlichem Erbarmen eine uns verpflichtende Kraft. Ist Gottes Erbarmen dem eines Vaters für seine Kinder gleich, so entzieht jeder, der dieses Erbarmen erfährt und seinerseits unbarmherzig handelt, der Güte Gottes die Grundlage, die sie im zwischenmenschlichen Verhalten besitzt. Doch bedeutet unser Handeln weder eine Verpflichtung Gottes, noch geht unsere Gnade der göttlichen voran – auch wenn die Vergebung Gottes erst im Endgericht offen ausgesprochen wird. Jesus lehrte und wirkte die gratia praeveniens, die vorlaufende Gnade Gottes, gerade auch da, wo er an die Pflicht gegenüber dem schuldig gewordenen Bruder erinnerte. Denn Gottes Güte verpflichtet nicht nur, – sie ermächtigt auch zur Vergebung.

2. Psalm 103 und die Vergebungsgleichnisse Jesu

a) Das Gleichnis vom Schalksknecht

Besonders deutlich wird das im Gleichnis vom Schalksknecht gezeigt (Mt. 18,23–35), das an eine Anfrage des Petrus hinsichtlich der Vergebungsbereitschaft anschließt und die Antwort Jesu erläutert (V. 21 f.). Dieser Knecht, eine Art von Statthalter, der seinem Herrn, einem nichtjüdischen König, eine unvorstellbar hohe Summe Geldes schuldet und deshalb zusammen mit seiner Familie in die Schuldknechtschaft verkauft werden soll (V. 24 f.), wird auf sein Bitten hin begnadigt; die Riesenschuld wird ganz erlassen (V. 27). Unmittelbar nach seiner Begnadigung läßt er aber einen seiner Mitknechte wegen einer vergleichsweise geringen Schuld ins Gefängnis werfen (V. 28) und zieht nun den Zorn seines Herrn auf sich (V. 32.34). Jedem der Hörer Jesu war klar, daß mit dem Verhalten dieses Königs das unbegreifliche Handeln Gottes dargestellt werden sollte. Die Anwendung des Gleichnisses sagt denn auch ausdrücklich (V. 35): Unsere Schuld ist übergroß, wenn Gott von uns Rechenschaft fordert wird; aber noch größer ist seine vergebende Liebe, wenn wir ihn um Gnade bitten. Der Psalm 103 gibt diesem Gleichnis theologisch recht: Dem Erlaß der riesigen Schuld entspricht in Ps. 103,12 die große Distanz, die der vergebende Gott zwischen sich und unsere Sünden legt: Er „schiebt sie von sich weg", so weit wie der Morgen vom Abend, der Osten vom Westen getrennt ist. Und wie sich dieser König über den ihm zu Füßen liegenden Knecht erbarmte (V. 27.33) und ihm seine große Schuld erließ (V. 27.32), so erbarmt sich nach Ps. 103,13 der Herr über die, so ihn fürchten. Die Gotteserfahrung des Psalmisten wurde von Jesus in eine Gleichnishandlung umgesetzt. Wichtige Begriffe des Psalms wurden aufgenommen: Beide Schuldner appellieren an die Langmut ihrer Geldgeber (V. 26.29); die Langmut wird als Eigenschaft Gottes in Ps. 103,8b gerühmt. Der Gottesprädikation „gnädig und barmherzig" in Ps. 103,8a entsprechen im Gleichnis die Verben „Mitleid haben" (V. 27) und „sich erbarmen" (V. 33; vgl. auch das Verbum richam = „sich erbarmen" in Ps. 103,13). Das Erlassen der Schuld in Mt. 18,27.32 = aphiemi hat sein Äquivalent im aramäischen Verbum schebaq, mit dem im Targum das hebräische salach in Ps. 103,3 wiedergegeben ist.

Dreierlei wird von Ps. 103 her deutlich:

1. Nur der König im Gleichnis, der Gott repräsentiert, erhört das Bitten um Erbarmen und bringt den Erlaß der großen Schuld übers Herz, eben weil Gott „reich an Güte" ist (Ps. 103,8b). Dagegen erweist sich der begnadigte Statthalter als gnadenlos. Er beharrt seinem schuldigen Mitknecht gegenüber auf seinem Recht, anstatt Erbarmen zu üben. Deshalb nimmt auch sein Herr die schon gewährte Vergebung wieder zurück und behandelt ihn nach der Norm der Gerechtigkeit. Jesus hat in diesem Gleichnis die rabbinische Lehre von den beiden „Maßen" (Eigenschaften, Normen) Gottes, der strafenden Gerechtigkeit (din) und dem vergebenden Erbarmen (rachamim), angewendet. Er tat das im Sinne der Rechtsauskunft Mt. 6,14f.: Wer Gottes Erbarmen, seine Vergebung erfährt – und von ihnen lebt jeder Mensch –, muß sie auch dem an ihm schuldig gewordenen Bruder widerfahren lassen; wer seinem Nächsten gegenüber auf dem Maß der Gerechtigkeit beharrt, mit dem wird auch der göttliche Richter nach diesem Maß verfahren. Auch hier gilt die Regel „Maß um Maß"; Jesu Vergebungslehre verrät eine strenge Konsequenz und die exakte Korrespondenz von göttlichem und menschlichem Verhalten. Jesus nahm den in Ps. 103,13 angestellten Vergleich zwischen väterlichem und göttlichem Erbarmen auf und leitete von ihm eine Verpflichtung für unser Verhalten ab: Dem gnädigen Handeln Gottes uns gegenüber müs-

sen wir mit der Liebe zum Nächsten antworten; die Vergebung Gottes erfordert unsere Vergebungsbereitschaft, erwartet und ermöglicht sie.

2. Das Gleichnis Jesu vom Schalksknecht zeigt auf dem Hintergrund von Ps. 103, daß die Vergebung Gottes der unsrigen vorausgeht, ja, sie erst möglich macht. Der König handelt unbegreiflich großzügig. Aber Gott ist eben nach Ps. 103,8 voller Liebe und Huld; das ist nicht ein Zeichen seiner Schwäche, sondern seiner Kraft und Macht. Diese Großzügigkeit Gottes ist eher durch die Schwäche der menschlichen Natur bedingt: Gott weiß, was wir für armselige Geschöpfe sind (Ps. 103,14).[10] Gerade aufgrund unserer Schwäche sind wir Menschen von Natur eher hartherzig als gütig gegenüber dem Bruder, der sich an uns verschuldet (vgl. Mk. 10,5). Weil wir aber die Geduld und Güte Gottes erfahren, und zwar an jedem Tag, an dem er über uns seine Sonne aufgehen läßt oder auch Regen schenkt (Mt. 5,45), sind wir ermächtigt und auch verpflichtet (vgl. Mt. 18,33: δεῖ), unseren Schuldnern zu vergeben, ihnen Erbarmen zu zeigen, wie wir das gegenüber unseren Kindern tun. Denn wie Gott unsere schwache Natur kennt (Ps. 103,14), so kennen wir die Macht seiner Vergebung aus eigener Erfahrung. Zeigt Jesus in der 5. Bitte des „Vater Unser" und in Mt. 6,14f. die verpflichtende Kraft der göttlichen Vergebung, so im Gleichnis vom Schalksknecht darüberhinaus auch ihre uns beschenkende und ermächtigende Wirksamkeit: Wie Gottes helfende Gerechtigkeit uns zum Tun der Gerechtigkeit verpflichtet und ermächtigt (Jes. 56,1; Mt. 6,1–33), so macht uns seine Vergebung zu Mitarbeitern der Gnade. Ein Unterbrechen, Hemmen des Gnadenflusses, die Unterdrückung der Bedrängten, das Versagen der Vergebung: All dies ist Ausdruck menschlicher Eigenmächtigkeit und Bosheit; durch sie wird Gottes reiche Geduld an ihre Grenze geführt, Gottes Zorn provoziert (Mt. 18,34): „Hättest du dich nicht über deinen Mitknecht erbarmen müssen, so wie ich mich über dich erbarmt habe?" – so fragt der König den Schalksknecht (Mt. 18,33), der die Trauer seiner Mitknechte und den Zorn des Königs hervorgerufen hat (V. 30–34). Deutlich wird in dieser zornigen Frage an Ps. 103,13 erinnert. Der Zorn aber ist nach Ps. 103,8f. das Gegenteil der Langmut, die nicht für immer hadert. Wo aber der Mensch sein hartes Herz bewahrt und sich durch Gottes Güte nicht bewegen läßt, da „bewahrt Gott seinen Zorn" (vgl. Ps. 103,9).

Auch die Antwort Jesu auf die Frage des Petrus (Mt. 18,21f.): „Herr, wie oft soll ich meinem Bruder, der wider mich sündigt, vergeben? Bis siebenmal?" wird von Ps. 103 her besser verständlich. Jesus sagt zu ihm: „Ich sage dir: Nicht bis siebenmal, sondern bis 77mal", d.h. immer. Denn Gottes Güte und Langmut sind ja nach Ps. 103,8.11 „groß", eigentlich: „viel" (rob), und unseren Missetaten himmelweit überlegen; er schiebt unsere Übertretungen weit weg (V. 12). Deshalb können wir unserem

---

10 Der Targum übersetzt Ps. 103,14 im Sinne seines dualistischen Menschenbildes: „Siehe, er kennt unseren bösen Trieb, der uns zur Sünde verleitet."

Bruder nicht das versagen oder auch willkürlich eingrenzen, was wir tagtäglich von Gott erfahren, was uns in dieser Zeit am Leben erhält (Mt.
5,45) und auch in das Gottesreich führen soll.

3. Nach Ps. 103,6 steht Gott auf der Seite der Unterdrückten und wendet ihnen seine helfende Gerechtigkeit zu; nach V. 13 erbarmt er sich
derer, die ihn fürchten; nach V. 17 ist er den Gottesfürchtigen gnädig.
Auch für Jesus war es ein Mangel an Gottesfurcht, wenn man die an sich
selbst erfahrene Güte Gottes nicht dem Nächsten weitergibt, von sich
ausstrahlt, wenn man gegenüber der Not anderer Menschen gleichgültig
bleibt.

b) Andere Gleichnisse

(1) Das *Gleichnis vom Ungerechten Richter* (Lk. 18,1–8) macht dies
deutlich. Wie das vom Schalksknecht geht es von heidnischen Verhältnis-
sen aus. Unjüdisch ist das Verfahren, einen zahlungsunfähigen Schuldner
in die Sklaverei zu verkaufen oder ins Gefängnis zu werfen (Mt.
18,30.34); das gleiche gilt von der Gottlosigkeit und Bestechlichkeit des
Richters in Lk. 18,2.4, ferner von der Art, wie er rücksichtslos und willkürlich mit dem Recht umgeht. So ist der ungerechte Richter das Gegenteil vom gnädigen König in Mt. 18,23–35, ein Mann ohne Gottesfurcht,
der sich auch um das Urteil von Menschen wenig kümmert (V. 2) und sich
weigert, einer bedrängten, wehrlosen Witwe zum Recht zu verhelfen (V.
3 f.). Wahrscheinlich wartet er darauf, daß sie ihm Geld bietet.

Was wir für den Schalksknecht aufgrund von Ps. 103,13.17 nur vermuten konnten, wird vom ungerechten Richter ausdrücklich gesagt: Seine
Rücksichtslosigkeit und Unbarmherzigkeit resultieren aus *fehlender Gottesfurcht* (Lk. 18,2.4). Die zwar im Alten Testament häufig, in den Evangelien aber nur selten erwähnte Haltung der Gottesfurcht (vgl. Mt. 10,28
par; Lk. 1,50) wird ausgerechnet bei diesem Richter betont und als Erklärung für sein hartherziges Verhalten angeboten: Wer sich nicht um Gott
kümmert, weiß auch nichts von rechter Mitmenschlichkeit. Denn das
Erbarmen, das nicht etwa nur den leiblichen Kindern, sondern auch anderen notleidenden Menschen entgegengebracht wird, lernt und erfährt man
nur von Gott, der sich nach Ps. 103,13 derer erbarmt, die ihn fürchten.
Gott erkennen, ihn fürchten und lieben, heißt demnach auch für Jesus,
seine Wohltaten und Barmherzigkeit zu erkennen und weiterzugeben.
Deshalb können auch die bedrängten Erwählten der Erhörung gewiß
sein, wenn sie in der Drangsal der Endzeit zu Gott rufen bei Tag und
Nacht und damit rechnen, daß er ihnen gegenüber seine Langmut erweist.
(Lk. 18,7 f.).[11]

---

11 Die schwierige Wendung in V. 7 καὶ μακροθυμεῖ ἐπ' αὐτοῖς könnte man auch adversativ
   übersetzen: . . . „auch wenn er lange verzieht ihnen gegenüber", d. h. die Gerechten
   lange warten läßt. Aber von Ps. 103,8.13 her ist doch eher an die Langmut und das Erbarmen Gottes zu denken: „Gott, der seine Langmut an den Menschen erweist", der die zu
   ihm Rufenden geduldig erhört (vgl. J. Jeremias, Gleichnisse Jesu, Göttingen 1958⁵, S.
   135).

Von daher läßt sich auch die meist als späterer Zusatz empfundene *Schlußfrage* dieses Gleichnisses als ursprünglich verstehen: „Wird aber der Menschensohn, wenn er kommt, Glauben finden auf Erden?" (Lk. 18,8 b). Gemeint ist damit nicht das Kommen des Menschensohns zum Endgericht, denn dann wird er sichtbar als solcher erscheinen und bedarf nicht mehr des Glaubens (vgl. Lk. 17,22.24). Vielmehr denkt Jesus an die gegenwärtige Wirksamkeit des helfenden Messias und Gottesknechts, der die Vollmacht des Menschensohns dazu gebraucht, „auf Erden" Sünden zu vergeben und so Gottes Werk an den Bedrängten zu tun (vgl. Mk. 2,5.10). Wird er aber Glauben finden in einem verstockten und verkehrten Geschlecht? (vgl. Lk. 9,41 und Jes. 53,1).

(2) Gebraucht Jesus bei den Gleichnissen vom Schalksknecht und ungerechten Richter das heidnische Milieu, um die unglaubliche Gnade Gottes und den Ernst des Gerichts darzustellen, so wird im Gleichnis vom *Barmherzigen Samariter* (Lk. 10,30–37) ein Halbjude zum Mittler des göttlichen Erbarmens. Die entscheidenden Begriffe dieser Geschichte: „Er wurde vom Mitleid überwältigt" (V. 33) und die summierende Wendung „Barmherzigkeit vollziehen" (V. 37) erinnern deutlich an Ps. 103,8.13. Jesu Weisung: „Gehe hin und tue auch desgleichen!" (V. 37) wird nun nicht etwa nur als Anwendung einer Beispielerzählung verständlich, sondern auch im Sinne einer Gleichnisrede wichtig: Man soll nicht nur dem ethischen Vorbild des Samariters folgen, sondern auch als ein aus Gottes Güte Lebender sich zum Tun der Barmherzigkeit verpflichtet sehen. Der Samariter verdeutlicht das Handeln Gottes in Christus *(Augustin)*.

(3) Das polare Nebeneinander von Gerechtigkeit und Erbarmen Gottes erscheint auch in den beiden Gleichnissen vom *Pharisäer und Zöllner* (Lk. 18,9–14) und vom *Verlorenen Sohn* (Lk. 15,11–32), wobei uns Jesus auf den gnädigen Gott und liebenden Vater von Ps. 103 zugehen heißt.

Während der Pharisäer sich in seinem Gebet an Gott als den Richter wendet, der die guten Werke dem Gerechten als Verdienst anrechnen wird (Lk. 18,11 f.), ruft der Zöllner den Gott der Barmherzigkeit an. Sein Stoßgebet: „Gott sei mir Sünder gnädig!" (18,13) nimmt die Worte von Ps. 51,3 auf, ist aber durch Ps. 103,8–11 ermöglicht, wo Gott als barmherzig und gnädig gepriesen und die Tilgung der Sünden zugesagt wird (vgl. Ps. 51,4). Wenn Jesus das kühne Urteil fällt, der bußfertige Zöllner sei als ein (von Gott) Gerechtfertigter heimgegangen (18,14), so rechnet er mit dem Gott von Ps. 103,5, der Rechtstaten (sᵉdaqoth) vollzieht. In Ps. 103,17 wird die Gerechtigkeit Gottes mit seiner Gnade (chäsäd) parallel gesetzt und damit als gerechtmachende Gerechtigkeit interpretiert. Deshalb hat Gott die Sünden des Zöllners „weit von sich entfernt" (hirchiq mimmännu) (Ps. 103,12), so daß er ihrer nicht mehr ansichtig wird. Jesus hatte vorher erzählt, wie der Zöllner sich im Tempel in „weiter Entfernung aufgestellt hatte" und seine Augen nicht zum Himmel erheben wollte (Lk. 18,13 a).

(4) Im *Gleichnis vom Verlorenen Sohn* (Lk. 15,11–32) wird die große

Wende durch den Entschluß des Sohnes herbeigeführt, zum Vater zurückzukehren, die Sünde zu bekennen und um Aufnahme in den Kreis der Lohnarbeiter zu bitten (V. 17–19). Vom „Erbarmen überwältigt" kommt der Vater dem Sohn zuvor (V. 20); das ist der Höhepunkt der Erzählung. Der Vater verdeutlicht das Verhalten Gottes zum Sünder, der Buße tut; die Aussage Ps. 103,13 bietet den Schlüssel zu dieser Geschichte: „Wie sich ein Vater über seine Kinder (= Söhne) erbarmt, so erbarmt sich der Herr über die, so ihn fürchten." Schon die vergleichende Form dieses Psalmverses (wie ein Vater – so der Herr) lädt dazu ein, ihn zu einem Gleichnis auszubauen. Das hat Jesus getan. Er konnte sich aus diesem Grunde eine Anwendung am Schluß der Erzählung vom Verlorenen Sohn ersparen, weil diese in Psalm 103,13 schon vorlag. So ist das bei weitem ausführlichste Gleichnis Jesu durch Psalm 103 motiviert und speziell im Sinne von V. 13 ausgeführt. Das übertrieben scheinende Urteil des Vaters, sein jüngerer Sohn sei verloren gewesen und wiedergefunden worden, er sei „tot gewesen und wieder zum Leben gekommen" (V. 24.32), mag sich auf Ps. 103,3 f. beziehen: Gott, der uns alle Sünden vergibt, „erlöst" unser Leben „aus dem Verderben". Mit dem Wort schachat, das Luther durch „Verderben" übersetzt, ist ursprünglich die Grube, das Totenreich gemeint. Beide Bedeutungen von schachat: Verderben und Totenreich, klingen in dieser freudigen Erklärung des Vaters Lk. 15,24.32 an: Vergebung ist wie die Rettung aus Verderben und Totenreich (Ps. 103,3 f.).

Im Unterschied zu seinem Bruder hatte sich der daheim gebliebene ältere Sohn untadelig betragen. Das Verhalten seines Vaters zu dem „verlorenen" Sohn war ihm unverständlich. Er sah durch das Verhalten seines Vaters den für ihn „maßgeblichen" Grundsatz, nämlich das „Maß" der Gerechtigkeit, verletzt, den Bruder begünstigt und sich selbst als ungerecht behandelt (V. 29 f.). In seinem Zorn sagte er sich mit der vorwurfsvoll anklagenden Rede: „Dieser dein Sohn hat deinen Lebensunterhalt . . . verpraßt!" (V. 30) von Vater und Bruder los; er sprach aus der Distanz, wie ein Fremder, ein Ankläger oder Richter. Aber sein Vater nahm diese Aufkündigung der Sohnschaft nicht an; zusammen mit seiner Verteidigung versicherte er den Erregten der bleibenden Rechte und der Wahrung des Erbes (V. 31).

Man mag fragen: Hat sich der ältere Sohn wegen fehlender Vergebungsbereitschaft nicht genau so schuldig gemacht wie der Schalksknecht und deshalb Strafe verdient? Aber sein Fall liegt insofern anders, als er nicht wie der Schalksknecht sich verfehlt und Vergebung empfangen hatte. Sein Fehler war es, daß er die „Lektion" von Psalm 103 nicht gelernt und nicht begriffen hatte, daß ein Vater sich seiner Söhne erbarmt (V. 13). Solch ein Erbarmen erschien ihm als ein Verstoß gegen die Gerechtigkeit, für die er als treuer Arbeiter eintreten zu müssen glaubte. Die begütigende Antwort seines Vaters zeigte ihm, daß er mit seinem Urteil im Unrecht war; die Gerechtigkeit wird gewahrt. Jesus will mit diesem Gleichnis zeigen, daß

bei Gott Erbarmen und Gerechtigkeit zusammengehören, so wie in Ps.
103 der barmherzige Gott auch Gerechtigkeit übt (V. 6.17). Die Gnade
tut der Gerechtigkeit keinen Eintrag, hebt sie nicht auf, sondern nimmt
sie in sich auf: Gnade und Gerechtigkeit stehen in Ps. 103,17 in Parallele,
wirken sich in gleicher Weise aus. Gottes Gerechtigkeit ist die bessere,
weil helfende Gerechtigkeit. Aber der gütige Gott achtet auch auf die
Gerechtigkeit, die jedem das Seine zukommen läßt.

(5) Das hat Jesus auch im Gleichnis *von den Arbeitern im Weinberg* illustriert (Mt. 20,1–16). Auch in dieser Geschichte wird die Güte des Hausherrn kritisiert: Sie verstoße gegen die Gerechtigkeit im Sinne einer streng
gehandhabten iustitia distributiva. Die Arbeiter, die den ganzen Tag über
fleißig gewesen sind, sagen hinsichtlich der spät Gekommenen vorwurfsvoll zum Herrn des Weinbergs: „Du hast sie uns gleich gemacht" (V. 12).
Aber dieser weist ihr Murren ab: Er selbst hatte ihnen gegenüber das,
„was recht ist", als den Grundsatz seines Handelns und als Grundlage
ihrer beiderseitigen Übereinkunft erklärt (V. 4) und dementsprechend
den ausbedungenen Lohn gezahlt (V. 13). Der Gerechtigkeit wurde
Genüge getan. Ja, gerade in seiner Güte vollzieht Gott die wahre, weil
bessere Gerechtigkeit. Diese den zu spät Gekommenen helfende Gerechtigkeit (sᵉdaqah) schafft die Gerechtigkeit als Weltordnung (saedaeq) nicht
ab, sondern richtet sie auf, indem sie auch den Benachteiligten zum Recht
auf Leben verhilft. Der Hausherr des Gleichnisses war ja bei den zuletzt
von ihm gedingten Arbeitern nicht etwa auf Müßiggänger und Bettler
gestoßen, sondern auf Arbeitswillige, die niemand gedungen hatte (Mt.
20,7). Sie hatten das gleiche Recht auf Arbeit und Brot wie die anderen
und brauchten einen vollen Tagelohn, um ihre Familien ernähren zu können. Gott als der allein Gute (Mt. 19,17) wird auch den Zu-kurz-Gekom-
menen gerecht. Mit seiner Güte (Mt. 20,15b) „sättigt er unser Verlangen
mit Gutem" (Ps. 103,5). Das ist eine „Sättigung", die der verlorene Sohn
nicht in der Fremde (vgl. Lk. 15,16), sondern nur durch die Umkehr zum
gütigen Vater erlangen konnte; den zu spät gedungenen Arbeitern wurde
sie durch die Güte des Herrn zuteil. Daß der gütige Gott Taten der helfenden Gerechtigkeit vollzieht, konnte man aus Ps. 103 ersehen (V.
6.8.13.17); die fleißigen Arbeiter im Weinberg mußten das durch die
eigene Erfahrung genauso lernen, wie der ältere, zu Hause gebliebene
Sohn (Lk. 15,29–32).

3. Das Heilandswirken Jesu: Der Menschensohn als Mittler des göttlichen Erbarmens und der besseren Gerechtigkeit nach Psalm 103

a) Das Motiv des „Erbarmens"

Gott will, daß seine helfende Gerechtigkeit und sein vergebendes Erbarmen von den Menschen erkannt und nachvollzogen werden; wir sollen
vollkommen sein wie unser himmlischer Vater (Mt. 5,48). In vorbildli-

cher Weise hat diese Forderung der Sohn erfüllt: Gott hat den Messias-
Menschensohn als Mittler seiner Gnade und als Heiland der Notleidenden, Kranken und schuldig Gewordenen gesandt. Als der mit dem Geist
Gesalbte war Jesus der Verkündiger des Evangeliums (vgl. Jes. 52,7;
61,1f.), der gute Hirte nach Ez. 34, ferner der Menschensohn von Dan.
7,13f., der nach seinem Kommen die ihm übergebene Vollmacht dazu
gebraucht hat, um den Dienst des Gottesknechts von Jes. 42 und 53 zu
vollziehen. Richtunggebend für sein Handeln war aber auch Psalm 103.
Matthäus hat in den zusammenfassenden Berichten über das Wirken Jesu
gerade an ihn erinnert, die Sprache gerade dieses Psalms aufgenommen:
Jesus heilte jede Krankheit und jedes Gebrechen im Volk (4,23; 9,35; vgl.
Ps. 103,3); wenn er die Volksmenge sah, „fühlte er Erbarmen mit ihnen"
(Mt. 9,36, vgl. Ps. 103,13 = richam al). Auch bei der Speisung der Viertausend spricht Jesus von seinem Erbarmen mit dem Volk (Mt. 15,32);
darum macht er die Hungernden satt (15,32.37), so wie Gott die Menschen, die er mit Gnade und Barmherzigkeit krönt, mit Gutem sättigt
(Ps. 103,4f.).[12] Den beiden Blinden am Weg nach Jericho öffnete Jesus
„aus Erbarmen" die Augen, nachdem sie ihn als Davidssohn gebeten hatten, sich ihrer „zu erbarmen" (Mt. 20,31.34). Der Messias, der die Armen
in Gerechtigkeit richtet (Jes. 11,4), handelt wie der erbarmende Gott in
Ps. 103. Auch der nach Ps. 51,3 gebildete liturgische Gebetsruf: „Kyrie
eleison!" wird somit letztlich vom Vertrauen in den sich erbarmenden
Herrn von Ps. 103,13 getragen, an dessen Stelle unter den Menschen der
Messias Jesus getreten ist. So ist es begreiflich, daß nach Mt. 9,13; 12,7
Jesus die Stelle Hos. 6,6 in programmatischem Sinne zitierte: Gott will
Barmherzigkeit und nicht Opfer.

b) Die Heilung des Gichtbrüchigen

Man könnte diese Bezüge als nebensächlich oder auch als nichtexistent
ansehen; auch andere Schriftworte wie Jes. 52,7; 53; 2. Sam. 7,12–15;
Jes. 11; Dan. 7,13 f.; Ez. 34 u. a. waren von großer Bedeutung für den
Weg Jesu. Aber bei einem bestimmten Bericht bildet Ps. 103 geradezu den
Schlüssel für das Verständnis des ganzen, etwas komplizierten Hand-
lungsverlaufs und auch für das Verhalten der beteiligten Personen. Dieser
Verstehensschlüssel bewahrt vor einer falschen, kurzschlüssigen Deu-
tung. Es handelt sich um die besonders bei Markus ausführlich erzählte
Heilung des Gichtbrüchigen (Mk. 2,1–12). Sie zeigt, daß der Menschen-

---

12 Vgl. dazu die schöne Darstellung der Seligkeit in der zukünftigen Welt im Babylon. Talmud, Berakhoth 17a: Es gibt dort nicht Essen und Trinken, Fortpflanzung usw. Vielmehr sitzen die Gerechten da mit Kronen auf ihren Häuptern und erlaben sich am Glanz
der „Einwohnung" Gottes, der Schekhinah. Diese Darstellung wird zwar ausdrücklich
mit Ex. 24,11 verbunden, ist aber m. E. genauso sehr von Ps. 103,4f. bestimmt.

sohn die ihm von Gott gegebene Vollmacht dazu gebrauchte, um die nach
Ps. 103,3 Gott eigentümlichen und ihm allein vorbehaltenen (Mk. 2,7)
Werke zu betreiben, nämlich die Sünden zu vergeben und die Gebrechen
der Menschen zu heilen (Mk. 2,10 f. vgl. Dan. 7,14). Nur auf dem Hintergrund von Ps. 103 läßt sich die ursprüngliche Einheit der Geschichte
erkennen, die man gewöhnlich nach formgeschichtlichen Kriterien in
zwei ursprünglich getrennte und später ineinander geschobene Stücke
zerlegt, nämlich in eine wunderbare Heilung (2,1–5 a; 10 b–12) und ein
Streitgespräch über die Vollmacht der Sündenvergebung (2,5 b–10 a).
Aber von Ps. 103 her erweist sich solch eine Zerlegung als ein unmögli-
ches, die innere Logik zerstörendes, Verfahren: Gott vergibt uns alle
unsere Sünden *und* heilt unsere Gebrechen (V. 3). Nun wird der Vorwurf
der Lästerung Gottes, der von den Schriftgelehrten gegen Jesus erhoben
wurde (2,7), verständlich: Sündenvergebung ist allein Gottes Sache. Aber
wir verstehen auch die Reaktion Jesu, der seine Vollmacht, die Sünden zu
vergeben, mit der Heilung des Gelähmten erwies (Mk. 2,10 f.), als not-
wendige Einheit. Denn nach Ps. 103,3 ist beides, Sündenvergeben und
Heilen, das Wirken Gottes, der sich über seine Kinder erbarmt (V. 13);
das objektiv aufgewiesene Vermögen zu heilen –, es wird in dieser
Geschichte durch das Heimtragen der Bahre demonstriert (V. 11), –
macht die nicht nachweisbare Vollmacht der Sündenvergebung offenbar.

Angesichts der Gottesherrschaft hat die Sündenvergebung Priorität
gegenüber der Heilung physischer Gebrechen. Wenn Jesus Kranken half,
so hat er ihnen dabei auch die Sünden vergeben, auch wenn das nicht ausdrücklich erwähnt wird (vgl. Joh. 5,14). Der Glaube, der in ihm den
Gesandten Gottes erkannte und darauf baute, daß er die göttliche Vollmacht zur Sündenvergebung und Heilung besaß, rettete die Verlorenen
und gewann sie für die Gottesherrschaft. Das erste von Jesu Menschen-
sohnworten (Mk. 2,10) erhellt von Ps. 103 her diese dunkle Selbstbezeichnung: Der „Menschensohn" vollzieht das Werk des im Himmel
thronenden Gottes auf der Erde (Ps. 103,3), weil sich dessen königliche
Herrschaft über alles erstreckt (Ps. 103,19) und deshalb auch bei den
Menschen durchgesetzt werden soll. Aber er setzt seine Vollmacht
(Dan. 7,14) zur Bekämpfung des Bösen und zur Befreiung der Gebunde-
nen ein.

4. Zusammenfassung

(1) Unsere Untersuchung hat gezeigt, daß sich der Einfluß von Psalm 103
nicht etwa nur auf die sogenannten „redaktionellen" Abschnitte in den
Evangelien erstreckt, sondern gerade auch in der unbestritten echten
Jesusüberlieferung vorhanden ist, so etwa im „Vater Unser", und in manchen Gleichnissen und darüber hinaus in seinem Handeln sichtbar wird.

Jesu Lehre und Leben gründen im Alten Testament; neben Mose und die Propheten treten besonders die Psalmen (vgl. Lk. 24,44). Die Tatsache, daß Psalm 103 in den Evangelien nicht ausdrücklich zitiert wird, darf nicht befremden. Denn in ein Gebet paßt kein Zitat, und das gilt auch für die Gleichnisse, die Jesus erzählt hat. Grundsätzlich wird in der Verkündigung Jesu das biblische Wort eher in Anspielungen zur Geltung gebracht; sehr viel seltener wird es ausdrücklich angeführt oder kommentiert. Das letztere finden wir etwa in den Antithesen und grundsätzlich da, wo Jesus halachisch = ethisch gelehrt, d. h. den wahren Willen Gottes dargelegt hat.

(2) Von den Rabbinen wurde Psalm 103 haggadisch = erbaulich erklärt (Midrasch Tehillim). Das Gotteslob der „Seele" (V. 1) wurde z. B. mit den Analogien und Ähnlichkeiten begründet, die sich zwischen Gott und der menschlichen Seele finden lassen: Wie die Seele, obwohl unsichtbar, den Leib belebt und leitet, so tut dies der unsichtbare Gott mit der Welt.[13] Für Jesus hat der 103. Psalm auch *ethische* Bedeutung. Im „Vater Unser" und den Gleichnissen werden zwar die Heiligkeit und Güte Gottes für uns groß gemacht, der Reichtum seiner Gnade als Vertrauensvorschuß angeboten und in Erzählung umgemünzt. Aber Jesus betont dabei auch, daß Wesen und Verhalten Gottes uns *verpflichten:* Als Kinder Gottes sollen wir vollkommen (Mt. 5,48) und barmherzig (Lk. 6,36) sein wie der himmlische Vater und dem sich an uns verfehlenden Bruder vergeben wie Gott unsere Fehler vergibt (Mt. 6,14 f.). Nur der Gottessohn und Messias hat dieser Verpflichtung ganz Genüge getan; er war nicht nur vollkommen und barmherzig, sondern auch bevollmächtigt, Sünden zu vergeben und Kranke zu heilen, wo ihn sein Erbarmen dazu trieb. Jesus hat bei der Auslegung von Psalm 103 Haggadah und Halachah, Gotteslehre und ethische Weisung, zu einer Einheit zusammengefügt. Er hat darüber hinaus die Weisung des Psalms durch sein Verhalten bewährt und für uns vollziehbar gemacht: Wie uns Gott in seiner Güte entgegenkommt, so nahm sich Jesus der Notleidenden erbarmend an; die Forderung des Vergebens geht von der vorgegebenen Gnade aus. Die Einheit von Preisung und Weisung Gottes konnte in Psalm 103 gefunden werden; dort werden menschliches und göttliches Erbarmen verglichen, und das letztere kommt allein den Gottesfürchtigen zu (V. 13). Angesichts der nahen Gottesherrschaft drängte sich die Frage auf: Was bedeutet rechte Gottes-

---

13 Midr. Tehillim zu Ps. 103,1 (ed. S. Buber S. 217 a § 12–21). Zu Ps. 103,4 wird auf die Krönung der Israeliten, die am Sinai die Tora empfingen, durch die Engel hingewiesen (S. 218 a § 35–39), in V. 13 wird die Barmherzigkeit der Väter gegenüber den Kindern auf Abraham eingeschränkt, der wegen etwaiger Gerechter in Sodom für die Schonung der Stadt gebeten hatte (Gen. 18,23) bzw. auf Jakob, der nach Gen. 33,3 vor seiner Familie Esau entgegenging (S. 219 a § 50–55). Zu V. 19, dem Thron Gottes im Himmel, werden Ausführungen über die vier Lebewesen am Thronwagen gemacht (219 b § 60–61).

furcht, wenn der kommende Gott der Gnädige und Barmherzige ist
(Ps. 103,8)? Die Antwort steht in Mt. 6,14 f. und den hier behandelten
Gleichnissen.

(3) Auch bei der „Theologie" im engeren Sinn hat Jesus vereinigt, was in
der rabbinischen Gotteslehre geschieden ist: die einander entgegengesetz-
ten Maße der strafenden Gerechtigkeit und des vergebenden Erbarmens.
In seinen Gleichnissen zeigt er, daß Gott gerade da gerecht ist, wo er
Barmherzigkeit übt, daß er mit seiner Gerechtigkeit den Notleidenden
hilft, derer er sich erbarmt. Die neue Gerechtigkeit ist ein umfassender,
das Erbarmen mit einschließender Begriff; sie ist ja in Ps. 103,17 mit der
Gnade (chäsäd) verbunden und steht in Jes. 56,1 parallel zum Heil
(jeschu'ah). Matthäus sieht in dieser Gerechtigkeit die Norm der von
Jesus verkündigten Gottesherrschaft (5,6.20; 6,1.33), während sie für
Paulus im Kreuz des Gottessohnes geoffenbart wurde (Röm. 3,21–26).
Nur der Mensch, der die Einheit der neuen Gerechtigkeit auflöst und die
nackte iustitia distributiva als sein Recht beansprucht, wird nach dem
strengen Maß der richtenden Gerechtigkeit behandelt.

(4) Man pflegt neuerdings in der Theologie die Gnade Gottes geringzu-
achten, sie nicht nur als billige, sondern auch als überholte Wahrheit
anzusehen. Angesichts der schreienden Ungerechtigkeit, der ungleichen
Verteilung der Lose unter den Völkern, Rassen und Klassen könne das
Maß der Gnade und der barmherzig gegebenen Almosen nicht mehr
genügen; gebraucht werde die Gerechtigkeit, die jedem das Seine zuteilt.
Die Ära der reformatorischen Gnadenlehre sei vorbei, in der Kirche
müsse statt dessen die Gerechtigkeit gepredigt und als Norm des Handelns durchgesetzt werden.

Aber Jesus zeigt uns, daß solche Predigt kein Evangelium wäre; sie fiele
sogar hinter Mose und die Propheten zurück. Die strikte Handhabung
der Gerechtigkeit läßt die Schwachen und schuldig Gewordenen scheitern
und verzweifeln; vor Gott aber sind wir alle schuldig, bedürfen wir alle
der Gnade. Auf der anderen Seite hebt Gott durch seine Güte die Gerechtigkeit nicht auf; er hält vielmehr Recht und Gesetz und gibt jedem auch
das, was er verdient (Arbeiter im Weinberg, Verlorener Sohn). Die hohe
Kunst, zugleich barmherzig und gerecht zu sein, faßt Jesus im Begriff der
besseren Gerechtigkeit zusammen. Er betont das Erbarmen Gottes, weil
es beim Reden von der Gerechtigkeit entweder zu kurz kommt oder aber
ganz von ihr getrennt wird. Er tut dies auf der Basis von Psalm 103, in dem
das Erbarmen Gottes und seine Taten der helfenden Gerechtigkeit gepriesen, ja Gnade und Gerechtigkeit Gottes in einem Atem genannt werden
(V. 17).

12. Jesu Tischsegen

Psalm 104 in Lehre und Wirken Jesu

Herrn Kirchenrat Dr. Manfred Kuntz zugeeignet

a) Das Problem

Im Neuen Testament wird mehrmals berichtet, Jesus habe wie ein jüdischer Hausvater den *Tischsegen* gesprochen, das Brot gebrochen und es seinen Gästen gegeben, so vor allem bei den Speisungswundern[1], dann bei seinem letzten Mahl mit den Jüngern[2] und schließlich am Abend des Ostertages in Emmaus[3]. Das für das Beten des Tischsegens gebrauchte Zeitwort εὐλογεῖν entspricht dem hebräischen berekh = „segnen", das auch das Segnen einer Person[4] und speziell das Loben Gottes[5] bezeichnen kann. Auch der Tischsegen ist als εὐλογία solch ein Lobpreis, der vor allem den Dank an den gütigen Gott enthält; dieses Danken kommt in dem ebenfalls für den Tischsegen gebrauchten Verbum εὐχαριστεῖν noch deutlicher zum Ausdruck[6]. Der Tischsegen wird zwar über den Gaben, dem Brot, den Früchten und dem Wein gesprochen[7]. Aber er gilt ausschließlich dem Geber: Man dankt Gott dafür, daß er beständig um seine Geschöpfe besorgt ist und sie ernährt.

Das zeigt der *jüdische Tischsegen*, in dem man Gott als dem gütigen Schöpfer dankt: „Gepriesen seist Du Herr, der Du die Frucht des Baums, ... des Weinstocks erschaffst, ... der Du Brot aus der Erde hervorbringst" (Berakoth 6,1). Man darf annehmen, Jesus sei dem Brauch des Landes (minhag ha'äräṣ) gefolgt und habe das zu seiner Zeit übliche

---

[1] Mk 6,41; Mt 14,19; Lk 9,16; Joh 6,11 (= Die Speisung der Fünftausend). Mk 8,6; Mt 15,36; vgl. Mk 8,7 (= Die Speisung der Viertausend).

[2] Mk 14,22; Mt 26,26; 1.Kor 11,24.

[3] Lk 24,30.

[4] Lk 2,34; 6,28; vgl. Röm 12,14; Lk 24,50.

[5] Lk 1,64; 2,28.

[6] Mk 8,6; Mt 15,36; Joh 6,11. Sonst beim Segen über dem Wein, dem „Segensbecher", so Mk 14,23; Mt 26,27; Lk 22,17.

[7] Vgl. Mischna Berakhoth 6,1: Man spricht den Segen „über" ('al) dem Brot und dem Wein; d. h. man preist und dankt Gott für seine Gaben.

Tischgebet gesprochen[8], zu dem das Brechen des Brotes und dessen Austeilung gehört. Das würde erklären, warum die Evangelisten zwar berichten, daß Jesus über dem Brot oder dem Wein den Segen sprach, aber uns nicht verraten, wie dieser Segen gelautet hat. Auf der anderen Seite erzählt Lukas, wie den beiden Jüngern, die der Auferstandene nach Emmaus begleitete, bei dessen Tischsegen die Augen aufgingen, so daß sie ihn erkannten (24,30). Das meint doch wohl, daß Jesus den traditionellen jüdischen Tischsegen auf eine ihm eigene Art und Weise zu sprechen pflegte, wahrscheinlich dessen Wortlaut leicht verändert hat.

Es mag spekulativ und ein Stück neutestamentlicher „Vermutungswissenschaft" sein, den *Wortlaut von Jesu Tischsegen* herausfinden zu wollen. Aber man kann es dennoch versuchen, wobei der *Segen über dem Brot* besonders wichtig ist. Dabei gehe ich eben von der Annahme aus, Jesus habe zwar den üblichen jüdischen Tischsegen gebraucht, ihn aber *variiert*. Wäre diese Änderung erheblich gewesen, hätte Jesus also bei der Mahlzeit einen ganz neuen Segen gesprochen, so hätten die Evangelisten wohl auch dessen Wortlaut überliefert, so wie beim Vaterunser, das zwar mit dem jüdischen Achtzehn-Bitten-Gebet oder dem Qaddisch manche Berührungspunkte aufweist, aber doch ein ganz neues Gebet darstellt. Bei der folgenden Suche nach dem möglichen Wortlaut des Tischsegens Jesu gehen wir *traditionsgeschichtlich* vor. Wir fragen nach der *alttestamentlichen Grundlage* des jüdischen Segens über dem Brot und prüfen dann, ob dieser Text in Wort und Wirken Jesu Spuren hinterlassen hat, ferner, wie er von Jesus gebraucht worden ist.

b) Der jüdische Segen über dem Brot und Psalm 104

Der jüdische Tischsegen ist im ersten Traktat der ersten Ordnung (Seder) der Mischna zu finden (Berakoth 6,1). Diese Ordnung trägt den Titel „Saaten" (z^{e}ra^{c}îm) und enthält Weisungen zum Ackerbau, zu den Bäumen und Früchten, dazu Anordnungen für die Abgaben (Verzehntung) und die Armenfürsorge, ferner für das Sabbatjahr, in dem die Arbeit auf dem Felde ruht. Die erste Ordnung der Mischna wird durch den Traktat „Segenssprüche" eingeleitet. Denn Gott ist der Herr des Landes, der Schöpfer und Geber aller Früchte (Deut 26,10); ihm gehört die Erde und ihre Fülle (Ps 24,1)[9]. Deshalb soll man nichts genießen ohne einen Segensspruch, und so dankt man dem Schöpfer für die Früchte der

---

[8] Das darf man auch aus dem Entsagungsgelübde Mk 14,25 schließen, das Jesus unmittelbar nach dem Segen über dem Becher und dem Deutewort zum Wein gesprochen hat. Er gebrauchte darin die Wendung „Frucht des Weinstocks" (p^{e}rî ha-gäphän), die im jüdischen Tischsegen über dem Wein erscheint.

[9] Vgl. Ch. Albeck, Shishshah Sidrê Mishnah, Bd. I, Jerusalem 1957, S. 7. Vgl. auch die erste Benediktion zum Morgengebet und die erste Bitte des Achtzehn-Bitten-Gebets.

Bäume und speziell des Weinstocks, dazu für die Früchte der Erde. Zu den letzteren gehört eigentlich auch das Brot, der „Bissen" (pat). Aber wegen seiner großen Bedeutung wird *das Brot mit einem eigenen Segen* bedacht. Es ist für unsere Untersuchung wichtig, daß dieser Segen in seinem Wortlaut von den anderen, stereotyp gehaltenen und stets den Schöpfer (bore')[10] preisenden Sprüchen abweicht: *„Gesegnet seist Du, Herr, der Du ‚Brot aus der Erde hervorbringst'"*, wörtlich: . . . „hervorgehen läßt" (ha-môṣî' läḥäm min ha'äräṣ).

Dieser besondere Segen ist *Psalm 104* entnommen, der das Lob der Schöpfung singt und Gott als einen guten Haushalter preist: allen seinen Geschöpfen gibt er Leben und volles Genüge[11]. Dort heißt es in zwei hymnischen, im Partizipalstil gehaltenen Versen:

> (13) „Der die Berge tränkt aus seinen Obergemächern –
>   von der Frucht Deiner Werke sättigt sich die Erde –,
> (14) der Gras sprossen läßt für das Vieh
>   und Kraut für die Arbeit des Menschen,
>   daß er Brot hervorbringe aus der Erde"
>   (lᵉmôṣî' läḥäm min ha'äräṣ).

Im jüdischen Tischsegen wird der letzte Teil von Ps 104,14 aufgenommen und das Hervorbringen von Brot aus der Erde gepriesen[12]. Der *Psalmist* schreibt dies der Arbeit des Menschen zu (ᵃbodat ha-'adam), der ja nicht mehr im Paradiese lebt (vgl. Gen 3,18f.23). Dagegen wird *im Tischsegen Gott* gedankt; er ist derjenige, der „Brot aus der Erde hervorbringt" (ha-môṣî' läḥäm), der alleinige „Produzent". Das Gewinnen des Brotes aus der Erde ist ein großes Wunder Gottes, und das Verbum hôṣî' = „pro-ducere" hat für den jüdischen Hörer auch heilsgeschichtliche Bedeutung: Gott hat sich dem Volk Israel als ha-môṣî' offenbart, als derjenige, der es aus Ägypten „herausgeführt" hat[13]. Diese Tatsache wird Ex 16 im Zusammenhang mit der Mannaspeisung erwähnt: Der Retter, der Israel aus Ägypten „herausgeführt hat" (V. 8), läßt das Brot vom Himmel regnen und das Volk „hinausgehen", um es aufzusammeln.

---

[10] bôre' pᵉrî haʿeṣ . . ha-gäphän . . . haᵃᵃdamah.

[11] Vgl. dazu Fr. Chr. Oetinger: „David im 104. Psalm beschreibt die wichtigsten Werke Gottes nicht wie die heutigen Naturlehrer, sondern nach der Ordnung des ersten Kapitels des Buches Mose . . . David hat viel mehr Gedanken auf einmal gefaßt als alle heutigen Physiker, welches uns aus dem 139. Psalm erhellet" (Philosophie der Alten II, S. 80f.).

[12] Der Segen trägt den Namen „Birkath Ha-môṣî"; vgl. Midr. Tehillim 220 (40) zu Ps 104,14: „Sieh' die Sprache (= den Wortlaut), die die Weisen für den Segen ‚Ha-môṣî' verwendet haben!"

[13] Auch sonst können Termini aus dem Bereich der Natur in den der Heilsgeschichte übertragen werden, auch noch in neutestamentlicher Zeit: Gott „sät Heilstaten" (zôreʿ ṣᵉdaqôth), läßt „Durchhilfen sprossen" (maṣmiaḥ jᵉshûʿôth); so erstes Morgengebet zum Shᵉmaʿ, Teil 3.

c) Das Gleichnis von der selbstwachsenden Saat (Mk 4,26–29) und Psalm 104,14.27 f.

Zunächst ist das kurze, aber tiefsinnige, exegetisch umstrittene *Gleichnis von der selbstwachsenden Saat (Mk 4,26–29)* zu behandeln. Denn ihm liegen die *Verse Ps 104.13 f.27 f.* zugrunde, aus denen der jüdische Tischsegen stammt (schon diese Tatsache spricht dafür, daß Jesus den jüdischen Segen verwendet hat). Eine primäre Deutungshilfe für Jesu Gleichnisse bietet das in ihnen verwendete Wort der Schrift. Freilich wird für das Gleichnis von der selbstwachsenden Saat im N.T. ed. Nestle nur der Einfluß von Joel 4,13 auf den Schluß (V. 29 b) notiert; viel wichtiger ist m. E. Ps. 104. Die *Kernbegriffe von Ps 104,14* sind in Mk 4,26–29 aufgenommen: Der Mensch (ha'adam, vgl. ὁ ἄνθρωπος Mk 4,26) und die Erde (ha'aräṣ, vgl. ἡ γῆ V. 26.27), das Gras (ḥaṣîr, vgl. ὁ χόρτος V. 28) und das Brot(Getreide) (läḥäm, vgl. σῖτος bzw. καρπός, VV. 28 f.). Vor allem werden – wie in Ps 104,14 – in Mk 4,26–29 *die bäuerliche Arbeit und die Schöpferkraft Gottes in ihrem Zusammenwirken* gezeigt: Der Bauer wirft den Samen auf die Erde (4,26) und schickt die Sichel aus, wenn die Ernte gekommen ist (4,29). Aber viel wichtiger ist die produktive Kraft, die von der Erde ausgeht und das Aufgehen des Samens, das Sprossen des Halms bis zur Reife des Korns und schließlich das Darbieten der Frucht bewirkt (VV. 28 f.)[14]. Denn *die Erde* bringt ohne Zutun des Bauern (V. 27), selbständig (αὐτομάτη), die Frucht hervor (V. 28). Der elementare, wunderbare Vorgang des Wachsens und Werdens der menschlichen Nahrung wird auch in Ps 104 gerühmt. Aber dort steht *Gottes schöpferische Kraft* im Vordergrund: Er ist der maṣmîaḥ, der Gras und Kraut für Vieh und Mensch „sprossen läßt" und mit der Hilfe des letzteren das Brot aus der Erde hervorbringt (V. 13 f.). Die Erde, im Gleichnis Jesu scheinbar autark und selbständig wirkendes Subjekt, erscheint nach Ps 104,14 als schlechthin abhängig von Gott, von dessen Handeln sie „gesättigt wird" (V. 13). Im Grunde ist das auch *die Meinung Jesu*. Für die Aussageform des Verses Mk 4,27 war der Satz aus dem Schöpfungsbericht Gen 1,12 maßgebend, der wohl auch dem Beter von Ps 104 vor Augen stand: Nach Gottes gebietendem Machtwort soll die Erde Grünes und Kraut hervorbringen (tôṣe'), dazu Bäume, die Früchte tragen. Sie ist demnach nicht autonom, sondern gehorcht Gottes Gebot; ihre „Automatik" wird gleichsam „theokratisch" ermöglicht, durch Gottes Eingreifen in Gang gehalten. Aus diesem Grunde konnte Jesus den Segen der Erde parabolisch für die Güte Gottes und *die Fülle der Gottesherrschaft* verwenden: Saat

---

[14] So schützt Jesus im Gleichnis Mk 4,26–29 die in Ps 104,14 und vor allem in 104,23 gemachten Aussagen über die Leistung des Menschen gegen ein mögliches Mißverständnis: Wenn dieser morgens zur Feldarbeit „hinausgeht" (jeṣe' V. 23), so bedeutet das nicht, daß er das Brot aus der Erde „herausbringt" (hôṣî').

und Ernte sind demonstrativer Hinweis auf Gottes Wirklichkeit und wunderbare Kraft. Ja, im Gottesreich wird die Erde von paradiesischer Fruchtbarkeit erfüllt werden, so wie der gute Boden im Sämannsgleichnis, der hundertfältig Frucht gibt (Mk 4,8.20). Der eschatologische Bezug von Wachstum und Fruchtbarkeit der Erde wird auch durch *Ps 104* nahegelegt. Denn nach V. 30 „erneuert Gott das Antlitz der Erde", so wie er durch die Sendung seines Geistes die Menschen „erschafft" (ibid.), die ohne diesen Geist verenden und zu Staub werden (V. 29). Solche Aussagen konnte man in apokalyptischer Stimmung auf die endzeitliche Erneuerung der Erde und die Auferstehung der Toten beziehen; für einen „letzten Rufer vor dem Ende" eröffnen sie den Horizont der Gottesherrschaft[15].

Auffallend und endzeitlich ausgerichtet[16] ist die Aussage Mk 4,29a: „Sobald aber (das Korn) es gestattet, sendet der Bauer sofort die Sichel, denn die Ernte ist da". Das reife Getreide ‚gibt (sich) hin' (παραδιδόναι), bietet gleichsam sich selbst als Nahrung für den Menschen an, ruft geradezu nach der Sichel, die ihm das Ende bringt. Das „*Geben*" (vgl. Mk 4,8) und vor allem „*Hingeben, Übergeben*" gehört mit neuer Bedeutung *in die Sprache Jesu*, bringt Sinn und Ziel seines Wirkens mit zum Ausdruck. Der Menschensohn wird den Menschen „übergeben" (Mk 9,31), „gibt" sein Leben als Lösegeld für die Vielen dahin (Mk 10,45); das Weizenkorn muß sterben, damit es Frucht bringen kann (Joh 12,24). Aber durch diese fruchtbringende Hingabe des Sohnes wird die Liebe Gottes zur Welt offenbart; Jesus ist der endzeitliche Sämann Gottes (Mk 4,11f.) und das Korn, das sich selbst anbietet (4,29).

In Mk 4,29: „Aber wenn das Korn es gestattet". . . sieht J. Jeremias mit Recht das „*eschatologische Maß*", die von Gott bestimmte Zeit der Vollendung, angedeutet[17]. Überhaupt ist der *Aspekt der Zeit* für das ganze Gleichnis Mk 4,26–29 sehr wichtig. Wachsen und Reifen, Saat und Ernte haben ihre Zeit: „Zuerst der Grashalm, dann die Ähre, dann das volle Korn in der Ähre" (V. 28). Damit ist die große Zeit der Ernte da. „Ernte" ist Metapher für das Ende und die Herrschaft Gottes: Das Kommen der Ernte (qajiṣ Mk 4,29) deutet schon sprachlich auf die Ankunft des Endes

---

[15] Auf diesen weist auch das selbständige Produzieren der Erde in Mk 4,27. Denn in Lev 25,5.11 (LXX) wird das Adjektiv αὐτόματος auf die von „selbst aufgehenden Erträge" (τὰ αὐτόματα ἀναβαίνοντα) angewendet, die man in einem Sabbatjahr ißt; dieses aber weist, wie der Sabbat selbst, auf die große Ruhe des Gottesreiches hin.

[16] Vgl. Josephus Antiquitates I,49: Die Verfluchung des Erdbodens nach dem Sündenfall bedeutet, daß die Erde den Menschen nichts mehr von sich aus geben wird (ἀναδῶσαι αὐτομάτως), sondern nur noch den sich Mühenden etwas gewährt (πονοῦσι δέ . . . παρέξειν). Vgl. Philo Mut § 29: Die Speise wird von Gott in Zusammenarbeit mit dem Bauern aus der Erde hervorgebracht.

[17] J. JEREMIAS, Die Gleichnisse Jesu, Göttingen ⁷1970 S. 151; vgl., dazu R. STUHLMANN, Das eschatologische Maß im Neuen Testament, Göttingen 1983, S. 78f.

(qêṣ), und die Sichel des Schnitters ist Hinweis auf Gottes Gericht (Joel 4,13; Offbg 14,15).

Auch *nach Ps 104 haben die Gaben Gottes ihre Zeit:* Aller Augen sind wartend auf Gott gerichtet, damit er „ihre Speise gebe zu ihrer Zeit" (latet 'okhlam beʿittô V. 27). Gemeint ist nicht die Zeit Gottes, sondern die rechte Zeit der Nahrung, vgl. LXX: δοῦναι τὴν τροφὴν αὐτοῖς εὔκαιρον). Aber weil Gott diese Nahrung gewährt, ist ihre Zeit seine (d. h. die von ihm bestimmte) Zeit, so wie die Kraft der Erde in Wahrheit Gottes Schöpfermacht offenbart. Das Wissen um den Gang der Zeit und der Glaube an Gott als Herrn der Zeit ermöglichen ein *gelassenes Warten* auf Gott und das von ihm gegebene Brot. Die Geduld, das Wartenkönnen, macht die Würde des Menschen aus. Denn die μακροθυμία des Bauern (vgl. Jak 5,7) ist im Grunde die Eigenschaft Gottes, des Schöpfers, Erhalters und Richters der Kreatur (Ps 103,8). Die Tiere können nicht warten: Die jungen Löwen brüllen am Abend und verlangen nach Beute; so fordern sie ungeduldig ihre Nahrung (Ps 104,21). Der Bauer im Gleichnis Jesu wird zum Gehilfen Gottes, weil er im Rhythmus der Zeit des Brotes leben kann. Er weiß um den Anfang und das Ende, wo er ganz gefordert wird, und um die lange Zwischenzeit, in der er das Wesentliche Gott überlassen darf, weil dessen Arbeit ihm zugute kommt und viel Zeit gibt. So schläft er in der Nacht und wacht am Tage (Mk 4,27), wie ihn das die Schöpfungsordnung lehrt (Gen 1,5). Von Ps 104 her bedeutet das keineswegs Müßiggang: Obwohl er weiß, daß Gott ihm seine Nahrung gibt, geht der Mensch am Morgen hinaus an sein Tagwerk, an seine Arbeit, bis zum Abend (V. 23).

Wie Saat und Ernte, so hat auch *das Gottesreich seine bestimmte Zeit.* Der Mensch, der dieses weiß, kann geduldig warten. Denn die Gnadengaben, die Gott dem König David zugesagt hat, sind zuverlässig (Jes 55,3): Der verheißene Davidssohn wird aufstehen (2. Sam 7,12–14), die zerfallene Hütte Davids wieder aufgerichtet werden (Amos 9,11). Der *Qumrankommentar zu Hab 2,3* belehrte die auf das Ende der Geschichte wartende Gemeinde: „Alle Zeiten werden eintreffen nach ihrer Ordnung, wie sie Gott durch die Geheimnisse seiner Klugheit festgesetzt hat" (1 QpHab 7,13f.). Denn der auf seiner Warte harrende Prophet hatte von Gott erfahren: „Wenn sie (i.e. die Vision vom Heil) verzieht, so harre auf sie, denn sie wird gewiß kommen und nicht ausbleiben!" (Hab 2,3). Eben dies wollte auch Jesus im Blick auf die Basileia sagen; 1 QpHab 7,13f. ist der Skopus von Mk 4,26–29. Von Ps 104 her erweist sich dieses Gleichnis als geschlossenes Ganzes. Nichts an ihm wirkt nachgetragen, nichts weist auf eine Krise durch enttäuschte Naherwartung hin. Dasselbe gilt auch vom zweiten Gleichnis Jesu, das von Ps 104 entscheidend geprägt ist.

d) Das Gleichnis vom reichen Kornbauern (Lk 12,16–21)
und Psalm 104,13f.27–29

Im Gleichnis von der selbstwachsenden Saat hatte Jesus aus Ps 104,13f.27f. eine für das Gottesreich wichtige Lehre gezogen, gleichsam den Sinn und die Notwendigkeit einer eschatologischen Existenz aufgezeigt. Das Gleiche tat er in der *Geschichte vom reichen Kornbauern* (Lk 12,16–21), die allerdings eine Kontrastfigur zum geduldigen Landmann von Mk 4,26–29 vor Augen stellt. Zusätzlich zu den Versen 13f.27f. von Ps 104 wird in dieses Gleichnis Vers 29 einbezogen, der das jähe Ende des Reichen erklärt. Ps 104,29 hat in Lk 12,20 eine ähnliche Funktion wie Joel 4,13 in Mk 4,29.

Wie in Mk 4,26–29, so erscheinen auch in *Lk 12,16–21 die in Ps 104,13f.27f. gebotenen Begriffe:* Der Mensch ($\H{a}νθρωπος$), der das Land ($χώρα$) bearbeitet und den Erntesegen der Früchte sammelt ($καρποὺς συνάγειν$ VV. 16f., vgl. Ps 104,13f.28), das Getreide ($σῖτος$) und seine Güter ($ἀγαθά$) aufbewahren will (V. 18, vgl. Ps 104,14.28). Aber gerade der Reichtum der Ernte, der „schöne Ertrag" ($εὐφορεῖν$) des Landes (V. 16) bringt den Bauern in Verlegenheit: „Was soll ich tun?" (V. 17). Die Frage verrät, daß der Reiche angesichts des schon geernteten Getreides nicht die Geduld aufbringen kann, die der Bauer von Mk 4,26–29 während des Wachsens und Reifens der Saat besaß. Die große Fülle macht ihn nicht etwa froh und dankbar, sondern erfüllt ihn mit schweren Sorgen, aus denen ihn dann ein scheinbar glücklicher Einfall befreit: „Ich will meine Scheunen abreißen und größere bauen" (V. 18f.). Dann glaubt er beruhigt in die Zukunft sehen zu können: „Seele, du hast viele Güter liegen für viele Jahre!" (V. 19).

Aber die angestrebte größere Kapazität ist kein Zeichen der Klugheit, sondern gilt als *Torheit* vor Gott (V. 20). Schon die Sprache des Reichen verrät seinen Egoismus, sein in-sich-verschlossenes Wesen. Was er schon hat und was er durch die Ernte dazuerhält, bezeichnet er als sein *Eigentum:* Meine Früchte (V. 17), meine Scheunen (V. 18), meine Seele (V. 19); „Seele, du *hast* ($ἔχεις$) viele Güter!" (V. 19). Diese *Ichbezogenheit,* die *incurvatio in se ipsum,* wird auch daran deutlich, daß der Reiche nur Selbstgespräche führt, sich mit seiner Seele unterhält. Seine „Verschlossenheit", die Begrenzung auf sich selbst, bewirkt es, daß der Ausdruck „*Scheunen*" auftaucht, der den Saatgleichnissen Jesu und auch Ps 104 ganz fremd ist: Was geerntet wird, soll „deponiert", gut verschlossen aufbewahrt werden, um ausschließlich dem eigenen Verbrauch zu dienen. Die einmalige „Euphorie" des Landes (V. 17) soll eine permanente Euphorie der Seele ($εὐφραίνεσθαι$) ermöglichen (V. 19); die Sorge um das tägliche Brot, das Bitten und Danken soll durch selbst gewonnene Sicherheit ersetzt werden. Damit aber wird Gott als Geber der Speise gänzlich vergessen, die Lektion von Ps 104 überhört. Der dort gepriesene Gott handelt völlig anders als der Reiche: nicht etwa ichbezogen, sondern eher selbstvergessen und ganz auf das Wohl der Geschöpfe bedacht. Er sättigt die Erde mit der Frucht seiner Werke (104,13), gibt der wartenden Kreatur ihre Speise zu seiner Zeit (V. 27); sie können nicht Nahrung finden und einsammeln ohne ihn (V. 28). Gott *verschließt sich nicht, sondern öffnet* seine himmlischen Kammern (V. 13), „tut seine Hand auf" (V. 28); die andern, nicht die eigene Seele, sollen satt werden und sich freuen. Und weil er so täglich für seine Geschöpfe sorgt, ist das Sammeln auf Vorrat und der Bau von Scheunen nur da legitim, wo er dem Wohl eines ganzen vom Hunger bedrohten Landes dienen soll, wie bei Joseph in Ägypten (Gen 41,35). Vor allem aber gilt: wer angesichts großer Fülle so zu handeln pflegt wie der Reiche, ist nicht geschickt für das Reich Gottes mit seiner Segensfülle.

Solche Gottvergessenheit führt aber nicht nur dazu, die Nächstenliebe zu mißachten; vielmehr verletzt sie auch die *Ehre Gottes*. Die euphorische Sinngebung für die Vorratswirtschaft: „Seele, . . . ruh aus, iß, trink und sei guter Dinge!" (V. 19b) erinnert deutlich an die von Paulus (1. Kor 10,7) zitierte Stelle Ex 32,6: Das Volk ließ sich nieder, um zu essen und zu trinken, und stand auf, um sich zu belustigen. Diese Volksbelustigung bestand im Tanz um das Goldene Kalb, im Abfall von Gott. Daran will Jesus erinnern.

Auch der reiche Mann, der sich nicht um den armen Lazarus kümmerte, hatte sich der Gottvergessenheit und des *Götzendiensts* schuldig gemacht: Sich schön zu kleiden und alle Tage herrlich und in Freuden zu leben (Lk 16,19), ist von Ex 32,6 her ein Symptom der Idolatrie. Eben deshalb traf diesen und jenen Reichen das Strafgericht, sichtbar gemacht durch den jähen Tod.

Der reiche Kornbauer hatte seine Rechnung ohne den Wirt gemacht und die *Lektion von Ps 104* nicht gehört, auf die ihn schon der Tischsegen aufmerksam machen mußte. Denn nach Ps 104 ist Gott – gerade auch als der Schöpfer und Erhalter der Kreatur (VV. 27f.) – ein *Herr über Leben und Tod:* „Du verbirgst Dein Antlitz: Sie erschrecken. Du nimmst ihren Lebensodem weg (rûḥam): Sie sterben und kehren zum Staub zurück" (V. 29). Die Seele ($\psi\nu\chi\dot\eta$, näphäsh = Leben, Lebensodem) läßt sich nicht einfach durch Vorräte an Lebensmitteln festhalten für viele Jahre (Lk 12,15). Denn sie ist von Gott gegeben und bleibt sein Besitz. Zieht er sie zurück, ist der Mensch machtlos; der reiche Bauer starb noch in der nächsten Nacht (Lk 12,20). Der so vernünftig scheinende Reiche wird als Narr entlarvt (V. 20). Er war nicht reich in Gott (V. 21), und das kann keiner sein, der dem Mammon dient. Wer nur mit sich selbst redet, wird von Gottes Anruf aufgeschreckt, der dabei als ein Richtender, als „nichtendes Nichts", erscheint (V. 20).

e) Jakobus 5,7–9.17f. auf dem Hintergrund von Markus 4,26–29 und Psalm 103,8f.; 104,13

Der _Jakobusbrief,_ in dem die Paränese Jesu aufgenommen und eindrucksvoll aktualisiert wird, bietet den _geduldigen Bauern_ als leuchtendes Beispiel (vgl. 5,10) für eine endzeitgemäße Existenz (5,7–9): „Seid darum langmütig (μακροθυμήσετε), Brüder, bis zur Ankunft des Herrn. Siehe, der Bauer wartet auf die köstliche Frucht der Erde, wobei er langmütig auf sie harrt, bis sie den Frühregen und den Spätregen empfängt (V. 7). So sollt auch ihr langmütig sein. Stärkt eure Herzen, denn das Kommen des Herrn ist nahe (V. 8). Seufzet nicht, Brüder, wider einander, damit ihr nicht dem Gericht verfallt!" (V. 9).

An der _Erwartung des kommenden Herrn_ (5,7) scheitert die These, der Jakobusbrief sei keine christliche, sondern eine jüdische Schrift. Denn die Wendung ἕως τῆς παρουσίας τοῦ κυρίου kann sich schlechterdings nicht auf Gott, sondern nur auf den wiederkommenden Christus beziehen. Es handelt sich bei ihr um eine mit Hilfe von Dan 7,13 und Gen 49,10 gebildete Formulierung, die im Neuen Testament weit verbreitet ist; ich habe sie _‚Erwartungsschema'_ genannt[18]. „Bis zur Parusie" entspricht der Verheißung... „bis der Shiloh kommt" (Gen 49,10), der als _Messias (Targume) bzw. als Menschensohn_ gedeutet wird (Mt 10,23; vgl. Dan 7,13).

Das Gleichnis Jesu von der selbstwachsenden Saat (Mk 4,26–29), das in keinem der beiden Großevangelien erscheint, stand hier Jakobus vor Augen. Dabei hat er in 5,7 die Haltung des Bauern von Mk 4,27 zutreffend auf den Begriff gebracht: Er „wartet" (ἐκδέχομαι) auf den Ertrag der Erde (vgl. das jüdische Tischgebet); im Blick auf die Frucht wappnet er sich mit Geduld (μακροθυμεῖ). Beide Verben mögen _vom Psalter ispiriert_ sein, a) vom _Harren_ auf die von Gott gegebene Speise (Ps 104,27; 145,15), die für den Menschen von der Erde hervorgebracht wird (vgl. Ps 104,13f.). b) Die _Langmut_ wird in Ps 103,8 an Gott gerühmt; für diese Qualität dient er selbst als Beispiel, so wie auch die Propheten oder Hiob (Jak 5,10f.). Gott hat „einen langen Atem" ('äräkh 'appajîm) und ist voll Huld (Ps 103,8); er wird nicht immer streiten noch ewig zürnen (LXX Ps 102,8f.: μακρόθυμος καὶ πολυέλεος, οὐκ εἰς τέλος ὀργισθήσεται). Dieser _Kontext zur Langmut_ ist wichtig. Denn von ihm her ergibt sich die Lösung eines in Jak 5,7–9 auftauchenden Problems. Die Mahnung 5,9: „Seufzt nicht, Brüder, widereinander, damit ihr nicht dem Gericht verfallt!" steht scheinbar „völlig vereinzelt", so daß man „darauf verzichtet, eine Beziehung zum vorigen Spruch herzustellen"[19]. Aber das Beispiel Gottes in Ps

---

[18] O. BETZ, Jesus und das Danielbuch, Bd. II: Die Menschensohnworte Jesu und die Zukunftserwartung des Paulus (Daniel 7,13–14), Frankfurt 1985, S. 75–102.

[19] M. DIBELIUS, Der Jakobusbrief, Göttingen 1921, S. 225.

103,8 f. beweist, daß der Groll zur Geduld im Gegensatz steht, von ihr verdrängt werden soll: Weil Gott langmütig ist, läßt er von seinem berechtigten Zorn über die Menschen ab. So soll auch der Mensch, der dank der vergebenden Güte Gottes lebt, nicht seufzen und sich beschweren über seinen Nächsten; sonst verfällt er dem Gericht. Das an Ps 103 orientierte Gleichnis Jesu vom Schalksknecht (Mt 18,23–35) illustriert diese Mahnung Jak 5,7–9.

Auch das letzte alttestamentliche Beispiel im Jakobusbrief, nämlich das des *Propheten Elia (5,17 f.)*, wird so geboten, daß der Leser an Ps 104 und an Mk 4,26–29 erinnert wird. Elia hatte kraft seines Gebets den Himmel für dreieinhalb Jahre verschlossen (5,17, vgl. Lk 4,25), und ebenso vermochte er auch, diesen wieder zu öffnen: Der Himmel gab (ἔδωκεν) Regen (V. 18; vgl. Ps 104,13), und die Erde brachte ihre Frucht hervor (vgl. Ps 104,14 und Mk 4,27). Wie in Mk 4,27 ist aber die Erde nur mittelbar der Produzent der Frucht. Das wird Jak 5,17 f. deutlicher als im Gleichnis Jesu gezeigt: Die Erde braucht den Regen; sie ist kraftlos ohne Gott, der das Gebet des Propheten erhört. Der Regen wird vom Himmel, von Gott, „gegeben" (V. 18). Jakobus nimmt das für Jesus bezeichnende Verbum des *Gebens* auf (vgl. Ps 104,13, wo es fehlt). Er betont schon am Anfang: „Alle gute *Gabe* und jedes vollkommene *Geschenk* kommt von oben herab, vom Vater des Lichts" (1,17). Diese Aussage ist eine ergänzende Bestätigung des Tischsegens: Gott, der das Brot aus der Erde hervorbringt, ist auch der Vater des Lichts, der die guten Gaben von oben her schenkt. Zu diesen Gaben gehört neben dem Sonnenschein auch der Regen (vgl. Mt 5,45), der das Land fruchtbar macht (Jak 5,18).

f) Die vierte Bitte des Vaterunsers und Psalm 104,14.27; Exodus 16,4

Wir sahen, daß Jesus die Stelle Ps 104,14, der man den jüdischen Tischsegen entnahm, von ihrem Kontext her interpretiert und sie vor allem mit Ps 104,27–29 verbunden hat. So konnte er zeigen, daß das *Brot Gottes Gabe ist und daß es seine Zeit hat,* die man abwarten muß. Genau das Gleiche gilt auch vom Gottesreich: Der Mensch kann es nicht selbst erbauen, sondern muß es sich von Gott geben lassen; er kann sein Kommen nicht beschleunigen, sondern darf es getrost erwarten. Man darf sich fragen, ob nicht Jesus diese beiden Theologumena – *Gottes Gabe, Gottes Zeit* – in den Segen aufnahm, den er über dem Brot sprach.

In der *vierten Bitte des Vaterunsers* gibt es dafür einige Anhaltspunkte. Für unsere Untersuchung ist zunächst bedeutsam, daß diese Bitte in *zwei Fassungen mit etwas verschiedenem Wortlaut* überliefert ist: „Unser tägliches Brot gib uns heute!" (Mt 6,11) und: „Unser tägliches Brot gib uns jeden Tag!" (Lk 11,3). Das Herrngebet konnte demnach *variiert werden*, so wie ich das für den jüdischen Tischsegen annehmen möchte, wenn Jesus ihn sprach. Freilich bleibt das *Wesentliche* der 4. Vaterunser-Bitte in beiden Fassungen erhalten. Gleich ist a) *das Geben* (δός) des Brotes durch Gott und b) die dazu gehörende *Zeitbestimmung* („heute" bzw. „jeden Tag").[20] Ebenfalls von beiden Evangelisten geboten ist c) das sonst seltene und deshalb schwer zu deutende *Adjektiv ἐπιούσιος*. Ist es auch auf die Zeit zu beziehen? Meint es „täglich" oder „morgig"? Wieder sollen uns alttestamentliche Texte weiterhelfen und, wenn möglich, auch dem Wortlaut des Tischsegens Jesu näherbringen.

Zunächst ist deutlich, daß die *vierte Bitte des Vaterunsers* nach Form und Inhalt *dem jüdischen Tischsegen* gleicht. Sie ergänzt ihn, stellt dessen notwendiges Seitenstück dar. Jesus zeigt, daß der himmlische Vater von uns um das gebeten sein will, wofür man ihm im Tischsegen dankt, nämlich um das tägliche Brot. Während aber der jüdische Tischsegen nach Ps 104,14 gebildet ist, erinnert die 4. Bitte im Vaterunser an *Ps 104,27:* Alle Geschöpfe warten darauf, daß Gott ihnen ihre Speise gibt „zu ihrer Zeit", nämlich Tag um Tag. Dem Harren auf Gottes Speisung entspricht so die Bitte: „Gib uns Brot jeden Tag!" (vgl. Lk 11,3). Ps 104,27 zeigt ferner, wie das *schwierige Adjektiv ἐπιούσιος* in der vierten Bitte entstanden sein könnte. Die Septuaginta haben nämlich die nominal formulierte Zeit der Speise (b$^{e^e}$ittô = zu ihrer Zeit) adjektivisch übersetzt: *τροφὴν εὔκαιρον* = Gott gibt den Geschöpfen eine „rechtzeitige Speise". Könnte nicht die ganz ähnlich lautende griechische Version der vierten Vaterunser-Bitte: *τὸν ἄρτον ἡμῶν τὸν ἐπιούσιον δὸς ἡμῖν σήμερον* ähnlich gebildet, *ἐπιούσιος* also Wiedergabe eines nominalen Ausdrucks sein? Und schließlich: Was bedeutet *ὁ ἄρτος ὁ ἐπιούσιος*? Meint es schlicht das tägliche Brot oder aber das Brot von morgen (crastinum), die Speise des Gottesreichs? Von Ps 104 her kann man keine sichere Antwort geben; wir müssen uns deshalb nach einer weiteren alttestamentlichen Stelle umsehen.

Beides, a) das *Geben* von Brot durch Gott und b) dessen Bindung an eine bestimmte *Zeit,* erscheint in betonter Weise auch in der Erzählung von der *Speisung Israels durch Manna und Wachteln* in der Wüste (Ex 16); an dieses Wunder wird Joh 6,31; 2.Kor 8,15; Offbg 2,17 erinnert. a) Nach Ex 16,8 *„gab"* Gott den Israeliten Fleisch zu essen am Abend und Brot am Morgen, um sie zu sättigen; dabei war Manna das Brot, das Gott ihnen *„gegeben"* hat (V. 15). b) Diese Gabe war nur für den jeweiligen Tag bestimmt. Man durfte das Manna nicht auf Vorrat sammeln und bis zum Morgen aufbewahren (VV. 19–21), abgesehen vom Sabbat, für den es am sechsten Tag eine weitere Portion gab (V. 22, vgl. V. 5). Wichtig für unsere vierte Bitte scheint mir die rechte Ordnung, das *Maß der Zeit* für die Gabe Gottes zu sein: „Siehe, ich will für euch Brot vom Himmel

---

[20] *τὸν ἄρτον ἡμῶν τὸν ἐπιούσιον δός ἡμῖν σήμερον* (Mt 6,11); *τὸν ἄρτον ἡμῶν τὸν ἐπιούσιον δίδου ἡμῖν τὸ καθ'ἡμέραν* (Lk 11,3).

regnen lassen, und das Volk soll hinausgehen und sammeln die Sache (= Ration) eines Tages an ihrem Tag[21] (d^ebar jôm b^ejômô), damit ich es prüfe, ob es nach meiner Weisung wandeln wird oder nicht" (Ex 16,4). Am 6. Tag soll Israel das Doppelte bekommen von dem, was es „täglich" (jôm jôm) sammelt (V. 5). Man könnte sich fragen, ob nicht diese Zeitbestimmungen der Manna-Perikope: „die Ration eines Tages an seinem Tag" (Ex 16,4) und „täglich" (Ex 16,5) die Vorlage für die Zeit-Wörter in der 4. Vaterunser-Bitte waren. Der komplizierte nominale Ausdruck *d^ebar jôm b^ejômô wäre durch das Adjektiv* ἐπιούσιος[22], und jôm jôm wäre durch καθ᾽ ἡμέραν (Lk 11,3) bzw. σήμερον (Mt 6,11) wiedergegeben. Und vom Hintergrund der Mannaspeisung her, deren Wiederholung für die Endzeit erwartet wurde (Offbg 2,17), wird die vierte Bitte auch transparent für das von Gott gegebene Heil der Gottesherrschaft, auf das Jesu Gebet als Ganzes ausgerichtet ist: Dann werden alle, ohne warten zu müssen, mit Gutem gesättigt werden (vgl. Ps 104,27f.); dem Getreuen wird Christus vom verborgenen Manna geben (Offbg 2,17). Der Wortlaut der vierten Bitte: „Unser tägliches Brot gib uns heute!" und die von uns eruierte biblische Tradition, die hinter ihr steht, machen es wahrscheinlich, daß Jesus den Segen über dem Brot ähnlich formuliert und das jüdische Gebet etwa folgendermaßen variiert hat: *„Gepriesen seist Du Gott (unser Vater), der Du (uns) Brot gibst zu seiner Zeit!"* Für diese Hypothese gilt es noch weitere Stützen zu finden.

g) Die Speisung der Fünftausend und Psalm 104,27f.

Die 4. Bitte gilt auch dem Brot im Gottesreich, dem Freudenmahl der Erlösten. Dafür spricht die Mahlgemeinschaft des Messias mit den Jüngern und auch mit den Zöllnern und den Sündern, in der das Zu-Tische-Sitzen mit Abraham (vgl. Mt 8,11f.) gleichsam eingeübt wird. Und vor allem wird das reiche Mahl der Endzeit bei der Speisung der Fünftausend antizipiert. Das ahnten auch die Juden, die nach Joh 6,31 diese Speisung zum Mannawunder der Mosezeit in Beziehung setzten: „Brot vom Himmel" hatte Gott den Vätern gegeben; sollte nicht auch der Messias das Gleiche tun?

---

[21] Vgl. dazu Mekhilta zu Ex 16,4 (Trakt. Wajjassa, ed. Lauterbach II,103f.). Dort wird diese Zeitangabe verschieden erklärt: Entweder als Ration für den morgigen Tag (mehaj-jôm l^emaḥar) oder als Ration für den gleichen Tag. Der theologische Grundsatz: „Der den Tag geschaffen hat, hat auch dessen Unterhalt (parnastô) geschaffen", begegnet ebenfalls an dieser Stelle; vgl. Mt 6,32.34.

[22] Philo kann solche adjektivischen Näherbestimmungen der Nahrung geben, z.B. Vit Mos II 267: τροφὴν ἄπονον .. καὶ ἀταλαίπωρον oder für das geistig gedeutete Manna: ἀρετὴν ἄπονον (Mut II,259).

In den Berichten von der Massenspeisung am See Genezareth und der dabei geschehenen Brotvermehrung treten auch *Motive von Ps 104,13f.27f.* hervor. Wie in der 4. Bitte des Vaterunsers wird demnach mit Hilfe der Schrift sowohl an die alltägliche Fürsorge Gottes *(Ps 104)* als auch an das Brot der Endzeit *(Ex 16)* erinnert; diese beiden Texte haben nicht nur die Lehre, sondern auch *das helfende Handeln Jesu* bestimmt. Auch die Tradenten der Taten Jesu waren sich dieser Tatsache bewußt. Die feste erzählerische *Verknüpfung von Seewandel und Speisungswunder* kann sowohl von Ex 14–16 als auch von Ps 104 beeinflußt sein. Denn unmittelbar vor der Speisung der Geschöpfe Gottes in Ps 104,27f. werden dort (VV. 25f.) das Meer, die Schiffe und das mythologische Ungeheuer Leviathan erwähnt; dieses dient Gott als Spielzeug, ist von ihm entmachtet, so wie der stürmische See durch den darüberwandelnden Jesus gleichsam entmachtet wurde. Und wie beim Seewandel wird auch beim Speisungswunder die durch Jesus wirkende Kraft Gottes der Ohnmacht und Unfähigkeit der Menschen gegenübergestellt.

Beim Speisungswunder sind die in Mk 4,26–29, Lk 12,16–19 und in der 4. Bitte des Vaterunsers auftretenden Eigentümlichkeiten wiederzufinden, nämlich a) Das *Geben der Speise durch Gott* und die Sättigung der Menschen, b) das *Maß der Zeit* (vgl. Ps 104,27f.).

Zu a) Das Volk wird gleichsam zum *Tisch Gottes* geladen, der Speise und Trank *unentgeltlich* anbietet und darreicht (vgl. Jes 55,1f.). Die Jünger möchten, daß die Menge sich zerstreue und Brot besorge, aber Jesus entgegnet ihnen: „Gebt *ihr* (δότε ὑμεῖς) ihnen zu essen!" (Mk 6,37 parr.). Und das mut- und nutzlose Angebot von Geld beantwortet er mit der Frage nach etwa vorhandenem Brot (Mk 6,37f.): Wie Gott, so will auch er hergeben, was er hat. Nachdem das Volk sich gelagert hat (Mk 6,39f), nimmt Jesus das Brot und die Fische, um sie zu segnen und auszuteilen (Mk 6,41); beim Segen blickt er zum Himmel empor. Gleichlautend in den synoptischen Evangelien ist der lapidare Satz: „Und sie aßen (alle) und wurden satt" (Mk 6,42 parr.). Die Tatsache der Sättigung wird durch das Aufheben und Sammeln der Brotbrocken bestätigt, von denen zwölf Körbe gefüllt wurden, und aus der großen Zahl der Mahlteilnehmer erhellt die Größe des Wunders (Mk 6,43f.).

Besonders der Anfang und der Schluß dieses Berichts erinnern *deutlich an Ps 104*. Das Drängen der Jünger läßt erkennen: Die ganze Menge wartet darauf, daß man ihr Speise „gibt" zur rechten Zeit (Mk 6,35–38; vgl. Ps 104,27). Und das wunderbare Ende demonstriert, was in Ps 104,28 von Gott gerühmt wird: „Du gibst ihnen Brot (titten lāḥām, vgl. Mk 6,41: „. . . er gab es den Jüngern"), und sie „sammeln ein" (jilqᵉṭû, vgl. Mk 6,43: „. . . sie hoben die Brocken auf"); „du tust deine Hand auf, und sie werden satt mit Gutem" (ṭôb, vgl. Mk 6,42: „. . . sie aßen und wurden satt"). Jesus ist der Geber des wunderbar vermehrten Brotes. Aber wie durch die fruchtbare Erde, so wirkt Gottes Schöpfermacht durch den Messias; deshalb hatte sich Jesus an Gott gewandt, die Augen zum Himmel erhoben, als er den Tischsegen sprach (V. 41). Zwar aß die Menge Brot, das „von der Erde hervorgebracht war"; aber *Gott* selbst hat es gegeben, auf wunderbare Weise vermehrt. Der herkömmliche Tischsegen hätte zur Speisung der Fünftausend nicht gepaßt. Jesus betete ja nicht zu dem Gott, der das Brot aus der Erde hervorgehen läßt (Ps 104,14), sondern zum himmlischen Vater, der den Wartenden ihre Speise „gibt zur rechten Zeit" (Ps 104,27), so daß sie sammeln können, der seine Hand auftut und mit Gutem sättigt (Ps 104,28). Gott als Geber gehört in den Tischsegen Jesu, der nicht Ps 104,14 enthielt, sondern an Ps 104,27 f. orientiert gewesen sein muß: Er pries den *Gott, „der Brot gibt zu seiner Zeit"* (ha-noten läḥäm bᵉᶜittô). Man darf an das von Josephus berichtete *Tischgebet der Essener* erinnern, das vor und nach der Mahlzeit von einem Priester gesprochen wurde (Bell 2,131): Gott wurde als „Erhalter des Lebens" gepriesen, als derjenige, der den Lebensunterhalt der Kreatur bestreitet (χορηγός)[23], „für die Nahrung (so lesen LVRC) aufkommt". Auch mit dieser Wendung könnte Ps 104,27 f. auf eine knappe liturgische Formel gebracht worden sein, so wie wir das für den Tischsegen Jesu annehmen; dem χορηγός τῆς ζωῆς entspricht ein hebräisches mᵉkalkel ḥajîm.

b) Nicht unwichtig in den Speisungsberichten ist auch das *Maß der Zeit.* Das Wunder der Brotvermehrung fand zu später Stunde statt (Mk 6,35, vgl. Mt 14,15), als der Tag sich zu neigen begann (vgl. Lk 9,12). Johannes gibt keine Tageszeit an, erwähnt aber die Jahreszeit: das Frühjahr, die Nähe des jüdischen Passahfests (6,4). Nach Mk 6,35 sagen die besorgten Jünger zu Jesus: „Einsam ist der Ort und die Zeit schon weit vorgerückt" (wörtl. „sie ist schon viel, reichlich", ὥρα πολλή); zweimal in diesem Vers erscheint die Wendung von der reichlich vorgerückten Zeit. Aber eben diese in menschlicher Sicht kritische Zeit ist „Seine Zeit" (ᶜittô) d. h. die Stunde, in der Gott die wunderbare Speisung ermöglicht. Als ὥρα πολλή ist diese Stunde *Vorgriff auf die erfüllte Zeit* der Gottesherrschaft, auf die Zeit des Neuen Bundes. Auf diese neue Zeit und deren Ordnung scheint mir die merkwürdige Schilderung Mk 6,39 f. hinzuweisen: Die Menge der Fünftausend lagerte sich in Gruppen (wörtl.: Beeten) zu hundert und fünfzig, ähnlich der Ordnung Israels in der Mosezeit (vgl. Ex 18,21). Das bedeutet doch wohl, daß sich die ungeordnete, bunt zusammengewürfelte Menge für das Mahl mit Jesus als *Gottesvolk,* als Gemeinde des Neuen Bundes, *konstituierte;* auch dies war ein Vorgriff auf die erfüllte, messianische, Zeit.

Der Mensch hat die Pflicht, zeit-gemäß zu leben. Der Gott, der die Speise zur rechten Zeit gibt, wird in Jesu Gleichnis zum Vorbild für den

---

[23] Vgl. dazu 2. Kor 9,10: Gott gewährt (ἐπιχορηγεῖ) Samen dem Säenden und Brot als Speise; „er wird auch euren Samen gewähren (χορηγήσει) und mehren".

Verwalter im Haushalt des Herrn (Mt 24,45–51; Lk 12,42–46). Solch ein
Knecht soll sich als Stellvertreter seines in der Ferne weilenden Herrn
betrachten und den Mitknechten und Hausgenossen *„die Speise geben zur
rechten Zeit"* (Mt 24,45: δοῦναι αὐτοῖς τὴν τροφὴν ἐν καιρῷ, vgl. Lk 12,42:
διδόναι ἐν καιρῷ [τὸ] σιτομέτριον).

Gleichgültigkeit und Genußsucht, die zur Vernachlässigung der Versorgung führen, gelten als schlimme Verfehlung und werden hart bestraft
(Mt 24,28–51; Lk 12,45 f.). Auch dieses Gleichnis bietet die an Ps 104,27 f.
orientierte Wendung, die wir im Tischsegen Jesu vermuten, nämlich *„das
Geben der Speise zur rechten Zeit"*.

h) Die Speisung der Fünftausend und die Brotrede Jesu im Johannesevangelium (Johannes Kap. 6, vgl. Ps 104,14.27 f; Ex 16)

In seiner Darstellung der Speisung der Fünftausend hebt der vierte
Evangelist den Gegensatz zwischen der Sorge des Menschen und der
Fürsorge Gottes hervor. Ferner betont er, daß Gott das Brot *umsonst* gibt
und nicht, wie das bei den Menschen üblich ist, um Geld (6,7 f., vgl. Jes
55,1 f.). Bei ihm steht die Speisung der Fünftausend unter dem General-
thema seines Evangeliums: Die Gnade und die Wahrheit sind durch Jesus
Christus verwirklicht worden (Joh 1,17). Deshalb ergreift in der kritischen Situation vor der Speisung *Jesus selbst die Initiative;* ja, er stellt seine
Jünger auf die Probe (VV. 5–7), so wie das Gott beim Mannawunder mit
den Israeliten tat (Ex 16,4). Johannes will ferner zeigen, daß Jesus mehr
war als ein Gottesmann wie Elia (6,9) oder auch Mose (vgl. 6,32), obwohl
die Zeichenhaftigkeit seines Handelns nur durch die Analogie, den Vergleich seines Wunders mit den Speisungsgeschichten Ex 16 und 2.Kön
4,42 f. als solche erkennbar wird.

Die *Beziehung zu Ps 104* erscheint beim johanneischen Bericht 6,1–15
zunächst nicht so eng wie bei der synoptischen Darstellung. Aber in Joh
6,12 wird sie deutlich: Das drastische Verbum für die *Sättigung,* nämlich
„angefüllt werden" (ἐμπλησθῆναι)[24], erscheint ähnlich in der Septuaginta-
Wiedergabe von Ps 104,28 („sie werden angefüllt werden": πλησθήσονται);
der johanneische „Realismus" ist demnach auch an der Schrift orientiert.
Ausführlich wird vom Evangelisten das Einsammeln der übriggebliebenen Brocken erzählt (V. 12 f., vgl. Ps 104,28). Es dient jedoch dem Ziel,
„damit nichts umkomme" (V. 12 Schluß). So wird das Aufheben des
übriggebliebenen Brotes durchsichtig für die Aufgabe des Messias, der
die zerstreuten Gotteskinder zusammenführt (Joh 11,52) und nicht
möchte, daß eines von ihnen verlorengehe (6,39; 17,12). Hinter dieser
Deutung steht nicht zuletzt die Passahtradition; die Speisung fand ja kurz

---

[24] Vgl. aber 6,26: χορτασθήσετε.

vor dem Passahfest statt (6,4). Besonders betont wird das Tischgebet; die Speisung ist als „Essen des Brotes" bezeichnet, das „der Herr gesegnet hatte" (6,2).

In der *Brotrede (Joh 6,26 ff.)* geht der Evangelist über die synoptische Darstellung der Speisung hinaus und zieht die christologischen Linien weiter aus. Dabei erinnert vor allem der Abschnitt *6,26–35 an den Tischsegen und an Ps 104;* wieder sind das „Geben" und auch der Zeitpunkt besonders betont. Aber in dieser Rede werden das natürliche Brot und das zeitliche Leben transparent für das *geistliche Brot zum ewigen Leben,* für die endzeitliche Gemeinschaft mit Gott. Man darf in Jesus nicht nur den Ernährer sehen, der Brot gibt und hungernde Menschen satt macht; vielmehr ist er der messianische Gottessohn. Deshalb geht es in der Brotrede nicht primär um die Unvergleichlichkeit von menschlicher Arbeit und der Gabe Gottes, sondern um den fundamentalen Unterschied zwischen *vergänglicher und bleibender Speise,* zeitlichem und ewigem Leben: „ Arbeitet nicht für eine Speise, die vergeht, sondern für eine Speise, die zum ewigen Leben bleibt, die euch der Menschensohn geben wird!" (V. 27). Mit diesem Eröffnungssatz der Brotrede wird das theologische Thema: *Gabe und Zeit des Brotes,* neu behandelt. Zwar erinnert Jesus an die in Ps 104,14 erwähnte Arbeit des Menschen für die Speise. Aber diese der Erde abgerungene Nahrung ist vergänglich, „verderblich" (ἀπολλυμένη V. 27, vgl. Mt 6,19); sie kann nur das zeitliche Leben fristen. Es gibt aber eine Speise, die „bleibt" und deshalb ein unbegrenztes Dasein gewährt; für sie soll man wirken.

Was ist das für eine Speise, und wie kann der Mensch für sie arbeiten? Diese Fragen werden in den Versen 28 f. gestellt und beantwortet. VV. 28 f. sind nicht leicht zu verstehen und wirken wie ein eingeschobenes Fragment[25]. Aber sie passen gut in den Zusammenhang, wenn man sie von *Ps 104,14 f.* her erhellt. Die Juden fragen richtig: „Was können wir machen, daß wir die Werke Gottes tun?" (V. 28). Die Arbeit des Menschen für das Brot (ʿᵃbôdat haʾadam) ist ja nach Ps 104,14 ein Mitwirken an den „Werken" (maʿᵃśᵃkha) Gottes, die in Ps 104,13 beschrieben und ausdrücklich als solche bezeichnet werden: „Von der Frucht Deiner Werke wird die Erde satt." Aber die eigentliche Arbeit für die Speise des Menschen leistet Gott; denn das Wachsenlassen der Kräuter und des Korns ist sein schöpferisches Werk (Ps 104,14: Gott ist der Maṣmîaḥ). Wie kann dann eine *Speise zum ewigen Leben vom Menschen erarbeitet* werden? Darauf antwortet Jesus: „Das ist das Werk Gottes (d. h.: das dem Wirken Gottes entsprechende Tun), daß ihr an den glaubt, den jener

---

[25] So R. BULTMANN, der in der Brotrede Umstellungen vornimmt. Die sinnvolle und daher ursprüngliche Reihenfolge der Verse wäre für ihn: 27.34.25.30.31.32.33. Er hält VV. 28 f. für einen späteren Einschub, der zwar wegen seines Stils vom Evangelisten stamme, aber ursprünglich nicht hierhergehörte und nur wegen des Stichwortes „arbeiten" eingesetzt worden sei (Das Evangelium des Johannes, Göttingen 1964, S. 161–174).

gesandt hat" (V. 29). Der Mensch soll *glauben,* daß Gott nicht nur das zeitliche Leben geschaffen hat und erhält, sondern auch das ewige Leben gibt. Diese Forderung eines umfassenden Glaubens führt über Ps 104,14 hinaus. Der *Glaube* ist diejenige Leistung, mit welcher der Mensch am endzeitlichen Werk Gottes Anteil gewinnt; denn im Glauben nimmt er die Gabe des ewigen Lebens an. Das ist eigentlich *keine Arbeit* im Sinne von ꜥᵃbôdah. Der einzige ‚Mitarbeiter' Gottes in der Endzeit ist nicht der Mensch, sondern der *Menschensohn.* Für Johannes ist deshalb das Wunder der Speisung der Fünftausend ein Zeichen (σημεῖον), das über die Gabe des sättigenden Brotes hinausweist auf den göttlichen Geber und auf den von ihm gesandten Menschensohn (V. 27). Zwar war auch das in der Einöde gegebene Brot des Menschensohns keine Speise zum ewigen Leben. Aber die wunderbare Speisung hätte Staunen erregen und zu der Frage führen müssen, die damals beim Mannawunder gestellt wurde: *„Wer ist jener?"* *(Ex 16,15; vgl. V. 31). Obwohl diese Frage ausblieb, wird sie in der Brotrede beantwortet: Jesus selbst ist das Brot des Lebens,* das vom Himmel herabgekommen ist (V. 33–35); denn durch seinen Sühnetod bietet er der Welt die Vergebung der Sünden und das ewige Leben an (1,29; 3,16). Die Brotrede endet deshalb mit einem Hinweis auf das Herrenmahl, bei dem die Speise zum ewigen Leben angeboten wird (VV. 51–59).

Nirgends wird im Neuen Testament das Verbum *„Geben"* so oft gebraucht wie in der Brotrede; in den VV. 27–40 erscheint es achtmal. Gott wird in der messianischen Zeit gepriesen als Schöpfer, der zu später Zeit, „zur reich gefüllten Stunde" (Mk 6,35), das Brot des Lebens „gibt" (δίδωσιν V. 32). Das Tempus des Präsens ist wichtig; es steht im Gegensatz zum Perfekt (ἔδωκεν) beim Mannawunder (V. 31 f.). Obwohl das Manna Tag für Tag gegeben wurde, ist es Vergangenheit und bleibt Sache der Vergangenheit. Dagegen wird das Brot des Lebens, obwohl es im einmaligen Geschehen von Golgatha seinen Grund hat, immer wieder gegeben. Wie geschieht das?

i) Die Abendmahlsworte und der Tischsegen Jesu
(Johannes 6,51–58; vgl. Psalm 104,27)

Mit einem verheißenden Deutewort endet die eigentliche Brotrede und beginnt der an sie anschließende *sakramentale* Teil: „Das Brot, das ich geben werde, ist mein Fleisch, das für das Leben der Welt (gegeben wird)" (V. 51 b). Dieser als Lehre gedachte (vgl. V. 59) Abschnitt vom Herrenmahl ist ganz johanneisch und keineswegs kirchlich-redaktionell. Ja, er gehört zur Speisung der Fünftausend und zur Brotrede notwendig hinzu. Denn die einzigartige Speisung, die in der Brotrede als zeichenhafter Hinweis auf Jesus als Lebensbrot gedeutet ist, und das einmalige Geschehen auf Golgatha, mit dem dieser Hinweis geschichtlich bewahrheitet wird, werden im wiederholt gefeierten Herrenmahl zum dauernden Angebot. Die „erfüllte Stunde" von Golgatha eröffnet die Ernte Gottes (Mk 4,29); der Christus, der sich als Weizen Gottes hergab (ibid.), lädt als der erhöhte Herr der Kirche *immer wieder zum Mahl* und erfüllt die vierte Vaterunser-Bitte selbst. Das Brot des Lebens wird so zum täglichen Brot, der singuläre Tag von Golgatha ermöglicht eine Speisung „Tag für Tag" (jôm jôm, vgl. Ex 16,5; Ps 104,27f.).

Daß in Joh 6,51 Jesus von seinem „*Fleisch*" und nicht von seinem „*Leib*" spricht wie sonst in den Einsetzungsworten, kommt nicht etwa daher, daß er selbst ursprünglich „Fleisch und Blut" (semitisch = Ich) als die mit Brot und Wein angebotene Frucht seines Sühnetodes bezeichnet hätte. Denn schon von der *Passahtradition* her, die Ablauf und Darstellung des letzten Mahles Jesu beherrscht und die auch im vierten Evangelium betont wird (Joh 19,36), ist der Begriff „*Leib*" (gûph) zu erwarten (vgl. m Pes 10,3: gûphô schäl ha-päsaḥ). Jesus ist auch für Johannes das *wahre Passahlamm*, dessen Blut vom Verderben errettet und dessen Leib die Gemeinschaft der Glaubenden mit ihm und den Mitfeiernden schenkt. M. E. ist das Wort „Fleisch" aus dem Kontext von Joh 6,51 primär zu erklären. Der Evangelist verwendet nämlich den in die Brotrede eingeführten, von Ps 104,27 vorgegebenen Begriff der „*Speise*" ('okhäl = βρῶσις V. 27) auch im Abendmahlstext (V. 55). Das Fleisch ist eine „Speise", die man essen kann (V. 55), es erinnert zudem an die heilbringende Fleischwerdung des göttlichen Worts (1,14). Das gilt nicht vom „Leib"; das Essen des Leibes hätte noch anstößiger und unverständlicher gewirkt als das Trinken des Blutes (vgl. V. 60). Traditionsgemäß spricht der johanneische Jesus von seinem *Blut,* das zusammen mit dem Fleisch Anteil am ewigen Leben gibt (Joh 6,53–57); er bezieht sich damit auf den Wein des Abendmahls. Im Schlußvers erscheint der Begriff „Brot" (V. 58); Brot und Wein stehen auch in Ps 104,15 als kraftgebende Elemente des menschlichen Lebens nebeneinander.

Obwohl die Passahtradition (Ex 12–13; Mischnatraktat Pesachim Kap. 10) den *Ablauf des letzten Mahles Jesu* bestimmt und *Jes 53 dessen Sinn erhellt,* wird doch in der Überlieferung auch der *Einfluß von Ps 104* sichtbar. Nach den synoptischen Berichten sprach Jesus den Segen, ehe er das Brot brach und es den Jüngern gab (Mk 14,22ff.). Für diesen Segen kann nicht Ps 104,14 maßgebend gewesen sein, vielmehr ist an V. 27 zu denken. Denn das Verbum „*geben*" wird sowohl für die Austeilung des Brotes als auch für die Darreichung des Weins verwendet (ibid.): Jesus „gab" als Hausvater seinen Jüngern die Speise, so wie Gott seine Geschöpfe ernährt. Im Einklang mit diesem „Geben" und der damit bezeichneten „Hingabe" des Christus für die Seinen kann Jesu *Segen beim Abendmahl* nicht gelautet haben: „Gepriesen seist du Herr, der du Brot aus der Erde hervorgehen läßt!", sondern: . . . „*der du Brot gibst*". Das „Geben" ist nicht etwa redaktionelle Zutat zum Abendmahlsbericht. Erstens entspricht es der folgenden Aufforderung Jesu: „Nehmt, eßt!", zweitens der Lebenshingabe Jesu, auf die solches Geben verweist: Der Menschensohn ist der Gottesknecht, der in die Hände der Menschen „übergeben" wird (Mk 9,31; vgl. Jes 53,4 Targum), der sein Leben als Lösegeld für viele dahingibt (Mk 10,45). Das zentrale Wort Joh 3,16, nach dem Gott der Welt seinen eingeborenen Sohn „gab", wird beim Abendmahl durch das „Geben" der gedeuteten Elemente Brot und Wein von Jesus bejaht und den Jüngern in einer Zeichenhandlung zugesprochen; dabei wird das „Geben" Gottes (Joh 3,16) als Hingabe in den Tod präzisiert.

Nimmt man für den *Segen Jesu über dem Wein* den in der Mischna vorgeschriebenen Wortlaut an: „Gepriesen seist du, Herr, der du die *Frucht des Weinstocks* erschaffst!", so knüpfte Jesus in dem darauf folgenden Entsagungsgelübde an diesen Segensspruch an: „Wahrlich, ich sage euch: Ich werde gewiß nicht mehr vom Gewächs (= *der Frucht) des Weinstocks* trinken, bis zu jenem Tag, an dem ich es neu trinken werde im Gottesreich" (Mk 14,25). Das bedeutet aber, daß die Meinung, ursprünglich habe Jesus nur das Brot gedeutet und die Urgemeinde das Herrenmahl sub una specie gefeiert, nicht gut vertreten werden kann. Denn das – durchweg für authentisch gehaltene – Entsagungsgelübde läßt sich am besten verstehen, wenn es im Anschluß an den Segen über dem Kelch gesprochen wurde und dieser Segen mit dem in der Mischna (Berakhoth 6,1) vorgeschriebenen Lobspruch über dem Wein identisch war.

Auch das letzte Mahl Jesu geschah nach dem *Maß von Gottes Zeit.* Es wurde gefeiert „am ersten Tag der ungesäuerten Brote, als man das Passah schlachtete" (Mk 14,12); es geschah „am Abend" (Mk 14,17), „als die Stunde gekommen war" (Lk 22,14), „in der Nacht, in der Jesus verraten wurde" (1.Kor 11,23). Und für Jesus selbst war es auf „jenen Tag" ausgerichtet, an dem er am Mahl des Gottesreichs teilnehmen wird (Mk 14,25). Mit all diesen Daten wird auch die Angabe *„zu seiner Zeit"* in Ps 104,27 neu ausgelegt. Wie dort ist es eine von Gott bestimmte Zeit. Aber sie wird nun zur Stunde heilsgeschichtlicher Erfüllung, nämlich zur Zeit, in der das Brot des Lebens gegeben wird. Der Hinweis auf „seine Zeit" gehört deshalb wohl auch von der Abendmahlstradition her in den Segen, den Jesus über dem Brot gesprochen hat.

Prüfen wir noch einmal im Licht der so gut überlieferten *Abendmahlstradition* den Weg, der uns zum *Wortlaut des Tischsegens Jesu* über dem Brot führen sollte, so kann man folgendes feststellen:

1. Stellung und Wortlaut des *Entsagungsgelübdes* Mk 14,25 lassen sich am besten so erklären, daß Jesus über dem Segensbecher des Passah den in der Mischna (Berakhoth 6,1) bezeugten jüdischen Lobspruch verwendet hat.
2. Das spricht für unsere Annahme, daß Jesus beim Segen über dem Brot sich ebenfalls an die jüdische *Berakha* gehalten hat.
3. Die Abendmahlstradition bestätigt jedoch auch die von uns in anderen Texten der Jesusüberlieferung entdeckte Bedeutung des *„Gebens"* und der

„Zeit" für das Brot. Der aus Ps 104,14 stammende jüdische Segen zum Brot dürfte deshalb von Jesus im Sinne von Ps 104,27 modifiziert worden sein und gelautet haben:

„Gepriesen seist du, Herr, der (das) Brot gibt zu seiner Zeit!"

k) Die Sprache und das Schriftverständnis im Neuen Bund

1. Die Frage nach dem *Wortlaut des Tischsegens Jesu* ist nicht so unwichtig, wie das auf den ersten Blick erscheinen mag. Grundsätzlich wird ja im Gebet stets das vor Gott zur Sprache gebracht, was den Menschen besonders bewegt: Bitte und Dank, Sorge und Freude, dazu zentrale Anliegen der „Theo-logie". Daß der Fromme zur Zeit Jesu im Psalter, dem Gebetbuch Israels, Vorbild und Hilfe für sein eigenes Beten fand, beweisen etwa die Hodajoth von Qumran und die uns überlieferten frühjüdischen Gebete. Ferner darf nicht wundernehmen, wenn beim Tischsegen die Verse *Ps 104,27 f.* verwendet wurden, wie das auch heute noch geschieht. Sie erscheinen ähnlich auch in *Psalm 145*:

„Aller Augen warten auf dich, und du gibst ihre Speise zur rechten Zeit (b^{e}ittô). Du tust deine Hand auf und sättigst alles, was lebt, mit Wohlgefallen" (VV. 15 f.).

Das Verbum *„geben"* (natan) und der Ausdruck *„zur rechten Zeit"* (b^{e}ittô) sind auch hier verwendet. Und in Ps 145,8 werden die Langmut und Güte Gottes gerühmt, die Jesus gerade in den Gleichnissen von Saat und Ernte als vorbildlich hinstellt. Für unsere Untersuchung scheint mir bedeutsam zu sein, daß der Wortlaut von Ps 145,15 f. gegenüber Ps 104,27 f. leicht *verändert* ist, so wie ich das für den Tischsegen Jesu gegenüber dem offiziellen jüdischen Tischgebet annehmen möchte. Lukas berichtet, Jesus habe – wie vor ihm Johannes der Täufer – seine Jünger beten gelehrt (11,1). Dabei haben wohl beide traditionelle Gebete ihrer jüdischen Landsleute entweder durch neue, die eigenen Anliegen zum Ausdruck bringende Versionen ersetzt oder aber diese Gebete modifiziert, sie etwa universal ausgeweitet und auf die Endzeit ausgerichtet, wie das beispielsweise im Vaterunser geschah.

2. Solche *Variabilität* beobachtet man auch bei der Überlieferung *anderer Gebete des frühen Judentums,* insbesondere bei dem *Achtzehn-Bitten-Gebet.* Wie das Vaterunser ist es in zwei Rezensionen überliefert und zeigt die Spuren eines allmählichen Wachstums[26]. Seine vorauszusetzende Urform reicht wohl hinter die neutestamentliche Zeit zurück. Die der Fruchtbarkeit des Jahres geltende 9. Benediktion, die nach J. Elbogen[27] zum ältesten Bestand gehört, erinnert deutlich an Psalm 104:

---

[26] W. STAERK, Altjüdische liturgische Gebete. Lietzmann Kl. Texte Nr. 58, Berlin 1930, S. 9 ff.

[27] Zitiert von W. STAERK a.a.O. S. 10.

„Segne, Herr, unser Gott, über uns dieses Jahr
und gib Tau und Regen auf das Antlitz der Erde
und ewige Sättigung aus den Schatzkammern deines Guten (vgl. Ps 104,13.27f.).
Gepriesen seist du, Herr, der du die Jahre segnest!"[28]

Als spätere Zusätze gelten die durch das Stichwort „Jahr" suggerierte
Bitte: „Und bring eilends nahe das Jahr der Zeit unserer Erlösung!",
ferner eine weitere Zeile: „Gib Segen auf das Werk unserer Hände!". Das
Geben Gottes und die rechte Zeit werden auch hier betont. Der endzeitliche
Ausblick, der die Schöpfung mit der Erlösung zusammensieht, ferner das
Verhältnis von Gottes Segenskraft und menschlicher Arbeit, werden
somit in das ursprüngliche Gebet eigens eingebracht.

Gott als den *Schöpfer* des Alls, des Lichts und der Finsternis, preist der
jüdische Beter schon am Morgen, und zwar in der ersten Benediktion
zum Sch°ma° Jisrael, das deshalb den Namen „Jôzer" „Schöpfer"[29] trägt.
Wichtig ist der in diesem Gebet geäußerte Gedanke, Gott erneuere beständig das Werk seiner Schöpfung, er sei ein °oseh ḥ°dashôt = „einer, der
Neues macht"; das wird auch in Ps 104,30 zum Ausdruck gebracht.

Der *Tischsegen der Essener* (Bell 2,131), der Gott als den Erhalter des
Lebens preist und vielleicht auch an Ps 104,27f. orientiert war, könnte
ebenfalls *eine Variante des jüdischen Tischsegens* sein: „Gepriesen seist du,
Herr, der du das Leben erhältst!" (m°kalkel ḥajjîm)[29]. Dieser Satz könnte
entweder der Abschluß eines Gebets über dem Brot und über dem Wein
(Most) oder aber der beide Gebete ersetzende Tischsegen der Essenerge-
meinde gewesen sein.

In dem von der *Didache* berichteten Segen über dem Brot wird Gott
dafür gedankt, daß er durch seinen Sohn Jesus Leben und Erkenntnis
geschenkt hat, ferner darum gebeten, die Kirche von den Enden der Erde
her in seinem Königreich zusammenzuführen (9,3f.). Das gebrochene
Brot deutet somit auf das wahre Leben und die heilbringende Erkenntnis
hin, aber auch auf die vereinigte Kirche am Ende der Zeit (9,4). Der
Becher bietet die Frucht des „heiligen Weinstocks Davids", den Gott
durch Jesus bekannt gemacht hat (9,2). Brot und Wein werden demnach
im Segen *christologisch* gedeutet: Der Messias aus Davids Haus ist die
eigentliche Gabe Gottes, sowie die durch ihn geschenkte Erkenntnis,
ohne die Gottes Liebe und der Weg zum Leben verborgen blieben (vgl.
Aboth 3,14). Das Herrenmahl trägt jetzt *den Namen „Eucharistie"* (9,5); so

---

[28] W. Staerk a.a.O. S. 4f.

[29] Vgl. dazu den Segen aus der Hymne an den Schöpfer aus Höhle 11 von Qumran (11 Q Psᵃ
Creat. Col XXVI,13–15):
„Der die Berge krönt mit Ernteerträgen (t°nûbôth),
mit guter Speise (°okhäl ṭôb) für jeden Lebenden:
Gesegnet sei, der die Erde durch seine Kraft gemacht hat,
der den Erdkreis durch seine Weisheit befestigte,
durch seine Einsicht die Himmel ausspannte".

wichtig ist der zum Dankgebet ausgestaltete Segen geworden. Gott hat das Brot zum Leben zur rechten Zeit gegeben; entscheidend ist, daß man es als solches erkennt.

3. Was sich durch alle diese Gebete zieht, ist das Vertrauen auf *Gottes Geben* und Vergeben sowie auf *das Maß der Zeit*. Erhofft wird vor allem die Zeit, in der sich Gott offenbaren und die Schöpfung erlösen wird. Das „Geben" gehört zur *„Sprache des Neuen Bundes"*, die m. E. einer eingehenderen Untersuchung bedarf. Nach dem prophetischen Zeugnis vom Neuen Bund und dem neuen Menschen sind diese endzeitlichen Größen ganz Gottes Werk und Geschenk. Gott wird dann das Gesetz den Menschen ins Herz „geben" (Jer 31,32), bzw. ihnen ein neues Herz und einen neuen Geist „geben" (Ez 36,27); dreimal kommt allein an dieser letztgenannten Stelle das Verbum natan = „geben" vor. In der Botschaft Jesu erscheint das Wort „geben" häufig. Jesus wußte sich als Messias gesandt, der die *„verläßlichen Gnadengaben Davids"* verwirklichen wird (Jes 55,3), und hat als Menschensohn die ihm „gegebene" Vollmacht (Dan 7,14) für den Dienst an den Menschen benützt; diesen Dienst krönte er dadurch, daß er sein Leben als Lösegeld für die Vielen „gab" (Mk 10,45; vgl. Jes. 43,3 f.). Besonders deutlich wird dies im Abschiedsgebet des Erlösers (Joh 17).

Aber diese Sprache des Neuen Bundes hat auch auf das *frühe Judentum* abgefärbt. Das zeigt sich auch in Aussagen, die nicht dem Neuen Bunde gelten, z. B. beim Reden von der Tora, für die man Gott besonders dankbar ist. Nach den Qumranschriften ist die Tora von Gott durch Mose „befohlen" (ṣiwwah 1 QS 1,3; 8,15), nach Joh 7,19 (vgl. 1,18) „durch Mose gegeben". Für die Rabbinen ist das Gesetz die „Gabe" Gottes (mattanah; Midr. Teh. zu Ps 68,19); ein neues Nomen wird dazu gebraucht. Die geschenkweise Übergabe der Tora gilt als stärkster Ausdruck der Liebe Gottes: Er hat Israel das Instrument gegeben, durch das die Welt erschaffen wurde, und ihnen auch die Größe dieser Gabe bewußt gemacht (Aboth 3,14; R. Aqiba).

Zur Sprache des Neuen Bundes und der neuen Schöpfung gehören ferner *Partizipien meist kausativer Art* (Piel und vor allem Hiphil), mit denen die produktive, erlösende und erleuchtende Kraft Gottes gepriesen wird. In der Natur offenbart sich Gott als derjenige, der Wachstum gibt und sättigt (maṣmîaḥ und maṣbîʿa), den Menschen gegenüber als Erhalter des Lebens (mᵉkalkel ḥajjîm) und als derjenige, der die Toten auferweckt (mᵉḥajjeh ha-metîm); er tut den Weg zum wahren Leben kund (maskîl) und spricht die Menschen gerecht (maṣdîq). Dieses Geben und schöpferische Wirken wird im Neuen Testament auch von Christus ausgesagt und in Nomina gefaßt, die gleichsam christologische Sephiroth = Abglänze des göttlichen Wesens und Wirkens sind: Christus ist für uns zur Weisheit und Gerechtigkeit, zur Heiligung und Erlösung geworden (1.Kor 1,30).

4. Das Bewußtsein, durch Christus seien die Endzeit und der Neue
Bund eingeleitet, führt auch zu einem *christlichen Schriftverständnis;* auf
diesem beruht die Sprache des Neuen Bundes. Wie sich die christliche
Hermeneutik zur jüdischen Exegese verhält, wird besonders an der *Brot-
rede Joh 6.26ff.* deutlich. Wie wir sahen, gibt Jesus in dieser Rede einen
Kommentar zur Speisung der Fünftausend, weil deren Zeichenhaftigkeit
unverstanden geblieben war. Die *Juden* selbst erwarten von Jesus eine
Deutung, die mit dem Hinweis auf die Mannaspeisung unter Mose
durchaus richtig vorbereitet wird (Joh 6,31, ⸱vgl. Ps 78,24 = Ex 16,15).
Aber das landläufige Verstehen dieser Perikope und der Gebrauch, den
die Juden von ihr zu machen suchen, sind unangemessen, vor allem im
Blick auf die durch Jesu Auftreten entstandene endzeitliche Situation.
Dieser Mangel wird in der Brotrede aufgedeckt und eine neue Deutung
von Ex 16 angeboten, wobei der Glaube an Christus dem Text und seinen
hebräischen Wörtern einen ungeahnten Tiefsinn abgewinnen kann; das
geschieht mit Methoden, wie sie auch in der zeitgenössischen Exegese des
Judentums üblich waren. Dabei wird das Verhältnis von *a) Werk und
Glaube, b) Zeit und Ewigkeit, c) Geber und Gabe* neu bestimmt.

a) Die Juden benützen ihre Kenntnis von Ex 16 dazu, um im Anschluß
an die Speisung der Fünftausend von Jesus ein *Zeichen* zu fordern (vgl.
Mk 8,11f.). Das Wunder der Brotvermehrung, das in der Stille vor sich
ging, war nicht demonstrativ genug, vgl. V. 30: „Was tust du für ein
Zeichen, damit wir sehen (ἴδωμεν) und dir glauben?" Das Sehen soll zum
Glauben führen wie damals, als die Israeliten die Rettung am Schilfmeer
erlebten und daraufhin an Gott und seinen Knecht Mose glaubten.(Ex
14,31). Das Zeichen, durch das sich der Messias als zweiter Erlöser
legitimiert, muß den Wundern des ersten Erlösers Mose entsprechen; das
Mannawunder, bei dem Brot vom Himmel regnete und allen sichtbar auf
dem Boden lag (Ex 16,14), wäre ein glaubwürdiges Zeichen (Joh 6,31;
vgl. Ex 16,15)[30]. Jesus weist diese Herausforderung ab; denn sie entspringt falschen Voraussetzungen: Nicht Mose gab das himmlische Brot,
sondern Gott, wie das Mose selbst erklärt hat (Joh 6,32; vgl. Ex 16,15).
Deshalb kann ein *Mannawunder auch nicht als Zeichen* gefordert werden,
das der Messias als ein zweiter Mose vollziehen soll. Abgesehen davon:
Die Juden haben wunderbare Zeichen von Jesus gesehen (6,2.26) – warum glauben sie nicht an ihn? Der Glaube muß freilich "erarbeitet" werden, von den Menschen (V. 27) und auch von Gott (V. 29), so wie das
tägliche Brot: „Das ist das Werk Gottes, daß ihr an den glaubt, den jener
gesandt hat" (V. 29). Aber wie beim Brot nicht die Arbeit des Menschen
zählt (pôᶜᵃlô Ps 104,23), sondern das Wirken Gottes, der seine Geschöpfe
speist (Ps 104,27), so erst recht beim Brot des Lebens: Man kann es nur
durch den Glauben „erwirken" (Joh 6,27), und dieser Glaube ist Gottes

---

[30] Vgl. O. Betz – W. Grimm, Das Vaterunser, Gladbeck 1979/80, S. 49–55.

Werk (V. 29). Die Werkgerechtigkeit, dazu der Gegensatz zwischen Glauben und Werken, wird in der Endzeit aufgehoben: Im Blick auf das Brot des Lebens ist der Glaube das einzig adäquate Werk. In seiner Hermeneutik wendet der vierte Evangelist demnach die *Lektion des Brotes* von Ps 104 auf das *Wesen des Glaubens* an, und von Ex 14,31, auf das sich die Juden berufen konnten, führt er weiter zu Ex 16. In der Wüste Sin (Ex 16,11) konnten die Israeliten kein Brot durch Arbeit gewinnen; sie waren ganz auf das Wirken Gottes angewiesen. Und ihnen fehlte damals auch der Glaube – der Glaube an Mose, gegen den sie murrten (Ex 16,2), und der Glaube an Gott, den sie schwer verdächtigten (Ex 16,3). Glaubten die Juden an Jesus als den Messias und Sohn Gottes? Nein, sie „sahen" doch, daß er ein Galiläer und der Sohn Josefs von Nazareth war (6,36.42; 7,52). Sie murrten gegen seinen Anspruch, obwohl sie seine Zeichen „gesehen" hatten (6,2.43), wie damals die Israeliten in der Wüste murrten, obwohl sie das Wunder am Schilfmeer „gesehen" hatten (Ex 16,21; vgl. Ex 14,31). Darum ist der Glaube das Werk Gottes, der die Menschen „zieht" und lehrt (Joh 6,29.44 f.).

Warum ist der Glaube das dem Brot des Lebens angemessene Werk? Das zeigt schon die *hebräische Sprache.* Im Unterschied zum rasch verderbenden Manna ist das Brot des Lebens eine Speise, die *„bleibt"* und deshalb nicht nur das zeitliche Leben fristet, sondern auch zum ewigen Leben verhilft (Joh 6,27). Der vierte Evangelist schöpft die mancherlei Möglichkeiten aus, die ihm mit der Wurzel 'aman = *„fest sein"* und mit den von ihr abgeleiteten Begriffen gegeben sind. Fest-Sein, Beständig-Sein, Bleiben machen die *Seinsweise der endzeitlichen, ewigen, Güter* aus, dazu auch der Menschen, für die sie bestimmt sind. Jesus ist als König der Endzeit und Gottes Sohn das *wahre* Brot (ὁ ἄρτος ὁ ἀληθινός, hebr. lähäm ˀᵃmät V. 32). Als solcher ist er auch das Brot zum ewigen Leben, die *bleibende Speise (ἡ βρῶσις ἡ μένουσα* V. 27; hebr. = ha-'okhäl ha-näˀᵃman). Das Wahre und das Beständige werden mit der *gleichen Wurzel* 'aman ausgedrückt. Dieses wahre, bleibende Brot muß im *Glauben* empfangen werden, weil ihm das Glauben schon sprachlich entspricht. Denn *„Glauben"* (häˀᵃmîn) meint ein Sich-Festmachen (heˀamen) am Inhalt des Glaubens, d. h. an Jesus als dem wahren Brot (lähäm ˀᵃmät) und bleibenden Brot (lähäm näˀᵃman). Darum wird auch das Kommen zu Jesus, eben weil es ein Kommen im Glauben ist, vollendet im *Bleiben* an ihm (vgl. 6,37.56.68 mit 15,4 ff.), so wie dieser bei dem zu ihm Kommenden bleibt, ihn nicht hinauswirft (6,37.56). Wer glaubt, der bleibt (Jes 8,7), und auch der Glaube bleibt (1.Kor 13,13). Wie nach Johannes Werk und Glaube zusammengehören, so auch der Glaube und das wahre, bleibende Brot, das Christus ist.

b) Ähnlich *verhält es sich bei der Zeit:* Gegenwart und Zukunft, Vergänglichkeit und Ewigkeit werden in Jesus geeint. Die Vergangenheitsform im biblischen Zitat: Gott hat „Brot vom Himmel gegeben" (V. 31 nach Ps

78,24; Ex 16,4.15) wird von Jesus durch ein *Präsens* ersetzt: *Jetzt gibt Gott das Brot zum Leben* (V. 32b), nämlich in seinem Sohn. Dieser ist ja schon vom Himmel herabgestiegen (V. 38), offenbart sich durch Zeichen und durch sein Wort (VV. 2.35) und lädt so zum glaubenden Empfangen des Lebensbrots ein (V. 37). Die Differenz zwischen Vergangenheit und Gegenwart erscheint aufgehoben (vgl. auch δίδωσιν in V. 37 mit ἔδωκεν in V. 39), denn die „volle" Stunde der Ernte ist da (vgl. Mk 6,35; 4,29 mit Joh 12,27). Andererseits hat diese erfüllte Gegenwart auch noch eine *Zukunft* in sich; die Stunde ist da und kommt noch. Jesus spricht im Tempus des Futurs von dem, der zu ihm kommen „*wird*" und der Tatsache, daß dieser nicht hinausgeworfen oder verlorengehen „*wird*" (VV. 37.39). Und äußerste Zukunft ist der „letzte Tag", an dem Jesus den Glaubenden „aufstellen", vom Tod erwecken „wird" (VV. 39 f.); so kann er sich sichtbar als Brot des Lebens erweisen. Eigentlich wird er erst durch seinen Sühnetod auf Golgatha zur Speise, die anderen das Leben gibt, und erst mit seiner Auferstehung zum bleibenden Brot; beides zusammen wird am Jüngsten Tag für die Welt evident. Dennoch bezeichnet sich Jesus jetzt schon als Lebensbrot; denn der Vater hat ihn gesandt (VV. 38 f.).

Wie die verschiedenen Aspekte der Zeit durch Jesus geeint sind, so wächst bei ihm das *Ewige aus dem Zeitlichen* heraus. Jesus steht ja vor den Juden als Mensch, der geboren wurde und sein Leben in den Tod geben wird. Er wird somit scheinbar von der Vergänglichkeit betroffen wie das vom Himmel her gegebene Manna der Mosezeit und wie die Väter, die es aßen und gestorben sind (V. 49). Aber wie aus der unscheinbaren Gegenwart die heilvolle Zukunft des Gottesreiches erwächst, so aus dem schmachvollen Tod das bleibende Brot zum ewigen Leben, die Herrlichkeit des Gottessohnes. Der vierte Evangelist hat das sich selbst darbietende Korn (Mk 4,29) christologisch gedeutet: Jesus ist das Weizenkorn, das stirbt, um viel Frucht zu bringen (Joh 12,24).

Die von der Mannaspeisung faszinierten Juden verstanden diese Zeitüberlegenheit des Lebensbrotes nicht. Sie baten Jesus: „Herr, gib uns *allezeit* (πάντοτε) dieses Brot!" Diese Bitte kann auch von der Mannatradition her gerechtfertigt werden; denn das Himmelsbrot wurde damals „Tag für Tag" (jôm jôm) gegeben (Ex 16,5). Aber Jesus steigt nicht „allezeit" vom Himmel herab; er bietet sich im „*einmaligen*" Geschehen von Golgatha als Speise zum ewigen Leben an. Gerade weil das wahre Brot *bleibt,* d. h. an der Qualität des Endzeitlichen und Ewigen partizipiert, braucht es nicht wie das Manna und wie ein ἄρτος ἐπιούσιος täglich gegeben zu werden und immer wieder vom Himmel herabzukommen. Vielmehr „kommt", wer es im Glauben empfangen will, zu ihm (V. 35) und wird dann nie mehr hungern und dürsten (V. 35; vgl. 4,14). Und doch wird *auch die Bitte „allezeit!" von Jesus erfüllt.* Denn beim Herrenmahl bietet er sich wiederholt als Speise zum ewigen Leben denen an, die zu ihm kommen. Aus dem einmaligen, endzeitlichen, Geschehen von Kreuz und Ostern erwächst so die Möglichkeit der ständigen Speisung mit dem wahren bleibenden Brot; stets ist es verfügbar. Schon aus diesem Grund ist der sakramentale Schluß der Brotrede (VV. 51–58) kein späterer Zusatz eines kirchlichen Redaktors, sondern ein von Anfang an notwendiger (VV. 35.37!) Teil des Ganzen.

M. E. hat der vierte Evangelist das erste seiner Ich-bin-Worte und die Rede vom wahren bleibenden Brot der messianischen Zeit nach der *Verheißung Jes 55,1–3* gebildet, die hinter der Speisung der Fünftausend steht. Nach Jes 55,1–2 bietet Gott Wein, Milch und Brot unentgeltlich an (vgl. Joh 6,5–7), und zwar ein Brot, das nicht durch mühevolle Arbeit gewonnen wird, aber die Seele leben läßt (Jes 55,3a, vgl. Joh 6,27). Gleichzeitig werden die *„bleibenden Gnadengaben Davids"* (ḥasdê dawîd ha-näʾᵃmanîm) verheißen (Jes 55,3b). Damit soll die Weissagung Nathans vom ewig regierenden Davididen verwirklicht werden (2. Sam 7,12–14), die in der neutestamentlichen Zeit allgemein messianisch gedeutet wurde. Johannes hat exegetisch *Ex 16 mit Jes 55,1–3* verbunden und so dem vergänglichen Manna den Christus als das wahre, von Gott gegebene Brot entgegengestellt.

c) Wie aus dem Zeitlichen das Ewige, aus dem Einmaligen das „Allezeit" erwächst, so offenbart sich der *Geber* des wunderbar vermehrten irdischen Brotes *als die Gabe* des Brotes zum ewigen Leben (Joh 6,1–15.35). Diese In-Eins-Setzung von Geber und Gabe (vgl. Joh 6,51) wird vom Evangelisten so dargestellt, als sei sie in der Mannaperikope Ex 16 vorgegeben. P. Borgen[31] und B. M. Malina[32] haben in ihren Monographien die wichtige Rolle der Mannatradition und speziell die Auslegung von Ex 16 im frühen Judentum gut dargestellt, auch deren Bedeutung für das Verständnis von Joh 6,26 ff. gezeigt. Aber die *ätiologische Schlüsselstelle Ex 16,15a (vgl. 16,31)* wurde von beiden Exegeten nicht gesehen. Gerade von ihr her werden m. E. Struktur und Inhalt der johanneischen Brotrede weitgehend bestimmt; Ex 16,15 – und nicht etwa die zitierte Stelle Ps 78,24 – steht hinter der Darlegung vom Brot des Lebens. Auch das entscheidende *Ich-Bin-Wort Joh 6,35* ist Ex 16,15b nachgebildet, aber eben auch von Jes 55,1–3 entscheidend bestimmt.

Die *jüdischen Gesprächspartner* Jesu denken zwar zu recht an das Mannawunder der Mosezeit, wenn sie die Zeichenhaftigkeit der Speisung der Fünftausend (6,1–15) und den Sinn des Lebensbrotes (V. 27) zu ergründen suchen (V. 31; vgl. Ex 16,15b). Aber sie scheinen vergessen zu haben, wie ihre Väter damals das merkwürdige Phänomen des Manna hinterfragten und erklärten (Ex 16,15a). Als nämlich die Israeliten ein feines, körniges, dem Tau ähnliches Gebilde auf dem Wüstenboden liegen sahen, „sprach

---

[31] P. Borgen, Bread from Heaven. Suppl. Nov. Test. Bd. X, Leiden 1965.
[32] Bruce M. Malina, The Palestinian Manna Tradition. AGSU Bd. VII, Leiden 1968.

einer zum andern: ‚*Wer* ist das?' (man hû') bzw.: ‚Manna ist das.' Denn sie
wußten nicht, *was* es war (mah hû'). Mose aber sagte zu ihnen: ‚Das ist das
Brot, das euch der Herr als Speise gegeben hat.'" (Ex 16,15)

Diese wichtige Stelle, in welcher der Name „Manna" erklärt (vgl. Ex
16,31) und die Besonderheit dieser wunderbaren Speise gedeutet wird, ist
in der Brotrede Joh 6,26 ff. dazu gebraucht, um *auf den Christus als Brot des
Lebens hinzuführen*. Dabei geht der Evangelist exegetisch so vor, daß er
das seltsame „man" in Ex 16,15 a – dem Kontext entsprechend – als Frage
der erstaunten Israeliten deutet. Aber während die LXX „Was ist das?" (*τί
ἐστιν τοῦτο*) übersetzen, muß er „man hû'" – anders als das folgende „mah
hû'" – als Frage nach einer Person gedeutet haben: „Wer ist das?" (man,
aramaisierend = mî; vgl. mᵉna' in den Targumen O,N). Der *Geber der
Speise* ist gefragt: Von wem soll sie stammen? In diesem Sinne hat der
Evangelist auch die Auskunft Moses (Ex 16,15 b) verstanden (vgl. Joh
6,32). Nur scheinbar wird dort auf die Frage: „Was ist das?" geantwortet.
Denn Mose hat die Eigenart des Manna durch die Person des Gebers
bestimmt: Es ist die von Gott geschenkte Speise. So muß auch derjenige,
der das Brot des Lebens empfangen will, auf den Sohn „sehen" (Joh 6,40),
weil die Väter, als sie das Manna „sahen", nach dessen Geber fragten (Ex
16,15).

Die *jüdischen Gesprächspartner Jesu* machen den Fehler, daß sie –anders
als ihre Väter – stets „Was?" fragen. Sie wollen die Gabe, ohne an ihrem
Geber wirklich interessiert zu sein; sie suchen Jesus, weil sie von den
Broten gegessen haben und satt geworden sind (V. 25 f.). Sie sagen zu
Jesus: „Was (*τί*) sollen wir tun?" (V. 28), „was (*τί*) tust du für ein Zeichen?", „was (*τί*) tust du?" (V. 30). Dagegen antwortet Jesus immer so, als
sei die Frage „wer?" gestellt. Er offenbart den Geber des Manna: „Nicht
Mose hat das Brot aus dem Himmel gegeben, sondern mein Vater gibt
euch das wahre Brot" (V. 32). Das ist ein deutlicher Hinweis auf Ex
16,15 b, das freilich von Jes 55,1–3 her vom messianischen Gottessohn
neu in Kraft gesetzt wird: Gott gibt die verläßlichen Gnadengaben Davids
als das wahre Brot zum Leben. Dadurch wird in V. 32 das entscheidende
Ich-Bin-Wort von V. 35 vorbereitet, das die Frage „wer?" voraussetzt
(man = *τίς*) und überraschenderweise die *Gabe der Endzeit als Person*
enthüllt: „Ich bin das Brot des Lebens". In diesem Offenbarungswort
wird die Spannung zwischen „wer?" und „was?" aufgehoben: Das „Was"
des Brotes ist ein „Wer" – der Christus. Er ist beides: Das lebendige Brot
aus dem Himmel und der Geber des Brotes (V. 51), weil er als der
Gottessohn sein Leben für andere in den Tod gibt. Durch ihn als Gesandten (VV. 37.39) und generalbevollmächtigten Sohn (V. 40) gibt Gott das
„lebendige", d. h. lebenschaffende Brot. Das Lebensbrot fällt deshalb
nicht wie Tau vom Himmel, sondern „steigt" vom Himmel herab (V.
33). Es ist der Menschensohn, der sich selbst als das Brot zum Leben gibt,
nachdem ihn der Vater „versiegelt", für diese Aufgabe bestimmt und bei

sich bewahrt hat (V. 27b). Er ist das „lebendige" Brot (V. 51), weil er wie der Vater das Leben in sich hat (6,51; vgl. 5,26). Wie Gott, kann er anderen Leben geben; paulinisch gesprochen, ist er „lebenschaffender Geist" (1.Kor 15,45).

Der bewußte Rückgriff auf Ex 16,15a und auf die dort erhobenen Fragen „wer?" und „was?" erscheint auch in Joh 6,37.39; nur ist dort das neutrische „was?" an den Anfang gestellt. In paradoxer Härte wird gesagt: „Alles, *was* der Vater mir gibt (*πᾶν ὅ*...) kommt zu mir, und *den, der* zu mir kommt (*τὸν ἐρχόμενον*...) werde ich gewiß nicht hinauswerfen!" Ähnlich V. 39: „Alles, was (*πᾶν ὅ*...) der Vater mit gegeben hat, von dem werde ich nichts verlieren, sondern ich werde es (*αὐτό* bzw. *αὐτόν* vgl. V. 40) am jüngsten Tag auferwecken". *Wie Gottes Gabe an die Welt eine Person ist, so auch die Gabe Gottes an Jesus.* Mit der letzteren ist der zum Heil Bestimmte, der Glaubende, gemeint. Wie der Glaube einerseits Arbeit des Menschen und andererseits Gottes Werk ist (6,28f), so ist auch der Glaubende von Gott „gegeben" (VV. 39f. Er „kommt" zwar zu Jesus (V. 37), aber er wird auch von Gott „gezogen" (V. 44). Und Jesus sammelt die Erwählten, führt sie als Gottes Volk zusammen; das geschah gerade auch bei der Speisung der Fünftausend, wie schon Markus betont (6,34.39f.).

Die *Tradition vom Menschensohn nach Dan 7* ist auch für die Brotrede zu bedenken (vgl. Joh 6,27). Der Menschensohn repräsentiert nach Dan 7,27 das Volk der Heiligen des Höchsten. In der Brotrede wird diese Menschensohnüberlieferung gleichsam soteriologisch ausgerichtet: Der Menschensohn, der von Gott zur Erde hinabsteigt, gibt das Brot zum ewigen Leben (6,27). Dabei eint er das Gottesvolk (Joh 11,52; 6,12f.)[33]. Der *Menschensohn und die Erwählten bilden eine feste Einheit.* Beide sind von Gott „gegeben" (Joh 6,32.39f); deshalb darf keiner verlorengehen (V. 39). Auch der Vater ist an der Sammlung der Gotteskinder beteiligt: Er „zieht" sie (V. 44) und erreicht dadurch, daß man zu Jesus kommt (V. 37). Dieser zieht sie schon jetzt an (vgl. Joh 6,2) und tut das erst recht nach Tod und Auferstehung, wenn er zum bleibenden Lebensbrot geworden ist: „Wenn ich erhöht sein werde von der Erde, werde *ich alle zu mir ziehen"* (12,32). Das seltene Verbum *ἕλκειν* hat m. E. sein hebräisches Äquivalent in mashakh und ist vom *Gottesknechtslied Jes 52,13–53,12* inspiriert. Wie Jesus selbst, so hat auch der Vierte Evangelist den Menschensohn von Dan 7 und den jesajanischen Gottesknecht messianisch gedeutet: Der Menschensohn ist als der Knecht (aram. ṭalja̓) auch das Lamm (ṭalja̓) Gottes, das die Sünde der Welt wegträgt (1,29; vgl. Jes 53,7.12). Deshalb wird er wie dieser vom Vater hoch erhöht (Jes 52,13); dann aber wird er alle zu sich „ziehen" (Joh 12,32 nach Jes 52,14). Das schwierige und oft

---

[33] Vgl. W. Grimm, Das Opfer eines Menschen. Eine Auslegung von Joh 11,47–53; in: Festschrift für Schalom ben Chorin, Trier 1978, S. 74ff.

variierte Wort mishḥat (meʾîsh) in Jes 52,14 (z. B. mashaḥtî in 1 Q Jes a) ist von Johannes so verstanden: Der erhöhte Knecht wird alle die Seinen „von den Menschen weg" zu sich „ziehen" (mashaḵhtî meʾîsh; vgl. Joh 14,2f).

Im *Abendmahlsgebet der Didache (9,4)* wird die Symbolik des Brotes auch dazu benützt, um die Sammlung und Einheit von Herrn und Gemeinde zum Ausdruck zu bringen: „Wie dieses gebrochene Brot auf den Bergen zerstreut war und zusammengebracht eins wurde, so möge deine Gemeinde von den Enden der Erde zusammengeführt werden in dein Reich." Das Weizenkorn stirbt, um nicht allein zu bleiben (Joh 12,24); die Brocken, die von der Speisung übrigblieben, dürfen nicht „verloren"gehen (6,12f.). Nach dem Willen Gottes darf keiner „verloren"gehen, den er Jesus übergeben hat; dieser will ihn am Jüngsten Tag auferwecken (V. 39).

5. Für die Juden besteht die *große Gabe Gottes in der Tora,* für den Evangelisten Johannes in einer *Person,* im Messias und Gottessohn. Die oben erwähnte Stelle *Jes 55,1–3* mag diese personhafte Deutung der endzeitlichen Gabe Gottes und speziell des wahren Brotes gestützt haben:

„Warum wiegt ihr Geld ab für Brot, das keines ist,
und müht euch ab für etwas, das nicht satt macht?
Hört doch ja auf mich und eßt Gutes,
und eure Seele soll sich ergötzen an fetter Speise! (V. 2)

Neigt euer Ohr und kommt zu mir,
hört, damit eure Seele lebt!
Und ich will mit euch einen ewigen Bund schließen –
die verläßlichen Gnadengaben Davids!" (V. 3).

Das wahre Brot Gottes, das die Seele satt macht und am Leben erhält, ist das *Wort der Verheißung,* auf das man achten und das man gerne aufnehmen soll. Die bleibenden, unverbrüchlichen Gnadengaben an David zeichnen den ewigen Bund aus, den Gott mit Israel schließen will; sie sollen dem ganzen Volk zugute kommen (vgl. Röm 11,29; Apg 13,34). Diese unverbrüchlichen Gnadenerweise beziehen sich vor allem auf eine *Person,* nämlich auf den ewig regierenden *Davidssohn,* wie er einst vom Propheten Nathan dem König David verheißen worden war (2.Sam 7,12–14). Aus dieser Weissagung ist die Messiaserwartung des Alten Israel hervorgegangen, wie man etwa aus Jes 11; Ps 89 und 132 erkennen kann. Auch in Qumran und im Neuen Testament hat man 2.Sam 7,12–14 messianisch gedeutet. Die in Joh 6,26ff. hergestellte Verbindung zwischen *Brot zum Leben* und *Messias* ließ sich auch in Jes 55,1–3 finden. Für Joh 6,37 wichtig ist die Aufforderung: „Kommt zu mir!" (Jes 55,3), ferner die in VV. 10–12 folgende Schilderung des Gotteswortes, das wie Regen und Schnee vom Himmel kommt, so daß das Land feucht wird und es Brot zu essen gibt; das Kommen des Manna und der Weg des johanneischen Christus, des fleischgewordenen Wortes, erinnern an diese Schilderung.

Von ihrem alttestamentlichen Hintergrund her erscheinen die Brotrede und das ganze Kapitel Joh 6 als geschlossenes Ganzes und als eine von Anfang an festgefügte Einheit. Sie bedürfen keiner literarkritischen Korrektur, die durch Streichung angeblicher Zusätze und durch Umstellung einiger Verse einen ursprünglichen Text herstellen will – dadurch wird mehr zerstört als erklärt.

13. Jesu Evangelium vom Gottesreich

I. Das Problem der Jesustradition:
Was wissen wir vom Evangelium Jesu?

Vor kurzem schrieb Heinz Zahrnt in einem Leitartikel zum Katholikentag in Düsseldorf[1], der Kirche sei eine Vielfalt von Sprachen gegeben, wie dies schon vom ersten Pfingstfest in Jerusalem berichtet werde. Dieses stehe symbolhaft für die Vielfalt der Glaubensäußerung von Anfang an: »Schon der neutestamentliche Kanon bildet keine einheitliche Konkordienformel, sondern eine Sammlung von ›Konfessionen‹. Jede dieser ›Glaubensrichtungen‹ beging das Gedächtnis Jesu auf ihre Weise – Gottes Stimme in einem vielfachen Echo menschlicher Stimmen. Alle reden von derselben Offenbarung Gottes in Jesus Christus, aber sie reden alle verschieden davon. Der Judenchrist Matthäus redet anders davon als der Heidenchrist Lukas, und Johannes noch wieder ganz anders. Paulus blickt allein auf die Gnade und Jakobus vornehmlich auf die Werke. »Judenchristen«, »Heidenchristen«, »Hellenisten«, »Samaritaner«, »Johanneischer Kreis« – jeder deutet die Überlieferung von Jesus gemäß seiner Herkunft und Hoffnung und bildet sie auf diese Weise weiter. Und so geht es in der Kirchengeschichte fort. In ihr gibt es keine Uniformität, sondern wiederum nur lauter Bruchstücke einer großen Konfession«.

Zahrnt scheint nicht daran zu zweifeln, daß dieses Urteil einem einhelligen Ergebnis der neutestamentlichen Forschung entspricht. Jesu Evangelium soll schon bald nach seinem Tode durch einen Chor mit vielen Dissonanzen hörbar geworden sein, in einem ›Pentecostal Speech‹, der – anders als beim ersten Pfingstfest – in einer gemeinsamen Sprache, der Koine, erklang, aber mit jeder Stimme ein anderes Evangelium bot; aus diesem Grunde könne man auch keine einheitliche Theologie des Neuen Testaments schreiben[2]. Aber ist das richtig? Gab es tatsächlich gravierende Differenzen, be-

---

[1] Deutsches Allgemeines Sonntagsblatt 5. 9. 1982, S. 1: »Von müder Toleranz zum Wettstreit um die Wahrheit.«

[2] Vgl. dazu meinen Aufsatz »The Problem of Variety and Unity in the New Testament«, in: Festschrift für Dr. Kyung Yun Chun (Seoul 1979) und in: Horizons in Biblical Theology II (1980) S. 3–14 und die dort erwähnten skeptischen Arbeiten von E. Käsemann, H. Braun, H. Köster u. a.

durfte es wirklich des sogenannten »Frühkatholizismus«, um den stürmischen Geist und das Stimmengewirr der ersten Zeugen zu dämpfen und zu
koordinieren und so die Kirche vor dem frühen Verfall zu retten? Ich glaube
das nicht. Gäbe es bei aller Vielfalt, wie sie schon die Themen dieses
Kolloquiums bekunden, nicht auch eine Kontinuität des Evangeliums Jesu
vom Gottesreich, eine Harmonie und Einheit der neutestamentlichen Verkündigung, so hätte sich das Christentum kaum in so kurzer Zeit im
Imperium Romanum durchgesetzt. In meinem Beitrag, der die bekannten
Jesusworte zum Thema hat und nicht die unbekannten, mit denen das
Symposium schließt, möchte ich kurz auf folgende Fragen eingehen: Wie
verhält sich die Botschaft des irdischen Jesus vom Gottesreich zum Evangelium von Christus, das die Kirche nach Ostern verkündigt hat? Handelt es
sich dabei um zwei verschiedene Evangelien, wobei in das erste, gut jüdische, der Vater, in das zweite, spezifisch christliche, der Sohn gehört, im
ersten Jesus als Bruder der Juden erscheint, während im zweiten das mit dem
jüdischen Monotheismus unvereinbare trinitarische Dogma sich anbahnt?
Und wie verhält sich das Evangelium Jesu vom Gottesreich zu seinen
Worten vom Menschensohn, zur Person und Mission des Verkündigers,
wie die Hoffnung auf ein weltveränderndes Kommen Gottes zur Notwendigkeit des Todes Jesu? Einsetzen möchte ich mit dem noch immer um-
kämpften Problem des Ursprungs des neutestamentlichen Begriffs ›Evangelium‹: Stammt er aus dem hellenistischen Raum, etwa aus der Herrscherverehrung[3] oder aus der alttestamentlich-jüdischen Tradition? Hat Jesus seine
Botschaft vom Gottesreich selbst schon als ›Evangelium‹ bezeichnet, etwa
das Verbum בשר = εὐαγγελίζεσθαι verwendet, oder gar das Nomen בשורה
(aramäisch: בסורתא)[4], vielleicht auch εὐγγέλιον als Fremdwort, gebraucht?

II. Der Talmud zum Evangelium Jesu

1. Diesen Eindruck erwecken nicht nur die drei ersten Evangelien, sondern auch rabbinische Notizen. In b Schab 116 a/b wird eine Geschichte

---

[3] So neuerdings wieder dezidiert G. Strecker in seinem Artikel εὐαγγελίζω, εὐαγγέλιον im
Exegetischen Wörterbuch zum Neuen Testament, Bd. II, Sp. 174–186. Strecker schreibt den
terminologisch-theologischen Gebrauch, insbesondere des Nomens εὐαγγέλιον, der helleni-
stisch-christlichen Gemeindeüberlieferung zu, wobei die antike Herrscherverehrung, speziell
der Kaiserkult mit der Inschrift von Priene (GIS II 458), herangezogen wird: Der Plural
εὐαγγέλια meine »existenzbetreffende Heilsereignisse«, »spezifisch christlich« sei der Singular.
Vgl. dazu auch den ausführlichen Beitrag G. Streckers »Das Evangelium Jesu Christi« in der FS
Hans Conzelmann (Tübingen 1975, S. 503–548). In eine andere Richtung weist das wichtige
Werk von P. Stuhlmacher, Das paulinische Evangelium I, (FRLANT 95, Göttingen 1968) mit
einleuchtenden Hinweisen auf den alttestamentlich-jüdischen Hintergrund und der Ablehnung
des eingehend behandelten hellenistischen Materials.
[4] Mit Sin oder Samekh geschrieben.

erzählt, in der das Wort »Evangelium« als Inbegriff der Lehre der Christen –
und das meint im Talmud: der Lehre Jesu – und dabei als ein Gegenstück zur
jüdischen Tora erscheint (vgl. Lk 16,16); freilich handelt es sich um einen
Schwank. Die gewitzte Schwester des Rabban Gamliel (II.), Imma Schalom,
habe einen offensichtlich christlichen Philosophen der Bestechlichkeit überführt und der Lächerlichkeit preisgegeben, indem sie ihn für ein fingiertes
Erbschaftsproblem als Schlichter erbat (vgl. Lk 12,13f.). Der Philosoph
habe zunächst behauptet, seit dem Tage, an dem die Juden aus ihrem Land
vertrieben wurden, sei die »Tora Moses aufgehoben und das Evangelium
gegeben«; nach diesem seien Bruder und Schwester in gleicher Weise erbbe-
rechtigt. Durch ein höheres Geschenk des Bruders Gamliel habe er seine
Entscheidung verändert, denn ›weiter unten‹ sei zu lesen: »Ich Evangelium
bin nicht gekommen, um vom Gesetz Moses wegzunehmen, sondern gekommen, um zum Gesetz Moses hinzuzufügen«; nach der Tora aber fällt das
Erbe allein dem Bruder zu. Diese Auskunft ›des Evangeliums‹ ist auf Mt
5,17 bezogen; J. Jeremias hält das Verb ›hinzufügen‹ sogar für ursprünglich
gegenüber dem matthäischen ›erfüllen‹[5]. In unserem Zusammenhang ist
einmal wichtig, daß der ›Philosoph‹ das Evangelium wie eine Art von
Mischna gebraucht, der man rechtliche Entscheidungen entnimmt; ja, er
behauptet, es habe die von Hadrian verbotene Tora ersetzt. Andererseits
erscheint das Wort ›Evangelium‹ wie der Name einer Person, die das »Ich«
im Logion Mt 5,17 vertritt[6], in dem Jesus seine Übereinstimmung mit dem
Gesetz Moses und den Propheten erklärt; auch die Tora kann ja im Judentum
personhaft behandelt werden. Schließlich wird in diesem auf aramäisch
gebotenen Schwank das griechische Wort εὐαγγέλιον wie eine hebräische
Wortverbindung behandelt und verspottet: Rabbi Meir (um 150 n. Chr.)
nannte es אָוֶן גִּלָּיוֹן = »Unheilsrolle«[7], während R. Jochanan (3. Jhdt. in
Palästina) von עָוֹן גִּלָּיוֹן = »Sündenrolle« sprach, die erstere Deutung scheint
sich auf einen christologischen, die letztere auf einen halachischen Inhalt
dieses Evangeliums zu beziehen. Solche zweifache Auffassung wird auch
durch die anderen rabbinischen Notizen über Jesus nahegelegt: Nach ihnen
fällte er halachische Entscheidungen oder aber gab sich als göttlicher Heilbringer aus[8].

---

[5] J. Jeremias, Neutestamentliche Theologie I, Gütersloh 1971, S. 87f. Aber ich meine,
»erfüllen« sei das spezifisch messianische und darum ursprüngliche Verb, wo es um die Geltung
der Schrift geht.

[6] Man wird an Mk 8,35; 10,29 erinnert, wo »das Evangelium« in gleicher Geltung neben
Jesus steht.

[7] Das Evangelium wurde demnach als Buch, als Schriftrolle, aufgefaßt.

[8] Vgl. dazu meine Studie »Probleme des Prozesses Jesu« in ANRW 25,1, Berlin 1982,
S. 565–647, bes. S. 575–579. Eine halachische Entscheidung Jesu kannte z. B. Elieser b. Hyrka-
nos Tos Chull 2,24; seine messianisch-göttliche Autorität kritisierte R. Abbahu pTaan II, 165b;
bSanh 106a.

2. An einer anderen Stelle des Talmud könnte eine Reminiszenz an den wirklichen Inhalt der Botschaft Jesu vorliegen; auch sie ist polemisch entstellt. In der bekannten Notiz von der Hinrichtung Jesu (b Sanh 43a) wurde die übertriebene Vorsicht und Geduld des jüdischen Gerichts gegenüber dem Volksverführer Jesus so begründet: Dieser habe »dem Königreich nahegestanden« (קרוב למלכות הוא). Diesem Hinweis, der die Beziehung Jesu zum gottlosen Rom (המלכות) suggeriert, dürfte die Botschaft vom nahe herbeigekommenen Gottesreich zugrundeliegen. Der Begriff ›Evangelium‹ fehlt, ist aber vom Kontext her nicht zu erwarten.

3. Ganz anders ist das Material, das uns die *drei ersten Evangelien* über die Botschaft Jesu bieten. Die Treue ihrer Überlieferung wird schon daran sichtbar, daß das für Jesus zentrale Thema des Gottesreiches in der Verkündigung der Gemeinde ganz zurücktritt, ferner der Begriff »Menschensohn« und der Ruf in die Nachfolge fehlen, dazu auch die Verkündigungsformen Gleichnis, Seligpreisung, kurzes Prophetenwort, Weisheitsspruch, die für Jesu Lehrweise so charakteristisch sind. Dennoch führen wichtige Verbindungslinien von der Botschaft Jesu zu dem nachösterlichen Evangelium von Christus. Sie treten vor allem auch beim Schriftgebrauch, der Verwendung und dem Einfluß gleicher Schriftworte, so etwa 2 Sam 7,12–14; Ps 2,7; 110,1; Jes 52,7, 52,13–53,12; 56,1 u. a., hervor[9]. Auch die Herkunft der Wortgruppe εὐαγγελ(ίζεσθαι) im Neuen Testament ist von solchen Schriftworten, und nicht etwa vom Hellenismus, zu gewinnen, weil in ihnen nicht nur das begriffliche Äquivalent, sondern auch der endzeitliche Bezug, dazu das Thema der Gottesherrschaft, dann die Ausrichtung durch einen Gesalbten u. a., für das Evangelium gegeben sind. Das gilt zunächst für die Stellen Jes 52,7 und 61,1, in denen das sonst im AT seltene Verbum בשר = εὐαγγελίζεσθαι erscheint.

III. Lukas: Jesus als messianischer Bote des Evangeliums

1. Geht man vom alttestamentlichen Hintergrund aus, so ist mit dem *Lukasevangelium* zu beginnen. Dieses steht dem dort gegebenen Sachverhalt insofern am nächsten, als dort nur das Verbum εὐαγγελίζεσθαι verwendet ist (vgl. Apg 10,36); wie bei Jesaja fehlt das Nomen ›frohe Botschaft‹. Insgesamt 10mal erscheint εὐαγγελίζεσθαι im Evangelium, davon zweimal im Passiv (vgl. das rabbinische בשר bussar); 15mal bietet es die Apostelgeschichte, zweimal auch das Nomen εὐαγγέλιον. Zunächst wird deutlich, daß das endzeitliche Heilsgeschehen von einem *Boten* Gottes berichtet und ausgerichtet wird. Nach Lk 4,43 ist der Evangeliumsverkündiger Jesus von Gott gesandt[9a], nach 1,19 und 2,10 bringt ein Engel, der Gottesbote kat'exochen,

---

[9] Vgl. dazu meine Schrift »Wie verstehen wir das Neue Testament?« ABC Team, Wuppertal 1981.　　　[9a] Vgl. wie Lukas die Markusvorlage evangeliumsgemäß ausgestaltet.

die Frohbotschaft. Dieser sagt die Geburt von Heilsgestalten an; das erinnert an das hellenistische Evangelium.

2. Auffallend ist ferner, daß in 3,18 auch *Johannes der Täufer* dem Volk eine frohe Botschaft bringt[10]; diese summarische Schlußwendung folgt dem Messiaszeugnis und geht der Nachricht von der Verhaftung des Johannes unmittelbar voraus (3,19f.). Solche frohe Botschaft scheint schlecht zum Prediger von Gericht und Buße zu passen[11]. Vielleicht darf man an die Täuferdarstellung des Flavius Josephus erinnern[12], speziell an den positiven Eindruck, den die Predigt des Johannes auf das Volk gemacht haben soll: Die herbeigeströmten Menschen wurden »aufs Höchste erhoben«, gerade dies habe den Herodes Antipas alarmiert und zur Hinrichtung des Täufers geführt (vgl. Lk 3,19f.). Diese Darstellung läßt sich doch wohl so erklären, daß Johannes in der Tat eine endzeitliche Freudenbotschaft gebracht haben muß, eben die vom Messias, der schon da, aber von Gott noch nicht als solcher offenbart, ist[13] (Lk 3,16); nach 3,15 hat man im Volk erwogen, Johannes selbst könne der Messias sein.

3. Was unterscheidet dann das Evangelium Jesu von dem des Täufers? Lukas macht das schon am Anfang klar. Jesus ist der Messias und Gottessohn (1,32–35), Johannes nicht (vgl. 3,15), sondern dessen Vorläufer im Geist und in der Kraft Elias (1,17), ein Prophet (vgl. 3,2), Stimme eines Rufers in der Wüste (3,4–6 nach Jes 40,3–5)[14]. Nach Lk 16,16 gehört er auf die Seite von Gesetz und Propheten; erst mit Jesus setzt die Ausrichtung des Evangeliums ein. Von daher gesehen, ist εὐαγγελίζεσθαι in 3,18 nicht im Vollsinn gebraucht; das zeigt das beigefügte παρακαλεῖν. Johannes steht auf der Schwelle zur neuen Zeit.

4. Was zum wirklichen Evangelium gehört, wird in der *Antrittspredigt Jesu in Nazareth* (4,16ff.) deutlich, die bei Lukas an der Stelle des Summa-

---

[10] εὐαγγελίζετο τὸν λαόν entspricht in seiner Konstruktion dem hebräischen בשר ענוים in Jes 61,1f.

[11] Man könnte deshalb für diese Stelle die im Alten Testament und bei den Rabbinen gelegentlich begegnende neutrale Bedeutung des Verbums בשר vermuten, das auch eine schlimme Nachricht zum Gegenstand haben kann. Aber angesichts des sonstigen neutestamentlichen und vor allem lukanischen Gebrauchs, der durchweg die Freudenbotschaft meint, ist von solcher Deutung abzusehen.

[12] Ant. 18,117f.

[13] Vgl. dazu die rabbinische Ansicht, der Messias könne jederzeit kommen, da der Zeitpunkt schon verstrichen, wegen der Sünden Israels aber aufgeschoben sei (Belege bei Billerbeck IV/2, S. 857–9).

[14] Vgl. Joh 1,31, dazu auch Lk 3,4–6, wo Jes 40,3–5 ganz zitiert wird, weil in V. 5 auch das Schauen des Heils verheißen ist. Nach Mt 3,2 verkündigte Johannes nicht nur das Tun der Buße, sondern auch wie Jesus das nahe herbeigekommene Gottesreich (vgl. 3,2 mit 4,17), für dessen Ausrichtung Matthäus die Wendung »Evangelium vom Gottesreich« geprägt hat (4,23; 9,35; 24,14).

riums vom Anfang des Wirkens Jesu Mk 1,14f. steht. Der Predigt liegt ein Text zugrunde, der für das lukanische Verständnis des Evangeliums Jesu besonders wichtig ist, nämlich Jes 61,1f. Diese Stelle beschreibt für Lukas den Auftrag Jesu, dessen messianisches Programm, umfassend und ausreichend. Denn ihre Auslegung, die eigentliche Antrittspredigt, besteht aus einem kurzen Satz: »Heute ist dieses Schriftwort erfüllt, im Augenblick, in dem ihr es mit euren Ohren vernehmt!« (4,21). Aus dem von Lukas frei zitierten Jesajawort lassen sich folgende Merkmale des Evangeliums vom Gottesreich erheben:

a) Das bereits erwähnte *Gesandt-Sein* des Evangelisten (V. 18); er spricht im Auftrag Gottes (»er hat mich gesandt«);

b) Sein *Gesalbt-Sein* mit dem Gottesgeist (V. 18), das Lukas sicher messianisch verstand: Der Christus ist der eigentliche Freudenbote. Das bedingt, daß er auch sich selbst verkündigt, aber meist indirekt verhüllend durch das Medium der Schrift, und zwar hinsichtlich seiner Erlöserrolle; dazu auch direkt, in ἦλϑον-Worten, weil er sich als Bote Gottes vorstellen und seinen Auftrag darlegen muß. Jes 61,1f. ist Vorbild und Legitimationsgrund für die ἦλϑον-Worte Jesu. Auch die Auskunft: »Ich muß das Evangelium vom Reich Gottes auch in anderen Städten verkündigen, denn dazu bin ich gesandt« (4,43), steht im Schatten von Jes 61,1 (dazu auch von Jes 52,7): Gott ist der Sendende, das δεῖ des Auftrags ist durch diese Tatsache, ferner durch die Vorhersage der Schrift, begründet. Als Botschaft Gottes ist das Evangelium Wort Gottes, so wie das von der Verkündigung der Schriftpropheten gilt (vgl. Jes 6,8; Dtn 18,15–21). Aus diesem Grunde rief auch Jesu Evangeliumspredigt im Tempel die Frage nach der ἐξουσία, der delegierten Vollmacht hervor (Lk 20,1f.).

c) *Adressaten des Evangeliums* sind die Armen, Demütigen (עֲנָוִים), (V. 18), die nichts von sich selbst und von der Welt erwarten, sondern alle Hoffnung auf Gott setzen (vgl. Mt 5,3).

d) *Thema des Evangeliums* ist die Erlösung, die Befreiung von Banden, da der Beginn des großen Freiheitsjahres Gottes angesagt wird (V. 19).

e) Die Lösung von Banden versteht Lukas vor allem als das *wunderbare Heilen von Gebrechen*. Das in Jes 61,1 (LXX) den Blinden versprochene Gesicht ist wörtlich gemeint (7,22). Deshalb wird das messianische Evangelium von Wundertaten begleitet. Sie werden von demjenigen erwartet, der sich selbst in seine frohe Botschaft einbringt. Jesu Wunderhandeln, sein ganzes Wirken und Verhalten, ist evangeliumsgemäß; es läßt sich in Gleichnissen zum Ausdruck bringen (z. B. Lk 15).

Das Evangelium spricht deshalb von der Verwirklichung des Gottesreichs. Das Wort wird mit der befreienden Tat verifiziert und macht aus diesem Grunde froh. Diese Einheit von Wort und Tat zeigt die Endzeit an, sie ist messianisch. Strenggenommen darf deshalb nur da von Evangelium die Rede sein, wo Weissagung erfüllt und von der befreienden Zukunft Gottes im *Tempus bleibender Vergangenheit* gesprochen wird: Der Gottesgeist ist manifest, Freudenfeste können gefeiert werden (vgl. Nah 2,1). Die Perfektum-Diktion erscheint schon in den alttestamentlichen Evangeliumsstellen: »Gott hat mich gesalbt . . . gesandt« (Jes 61,1 f.); »Dein Gott ist König geworden!«, so die prägnante, eindrucksvolle Kunde der Freudenboten für Zion in Jes 52,7. Diese Meldung von der Thronbesteigung Gottes ist eine Siegesnachricht: Die Macht des Chaos ist überwunden (51,9), die Zwingherren sind niedergeworfen (52,5). Auch das Evangelium von der Thronbesteigung Melchisedeks = Michael, des gerechten Königs im Himmel, das 1 QM 17,6 f. und 11 Q Melch 16 mit Hilfe von Jes 52,7 und 61,1 f. verkündigt wird, setzt einen entscheidenden Sieg, nämlich die Entmachtung Belials, voraus[15]. Ein Evangelium ist eigentlich auch die Auskunft des himmlischen Ältesten in Apk 5,5: »Gesiegt hat der Löwe aus Judas Stamm, die Wurzel Davids!« Gemeint ist die Überwindung des Bösen (vgl. Apk 3,21), die mit alttestamentlichen Bildern bezeugt und so auch bewahrheitet wird.

5. Wichtig ist es, daß die Freudenbotschaft in *Jes 52,7 im Targum* so wiedergegeben wird: »*Die Königsherrschaft Gottes ist geoffenbart!*« Setzt man diese Deutung für die Zeit Jesu voraus, so ist die Verbindung von Evangelium und Gottesherrschaft vorgegeben. Neben das durch Jes 61,1 f. angezeigte Evangelium der Selbstverkündigung und Vorstellung des messianischen Boten tritt die in Jes 52,7 angezeigte Frohbotschaft, welche die »Offenbarung«, d. h. den Einbruch, der Gottesherrschaft, zum Thema hat; diese steht bei Jesus im Vordergrund. Die programmatische, Jesu Wirken summarisch beschreibende, Wendung κηρύσσων καὶ εὐαγγελιζόμενος τὴν βασιλείαν τοῦ θεοῦ (Lk 4,43; 8,1; vgl. 16,16) ist ganz auf Jes 52,7 aufgebaut: Jesus ist der מבשר und משמיע = κηρύσσων; mit den dort erwähnten Objekten ישועה und שלום wird die Freudenbotschaft expliziert[16] und die Basileia als befreiende Machtübernahme und endzeitlich geoffenbarte Herrschaft Gottes näher bestimmt. Ferner ist die Tatsache, daß Jesus das Evangelium auch in Jerusalem

---

[15] 11 Q Melch Z.14–18 wird Jes 52,7 verwendet, dazu auch sehr wahrscheinlich Jes 61,1 (Z. 18), wobei der beiden Stellen gemeinsame Begriff מבשר die Verbindung ermöglicht. Vgl. dazu Lk 10,18: »Ich sah den Satan wie einen Blitz vom Himmel fallen«. Das »ewige Evangelium« (Apk 14,6) = das ewig geltende Evangelium, ist eine Siegesnachricht, die den Sturz des großen Babylon mit einbezieht, aber in Kreuz und Auferstehung des Lammes begründet ist. Der Imperativ: »Fürchtet Gott!« (14,7) ist an die von Rom beherrschten Völker gerichtet; zu בשורה als Siegesmeldung vgl. 2 Sam 18,20.25.27; 2 Kön 7,9.

[16] Dabei entspricht ישועה = σωτηρία (vgl. auch Jes 52,10) dem Namen Jesus (ישוע) Mt 1,21, wo die Deutung auf das Heil der Sündenvergebung schon auf Jes 53 vorausweist. Zu שלום vgl. Jes 53,5; die Abwehr eines falschen Friedensverständnisses erfolgt in Mt 10,34. Vgl. zum teuren Frieden meinen Beitrag: »Gottes Friede in einer friedlosen Welt« in: K. Motschmann (ed.) »Flucht aus der Freiheit?« (Bad Neustadt 1982, S. 13–28).

verkündigte (20,1), von Jes 52,7 mit bestimmt, so wie die Botschaft des Friedens in Apg 10,36.

6. Hat schon *Jesus selbst* sich im Sinne dieser beiden Jesajastellen als ein מבשר verstanden[17]? Man kann diese Frage m. E. getrost bejahen. Jesus hat ja das Kommen der Basileia als die große Einladung Gottes, als das Wunder der Erlösung verkündigt und es so als Evangelium im Sinne von Jes 52,7 ausgerichtet. Und auch die in Jes 61,1 f. erwähnten Kriterien und Begleiterscheinungen des Evangeliums wurden in seinem Wirken erfüllt. Sie erscheinen fast alle in *Lk 7,22 / par Mt 11,5,* einer Art von Jubelruf in der sog. »Logienquelle«. In ihm antwortet Jesus auf die Anfrage des Täufers, ob er wirklich »der Kommende« sei: »Geht hin, meldet dem Johannes, was ihr gesehen und gehört habt: Blinde sehen, Lahme gehen, Aussätzige werden rein und Taube hören, und den Armen wird das Evangelium verkündigt!«[18] In diesem Jubelruf wird an mehrere Jesajastellen angespielt[19]. Aber beherrschend ist Jes 61,1 f., wie aus Blindenheilung und Evangelium für die Armen erhellt. Damit wird die umschreibende, den Messias meinende Anfrage: »Bist du der Kommende?« (nämlich von Gen 49,10) ebenfalls indirekt, umschreibend, bejaht: ›Ich bin der mit Gottes Geist Gesalbte, der durch Wundertaten ausgewiesene Erlöser von Jes 61,1 f.‹ Anders als in Jes 61,1 f. und Lk 4,18 steht hier die Evangeliumsverkündigung am Schluß. Damit wird sie nicht nur als Höhepunkt des Wirkens Jesu herausgestellt, sondern auch endzeitlich qualifiziert: Die Wundertaten begründen das Evangelium und weisen den Evangelisten als den zweiten, messianischen, Erlöser aus; Lukas läßt die Wunder sogar vor den Augen der Abgesandten des Täufers geschehen (7,21). Es ist keinesfalls so, daß vom jüdischen Messias keine Wunder erwartet wurden – im Gegenteil. Die von den »Propheten«, jüdischen Messiasprätendenten, versprochenen σημεῖα τῆς ἐλευθερίας (Josephus Bell. 2,262) müssen als Signale des anbrechenden Freiheitsjahres (Jes 61,1 f.) und endzeitlichen Jubiläums angesehen werden. Sie sollten zeigen, daß Gott mit solch einem Befreier sei, daß dieser »der Kommende« sei; inhaltlich mußten sie als »Zeichen« den Wundern eines Mose oder Josua entsprechen. Und der Targum zu Jes 53, der den Gottesknecht messianisch deutet, findet in V. 8 die Wunder angedeutet, »die in seinen Tagen für uns geschehen – wer kann sie erzählen?« (vgl. auch 4 Esra 13,49 f.; 7,28). Mit Jesu Wundern bricht die Basileia herein (Lk 11,20 Q), zerbrechen die Bande des Teufels: Die Gottesherrschaft wird da realisiert, wo sie über die Herrschaft des Teufels

---

[17] Nach A. v. Harnack (»Entstehung und Entwicklung der Kirchenverfassung und des Kirchenrechts in den ersten zwei Jahrhunderten« (1910, S. 234) ist בשורה »nicht sicher für Jesu Predigt, da Q schweigt«.

[18] עֲנָוִים מְבַשְּׂרִים. (mᵉbussarim).

[19] 29,18 f.; 35,5; 42,7.18. Jes 35,5 wird in Pesiq 106b, 6 (vgl. Billerbeck IV, 2 S. 832) auf die Sinaigesetzgebung und die messianische Zukunft bezogen (vgl. Ex 20,18; 24,7).

triumphiert; das ist auch der legitime Anlaß zur Evangeliumsverkündigung. Sie vollzieht sich auch nach *Paulus* nicht nur im Wort, sondern auch in Macht (1 Thess 1,5); das Evangelium ist (die Offenbarung von) Gottes Macht (Röm 1,16).

Lukas hat diese Verknüpfung von *Evangelium und Wundern* besonders klar gezeigt: Dem Verkündiger folgen von ihm geheilte Frauen nach (8,1), das Evangelium der ausgesandten Jünger wird von Wundern verifiziert (9,6), so wie später das der Apostel (Apg 8,6.12; 14,7–15). Lukas nimmt auch die legitimierende Wirkung der Wunder ins Kerygma auf: »Durch Machttaten, Zeichen und Wunder hat Gott den Mann Jesus von Nazareth ausgewiesen« (Apg 2,22), so daß er nach seiner Auferstehung und Erhöhung als Christus und Herr verkündigt werden kann (2,36). Diese Verbindung von Wundern und Evangelium hat ihren Grund in der alttestamentlichen Bedeutung von בשורה als Siegesmeldung[19a], in der messianisch verstandenen Stelle Jes 61,1 f. und vor allem im Wirken des irdischen Jesus, der deshalb mit der Basileia auch sich selbst – freilich nur indirekt – verkündigen konnte, so wie in der Antwort auf die Täuferfrage. Diese Perikope ist sicher echt; selbst Bultmann und seine Schüler zögern mit dem Verdikt ›Gemeindebildung‹[20]. Jes 61,1 f. ist auch in die Seligpreisungen der geistlichen Armen und der Trauernden aufgenommen (Mt 5,3f.). Das bedeutet aber, daß Jesus mehr war als nur ein Rabbi und Prophet, nämlich der mit dem Geist Gesalbte, der Christus Exorcista, Christus Victor; als Messias ist er für unsere Sünden gestorben (1 Kor 15,3). So wird auch verständlich, daß Lukas zwischen Jesus und dem Täufer eine zwei Epochen trennende Linie ziehen konnte (16,16). Das Evangelium fing eigentlich erst mit Jesus an, durch den auch die Verwirklichung der Basileia begann (17,21); als der Messias wurde dieser dann auch zum Gegenstand des apostolischen Evangeliums (Apg 5,42; 8,35; 17,18).

7. Lukas läßt, wie schon erwähnt, das Evangelium auch im *Jerusalemer Tempel* von Jesus verkündigen, und zwar vor führenden Männern und Mitgliedern des Synhedriums (20,1)[21]. Darin bekundet sich die schriftgemäße, lukanische Vorliebe für Jerusalem: Zuerst war es der eigentliche Adressat

---

[19a] 2 Sam 18,20.25.27; 2 Kön 7,9.

[20] Die Geschichte der Synoptischen Tradition, Göttingen 1957³, S. 133, vgl. G. Strecker in FS Conzelmann S. 513 »Nicht mit Sicherheit zu beantworten«. Allerdings spielt Strecker die Bedeutung von Lk 7,22 mit dem wenig überzeugenden Argument herunter, εὐαγγελίζεσθαι sei dort unselbständig, weil alttestamentliches Zitat (Ex. Wörterbuch S. 175, vgl. FS Conzelmann S. 504f.506.524f.). Es handelt sich aber nicht um ein Zitat wie in Lk 4,18f., sondern um eine für Jesus charakteristische Anspielung. Zur Echtheit vgl. W. Grundmann, Das Evangelium nach Matthäus ThHk NT 3, Berlin 1973⁵, S. 304.

[21] Nach W. Bachmann, Jerusalem und der Tempel, BzWANT 109, Stuttgart 1980, S. 287ff. stellt Lukas die Wirksamkeit Jesu im Tempel (Lk 19,45–24,53) eindeutiger als Markus unter den Oberbegriff des Lehrens einer für das ganze Volk relevanten und darum öffentlich gebotenen Stellungnahme zu Fragen des Gesetzes.

des Evangeliums (Jes 52,7), dann wurde es dessen Ausgangspunkt (Jes 2,3; Apg 1,8). Die endzeitliche Rolle der vom Zion ausgehenden Tora wurde vom Evangelium übernommen (vgl. Jes 2,3); Jerusalem bildete den Hort der apostolischen Lehre (Apg 2,42). Hinzu kommt Lk 20,1 ein Zweites, das Mt 24,14 ausdrücklich genannt wird, nämlich der *Zeugnischarakter des Evangeliums* (εἰς μαρτυρίαν). Obwohl dieses eine Heilsbotschaft ist, kann es die Anklage im Endgericht verstärken und, wie die Tora, die Ungläubigen schuldig sprechen. Andererseits tritt es dann als Fürsprecher auf, so etwa für die unbekannte Frau, die Jesus in Bethanien gesalbt hat (Mk 14,9).

Dieser Bezug des *Evangeliums zum Endgericht* hat noch einen anderen Grund. Weil diese Botschaft die Befreiung der Gefangenen und Unterdrückten verheißt, klagt es – indirekt – jetzt schon die Gewalttätigen an. Seine Verkündigung kann zum Konflikt führen mit der zum Untergang bestimmten tyrannischen Macht. Der Bote wird zum Zeugen, der mit seinem Leben für die Botschaft einstehen muß; das δεῖ (4,43) kann *ein Leiden für das Evangelium* bedingen. Denn die Ansage der Erlösung schließt einen eschatologischen Vorbehalt unausgesprochen mit ein: eine Zeit der Drangsal geht dem Ende voraus (vgl. Mk 8,35; 10,29). Vielleicht hat Lukas beim »Evangelium« des Täufers (3,18) das folgenschwere Urteil des Volkes, das in ihm den Messias vermutete (3,15), und die Verhaftung durch Herodes (3,19f.) mitbedacht. Die messianische Fehleinschätzung hatte den gewaltsamen Tod des Täufers herbeigeführt, ihn an den leidenden Christus und Gottesknecht herangeführt. Sein Schicksal ließ den Täufer als einen Verkündiger der neuen Zeit erscheinen und auch ihn »zum Fall von Vielen in Israel werden« (vgl. Josephus Ant 18,118; Lk 2,34). Deshalb wurde nicht nur die Geburt Jesu, sondern auch die seines Vorläufers durch eine frohe, endzeitlich relevante Botschaft angezeigt (1,19; 2,10f.). Wunderbare Geburt und gewaltsamer Tod machte die Verkündiger zu Verkündigten. Das Evangelium der Geburt von Heilbringern könnte an die εὐαγγέλια des Kaiserkultes erinnern. Aber dazu passt nicht, daß Lukas deren gewaltsamen Tod als Grund des Heils mitbedenkt. Denn der neugeborene Jesus wird im Evangelium des Engels als σωτήρ bezeichnet; dabei klingt sicherlich – wie in Mt 1,21 – auch der Name »Jesus« mit[22], der auf »Rettung« hinweist. Matthäus hat diese als eine Rettung von Sünden interpretiert; sollte das bei Lukas anders gewesen sein? Kann das Evangelium vom »Retter« Jesus vom Kreuz absehen? Man urteilt oft, Lukas habe die Heilsbedeutung des Todes Jesu verschwiegen; seine Christusbotschaft sei deshalb vom Evangelium der Versöhnung und des Friedens mit Gott weit entfernt. Ich halte das für unberechtigt. Schon der Täufer sollte das Elia-Amt eines Versöhners versehen (Lk 1,17 nach Mal 3,21–24). Dann zeigte der auferstandene Christus den Jüngern, wie sich mit

---

[22] Vgl. Apg 10,38 Schluß, wo Lukas an den Namen »Immanuel« anspielt.

seinem Kreuzestod das messianische Zeugnis von Mose, Propheten und
Schriften erfüllt (24,44–47). Nach Apg 17,2f. ist schließlich auch Paulus in
seinen Predigten diesem hermeneutischen Vorbild Jesu gefolgt. Kann denn
das lukanische Kreuzesverständnis sich unterschieden haben von dem, was
Paulus in 1 Kor 15,1–5 als das ihm überlieferte, »schriftgemäße«, Evangelium anführt, das vor allem von Jes 53 geprägt ist und dementsprechend den
Messias für unsere Sünden gestorben sein läßt? M. E. hat Lukas das Verb
πάσχειν[23], wo immer Jesus das Subjekt ist, als einen summarischen Hinweis
auf Jes 53 gebraucht, so daß es den Sühnecharakter des Kreuzes impliziert:
Gerade als der für uns Leidende wurde Jesus zum Heiland, zum Soter[24].
Freilich ist das Leiden Jesu nicht ausdrücklich mit dem Verb εὐαγγελίζεσθαι
verbunden und zum Thema eines Evangeliums gemacht, wie das etwa Mk
14,9 bei der Salbung in Bethanien, geschieht; diese Geschichte fehlt bei
Lukas und hat in der Salbung Jesu durch eine Sünderin ihr Seitenstück
(7,36–50).

IV. Matthäus und das Evangelium vom Gottesreich

1. Man muß von Lukas zu _Matthäus_ weitergehen, da dieser Markus
gegenüber einfacher, basileia-bezogener wirkt, was den Gebrauch des Evan-
geliumsbegriffs betrifft. Allerdings bietet Matthäus nur einmal das Verb,
und zwar in der schon behandelten Antwort Jesu auf die Anfrage des Täufers
(11,5 = Lk 7,22). Dagegen erscheint viermal _das Nomen_ εὐαγγέλιον: einmal
wie in Markus bei der Salbung in Bethanien (26,13 / Mk 14,9) und dreimal in
der selbst geschaffenen Wendung τὸ εὐαγγέλιον τῆς βασιλείας; diese ist jeweils
Objekt von κηρύσσειν (4,23; 9,35; 24,14). Aber es fehlt noch das absolute τὸ
εὐαγγέλιον, das Markus mehrmals bot (vgl. 4,17 mit Mk 1,15), wie es auch in
der markinischen Wendung »um meiner und des Evangeliums willen« nicht
übernommen wird (vgl. 16,25 mit Mk 8,25; und 19,29 mit Mk 10,29). Jesu
Verkündigung des Gottesreiches war Evangelium: Mit der Wendung κηρύσσειν τὸ εὐαγγέλιον τῆς βασιλείας (vgl. 4,23 mit Mk 1,39!) hat Matthäus _Jes 52,7_
auf eine prägnante Formel gebracht, wie ihm das auch mit dem Ausdruck
»Parusie des Menschensohnes« für Dan 7,13 gelungen ist (24,27). Hat Lukas
den verbalen Charakter von Jes 52,7 noch erhalten (4,43; 8,1), so erscheint
diese Stelle jetzt in nominaler Prägung, aber als solche deutlicher erkennbar
als etwa bei Markus.

---

[23] Lk 24,26.46; Act 1,3; 3,18; 17,3.
[24] Vgl. I. Howard Marshall, Acts, London 1980, S. 25, Anm. 1: »Luke does not ignore the
atoning significance of the death of Jesus, but he does not go out of his way to stress it.« Vgl.
aber das Zitat Jes 53,7 in Apg 8,32f. (LXX), das den Christus als das geschlachtete Lamm
bezeichnet, aber durch seine Erniedrigung sein Gericht ›erhoben‹ sieht: Damit ist der Sieg des
geschlachteten Lammes in Apk 5,5–7 angedeutet.

2. Klar zum Ausdruck gebracht hat auch Matthäus die *Einheit von Evange-*
lium und Heilungswundern und damit den messianischen Vollzugscharakter
der Freudenbotschaft betont. Das geschieht in dem redaktionellen, fast
genau übereinstimmenden Summarium 4,23 und 9,35: »Jesus lehrte in ihren
Synagogen und verkündigte das Evangelium vom Reich und heilte jede
Krankheit und Schwäche (im Volk)«. Die Evangeliumspredigt führt das
Lehren in den Synagogen weiter, ist eher für das draußen versammelte Volk
als eine ›open-air-Verkündigung‹ gedacht, wo sie von der sie legitimierenden Heilandstätigkeit begleitet wird. Verkündigung und Wunderheilung
bilden auch bei der Tätigkeit der ausgesandten Jünger eine Einheit (Mt
10,7f., vgl. Lk 9,6), bei denen jedoch Matthäus nicht explizit von »Evangelium« spricht (vgl. 10,23). Die Bindung des messianischen Evangeliums an
das Wunder (vgl. 11,5) mag erklären, warum Matthäus bei der ersten
summarischen Erwähnung von Jesu Buß- und Basileia-Predigt (4,17) und
erst recht bei der gleich beschriebenen Predigt des Johannes (3,2) nicht von
»Evangelium« spricht; dort fehlt eben noch die Heilandstätigkeit, die nach
4,23 und 9,35 zum Evangelium gehört.

3. Wichtig ist, daß auch Matthäus Jesus mit dem Täufer zusammenstellt.
Jedoch geschieht das auf andere Weise als bei Lukas, nämlich nicht in der
Ankündigung der Geburt, sondern bei der *Verkündigung der Botschaft*, die
allerdings nicht als Evangelium bezeichnet wird. Aber ihr Thema lautet bei
Johannes und bei Jesus gleich: »Tut Buße, denn das Gottesreich ist nahe
herbeigekommen!« (3,2; 4,17). Markus gegenüber fällt die lapidare Kürze
und veränderte Struktur des Satzes auf (Mk 1,14f.), der als Bußruf gekennzeichnet und mit dem Kommen der Basileia begründet ist. Matthäus hat eine
andere Jesajastelle, nämlich den Anfang des Tritojesaja in sein Summarium
von der Reich-Gottes-Predigt aufgenommen: »Achtet auf Recht und tut
Gerechtigkeit! Denn nahe ist Mein Heil, zu kommen, und Meine Gerechtigkeit, daß sie offenbar werde!« (56,1). Deutet man das Predigtthema Jesu und
des Täufers von dieser, durch Matthäus zu Recht erkennbar gemachten,
alttestamentlichen Basis her, so wird das Tun der Buße als Wegbereitung für
das Kommen Gottes und als Vollzug von Recht und helfender Gerechtigkeit
konkretisiert, während dem nahen Gottesreich bei Jesaja das baldige Kommen von Gottes Heil und die Offenbarung seiner Gerechtigkeit entspricht.
Von Jes 56,1 her erhellt auch mancher umstrittene Sachverhalt: 1. Das
ἤγγικεν in Mt 4,17/Mk 1,14 meint nicht das Gekommen-Sein des Gottesreiches (so C. H. Dodd), es steht vielmehr vor der Tür; 2. die von Matthäus
sonst hervorgehobene Gerechtigkeit als ein Merkmal der Basileia ist aus Jes
56 übernommen. Sie ist auch von dort her zu deuten, und zwar vom
hebräischen Text, da die LXX die dort erwähnte צדקה Gottes als ἔλεος
wiedergeben.

Die Gerechtigkeit von Jes 56,1 hat Matthäus *zum Thema der Bergpredigt*

gemacht, was vor allem am Rahmen von Kap. 6 sichtbar wird. Der Anfang:
»Achtet auf eure Gerechtigkeit, sie nicht . . . zu tun!« (Mt. 6,1) entspricht
Jes 56,1a, der finale Imperativ: »Trachtet nach dem Reich Gottes und nach
Seiner Gerechtigkeit!« (Mt 6,33) nimmt Jes 56,1b auf. Das heißt, daß die
bessere Gerechtigkeit, die in der Bergpredigt der Gerechtigkeit der Schriftgelehrten und Pharisäer gegenübergestellt wird (Mt 5,20), an der heilschaffenden Gerechtigkeit des kommenden Gottes (Jes 56,1) ihr Maß hat und eine
durch Gebotserfüllung (Mt 5,21–48) und gute Werke (Mt 6,1–18) zu erwer-
bende Gerechtigkeit (זכות) korrigiert. Die Botschaft Jesu von der Basileia
hat demnach die Gerechtigkeit zum Thema und zwar von Jes 56,1 her als
Imperativ und als Indikativ: »Tut Gerechtigkeit, denn die Gerechtigkeit
Gottes wird in Kürze offenbar!« Zu diesem Appell, zu dieser Abfolge
Imperativ-Indikativ, die auch die Komposition der Kapitel 5–7; 8–9 bestimmt, paßt der Begriff »Evangelium« nicht ganz, wie das Fehlen in 4,17
und bei der Bergpredigt zeigt. Aus diesem Grunde verkündigte auch Johannes der Täufer, der für Matthäus auf dem Weg der Gerechtigkeit kam
(21,32), also eine Art von »Lehrer der Gerechtigkeit« war, noch kein Evangelium, obwohl er vom nahen Gottesreich sprach; außerdem fehlen bei ihm
die Wunder. Erst die Verkündigung Jesu hat die Bedingungen des Evangeliums erfüllt; sie offenbart die *Gerechtigkeit Gottes als Heil* (Jes 56,1) und nicht
etwa als Inbegriff einer Verdienst schaffenden Halacha. Matthäus meidet
aber da den Begriff »Evangelium«, wo Jesus noch im Schema von Imperativ
und Indikativ spricht und die Gerechtigkeit zum Maß eschatologischen
Handelns, zur Einlaßtora für das Gottesreich, macht. Für *Paulus* hingegen,
der auch an Jes 56 denkt, wenn er die Gerechtigkeit Gottes von Gesetz und
Propheten bezeugt sieht (Röm 3,21 f.), hat wegen des Kreuzes der Indikativ
grundsätzliche Priorität, so daß die heilschaffende Gerechtigkeit im Evangelium offenbart wird (Röm 1,16f.). Der Bußruf fehlt, der Imperativ ist an die
Glaubenden gerichtet und wird mit der Kraft des in der Taufe empfangenen
Geistes erfüllt. Dennoch führt mit der heilschaffenden Gerechtigkeit Gottes
als tragendem Pfeiler eine Brücke von Jesus zu Paulus hin.

4. Hat aber *Jesus selbst die Gerechtigkeit zur Mitte seiner Botschaft* gemacht,
oder wird dieser Begriff vom theologischen Interesse des Matthäus eingebracht[25]? Ich meine, daß Jes 56 in der Tat die Botschaft Jesu entscheidend
geprägt hat. Dem dort gegebenen Schema von endzeitlich bedingtem Imperativ und Indikativ entspricht ein Satz wie Mt 6,14f./Mk 11,25: »Wenn ihr

---

[25] So G. Strecker, »Biblische Theologie?« in FS G. Bornkamm (ed. D. Lührmann–G.
Strecker Tübingen 1980, S. 430, Anm. 23): »Kein einziger neutestamentlicher Beleg kann mit
einiger Wahrscheinlichkeit auf Jesus selbst zurückgeführt werden, auch nicht das Verb in Lk
18,9.14.« Darüberhinaus hat Strecker die Gerechtigkeit Gottes in Mt 6,33 (auch 5,6) als rechte
Haltung der Jünger und ethische Leistung mißverstanden. (»Der Weg der Gerechtigkeit«
.FRLANT 82, Göttingen 1966², S. 152–157). Er hat den alttestamentlichen Bezug nicht erkannt.

den Menschen ihre Fehltritte vergebt, wird euch euer himmlischer Vater
vergeben«, dazu das Gleichnis vom Schalksknecht (Mt 18,23–25) und vom
ungerechten Verwalter (Lk 16,1–9). Die Vergebung ist ja wichtigstes Werk
der Recht schaffenden, helfenden, Gerechtigkeit Gottes, der das Tun des
Menschen entsprechen soll. Mit dem Heilshandeln des Christus wird die
Reihenfolge in Jes 56,1 f. umgekehrt und der Indikativ vorangestellt. Schon
im Namen »Jesus« (ישוע) sieht Matthäus das Kommen des göttlichen Heils
(ישועה in Jes 56,1), die gratia praeveniens, angezeigt, die sich als Rettung von
Sünden vollzieht (1,21). Dadurch werden das Gottesreich und die Person
Jesu, Verkündigung und Verkündiger, so miteinander verbunden, daß das
Heil der Basileia vom Messias gebracht und zugesprochen wird. Dieser
Zuspruch ist Evangelium: Jesus »richtet« so »die Armen mit Gerechtigkeit«
(Jes 11,4), die sich an diesen Menschen als zuvorkommende Gnade Gottes
erweist. Das zeigt der *Stürmerspruch Mt 11,12*, freilich dabei auch eine
negative Reaktion der Menschen: »Seit den Tagen des Johannes bricht die
Basileia ein, aber gewalttätige Menschen rauben sie aus.« Das Verbum
βιάζεσθαι ist wie in Lk 16,16 medial gebraucht: Die Gottesherrschaft kommt
mit den befreienden Machttaten Jesu (Mt 12,28), als gewaltsamer Einbruch
in die Festung des Bösen (12,29); sie ist Offenbarung der heilschaffenden
Gerechtigkeit Gottes in Jes 56,1, befreiendes Richten der Armen (Jes 11,4)
und kann deshalb auch als Evangelium verkündigt werden (Lk 16,16). Aber
gewalttätige Menschen (vgl. Jes 11,4[25a]) rauben sie aus, machen ihre Bekenner unsicher, beseitigen einen Propheten wie den Täufer, verhöhnen den
durch Jesus wirkenden Geist als eine dämonische Kraft (12,31). Das ist das
Gegenteil vom Tun des Rechts in Jes 56,1. Daran wird auch deutlich, daß die
volle Offenbarung und Durchsetzung von Herrschaft und Gerechtigkeit
Gottes noch nicht erfolgt ist.

5. Im Kairos zwischen schon begonnener aber noch nicht vollendeter
Gottesherrschaft fällt der *Ausrichtung des Evangeliums* eine tragende Rolle zu.
Nach *Mt 10,23* werden die Jünger mit der Verkündigung der Basileia nicht
zu Ende sein, ehe der Menschensohn kommt; der im parallelen Wort Mk
13,10 gegebene Begriff εὐαγγέλιον fehlt bei Matthäus. Struktur und Inhalt
dieses schwierigen Naherwartungslogions Mt 10,23 erinnern nicht nur an
Jes 56,1, sondern auch an *Gen 49,10*. Die letztere Stelle war für die Messiaserwartung des frühen Judentums, vor allem der Qumrangemeinde, sehr
wichtig[26]. Man erhoffte das Kommen des שילה (Gen 49,10b), den man als
Messias deutete (so auch die Targume); bis dahin war das vom »Gesetzge-

---

[25a] Vgl. Jes 11,4b, wo עריץ statt ארץ gelesen werden muß. Ein Wortspiel zwischen אריסים
= »Pächter« und עריצים = »Gewalttäter« liegt m. E. im Gleichnis von den Bösen Weingärtnern
(Mk 12,1–12) vor.

[26] Das habe ich in einem Referat »Genesis 49,10 in Early Judaism« gezeigt, das ich bei der
Konferenz der European Association for Jewish Studies in Oxford (Juli 1982) gehalten habe.

ber« (המחקק Gen 49,10a) geregelte Tun der Tora heilsnotwendig, Vorbereitung und Voraussetzung für die Erlösung. An die Stelle des Toragehorsams
tritt nun die Botschaft von der Basileia, die in Mt 24,14 (vgl. Mk 13,10) als
›Evangelium‹ bezeichnet und der ganzen Oikumene, zum Zeugnis für alle
Völker, gebracht werden muß. Dann kommt das Ende, d. h. das Erscheinen
des Menschensohnes zum Gericht, für welches das Zeugnis des Evangeliums vorausgesetzt wird (vgl. Mt 25,31–46); in Mt 10,23 wird Gen 49,10
durch das Wort »Kommen« auch mit Dan 7,13 verbunden und שילה auf den
Menschensohn bezogen. Von daher erklärt sich auch der unermüdliche Eifer
des Paulus, das Evangelium in allen Teilen des Römischen Reiches zu Gehör
zu bringen, und schon die fliegende Verkündigung Jesu und der Jünger in
Palästina (vgl. Lk 4,43) war wohl so begründet. Auch im Johannesevangelium liegt diese auf Gen 49,10 aufgebaute Verpflichtung zur Verkündigung
vor, wobei das Moment der Kontinuität und der Zeugnischarakter der
Botschaft eingeschärft werden: Jesus sendet den Parakleten, der die Jünger
an seine Worte erinnern wird (14,26) und mit diesen vor der Welt Zeugnis
über ihn ablegen soll (15,26f.); hinzu kommt auch das Halten der Gebote
Jesu (14,21), d. h. des Liebesgebotes. Von Mt 10,23; Mk 13,10 her ist das
verheißene Kommen Jesu (Joh 14,18–23) auch auf die Parusie und nicht nur
auf Ostern zu beziehen.

6. Wichtig ist schließlich, daß Matthäus das Mk 14,9 bei der Salbung in
Bethanien erwähnte Evangelium nicht als εὐαγγέλιον τῆς βασιλείας bezeichnet,
sondern nur von »diesem Evangelium« spricht (26,13). In der Tat muß
dessen Thema anders gelautet haben, auf Jesu Person bezogen gewesen sein.
Der *Sohn gehört in dieses Evangelium*, das paradoxerweise als Frohbotschaft
vom Leiden des Messias verkündigt werden soll, und zwar deshalb, weil
dieser von Sünden rettet (1,21). »Dieses Evangelium«, auf das Matthäus
schon am Anfang mit der Erklärung des Jesusnamens hinwies (1,21), sah
somit dem nachösterlich-paulinischen ähnlich, wäre sogar nach Mk 14,9
bereits von Jesus angezeigt worden. Auch bei Johannes ist es angedeutet:
Nach 14,26 erinnert der Paraklet an die Worte Jesu, nach 15,26f. legt er mit
den Jüngern Zeugnis von Jesus ab (περὶ ἐμοῦ).

V. Markus und das Evangelium vom Gottessohn

1. Was die Terminologie des Evangeliums anlangt, ist Markus am weite-
sten vom Wurzelboden des Alten Testaments entfernt. Denn das Verb
εὐαγγελίζεσθαι fehlt, dafür erscheint das Nomen εὐαγγέλιον siebenmal, öfters
als bei Matthäus. Auffallend ist auch sein überwiegend absoluter Gebrauch
(1,15; 8,35; 10,29; 13,10; 14,9), dann die zeitliche Zergliederung in gegenwärtige und noch ausstehende Verkündigung und schließlich der christologische Gehalt. In dieser Hinsicht steht Markus einzig da; die Seitenreferenten

sind ihm dabei nicht gefolgt. Gleich am Anfang werden die Weichen gestellt:
»Anfang des Evangeliums von Jesus Christus, dem Sohn Gottes«; in die
gleiche Richtung weist die bereits erwähnte Wendung: ». . . um meiner und
des Evangeliums willen« (8,35; 10,29), die im Kontext der Nachfolge steht
und deren Risiko deutlich macht.

2. Das markinische *Summarium 1,14f.* ist vergleichsweise recht ausführlich; zwei-mal erscheint in ihm das Nomen εὐαγγέλιον: »Und nachdem
Johannes ausgeliefert worden war, kam Jesus nach Galiläa, wobei er das
Evangelium Gottes verkündigte und sagte: Die Zeit ist erfüllt und nahe
herbeigekommen das Gottesreich. Tut Buße und glaubt an das Evangelium!« Jesus verkündigte demnach nicht das »Evangelium vom Gottesreich«, wie man erwarten müßte[27]; diese Wendung fehlt an Stellen, wo sie bei
den Seitenreferenten erscheint (vgl. Mk 1,39 mit Mt 4,23 und Mk 1,38 mit
Lk 4,43). Vielmehr nennt Markus das »*Evangelium Gottes*«, das in Röm 1,1 f.
die apostolische Botschaft des Paulus bezeichnet, die Gott »durch seine
Propheten in den heiligen Schriften vorausverkündigt hat.« In Mk 1,14 f. ist
Jes 52,7 als Hintergrund kaum erkennbar und Jes 56,1 fast völlig verdeckt.
Denn der Imperativ des Bußrufes folgt dem beherrschenden Indikativ von
der erfüllten Zeit und nahen Gottesherrschaft. Die Tatsache der erfüllten
Zeit erinnert an Lk 4,21 und Gal 4,4 und läßt das ›Evangelium Gottes‹ so
verstehen: Gott verwirklicht jetzt das Zeugnis der Propheten, sofern es
Freudenbotschaft war (vgl. Röm 1,1 f.)[28]. Aber was ist bereits erfüllt, was ist
konkreter Inhalt des εὐαγγέλιον, »des Evangeliums, an das man glauben« soll
(1,15)?

Das *absolut gebrauchte* ›*Evangelium*‹ und der für es erforderliche Glaube
erinnern ebenfalls an Paulus (vgl. etwa 1 Kor 15,1 f.), erscheinen aber auch
im Targum zu Jes 53,1: »Wer glaubt aber unserem Evangelium?« (בסורתנא
für hebr. שמועתנו); Jes 53 wird so zum Zentrum des vorausverkündigten
Evangeliums und zum Schlüssel für das Markusevangelium. Das gilt schon
für Paulus, der in Röm 10,15 f., aber auch in 1,16; 4,25; 5,1.9 f., 1 Kor
1,18.24 erkennen läßt, daß das Nomen εὐαγγέλιον speziell aus Jes 53,1 (Targum) herzuleiten ist; Jes 53 hat auch Sprache und Inhalt der Botschaft von
Kreuz und Auferstehung des Messias entscheidend bestimmt[29]. Wenn Mar-

---

[27] So als lectio facilior in der Koine und im westlichen Text.

[28] Vgl. dazu 1 Petr 1,10–12 und Apk 10,7: Gott hat das Geheimnis der apokalyptischen
Vollendung seine Knechte, die Propheten, als Evangelium verkündigen lassen.

[29] Paulus hat ebenfalls Jes 52,7 und Jes 61,1 als Voraussagen der Evangeliumsverkündigung
bewertet, aber nun auf den Dienst der Apostel bezogen (Röm 10,15). Begrifflich und auch
hinsichtlich des Inhalts ist das Evangelium von Kreuz und Auferstehung des Messias vor allem
in Jes 53,1 ff. vorgegeben (Röm 10,16 f.). Die prophetische Botschaft vom leidenden, die Sünde
des Volkes tragenden, Gottesknecht hat sich mit dem Christusgeschehen erfüllt und kann
wegen der sühnenden, den Fluch des Gesetzes aufhebenden und Frieden stiftenden Wirkung des
Todes Jesu als Evangelium verkündigt werden. Auch die paulinische Sprache des Glaubens ist

kus den Bußruf Jesu durch den Aufruf zum Glauben an das Evangelium ergänzt (1,15), dann hat dieses Evangelium einen etwas anderen Inhalt als Jesu Botschaft von der Basileia bei Matthäus und Lukas. Es ist stärker christologisch geprägt: Der Messias predigt zwar die nahe Basileia (1,14), bringt aber ihr die Menschen nahe, indem er für sie sein Leben als Lösegeld dahingibt (1,15; 10,45). Markus will in seinem Evangelium zeigen, daß es wirklich der Messias und Sohn Gottes war, der für uns am Kreuz gestorben ist (1,1, vgl. 1 Kor 15,3; Apg 10,36–43); der Tod eines gewöhnlichen Menschen hätte keinen universalen Heilswert.

Deshalb bot Markus die Leidensgeschichte des Messias – und Gottessohnes – mit ausführlicher Einleitung. Schon mit der *Überschrift* (1,1) werden die Weichen gestellt. Zusammen mit 1,15 erinnert der Satz »Anfang des Evangeliums von Jesus Christus, Gottes Sohn« (1,1) an Röm 1,1–4 und die dort erwähnten christologischen Prädikate des apostolischen Evangeliums. Markus war sich auch dessen bewußt, daß dieses Kerygma vor allem das als Heilsgeschehen bezeugt, was in den Leidensansagen Jesu angekündigt wurde. Die Botschaft Jesu von der Basileia und der Bericht von Jesus, dem Gottessohn, sind deshalb Evangelium, weil dieser Messias sein Wirken für das Gottesreich mit der Hingabe des Lebens gekrönt und vollendet hat. Darum gehört zur wahren Buße der Glaube an das Evangelium (1,15), und zu den Leidensankündigungen das ›pro nobis‹ des Sühnetodes, das von Jes 53 her mit zu bedenken ist. Auch die Überschrift dieses auf das Leiden Jesu zustrebenden Evangeliums in 1,1 will besagen, daß Jesus als Messias *für uns* gestorben ist (1 Kor 15,3), daß Gott seinen Sohn *für uns* dahingegeben hat (Röm 8,32). Die Leidensansagen sind zwar noch kein ›Evangelium‹, weil sie von der Zukunft reden und außerdem nur einem kleinen Kreis Vertrauter galten; aber Markus wußte, daß gerade sie zum Evangelium der Apostel wurden.

4. Was soll aber der »*Anfang* des Evangeliums«[30] in Mk 1,1 sein? Nach Apg 10,37[31] wurde er mit dem Wirken des Täufers gemacht. So hat auch Markus mit der ἀρχή die Zeit der Johannestaufe bis zum Auftreten Jesu als eine praeparatio evangelica angesehen (Mk 1,1–13); Gott selbst bereitet den Evangeliumsdienst des Messias vor. Er läßt den Täufer eine Bußtaufe zur

---

von Jes 53 geformt, speziell von V. 1, so das ›Glauben‹ und ›Gehorchen‹ gegenüber dem Evangelium (durch שְׁמוּעָה nahegelegt), das Sich-Nicht-Schämen des Evangeliums, das eine Kraft Gottes darstellt (Röm 1,16 vgl. Tg Jes 53,1), Frieden mit Gott bzw. Versöhnung bewirkt (Röm 5,1; 2 Kor 5,18–21, vgl. Jes 53,5). Auch das glaubende Verständnis gegenüber einer früheren Fehleinschätzung ist schon im Bekenntnis zum leidenden Gottesknecht ausgesprochen; 2 Kor 5,16 ist von Jes 53,5 her zu erklären.

[30] Vgl. ἀρχὴ τοῦ εὐαγγελίου als Anfang der Mission in Mazedonien (Phil 4,15).

[31] In Apg 10,36 ff. werden Kernsätze der Verkündigung des Petrus angegeben, die dem Evangelium des Markus zugrundeliegen; sie sind auch am Alten Testament orientiert und mit dem ›Evangelium des Friedens‹ in 10,36 unter Jes 52,7; 53,5 gestellt; vgl. V. 38 und Jes 61,1.

Vergebung der Sünden »verkündigen« (1,4), weil der Vollzug der Vergebung erst später, durch das Werk eines Stärkeren, zustandekommt, so wie die Wassertaufe auf dessen Taufen mit dem Geist ausgerichtet ist (1,7f.; vgl. 1 QS 4,20–22). Dieser endzeitliche Akt ist mit der Taufe Jesu antizipiert, der als einziger von Gott den Geist und damit die Salbung zum Messias empfängt, der als Gottes »geliebter Sohn« proklamiert wird (1,9–11). Es folgt die Versuchung, bei der sich Jesus dem Teufel und den wilden Tieren gegenüber als der Stärkere erweist, indem er der gehorsame Sohn ist (1,12f.). Dieser ›Anfang des Evangeliums‹ ist vor allem durch *Deutero-Jesaja* vorausverkündigt: Der Täufer ist ein Rufer in der Wüste nach Jes 40,3 (Mk 1,2f.); die Taufe Jesu mit dem Geist, dazu der Inhalt der Himmelsstimme (1,9–11), erinnern an Jes 42,1, die bestandene Versuchung (1,12f.) als Überwindung des Starken an Jes 49,24 (vgl. Mt 12,29); deshalb nimmt Mk in 1,14f. dann Jes 52,7; 53,1; (56,1); 61,1 auf und kehrt mit ihnen zum Anfang (1,1) zurück. Aber auch der Einfluß von *Dan* 7 ist da. Denn beim »Stärkeren« ist an den Menschensohn von Dan 7,13 gedacht, der über die Macht des Chaos siegt. Seine Vollmacht erweist er dadurch, daß ihm die Dämonen gehorchen (1,27, vgl. Dan 7,10.14). Er ist der »Heilige Gottes« (1,24), d. h. der Repräsentant der Heiligen des Höchsten (Dan 7,22.27); er möchte sie sammeln zum Volk der Gottesherrschaft. Dazu dient die Ausrichtung des Evangeliums Gottes, die im ersten Teil (Mk 1–8) erzählt wird. Aber dieser Dienst muß wegen der Absage Israels zur Hingabe des Lebens führen, wobei der Menschensohn dem Vorbild des Gottesknechtes von Jes 53 folgt (Mk 8,31; 9,31; 10,45; 14,24). So steht auch der 2. Teil Mk 9–16 unter dem Vorzeichen Deutero-Jesajas und Daniels.

5. Mit dem Täufer fängt zeichenhaft auch das *Evangelium vom leidenden Messias* an. Denn schon an ihm wird die Heilsnotwendigkeit des Leidens der Gottesboten deutlich. Markus spricht vom »Übergebenwerden« des Johannes (1,14) und benützt damit das Wort, mit dem er das von Gott vorherbestimmte Leiden des Menschensohnes zusammenfaßt (9,31; 10,33; 14,41, dazu 14,10.11.18.44). Wenn der Anfang des Evangeliums mit der Auslieferung des Täufers endet, so kündigt zum Beginn des zweiten Teils der Menschensohn sein Ausgeliefert-Werden (9,31) an und schließt mit ihm seine Vorankündigungen an die Jünger ab (14,41). Diese ›Übergabe-Formel‹ ist Jes 53 entnommen, wie der Targum und Röm 4,25 zeigen. Ausführlich wird der gewaltsame Tod des Täufers erzählt (6,14–29) und damit gezeigt, daß das Schicksal des Verkündigers von der Verkündigung bestimmt ist, so wie man dies in Jesu Zeit an den Propheten des Alten Testamentes ablas.

6. Hat *Jesus selbst* diesen auf den Sühnetod Jesu gerichteten und von Jes 53 mitbestimmten Gebrauch des *Wortes »Evangelium«* angeregt und mit verursacht? J. Jeremias verneint dies mit der Begründung, im Unterschied zum Verbum בשר habe das hebr./aramäische Nomen בשורה immer und aus-

schließlich profane Bedeutung; für das εὐαγγέλιον des Kaiserkults träfe das
nicht zu (Neutest. Theologie I, S. 134). Angesichts von Tg Jes 53,1 ist das
ein folgenschwerer Irrtum. Daß Jesus sich als Gottesknecht im Sinne von Jes
53 verstand und von daher bewußt den Tod als sühnendes Geschehen auf
sich nahm, leidet keinen Zweifel. Nach Mk 14,9 hat er für die Verkündigung
dieser ›Leidensgeschichte‹ das Wort ›Evangelium‹ gebraucht, das ihm Jes
53,1 anbot. In Bethanien habe Jesus im Blick auf die ihn salbende Frau
versichert: »Wahrlich, ich sage euch: Wo das Evangelium in der ganzen Welt
verkündigt wird, wird man auch von dem reden, was sie getan hat, zu ihrem
Gedächtnis! (14,9)«. Die ganze *Salbungsgeschichte ist m. E. mit Jes 52,13–53,12
fest verbunden;* von daher ist auch »Evangelium« (Jes 53,1) in sie fest integriert. Der sprachlich *schwierige Ausdruck* משחת *(Jes 52,14)* hat der Erzählung
Mk 14,1–9 gleichsam als Gerüst gedient. Wie in der Jesajarolle von Qumran
(1 Q Isᵃ) ist משחת in Mk 14 mit dem Verb משח = ›salben‹ verknüpft. Jesus
selbst hat in Mt 6,16–18 diese Verben im Blick auf Jes 52,14 im Wortspiel
verwendet, wenn er dem Fastenden statt einer ›Entstellung des Gesichts‹
(משחת מראה) dessen ›Salbung‹ (ממשח) mit Öl empfiehlt[32]. In Mk 14,4 deutet
ἀπώλεια als das ›Verderben, Verschwenden‹ der kostbaren Salbe auf die
Wurzel שחת + מ = ›Verderben‹. שחת = ›verderben‹ scheint hier wie in
Qumran auch als »Grube, Totenreich« verstanden, so daß hier שחת + מ den
Akt des »Legens in die Grube« = ἐνταφιασμός (›Begräbnis‹) bedeutet. Judas
Ischarioth meinte, die Salbung (ממשח) sei ein Akt von ›Vergeudung‹
(משחת); Jesus hingegen betonte, sie diene seiner ›Grablegung‹
(ממשח → משחת) 14,8; vgl. Jes 53,9. J. Jeremias (aaO., S. 268) sieht die
Salbungsgeschichte und das Wort Jesu Mk 14,8 als echt an, versagt diese
Echtheit jedoch dem Vers 14,9, aber nur aufgrund seines irrigen Urteils über
das Nomen εὐαγγέλιον ≠ בשורה. Aber dieser Begriff ist von Jes 53,1 her der
sinnvolle Abschluß der an Jes 52,14; 53,9.10 orientierten Erzählung: Als
Dienst hellsichtiger Liebe wird die Salbung in das ›Evangelium‹ eingehen
(14,9), das dann, wie die Botschaft von Jes 53,1, das Sühneleiden des
messianischen Gottesknechtes, dessen Tod, Begräbnis und Erhöhung, zum
Thema hat (vgl. Jes 53,5–12; 52,13 f.). Dieses Evangelium muß in der ganzen
Welt verkündigt werden (Mk 14,9), weil nach Jes 52,10 alle Enden der Erde
das Heil Gottes schauen sollen. Markus hat dieses Evangelium, das zuerst bei

---

[32] Mt 6,16–18. In ἀφανίζειν τὸ πρόσωπόν (σου) (V. 16) liegt ein Bezug zum entstellten Gesicht
(משחת מראהו) in Jes 52,14 vor, ebenso in Jesu Weisung zum Salben des Gesichts (V. 17). Ferner
spielt Jesus mit den Wörtern מראה = Aussehen bzw. תואר = Erscheinung in Jes 52,14 und dem
Verb נראה = φανεῖσθαι = »sich sehen lassen, erscheinen« vor den Menschen (vgl. איש bzw.
בני אדם in Jes 52,14). Die Wiedergabe von מראה = πρόσωπον liegt in der Verklärungsgeschich-
te des Matthäus (17,2) vor, die wie Mk 9,2–8 ebenfalls von Jes 53 beeinflußt ist. Vgl. Origenes
C. Celsum I, 55, wo »ungeachtet von den Menschen wird dein Angesicht sein« als charakteristische Aussage des vierten Gottesknechtsliedes zitiert wird.

den Abendmahlsfeiern der Gemeinden verkündigt (1 Kor 11,26) und dann
durch die Botschaft des irdischen Jesus vom nahen Gottesreich ergänzt
worden war, schriftlich abgefaßt. Das Wort ›Evangelium‹ setzte er wie eine
Überschrift an den Anfang seines Werkes, weil auch das urchristlich-pauli-
nische Kerygma so bezeichnet wurde (vgl. 1 Kor 15,1–5), und vor allem
deshalb, weil es auch in (Tg)Jes 53,1 am Anfang des Berichtes über das
Leiden des Gottesknechts steht. Schließlich wurde dieses Evangelium als
eine *Erzählung* von Jesus Christus ausgeführt, weil in Jes 52,15 das Erzählen
(ספר = ἀναγγέλλειν) und in Jes 53,8 (LXX vgl. Apg 8,32 f.) ein διηγεῖσθαι[33] als
Weisen der Verkündigung vom Gottesknecht erwähnt sind; schon vorher
stand die Verkündigung vom Tode Christi an der Stelle der Passahhaggadah
im Ritus der christlichen Herrenmahlsfeier.

7. Vor Ostern, in der Zeit der Nachfolge, war diese Botschaft auf den
Kreis der Jünger beschränkt und deshalb noch kein Evangelium, d. h. öffentliche Frohbotschaft. Nach der Verklärung, bei der Jesu Leiden und Verherrlichung im Voraus gleichsam sichtbar dargestellt und von Jes 53 her als
heilsgeschichtlich notwendig hätte begriffen werden müssen, verbot Jesus
den drei Augenzeugen, jemandem davon zu erzählen, ehe der Menschensohn von den Toten auferstanden sei (Mk 9,9). Dieses Schweigegebot, in
dem W. Wrede einen Schlüssel für das Messiasgeheimnis in den Evangelien
sah, ist aber von Jes 52,15 und 53,1 her als Hinweis auf die Offenbarung des
erhöhten Gottesknechtes und auf den ordo evangelii zu verstehen: An
Ostern werden die Jünger »sehen, was ihnen nie erzählt worden war, und
verstehen, was sie nie gehört hatten« (Jes 52,15). Dann erst können sie das
Unerhörte als Evangelium verkündigen, das Glauben heischt (Jes 53,1).
Diese im vierten Ebedlied angezeigte Reihenfolge ›Schau-Verkündigung
des Evangeliums‹ bestimmt den Anfang des apostolischen Wirkens, wird
für 1 Kor 15,1–5 nachgewiesen und in Mk 9,9 aufgenommen.

8. Auch die echt markinische Wendung »um meiner und des Evangeliums willen« (8,35; 10,29) steht in diesem Zusammenhang. Warum wird
neben die Person Jesu auch das Evangelium als Gegenstand des Bekennens
gestellt? Weil mit ihm auf die Zeit der Verkündigung nach dem Tode Jesu
hingewiesen wird. Nach Mk 13,10; 14,9 soll das Evangelium der Welt
gebracht werden, und zwar vor der Parusie. In dieser Periode, die mit
Ostern beginnt, ist der gekreuzigte und auferstandene Gottessohn Inhalt der
heilbringenden Botschaft. Man soll sich Jesu und seiner Worte nicht schä-
men (Mk 8,38); d. h.: zur Lehre des irdischen Jesus tritt mit gleicher Autorität das Kerygma vom gekreuzigten Christus hinzu.

---

[33] Vgl. Jes 53,8 (LXX) τὴν γενεὰν αὐτοῦ τίς διηγήσεται. Das mag die Genealogie Jesu in den
Evangelien gefördert haben.

9. Es gibt demnach zwei Arten von Evangelium und mehrere Phasen der Ausrichtung:

1.a) die Vorausverkündigung des Evangeliums von Gottes Herrschaft durch die Propheten des Alten Testaments (Jes 52,7; 61,1 f.; Nah 2,1),

b) den »Anfang des Evangeliums« (Mk 1,1–13): Das Wirken Johannes des Täufers und die Vorbereitung Jesu für den messianischen Dienst.

c) Das vom Messias verkündigte Evangelium von der nahe herbeigekommenen Gottesherrschaft, mit der die Weissagungen der Propheten in Erfüllung gehen (Mk 1,14);

2.a) Das vorausverkündigte Evangelium vom leidenden und erhöhten Gottesknecht, der messianisch verstanden ist (Jes 52,13–53,12).

b) Die existentielle Übernahme dieser Botschaft durch Jesus, der Tod und Auferstehung des Menschensohnes seinen Jüngern ansagt (Mk 8,31; 9,31);

c) Die öffentliche Verkündigung dieses Evangeliums vom Messias und Gottessohn durch die Apostel, dazu die Ausbildung einer Leidensgeschichte für das Herrenmahl, bei dem Jesu Tod verkündigt wird (Mk 14,9);

3. Die Ausbildung eines »Evangeliums«, in dem 1 b c und 2 b vereinigt sind. Das Evangelium des Markus ist die Geschichte von der Erfüllung der Verheißungen Gottes durch Jesus. Mit dem Wirken und Leiden des Messias beginnt die Verwirklichung der Gottesherrschaft. Der Menschensohn = Messias stiftet den Neuen Bund; bei seiner Parusie erscheint das Reich Gottes in Macht. Die Gemeinde glaubt deshalb an das Evangelium vom Sühnetod des Christus, wenn sie den Bußruf hört (Mk 1,15), und wartet auf das Kommen des Menschensohnes, wenn sie die Vollverwirklichung der Basileia erhofft (Mk 9,1). Matthäus und Lukas haben unter dem Eindruck der Jesustradition vom Gottesreich (Q und Sondergut) das markinische Gewicht auf der theologia crucis zurückgenommen und die Botschaft Jesu vom Gottesreich zur Mitte gemacht; mit dem dabei verwendeten Verbum εὐαγγελίζεσθαι hielten sie sich an die in den kerygmatischen Summarien wie Apg 10,36 (nach Jes 52,7) vorgegebene Zusammenfassung der Jesusbotschaft.

VI. Abschluß

Kehren wir zum *Abschluß* zu *den eingangs gestellten Fragen* zurück und versuchen wir, auf sie eine Antwort zu geben:

1. Nicht nur das Verb εὐαγγελίζεσθαι, sondern auch das Nomen εὐαγγέλιον läßt sich am Besten *aus dem Alten Testament* herleiten, vor allem aus Jes 52,7; 56,1; 61,1 f., dazu Jes 52,13–53,12 (vgl. auch 42,6 und 49,8). Diese Stellen haben sowohl die Botschaft Jesu vom Gottesreich als auch das Evangelium von Kreuz und Auferstehung entscheidend geprägt, weil man gerade dort

das endzeitliche Evangelium Gottes vorausverkündigt fand. Der vor zweihundert Jahren verstorbene schwäbische Theologe Fr. Chr. *Oetinger* hat in seiner Schrift »Etwas Ganzes vom Evangelio« (1739) die Kapp. Jes 40–66 paraphrasierend wiedergegeben. In ihnen sah er eine Summe des Evangeliums: des Glaubens (Jes 40–49), der Gerechtigkeit (Jes 50–59) und der Herrlichkeit (Jes 60–66). Oetinger meinte, Gott selbst halte diese Predigt an die Welt. W. Grimm hat in seinem wichtigen Werk »Weil ich dich liebe«[34] die enge Bindung der Botschaft Jesu an Deutero-Jesaja aufgezeigt. Speziell kann man die Bedeutung *von Jes 53* für das Neue Testament, bis hin zum »Lamm, das geschlachtet ward« in der Offenbarung (5,7ff.), nicht hoch genug einschätzen. Das kommt primär daher, daß Jesus dieses von ihm als Weissagung auf den messianischen Gottesknecht verstandene Lied des Propheten durch sein freiwilliges Leiden auf eine einmalige Weise ausgelegt hat. Das spezifisch Christliche beginnt deshalb nicht erst an Ostern oder mit der Theologie des Paulus, sondern schon mit dem irdischen Jesus, dem Anfänger und Vollender des Glaubens an ein Evangelium, das ihn selbst zum Thema hat und wegen Jes 52,15; 53,1–8 zur Erzählung ausgestaltet werden konnte. Bis auf den heutigen Tag unterscheiden sich Judentum und Christentum grundlegend im Verständnis des Kapitels Jesaja 53. Nirgendwo kommen Gemeinsamkeit und charakteristische Unterschiede klarer, konzentrierter, zum Ausdruck als in der Art, wie dieses Lied etwa im Targum und andererseits im Neuen Testament ausgelegt wird.

2. Es erscheint mir als sicher, daß Jesus selbst das Verb bissar = εὐαγγελίζεσθαι für seine Predigt von der anbrechenden Basileia verwendet hat. Das Nomen bᵉsorah = εὐαγγέλιον, das m. E. auf Jes 53,1 zurückgeht, könnte nach Mk 14,9 ebenfalls von ihm gebraucht worden sein, jedoch als Bezeichnung für eine Botschaft, die erst nach seinem Tode öffentlich verkündigt werden soll.

3. Die Frage, wie sich die mit dem Bußruf verbundene Ankündigung der Basileia zur Ansage des Leidens und der sühnenden Lebenshingabe verhält, war ähnlich bereits mit der Rezeption der oben erwähnten Jesaja-Stellen gestellt: Weshalb ist das Sühneleiden des Gottesknechtes in Jes 53 notwendig, wenn doch Gott selbst mit seinem Kommen die Erlösung und die wunderbare Aufrichtung seiner Königsherrschaft bringt (Jes 40,3; 52,7; 56,1)? M. E. liegt bei beiden, Jesaja und Jesus, die Antwort im Versagen des Volkes und seiner fehlenden Bereitschaft für den kommenden Gott: Die Vorbedingung, nämlich das Tun der Gerechtigkeit als Vollzug der Buße (Jes 56,1, Mk 1,15 par), wird nicht erbracht. Die Basileia ist nahe, aber das Volk Gottes steht ihr fern. Daraus erwächst das »Muß« zu einer ungewöhnlichen

---

[34] Frankfurt-Bern 1976, in 2., verbesserter, Auflage 1981 mit dem Titel »Jesus und Deutero-Jesaja« erschienen.

Tat, nämlich zu einer Gottesknechtsrolle des Messias, der die Herde sammeln will, zum Leiden des Menschensohnes, der das Volk der Heiligen des Höchsten von der Herrschaft des Teufels befreien soll. Wurde die Forderung einer besseren Gerechtigkeit von seiten Israels nicht erfüllt, so war die Umkehrung von Imperativ und Indikativ, d. h. der Gang an das Kreuz, die einzig mögliche und adäquate Entsprechung zur vergebenden, heilschaffenden Gerechtigkeit Gottes. Ja, sie ist deren Offenbarung, ihr Erweis vor der von Juden und Römern repräsentierten Weltöffentlichkeit von Golgatha (Röm 3,25). Die Kreuzigung Jesu wird damit analog zum Sinaigeschehen proklamiert, bei dem nach damaligem jüdischen Verständnis die Tora als ein allen Völkern geltendes Gesetz verkündigt wurde. Nach 1. Petr 2,9; Apk 1,5–7; 5,7–10 ermöglichte der Tod Jesu die Erfüllung der am Sinai gegebenen Verheißung eines Eigentumsvolkes und königlichen Priestertums, die dort die Einhaltung des Bundes als Bedingung voraussetzt. Insofern bildet das Evangelium tatsächlich das Gegenüber zur Tora, wie das der christliche ›Philosoph‹ der Imma Schalom vergebens klar zu machen suchte. Denn durch es erben, ohne Unterschied, Mann und Frau, Jude und Grieche das von Gott verheißene Heil (Gal 3,28; Apk 5,9f.).

III. Synoptiker

14. The Kerygma of Luke

SOME NEW TESTAMENT SCHOLARS of today see in Luke an outstanding example of what they call "early Catholicism."[1] This means that Luke is no longer understood as the spiritual follower of Paul, but as the forerunner of Church Fathers like Ignatius and Irenaeus, or Tertullian and Cyprian. Over against the pluralism of early Christian soteriology and ecclesiology, the rising tide of enthusiasts and Gnostics within the church, and the beginning pressure of the Roman administration from outside, Luke has tried to demonstrate the basic unity of Christian faith and the undisputed authority of the one holy apostolic church. The creative energy of the Spirit, manifesting itself in the joyful awareness of realized eschatology, in the prophetic word of continuing revelation, and in other charismatic gifts, had to be checked by the pure doctrine of tradition, preserved by and reserved to the apostolic church. Moreover, Luke was fully aware of the new situation created by the delay of the Parousia. That is why this theologian and guardian of faith had to act as a historian and set the eschatological Christ-event into the scheme of an immanent Heilsgeschichte. For in this way the church and its tradition appeared as the logical result and convincing climax of an evolutionary process which began with the history of Israel, had its center in Jesus Christ, and led to the present epoch of the church. However, with this interpretation Luke has transformed the time-transcending, ever present, and existential call of the kerygma into a piece of the past, presenting it as the earliest "Life of Jesus" and the first "History of the Church." Besides that, he has obscured the historical truth of Christian origins. Reading back his ideal of the *una sancta ecclesia catholica* into the pluralistic beginning, he has painted over with dull and harmonizing colors the sparkling picture of various communities and faiths. Thus, he has succeeded in solving the great task of the hour, but he has paid a high price.

We have to ask ourselves whether such a presentation of Luke's case is correct. Has he really spoiled the kerygma? One should not under-

---

1. See esp. E. Käsemann: *Exegetische Versuche und Besinnungen*, Vol. II (Göttingen: Vandenhoeck & Ruprecht, 1960-; some of these articles are translated into English: *Essays on New Testament Themes* (*Studies in Biblical Theology*, No. 41) London: SCM Press, 1954). Important are Ph. Vielhauer, "Zum Paulinismus der Apostelgeschichte," *Evangelische Theologie*, Vol. XII (1952); H. Conzelmann, *Die Mitte der Zeit* (Tübingen: J. C. B. Mohr [Paul Siebeck], 1957); Eng. trans., *The Theology of St. Luke* (New York: Harper and Brothers, 1961); E. Haenchen, *Die Apostelgeschichte* (Meyer) (Göttingen: Vandenhoeck & Ruprecht, 1956).

estimate the fact that Luke has given his witness to Christ in the framework of a historical report, introducing each of his books with profane
prefaces similar to those of the Hellenistic historians. It is significant,
however, that Luke has not written the "Antiquities of the Christians,"
but the Gospel of Jesus the Christ and the Book of Acts, containing the
deeds of the messengers of Christ. This reveals a personal commitment
which surpasses by far that of an ordinary historian, even of such an
apologete as Josephus. Luke's presentation of history has a kerygmatic
ring; it is the witness of a believer which demands faith.

Christ as the Theme of the Kerygma

The first article of Luke's faith is neither anthropology as man's self-
understanding nor the church as the eschatological community, but
Jesus the Christ. Man's understanding of himself and of the course of
history are ultimately determined by the response to God's final revelation in Christ as proclaimed by the church. Therefore, Luke presents
the church as a missionary church, and mission means to him carrying
the good news of Christ to the ends of the world. Fulfilling this task, the
Disciples followed the example of their master who himself has preached
the gospel. The Jesus of Luke did not proclaim the message of God's
Kingdom as a call to repentance,[2] but as a gospel, as the good news of
realized eschatology. Deviating from his Markan source,[3] Luke shows
Jesus as beginning his public ministry with a sermon at his hometown.
In this sermon Jesus gives the program of his eschatological task and
discloses himself as the evangelist and herald of final redemption (Luke
4:17-21). And in a redactional statement Luke tells how Jesus has
carried out this program: "He went on through cities and villages proclaiming (*kerysson*) and bringing the good news (*euaggelizomenos*) of
the Kingdom of God" (Luke 8:1). Another typically Lukan passage
reveals that this gospel has revolutionary significance. The obscure Q
saying on the violent aggressors of the Kingdom which in Matthew's
version reads: "From the days of John the Baptist until now the kingdom
of heaven is breaking in violently, but men of violence are plundering it"
(11:12) is rendered by Luke: "The law and the prophets were until
John; since then the gospel of the kingdom of God is preached, and
every one enters it violently" (16:16). This shows an important shift in
interpretation. While in Matthew's more original version, John and his

---

2. Repentance is, of course, important in the preaching of Jesus (see Luke 13:3, 5; 15:7, 10,
32; 16:30; 17:3 f.). But it is not the object of *keryssein* (cf. Mark 6:12).
3. Cf. Mark 1:14 f., Luke 4:14 ff.

preaching are serving the cause of the Kingdom, Luke assigns them to the old aeon of the law and the prophets.[4] The new age begins with the good news preached by Jesus;[5] the Kingdom has come with the kerygma.[6] Its herald is the man anointed with the eschatological gift of the Spirit (Luke 3:22; 4:14, 18; Acts 10:38); and he is going from one place to another" (Luke 4:43) "teaching throughout all Judea, from Galilee even to Jerusalem" (Luke 23:5).

Similar features can be found in Luke's presentation of the apostolic preaching and the kerygma of the church. The second chapter of Acts, the report on the first public preaching of the Disciples, can be compared with Luke 3:21 f. and 4:17 ff., for it tells how the Disciples received the Spirit as the power of preaching and gives with the speech of Peter a programmatic example of the kerygma. Furthermore, Luke describes in Acts how the kerygma has been spread out in growing circles, beginning from the center at Jerusalem, covering Judea and Samaria, and finally reaching the ends of the earth (Acts 1:8; cf. 10:25). The expansion in space corresponds to the advanced eschatological process in which Easter is a second important step: In the Gospel, Jesus has been the prophetic messenger and agent of the kerygma; in Acts he becomes its messianic subject and theme (Acts 19:13). The Apostles proclaim Jesus as the Christ (5:42), Son of God (9:20), and Lord (11:20); he has been raised from the dead (2:32; 3:15; 4:33; 13:34; cf. Luke 24:48) and appointed to judge the living and the dead (10:42). But whereas modern exegetes like Bultmann see a deep gap between the two phases of the kerygma, Luke binds them together. In some places the theme of apostolic preaching is still the Kingdom of God (8:12; 20:25; 28:31). In the beginning of Acts, Luke tells that the risen Jesus has taught the Disciples "of the things of the kingdom of God" (1:3); at the end of it, when Paul had reached the capital of the Roman Empire, Luke sums up Paul's ministry with the statement: He was "preaching the kingdom of God and teaching about the Lord Jesus Christ quite openly and unhindered" (28:31). The connection between the two

---

4. He also omits passages in which John is identified with Elijah (cf. Matt. 11:14; Mark 9:13). But one should not overlook that the John of Luke will go before God "in the spirit and power of Elijah" (Luke 1:17).

5. H. Conzelmann has discovered three epochs in Luke's scheme of Heilsgeschichte: Israel, Jesus, and the history of the church. But the great turning point is marked by the ministry of Jesus (Luke 16:16); see H. Flender, *Heil und Geschichte in der Theologie des Lukas (Beiträge zu Evangelische Theologie*, Vol. XLI) (München: Chr. Kaiser Verlag, 1965), p. 113; Eng. trans., *St. Luke, Theologian of Redemptive History* (Philadelphia: Fortress Press, 1967).

6. See my article "The Eschatological Interpretation of the Sinai-tradition in Qumran and in the New Testament," *Revue de Qumran*, Vol. VI (1967), pp. 89-107.

phases of the kerygma becomes evident also from Luke's definition of
an apostle: He must have been in the company of the earthly Jesus and
become a witness to the Resurrection (Acts 1:22 f.; 10:39-41). Strangely
enough, the preaching of the church goes back beyond that of Jesus
himself, for in it the old Johannine call to repentance and the invitation
to baptism appear (Acts 2:38; 5:31). They are not mentioned in the
ministry of Jesus.

From these observations several questions arise: Why is the kerygma
of Jesus the turning point of the ages? What is its relation to the apostolic
preaching about Christ, and why can the latter still be called the proclamation of the Kingdom? In order to find the answer we have to examine
the nature and significance of the kerygma of Jesus and the Apostles.
We are able to reevaluate them in the fresh light of some Qumran texts.
These texts disclose the eschatological character and the Old Testament
roots of earliest Christology; they also help us to understand why Luke
could consider Christ and the church as the legitimate representatives
of Judaism and the fulfillment of Israel's hope.

The Kerygma of Jesus

Luke sees in Jesus the prophet like Moses whom God has raised at the
end of time (Acts 3:22 f.; 7:37; see Deut. 18:15-19). This second
Moses, however, has not promulgated the new law of the Kingdom, but
has proclaimed the gospel of God's reign breaking into the world. Jesus
has understood his ministry as the fulfillment of the prophetic witness
in Isaiah 61:1 f.:[7]

> The Spirit of the Lord is upon me,
> because he has anointed me to
>   preach good news [*euaggelizesthai*] to the poor.
> He has sent me to proclaim [*keryssein*] release
>   to the captives
> and recovering of sight to the blind,
> to set at liberty those who are oppressed,
> to proclaim [*keryssein*] the acceptable year of the Lord.
>
> (LUKE 4:18 f.)

---

7. Isa. 61:1 f. is also used by Matthew for the first sermon of Jesus, for the verses form the
content of the first two Beatitudes, Matt. 5:3 f. See Hermann Strack and Paul Billerbeck,
Kommentar zum Neuen Testament aus Talmud und Midrasch, Vol. I (München: Beck,
1922), pp. 190, 195, and esp. A. Finkel, *The Pharisees and the Teacher of Nazareth* (Leiden:
E. J. Brill, 1964), pp. 157 ff.

As we have already seen, the Jesus of Luke introduces himself as the evangelist of the eschaton, and the gospel character of his preaching is so strong that it has absorbed the call to repentance. But the offensive nature of his message has been retained, for the claim of being the evangelist of the eschaton and of fulfilling Isaiah's prophecy was unbelievable to the audience of Nazareth. The countrymen of Jesus were pleased with the message, but they could not accept the messenger (4:21-24). Their amazement and indignation become more understandable when we see this Lukan pericope over against the background of the Dead Sea Scrolls. The teacher of Qumran could describe his ministry in terms of Isaiah 61:1 f. He claimed to bring good news (*bissēr = euaggelizesthai*) to the poor and eternal joy to those who were of a contrite heart and mourning because of their sins (Hymns 18:14 f.). But he could not yet proclaim the gospel of the realized reign of God and the actual beginning of the acceptable year, for full liberation and forgiveness of sins were still the subject of hope. When will this hope become true, and who will be the messenger of realized eschatology?

These questions are answered in an important fragment from Qumran cave 11.[8] This text speaks of the final Jubilee, the acceptable year of liberation and atonement of sins. God's agent of salvation is called "Malkiṣedek," to be identified with Michael, the angel of God's truth and antagonist of Satan. Michael's exaltation in heaven and his enthronement as "malki ṣedek" = king of righteousness" lead to a revolution in heaven. The new king holds judgment over the heavenly beings according to the principle of justice; he condemns Belial = Satan together with his evil spirits and punishes them. The overthrow of Satan's rule in heaven marks the eschatological turning point and the hour of liberation which the pious on earth were longing for. Therefore, the heavenly revolution has to be proclaimed to mankind as a gospel. This will be done according to Isaiah 52:7:[9] An evangelist (*mĕbassēr*) will appear on the mountains, publishing peace and telling to Zion that her God has become king.[10] In an allegorical interpretation of this scripture, the

8. Published by A. S. van der Woude, *Melchisedek als himmlische Erlösergestalt in den neugefundenen eschatologischen Midraschim aus Qumran Höhle 11.* The editor calls these fragments 11 Q Melch (= Melchisedek).

9. Isa. 52:7 is related by Paul to the proclamation of the gospel in Rom. 10:15, but he has understood the participle *mĕbassēr* as a collective plural = *hoi euaggelizomenoi*, designating the messengers of Christ. The Septuagint and the Targum have the singular.

10. The Qumran exegetes saw in the statement: "Thy God has become king" the scriptural prophecy of Michael's enthronement; they understood the noun *elohim* as "heavenly being." The Hebrew: "Thy God has become king" is rendered by the Targum: "The Kingdom of God has been revealed" (*'ithgĕliath malkhūth d'elāhīn = apekalyphthē hē basileia tou theou*).

"evangelist" is defined as the *meshiaḥ hā-rūaḥ,* the man anointed with the Spirit. The Qumran exegete must have connected Isaiah 52:7 with Isaiah 61:1 f., for there the "evangelist" introduces himself as the man upon whom the Spirit rests, as the anointed one.[11] This whole text 11 Q, presenting two parallel actions in heaven and on earth, shows that (1) the coming of the Kingdom and the realization of God's reign on earth presuppose the condemnation of Satan and his demons in heaven; (2) the proclamation of the gospel is the answer to this heavenly event—its universal significance must be told to all mankind; (3) the evangelist must be a *"māshiaḥ,"* a man anointed with God's spirit, for only the Spirit can experience the revolution in the world of the "spirits" and know the turning point in history.

The early Christian exegetes must have linked the ministry of Jesus with similar traditions, and it is Luke who points most clearly to them. With the ministry of Jesus the great year of liberation has begun, and the universal significance of his message is already shown in his first sermon at Nazareth.[12] Jesus had been anointed with the Spirit who "descended upon him in bodily form, as a dove" (Luke 3:22); and "full of the Holy Spirit," he rejected every temptation of the devil, thereby proving him to be unrighteous (4:1-12). Because of this first defeat of Satan, Jesus could proclaim the gospel of the Kingdom, and his preaching marked the end of the epoch of the law and the prophets and the beginning of the new and final age of revelation. The eschatological word is accompanied by saving deeds, and these deeds reveal the heavenly judgment upon Satan to a wider circle. After the mission of the Seventy and their report on the defeat of the demons, Jesus answered with a strange statement, told by Luke alone: "I saw Satan fall like lightning from heaven" (10:18). Satan's expulsion from heaven meant the decisive blow against the agents of evil (10:19) and the delivery of all things to Jesus (10:22); with his reign the expectations of prophets and kings are fulfilled (10:24). Thus Jesus is not only the anointed messenger of the Kingdom, but also its messianic agent who reveals the eschatological reign of God through his mighty deeds. It now becomes clear why Luke in his Gospel reports on both the deeds and words of Jesus (Acts 1:1):

---

11. Both passages mention the "evangelist" (*mĕbassēr*); because of this word which in the O.T. is quite rare the two scriptural quotes were linked together in a kind of *gĕzĕrāh shāwāh.* Isa. 61:1 f. gives the content of the gospel in Isa. 52:7 by revealing the effect of the heavenly revolution upon the existence of man (see the allusions to Isa. 61 f. in 11 Q Melch, line 4, "to bring back the captives," and in line 6, "to proclaim liberty."

12. This has been rightly emphasized by E. Käsemann, *op. cit.,* p. 30.

The mighty works are the divine proof of his messiahship (Acts 2:22); they confirm the truth of his kerygma.

Luke does not give the reason for Satan's fall from heaven. There is no mythological drama as in Revelation 12:7-12; neither a war of the angels nor the enthronement of a saviour is mentioned. The situation on earth is seen realistically—the judgment upon Satan does not mean his complete and final defeat. God has him declared unrighteous, and Satan's actions can no longer appear as legitimate, for he has lost his influential position as the accuser and attorney general before the throne of God. But he is still active on earth, waiting "until an opportune time" (Luke 4:13). He directs his attacks especially against the disciples of Jesus (22:31 f.), against the church.[13] Luke could write a church history not only because of the delay of the Parousia, but also because of the continuing force of evil. The church as the eschatological community is not yet the church at rest. It has to participate in the struggle of Jesus against the last desperate efforts of Satan and his agents. Therefore, the Apostles and members of the church are fulfilling the twofold task of their Master: They proclaim the kerygma and through mighty works rescue the captives of Satan. The earth and human history have become the plane on which the reign of God gradually expands until the time of full restoration, the *apokatastasis pantōn* (Acts 3:21).

What does this teach us about Luke's evaluation of the ministry of Jesus and the role of the kerygma?

1. The earthly Jesus was not the last prophet before the end. Luke has attributed this role to John the Baptist and his preaching of repentance. Jesus was the first prophet of the Kingdom, the herald of the new age. He was also the first agent of the Kingdom who had revealed through mighty acts its liberating and healing power. The miracles of Jesus cannot be separated from obedience to his message and acceptance of his messianic claim. Luke makes this unmistakably clear from the very beginning. In the Nazareth pericope the miracles are presupposed as an important part of his ministry (4:23), but the desire for an objective demonstration of his messiahship is rejected (4:25 ff.).

2. Luke does not consider the coming of the Kingdom and the ministry of the Messiah to be two different apocalyptic ideas. They do not exclude each other, but are mutually dependent. The beginning of God's reign in heaven calls for the anointed messenger and agent on earth.

---

13. Cf. Rev. 12:7-17; John 12:31; 16:1 f.

With this agent the Kingdom is in the midst of mankind (Luke 17:21), but is still operating in the realm of faith.

3. What is the existential meaning of the kerygma? Through it, the present is qualified as the time of decision and faith in salvation, for in Jesus the anointed One has appeared and through him the reign of God has begun; God's presence and power are revealed to mankind. But with the preaching of Jesus the kerygma is not completed; it is not restricted to a historical past, for with the preaching of the church its second phase has begun.

The Kerygma of the Church

Recent research in the Book of Acts is causing a shift away from the assumption that Luke has presented a correct historical report on Chris-tian beginnings. Many scholars no longer believe that the first part of Acts is based upon sources, that is, written documents, from the Jerusalem and Antioch church and its second part on the personal experience of the companion of Paul. Luke is seen rather as the theologian whose presuppositions and ideals are the formative forces of the whole book, especially the speeches in Acts are thought to be his theological cre-ations.[14] The discovery of the theology of Luke is certainly very impor-tant, but the question arises as to whether the kerygma of the speeches in Acts reflects merely the preaching of Luke's church in A.D. 80 or 90, or whether it is also rooted in the tradition of the early church.

We have said before that the Jesus of Luke's Gospel has proclaimed the fall of Satan, but he has not mentioned the enthronement of Michael or another saviour in heaven. Such an event becomes one of the main themes of the kerygma of the Book of Acts, for the Disciples have taught the risen Jesus as the Christ exalted in heaven and seated at the right hand of God. This theme unfolds in the preaching of the two leading figures of the church and its mission, especially in their inaugural speeches to the Jews (Peter in Acts 2; Paul in Acts 13). The striking similarity of these speeches is due not only to the fact that Peter and Paul have become the spokesmen of Luke's own theology; they are also acting as interpreters of the old christological creed through which the Paul of the epistles has summed up his gospel: Jesus "was descended from

---

14. This has been proved by M. Dibelius, *Aufsätze zur Apostelgeschichte*, K. Greeven, ed. (Göttingen: Vandenhoeck & Ruprecht, 1957). Against this view F. F. Bruce, *The Speeches in the Acts of the Apostles* (London: Tyndale Press, 1945), pp. 9-28; see also his commentary on the Book of Acts (Grand Rapids: Wm. B. Eerdmans, 1954).

David according to the flesh and established Son of God in power according to the Spirit of holiness through the resurrection from the dead"
(Rom. 1:3 f.). I have shown elsewhere[15] that the pre-Pauline creed
underlying this statement is built upon the famous oracle of Nathan (II
Sam. 7:12 f.). Through this oracle David had been promised by the
prophet that God will "raise" his offspring and establish the throne of
his kingdom forever; he will adopt this son of David and act like a father
to him. The oracle of Nathan became the foundation of the messianic
hope in Ancient Israel[16] and was related to the eschaton at Qumran.[17]
It stands behind the Markan report on the trial of Jesus,[18] and was used
by the early Christians for expressing the messianic meaning of Easter:
With the resurrection of Jesus, God has fulfilled his promise to "raise
up" the offspring of David and to make him the final king, the Christ
and Son of God (Rom. 1:3 f.). To Luke, this is the common christological faith. The two great figures in Acts proclaim the message that Paul
declares to be the content of his gospel and the norm of orthodox faith.
They unfold and explain in detail what is summed up in Romans 1:3 f.,
whereby the influence of the Old Testament and especially of II Samuel 7
is more fully disclosed. Paul declares in Romans 1:2 that the gospel has
been proclaimed beforehand through God's prophets in the holy scriptures; Luke says in Acts 2:25, 29-34 that one of these prophets was King
David.[19] According to Paul, the son of David has been established Son
of God through the resurrection of the dead and become "Jesus Christ
our Lord" (Rom. 1:4); according to Luke, God has made Jesus both
Lord and Christ (Acts 2:36), and David has foretold that this will
happen with the resurrection of Christ (Acts 2:31). Why could David
become a prophet of Christ's resurrection and where has he spoken of
it? In his Pentecostal speech in Acts 2, Peter points to the oracle of
Nathan and to two passages of the Psalms. David could speak of Christ's
resurrection because he knew that "God would set one of his descendants
upon his throne" (2:30); this refers to II Samuel 7:12 where the king
was told that God will "raise" his seed to become the eternal king, the

---

15. *What Do We Know About Jesus?* (London, 1968), pp. 88 f., 93-103.
16. G. von Rad, *Old Testament Theology,* Vol. I (Edinburgh: Oliver and Boyd, 1962), p. 310.
17. 4 Q flor, published by J. M. Allegro, "Fragments of a Qumran Scroll of Eschatological Midrashim," *Journal of Biblical Literature* (*JBL*), Vol. LXXVII (1958), pp. 350-54.
18. See my book, pp. 83-92.
19. In Acts, David is not a type of the Messiah, but he is even less seen in contrast to the Christ as J. A. T. Robinson holds; see "The Most Primitive Christology of All?" in *Twelve New Testament Studies* (*Studies in Biblical Theology,* No. 34) (London: SCM Press, 1962), p. 149. David is the prophetic witness to Christ.

Messiah. According to Luke, David has understood God's deed of "raising up" of the Messiah in a twofold way and spoken of this twofold "resurrection" of Christ in Psalms 16 and 110. In Psalm 16:8-11 the king said that God will not abandon his soul to Hades nor let the Holy One see corruption. Luke saw in these words a prophecy to the Son of David, fulfilled with the resurrection of Jesus from the dead[20] (Acts 2:25-31). But the "resurrection of Christ" means not only his being raised from the dead (Acts 2:32), but also his being raised to the throne, his exaltation to the right hand of God (Acts 2:33). This second aspect of "raising" the Messiah is closer to the meaning intended in II Samuel 7:12. It must have been very important in early Christology. David has foretold it in Psalm 110:1 which is often quoted in the New Testament. Luke holds that in a vision the king must have foreseen the enthronement of the Messiah in heaven, the fulfillment of his promise in II Samuel 7:12, for in Psalm 110:1 God declares to the final descendant of David:

> Sit at my right hand,
> till I make thy enemies a stool for thy feet.
> (ACTS 2:34 f.)

The twofold resurrection of Jesus becomes the climax in salvation history. Through it the prophecy of David and the messianic hopes of Israel were realized (Acts 2:34) and the ministry of Jesus and the expectations of the Disciples were fulfilled. That is why Easter is the theme of Peter's Pentecostal sermon. Paul at Antioch preached on Easter with similar arguments from Scripture, demonstrating the Resurrection as the unbelievable deed of God, the fulfillment of His promise to the fathers (Acts 13:16-41). But not until Pentecost had the full significance of the Resurrection been experienced and understood. On Easter the Disciples became witnesses to the fact that Jesus had been raised from the dead, "that he was not abandoned to Hades, that his flesh did not see corruption" (Luke 24:36-42; see Acts 2:31; 13:35). This was the first aspect of the Resurrection of God's "raising up" Jesus. On Pentecost the second aspect, Christ's exaltation and enthronement in heaven, had become evident, for on this day the Disciples received the Spirit which Christ had poured out after his exaltation at the right hand of God (Acts 2:33). Thus Pentecost was the fulfillment of Easter,[21] and the gift of the Spirit

---

20. It is quite possible that the expression "resurrection from the dead" (*anastasis ek nekron*) has been built on the christological exegesis of Ps. 16:8-11.

21. This agrees with the rabbinic interpretation in which Pentecost is the closing feast of Passover (Strack and P. Billerbeck, *op. cit.*, Vol. II, p. 597). The opening words of Acts 2 point to this fact: "When the day of Pentecost became fulfilled. . . ."

became the pledge of Christ's enthronement. To Luke, the Spirit manifests itself as the power of prophecy[22] and as the power of proclaiming the kerygma which is the prophetic ministry of the eschaton (see Acts 2:4; 4:8; 5:32). The testimony of the Spirit is connected with vision and word. David could speak of Christ's resurrection because he had heard the Word of God (Acts 2:30 refers to II Sam. 7:12) and had seen the future enthronement (Acts 2:34 refers to Psalm 110:1). The Apostles could proclaim it as an eschatological event because they had seen the risen Lord and understood the prophecy of David as pointing to him. Old Testament prophecy and eschatological experience are combined in the kerygma of the Apostles. Experience without the spiritual insight into the word of prophecy is blind, and the prophetic word without the experience of eschatological fulfillment is empty. That is why the risen Lord of Luke's Gospel opened the Scripture to the disciples who saw him (24:25 ff., 45 f.) and why the Apostles in Acts point to the Old Testament whenever they witness explicitly to the Easter-event.

The Messianic Beginning and Its Future
(Christmas and Apokatastasis)

It has become clear that the christological kerygma in the Book of Acts is based upon the Easter faith of the early Christians, unfolding it in the light of the Scripture. But the peculiar feature of Luke's interpretation should not be overlooked. It is the temporal difference between Christ's resurrection from the dead and his enthronement in heaven. Thus the first and the second aspects of Easter have been separated. Forty days after Easter, Jesus was taken up into heaven (Acts 1:9 ff.), and only on Pentecost had his ascension been experienced as exaltation and enthronement (Acts 2:33 ff.). This is certainly a later development of the early Easter creed in which his resurrection from the dead and his enthronement were confessed as one event. But even his enthronement is not the end of the messianic career of Jesus. The second half of Psalm 110:1 points to the future subjection of the enemies of Christ, the Disciples were dreaming of a messianic kingdom for Israel (Acts 1:6), and Luke speaks of the *apokatastasis pantōn,* the realization of all the promises of God (Acts 3:21). On the other hand, the messiahship of Jesus had also its pre-Easter past. When compared with Romans

---

22. Acts 1:16: "... The Holy Spirit spoke beforehand by the mouth of David. ..." During the O.T. times the Spirit spoke only occasionally as the Spirit of prophecy; in the new age, beginning with Jesus, the Spirit is the permanent gift of God and the power of kerygmatic preaching.

1 : 3 f., Luke has omitted two facts of the apostolic witness to the Resurrection: (1) the Spirit, who is not the power of raising Jesus from the
dead; (2) the title "Son of God," which is not connected with the Resurrection. Why is this the case? Because Luke has used these two elements of
the old Resurrection creed for building his Christmas-kerygma. He tells
that Jesus had been begotten by the Spirit and born as the Son of God;
that is why he has not been established "Son of God according to the
Holy Spirit by his resurrection" (Rom. 1 : 4). The annunciation of
Gabriel marks the beginning of Luke's christological kerygma (Luke
1 : 26-38). The good news brought by Gabriel to Mary is derived from
the Easter-creed in Romans 1 : 3 f. Like this creed, the annunciation of
Gabriel is based upon II Samuel 7, for the angel tells Mary that her son
Jesus will receive the throne of David and reign forever; there will be
no end of his kingdom (Luke 1 : 32 f.). This means fulfillment of Nathan's prophecy that the offspring of David will be "raised" and that
the throne of his Kingdom will be established forever (II Sam. 7 : 12 f.).
Moreover, Gabriel speaks of the double sonship of the Messiah, which
is declared in II Samuel 7 : 12 ff. and proclaimed in Romans 1 : 3 f. For
Jesus will be the son of David and will be called the Son of the Most High
(Luke 1 : 32); he will be conceived in the womb of Mary (1 : 31) and
begotten by the Holy Spirit (1 : 35). Thus in the annunciation, Nathan's
oracle is repeated on the eschatological plane of fulfillment. Gabriel
plays the role of Nathan, and Mary stands in the place of David, the
father of Jesus according to the flesh; Jesus, the Son of God according to
the Holy Spirit, is the final heir of David's throne.

Presenting Jesus as a divine child and as the Saviour of the world, Luke
has answered the Hellenistic expectation of the birth of a saviour, beau-
tifully described in the Fourth Eclogue of Vergil. But in his answer he
has used Old Testament material, the messianic traditions of Israel and
the christological creed of the early church. Second Samuel 7 has inspired him to form the wonderful legend of the annunciation, which
makes Christmas the anticipation of the eschatological climax of Easter.
The creative acts of the Spirit are expanded over the whole life of Jesus,
his birth, his baptism, and his ministry; but this step of interpretation is
done with Old Testament traditions which were used in early Christian
exegesis and in Qumran eschatology.

Besides the messianic tradition, the christological kerygma of Luke
shows traces of a prophetic line, perhaps originating in pre-Lukan Christianity. John A. T. Robinson holds that the speeches in Acts contain

at least "two incompatible christologies": (1) the normative one of
Acts 2 confessing Jesus as both Christ and Lord by virtue of his resurrection; (2) a primitive one, found in Acts 3 and 7, presenting Jesus as
a servant and prophet who even after his resurrection is merely the
Christ-elect.[23] The latter is a "first tentative and embryonic christology
of the early church," embedded in Acts 3 "like the fossile of a bygone
age." Presenting an absent, inoperative Christ, it failed to recognize the
eschatological significance of the death and exaltation of Jesus and,
therefore, could not establish itself.[24] Robinson's discovery is not quite
new, for J. Weiss had seen in Acts 3:20-23 an early Christology in which
Jesus is merely a prophet, while the promised Messiah is still to come.[25]
Similarly, F. Hahn calls Acts 3:20 f. a very early tradition. Nothing in
it points to the exaltation and enthronement of Jesus. He has been taken
up to heaven like Enoch or Elijah. There he is waiting until God will
make him Messiah and send him again so that he may accomplish the
remainder of the eschatological salvation.[26]

I cannot believe that there was such an early Christology without
Christ. From the beginning, the resurrection of Jesus was believed in the
double way of his return to life and his exaltation to the throne of messiahship. What event after Easter could have suggested the transformation of an "embryonic" faith in Jesus into its full messianic form? But
why has Luke made the statement in Acts 3:19 ff. with its strange terminology? These verses read:

Repent therefore and turn again, that your sins may be blotted out, that times
of refreshing may come from the presence of the Lord and that he may send the
Christ appointed for you, Jesus, whom heaven must receive until the time for
establishing all that God spoke by the mouth of His holy prophets from of old.

I think that the "reception" of Christ in heaven has to be interpreted
in the light of the following verses, 22 f. There Jesus is declared to be
the prophet like Moses, promised in the oracle Deuteronomy 18:15-19.
In Qumran, this oracle had been related to the eschatological prophet
and forerunner of the two messiahs.[27] But this is not the case with Luke
and the early Christians. In Acts 3:19-24 the messiahship of Jesus is not

23. *Op cit.*, pp. 139-53, esp. 139-44.
24. *Ibid.*, pp. 146-52.
25. *The History of Primitive Christianity*, Vol. I (New York: Wilson-Erickson, 1937), pp.
10, 120.
26. *Christologische Hoheitstitel*, 2d ed. (Göttingen: Vandenhoeck & Ruprecht, 1964), pp.
184-86.
27. 4 Q Testimonia, published by J. M. Allegro, "Further Messianic References in Qumran
Literature," *JBL*, Vol. LXXV (1956), pp. 182-87.

denied, but is confirmed in an apologetic way. The Christians had to
struggle with the problem: If Jesus is indeed the enthroned Messiah,
why does he stay in heaven instead of reigning on earth, bringing the
times of eschatological bliss, and restoring the fallen world to its original
and perfect order? When will he come to judge the world and to establish the kingdom for Israel? Luke answers: Jesus had to go to heaven,
because only there he could receive the eschatological gift of the Spirit
and give it to the disciples (Acts 2:33; cf. John 16:7). In the same way,
eschatological fulfillment must be prepared in heaven and obtained
from God; for deliverance comes from God, and all eschatology begins
in heaven. In order to prove this idea, Luke points to the tradition of
Moses, the first redeemer. In rabbinic exegesis, the ascent of Moses to
Mount Sinai (Exod. 19:3) has been interpreted as an ascent to heaven.
There Moses received the most precious of all gifts, the Torah, and, in
addition to it, the Mishna, Talmud, and Haggadah as oral tradition. The
rabbis were fond of speculating about the efforts of Moses for obtaining
the Torah, which had been loved and defended by the angels, and also
about his ways of learning the oral tradition during the forty days of his
absence from the Israelite camp.[28] Psalm 68:18 f., which in Christian
exegesis is related to Jesus and the gifts of the Spirit (Eph. 4:8), has been
connected with Exodus 19:3 and the ascent of Moses. The point in Acts
3:20 f. is not a pre-messianic, prophetic status of Jesus,[29] but his salutary
presence in heaven. Jesus is not inactive and waiting for his enthronement, but is always working for the salvation of his church.[30]

Concluding Remarks

A brief answer should be given to the questions raised above:

1. Why can the apostolic preaching about Christ be identified with

---

28. Ex. R. 28 to 19:3; 47 to 34:28; Nu.R. 11 (162b); Pes. Rabbati 15 (72b). See Strack
and Billerbeck, *op. cit.*, Vol. III, pp. 596 ff.; L. Ginzberg, *The Legends of the Jews*, Vol. III,
4th ed. (Philadelphia: The Jewish Publication Society of America, 1955), p. 16.

29. The reference to Moses must not mean restriction to the status of a prophet. Speaking of
the ascent of Moses to the cloud in which God was dwelling on Mt. Sinai, Philo says that Moses
was called "the God and king of his whole people" (Vita Mosis I, 158). The royal status of
Moses in postbiblical tradition and its use in N.T. Christology is described by W. A. Meeks,
The Prophet-King (Leiden: E. J. Brill, 1967), pp. 45 f., 67, 107-17. G. Friedrich holds that
the opponents of Paul in Second Corinthians had seen in Jesus a second Moses (*Die Gegner des
Paulus im 2 Korintherbrief.* Festschrift für Otto Michel [Leiden, 1963], pp. 190 f.).

30. This must be the meaning of the forty days during which the risen Jesus has appeared to
the Disciples and taught them the Kingdom of God (Acts 1:1-8). The period of forty days
may have been suggested by the forty days of Exod. 34:28 and the rabbinic exegesis of them,
for in both cases the oral tradition is received as a guide and guarantee for the true interpretation of the revealed truth. Thus the church is never alone, but is always guided by her Master
who will come in the same way as he was taken up into heaven (Acts 1:11).

the kerygma of the Kingdom of God? Because the Kingdom is revealed through Jesus the Christ and Saviour of mankind. Both God and Jesus are the agents of salvation through the Christ-event. God is manifesting his final reign through mighty deeds which establish Jesus as Christ: his birth, baptism, transfiguration, resurrection, and exaltation. Jesus is serving the cause of the Kingdom by proclaiming it as good news and by defeating the forces of evil. The goal of the Kingdom is the salvation of mankind, and the liberating force is the Holy Spirit. The Spirit spoke through the prophets of Israel and acted through Jesus the Anointed One, and through the messengers of Christ in the church. Therefore, the manifestation of God's Kingdom can be described as Heilsgeschichte, and the preacher of the church can present a historical survey, beginning with the Old Testament and closing with the deeds of God in Christ. The history of Israel contains the prophetic witness to the Kingdom; it is oriented toward a future fulfillment in Christ. On the other hand, the history of the church has its origin and fundament in the ministry and the resurrection of Christ. But it is also directed to the future, to the *apokatastasis pantōn*, through which all the promises of the prophets will be fulfilled and the reign of God will be carried through on earth objectively and irresistibly.

2. To what extent is Luke a representative of early Catholicism? Has he really presented the Spirit and the truth of God as inseparable from the institutionalized church and its sacraments? Has he replaced the calling, living voice of the kerygma with a doctrine of straw and an objectified tradition? The Spirit is certainly present in baptism and given by the Apostles; thus he is administered by the church; but the Spirit is still understood as a free gift from heaven, manifesting himself even in the ecstatic way of speaking in tongues.[31] The Spirit is closely present in the Word. He links the prophetic witness of the Old Testament with the good news of the realized eschaton; the Apostles are the prophets of the new age. The institutional function of God's instruments is less important than their spiritual, prophetic task. The Fourth Evangelist makes the legislator Moses a witness to Christ (John 5:46); Luke sees in David a prophet of the resurrection of Jesus. Luke's history of the Kingdom points away from institution and politics: To him, Jesus is the Messiah and King in David's dynasty, but his Kingdom is not of this world—he is the Lord of the nonpolitical entity of the new Israel, the church.

---

31. I have discussed Luke's interpretation of glossolalia in the article "Zungenreden und süsser Wein" in a *Festschrift* for H. Bardtke to be published in Leipzig this year.

3. It is true that Luke has set the Christ-event into a historical framework; to some extent, he has even dissolved the eschatological climax of Easter. Salvation history is immanent insofar as it takes place in human history and has human beings as its agents. But its dynamic force and the events deciding its course are meta-historical, nonobjective, and eschatological. Deliverance originates in heaven, the enthroned Christ is a heavenly, invisible king, and the mission of the church is guided by God (see Acts 11:18; 16:6-9). The Kingdom has to be proclaimed precisely because it is nonobjective, and the history of the church becomes the history of the kerygma which has to be accepted by faith.

4. Luke emphasizes the common teaching of the church, guaranteed by the Apostles, confirmed by the eschatological experience of seeing the risen Lord and receiving the Spirit, and won by an eschatological exegesis of the Old Testament. Luke has failed to understand the Pauline *theologia crucis* and the full implications of justification by faith, but his message of Easter is in agreement with that of Paul and pre-Pauline Christianity. The christological meaning of Easter must have been formulated in a common creed by the early church,[32] but the existential meaning of Easter is less emphasized by Luke than by Paul. Moreover, the Spirit is the gift of the exalted Christ, but not the *Christus praesens*, as for Paul. Christian existence is not described as dying and rising with Christ.

5. Luke has restricted apostleship to those who were followers of the earthly Jesus. Paul, to him, was not an Apostle, but this does not prevent him from making Paul the main figure in Acts. The dynamic ministry of mission is more important to Luke than the static task of guiding and supervising the church; God's power and will is revealed on the mission field.

6. What is the existential meaning of the Gospel? The Christian is free, for salvation has come to him; he knows through faith that the decisive battle against Satan has been won. But the struggle with the forces of evil is still going on, and he has to participate in it. He is confident, however, for the Christian sees, understands, and witnesses to the victorious way of God as described in the Holy Scriptures and disclosed by the Holy Spirit. Moreover, the growth of the church confirms the truth of Heilsgeschichte as Luke has written it.

---

32. See esp. C. H. Dodd, *The Apostolic Preaching and Its Development*, 2d ed. (London: Hodder & Stoughton, 1944). Dodd has not seen, however, the important role of II Sam. 7:12 ff.

15. The Concept of the So-Called "Divine Man" in Mark's Christology

According to Rudolf Bultmann, the formation of Christology in the early Church was strongly influenced by two concepts of the Hellenistic world : (1) the myth of the "Gnostic Redeemer" that helped to explain the existential meaning of Christ's death and resurrection,[1] and (2) the concept of the "Divine Man" ($\theta\epsilon\hat{\imath}os$ $\dot{\alpha}\nu\dot{\eta}\rho$) that inspired Mark, and to some extent John, to write the story of God's son walking on earth.[2] The "Gnostic Redeemer" played an important role in New Testament exegesis during the 1940's and '50's; today he has practically disappeared. Since the myth of a *salvator salvandus*, believed to be the focal point of all Gnostic systems, cannot be found in any pre-Christian text ; neither does it appear in the newly discovered Nag Hammadi writings of a highly developed Christian Gnosticism,[3] it is highly questionable to presuppose the Gnostic Redeemer myth for New Testament Christology and its teaching of the Church. The "Divine Man" has not yet suffered the fate of his companion. On the contrary, after the fall of the "Gnostic Redeemer" he is flourishing in New Testament exegesis more than ever before.[4] With Rilke, one may say that he lives his life in growing circles, covering more and more things. While the meta-historical and heavenly figure of the "Gnostic Redeemer" was applied to the Christ of the Kerygma, the so-called "Divine Man" is realized in historical persons and, therefore, related to the earthly Jesus. With regard to Mark's Gospel, Ernst Käsemann holds that the evangelist has painted Jesus throughout in the colors

---

[1] *Theology of the New Testament*, I (New York, 1951), 164 ff.

[2] *Die Geschichte der synoptischen Tradition*, 3rd ed. (Göttingen, 1957), p. 256.

[3] There is no uniform concept of the fall and salvation in these writings. According to the "Exegesis on the Soul" (Codex II, cols. 127.18-137.28), the soul acts independently from the fall and salvation of a cosmic being.

[4] He could even become the direct successor of the "Gnostic Redeemer". J. Schreiber had first discovered the "Gnostic Redeemer' in the Gospel of Mark ("Die Christologie des Markusevangeliums", *Zeitschrift für Theologie und Kirche*, 58 (1961), 154-83); in his later work *Theologie des Vertrauens* (Hamburg, 1967), this savior is replaced by the "Divine Man".

of the Hellenistic "Divine Man".[1] According to Dieter Georgi, Mark's Son of God reveals his divine power in miraculous deeds so that salvation occurs in the present, This is quite different from the Palestinian Q-Source, which is oriented toward the future; in it, Jesus acts as the messenger of the coming Kingdom.[2]

More recently, American studies in Mark have taken a new turn. L.E. Keck,[3] T.E. Weeden,[4] H.D. Betz,[5] and M. Smith [6] have rejected the idea that Mark himself introduced the θεῖος ἀνήρ Christology into his Gospel, for it had already been embodied in the material of his tradition. On the contrary, Mark has corrected and counteracted that Christology of glory by his own presentation of the suffering Christ; thus the rather primitive and naive Divine Man Christology underwent a total transformation.[7] The assumption of two opposing Christologies in Mark helps to solve two difficult problems of this Gospel : (1) the meaning of the messianic secret in Mark, and (2) the history of the pre-Markan tradition. With the theory of the messianic secret, Mark had to bridge the gap between the Divine Man Jesus of his tradition and his own suffering Christ. The question of how much material in Mark must be attributed to the Divine Man tradition, is answered by these American scholars in a different way. M. Smith thinks of a collection of miracle stories, perhaps beginning with the legend of Jesus' baptism and ending with his transfiguration.[8] H.D. Betz presents an extended list of miracle stories and personal legends in Mark and in the other gospels.[9] More caution is shown by L.E. Keck, who claims to have discovered an older stratum in the summary of Mark 3.7-12; in his view, it belongs to a cycle of miracle stories showing Jesus

---

[1] *Essays on New Testament Themes*, trans. W.J. Montague (London, 1964), p. 96 (German, p. 215).

[2] *Die Gegner des Paulus im 2. Korintherbrief* (Neukirchen, 1964). p. 214f.

[3] "Mark 3.7-12 and Mark's Christology", *Journal of Biblical Literature*, 84 (1965), 341-58.

[4] "The Heresy that Necessitated Mark's Gospel", *Zeitschrift für die Neutestamentliche Wissenschaft*, 59 (1968), 145-58. Now see T.E. Weeden, *Mark : Traditions in Conflict* (Philadelphia, 1971). The following references to Weeden refer only to the above-mentioned article.

[5] "Jesus as Divine Man", *Jesus and the Historian. Written in Honor of E.C. Colwell*, ed. T.F. Trotter (Philadelphia, 1968), pp. 114-33.

[6] "Prolegomena to a Discussion of Aretalogies, Divine Men, the Gospels and Jesus", *Journal of Biblical Literature, 90* (1971), 174-99.

[7] H.D. Betz, *op. cit.*, p. 121.

[8] *Op. cit.*, p. 197.

[9] *Op. cit.*, pp. 117-20.

as Divine Man (Mk. 4.35-5.43; 6.31-52,53-56). Another area of Divine Man influence in Mark is claimed by T.E. Weeden. According to him, Mark has painted the disciples of Jesus as adherents of the Divine Man Christology that prevented them from understanding the true intention of Christ. This was Mark's answer to a serious christological controversy in his own community.

I. THE DIVINE MAN IN HELLENISM

I must confess that I hesitate to follow the "Divine Man" on his glorious way into the New Testament. I want first to make some general remarks on the "concept" as such. The scholars mentioned above take it for granted that the Hellenistic Divine Man is a scientifically well-established fact. They usually refer to books such as G. Wetter, *Der Sohn Gottes* (1916), and especially to L. Bieler, Θεῖος Ἀνήρ (1935-36). Wetter's work has helped to create the belief that "Son of God" was a title of the Divine Man.[1] But such an assumption cannot be verified from the Greek texts. Even the popular legends in which philosophers such as Pythagoras, Plato or Apollonius of Tyana are said to have been begotten by a god never call their heroes a "Son of God".[2] Therefore, Mark must have received this title from another tradition. It is reasonable to assume that the early christological creed, quoted in Rom. 1.3f. and elaborated in Acts 2 and 13 has suggested the titles "Son of David" and "Son of God" to Mark and the other evangelists. This early creed has nothing to do with the "Divine Man", for it is based upon the oracle in II Sam. 7 that had similarly been related to the messiah at Qumran.[3] L. Bieler discovered the concept of Θεῖος ἀνήρ in a great wealth of literature and in various figures such as seers and statesmen, prophets and philosophers, Buddhist monks and medieval nuns. One is deeply impressed by the great knowledge of the author and strongly reminded of the works of R. Reitzenstein. But M. Smith, who is much in favor of the Hellenistic Divine Man, rightly remarks that Bieler's book is somewhat

---

[1] Betz, *op. cit.*, p. 122 : "Son of God is a title for the Divine Man"; L.E. Keck, *op. cit.*, p. 351, n. 63 : "When one reads Bieneck's contention that the synoptics contain no miracle stories that are related to the hellenistic Son of God (Θεῖος ἀνήρ) material, he can only blink".

[2] W. von Martitz, "υἱός", *Theologisches Wörterbuch zum Neuen Testament*, VIII, 338-40.

[3] See my little book *What Do We Know About Jesus?* (Philadelphia, 1968), pp. 93-112.

careless, the choice of sources questionable and the references sometimes false.[1]

I think we have to go further and raise the question whether there
really existed the concept of such a Divine Man, whether one can speak
of him as a generally known "type" composed of distinguishable
features. Are we allowed to assume a Divine Man type whenever we
find one or two of his alleged features in a text? Is Θεῖος ἀνήρ really
a title? In Hellenistic writings, the adjective Θεῖος is used quite
frequently. In classical Greek it can designate the proper attitude
toward the divine laws.[2] In Hellenism, the virtues of man are considered to be divine gifts;[3] even the word "god" can sometimes be
applied to an outstanding man in a rather generous way.[4] But the
term Θεῖος ἀνήρ is quite rare, and the same holds true for Θεῖος ἄνθρωπος, used by R. Bultmann whenever he refers to Bieler's book
Θεῖος Ἀνήρ. H.D. Betz holds that the writings of Lucian of Samosata
contain a great wealth of Θεῖος ἀνήρ material, but he has to admit
that there is no firm title for this concept.[5] Therefore, I wonder whether
we should speak of a Hellenistic "Divine Man" while being aware
of the fact that the Hellenists themselves used this term on very rare
occasions only.[6] They knew many Θεῖοι, but they did not develop
a concept and type Θεῖος ἀνήρ; the same holds true for Philo and
Josephus who are said to be the main witnesses for the concept of the
Divine Man in Hellenistic Judaism. There is indeed a strong tendency
in Philo and Josephus to interpret the great heroes of the Bible in
a glorifying way; the "Men of God" such as Moses, Elijah and Elisha
appear as manifestations of the Divine. But is this tendency due to
a Hellenistic concept of the Divine Man? The Septuagint did not render
the Hebrew term אִישׁ הָאֱלֹהִים by Θεῖος ἀνήρ. They probably would

---

[1] Smith, op. cit., p. 192.

[2] von Martitz, op. cit., p. 338.

[3] Philostratus Vita Apoll. 8.7.

[4] The Indian saints met by Apollonius of Tyana claim to be gods because they are
virtuous men (Philostratus Vita Apoll. 3.18). Lucian of Samosata says that the Christians
worshipped their fellow Christian Peregrinus as god (Peregrinus 11).

[5] Lukian von Samosata und das Neue Testament (Berlin, 1961), p. 102 : "Er ist termino-
logisch nicht fest umrissen". There is a great wealth of adjectives describing the divine
qualities of outstanding men.

[6] I have found Θεῖος ἀνήρ in Plato Leg. 642D (for Epimenides); Pol. I 331E (for the
poet Simonides; σοφὸς καὶ Θεῖος ἀνήρ; Menon 99D (plural, for good men); Josephus
Ant. 3.180 (for Moses, cf. Ant. 10.35); Lucian Cyn. (for Heracles; Θεῖος ἀνὴρ καὶ Θεός),
Philo Virtut. 177; Plato Ep. 311D (plural).

have done this if Θεῖος ἀνήρ actually was a common designation for a concept well known in the Hellenistic world. And why has Paul avoided this term if his opponents in II Corinthians claimed to be Θεῖοι ἄνδρες? In almost every religion, persons possessing divine gifts, such as prophets and saints, can be found. In Judaism the Θεῖος ἀνήρ can be compared with the ideal of the Zaddik.[1] While it would be silly to deny the fact that the Jews dispersed in the Roman empire and even those living in Palestine were part of the Hellenistic culture,[2] it is also true that the religion of the Hebrews was not immersed in the melting pot of Hellenistic syncretism, in spite of some borrowings from the surrounding world. Jewish apocalypticism, the writings of Qumran and the literature of the rabbis are essentially different from both Greek philosophy and Hellenistic religions. The major difference is that the former were built upon the foundation of the Scriptures. To some extent this is also true of the New Testament. According to L. Baeck, the New Testament is a Jewish book because it breathes the clean air of the Sacred Scriptures.[3] The miracles of the Old Testament "Man of God,, were closer to the mind of the New Testament writers than those of Apollonius of Tyana, whose reputation in the apostolic age was quite different from that which he won a hundred years later through the work of Philostratus.[4]

The vagueness of the Divine Man concept accounts for opposing and inaccurate statements of scholars who use it. H.D. Betz holds that faith as trust in the divine qualities of the Divine Man plays an important role in the Markan miracles;[5] according to L.E. Keck the opposite is true.[6] T.J. Weeden attributes to the Divine Man concept the ambitious striving for an honored position in the Kingdom;[7] D. Georgi's opponents of Paul are proud and powerful representatives of the Divine, but, according to L. Bieler, humility and gentleness are typical qualities of the Θεῖος ἀνήρ.[8] Besides that, divine power (δύναμις, ἐξουσία) is said to be fundamental for the Θεῖος ἀνήρ, but this common assump-

---

[1] R. Mach, *Der Zaddik in Talmud und Midrasch* (Leiden, 1957).

[2] See M. Hengel, *Judentum und Hellenismus* (Tübingen, 1969).

[3] *Paulus, die Pharisäer und das Neue Testament* (Frankfurt am Main, 1961), p. 162.

[4] See M. Nilsson, *Geschichte der Griechischen Religion* 2nd ed. (München, 1961), II, 419f., n. 7, 424,440.

[5] H.D. Betz, *op. cit.*, p. 121.

[6] Keck, *op. cit.*, pp. 350,351.

[7] Weeden, *op. cit.*, p. 149.

[8] Bieler, Θεῖος ᾿Ανήρ (Wien, 1935-36), p. 56f.

tion rests mainly upon New Testament material referring to Jesus and his disciples [1] (in such passages δύναμις and ἐξουσία are equivalents to the Hebrew terms גְּבוּרָה and רְשׁוּת).

Finally, is there a Hellenistic text proving the fact that "a revered divine man became existentially manifested in the Θεῖος ἀνήρ activity of his future followers"?[2] As long as Georgi's Θεῖος ἀνήρ Christ and the Divine Men of II Corinthians are the only examples of such a judgment, I cannot see why I should accept it. There is the danger of a methodological circle : New Testament passages are used for building up a concept that is claimed to be the foundation of these passages. I cannot understand why in this case we should be in need of a Hellenistic concept when the Old Testament already tells us that God's spirit made the disciples of Moses or Elijah of equal standing with their masters, and Paul had understood the Holy Spirit to be the *Christus praesens*. In addition, one need only remember the Hebrew law of the messenger who is like the person who has sent him (Berakoth 5.5). This means that the messenger receives the רְשׁוּת, the authority of acting on behalf of the sender.

II. THE DIVINE MAN MATERIAL IN MARK

L.E. Keck holds that the miracles of the Divine Man material in Mark are relatively unrelated to the message of Jesus, to the Galilean scene of his first appearance, and to the power struggle against the leaders of Judaism as described in the first three chapters of Mark.[3] I doubt whether this is correct. One may even say that the battle of Jesus against the forces of evil reaches a kind of climax in the first two miracles of Keck's Divine Man cycle. These are the miracles of Jesus' stilling the storm (Mk. 4.35-41) and of his healing the demoniac near Gerasa (Mk. 5.1-20). In my view, they both are theological stories, created in the Palestinian Church. They were added to the parables of the Kingdom in Mark 4 because they disclose the relevance of the person and the work of Christ through whom the Kingdom is in the process of being realized (cf. Mt. 12.28). Therefore, there is a close relationship between the first section of Mark and the material in chapters 5 and 6.

---

[1] Bieler, *op. cit.*, pp. 80-83.

[2] Weeden, *op. cit.*, p. 153.

[3] Keck, *op. cit.*, pp. 350,352. Similarly, H.D. Betz thinks that in these materials man in general is not under the dominion of Satan (*op. cit.*, p. 120).

1. Mark 4.35-41. Even R. Bultmann admits that this miracle has its closest parallel in a rabbinical story and most probably originated in the Palestinian Church.[1] In this rabbinical story of a Jewish boy who saved a vessel full of gentiles from destruction by a storm,[2] the influence of the Biblical tale of Jonah can be clearly seen; the same holds true for the dramatic circumstances of Jesus' stilling the storm.[3] But the theological lesson of Mk. 4.35-41 is contained in the words of Jesus, especially in the two commandments in vv. 35 and 39. The latter verse is the climax of the miracle; Jesus rebuked ($\dot{\epsilon}\pi\epsilon\tau\dot{\iota}\mu\eta$-$\sigma\epsilon\nu$) the wind and commanded the sea to be silent ($\pi\epsilon\phi\dot{\iota}\mu\omega\sigma o$). With the same verbs, the demon in the man of Capernaum was made obedient and forced to come out (Mk. 1.25). That shows that Jesus' action of stilling the storm was not meant to be a "nature miracle",[4] for wind and sea were understood as demonic forces and as the agents of chaos that threatened the people of God with destruction. The best parallel to this story is offered in the Qumran hymn 6.22-25.[5] The disciples represent the new Israel, and Jesus' victory over storm and sea points to his final victory over Satan and death. This becomes fully evident through the first commandment of Jesus in v. 35, directed to the disciples : "Let us go across to the other side !" The "going-across" motif appears in all the stories of Jesus' stilling the storm,[6] and discloses their main theological goal. For it alludes to the classical event of God's people going across the sea, i.e. to the miraculous salvation of Israel at the Red Sea (Ex. 14). The commandment of Jesus to the disciples in Mk. 4.35 corresponds to God's order to Moses in Ex. 14. 15. In both stories, the crossing and the miraculous salvation happens during the night (cf. Ex. 14.20), and the response of the disciples to

---

[1] *Geschichte der synoptischen Tradition*, pp. 249,255.

[2] Talmud Yerushalmi 9.113b.

[3] Compare the description of the storm in Mk. 4.37 with Jonah 1.4; the episode of Jesus' sleeping in the boat in Mk. 4.38 with Jonah 1.5; the calming of the storm in Mk. 4.39 with Jonah 1.12; the reaction of the disciples in Mk. 4.41 with Jonah 1.16.

[4] Bultmann, *Geschichte der synoptischen Tradition*, pp. 249ff.; H.D. Betz, *op. cit.*, p. 118.

[5] This hymn describes man's lostness in the world ruled by Satan and his salvation through entering the community of God. The author compares himself with a sailor lost in a great storm (*ruaḥ 'iw'iyym*, line 23 = $\lambda a\hat{\iota}\lambda a\psi$ $\dot{a}\nu\dot{\epsilon}\mu o\upsilon$, Mk. 4.37); there was no calm *dĕmāmāh*, line 23 = $\gamma a\lambda\dot{\eta}\nu\eta$, Mk. 4.39); his soul came close to the Gates of Death (line 24); cf. 1QH 3.19 : "Thou hast redeemed my soul from the Pit, and from the Sheol of perdition".

[6] Mk. 4.35; Mt. 8.18; Lk. 8.32; Mk. 6.45; Mt. 14.22; Jn. 6.16.

the epiphany of Jesus (Mk. 4.41) is quite similar to that of Israel at the Red Sea (Ex. 14.31). When seen over against this Old Testament background, the strange remark in Mk. 4.36 makes sense : "And other boats were with him".[1] For these boats indicate the wider horizon of the story in which Jesus is depicted as the eschatological savior, chosen to redeem the people of God from the power of sin and destruction (cf. Mt. 1.21). The mythological aspect and the eschatological significance of the miracle in Mk. 4.35-41 are in the line of interpretation that had been given to the Red Sea event in the Old Testament already. For the defeat of the Egyptians and the salvation of Israel were sometimes proclaimed as God's victory over the power of chaos : He rebuked the Sea (גָּעַר = ἐπετίμησεν), he cut Rahab, the chaos monster, in pieces in order to make the depths of the sea a way for the redeemed to pass over (Isa. 51.9f.). Through such a mythical interpretation the Red Sea event became imbued with cosmic and eschatological significance. It strengthened faith in God's continuing care for his creation and in his power of saving Israel from political oppression. Second Isaiah understood the miracle of the Red Sea as the outstanding example of the "former things", i.e., of God's saving deeds of old (Isa. 43.16-18), and as a shadow of the "new things" through which God would finally redeem his people in the near future (Isa.43.19f.). Similarly, in Qumran the victory of Pharaoh at the Red Sea served as a fundamental example for God's mighty acts through which he will bring about the decision in the final war against the forces of evil (1 QM 11.10).

The miracle of crossing over to the other side did not remain always in the lofty sphere of myth and faith in God's final salvation. It was sometimes re-enacted in the history of Israel by a prophet like Moses (cf. Deut. 18.15-19). Joshua is told of having parted the Jordan so that Israel might pass over on dry ground (Josh. 3.14-17); Elijah and Elisha did the same for themselves (II Kgs. 2.8, 13). In the time of Jesus, Theudas promised the people that he would split the Jordan river through his commandment (προστάγματι) and provide a way for passing over (Josephus Ant. 20.97). He wanted to give a "sign of salvation" (δημεῖον ἐλευθερίας, Bell. 2.258-260) in order to prove that the living God is among his people and that he will drive out their enemies from before them (cf. Josh. 3.10). The "sign from heaven"

---

[1] It is, therefore, not redactional nor the obscure remainder of an earlier tradition as Bultmann believes (*Geschichte der synoptischen Tradition*, p. 230).

that the Pharisees had demanded from Jesus (Mk. 8.11) must have
been a "sign of liberation" corresponding to the spectacular deeds
of God in Israel's history. For a prophet and messianic pretender there
was no other way of demonstrating the presence of the living God
and the legitimacy of his mission. As the so-called Divine Man, such
a prophet had to disclose his divine power in an objective, direct way.
The miracle of Jesus' stilling the storm is a "sign of liberation" insofar
as it alludes to the miracle of Israel's salvation at the Red Sea. But it
had no demonstrative character. Before it happened, the boats of
the people had disappeared, and the small group of witnessing disciples
did not understand the real meaning of this sign.

2. The Gerasene Demoniac (Mark 5.1-20). The meaning of this
miracle that follows the stilling of the storm is even more obscure.
R. Bultmann adopted J. Wellhausen's idea that the motif of the deceived devil, widely used in fairy tales and popular stories, must be the
basic element of this miracle; the Hellenistic Christian church was
responsible for its elaboration and adaptation to Jesus.[1] According
to M. Dibelius, this story is full of profane features, and the ethical
standard of the Gospel is missing.[2] However, Dibelius rejected the
motif of the deceived devil. To him, the fate of the demons remains
uncertain : Did they really loose their home and perish in the sea;
did they go to the abyss as Luke seems to suggest (Lk. 8.31) ?

Dibelius thinks of a Jewish orgin of this story, despite its profane
character. I believe that it was created in the Palestinian Church
and may reflect a debate about its mission.[3] There is nothing profane
in the story. What first becomes clear is the Jewish way of looking
at the gentiles and the emphasis on ritual purity. The Decapolis,
to which Gerasa belongs, appears to be an unclean country inhabited
by people that even raise swine; that is why unclean spirits like to
stay in such a place (v. 10). There was a whole legion of them dwelling
in one single man (v. 9). In my understanding, the designation"legion"
need not necessarily refer to a military unit and a historical event.[4]
More probably it points to the well-disciplined world of demons that

---

[1] *Op. cit.*, p. 224f.

[2] *Die Formgeschichte des Evangeliums*, 5th ed. (Tübingen, 1966), pp. 84-87.

[3] See Acts 10.12-14. With regard to the missionary activity of the Palestinian Church,
see M. Hengel, "Die Ursprünge der christlichen Mission", *New Testament Studies*,
18 (1971), 15-39.

[4] P. Winter thinks that the story alludes to the Roman *Legio Decima* that operated
in Galilee during the First Jewish Revolt and had a boar as its emblem (*On the Trial
of Jesus* [Berlin, 1961], p. 129).

are under the rule of Satan and organized in a military fashion. The poor victim, possessed by such a host of demons, was forced to live in an inhuman, chaotic and extremely slovenly life. He made his dwelling among the tombs (v. 3), and even his gentile countrymen were horrified and pitied by his conduct (v. 5). They tried in vain to bind him with fetters and chains (v. 4), in order to master the demonic force acting through him.[1] In his encounter with Jesus, the man addressed him in a way similar to that of the demoniac at Capernaum, asking, "What have you to do with me, Son of the Most High God ?" (v. 7; cf. 1.24; I Kgs. 17.18). This formula, expressing separation and otherness, reveals that there is "eternal enmity" between the demons and the realm of light (1QS 4.17). The demoniac adjured Jesus not to torment him (v. 7). The proper task of demons is to punish and to torment people;[2] those of Gerasa were afraid of receiving punishment according to the *ius talionis*. They did not, however, see the real threat of their eschatological destruction.

From the eschatological point of view, this miracle is also a sign. For the signal of the age to come will be the elimination of the demons; they will be rushed to Sheol and arrested behind its strong gates (1QS 27.1,5; 1QH 3.17f.). As in the preceding miracle of the storm, the sea is the symbol for the power of chaos in Mark 5.1-20. This story was not told because of the disaster of a herd of swine,[3] but because of the elimination of a host of demons (cf. Lk. 8.31).

Our story belongs closely linked with Mk. 4.35-41, not only because of the formal tie of the boat (Mk. 5.1f). More important is their common theological goal. Both miracles allude to the Red Sea event in order to show Jesus as a redeemer like Moses : the stilling of the storm is focused on the salvation of Israel; the miracle of the Gerasene demoniac shows the destruction of its enemies. As the army of the Egyptians was drowned in the Red Sea, so the legion of demons perished in the Galilean Sea : "The waters covered their adversaries, not one of them was left" (Psa. 106.9; cf. Isa. 43.16f.). In the second morning prayer after the recitation of the Shema Israel, the Jews are praising

---

[1] Binding and arresting is God's way of eliminating demons. Man can only bind the possessed man and heighten his pain.

[2] See Mk. 5.5 and P. Fiebig, *Rabbinische Wundergeschichten des NT Zeitalters* (*Kleine Texte*, ed. H. Lietzmann, Nr. 78), p. 9 : Agrat, the princess of the demons, is in command of myriads of punishing angels, each of them having the authority of destroying (*habbel*). See also bBerakoth 33a : the snake's business is to do harm (*hizziq*; cf. Fiebig, *op. cit.*, p. 9).

[3] This is the opinion of Dibelius, *op. cit.*, p. 85.

God : "Thou hast redeemed Thy firstborn, Thou hast split the Red Sea and hast drowned the wicked (*zēdīm*). And Thy beloved Thou hast led to the other side, but the waters covered their oppressors".[1] This is the theme of the two miracles in Mk. 4.35-5.20 wherein Jesus acts as the instrument of God's salvation. But in them the event at the Red Sea is repeated on the higher eschatological plain and transformed in a very significant way. The legion drowned in the Sea is not a legion of Roman soldiers corresponding with the army of the Egyptians, but a host of demons. In my opinion, this story contains a play on the words *zēdīm* = wicked ones, and *shēdīm* = demons. It means that the real enemy of Israel is not a political power such as Egypt or Rome, but Satan with his demons being the enemies of all mankind. There is a humane and universal outlook in this strange story of Mk. 5.1-20 : the gentiles are not the objects of God's wrath and the victims of his victory in the Holy War;[2] they too will be saved, and their salvation is from the Jews.

III. CONCLUDING REMARKS

There is no space for analyzing the other miracles of Keck's block in a detailed way; I simply want to make a few brief remarks about them. The miracle of Jesus' walking on the sea (Mk. 6.45-52) is a variant of Mk. 4.35-51. It also is a miracle of stilling the storm and of crossing over to the other side.[3] It is followed by the feeding of the multitudes in the desert (Mk. 6.30-44). Both stories were transmitted as a firm unity in the early Church because they always belong together in the four gospels. This may be due to their common biblical background. It is again the exodus of Israel, in particular the Red Sea event and the feeding of Israel with manna (cf. Jn. 6.31). Here again, one should not speak of "nature miracles" and of the Divine Man theology.

In general, the Old Testament and the milieu of Jewish exegesis help to explain best the miracles in the gospels. Moreover, they cannot have originated in Hellenistic Judaism as Philo and Josephus present it,

---

[1] D.W. Staerk, *Altjüdische Liturgische Gebete* (*Kleine Texte*, ed. H. Lietzmann, Nr. 8), p. 7.

[2] See the War Scroll of Qumran (1QM).

[3] The background of Mk. 6.45-52 is again the Red Sea event. This becomes clear that the story of Peter's walking on the water could be added (Mt. 14.28-31). One has to remember that the rabbinic exegesis of Ex. 14, according to which the Israelite Nachshon was the first to step into the Red Sea. He is described as having begun to sink, but the rod of Moses saved him (Mekilta Ex., ed. Lauterbach, vol. II, 235).

which means in a Judaism free from eschatological expectations and apocalyptic ideas. For these miracles are signs, pointing to the great revelation of righteousness in the near future; they are expressions of the apocalyptic mood. The interest in the manifestation of the power of Jesus, which is certainly characteristic for these miracles, was not kindled by the necessity of making him a successful competitor of Hellenistic Divine Men. For these saving deeds were demanded by Jewish messianism. The Christ had to be "attested by God with mighty works and wonders" (Acts 2.22); the Jews asked for signs (I Cor. 1.22). Moreover, the miracles of Jesus were not told primarily to overcome the disappointment because of the delayed Parousia. Their emphasis on the present does not do away with the future. They reveal the presence of the Messiah with whom the Kingdom is beginning to be realized (Mt. 12.28).

Finally, I do not think that there is such a complicated Christology in Mark, resulting from two opposing views and a rejected heresy. Mark's main task was to prove that Jesus was indeed the Messiah despite his crucifixion. That is why he needed the miracles demonstrating the messianic authority of Jesus and why he showed the willingness of Jesus to give his life as a ransom for many (Mk. 10.45).

There are attempts to explain the Christology of John's Gospel in a way similar to the Divine Man analysis of Mark. We are told that there is a rather primitive Θεῖος ἀνήρ presentation of Jesus in the Johannine Semeia-Source which had been corrected by the sophisticated Revealer Christology of the evangelist.[1] I must confess that the existence of such a Semeia-Source seems to me no less questionable than that of the so-called Divine Man concept.

---

[1] J. Becker, "Wunder und Christologie", *New Testament Studies*, 16 (1970), 130-48. But see my article, "Was kann von Nazareth Gutes kommen?" in the forthcoming Festschrift for K. Elliger.

16. Neues und Altes im Geschichtshandeln Gottes

Bemerkungen zu Mattäus 13,51 f

1. Das Problem

Mattäus hat der Gleichnisrede in Kap. 13 einen merkwürdigen Schluß gegeben. Die Jünger werden von Jesus gefragt: „Habt ihr das alles verstanden?", was sie wie selbstverständlich bejahen (V. 51). Jesus gibt daraufhin die allgemeine Erklärung ab: „Deshalb ist jeder Schriftgelehrte, der in der Gottesherrschaft geschult ist,[1] einem Hausherrn gleich, der aus seinem Schatz Neues und Altes herausgibt" (V. 52).

Der Exeget und Schriftgelehrte unserer Zeit wird sich kaum den Jüngern Jesu an die Seite stellen und die Frage, ob er auch nur diese beiden Verse verstanden habe, mit einem glatten „Ja" beantworten wollen. Er sieht sich vielmehr selbst zu Fragen herausgefordert: Wie läßt sich die johanneisch anmutende Logik dieser Sätze verstehen, warum stellt V. 52 die Folgerung (διὰ τοῦτο) aus dem Gespräch V. 51 dar? Worauf ist das vage Objekt „das alles" (V. 51) zu beziehen: auf alle Gleichnisse dieser Rede oder nur auf die der zweiten Hälfte (13,36 ff), die speziell den Jüngern erzählt worden sind? Wie hat man sich einen Schriftgelehrten des Gottesreichs vorzustellen, und was ist das Neue und Alte, das er ans Licht bringt? Gibt hier Mattäus gleichsam seine Visitenkarte ab,[2] ist etwa sein Evangelium als ein Produkt christlicher Schriftgelehrsamkeit anzusehen?

Manches in diesen Versen spricht für eine *Bildung des Evangelisten*.[3] Schon die Stellung des Logions V. 52 und der darin angestellte Vergleich sind kennzeichnend für Mattäus und speziell für die pädagogische Art, die in seinen Redekompositionen sichtbar wird. Auch am Ende der Bergpredigt findet sich ein Vergleich, der – wie hier – die Rede Jesu nicht

---

[1] Die hier gebrauchte Wendung μαθητευθείς τῇ βασιλείᾳ erinnert formal und inhaltlich an Ausdrücke, wie sie in Qumran die Glieder der Gemeinde bezeichnen, z. B. „die im Gesetz Unterrichteten" (mᵉlummᵉdēj ḥōq 1 QM 10,10) oder „die von Gott Unterrichteten" (limmudēj 'ēl CD 20,4), wobei Gott sowohl der Urheber als auch der Gegenstand der Belehrung ist (vgl. 1QH 12,11.20.33 dazu Mt 16,17; Gal 1,12).

[2] *J. C. Fenton*, The Gospel of St. Matthew, Pelican Commentaries 1963, 230, erwägt sogar die Möglichkeit eines Wortspiels μαθητευθείς – Μαθθαῖος.

[3] So urteilen *R. Bultmann*, Die Geschichte der synoptischen Tradition, Göttingen ³1957, 108; *G. Strecker*, Der Weg der Gerechtigkeit, Göttingen ²1966, 192.

etwa inhaltlich weiterführt und dem Thema des Gottesreichs dient, sondern unmittelbar dem Hörer gilt und von ihm eine Stellungnahme zur ganzen Rede verlangt (Mt 7,24–27). Dieser Verleich stammt aus der Logienquelle Q, wo er bereits den Abschluß einer Rede Jesu gebildet hat; am Vorgang des Hausbaus wird in ihm der Einklang von Hören und Handeln eingeschärft.[4] Das Sondergutgleichnis vom Schalksknecht, des im Dienst eines Großkönigs stehenden Satrapen, schließt die Rede über die Gemeindeordnung ab (Mt 18,23–35). Wie der Vergleich 13,52 ist es durch die Wendung διὰ τοῦτο an ein Gespräch mit den Jüngern angeschlossen, von denen Jesus die Bereitschaft zur Vergebung fordert; diese muß als eine Grundregel der ganzen Gemeindeordnung angesehen werden. Schließlich endet die apokalyptische Rede Kap. 24 mit einem Gleichnis aus Q. Es zeigt die Haltung der Endzeiterwartung am Beispiel eines Knechts, der das Haus seines abwesenden Herrn verwaltet (Mt 24, 45–51); auch diesem Gleichnis hat Mattäus eine das Ganze der Rede reflektierende Rolle zugedacht. Man darf aus solchen Stellen folgern: Mattäus liebt es, größere Redekompositionen durch resümierende, paränetisch gemeinte Gleichnisse abzuschließen, deren Bildhälfte aus dem Bereich des Hausbaus oder der Hausverwaltung stammt. Das Beispiel von Q, auf das der Evangelist in dem der Bergpredigt zugrunde liegenden Redenstoff stieß, hat ihn wohl dazu angeregt. Der Jünger Jesu wird dadurch in die Ökonomie Gottes eingeordnet und erhält in ihr eine verantwortungsvolle Funktion. Diese Verantwortung ist vom Endgericht her akzentuiert; der eschatologische Bezug ist diesen resümierenden Gleichnissen gemeinsam. Er scheint in unserem Vers 52 zu fehlen. Auch diese Tatsache könnte für die Abfassung durch Mattäus sprechen. Denn man sieht in ihm gern den Vertreter einer Kirche, deren Naherwartung verblaßt ist und die mit dem Evangelium ihren Ort im Ablauf der Heilsgeschichte angewiesen erhält.[5] Mattäus hätte diesen kurzen Vergleich selbst geschaffen, weil er aus formalen Gründen die Gleichnisrede nicht mit einem weiteren ausführlichen Gleichnis abschließen konnte, und dann auch deshalb, weil ihm die Tradition kein Jesuslogion über die echt kirchliche Aufgabe eines christlichen Schriftgelehrten bot.

Aber diese Auskunft muß so lange Vermutung bleiben, wie nicht eine

---

[4] In Form und Inhalt entsprechen diese Vergleiche (keine Gleichnisse!) dem rabbinischen Lehrstil. Vgl. dazu die rabbinische Illustration der notwendigen Verbindung von Lehre und Tun in Aboth 3,17 (Eliezer ben Azarja um 100 n. Chr.) und vor allem in Aboth di R. Nathan 24 (Elischa ben Abuja 120 n. Chr.). Der Anfang der Vergleiche kol schä- entspricht πᾶς ὅστις in 7,24; 13,52.

[5] So etwa *G. Strecker*, Das Geschichtsverständnis des Matthäus: Ev. Theol. 26, 1966, 57.

ins einzelne gehende Analyse der beiden Verse vorliegt; dann erst werden auch Antworten auf die eingangs gestellten Fragen möglich sein. Das Schlüsselproblem bildet m. E. das „*Neue und Alte*", das der Hausherr seinem Schatz, d. h. seiner Vorratskammer entnimmt. Was sollen diese Größen bedeuten? J. Schniewind hat sich vergeblich um eine zum Bild vom Hausherrn passende Deutung bemüht.[6] Die meisten Kommentatoren gehen unbedenklich zu einer metaphorischen, auf den Schriftgelehrten bezogenen Auslegung über. In der Tat scheint schon die Abstraktheit dieser Begriffe darauf hinzuweisen, daß sie wohl kaum für das Bild, sondern für die mit ihm gemeinte Sache gewählt[7] und „von des Gedankens Blässe angekränkelt" sind. Handelt es sich bei alt und neu um Gesetz und Evangelium,[8] um die alte Wahrheit und ihre neue Parabeleinkleidung,[9] oder allgemeiner um die Lehre Jesu, der dem Alten Testament eine neue Deutung gab?[10] Nach J. Schniewind ist in dieser Lehre beides, das Festhalten am Alten (Mt 5,17ff) und das umstürzende Neue (Mt 5,21ff), zur Einheit verbunden; das gelte auch von den Gleichnissen vom Gottesreich, die mit ihrer Bildsprache an das Alte Testament anknüpfen.[11] Oder ist etwa die Lehre Jesu als das Alte anzunehmen, zu der als Neues der Kommentar der Gemeinde tritt, gleichsam als ethisierende Gemara, wie sie etwa in der Deutung des Gleichnisses vom Unkraut im Weizen erscheint?[12]

---

[6] NTD 2, Göttingen [8]1959, 174.
[7] R. *Walker,* Die Heilsgeschichte im ersten Evangelium, Göttingen 1967, 27f, wehrt sich energisch gegen eine allegorische Auslegung, wobei er streng formgeschichtlich nur *ein* tertium comparationis gelten lassen will und sich gegen eine ins einzelne gehende, die Begriffe alt und neu erfassende Explikation sperrt. Seine Deutung ist geistreich, aber exzentrisch: Der Hausherr ist unbesorgt und hortet nicht, sondern gibt bedenkenlos alles aus seinem Schatz heraus. Nach Walker soll dieser Vers das Wesen der „Basileia-Jüngerschaft" darstellen, bei der es gelte, bedenkenlos im Blick auf die Nachfolge zu sein. Auf keinen Fall könne dieses „Gleichnis" den Gedanken nahelegen, „Matthäus habe sich in seinem Evangelium zum christlichen Schriftgelehrten bekannt oder gar sich selbst als solchen gehalten" (29). Aber dieses Urteil steht unter dem Diktat der These, Mattäus habe einen „Anti-Doktorismus" vertreten (23). Warum hätte der Evangelist ein positives Logion über den christlichen Schriftgelehrten der Tradition entnehmen oder gar selbst schaffen sollen (Walker schwankt zwischen beiden Möglichkeiten), wenn er selbst alles Schriftgelehrtentum jüdischer oder christlicher Art schärfstens ablehnt?
[8] *J. C. Fenton,* a.a.O. 231.
[9] E. *Klostermann,* Matthäus (HNT), Tübingen [3]1919, 259.
[10] T. W. *Manson,* The Sayings of Jesus, London 1949, 198. Ähnlich P. *Gaechter,* Das Matthäus-Evangelium, Innsbruck 1963, 462; W. *Grundmann,* Das Evangelium nach Matthäus, Berlin 1968, 357f.
[11] A.a.O.
[12] W. D. *Davies,* The Setting of the Sermon on the Mount, Cambridge 1966, 233. Ähnlich A. *Schlatter,* Der Evangelist Matthäus, Stuttgart 1929, 451; auch erwogen von W. *Grundmann,* a.a.O.; P. *Bonnard,* L'Evangile selon St. Matthieu, Neuchâtel 1970, 203.

2. Die alttestamentliche Grundlage: Jesaja 43,18 f

Daß das Bild vom Hausherrn in Mt 13,52 nicht stilrein, sondern von der Sache her bestimmt ist, zeigt sich vor allem dann, wenn man seinen *alttestamentlichen Hintergrund* erkennt. Mattäus hat für die Bildung dieses Logions ein Schriftwort verwendet, das im Judentum seiner Zeit eine wichtige Rolle gespielt hat und auch mehreren Aussagen des Neuen Testaments zugrundeliegt. Es ist dies die Verheißung Jes 43,18 f: „Denkt nicht mehr zurück an das Frühere (’al tizkĕru rî’schōnōth) und achtet nicht mehr auf das längst Vergangene (wĕqadmōniōth ’al titbōnānu)! Siehe, Ich schaffe ein Neues (ḥadaschah), schon sproßt es, merkt ihr es nicht? (halō’ tēdā‘ūhā).“ Daß Mattäus an diese Verse gedacht hat, zeigt schon ein formaler Vergleich. Gemeinsam ist beiden Stellen nicht nur der Verweis auf Altes und Neues, sondern auch die rückbezügliche Frage: „Merkt ihr es nicht?“ (Jes 43,19) – „Habt ihr all das verstanden?“ (Mt 13,51). Freilich hat Mattäus diese Frage vorangestellt, so daß ihr Bezug geändert ist. Ähnlich hat er das Neue[13] nach vorn geholt, eine Änderung, die wohl beachtet sein will. *Jesaja* hat mit dem Früheren und längst Vergangenen die großen Taten Gottes gemeint, vor allem die Rettung Israels am Schilfmeer, die im Kontext erwähnt wird (V. 16 f). All das wird verblassen angesichts des neuen Geschehens, wenn Gott das exilierte Volk durch einen zweiten Exodus in die Heimat zurückbringen wird (V. 19). *Die Rabbinen* haben diese Verheißung als eschatologisches Trostwort gedeutet und ihm dadurch bleibende Bedeutung verschafft: Die Drangsal Israels beim Auszug aus Ägypten, seine Knechtung durch heidnische Könige wird vergessen werden über dem Ansturm von Gog und Magog und der ihm folgenden ewigen Erlösung.[14] Auch die *ersten Christen* haben diese Jesajaverse endzeitlich interpretiert und dabei der Frage, wie das neue Gotteshandeln zu erkennen sei, besondere Beachtung geschenkt. Für *Paulus* ist die Verheißung Jes 43,19 eine gegenwärtige Realität. Denn durch Christus wird der Glaubende zum neuen Geschöpf: „Das Alte ist vergangen, siehe, es ist alles neu geworden!“ (2 Kor 5,17). Auch die Frage des Erkennens der neuen Wirklichkeit, die

---

[13] Dabei wird es an das Alte angeglichen (Plural: καινά); dieses ist schon dadurch abgewertet, daß es in einen einzigen Begriff zusammengefaßt worden ist ((παλαιά = qadmonioth).

[14] b Ber. 13a; T Ber. I,13 *(Zuckermandel, 2)* und Yalq. Schim. Bd. II Nr. 455 zu Jes 43,18 f. Das „Nicht-mehr-Erwähnen“ des früheren Geschehens wird anhand eines Maschal aus der menschlichen Erfahrung erläutert: Wer sich der Errettung aus lebensgefährlichen Situationen rühmen kann, pflegt nur den neuesten, spektakulärsten Fall zu erwähnen. Damit wird die Forderung Jes 43,18 sachgemäß interpretiert: Gemeint ist, daß Gottes neues Heilshandeln das frühere übertrifft und deshalb bei der Rezitation der Ṣidĕqōth Jahwe an die erste Stelle rückt.

in Jes 43,19 gestellt ist, wird von Paulus in diesem Zusammenhang beantwortet, und zwar – wie in Mt 13,51 – in veränderter Reihenfolge, unmittelbar vor der Erwähnung des Neuen und Alten. Denn in 2 Kor 5, 16 sagt der Apostel: „Somit kennen[15] wir von jetzt an niemand nach dem Fleisch"; das neue Schaffen Gottes, das in der Kraft des Geistes geschieht, erfordert eine neue, d. h. geistliche Betrachtungsweise (vgl. 1 Kor 2,11). Dieser anthropologischen Anwendung der Jesajaverheißung ist die kosmologische an die Seite zu stellen, nach der Gott einen neuen Himmel und eine neue Erde schaffen wird; Jes 43,19 wird dabei mit Jes 65,17f; 66,22 verbunden. Das geschieht in der *Offenbarung des Johannes.* In der letzten Vision schaut der Seher, wie mit der alten Welt (Offb 21,1) auch die „ersten Dinge" vergangen sind (21,4), und hört dazu die feierliche Erklärung: „Siehe, ich mache alles neu!" (21,5). Weil die Neuschaffung der Welt auch für den Christen eine Sache der Zukunft ist, bleibt als Erkennensweise nur die visionäre Schau. Mit den Logien vom neuen Flicken auf dem alten Kleid und vom neuen Wein in alten Schläuchen ordnet *Jesus* sein messianisches Wirken in das neuschaffende Handeln Gottes ein (Mk 2,21f). Dabei wird die Verheißung Jes 43,18f in Bilder aus dem Alltagsleben gefaßt. Das rechte Erkennen besteht zunächst darin, daß man die Andersartigkeit des Neuen, seine Unverträglichkeit mit dem Alten einsieht; aber Jesus hat auch die Fähigkeit, diese Einsicht pädagogisch zu vermitteln, indem er das göttliche Handeln am Bild des menschlichen Verhaltens deutlich macht.

Das alttestamentliche Vorbild Jes 43,18f und die an ihm orientierten Aussagen gestatten es, für den blassen Ausdruck ταῦτα πάντα „Versteht ihr das alles?" (Mt 13,51) eine erste *Näherbestimmung* zu wagen: Gemeint ist das *geschichtliche Handeln Gottes,* und zwar vor allem das Neue, dem in Jes 43,19 die Frage nach dem Erkennen gilt.[16] Wenn Mattäus diese Frage vorangestellt hat, so ist das wohl überlegt. Er will damit sagen: Jesus hat gerade in den Gleichnissen vom Gottesreich auf das Heilshandeln Gottes hingewiesen, der seine Verheißung: „Ich schaffe ein Neues!" jetzt erfüllt. Diese Deutung des Evangelisten ist m. E. naheliegend und durchaus legitim. Denn in dieser Verheißung wird das neue Handeln der Saat verglichen, die schon zu keimen beginnt: „Schon sproßt es, merkt ihr es nicht?" (Jes 43,19). Die Gleichnisse, die Mattäus

---

[15] Beachte die 1. Pers. Plur. und das zweimalige Vorkommen des Verbums γινώσκειν; dazu die Frage: „Erkennt (Verbum *jāda'*) ihr es nicht?" (Jes 43,19).
[16] Man darf bei dieser Deutung des ταῦτα πάντα in V. 51 an das ähnlich vage ταῦτα in Mt 11,25 erinnern. Es ist von seinem Schrifthintergrund her (Dan 2,21–23) ebenfalls auf das endgeschichtliche Handeln Gottes zu beziehen, dessen Kenntnis den Unmündigen geschenkt wird. Vgl. dazu *W. Grimm,* Das Dankgebet für die Offenbarung, Jahresbericht des Institutum Judaicum, Tübingen 1972, 68–77.

für sein Kapitel 13 aus Markus entnommen hat, benützen gerade dieses Bild von der Saat, die ausgestreut wird, aufgeht und der Ernte entgegenreift: So geht es beim Kommen der Basileia zu, mit der Gott das Neue schafft. Nun wird auch deutlich, warum Mattäus das Wort von den seligen Augenzeugen in das Gleichniskapitel 13 eingefügt hat (V. 16f): Die Jünger erkennen, was viele Propheten und Gerechte zu sehen begehrten, nämlich das Sprossen des Neuen, das durch Jesu Wort angekündigt und durch sein Handeln verwirklicht wird. Noch deutlicher als in den Bildworten vom neuen Flicken und neuen Wein hat Jesus in den Gleichnissen von der Saat die Verheißung Jes 43,18f dargestellt und sein Erkennen des Neuen in Verstehenshilfen für andere umgesetzt.

Diese Verbindung der Saatgleichnisse mit Jes 43,18f war schon in der Vorlage des Mattäus hergestellt. Was dieser mit den abschließenden Versen 13,51f anzeigt, hat *Markus* mit der Komposition seines Gleichniskapitels zum Ausdruck gebracht: Mk 4 ist von Jes 43 her konzipiert.[17] Das Schaffen und Sprossen des Neuen, der wunderbare Weg in der Wüste (Jes 43,19) wird von Gott mit dem Hinweis auf die alte Heilstat des Schilfmeerwunders beglaubigt: Er hat im Meer einen Weg gebahnt (Jes 43,16), Wagen und Rosse, Streitmacht und Gewaltige ausziehen lassen und ausgelöscht (V. 17). Markus läßt den Gleichnissen von der Saat die Wunder der Sturmstillung und der Austreibung der Dämonenlegion bei Gadara folgen (4,35–5,20). Mit diesen Wundern wird die Heilstat am Schilfmeer zeichenhaft, auf eschatologischer Ebene wiederholt, und zwar analog zu ihrer Darstellung in Jes 43,16f. Denn Jesus „bahnt einen Weg durch das Meer", indem er die Jünger sicher ans andere Ufer bringt (Mk 4,35–41; vgl. Jes 43,16); er läßt dann die „Gewaltigen ausziehen und verlöschen"; die Dämonen fahren aus und versinken im See (Mk 5,1–20 vgl. Jes 43,17). Damit erringt Jesus einen endzeitlichen Sieg, da er nicht über die zeitlich begrenzten, menschlichen Gegner Israels, sondern über die permanenten Feinde der Menschheit, über die Macht des Chaos und des Teufels triumphiert. Diese Darstellung bedeutet, daß auch Markus in den Saatgleichnissen die Verheißung Jes 43,19 bildlich beschrieben sah. Wie Mattäus hat er die Reihenfolge der Verse Jes 43,16–19 vertauscht, denn Sturmstillung und Dämonenvernichtung (vgl. Jes 43,16f) erscheinen erst nach den Gleichnissen, in denen das neue Gotteshandeln dargestellt ist (Jes 43,19). Auch diese Umstellung ist theologisch motiviert. Denn die beiden Wunder bezeich-

---

[17] Dazu auch von Hos 10,12, das den Einschub des Bildworts vom Leuchter erklärt: Das Säen in Gerechtigkeit und das Ernten nach Gottes Huld wird dort mit dem Pflügen eines Neubruchs *(nir)* verbunden, der von Markus wie in LXX und Targum als Leuchter *(nēr)* verstanden wird.

nen ein neues, dem neuen Gottesweg in V. 19b vergleichbares Geschehen. Sie erinnern an die alte Heilstat des Schilfmeerwunders, nehmen
dieses gleichsam in sich auf. Das alte Wunder darf nicht verdrängt werden, sondern muß in dem neuen erkennbar sein; so erhält dieses seine
Bedeutsamkeit, den Zeichencharakter. Das Neue verstehen heißt, in ihm
das Alte sehen.

Mattäus, der das Wunder der Sturmstillung und das von Gadara schon
früher gebracht hat (8,23–34), stellt den Anschluß an die Jesajaverheißung durch die Verse 13,51f her. Aber auch bei ihm wird *das Alte nicht
vom Neuen verdrängt.* Es fällt nicht in den Abgrund des Vergessens, sondern
wird wie das Neue in die Schatzkammer des Hausherrn gelegt. Das Neue
steht zwar an erster Stelle, aber gerade der christliche Schriftgelehrte
braucht auch das Alte, und zwar so, daß er vom Neuen zum Alten zu-
rücklenkt, seine Bedeutung im Licht des Alten bedenkt. Diese Zu-
sammenschau führt zum Verstehen.

Das *Nebeneinander von Neu und Alt* als Übernahme und bewußte Korrektur von Jes 43,18f findet sich auch in den Schriften von *Qumran,* und
zwar in dem freilich nur fragmentarisch erhaltenen „*Mysterienbuch*"
(1 Q 27). Von den außenstehenden, nicht zur Gemeinde gehörenden
Menschen wird dort gesagt: „Sie kennen nicht (lō' jāde'u) das Geheimnis des (zukünftigen) Geschehens und achten nicht auf das längst Vergangene (uběqadmōniōth lō' hitbonanu); sie wissen nicht, was auf sie
kommen wird, und retten ihr Leben nicht vor dem Geheimnis des (zukünftigen) Geschehens" (1 Q 27, 1, I, 3–4). Wie in Mt 13,52 ist in diesem
Jes 43,18f aufnehmenden Text die Reihenfolge von alt und neu umgekehrt: An der Spitze steht das Wissen um das Neue, das als Geheimnis
des zukünftigen[18] Geschehens umschrieben und so apokalyptisch gedeutet wird; die Wiederholung dieser Wendung am Schluß der Aussage
zeigt den Vorrang des Neuen an. Aber auch das Beachten des Alten ist
wichtig. Auffallend stark wird das Erkennen (jāda') betont, das keinesfalls auf die Schriftgelehrten beschränkt werden darf: Weil die nahe Zukunft das Gericht bringt, hängt vom Verstehen das Bestehen der Menschen im Endgericht ab; die „Gnosis" ist heilsnotwendig. Auch im
Jubiläenbuch[19] werden alte und neue Dinge an wichtiger Stelle erwähnt.
Gott hatte Mose während des vierzigtägigen Aufenthalts auf dem Sinai
„die vergangene und zukünftige Geschichte von der Einteilung aller
Tage des Gesetzes und Zeugnisses" gezeigt (1,4). Dabei handelt es sich,

---

[18] *rāz nihjāh.* Dieses Partizipium Niphal hat futurische Bedeutung. Vgl. *W. H. Brownlee,*
The Dead Sea Manual of Discipline, BASOR, Suppl. 10–12, New Haven 1951, 54f.
[19] Es zählt schon aufgrund der hebräischen Fragmente aus den Höhlen 1 und 11 und
dann auch wegen des Sonnenkalenders zum Kreis der Qumranschriften.

wie in Kap. 1 des Jubiläenbuchs summarisch dargelegt wird, um Israels
dunkle Vergangenheit und um die herrliche Zukunft der Gotteskinder.
Beides, das Verstehen der Vergangenheit und die Zukunftsschau, werden durch Offenbarung erlangt, zumal die Zeiteinteilung und mit ihr
Ablauf und Sinn der Geschichte nicht ohne weiteres ablesbar sind. Ganz
anders wurde die Frist dieser vierzig Tage nach *rabbinischer* Auffassung
ausgenützt: Mose wurde über die Einzelheiten der Tora und all das, was
die Schriftgelehrten an neuen Deutungen hinzufügen würden, von Gott
unterrichtet (b Meg. 19b). Das Neue ist hier tatsächlich eine Gemara zur
Tora bzw. Mischna; die Zukunft wird von unapokalyptischen Schriftgelehrten gemeistert. Auf die Weisheit der Vergangenheit bezogen ist
das Wissen des idealen Schriftgelehrten nach *Sir 39,1ff:* Er vertieft sich
in Gottes Gesetz, forscht in der Weisheit aller Altvordern und beschäftigt
sich mit den Weissagungen (V. 1); ... er erforscht die verborgenen
Dinge der Sprüche und ist mit den Rätseln der Parabeln vertraut (V. 3).
In diesen beiden letztgenannten Beispielen hat man sich von der Weissagung des neuen Gotteshandelns in Jes 43,19 abgesetzt; das apokalyptische Denken mit der Naherwartung des Endes fehlt. Das Verstehen
des Gesetzes dient dem rechten Wandel in einer weiterbestehenden
Welt; die Schrift wird vor allem ethisch und nicht so sehr prophetisch
ausgelegt.

3. Das Neue

Die endgeschichtliche Orientierung des Mattäus tritt bei einer Analyse
des *Neuen* in Mt 13,52 hervor. Im oben erwähnten Text des Mysterien-
buchs ist das Neue durch die qumraneigene, echt apokalyptisch klingende Wendung *„Geheimnis des Geschehens"* interpretiert, freilich nicht
völlig geklärt. Allerdings darf man die folgenden Sätze des Mysterien-
buchs auf dieses Geschehen beziehen; der Schleier des Geheimnisses
wird somit gelüftet. Verheißen wird dort nicht etwa ein neuer Exodus
wie bei Jesaja – diesen haben die Qumranleute bereits hinter sich –, sondern der universale Sieg von Gerechtigkeit und Erkenntnis, die sich
gegenüber Gottlosigkeit und Irrtum in den Vordergrund schieben und
sie völlig verdrängen. Damit werden die lange verborgene Realität dieser
positiven Größen und gleichzeitig die Nichtigkeit von Bosheit und
Irrtum geoffenbart: Wie die Finsternis vor dem Licht weichen muß, wie
sich ein Rauch rasch verzieht, so geräuschlos und gründlich geht die
Gottlosigkeit zugrunde, und die Gerechtigkeit geht auf wie die Sonne,
die Norm der Welt (1 Q 27 1,I,5–7). Das Endzeitdrama ist somit als
Offenbarung, als die Entwirrung und Scheidung geistiger Größen gedacht, die jetzt noch ineinanderliegen. Das Zeichen ('ôth) der Zeiten-

wende wird das Eingesperrtwerden der „Geschöpfe des Irrtums" sein
(Z. 5): Die Dämonen, die Werkzeuge des Teufels und Verursacher der
Weltverfinsterung, werden zur Hölle gestürzt und dort hinter fest ver-
riegelten Toren unschädlich gemacht (1 QH 3,14–18). Diese Vorgänge
entsprechen der in der *Johannesoffenbarung* geschauten endzeitlichen Veränderung der Welt: Der neue Himmel und die neue Erde erscheinen,
wenn die Chaosmacht des Meeres verschwunden (21,1) und dazu der
Tod und das Totenreich in den Feuerofen geworfen sind (20,14); das
neue Jerusalem wird von der Herrlichkeit Gottes wie von einer ewig
scheinenden Sonne erhellt (21,23f). Bezeichnenderweise hat *Mattäus*
gerade in das Gleichniskapitel die „Vollendung der (gegenwärtigen)
Weltzeit" (13,40.49) eingetragen und als endgerichtlichen Scheidungsprozeß dargestellt: Die Übeltäter werden in den Feuerofen geworfen
(13,41.49f), die Gerechten in der Herrschaft ihres Vaters wie die Sonne
leuchten (13,43). Das Zeichen der anbrechenden Zeitenwende wird mit
Jesu Wundern gesetzt, speziell den Exorzismen, aber auch mit der
Sturmstillung und der Dämonenertränkung bei Gadara.[20] Das Geheimnis Gottes bleibt nicht ganz im Schoß der Zukunft verborgen, sondern
wird durch Jesu Handeln gegenwärtiges Geschehen; die Gottesherrschaft beginnt sich zu verwirklichen. Das hat Markus durch die Komposition von Kap. 4 und 5, durch die Verbindung von Gottesreichspredigt
und den Zeichen der Zeitenwende, erreicht. Mattäus hat den gleichen
Sachverhalt in einem Jesuswort der Logienquelle zum Ausdruck gebracht: „Wenn ich dagegen durch den Geist Gottes die Dämonen aus-
treibe, so ist ja die Gottesherrschaft auf euch gekommen" (12,28). Was
im Mysterienbuch noch drohende Zukunftsaussage ist – die Menschen
wissen nicht, was „auf sie kommen wird" –, erscheint in diesem Jesuswort in der Form der Vergangenheit und als Zusage des Heils: „Die
Gottesherrschaft ist zu euch herabgekommen."

Das *Erkennen des Neuen* bleibt jedoch ein Problem. Zwar sehen die
Jünger, was die Propheten zu schauen begehrten (13,26f), nämlich wie
sich Gottes Verheißung vom neuen Heilshandeln erfüllt. Aber sie vermögen das nur, weil es ihnen „gegeben ist, die Geheimnisse der Gottesherrschaft zu verstehen" (13,11). Die Basileia bricht noch nicht mit Macht
herein, unwiderstehlich, die Welt verwandelnd, so daß jedermann Gottes
Handeln schauen, bekennen und preisen muß. Das Neue bleibt ein
Geheimnis. Mattäus spricht sogar, abweichend von seiner Vorlage, von
den μυστήρια der Gottesherrschaft. Dieser Plural erklärt sich m. E. so,
daß Mattäus in diesen Geheimnissen eine Näherbestimmung der „neuen

---

[20] Diese letztere ist mit 1 QH 3,14–18 zu vergleichen: Das Ertrinken der Dämonen
im See weist auf deren endzeitlichen Absturz in die Scheol.

Dinge" (καινά) in 13,52 sieht und diese auf die Gegenwart und die Zukunft bezieht. Gerade Mattäus hat das Neue des Gotteshandelns in Jes 43,19 auch als „Geheimnis des *zukünftigen* Geschehens" gedeutet und wie das Mysterienbuch auf das *kommende Gericht* bezogen. Das wird aus den Gleichnissen vom Unkraut im Weizen und vom Schleppnetz ersichtlich. Sie gehören zum Sondergut des Mattäus, werden allegorisch ausgelegt und bieten eine Darstellung des Endgerichts, die den ursprünglichen Skopus weitgehend verdeckt und an die eschatologischen Vorstellungen in Qumran erinnert.[21] Die Verse 13,40–43.49f schildern, wie oben erwähnt, das Endgericht als einen Scheidungsprozeß, der freilich nicht wie im Mysterienbuch den geistigen Größen Wahrheit und Irrtum dient, sondern deren menschliche Träger, die Gerechten und Gottlosen, erfaßt. Jedoch hat man in Qumran einen ähnlichen Akt gekannt, nämlich die endgerichtliche Reinigung der Gemeinde, bei der die Heuchler von den Kindern des Lichts abgesondert und ausgerottet werden (1 QS 2,11–18; CD 20,25–27).[22] Auch Mattäus warnt seine Mitchristen vor dem Gedanken, das bloße Bekenntnis zu Christus als Herrn genüge in Gottes Gericht (7,21–23); die Norm des Richters wird für viele eine Überraschung sein (25,31–46).

Wir fassen zusammen: Das „Neue" in V. 52 ist identisch mit den „Geheimnissen der Gottesherrschaft" (13,11). Das erklärt auch das Wesen des christlichen γραμματεύς: Er ist ein Gelehrter der Gottesherrschaft. Diese Geheimnisse betreffen wie bei Markus die Tatsache, daß in Jesus der Messias erschienen ist, der durch Wort und Wunder die Basileia heraufführt. Zu ihnen gehört ferner der Scheidungsprozeß des Endgerichts, der auch die Glieder der Kirche bedroht; mit der Gesetzesauslegung Jesu oder auch der Gemara der christlichen Gemeinde haben diese μυστήρια nichts zu tun.

4. Das Alte (Mt 13,34f)

Auch das „Alte" im Schatz des Schriftgelehrten hat Mattäus in Jesu Gleichnispredigt entdeckt. Von dieser Entdeckung spricht er in den *Versen 13,34f*, in denen er auch nachzuweisen versucht, warum Jesus seine Botschaft vom Gottesreich verhüllt, in der Form von Gleichnissen dargeboten hat. Es handelt sich auch hier um die redaktionelle Arbeit des Evangelisten, die freilich von der Vorlage Mk 4,33f

---

[21] Vgl. dazu meinen Aufsatz: The Dichotomized Servant and the End of Judas Iscarioth: Revue de Qumran 5, 1964, 43–58, hier 56f.
[22] Der in 1 QS 2,11–8 erwähnte Fluch gegen den Heuchler bildet den Hintergrund von Mt 24,50f; vgl. den in Anm. 21 erwähnten Aufsatz.

inspiriert ist. Entscheidend für das Verständnis dieser Verse ist wieder eine Weissagung der Schrift,[23] die jetzt sogar voll zitiert wird (V. 35, Ps 78,2).

In *V. 34* hat Mattäus den Schluß der Gleichnisrede Mk 4,33f übernommen, obwohl er dann weitere Gleichnisse folgen läßt. So wird ein Einschnitt geschaffen, der mit der Entlassung des Volks begründet wird (V. 36); nur die Jünger bleiben da. Damit führt Mattäus das aus, was in der Vorlage Mk 4,34b nur als Faktum erwähnt ist, nämlich die Auslegung der Gleichnisse vor den Jüngern allein. Die vorläufig abschließenden Verse 13,34f bilden formal das Gegenstück zu 13,51f; diese sind auf die Jünger, jene auf das Volk zu beziehen. Sie sind auch vom Inhalt her einander zuzuordnen, denn auch in V. 34f geht es um das rechte Verstehen. Mattäus hat aus dem Markusschluß die Angabe weggelassen, Jesus habe sich mit der Gleichnisrede dem Verstehensvermögen des Volkes angepaßt (Mk 4,33). Er ist von der gegenteiligen, in V. 11–15 ausgesprochenen Ansicht beherrscht, das Volk habe nichts begriffen, und zwar gerade deshalb, weil Jesus zu ihm in Gleichnissen sprach (vgl. Mk 4,11f). In dem Reflexionszitat 13,35 versucht Mattäus, einen gewichtigen Einwand gegen die verhüllende Gleichnispredigt Jesu zu entkräften und dabei mit der These vom Gleichnis als einem Verstehensmittel (Mk 4,33) auf seine Art fertig zu werden. Angesichts der Gleichnisrede stellt sich die Frage: Warum hat der Messias seine Botschaft vom Gottesreich in die Form von Gleichnissen gehüllt? Warum führt er nicht die Ära der Offenbarung, der Entbergung alles bisher noch Verdeckten herbei, in der die Rätselrede durch das offene Wort ersetzt wird (vgl. Joh 16,25), in der Hören und Verstehen, Sehen und Einsicht zusammenfallen? Diese Fragen beantwortet der Evangelist mit einem Satz aus der Schrift und behauptet, gerade mit verhüllender Gleichnisrede habe Jesus die prophetische Weissagung und den Willen Gottes erfüllt. Der Psalmvers 78,2 (LXX 77,2), der aus zwei parallelen Gliedern besteht, wird in *13,35* auf originelle Art zitiert. Das erste Glied: „Ich werde meinen Mund in Gleichnissen öffnen" stimmt wörtlich mit der Fassung der Septuaginta überein. Dabei mußten für Mattäus der Plural παραβολαί (MT: Singular māschāl) und das Futurum ἀνοίξω besonders bedeutsam gewesen sein: Der prophetische Psalmist hat hier das Faktum der Gleichnispredigt des Messias vorausgesagt. Dagegen weicht die zweite Vershälfte von der Fassung der Septuaginta erheblich ab, entspricht aber auch nicht dem masoretischen Text. Sie stellt eine freie midraschartige Wiedergabe dar, die wohl auf das Konto des Evangeli-

---

[23] Zum Zitat 13,35 vgl. *W. Rothfuchs,* Die Erfüllungszitate des Matthäus-Evangeliums (BWANT 8), Stuttgart 1969, 78–80.

sten geht: „Ich werde die von der Schöpfung (der Welt) an verborgenen Dinge aussprechen." Jesus hat, so will Mattäus sagen, in seinen Gleichnissen die Geheimnisse der Geschichte enthüllt, zur Sprache gebracht und öffentlich kundgetan; das Verbum ἐρεύγομαι (LXX φθέγγομαι) meint das gleiche wie die bildlichen Wendungen vom Ausstreuen des Samens (vgl. 13,19)[24] und vom Hervorholen des Vorrats in 13,52. Bemerkenswert ist ferner das passive Partizipium τὰ κεκρυμμένα (MT ḥidōth, LXX τὰ προβλήματα), das sprachlich dem hebräischen Ausdruck ha-nistārōth = „die verborgenen Dinge" entspricht. Aber es bezeichnet nicht etwa wie in Qumran die noch verborgenen halachischen Probleme in der Tora (1 QS 5,11f), sondern die Geheimnisse der Basileia, die von der Weltschöpfung an im geschichtlichen Handeln Gottes vorabgebildet sind.

Wieder kann man eine Gleichsetzung vollziehen: Die Ereignisse von der Weltschöpfung an (Ps 78,2; MT minni-qedem) sind für Mattäus identisch mit dem längst Vergangenen (qadmōniōth) in Jes 43,18 und den παλαιά in Mt 13,52. Das „Alte" meint also weder das Gesetz Moses noch die Lehre Jesu, sondern die Geheimnisse der vergangenen Geschichte, die es aus der Schrift zu erheben gilt, weil sie für das Verstehen des „Neuen" wichtig sind.

5. Die Verbindung von Neuem und Altem: Der christliche Schriftgelehrte

Für Mattäus hat Jesus in seiner Gleichnispredigt den geheimen Sinn der Geschichte geoffenbart. Wie ist das geschehen, und kann Jesu „Wort von der Gottesherrschaft" (13,19) vorbildlich für die Arbeit des Schriftgelehrten der Gottesherrschaft sein? Der Verfasser des 78. Psalms hat die Geschichte Israels rekapituliert, um so ihr Geheimnis, die bleibende Bedeutung der Geschichte, zu entdecken und zu verkünden. Dagegen hat Jesus in seinen Gleichnissen die Vorgänge der alten Geschichte nicht nacherzählt, sondern die Geheimnisse der Basileia und damit das Ziel der Geschichte aufgezeigt. Das hat auch Mattäus gewußt. Für ihn war Jesu Botschaft nicht ein Ergebnis der Reflexion, sondern der Inspiration, der direkten Information, die er als der Gesalbte und Sohn Gottes erhielt (Mt 11,27). Aber Mattäus will in 13,34f sagen: Die Gleichnispredigt war Offenbarung; Jesus hat in ihr das Geheimnis der Vergangenheit durch die Ansage der Zukunft Gottes enthüllt. Damit kam er seiner messianischen Aufgabe durchaus nach. Aber er sprach in Gleichnissen, weil gerade die indirekte, verhüllende Weise der Darstellung dem Gegen-

---

[24] *A. Schlatter,* a.a.O. 444, denkt auch bei der Wendung καταβολή (τοῦ κόσμου) an das 'Abwerfen' des Samens; die Menschheit ist von Gott gesät.

stand der Geheimnisse Gottes angemessen und von der Schrift als sach-
gemäße Verkündigungsweise bezeugt ist. Abgesehen davon schlägt
diese Form der Verkündigung eine Brücke zwischen der eschatologischen Gegenwart und deren Vollendung, dem Ende der Zeit. Denn sie
bereitet die im Gericht vollzogene Scheidung zwischen Wahrheit und
Irrtum, Gerechten und Gottlosen vor. Das Wort von der Gottesherrschaft hat kritische Kraft. Es scheidet die Hörer in eine unverständige
Menge und den kleinen Kreis derer, denen Gott die Geheimnisse der
Basileia gegeben hat (13,11–15). Mattäus hat durch die Komposition des
Gleichniskapitels diese Scheidung auch äußerlich sichtbar gemacht, indem er die Menge in der Mitte der Rede abtreten läßt (V. 36) und nur
die Eingeweihten bei Jesus beläßt. Auch der christliche Schriftgelehrte
übernimmt dadurch, daß er Neues und Altes ans Licht bringt, dieses
kritische Amt. Dennoch setzt er nicht einfach Jesu Verkündigung fort.
Jesus war kein Schriftgelehrter, sondern Werkzeug des neuen Gotteshandelns und damit auch Gegenstand der Lehre des γραμματεύς. Dieser
Schriftgelehrte ist auch nicht gleichzusetzen mit den Jüngern in Jesu
Gemeinschaft oder auch den Unmündigen, denen Gott offenbart, was
er den Weisen gegenüber verbirgt (Mt 11,25). Er soll das Neue nicht
nur empfangen, sondern auch reflektieren, indem er es mit dem Alten
verknüpft. Erst die Reflexion auf das Alte macht aus dem Jünger Jesu
den Schriftgelehrten der Gottesherrschaft, erst das Studium der Schrift
den γραμματεύς. In dieser Hinsicht stimmt der christliche Schriftgelehrte mit dem *rabbinischen* überein. Dennoch besteht zwischen beiden
ein wichtiger Unterschied. R. Hummel meint, Mattäus sei in der Struktur seines Denkens in vieler Hinsicht ganz Schriftgelehrter pharisäischer
Richtung.[25] Aber dieses Urteil trifft ebensowenig zu wie der oben erwähnte „Anti-Doktorismus" des Evangelisten: Gerade die Struktur ist
verschieden. Der rabbinische Schriftgelehrte ist Exeget; er studiert die
Tora und macht sie für die Gegenwart aktuell. Primär bleibt das „Alte",
die schriftliche und mündliche Tradition.[26] Der Schriftgelehrte der
Gottesherrschaft ist dagegen ein Evangelist. Er bringt die Botschaft von
der einbrechenden Basileia, verkündigt das Gotteshandeln in Christus;
im Dienst des Neuen beschäftigt er sich mit dem alten Gotteswort der
Schrift. Bestimmen Jesustradition und Christuskerygma das Thema
und die Methode der Exegese, so wird die Schrift vor allem als Prophetie

---

[25] Die Auseinandersetzung zwischen Kirche und Judentum im Matthäusevangelium
(Beiträge zur ev. Theologie 33), München 1968, 7.
[26] Man könnte allenfalls darauf verweisen, daß die Rabbinen für die vorgegebenen
Halakhoth Belege in der Schrift gesucht haben (vgl. b Pes. 84a). Aber diese Halakhoth
der mündlichen Überlieferung wurden auf Mose zurückgeführt; der Schriftbeweis
deckte auf, was von Anbeginn gegeben war.

verstanden (Mt 11,13). So erklären sich auch die geänderte Stellung von alt und neu in 13,52 und die ungewöhnliche Reihenfolge Propheten–Gesetz in 11,13. Es gibt vor allem *zwei Wege,* auf denen der christliche Exeget das Neue mit dem Alten verknüpft; beide hat Mattäus beschritten. Auf dem ersten wird das *heilsgeschichtliche Handeln* Gottes studiert; für ihn mag der Stammbaum des Christus als Beispiel dienen (Mt 1,1–16). Mit ihm will Mattäus zeigen, daß mit der Geburt Christi die Geschichte Israels zum Ziel geführt wird. Die dem Vater Israels, Abraham, gegebene Verheißung Gen 12,3 wird jetzt erfüllt, ebenso auch das dem König Israels, David, geschenkte Versprechen eines ewig regierenden Davididen und Gottessohns (2 Sam 7,12–14). Durch alle Höhen und Tiefen der Geschichte Israels hindurch wird der Plan Gottes festgehalten; der Einsichtige erkennt die verhüllte Führung Gottes etwa an den vier außerisraelitischen Ahnfrauen (1,3–7) oder an den drei mal vierzehn Gliedern des Stammbaums (1,17). Die zweite Weise der Erhellung der Botschaft ist am *Wort der Verheißung* orientiert; der christliche Schriftgelehrte besinnt sich darauf, wo und wie Gott das Evangelium von Christus durch seine Propheten vorausverkündigt hat (vgl. Röm 1,2).[27] Die sogenannten „Reflexionszitate" des Mattäus sind schon ihrem Namen nach das Ergebnis einer Einsicht, die das Neue als Erfüllung des prophetisch geschauten Alten versteht. Die Einführungsformel dieser Zitate bestätigt, warum die Reihenfolge neu–alt in 13,52 mit Bedacht gewählt ist: Das Neue ist geschehen, damit das alte Prophetenwort erfüllt werde. Dank dieser Reihenfolge unterscheidet sich der christliche Schriftgelehrte auch vom Exegeten in Qumran, obwohl dieser seiner Arbeit am nächsten steht und, wie das Mysterienbuch zeigt, das Neue an die Spitze stellen kann. Auch in *Qumran* betrachtete man die eigene Zeit als die letzte Epoche, auf die alle Prophetie mit ihrer Verheißung und Drohung gerichtet ist. Exegetisches Ergebnis dieser Anschauung sind zunächst die Pescharim, Florilegien und Testimonien; sie zeigen, wie mächtig, bestätigend und verheißend das alte Wort der Schrift in die Gegenwart der Gemeinde hineinsprach. Aber das hat nicht zu einer geschichtlichen Darstellung dieser Gemeinde, zu einem Evangelium von der Kirche, geführt. Man ging auch den umgekehrten Weg, der von der Gegenwart in die Vergangenheit, von der Gemeinde des Neuen Bundes zum Israel der Mosezeit führt; Beispiel dafür ist der erste Teil der Damaskusschrift. Diese Reflexion dient der Ermahnung und Erbauung der Gemeinde: Das Grundgesetz des göttlichen Handelns, der Ernst der

---

[27] Für den rabbinischen Schriftgelehrten und für den Exegeten in Qumran galten die Propheten vor allem als Interpreten der Mosetora, deren Gebote sie aufgerichtet haben. Für Mattäus sind Tora und Propheten auch Instrumente der Weissagung (11,13).

eschatologischen Lage und die eigene Verantwortung werden aus der Geschichte erkannt (CD 1,1–12). Dabei werden zahlreiche Schriftworte verwendet;[28] sie gleichen den Reflexionszitaten des Mattäus. Aber vom geschichtlich darstellenden Evangelium des christlichen Schriftgelehrten ist man noch weit entfernt, zumal das eschatologische Heilshandeln Gottes weitgehend zur Zukunft gehört und noch nicht Geschichte ist. Abschließend darf man sagen, daß Mattäus sich in der Tat als ein *Schriftgelehrter der Gottesherrschaft* und sein Evangelium als Ertrag dieser Arbeit verstehen lassen. G. Strecker meint, die Reflexion auf die Geschichte, besonders auf die Geschichte Jesu, sei vor allem durch die verzögerte Parusie und die mit ihr eintretende Veränderung der theologischen Situation verursacht; damit komme der historische Zeitablauf als solcher in den Blick, so daß nicht nur über die Zukunft, sondern auch über die Vergangenheit Rechenschaft abzulegen sei.[29] Aber Mattäus wollte ja kaum über die Zukunft Rechenschaft ablegen – wie kann man das? –, sondern seinen Mitchristen zeigen, daß in der Zukunft, vor Gottes Gericht, jeder Rechenschaft ablegen muß. Ferner haben uns die Qumranschriften gezeigt, daß man trotz intensiver Erwartung des Endes die Geheimnisse der Geschichte „von der Weltschöpfung an" gründlich bedenken kann; auch ein christlicher Apokalyptiker wie Paulus hat „die Gerichte und Wege Gottes" durchdacht (Röm 11,34). Anderseits hat für Mattäus das Wirken Jesu keinesfalls zum Alten, zur Vergangenheit, sondern zum neuen Handeln Gottes, zu den Geheimnissen der Basileia gehört; das Alte fand er bei den Propheten und im Gesetz (11,13). Man sollte sich davor hüten, die heilsgeschichtlich-systematisierende Tendenz des Mattäus zu überschätzen und zwischen der Zeit Jesu und der Zeit der Kirche einen tiefen Einschnitt zu sehen.[30] Schließlich zeigt die Deutung des Worts Mt 13,52 im neugefundenen koptisch-*gnostischen Evangelium nach Philippus,* daß ein Nachlassen der Naherwartung durchaus nicht zu einer Besinnung auf die Geschichte führen muß. Im Logion 119 dieses Evangeliums wird ein Hausherr beschrieben, der Söhne, Sklaven und allerlei Haustiere sein eigen nennt und auch die nötigen Vorräte an Lebensmitteln in reichem Maß besitzt. Jedem seiner menschlichen und tierischen Hausgenossen teilt er zu, was dessen Eigenart entspricht: angefangen vom Brot und Öl für die Kinder bis hin zu den Eicheln für die Schweine. Dieses Bild vom Hausherrn wird auf den Jünger Gottes gedeutet, der seine Weisheit dadurch bewährt, daß er die innere Ver-

---

[28] In der Damaskusschrift erscheinen viel mehr ausdrückliche Zitate (insgesamt 20) als in der stärker halachisch orientierten Gemeinderegel (3); sie beziehen sich – wie die Reflexionszitate bei Mattäus – vorwiegend auf die gegenwärtige Geschichte.
[29] Das Geschichtsverständnis des Matthäus: Ev. Theologie 26, 1966, 57.
[30] Das geschieht bei G. *Strecker* und vor allem im oben erwähnten Buch R. *Walkers.*

anlagung der Menschen erkennt und sein Reden und Lehren entsprechend abstimmt. Es gibt nämlich Tiere in Menschengestalt, so etwa
Schweine und Hunde; gemeint sind die Hyliker, die nur nach materiellen
Gütern trachten und denen keine gnostische Lehre nützt. Es gibt ferner
auch Sklaven, geistig unfreie Menschen, denen man „die ersten Elemente"
gibt, während die Kinder „das Vollkommene" erhalten; mit den ersteren
sind wohl die Psychiker, mit den letzteren die gnostischen Pneumatiker
gemeint. Es ist den Kommentatoren des Philippusevangeliums[31] entgangen, daß hier das Wort Mt 13,52 mit dem Gleichnis Mt 24,45–51[32]
verschmolzen und gnostisch umgedeutet worden ist. Wie der Jünger
Jesu im Evangelium, so gehört auch der Gnostiker zum Haushalt Gottes, der aber ganz ungeschichtlich gedeutet wird (vgl. etwa Logion 115).
Das Neue und Alte, das der Schriftgelehrte der Gottesherrschaft ans
Licht bringt, wird hier in die Elemente und die vollkommene Lehre des
„Jüngers Gottes"[33] umgesetzt; die horizontale Dimension von Gottesvolk und Gottesherrschaft ist weitgehend aufgegeben zugunsten der
vertikalen Trennung zwischen geistiger und materieller Welt.

[31] Vgl. R. *Mcl. Wilson*, The Gospel of Philip, New York 1962, 178f; *J. E. Ménard*,
L'Evangile selon Philippe, Strasbourg 1967, 235–237.
[32] Das ἐκβάλλειν des Neuen und Alten in Mt 13,52 wird demnach analog zu Mt 24,45
als ein Austeilen der Nahrung an die Hausgenossen verstanden.
[33] Mathetes mpnoute; die Gottesherrschaft („Himmelreich") ist identisch mit der
himmlischen Welt des Pleroma (Log. 23.24.81).

17. Jesus in Nazareth

Bemerkungen zu Markus 6, 1—6

Schalom Ben-Chorin zum 65. Geburtstag

Der verehrte Jubilar hat in seinem lesens- und liebenswerten Jesusbuch
das Auftreten des Nazareners in seiner Heimatstadt instruktiv kommentiert und vor allem den Ablauf des synagogalen Gottesdienstes und
den biblisch-jüdischen Bezug der Predigt Jesu aufgehellt; dabei ist er
der ausführlichen Schilderung des Lukas (4, 16—30), gefolgt[1]. Ich
erlaube mir, auf die knappe, etwas farblos erscheinende und darum
auch etwas stiefmütterlich behandelte, Darstellung dieses Ereignisses
bei Markus (6, 1—6a) einzugehen. Dabei macht mir freilich die dank-
bare Erinnerung an das Tübinger Sommersemester 1976, in dem
Schalom Ben-Chorin eine zahlreiche Hörerschaft von »Nazarenern«:
Studenten und Professoren, Pfarrern und Laien, durch seine auf die
christliche Glaubensweise eingehende Darstellung der jüdischen Theologie reich beschenkt hat, zusammen mit dem Bewußtsein der Dürftig-
keit meines unter starkem Zeitdruck angefertigten Beitrags zu dieser
Festschrift sehr zu schaffen.

Blickt man auf die Auslegungsgeschichte zu Markus 6, 1—6a zurück, so wird zweierlei deutlich: Einmal der gewundene Weg, den vor
allem die deutsche Evangelienauslegung während der letzten Jahrzehnte gegangen ist, und dann der bescheidene Ertrag hinsichtlich der
Gestalt und der Geschichte Jesu. Diese Misere läßt verstehen, warum
der »Nazarener aus jüdischer Sicht« bei vielen Christen freundliche
Aufnahme fand: Sein Bild war frisch und farbig, wirklichkeitsnah und
unverstellt im Vergleich zu dem wenigen, das die von der methodischen Skepsis diktierte Jesusforschung in Deutschland bot.

---

[1] Schalom Ben-Chorin, Bruder Jesus. Der Nazarener in jüdischer Sicht. München 1967,
S. 55—59.

a) Das Problem unserer Perikope

Ich gebe zu Beginn den Text:
Markus 6, 1—6 a:

1) Und er zog von dort weg und kam in seine Vaterstadt, und seine Jünger folgten ihm. 2) Und als es Sabbat geworden war, lehrte er in der | Synagoge. Und die Vielen (= alle), die zuhörten, erschraken und sagten (bei sich selbst): »Woher hat dieser das? Und was ist das für eine Weisheit (σοφια), die diesem gegeben ist, und daß solche Machttaten (δυναμεις) durch ihn geschehen? 3) Ist dieser nicht der Zimmermann, der Sohn der Maria und Bruder von Jakobus und Joses und Judas und Simon? Und sind nicht seine Schwestern hier bei uns?« Und sie nahmen Anstoß an ihm. 4) Da sprach Jesus zu ihnen: »Ein Prophet ist nirgends mißachtet außer in seiner Vaterstadt und bei seinen Verwandten und in seinem Hause.« 5) Und er konnte dort an Machttaten nur das tun, daß er einige wenige Kranke durch Handauflegung heilte. 6) Und er wunderte sich wegen ihres Unglaubens

Bis weit in das 20. Jahrhundert hinein waren die Ausleger dieser Perikope gegenüber vom Vertrauen in ihre *historische Echtheit* beherrscht, und zwar gerade deshalb, weil sie so unangenehme Wahrheiten bot. Man erfindet ja keine Mißerfolge des Meisters, sondern wendet eher alles ad majorem gloriae Messiae. Zudem erscheint manches unbegreiflich und darum auch unerfindlich: So etwa der plötzliche Stimmungsumschlag von ehrfürchtigem Erschrecken zu ablehnendem Ärgernis, dann die menschlich-allzumenschlich anmutende Aufzählung der Geschwister Jesu, der als »Sohn der Maria« bezeichnet wird, schließlich das offene Eingeständnis der in Nazareth zu fast völliger Wirkungslosigkeit verurteilten Heilungsmacht. Das Kopfschütteln Jesu über die ungläubigen Landsleute, mit dem der Bericht endet, braucht sich angesichts solcher harten Wahrheiten nicht auf den Exegeten zu übertragen, der in den Evangelien nach echter Überlieferung und nach dem historischen Jesus sucht. Selbst K. L. Schmidt, der in seinem bekannten Werk über den »Rahmen der Geschichte Jesu« die chronologischen und topographischen Angaben des Markus und damit auch den geschichtlichen Ertrag seines Evangeliums stark kritisierte, fand in dieser Erzählung manches undogmatische Stück »wirklich treuer Überlieferung[2]«.

---

[2] Der Rahmen der Geschichte Jesu, Berlin 1919, Nachdruck Darmstadt 1964, S. 153 f.

b) Die formgeschichtliche Analyse: Historische Skepsis und Auflösung
der literarischen Einheit

Das Vertrauen in die historische Echtheit unserer Perikope wurde
freilich bald durch die großen Initiatoren der *formgeschichtlichen*
Methode erschüttert. *M. Dibelius*[3], der in der Missionsarbeit der
Kirche den Anlaß und in ihrer Predigt das Mittel zur Verbreitung der
Jesusüberlieferung sah, bestimmte unsere Perikope als *»Paradigma«,* |
d. h. als kurze, in sich abgerundete Erzählung, die in der Verkündigung
der Kirche als anschauliches Beispiel verwendet wurde. Grundlegend
für das Ganze war für ihn das sprichwortartige Jesuswort vom verachteten Propheten (v. 4), und zwar in seiner apokryph in Papyrus Oxyr. I 9
überlieferten, ursprünglichen, Doppelgestalt:

»Nicht willkommen ist ein Prophet in seiner Vaterstadt und kein
Arzt vollzieht Heilungen an seinen Bekannten.« In der ersten Auflage
seines Buches über die Formgeschichte hatte Dibelius gemeint, die
ganze Perikope Markus 6, 1—6 sei sekundär aus diesem Logion
herausgesponnen[4]. Aber in der dritten Auflage ist sein Urteil abgeschwächt: Die kirchliche Überlieferung habe nur die zweite Hälfte des
Doppelspruches in Geschichte umgesetzt und erzählt, Jesus konnte in
Nazareth keine Wunder an seinen Verwandten und Freunden tun[5]. Die
geschichtsbildende Kraft dieses Spruches sei auch fruchtbar gewesen
für die beträchtlich erweiterte Fassung der Antrittspredigt in Lukas
4, 16—30, in der Jesus das Ärgernis der Hörer ausdrücklich auch mit
dem Sprichwort vom Arzt illustriert, der sich selbst nicht heilen kann
(4, 23), und für den in der Heimat verachteten Propheten auf das
Schicksal Elias und Elisas hinweist (4, 24—27).

R. Bultmann[6] zählt Mk 6, 1—6 zu den *»Apophtegmen«,* kurzen
anekdotenhaften Geschichten, die in einem bedeutenden Ausspruch
gipfeln. Auch er hält den Doppelspruch des Pap. Oxyr. für ursprünglicher als die markinischen Verse 6, 4 f und bejaht uneingeschränkt
dessen geschichtsbildende Potenz: Auch die ungläubigen »Verwandten« Jesu in 6,4 sind durch ihn suggeriert, gleichsam an die Stelle der
»Bekannten« gerückt, an denen der Arzt des Sprichwortes vergeblich
seine Künste versucht. Die ganze Geschichte ist ein glänzendes Beispiel
für das von Bultmann für die Form des Apophtegma aufgestellte

---

[3] Die Formgeschichte des Evangeliums, Tübingen 1919, [5]1966.
[4] A. a. O. S. 78.
[5] A. a. O. S. 107. Schon E. Wendling (Die Entstehung des Markusevangeliums 1908 S. 54)
und E. Preuschen (Das Wort vom verachteten Propheten ZNW 17, 1916, S. 33—48)
hatten diesen Doppelspruch als Grundlage für die markinische Erzählung angesehen.
[6] Die Geschichte der synoptischen Tradition, Göttingen [3]1957 S. 30 f.

Entstehungsgesetz: Für ein ursprünglich freies Logion wird beim Gang der Überlieferung *eine »ideale Szene« komponiert, aus dem Logion herausgesponnen,* und auf diese Weise eine kurze, einprägsame Geschichte gewonnen. Denn die wesentlichen Einzelzüge der Nazarethperikope sind gleichsam stichwortartig in dem Doppelspruch enthalten, der aber weniger das Wirken Jesu als vielmehr die *Tätigkeit der Gemeinde* wiedergibt. Noch an einem anderen Punkt sieht Bultmann die gestaltende Kraft der tradierenden Kirche am Werk. Er meint, in der Begrenzung des Versagens Jesu in Nazareth (v 5 b) komme die negative Erfahrung der Mission unter den Juden zu Wort; diese Aussage sei also vormarkinisch (S. 31). Auch der Bruch zwischen Bewunderung (v 2) und Ärgernis (v 3) sei dadurch hervorgerufen, daß ein ursprünglicher Bericht von einem erfolgreichen Wirken Jesu in Nazareth nachträglich von der weniger glücklichen Gemeinde korrigiert wurde. Unklar bleibt für Bultmann der Gedankengang im lukanischen Parallelbericht, in dem vor allem der Hinweis auf Elia und Elisa störe (4, 25—27). An dieser Stelle wird ursprünglich aramäisches Traditionsgut vermutet; um es unterzubringen, habe Lukas die Perikope Mk 6, 1—6 ausgebaut und eine Antrittspredigt Jesu in Nazareth geschaffen (S. 31).

Meines Erachtens werden bei dieser formgeschichtlichen Analyse die Dinge *auf den Kopf gestellt.* Der Doppelspruch vom Propheten und Arzt ist sekundär und kann darum nicht der Mutterboden der Nazarethgeschichte sein. Er liegt jetzt in einer koptischen Version im gnostischen Evangelium des Thomas aus Nag Hammadi vor[7]; dadurch sind eine Bestimmung seiner Entstehung und eine Bewertung möglich. Mit diesem Doppelspruch haben *gnostische Christen* des 2. Jhs. n. Chr. die getrennt stehenden Jesusworte Lk 4, 23—24 zusamengefaßt; solches Kombinieren von Jesusworten ist eine echte gnostische, im Thomasevangelium auch sonst zu beobachtende Manier[8]. Damit ist der formgeschichtlichen Spekulation von Bultmann und Dibelius zu Mk 6, 1—6 der Boden entzogen.

c) Die redaktionsgeschichtliche Rekonstruktion der Geschichte: E. Gräßer

Weit ab von der Frage nach der historischen Echtheit der Evangelienberichte führt auch eine Methode, die den Namen »*Redaktionsgeschichte*« trägt; zusammen mit der Formgeschichte dominiert sie in der

---

[7] Logion 31 im Evangelium nach Thomas, ed. M. Guillaumont, H. Chr. Puech u. a., Leiden 1959, S. 20 f.

[8] Vgl. dazu R. M. Grant — D. N. Freedman, The Secret Sayings of Thomas, New York 1960, besonders S. 149 f.

gegenwärtigen Synoptikerexegese. Die redaktionsgeschichtliche Methode ergänzt die formgeschichtliche: Während diese die kleinen Einheiten der mündlichen Überlieferung kritisch ins Auge faßt und ihre ursprüngliche Gestalt zu ermitteln sucht, würdigt der redaktionsgeschichtlich reflektierende Ausleger die Sammlung und Komposition dieser Stücke zu einem zusammenhängenden Ganzen, d. h. den schriftlichen Prozeß der Bildung und Verarbeitung von Quellen. Dieser Prozeß läßt sich durch den »synoptischen« Vergleich der drei ersten, voneinander abhängigen, Evangelien studieren und die Eigenart des jeweiligen Evangelisten, der sein Geschichtsverständnis und theologisches Interesse in die Kompositions- und Redaktionsarbeit investierte, in etwa eruieren. Es gibt zwar auch hier manche Schwierigkeiten. So ist etwa die Trennung von Tradition und Redaktion nicht immer einfach und eindeutig durchzuführen, zumal sich die hypothetische »Logienquelle« (Q) nicht klar erfassen und abgrenzen läßt. Aber die exegetische Unsicherheit ist nicht so groß wie bei der Formgeschichte, die sich, weil man die Gemeinde nicht gut kennt und viele Formen nur hypothetisch bestimmen kann[9], notgedrungen in einem methodischen Zirkel bewegt: Man muß voraussetzen, was man als Ergebnis erzielen will. Weil der redaktionsgeschichtliche reflektierende Exeget sich auf die Arbeit der Evangelisten konzentriert, ihre »philosophy«, d. h. die literarischen und theologischen Motive herausdestillieren will, treten das geschichtliche Fragen und der *historische Jesus naturgemäß in den Hintergrund,* ja, sie werden bewußt ausgeklammert. Kraft seiner methodischen Skepsis neigt der Formgeschichtler dazu, die in den Evangelien verarbeitete Tradition primär als Bildung der christlichen Gemeinden zu verstehen und verlangt, für das möglicherweise echte Jesusgut sei eigens ein methodischer Nachweis zu erbringen, der es als unverträglich mit den Interessen der christlichen Gemeinden und den Anschauungen des zeitgenössischen Judentums dartut und so als unableitbar und original jesuanisch offenbart. Auf der anderen Seite will der Redaktionsgeschichtler das Problem des Textes »auf der literarischen Ebene so weit ... lösen, daß die Rückfragen nach den historischen Zusammenhängen sekundär werden[10]«. Beides ist meines Erachtens in solcher Konsequenz *unberechtigt.* Denn die Evangelisten erzählen ja von Jesus und lassen ihn weitgehend selbst zu Wort kommen. Deshalb ist gegen die konsequente Redaktionsgeschichte einzuwenden, daß die Lehre Jesu und nicht die Theologie eines Matthäus

---

[9] Die formgeschichtliche Methode bewährt sich am besten bei den Gleichnissen Jesu, weil diese auch begrifflich im Text als solche gekennzeichnet sind und in den Meschalim der Rabbinen formal und inhaltlich passende Vergleichstücke haben.
[10] E. Gräßer, Jesus in Nazareth (Mc 6,1—6 a), in: Jesus in Nazareth, ed. W. Eltester, BZNW 40, Berlin 1972 S. 4, vgl. S. 2: »Sachlich bedeutet das die Zurückstellung der historischen Perspektive zugunsten der methodisch vorrangigen literarischen«.

oder Markus primärer Gegenstand der Evangelienexegese sein muß. Zum anderen aber ist dem Formgeschichtler ins Stammbuch zu schreiben, daß billigerweise zunächst das als jesuanisch angesehen werden sollte, was ihm in den Evangelien ausdrücklich zugeschrieben wird. Erst da darf man von Gemeindebildung reden, wo sich die Unechtheit sicher nachweisen läßt. Das wird aber besonders bei Worten Jesu gar nicht so einfach sein.

In einem sehr gründlich gearbeiteten und höchst aufschlußreichen Aufsatz hat *E. Gräßer* versucht, mit Hilfe der *redaktionsgeschichtlichen Methode* die Probleme der Perikope Markus 6,1—6 a zu lösen[11]. Er läßt sich dabei von dem von H. Conzelmann mit formgeschichtlichen Studien gewonnenen Grundsatz leiten, jedes einzelne Traditionsstück der Evangelien habe für sich christologischen Sinn[12]. Gräßer sucht diesen Sinn für Markus 6,1—6 a auf redaktionsgeschichtlichem Weg zu ermitteln, indem er zwischen Tradition und Redaktion scheidet und die Aporien der Perikope einer Kollision der Theologie des Evangelisten mit den von ihm übernommenen festen Daten der Tradition zuschreibt; gerade an dieser Kollision enthüllt und bewährt sich | der Tiefsinn der markinischen Theologie. So wird aus der *literarkritischen Not eine theologische Tugend* gemacht. Sie erstrahlt in einem um so helleren Licht, je mehr literarische Hindernisse und Ungereimtheiten sie zu überwinden und sich dienstbar zu machen imstande ist. Aus diesem Grunde spürt Gräßer zunächst einmal alle möglichen *Risse und Brüche* in unserer Perikope auf, um sie dann in den Dienst einer großartigen theologischen Konzeption des Markus zu stellen und so die jetzige Gestalt des Ganzen als letztlich gewollt und auf höherer Ebene sinnvoll darzutun. Da Gräßers gute Beobachtungen auch für unsere am Schluß gegebene traditionsgeschichtliche Erklärung förderlich sind, seien im folgenden die wichtigsten von ihnen kurz genannt.

α) Die literarischen Probleme des Textes

Gräßer sieht u. a. einen *Widerspruch* darin, daß im Urteil der Hörer in Nazareth auch Machttaten Jesu, d. h. Wunder, vorausgesetzt sind (v 2 Ende), während davor nur von der Lehre Jesu die Rede war. Auffallend ist die schon erwähnte Uneinheitlichkeit ihrer Reaktion, das bewundernde, ja erschrockene Staunen (v 2) und das offene Ärgernis in v 3, das schließlich zur Verachtung (v 4) und zum Unglauben führt (v 6). In v 2 sind die Hörer überwältigt, betäubt, in v 3 von unbeein-

---

[11] Siehe Anmerkung 10.
[12] H. Conzelmann, Grundriß der Theologie des Neuen Testaments, München ²1967.

druckter Skepsis, zur Vernünftelei neigend; Jesu Auftritt wird ihnen zum Skandal. Zu Recht fällt ferner die Verdreifachung der »Ortsbestimmung« in v 4 auf: Die Verwandten und das Haus Jesu erscheinen bis dahin durchaus nicht als Opponenten Jesu, sondern werden im Urteil der Hörer auf dessen Seite gestellt (v 3). Zu scharf schneidet wohl das Messer, wenn Gräßer einen Unterschied zwischen dem Propheten in v 4 und Jesu Weisheit und Machttaten in v 2 konstatiert (S. 10), denn in v 4 wird ja ein Sprichwort erwähnt, dem man wie im modernen Gebrauch einen relativ breiten Bereich der Anwendung einräumen kann. Merkwürdig ist es jedoch, wenn Jesus selbst es als Regel und unvermeidliches Schicksal bezeichnet, daß ein Prophet in seiner Vaterstadt verachtet wird (v 4), und wenig später sich über den Unglauben der eigenen Landsleute wundert (v 6). Besonders betont Gräßer den Gegensatz zwischen Jesus dem Wundermann in v 2 und Jesus dem Zimmermann in v 3, ferner zwischen dem gänzlichen Unvermögen Jesu in v 5 a und dessen Einschränkung in v 5 b (S. 8—10).

Zu den *vormarkinischen Daten* der Überlieferung, die wohl zum Teil in einem anderen Zusammenhang standen, wurden in einem weitreichenden Konsensus bisher gezählt: Einmal die Nennung der Geschwi- | ster Jesu in v 3 b, dann das Sprichwort vom verachteten Propheten in v 4 a und schließlich die wohl historische Ablehnung Jesu in Nazareth (v 5 a; S. 12). Gräßer verzichtet — überraschenderweise — darauf, die vorgegebene Tradition noch einmal neu zu bestimmen; bei der folgenden Behandlung und theologischen Begründung der markinischen Redaktion heben sich die drei hier genannten Tatsachen als für den Evangelisten vorgegebene Größen heraus, an denen sich sein theologischer Tiefsinn und seine kreative und kommentierende Kraft bewähren können.

Zum einzelnen:

Die Verse 1 und 2 sind ganz von Markus geschaffen. In der Einleitung v 1 ist die Angabe »Vaterstadt« im Blick auf das Sprichwort 6,4 gewählt (S. 15) und das »Kommen« Jesu deutet eine »heilsgeschichtliche Visite« an (ib.). Die Jüngerbegleitung führe Zeugen für die Verkündigung und Verwerfung Jesu ein, dazu die neue, geistliche Familie im Unterschied von den ferngerückten leiblichen Verwandten (vgl. 3,31 ff); sie bereite so auf die Aussendung der Zwölf in 6,6—13 vor (16 f). Auch v 2 verrät Hand und Geist des Evangelisten, so bei der stereotypen Erwähnung des Lehrens in der Synagoge und der Fehlanzeige hinsichtlich des Inhalts der Predigt (S. 17—19): Der Leser des Evangeliums kennt ihn und weiß, daß Jesus vom »Geheimnis des Gottesreichs« gelehrt hat (4,11). Alles kommt auf den Eindruck des Auftretens Jesu an: Das Erschrecken der zahlreichen Hörer, ein Motiv der hellenistischen Epiphaniegeschichte, ist schon in 1,21 ff erwähnt; in

diesen Zusammenhang gehört auch die Frage: »Woher hat er das?«
(vgl. 1,27) und das Staunen über Weisheit und Kraft. Markus läßt die
Leute in Nazareth denken und reden, wie er es von seinen heidenchrist-
lichen griechisch erzogenen Lesern erwarten konnte: V 2 bietet einen
Christus, der dem Ideal des hellenistischen »Theios Aner« (Göttlicher
Mensch) angepaßt ist, das Jesus vor allem in Kap 5 mit den dort
erzählten Wundern bewährt haben soll (S. 20 f); daher auch der Hinweis auf die Machttaten (v 2), während Jesus in der Synagoge von
Nazareth doch nur seine Weisheit offenbart.

Markus hat somit *selbst den großen Kontrast geschaffen* und dem
Zimmermann, den die Einwohner Nazareths kannten, den Gottesmann
der christlichen Kirche und seines hellenistisch gefärbten Jesusglaubens
entgegengestellt. Die in den Versen 2 und 3 zutage tretende Paradoxie
der Person Jesu darf nicht abgeschwächt werden, sie ist in ihrer ganzen
Schroffheit auszuhalten. Der Mariensohn und Zimmermann muß bleiben: Die Korrekturen, die sich an dieser Stelle in manchen Handschrif-
ten finden und den »Sohn Josefs« und »Sohn des Zimmermanns« |
bieten, sind nicht im Sinne des Evangelisten, auch nicht die Deutung
katholischer Exegeten, die in den Brüdern und Schwestern Jesu lediglich dessen Vettern und Basen sehen (S. 23 f). Auch das harte *Schluß-*
wort vom Ärgernis in v 3 ist auf jeden Fall »christlich-prägnant ausgedrückt« (S. 24). Es meint eine »Glaubensverweigerung von eschatolo-
gischem Gewicht«, ein »grundstürzendes Geschehen«, das mit dem
Sprichwort in v 4 nicht adäquat zum Ausdruck kommt (S. 25). Nach
der Überzeugung des Markus »ziehen sich die völlig verstockten Hörer« die Heillosigkeit schlechthin auf den Hals, »verwerfen letztlich
sich selbst« (ib). Auch der Schluß von v 4 zeigt die unerbittliche Härte
dieser Theologie. Denn mit den Verwandten und Familienmitgliedern
erinnere der Evangelist an die bereits berichtete Ablehnung Jesu durch
Maria und die Geschwister (3,21.31—35; S. 25). Nur in v 5 b mildere
er das ihm vorgegebene harte Faktum von Jesu Blockade und lasse
wenigstens einige Heilungen zu (S. 26). Aber am Schluß steht die
Verwunderung Jesu darüber, daß er als »Göttlicher Mensch« keinen
Glauben fand (S. 27).

β) Die Lösung der literarischen Probleme durch die markinische
　Theologie

Was hat den Evangelisten dazu bewogen, diese schroffen Antithesen
seinen Lesern zuzumuten? In seiner Antwort weist Gräßer auf zwei
Axiome der markinischen Theologie: 1. Auf das Messiasgeheimnis, 2.
auf die Verstockungstheorie. Das *Messiasgeheimnis* besteht eben

darin, daß sich Jesus in der paradoxen Einheit: Wahrer Gott — wahrer
Mensch offenbart; Größer spricht geradezu von einer »Art Zweinaturenlehre« (S. 28) und formuliert nach S. Schulz, aber im Einklang mit Martin Luthers Christologie: »Jesus ist sub contrario der
Deus praesens« (S. 30). Es nimmt nicht wunder, daß den jüdischen
Landsleuten Jesu und auch seiner eigenen Familie diese weit voraus-
greifende Messiasoffenbarung über die Köpfe ging, sie zur *Verstockung*
verurteilte. Aber sie holten den in dogmatischen Höhen schwebenden
Jesus recht unsanft auf den Boden ihrer Realitäten zurück: »Durch den
bloßen Hinweis aufs Standesregister setzte die eigene Sippe« den
Bezwinger der Dämonen und des Todes (vgl. Kap 5) »schachmatt«
(S. 31); sie »perhorreszierte die Vollmacht Jesu mit Hilfe des Stammbaums« (S. 33). So blieb ihr die tiefe Wahrheit verborgen, die Markus
mit dieser kühnen Verbindung von Tradition (»Wie kommt dieser
Schreiner aus unserem Dorf dazu, im Namen Gottes zu uns zu reden?« |
S. 31) und Redaktion (»über den Lebensspender rückt der Schatten
des Todes« ib.) seinen christlichen Lesern klarmachen kann: Der Deus
praesens ist bloßer Mensch, erscheint unter dem Gegenteil verhüllt, so
wie später bei der Kreuzigung die Inthronisation sub contrario verborgen ist (15,29 ff, S. 31). Dieser Zumutung einer *paradoxen Verhüllung*
der Offenbarung hielten die Landsleute Jesu nicht stand. Aber auch sie
transzendieren in der Darstellung des Markus ihren geschichtlichen
Ort. Mit ihrem Unverständnis stehen sie repräsentativ für das Judentum, mit dem sich die frühe Kirche auseinanderzusetzen hatte. Für
diese Kirche war Jesus das Urbild des Missionars: Sein Auftreten, seine
Siege und Niederlagen, hatten grundsätzliche Bedeutung (S. 34). Jesu
Verwerfung hatte zur Folge, daß nach Markus das Evangelium zu den
Heiden ging und der heidnische Hauptmann unter dem Kreuz als erster
das aussprechen konnte, was Jesus wirklich war (15,39; S. 34). Diese
kerygmatische Konstruktion hat keinen historischen, aber nach Größer
einen geschichtlichen, aktuell bleibenden Wert. Denn in Mk 6,1—6 a
wird eine grundsätzlich geltende, alle angehende Lektion über das
Wesen des Glaubens an Christus erteilt: Auch für uns gelte es, den
Blick auf den Menschen Jesus auszuhalten und dabei zu bekennen:
Dieser Mensch ist Gottes Sohn (S. 38). Mit seiner dialektisch gefaßten
Verkündigung des Gottmenschen hat Markus der Versuchung wider-
standen, Jesus als ein überirdisches Wesen darzustellen, ihn zu glorifi-
zieren, um ihn glaubhafter zu machen. Matthäus und Lukas hingegen
sind ihr erlegen; ihnen wurde Jesus zum Übermenschen, zum Mythos
(S. 36).

Diese Deutung der Perikope ist sehr anspruchsvoll. In der Größer-
schen Darstellung gleicht die Christologie des Markus der des Johannes, wie sie R. Bultmann in seinem berühmt gewordenen Kommentar

zum 4. Evangelium beschrieben hat[13]. Der präexistente Logos erscheint
dort als bloßer Mensch, als Sohn des Josef von Nazareth. Aber er
offenbart sich durch sein Wort und durch seine Zeichenwunder als den
Sohn Gottes für jeden, der gegen den Augenschein glaubend seine
Herrlichkeit zu schauen vermag (1,14; 2,11; 20,30 f). Ich möchte
jedoch bezweifeln, daß die johanneische Christologie in diesem parado-
xalen Sinne zu verstehen ist, und habe auch starke Bedenken gegenüber der von Gräßer für Markus behaupteten Theologie. Diese Deutung der Perikope Mk 6,1—6 scheint mir über die historischen Grenzen hinauszugehen, was schon der Gebrauch des theologischen Voka-
bulars verrät. Ist es denn wirklich so, daß die Zweinaturenlehre
der Konzile, die theologia crucis M. Luthers mit ihrer »absconditas sub
contrario« und das Glaubensverständnis der dialektischen Theologie |
eines Barth und Bultmann schon bei Markus erkennbar sind für
denjenigen, der wie E. Gräßer durch den Schleier des Messiasgeheim-
nisses hindurchzusehen vermag? Ich gestehe, daß ich noch nicht so weit
bin und mich eher auf dem niedrigen Niveau der Hörer in Nazareth,
der Maria und der Geschwister Jesu befinde, obwohl auch die letzteren
nach dem Urteil des Markus schlecht aussehen, ihr Heil für immer
verscherzten. Es ist tröstlich zu wissen, daß die Geschichte dem Markus
an diesem Punkte nicht recht gab, wenn auch seine Theologie gestimmt
haben sollte. Aber ist das wirklich seine Theologie?

d) Die traditionsgeschichtliche Würdigung der Einheit

Ich möchte im folgenden unsere Geschichte und ihren Bericht-
erstatter Markus nicht vom Hintergrund hellenistischer Frömmigkeit her verstehen und sie auch nicht in das Licht kirchlicher Konzile, reformatorischer Theologie und Kierkegardscher Philosophie
rücken. Meines Erachtens ist bei der Auslegung der Evangelien von der
Gedankenwelt auszugehen, die wir für Jesus, seine Landsleute und
Verwandten in Nazareth, für die ersten christlichen Gemeinden und
auch für den Evangelisten Markus als sicher gegeben voraussetzen
können, nämlich die der jüdischen Tradition, vor allem ihrer Bibel, *der*
Tora, der Propheten und der Schriften. Es gilt zu beherzigen, was
Schalom Ben-Chorin von Jesus sagt: »Er war eben kein Dogmatiker
und kein Systematiker, denn er war ein Jude[14].« Auch Markus, der
wohl kein Jude war, hat sich in die Bibel der Juden rasch eingelebt. Mit

---

[13] Das Evangelium des Johannes, Göttingen 1941.
[14] S. 79.

Hilfe dieses Buches, das Juden und Christen das Wort Gottes bot,
wurde das Wirken Johannes des Täufers und Jesu interpretiert; das
Evangelium des Markus beginnt bekanntlich mit Worten, die beim
Propheten Jesaja geschrieben stehen (1,1—3). Hier haben wir also die
Tradition, die dem Evangelisten voraufging und durch das Wirken Jesu
und die Mission der Kirche Geschichte gemacht hat; sie sollte darum in
erster Linie bedacht werden, wenn es exegetische Probleme des Neuen
Testaments zu lösen gilt. Dabei geht es freilich etwas nüchterner zu:
Wer sich auf den Mutterboden der christlichen Kirche, nämlich die
Schrift und ihre Auslegung im damaligen Judentum, stellt, setzt nicht so
leicht zum Höhenflug literarischer und theologischer Spekulationen an.
Er wird auch nicht gleich zwischen Tradition und Redaktion unterscheiden wollen, sondern das überlieferte Ganze als Einheit annehmen
und zu verstehen suchen. |

Vers 1: Das Freijahr Gottes

Es fällt in der Tat auf, daß Markus nicht den Namen »Nazareth« nennt,
sondern von Jesu »Vaterstadt« spricht, obwohl er wenig später nicht
den Vater Jesu, sondern seine Mutter Maria erwähnt (v 3), und obwohl, wie ich weiter unten zeigen möchte, der Name »Nazareth« für die
ersten Christen bedeutungsvoll war und für das Verstehen gerade
dieser Perikope aufschlußreich ist. Die »Vaterstadt« ist aber nicht mit
Gräßer als Angleichung an das Sprichwort in v 4 zu erklären, da ein
Sprichwort solchen Bezug nicht nötig hat. A. Strobel hat dafür eine
einleuchtendere Begründung gefunden[15]. Aus der Parallelerzählung Lk
4,16—30 hat er nämlich erschlossen, daß Jesus mit der Lesung Jes
61,1 ff und seiner Versicherung, diese Weissagung sei »heute« erfüllt
(4,18—21), ein Freijahr des Herrn und Jobeljahr ausrief, das nach
Strobels Berechnung auf das Jahr 26—27 n. Chr. fiel. Die Einleitung
unserer Perikope: »Jesus kam in seine Vaterstadt« ist an der Bestimmung für das Jobeljahr Lev 25,10 orientiert, nach der »jeder in seine
Vaterstadt gehen soll« (so die Septuaginta zur Stelle). In dem Qumran-
Fragment 11 Q Melch(isedek) wird Lev 25,13 zitiert (Zeile 2) und im
dann folgenden Text gezeigt, daß man auch in der Qumrangemeinde
das in Jes 61,1 f angesagte Freijahr Gottes als ein großes Jobeljahr
erwartet hat. Die Stellen Jes 52,7 und 61,1 werden in 11 Q Melch
16.19 f genannt, weil die Kunde von diesem Jobeljahr und der in ihm
stattfindenden Inthronisation Melchisedeks als Evangelium von der
Erlösung der Frommen betrachtet wird. Auf diesem Hintergrund er-

---

[15] Die Ausrufung des Jobeljahres in der Nazarethpredigt Jesu, in: Jesus in Nazareth (W.
Eltester ed.), BZNW 40 Berlin 1972, S. 38—51.

klärt sich zwar das »Kommen« Jesu nach Nazareth im Sinne Gräßers als heilsgeschichtliche Heimsuchung. Aber das Thema der dort gehaltenen Predigt war nicht das Geheimnis des Gottesreichs, sondern eher die offene Proklamation des Freijahrs Gottes, wie sie Jesus nach Lk 4,18 f mit Hilfe von Jes 61,1 f vollzog. So gesehen paßt dann auch der im Sprichwort v 4 erwähnte Prophet sachlich durchaus zur Predigt Jesu in der Synagoge und zu seinem Anspruch, der prophetische Bote der Erlösung Israels zu sein. Dieses Thema und der Anspruch Jesu wurden aber von Jesus in Nazareth noch weitergeführt.

Verse 2 + 3: Die Weisheit und Kraft des Messias nach Jesaja 11,2

Das erkennt man, wenn man die Reaktion der Hörer in der Synagoge und ihre Fragen *traditionsgeschichtlich* erhellt. Zunächst ist das Erschrecken nicht notwendig ein Zug hellenistischer Epiphanien. Auch an diesem Punkt ist auf das Alte Testament zu verweisen. Gerade Markus hat die »Aufleuchtungen«, die theophanieartigen Offenbarungen Jesu etwa in 4,35—41; 6,45—52; 9,2—8 und 16,1—8, auf dem Hintergrund entsprechender alttestamentlicher Ereignisse dargestellt[16]. Aufschlußreich ist ferner der Hinweis auf die Weisheit Jesu und die Kraft, die sich in seinen Wundern kundtut, von denen man nach Lk 4,23 auch in Nazareth erfahren hatte. Weisheit ($\sigma o \varphi \iota \alpha$ = chokmah) und Stärke ($\delta \upsilon \nu \alpha \mu \iota \varsigma$ = geburah) werden hier nicht etwa als Merkmale einer markinischen Theios-Aner- Christologie erwähnt, sind überhaupt nicht markinische Redaktion. Der Typos des sogenannten »Göttlichen Menschen« ist selbst im Hellenismus des 1. Jhs. eine höchst fragwürdige Konzeption und sollte für das Neue Testament besser gar nicht herangezogen werden[17]. Vielmehr gehören Weisheit und Stärke zu den *Kundgaben des Gottesgeistes,* der auf dem von Jesaja angekündigten idealen Herrscher der Zukunft ruht, dem »Reis aus dem Stamm Isais und dem Schößling (nesaer), der aus seinen Wurzeln Frucht bringen wird« (Jes 11,1—2). Wenn nach dem Bericht des Lukas Jesus bei seiner Antrittspredigt die Stelle Jes 61,1 f auf sich bezogen und sich damit als den von Gott Gesandten und mit Seinem Geist Gesalbten bezeichnet hat (Lk 4,18 f), so rief diese Predigt nach Mk 6,2 ein anderes Jesajawort über den Träger des Geistes wach, nämlich Jes 11,2. Dieses Orakel vom idealen Herrscher aus Davids Haus spielte für

---

[16] Vgl. dazu O. Betz — W. Grimm, Wesen und Wirklichkeit der Wunder Jesu. Heilungen—Rettungen—Zeichen—Aufleuchtungen, ANTI 2, Frankfurt 1977, S. 77 ff.
[17] Vgl. dazu meinen Aufsatz »The Concept of the So-Called Divine Man in Mark's Christology, in: Studies in the New Testament. Essays in Honour of A. Wikgren, Leiden 1972 S. 229—240.

die Messiaserwartung der Qumrangemeinde[18] und auch im Neuen Testament[19] eine wichtige Rolle.

Von Jes 11,2 her erhält dann die *erste Frage in Mk 6,2*, nämlich die nach dem »Woher?« (ποθεν) ihr volles Gewicht. Die Antwort, die sich die Fragesteller hätten selbst beantworten können, muß von Jes 11,2 her lauten: Weisheit und Kraft sind Äußerungen des Gottesgeistes. Weil man in Nazareth die Familie Jesu gut kannte und deshalb sich sagen konnte, daß Jesus solche erstaunlichen Kräfte und Fähigkeiten weder ererbt noch durch Erziehung erhalten haben konnte, mußten sie ihm »gegeben worden sein« (V 2); in diesem passivum divinum liegt ein Hinweis auf den, der in Jes 11,2 als der Geber von Weisheit und Kraft erscheint. Aber die Weissagung Jes 11 stellte die Landsleute Jesu auch vor ein *großes Problem*, was in den Äußerungen v 3 zum Ausdruck kommt. Sie mußten sich sagen: Dieser Jesus und Mariensohn kann nicht der messianische Schoß aus dem Stamm Isais sein. So hatte Nathanael, der kein Nazarener war und auf patriotische Gefühle keine Rücksicht zu nehmen brauchte, dieses Urteil in die skeptische Frage gekleidet: »Kann denn aus Nazareth etwas Gutes kommen?«; als ein Mann der Schrift wußte er, daß der von Mose und den Propheten angekündigte Heilbringer nicht aus Nazareth hervorgehen wird (Joh 1,45 f). Ähnlich wandten die Jerusalemer Hörer Jesu gegen ihn ein: »Der Messias kommt doch nicht aus Galiläa? Hat nicht die Schrift gesagt, daß der Messias aus dem Geschlechte Davids und aus der Ortschaft Bethlehem, wo David gewohnt hat, kommen soll?« (Joh 7,41 f). Die Diskrepanz zwischen Begabung und Herkunft erklärt auch den *zwiespältigen Eindruck,* den das Auftreten Jesu auf seine Landsleute machte: Einerseits waren sie sprachlos, erschrocken über die göttliche Kraft und Weisheit, die sich in den Worten und Taten Jesu manifestierte und in ihnen messianische Hoffnungen weckte (v 2). Andererseits nahmen sie Anstoß an seiner Person, weil der ihnen allzugut bekannte Landsmann aus Nazareth nicht der Messias sein konnte. Exegetisch gesprochen: Sie konnten nicht von Jes 11,2 zurückgehen zum »Schößling aus dem Stamm Isais« in Jes 11,1 und »strauchelten« auf diesem Weg. Ihnen mußte sich der furchtbare Verdacht nahelegen, Jesus könnte ein *falscher Prophet* sein, der ja nach der Tora auch Wunder tut, aber seine Landsleute dadurch verführt (Deut 13,2).

---

[18] Vgl. dazu die Texte 1 QS b 5,20 ff, 4 Q mess ar (ed. Starcky) und 4 Qp Jes a D. In 4 Q mess ar wird die Weisheit des Messias und die Fähigkeit, die Geheimnisse der Menschen zu kennen, im Anschluß an Jes 11,2—4 gerühmt. Siehe dazu meinen Aufsatz: »Kann denn aus Nazareth etwas Gutes kommen?« (Zur Verwendung von Jes 11 in Johannes Kap 1), in: Wort und Geschichte, Festschrift für K. Elliger, Neukirchen 1973, S 9—16.

[19] Röm 15,12; 1 Petr 4,14; Eph 6,14.17; 2 Thess 2,8; Apk 5,5 f,16,12; 19,11.15; dazu die von mir erwähnten Stellen in Joh 1 und Mk 6,1—6.

Solch ein Vorwurf wird Jesus im Talmud gemacht, wo er als ein Verführer Israels am Vorabend des Päsach gesteinigt worden sein soll (b Sanh 43 a). Im Parallelbericht des Lukas ist diesem Verdacht deutlich und schriftgemäß Ausdruck verliehen: Man wollte Jesus steinigen, an ihm die Strafe vollziehen, die ein falscher Prophet und Verführer nach der Schrift verdient (Deut 13,6.11). Denn der Versuch, Jesus außerhalb von Nazareth von einem Bergvorsprung herabzustürzen (Lk 4,29), hatte die Steinigung zum Ziel, die nach der Mischna mit dem Herunterstoßen des Delinquenten von einer hochgelegenen Stelle eingeleitet wird (Sanh 6,4).

Vers 4: Die Einsicht des Messias nach Jesaja 11,3

Mit der Bestimmung über den falschen Propheten (Deut 13) hängt wohl auch zusammen, daß in v 4 nicht nur die Bewohner der Vaterstadt, sondern auch die Verwandten und die eigene Familie als Verächter des Propheten erwähnt sind. Denn nach Deut 13,7—10 sollen auch die Familienangehörigen und Freunde einem Verführer gegenüber kein Mitleid zeigen, sondern dabei mithelfen, ihn zu steinigen. Es gibt demnach beim Verhalten der Landsleute Jesu keine Kollision zwischen Tradition und Redaktion. Auch ist das »Anstoßnehmen« kein spezifisch christlicher Begriff, sondern meint echt jüdisch das Straucheln auf dem Weg, der zum Glauben führt[20].

Auch die *Entgegnung Jesu in v 4* gehört in den die Komposition beherrschenden Kontext von Jesaja Kap 11. Markus läßt — wie auch | Lukas 4,22 f — erkennen, daß die Fragen der Landsleute in v 2 nicht direkt an Jesus gerichtet, sondern eher als gedachte, inwendig vorgebrachte, Einwände gemacht worden sind. Das zeigt schon die Tatsache, daß man von Jesus in der dritten Person sprach: »Ist nicht dieser . . .?« Markus will damit sagen: Jesus erriet die insgeheim gegen ihn gerichteten Gedanken, wenn er in v 4 eine offene Entgegnung zum gar nicht laut gewordenen Ärgernis abgeben konnte[21]. Und wie in Mk 2,8 geschah hier das Erraten »im Geist«, d. h. kraft des auf Jesus ruhenden Gottesgeistes von Jes 11,2. Mit seiner Entgegnung in v 4 gab Jesus einen weiteren Hinweis auf die von ihm gebrachte Erfüllung von Jesaja 11. Denn in Jes 11,3 wird der königliche Davidssproß und Anwalt der

---

[20] Es entspricht dem hebräischen Verbum kaschal. In den Qumranschriften kommen der Glaube und der rechte Wandel durch die Herzenshärtigkeit und Unbußfertigkeit des Menschen zu Fall. Ein Straucheln gibt es etwa durch rationale Einwände, mit denen man den »Anstoß« zu seiner Sünde« (mikschol avono) vor sich hinstellt (1 QS 2,11—16).

[21] Wie in Mk 2,6 beim kritischen Einwand der Schriftgelehrten werden die Bedenken der Hörer Jesu »in den Herzen« geäußert, die Predigt in Nazareth wurde ja gar nicht unterbrochen (v 4).

Gerechtigkeit nicht »danach richten, was seine Augen sehen und seine Ohren hören«, d. h. er wird in den Herzen der Menschen lesen, ihre Anschläge und geheimen Gedanken erraten (4 Q mess ar; Joh 2,24 f). Nach dem Talmud ist das »Riechen und Richten«, das intuitive Erkennen und Beurteilen der Menschen, ein Merkmal des Messias[22]. Als der Messias hat Jesus nach Joh 1,47 f den ihm bis dahin unbekannten Nathanael durchschaut, ihm aufgrund seiner vom Geist geschenkten intuitiven Menschenkenntnis gesagt, was zu wissen heilsnotwendig war: Nathanael sei »ein wahrer Israelit, in dem kein Falsch ist« und ein Erforscher der Heiligen Schrift, weil Jesus in visionär unter einem Feigenbaum, dem Ort des Torastudiums, sitzen sah. Und Nathanael hat diesen Erweis der intuitiven Geisteskraft Jesu richtig auf Jes 11,3 bezogen und bekannt, dieser Mann sei in der Tat der König Israels (Joh 1,49), obwohl er aus dem unbiblischen Nazareth stammt (Joh 1,46). Solche Einsicht blieb den Leuten in Nazareth versagt: Die Tatsache, daß sie Jesus als Sohn der nicht-davidischen Maria bezeichneten, wurde ihnen zum Hindernis und Stolperstein.

Das von Jesus zitierte Sprichwort vom verachteten Propheten (Mk 6,4) widerspricht nicht dem messianischen Bezug. Denn Jesus war zwar durch die Geisttaufe vom Himmel her zum Messias gesalbt (Mk 1,9—11)[23], aber noch nicht inthronisiert, von Gott öffentlich auf dem Zion als Herrscher eingesetzt[24]. Bis zu diesem geschichtswendenden Zeitpunkt wirkte er durch Heilstaten wie David, der als der Gesalbte einen bösen Geist vertrieb und gegen die Philister als Retter Israels auftrat (vgl. 1 Sam Kap 16—17 mit Mk 1,9—11.21—29), oder suchte durch seinen Bußruf und die Botschaft vom Gottesreich die verlorenen Schafe Israels zu sammeln (Mk 1,14 f, 6,34). Er vollzog diesen messianischen Dienst als ein Prophet[25], obwohl in seinen Wundern die Kraft der Gottesherrschaft bereits in Erscheinung trat (Mt 12,28 ff). Wenn Jesus in Nazareth nur unbedeutende Wunder tun konnte, so will das besagen, daß die messianische Erlösung noch nicht im Vollmaß ver- | wirklicht, das Glauben noch nicht durch das Schauen ersetzt und die

---

[22] Vgl. b Sanh 93 b, wonach Bar Kosebah von den Lehrern Israels als Messias abgelehnt wurde, weil er nicht »riechen und richten konnte«. Vgl. dagegen den Menschensohn aeth. Hen 49,4.

[23] In Joh 1,32 f wird die Geisttaufe Jesu deutlich auf Jes 11,2 bezogen, und zwar dadurch, daß der Evangelist betont, der Geist sei als dauernder Besitz bei Jesus geblieben (vgl. Tg Jes 11,2, wo das »Ruhen« des Geistes durch das aramäische schera' wiedergegeben wird).

[24] Vgl. dazu 4 Q Florilegium: Der Messias aus Davids Samen wird auf dem Zion aufstehen, um Israel zu retten.

[25] Vgl. die messianischen Ambitionen der von Josephus als »Propheten« bezeichneten Männer wie Theudas, der ägyptische Jude, der samaritanische Prophet. Dazu mein Aufsatz »Das Problem des Wunders bei Flavius Josephus ...« in: Josephus-Studien, Festschrift für O. Michel, Göttingen 1974, S. 23—44, bes. 30—32.

Realität der messianischen Herrschaft noch nicht unwiderstehlich eingebrochen und für alle objektiv erfaßbar war. Noch immer brauchte man den Glauben an den Messias. Jeder Israelit besaß die Freiheit, sich für oder wider den Gesalbten Gottes zu entscheiden, der über den Verdacht der falschen Prophetie und Verführung nicht einfach erhaben war.

Vers 5: Die Einheitlichkeit der Aussage

Dieser Vers besteht nicht etwa aus zwei einander widersprechenden Sätzen, die man auf Tradition und Redaktion verteilen kann, sondern erweist sich als ein geschlossenes Ganzes, wenn man ihn sich in seiner aramäischen Urgestalt denkt. Hinter dem umständlichen Griechisch des ου (δεμιαν) — ει μη steht nämlich — genauso wie im Sprichwort v 4 — die allzu wörtlich übersetzte aramäische Wendung 'ēn-'āllā', die man im Deutschen als »nicht-außer«, »nur« übersetzen kann: Jesus konnte in Nazareth »nur« wenige, unbedeutende, Wunder tun. Das semitisierende Griechisch der Perikope, das z. B. auch in der Wendung οι πολλοι = ha-rabbim erscheint, ist ein Hinweis auf alte, vormarkinische, Tradition, die sprachlich dem Evangelisten in Fleisch und Blut übergegangen war.

Vers 6 a: Der Nesaer aus Nazareth (Jesaja 11,1)

Jesus bleibt am Ende nur *das Staunen* über den Unglauben seiner Landsleute in Nazareth. Zunächst erscheint es als unvereinbar mit der in v 4 ausgesprochenen Erfahrung, ein Prophet sei verachtet in seiner Vaterstadt. Aber es ist doch *berechtigt,* und zwar im Blick auf das die ganze Perikope dominierende Prophetenwort Jes 11. Jesus will sagen, gerade die Einwohner von Nazareth hätten zum Glauben an den messianischen Nazarener gelangen müssen. Sie hätten es Nathanael gleichtun können, der den anstößigen Sachverhalt eines unbiblischen und darum unmessianischen Nazareth mit Hilfe von Jes 11 überwand, auf das ihn die Begegnung mit Jesus geführt hatte. Nathanael hatte nämlich entdeckt, was in Matth 2,23 als ein Fündlein der christlichen Exegeten angedeutet und auch in Mk 6,1—6 a vorausgesetzt ist: Jesus, der Mann aus Nazareth (ha-nosrî von nāṣerāth, nāṣārāh), ist in der Tat der in Jes 11,1 angesagte nesaer (aramäisch niṣrā'), der messianische Schößling aus den Wurzeln Isais: Diese spekulative Deutung von Jes 11,1 wird mit dem griechischen Wort Ναζωραιος angezeigt, das die Christen auf Jesus anwandten und von dem sie behaupteten, es sei als ein Name Jesu von den Propheten vorhergesagt (Matth 2,23). Eine

ähnliche messianische Deutung des nomen patriae hat wenig später
Rabbi Aqiba im Blick auf Bar Koseba, den Mann aus Koseba, gewagt,
indem er ihn mit Hilfe der messianischen Weissagung Num 24,17 als
»Bar-Kochba« = »Sternensohn« bezeichnete (j. Taan. 68 d). Die
Einsicht in die nazarenische Erfüllung von Jes 11,1 hatte Jesus gerade
seinen Landsleuten von Nazareth zugetraut; das wird am Ende der
Perikope betont.

Noch ein kurzes Wort zum *historischen Sachverhalt.* Im jesajanischen Bezug der Perikope verrät sich die Schriftgelehrsamkeit der
christlichen Gemeinde, speziell der palästinischen Christen, die mit der
unbiblischen Herkunft ihres Messias Jesus fertig werden mußten. Aber
dieser spekulative Bezug läßt die Perikope als ein einheitliches Ganzes
erscheinen, nahtlos wie der Rock Christi. Hat er auch Anhalt am
historischen Jesus selbst? Ich möchte glauben, daß Jesus sich nicht nur
von Jes 61,1 f her als den von Gott Gesandten und mit dem Geist
Gesalbten verstanden, sondern auch Jes 11,1 ff auf sich bezogen hat.
Diese Jesaja-Worte ließen sich miteinander verbinden, weil es in
beiden um den Mann geht, auf dem der Geist Gottes ruht. Wenn Jesus
in den Seligpreisungen Matth 5,3—12 unter dem Eindruck von Jes
61,1 f den (geistlich) Armen das Evangelium von der bevorstehenden
Erlösung verkündigte, so konnte er dies auch nach Jes 11,4 als ein
Richten der Armen im Lande verstehen, die nach der Herrschaft
Gottes und nach Seiner erlösenden Gerechtigkeit Ausschau halten
(Matth 6,33), die hungern und dürsten nach Gerechtigkeit (Matth 5,6).

18. Die Bedeutung der Qumranschriften für die Evangelien des Neuen Testaments

1. Vorbemerkungen

Der Wert der in der Nähe von Khirbet Qumran entdeckten Texte vom Toten Meer[1] für das Verstehen der vier Evangelien und des dort bezeugten Wirkens Jesu ist sehr groß; das läßt sich hier nur andeutungsweise zeigen. Die jüdische Gemeinde, in der diese Schriften entstanden waren, hatte im heutigen Khirbet Qumran, einer jetzt vom Schutt der Jahrtausende freigelegten, klosterähnlichen Anlage am Rande des Toten Meeres, ihr Zentrum. Sie ist mit der jüdischen Religionspartei der *Essener* zu verbinden, deren gemeinschaftliches Leben auch auf außenstehende Zeitgenossen einen tiefen Eindruck gemacht hat. Das bezeugen die Essenerberichte des Philo, Josephus und des Plinius[2], die in der entsagungsreichen, disziplinierten, den späteren Mönchsorden ähnlichen Existenz dieser in der Wüste hausenden Frommen geradezu den Inbegriff echter Bindung an Gott, wahrer Freiheit von der Welt und idealer Gemeinschaft sehen konnten. Für uns Christen sind sie von einem aktuellen historischen Interesse. Anders als die Pharisäer und Sadduzäer werden zwar die Essener im Neuen Testament namentlich nicht erwähnt; ob sie mit den „Kindern des Lichts" in Lk 16,8 oder „den Verschnittenen um des Himmelreichs willen" in Mt 19,12 gemeint sind, bleibt bloße Vermutung, ebenso wie die neuerdings vollzogene Gleichsetzung mit den „Herodianern". Aber von keiner jüdischen Religionspartei zur Zeit Jesu haben wir ein so zuverlässiges, detailliertes und doch abgerundetes Bild wie von dieser in der Zeit von 150 v. Chr. bis 68 n. Chr. existierenden Gemeinde. Denn die Darstellung der Essener in den schon erwähnten antiken Fremdberichten wird durch das in den Qumranschriften gebotene Selbst-

---

[1] Sie sind am besten zugänglich in der Ausgabe von E. LOHSE, Die Texte aus Qumran, hebräisch und deutsch, Darmstadt 1964. In dieser Ausgabe fehlt freilich noch die Tempelrolle (vgl. 3.4).

[2] Sie sind gut zusammengestellt in der Ausgabe von A. ADAM-CHR. BURCHARD, Antike Berichte über die Essener, Lietzmanns Kleine Texte Nr. 182, Berlin ²1977. Der wichtigste Essenerbericht ist der des Josephus in Bellum 2,119–161, vgl. dazu den Kommentar in O. MICHEL/O. BAUERNFEIND, Flavius Josephus De Bello Judaico griechisch und deutsch Bd. I, Darmstadt 1959.

zeugnis, durch ihre Regeln, Gebete und die Proben ihrer Schriftauslegung auf wunderbare Weise ergänzt und bestätigt; außerdem wird die
Existenz der Gemeinde durch archäologische Daten aus Qumran und
Umgebung verifiziert[3]. Die Entdeckung dieser Texte, die 1947 begann
und die bis in die sechziger Jahre weiterging, brach den Bann der wissenschaftlichen Skepsis sowohl gegenüber den Essenerberichten als auch
gegenüber der historischen Verläßlichkeit der Evangelien und ihres Chri-
stuszeugnisses. Rasch wurde auch die der ersten Entdeckerfreude entsprungene These demontiert, Jesus habe im Vergleich zu dem fast 200
Jahre vor ihm aufgetretenen Gründer der Qumrangemeinde eigentlich
nichts Neues gebracht; seine Lehre, dazu auch sein gewaltsamer Tod und
schließlich der Glaube an seine Wiederkunft, seien ähnlich schon bei
diesem „Lehrer der Gerechtigkeit" zu finden; das Christentum sei nichts
anderes als diejenige Art von Essenismus, die geschichtlich von großem
Erfolg gekrönt war[4]. Von alledem kann aber nicht die Rede sein. Wäre
der Essenismus tatsächlich die Wiege des Christentums, wäre Jesus eine
bloße Kopie des „Lehrers der Gerechtigkeit", vielleicht sogar im Wüstenkloster von Qumran aufgewachsen, so könnten wir die zahlreichen,
gravierenden Unterschiede zwischen Jesus und Essenern erst recht nicht
verstehen; auch auf sie muß, außer den Ähnlichkeiten, im Folgenden
hingewiesen werden. |

2. Johannes der Täufer und Qumran

Dagegen kann man für Johannes den Täufer eine enge Beziehung zu
dieser Mönchsgemeinde annehmen. Lukas schließt den Bericht über die
wunderbare Geburt, die Namensgebung und die Mission des späteren
Täufers (Lk 1,5–25.57–80) mit der Notiz: „Das Kind aber wuchs und
wurde stark im Geist und war in der Wüste bis zum Tag seines öffentlichen Auftretens vor Israel." Da wir von Josephus wissen, daß die Essener
fremde Kinder in zartem Alter aufnahmen und sie nach ihren Sitten
erzogen (Jüd. Krieg 2,120), ist es durchaus denkbar, daß der junge
Johannes in dem Wüstenkloster Qumran aufgewachsen war. Auch die
traditionelle Taufstelle, die unweit von der Einmündung des Jordan in
das Tote Meer liegt, war ja nicht allzu weit von diesem Ort entfernt. Die
priesterliche Herkunft des Johannes, seine Ehelosigkeit und vor allem die
asketische Lebensweise passen zu der von Priestern geleiteten Qumran-

---

[3] Vgl. dazu R. DE VAUX, Fouilles du Khirbet Qumran, in: Revue Biblique 63 (1956),
S. 533–577.

[4] Das betraf vor allem J. M. ALLEGRO, The Dead Sea Scrolls, London 1956, dazu A.
DUPONT-SOMMER, Les Esseniens, Evidences 54–60 (1956) 62 (1957).

gemeinde, deren Ehelosigkeit und Gütergemeinschaft einer Verallgemeinerung und zeitlichen Entschränkung der Gebote entsprang, denen die Priester während der Zeit ihres Opferdienstes unterworfen waren. Die Tatsache, daß der Täufer mit einem Mantel von Kamelhaaren bekleidet war, daß er sich von Heuschrecken und wildem Honig ernährte, zeigt das auch von den Qumranleuten eingeschärfte Bemühen, sich von der unreinen Welt in wirtschaftlicher Hinsicht rein und unbefleckt zu erhalten.

Auch für die *Bußpredigt des Johannes* bieten die neu gefundenen Texte die beste Analogie. Denn die Qumrangemeinde war aus einer Bußbewegung entstanden, aus dem Bewußtsein heraus, daß man schuldig geworden und von den Wegen Gottes abgewichen war und eine neue Orientierung an der Weisung Gottes brauchte (Damaskusschrift 1,8f; 4,2f; 6,4–6). Gleichzeitig glaubte man, der Opferkult im Tempel könne keine Sünde sühnen, weil die derzeitige Priesterschaft das Heiligtum befleckte (Damaskusschrift 4,17f). Deshalb wollte die aus der Welt ausgezogene Qumrangemeinde Sühne schaffen für das Land (Gemeinderegel 8,5f). Sie hielt sich für ein lebendiges, von Gott erbautes Heiligtum, in dem man das Gebet als ein Lobopfer der Lippen und Werke des Toragehorsams als Weihrauch darbrachte (Gemeinderegel 9,4–6; 4 Q Florilegium), wo man sich täglich durch Tauchbäder heiligte, weiße Gewänder trug wie ein Priester im Tempel und seine Speise gemeinsam als reines Mahl einnahm, so als äße man vom Tisch und den Opfergaben des Herrn. In den Bund mit Gott sollte ein jeder sich selbst, seine geistige und körperliche Kraft und alle Habe einbringen, gleichsam als Opfer darbringen und auf solche Weise seine ungeteilte Liebe zu Gott bekunden (Gemeinderegel 1,11f, vgl. Dtn 6,4f). Zur Verwirklichung dessen hatte man sich zu einem Auszug aus dem unreinen Kulturland entschlossen, um in der Wüste Juda den Willen Gottes zu erforschen und den Weg dem kommenden Herrn herzurichten. So wollte man den Ruf Jes 40,3 wahrmachen: „In der Wüste bereitet den Weg des Herrn, macht in der Steppe eine Bahn unserem Gott!" (Gemeinderegel 8,12–16). Die Ankunft Gottes stand unmittelbar bevor, und sie bedeutete das Kommen des Gerichts, eine Katastrophe für Volk und Land (Habakukkommentar 2,6–10; vgl. Mal 4,6); alles Unreine wird im Feuerglanz der Gottesherrlichkeit verzehrt.

Das erinnert lebhaft an das Wirken Johannes des Täufers, den die Evangelisten mit dem Zitat Jes 40,3 einführen und als Stimme eines *Rufers in der Wüste* bezeichnen (Mk 1,2f parr); ja, nach Joh 1,23 beschrieb der Täufer selbst seinen Auftrag mit diesem Wort: „Ich bin die Stimme eines Rufers in der Wüste." Seine Predigt verkündigte das drohende Gericht durch Feuer (Mt 3,12 parr), aber lud auch zu „einer Taufe der Buße zur Vergebung der Sünden" (Mk 1,4 parr) ein. Diese Taufpraxis, die dem Johannes den Beinamen „Täufer" gab, hat in den Tauchbädern der Qumrangemeinde, und nicht etwa in der für diese Zeit noch nicht bezeugten und anders ausgerichteten Proselytentaufe der Rabbinen, ihren Hintergrund⁵. In | Qumran gehörten reinigende Bäder vor den heiligen Mahlen zur täglichen Pflicht. Aber man wußte dort auch, daß es auf die Reinheit des Herzens ankam, die man nur durch den der Gemeinde gegebenen heiligen Geist und in demütigem Gehorsam gegenüber den Geboten Gottes gewinnen konnte (Gemeinderegel 3,4–6). Deshalb waren die täglichen Tauchbäder auf eine *Reinigung durch den Heiligen Geist* ausgerichtet, die Gott selbst als endzeitliche Taufe an den Erwählten vollziehen wird, um dadurch auch den letzten Rest von Befleckung in ihrem Inneren zu tilgen, sie zu einer vollen Gotteserkenntnis und zur ganzen Herrlichkeit Adams hinzuführen (1 QS 4,20–22, vgl. Ez 36,25–27; Jer 31,33f). So wirkte auch die Taufe des Johannes nicht magisch, sondern war wertlos ohne wahre Früchte der Buße (Mt 3,8 parr); sie galt als Vorbereitung der Taufe mit dem Heiligen Geist, die der nach Johannes kommende „Stärkere" vollziehen wird (Mk 1,7 parr). Die Qumranschriften verbieten es, dem Täufer die Erwartung einer Geisttaufe abzusprechen, seine messianische Verkündigung und Vorläuferrolle als späteren christlichen Einschub anzusehen; historisch richtig ist auch die Tatsache, daß Jesus sich von Johannes im Jordan taufen ließ und dabei seine Berufung zum messianischen Wirken erfuhr (Mk 1,9–11 parr). Außer der Wasser- und Geisttaufe finden wir auch die Messiaserwartung in Qumran (z. B. Gemeinderegel 9,11), und ebenso geht dort den beiden Messiasgestalten ein prophetischer Vorläufer unmittelbar vorauf (4 Q Testimonia). Auch setzt die sicherlich echte, vom Zweifel verursachte Anfrage des Täufers an Jesus, ob er denn wirklich der „Kommende", d. h. der nach ihm auftretende messianische Menschensohn sei (Mt 11,2–6), ein Wissen um den Messiasanspruch Jesu voraus, der von seiner Taufe her datiert.

Aber der Täufer ging weiter, als es der allzusehr auf das eigene Heil bedachten Qumrangemeinde möglich war. Er blieb zwar selbst in der Wüste, aber er war der Welt zugewandt und von tiefer Sorge um die Rettung seiner Landsleute erfüllt. Deshalb wurde er zur Stimme des himmlischen Rufs. Auch sandte er die von ihm Getauften in deren bisherigen Beruf und Stand zurück (Lk 3,10–14). Denn der Weg für den kommenden Gott ließ sich auch dort vorbereiten, zumal die Ortsbestimmung „in der Wüste" (Jes 40,3) nach neuer Auslegung den Standort des Täufers und nicht wie in Qumran den Gottesweg beschrieb (vgl. Lk 3,4–6). So vollzog Johannes den Dienst des wiederkommenden Propheten Elia, der vor dem furchtbaren Tag des Herrn die Menschen zurechtbringen und einander versöhnen soll, um Israel zu retten (Mal 3,1; 4,6).

---

⁵ Vgl. dazu meinen Aufsatz: Die Proselytentaufe der Qumransekte und die Taufe im Neuen Testament, in: Revue de Qumran 1 (1958), S. 63–84. Anders urteilt J. Gnilka, vgl. aber neuerdings B. E. Thiering, Qumran Initiation and New Testament Baptism, in: New Testament Studies 27 (1981), S. 615–632.

3. Jesus auf dem Hintergrund von Qumran

3.1 Das Wirken in der Welt

Wenn wir damit das Verhalten Jesu vergleichen, so fällt als erstes auf, daß er im Blick auf die Welt noch einen entscheidenden Schritt weiterging als der Täufer[6]. Das wird in den Evangelien mit der einfachen Feststellung ausgesprochen, Jesus sei nach der Gefangennahme des Täufers „nach Galiläa gegangen" und habe dort das Evangelium Gottes verkündigt, angesichts der nahen Gottesherrschaft zur Umkehr aufgefordert (Mk 1,14f parr). Die Tatsache, daß Jesus sein Wirken in Galiläa begann, ist gerade von Qumran her höchst aufschlußreich. Matthäus hat es in diesem Zusammenhang durch das Jesajawort (8,23) als „Galiläa der Heiden" bezeichnet und es damit wohl Judäa und Jerusalem, der „Stadt des großen Königs" (5,35), entgegengestellt. Dem Exodus aus Judäa, wie ihn die Qumranleute vollzogen hatten, folgte nun die Rückkehr aus der Wüste und ein „Einzug" in Galiläa, dessen Bewohner „in Finsternis und im Schatten des Todes" saßen (Mt 4,16). Und in Galiläa verkehrte Jesus mit den Außenseitern der dortigen Gesellschaft, berührte einen Aussätzigen (Mk 1,41), eine Tote (Mk 5,41) oder betrat extrem unreines | Heidenland (Mk 5,1–20). Und während in Qumran das tägliche Mahl einen besonders hohen Grad von Heiligkeit besaß, so daß die Teilnahme nur nach Vollendung des dreijährigen Noviziats möglich war (Gemeinderegel 6,20f), hielt Jesus, der „Heilige Gottes" (Mk 1,24), auch Tischgemeinschaft mit Zöllnern und Sündern (Mk 2,13–17; Mt 11,19) oder lud eine große Menge, die ihm in die Einöde gefolgt war, zum Mahl (Mk 6,30–44). Das bedeutet, daß Jesus aus Sorge um das Heil der Menschen den *Schutzwall der rituellen Reinheitsgebote durchbrach* und das außer acht ließ, was man in Qumran gerade angesichts der baldigen Begegnung mit dem heiligen Gott sorgfältig betrieb.

Diese, von Paulus forgesetzte, Überwindung des Zauns der Reinheitsgebote hat dem Evangelium den Weg zu den Heiden geebnet und das Christentum zu einer Weltreligion gemacht. Man kann diesen Durchbruch durch die in der Tora aufgerichtete und von den Rabbinen verstärkte Mauer, die eine Befleckung durch unreine Dinge und Menschen verhüten sollte, nur mit dem einzigartigen Sendungsbewußtsein Jesu, nur von seiner *Messianität* her, erklären: Als der Menschensohn, der Repräsentant der Heiligen des Höchsten (Dan 7,13–27), als der Messias, der gute Hirte Israels, wollte Jesus die verlorenen Schafe sammeln und setzte sich deshalb gerade auch für die Kranken und Verirrten ein (Ez 34,4.16.23f; vgl. Mk 2,17; Lk 15,1–7 parr). So wollte er Israel für die ihm zugedachte Gottesknechtsrolle gewinnen, nämlich Salz der Erde und

---

[6] Vgl. dazu mein Taschenbuch: „Was wissen wir von Jesus?" Stuttgart 1965, ²1967.

Licht für die Welt zu sein (Mt 5,13–16; vgl. Jes 49,6). Dazu war es nötig, das Volk zu heiligen, von Irrtum und Schuld zu befreien. Jesus wollte seinem Namen Ehre machen – „Jesus" heißt: „Gott rettet" –; nach Mt 1,21 sollte dies nicht durch die Rettung Israels aus politischer Knechtschaft, sondern durch die Erlösung des Gottesvolkes von seinen Sünden geschehen. Anstelle der sühnenden Opfer im Tempel oder der reinigenden Riten in Qumran sprach der Menschensohn den an ihn Glaubenden die Vergebung der Sünden zu. Seine Vollmacht, die Seelen zu retten, konnte er mit der Heilung körperlicher Gebrechen beweisen (Mk 2,1–12); so handelte er an der Stelle Gottes, der unsere Sünden vergibt und unsere Gebrechen heilt (Ps 103,3)[7].

Wegen solcher Machttaten, wegen seines siegreichen Einbruchs in die Festung des Bösen (Mt 19,29), konnte Jesus die Botschaft vom Reich Gottes als ein *Evangelium* verkündigen. Denn wo Blinde sehen und Lahme gehen, wo kraft des Heiligen Geistes die Dämonen ausgetrieben werden, da beginnt die Herrschaft Gottes bereits verwirklicht zu werden, da kann man im Perfekt der frohen Botschaft reden: „Dein Gott ist König geworden!" (Jes 52,7; 61,1f; vgl. Mt 11,2–6; 12,28)[8]. In Qumran hat man ebenfalls auf die Stellen Jes 52,7 und 61,1 reflektiert und sie auf die Heilswende der Endzeit bezogen, wenn das Böse entmachtet, der Teufel vom Himmel vertrieben und die von ihm kommandierte Schar der Dämonen eingesperrt wird: Dann wird ein mit Gottes Geist Gesalbter auf Erden die frohe Botschaft verkündigen: „Dein Gott ist König geworden!" (11 Q Melchizedek). Für Jesus war die entscheidende Wende schon eingetreten, der Satan wie ein Blitz vom Himmel gefallen, sonst hätten die Dämonen nicht auch seinen Jüngern gehorcht (Lk 10,17f). In Qumran und auch bei Jesus sah man nicht in einer weltlichen Macht, sondern im Teufel und seinen Dämonen den eigentlichen Gegner Israels. Aber während man in Qumran die Abwehr dieser Mächte betrieb und die Gemeinde als unüberwindliche Festung gegenüber dem Ansturm des Bösen beschrieb (Loblieder 6,25–28), ging Jesus als der „Stärkere" zum Angriff auf das Haus des Starken über, um ihm dessen Gerätschaft abzunehmen (Mt 12,29): Das Reich des Teufels wird er- | schüttert, den dort gefangenen Menschen die Freiheit gebracht. Das war Jesu „Heiliger Krieg", während man in Qumran sich für den langen Krieg zwischen den „Kindern des Lichts" und den „Kindern der Finsternis" gerüstet hat[9].

Jesus hatte die *kommende Gottesherrschaft* so zum beherrschenden Thema seines Wirkens gemacht, wie das nirgends sonst im Judentum, auch

---

[7] Vgl. dazu mein Taschenbuch: „Wie verstehen wir das Neue Testament?" ABC-Team, Wuppertal 1981, ferner O. Betz/W. Grimm, Wesen und Wirklichkeit der Wunder Jesu ANTJ 2, Frankfurt/Bern 1977.

[8] Vgl. dazu meinen Aufsatz: „Jesu Evangelium vom Gottesreich", in: Das Evangelium und die Evangelien, Tübingen 1983, S. 55–77.

[9] Vgl. meinen Aufsatz: „Jesu Heiliger Krieg", Novum Testamentum 2 (1957), S. 116–137.

nicht in Qumran, ja nicht einmal in den ersten christlichen Gemeinden geschehen war. Die Vorstellung vom Ende der Geschichte war hier und dort verschieden. Die Qumranleute rechneten mit dem baldigen Weltgericht, das ihrer Sache zum Sieg verhelfen werde: Die Wahrheit Gottes wird dann den Irrtum der Menschen vertreiben, so wie die Morgensonne über Finsternis und Nebel triumphiert. Das Ende ist Enthüllung, „Offenbarung" dessen, was jetzt noch gewaltsam unterdrückt und darum verborgen ist, was auf Erden verkannt oder verachtet wird, so wie die kleine, in der Wüste lebende Gemeinde von Qumran. Gott bringt dann die Wahrheit ans Licht: Die Kinder des Lichts werden verherrlicht werden, die Kinder der Finsternis in ewige Schmach gestürzt (Gemeinderegel 4,2–14; Mysterienbuch). Jesus hingegen verkündigte das kommende Gottesreich als Offenbarung der helfenden Gerechtigkeit Gottes[10], des Gottes, der nicht den Tod des Sünders, sondern dessen Rettung will, der von den Menschen Barmherzigkeit und nicht Opfer möchte (Mt 9,13; 12,7).

Der Psalm 103 war wohl der Lieblingspsalm Jesu. Seine Hauptmotive erscheinen im Vaterunser und in den Gleichnissen, die von Gottes vergebender Güte und Langmut handeln; aber auch im Wirken Jesu wird die Wahrheit dieses Psalms bewährt (Mk 2,1–12). Sühne erfolgt durch den Zuspruch der Vergebung für den Sünder, der Buße tut und auch dem Bruder die erfahrene Güte Gottes weitergibt (Mt 18,23–25)[11].

3.2 Die Sammlung der Erwählten

Aufschlußreich ist es, wie man hier und dort das Leben in Wahrheit und Gerechtigkeit, das im Neuen Bund der Gottesherrschaft auf vollkommene Weise verwirklicht wird, einzuüben und darzustellen versucht hat. Die Qumrangemeinde verstand sich als einzige und wahre Erbin des Gottesbundes, als heiligen Rest und Kern des neuen Israel, das Gott in der Endzeit der Welt offenbaren wird. In diesem Selbstverständnis wird der Glaube an die *Erwählung* aktualisiert und auch modifiziert: Gottes Gnadenwahl betrifft den *einzelnen Menschen* und macht ihn zu einem Kind des Lichts, das ihn als Suchenden, „Willigen", der Gemeinde des wahren Bundes zuführt. Die von Gott gezogene Linie der Erwählung trennt nicht einfach ein heiliges Volk von den Heiden, sondern geht auch mitten durch Israel hindurch (Gemeinderegel 3,15–17). Ebenso dachte Johannes der Täufer, wenn er die stolze Zuversicht der Juden, Abraham zum Vater zu haben, mit dem Hinweis auf die Schöpfermacht Gottes erschütterte: Er kann auch aus Steinen dem Abraham Kinder erwecken (Mt 3,9). Jesus

---

[10] Vgl. dazu meine Aufsätze: „Rechtfertigung in Qumran", in: Festschrift für E. Käsemann, Tübingen 1976, S. 17–36, und: „Rechtfertigung und Heiligung" in Festschrift für A. Köberle, Darmstadt, 1978, S. 30–44.

[11] Vgl. dazu meinen Aufsatz: „Jesu Lieblingspsalm", der in Kürze in den Theologischen Beiträgen erscheinen wird.

urteilte: viele sind berufen, wenige aber auserwählt (Mt 22,14). Und
während man in Qumran auf die „Willigen" wartete, bis sie sich um
Aufnahme in die Heilsgemeinde bewarben (Gemeinderegel 5,1–5), hat
Jesus selbst in messianischer Vollmacht die Erwählung Gottes durch
Berufung und Auswahl fortgeführt: Ein Kreis von zwölf Jüngern sollte ihm
bei der Sammlung Israels helfen und die zwölf Stämme des neuen Gottesvolkes regieren (Mk 3,13–19; Mt 19,28). Wie die „Willigen" der Qumrangemeinde verließen die Jünger Jesu ihre Familien und ihren Beruf,
lebten in einer vita communis mit gemeinsamer Kasse, wobei Judas
Iskariot als Vermögens- | verwalter den Beutel trug (Joh 13,6.29). Aber
sowohl die „Willigen", die sich der Qumrangemeinde anschlossen, wie
auch die Jünger Jesu wurden eingegliedert in eine *neue, geistliche Familie.*
Als einmal in Kafarnaum Jesus von seiner Mutter und seinen Brüdern in
seinem Lehrvortrag unterbrochen wurde – wahrscheinlich wollten sie
ihn in die Familie zurückholen –, wies er auf die um ihn gescharten Hörer
hin: „Wer den Willen Gottes tut, der ist mir Bruder, Schwester, Mutter!"
(Mk 3,31–35). Eine Art von geistlicher Familie ersetzte auch in Qumran
die Gemeinschaft mit den leiblichen Angehörigen. Der große Lehrer der
Gemeinde dankte Gott dafür, daß er ihn „zum Vater für die Söhne der
Gnade bestimmt habe", die sich an ihn drängten wie „Säuglinge im
Schoß der Amme" (Loblieder 7,20–22). Solche geistliche Vaterschaft hat
in Gottes Vaterwillen seinen Grund: Er ist der Vater „aller Kinder seiner
Wahrheit"; er sorgt um sie wie eine Mutter. Wenn der leibliche Vater sein
Kind nicht mehr kennen will und die Mutter es Gott überläßt, tritt Gott
für es ein; er hat den Lehrer von Geburt an erkannt und geheiligt und ihn
von Jugend auf mit Einsicht und dem heiligen Geist begabt und erfreut
(ibid. 9,30–36)[12]. Demütiger Wandel und brüderliche Liebe sind Kennzeichen dieser geistlichen Familie. Die Qumrangemeinde wurde von
dem Grundsatz Micha 6,8 geleitet, wonach Gutes tun, Liebe üben und
demütiger Wandel vor Gott als ewige Forderung an den Menschen bezeichnet ist. Dieses berühmte Prophetenwort wurde in Qumran so abgewandelt, daß sich der demütige Wandel auf den Nächsten, den Bruder in
der Gemeinde, bezieht (Gemeinderegel 8,2; vgl. 2,24; 5,3f; 10,26); es geht
ja um die Versöhnung der Menschen, denn sie bewahrt das Land beim
Gericht vor dem Bann (Mal 3,24).

Jesus interpretierte diese *Demut als Beweggrund der Diakonie:* im Unterschied zu den Herren und Großen der Welt, die ihre Untergebenen
ausbeuten und unterdrücken, soll unter den Jüngern Jesu der erste aller
anderen Knecht werden, und wer unter ihnen groß sein möchte, soll ihr
Diener sein. Diese Diakonie der im Geist der Versöhnung wirkenden
Demut hat sühnende Kraft und bewahrt das Land vor dem Gericht. Der

---

[12] Vgl. dazu meine Aufsätze: „Die Geburt der Gemeinde durch den Lehrer" und „Das Volk
Seiner Kraft" in: New Testament Studies 3 (1957) und 4 (1958), S. 67–75.

Meister war dafür das Vorbild. Denn auch Jesu messianische Vollmacht, die aus der Menschensohnüberlieferung Dan 7,13f abgeleitet ist, sollte in der Gegenwart diakonisch wirksam sein (Mk 10,45)[13]. Damit wird scheinbar alles auf den Kopf gestellt: Dem von Daniel geschauten Menschensohn sollen nach seiner Inthronisation alle Völker dienen (Dan 7,14); der von Jesus verkörperte Menschensohn ist aber nicht dazu gekommen, sich dienen zu lassen, sondern um zu dienen und sein Leben als Lösegeld für die Vielen in den Tod zu geben (Mk 10,45). Der Sohn, dem alles vom himmlischen Vater übergeben ist (Mt 11,27; vgl. Dan 71,4), lädt alle Mühseligen und Beladenen zu sich ein (Mt 11,28–30); und die Herrschaft des Messias, der alle Macht im Himmel und auf Erden empfangen hat, äußert sich darin, daß er durch den Dienst der Apostel die Völker zu seinen Jüngern macht (Mt 28,19f). Der Dienst des Menschensohnes vollendet sich mit dem Gang an das Kreuz, der für alle Menschen das Angebot des Heils, der Befreiung bedeutet: Mit seinem Blut bezahlt er für unser durch die Sünde verwirktes Leben und schafft so Sühne nicht nur für das Land Israel, sondern auch für dessen Bewohner, ja für die ganze Welt (vgl. Joh 3,16)[14]. Jesus hat die Vision des *Menschensohnes* mit der Weissagung vom *Gottesknecht* verbunden, der durch sein Leiden die Sünden der an ihn Glaubenden aufhebt (Jes 53). Beide Traditionen, die vom Menschensohn und die vom leidenden Gottesknecht, treten in den Qumranschriften kaum hervor; die Verbindung dieser Traditionen und die dadurch gewonnene dienende und sühnende Rolle des Messias und Gottessohnes kennzeichnen das Wirken Jesu und machen die Mitte des christlichen Glaubens aus. |

3.3 Die Messiaserwartung in Qumran und das Messiasbekenntnis Jesu

Dennoch hilft uns die Messiaserwartung der Qumranschriften dazu, den messianischen Weg Jesu besser zu verstehen. Sie zeigt uns, auf welche *Weissagungen der Heiligen Schrift* sich die messianische Hoffnung zur Zeit Jesu bezog. Dazu gehören etwa die Stellen Gen 49,10; Num 24,17; Jes 11, vielleicht auch Ps 2,7; sie galten damals auch sonst einem messianischen König aus Davids Haus. Interessant ist aber, daß in Qumran außer dem traditionellen Davididen auch ein *Messias aus Aaron*, ein Hoherpriester der Endzeit erwartet wurde, der so im Alten Testament nicht bezeugt ist. In der von Priestern geleiteten Qumrangemeinde war die Rolle des Klerus offensichtlich so gewichtig, daß sie durch einen priesterlichen

---

[13] Vgl. dazu mein Buch über den Menschensohn (Jesus und Daniel Band II), das in Kürze im P. Lang Verlag (Frankfurt/Bern) erscheinen wird, ferner: „Offenbarung und Schriftforschung in der Qumransekte", Tübingen 1961.

[14] Vgl. dazu W. Grimm: „Weil ich Dich liebe". Die Verkündigung Jesu und Deutero-Jesaja, Frankfurt/Bern 1972. Überarbeitete Neuauflage 1981.

Messias gleichsam sanktioniert und für die Ewigkeit sichergestellt werden sollte; ja, der priesterliche Messias steht rangmäßig über dem königlichen Gesalbten aus Davids Haus. Dennoch ist es der letztere, dessen Auftritt die Zeitenwende heraufführt und mit der Befriedung der Welt den Dienst eines Priestermessias bei Gottesdienst und Lehre erst ermöglicht. Dem davidischen Messias galt in Qumran auch das durch den *Propheten Natan* dem David überbrachte Gotteswort, das dem König eine ewig währende Dynastie verheißt: Ein Davidssohn werde den Thron seines Vaters erhalten, und Gott selbst wolle für ihn wie ein Vater sein; er, und nicht etwa David, soll dem Namen Gottes ein Haus erbauen (2 Sam 7,12–14). In Qumran hat man diese Natanweissagung, die schon im alten Israel als Grundlage der messianischen Hoffnung diente, auf die Endzeit bezogen. Von dem durch Natan verheißenen Davidssohn wurde erwartet, er werde am Ende der Tage zusammen mit dem „Gesetzesforscher", d. h. dem priesterlichen Messias, auf dem Zion auftreten, um Israel zu retten (4 Q Florilegium Zeile 11–13). Ich habe schon des öfteren betont, daß solch eine messianische Auslegung von 2 Sam 7,12–14 auch für das *Sendungsbewußtsein Jesu* und für das *Messiasbekenntnis der neutestamentlichen Gemeinde* vorausgesetzt werden muß; das konnte man in der bisherigen Forschung nicht deutlich genug erkennen[15]. So ist etwa Röm 1,3f, das von Paulus zitierte, frühe und grundlegende Bekenntnis von Jesus als Davidssohn und Gottessohn, nach 2 Sam 7,12–14 gebildet. Das Gleiche gilt auch für die Botschaft des Engels Gabriel an Maria; in ihr wird die Natansweissagung gleichsam auf einer höheren, endzeitlichen Ebene wiederholt (Lk 1,30–33). Schließlich wird in den großen Reden der Apostel Petrus und Paulus in Apg 2 bzw. 13 im einzelnen ausgeführt, wie sich die Natanweissagung mit der Auferstehung und der Erhöhung Jesu erfüllt hat; David war aufgrund von 2 Sam 7,12–14 ein prophetischer Zeuge für den Christus, dessen Rettung aus dem Totenreich er in Ps 16 und dessen Erhöhung zur Rechten Gottes er in Ps 110,1 und Ps 2,7 vorhergesagt hat (Apg 2,30–35; 13,32–37). Auch die schwierige, von den Jerusalemer Schriftgelehrten nicht beantwortete Frage Jesu, wessen Sohn der Messias sei (Mk 12,35–37 parr), läßt sich von 2 Sam 7,12.14 her erklären: Er ist der Sohn Davids, aber seine eigentliche Würde besteht in der Tatsache, daß auch Gott ihn wie einen Sohn halten und ihn zu seiner Rechten einsetzen wird (Ps 110,1).

Vor allem aber erhält das *Verhör Jesu vor dem Hohen Rat* (Mk 14,53–65 parr) von 2 Sam 7,12–14 her seine innere Logik. Es geht in ihm um Jesu Anspruch, der Messias zu sein. Das von den Zeugen vorgebrachte Wort Jesu, er werde den Tempel niederreißen und einen anderen, nicht mit Händen gemachten, erbauen (V. 58), weist von 2 Sam 7 her auf ein

---

[15] Vgl. dazu: „Was wissen wir von Jesus?" (Anm. 6) und den Aufsatz: „Die Frage nach dem messianischen Bewußtsein Jesu", in: Novum Testamentum 6 (1963), S. 20–48.

messianisches Sendungsbewußtsein hin: Aufgabe des endzeitlichen Davididen ist es ja, für Gott ein Haus zu erbauen (V. 13). Jesus hat wohl an das endzeitliche Haus der Kirche, den Tempel der Heilsgemeinde gedacht (vgl. Mt 16,17f). Weil aber das vorgebrachte Zeugnis nicht übereinstimmte (Mk 14,59), auch wohl kaum richtig verstanden worden war, fragte der das Verhöt leitende Hohepriester Jesus direkt, ob er der Christus, der Sohn „des Hochgelobten", d. h. | Gottes Sohn sei (V. 61). Auch mit dieser von Jesus bejahten Frage wurde der mit 2 Sam 7 gegebene Zusammenhang berücksichtigt; denn der messianische Davidssohn wird ja auch von Gott wie ein Sohn angesehen (V. 14). Ein erst vor kurzer Zeit veröffentlichtes, auf aramäisch abgefaßtes Fragment (4 Q Daniel-Apokryphon) verheißt von einem Königssohn (?), man werde ihn „Sohn Gottes" (b^ereh di'el) und „Sohn des Höchsten" (bar 'äljôn) nennen (vgl. Lk 1,32–35). Auch in diesem leider unvollständigen Text ist m. E. die Natansweissagung aufgenommen; deutlich wird ferner, daß die Bezeichnung des Messias als „Gottessohn" im Judentum der neutestamentlichen Zeit nicht unmöglich, ja, von 2 Sam 7,14 her durchaus naheliegend war[16].

3.4 Die Tempelrolle und die Evangelien

Auch die „Tempelrolle"[17], die zuletzt gefundene und umfangreichste der großen Qumranschriften, wirft auf den Prozeß Jesu neues Licht. Sie enthält eine von Gott an Mose gegebene Beschreibung darüber, wie der Jerusalemer Tempel eigentlich hätte gebaut werden und wie die am Tempel gefeierten Feste und der Opferkult Israels nach Gottes Willen hätten aussehen müssen. Aber auch sie berichtet von einem *anderen Tempel*, von einer Zusage Gottes für die letzte Zeit: Am „Tag der Schöpfung werde ich mein Heiligtum erschaffen, um es mir fest einzurichten für alle Tage, gemäß dem Bund, den ich mit Jakob in Bethel geschlossen habe" (Tempelrolle 29,9f). Wie dieses von Gottes Händen erbaute Heiligtum (vgl. Ex 15,17) beschaffen sein soll, ob es ein Gebäude aus Stein oder aber das lebendige Heiligtum einer Heilsgemeinde sein wird, ist leider nicht ausgeführt. Für das Letztere spricht das Verbum bara' = „schaffen", dazu die Tätigkeit des priesterlichen Messias, der nicht Opfer darbringen soll, sondern ein Gesetzesforscher und Liturg sein wird. Aber gerade die Erwartung eines von Gott geschaffenen endzeitlichen Heiligtums mag

---

[16] Vgl. dazu meinen Aufsatz: „Probleme des Prozesses Jesu", in: Aufstieg und Niedergang der Römischen Welt. Reihe II Band 25,1, S. 566–644; dazu S. Kim, The Son of Man as Son of God, Tübingen 1983.

[17] Die Tempelrolle wurde 1967 aufgespürt und 1977 veröffentlicht: Y. Yadin, Megillath Ha-Miqdasch, Jerusalem 1977 Band I–III. Inzwischen ist eine englische, erweiterte, Ausgabe dieses Werkes erschienen. Eine Übersetzung ins Deutsche wurde vom J. Maier, Die Tempelrolle vom Toten Meer, UTB München 1976, geboten.

dazu geführt haben, daß man in Qumran für den Tempelbau des Messias nach 2 Sam 7,13 offensichtlich kein großes Interesse fand.

Dagegen ist eine andere Stelle der Tempelrolle für den Prozeß Jesu äußerst wichtig[18]. Es ist der ausführliche Kommentar zu dem viel bedachten, aber kontroversen Gebot *Dtn 21,22f:* Wer ein todeswürdiges Verbrechen begeht, soll getötet und an einen Pfahl gehängt werden; aber der Leichnam soll nicht über Nacht dort hängen bleiben, sondern noch am gleichen Tag abgenommen und begraben werden; „denn ein Gehänger ist ein von Gott Verfluchter, und du sollst dein Land nicht verunreinigen, das dir der Herr, dein Gott, zu eigen geben will".

Im *Kommentar von Qumran* wird zunächst das „*todeswürdige Vergehen*" näher bestimmt: Wer das Volk Gottes verleumdet und an eine fremde Nation verrät, oder wer nach einem des Todes würdigen Vergehen zu den Heiden flieht und von dort aus das Volk Israel verflucht, der verdient die Strafe des Aufgehängtwerdens am „Holz", an einem Pfahl. Als schwerster krimineller Akt wird demnach der im Alten Testament so noch nicht bekannte *Hochverrat* bezeichnet, der gleichzeitig als Gotteslästerung gilt. Mir scheint, daß man dieses in der Hasmonäerzeit aktuell gewordene Vergehen des Hochverrats und der Blasphemie aus dem in Dtn 21,23 erwähnten schwierigen Ausdruck „Fluch Gottes" (qilelat elohim) herausgelesen und für die Strafe des Aufhängens geltend gemacht hat. Ursprünglich war wohl die Verflu- | chung des Gehängten durch Gott gemeint, in Qumran aber wird qilelat elohim als Verfluchung, Lästerung Gottes gedeutet. Diese geschieht eben dadurch, daß man das Volk Gottes, das von ihm erwählte Israel, verflucht oder den Heiden in die Hände spielt. Der „Fluch Gottes" wird in der Tempelrolle verbal gefaßt und erweitert: Die Hochverräter haben „Gott und Menschen verflucht" (64,12). Möglich ist auch eine passivische Wiedergabe: Sie sind von Gott und Menschen verflucht.

Ferner wird der *Modus der Hinrichtung* präzisiert: man soll den Delinquenten „ans Holz hängen, so daß er stirbt" (Zeile 8 und 10f), aber „ihn nicht über Nacht am Holz hängen lassen, sondern ihn unbedingt am gleichen Tag begraben" (Zeile 12). Wichtig ist die Reihenfolge „hängen – sterben". Sie zeigt, daß die Aufhängung an einem Pfahl nicht etwa eine abschreckende Zusatzstrafe für den bereits durch Steinigung Hingerichteten darstellen soll – so wird Dtn 21,22f später in der Mischna gedeutet (Sanhedrin 6,4) –, vielmehr stellt sie den Akt der Hinrichtung dar, der zum Tode führt, und ist somit identisch mit der von den Römern praktizierten *Kreuzigung*, einer wegen des langen, qualvollen, öffentlichen Sterbens besonders grausamen Hinrichtungsart. Die Kreuzigung wäre somit auch bei den Juden als Todesstrafe verhängt und vollstreckt worden. In der Tat berichtet Flavius Josephus, der Hasmonäerkönig Alexan-

---

[18] Vgl. dazu: „Probleme des Prozesses Jesu" (Anm. 16), S. 606–612.

der Jannaj, der zugleich Hoherpriester war, habe an einem Tag 800 seiner jüdischen Gegner gekreuzigt (Antiquitates 13,380). Diese hatten gegen ihren Landesherrn den seleukidischen Herrscher Demetrius Eukarios zu Hilfe gerufen, der daraufhin in Palästina einmarschiert war (Ant 13,376–79). Das wurde wohl als Hochverrat ausgelegt und mit einer öffentlichen Massenkreuzigung bestraft. Auch in der Qumranschrift 4 Q Pescher Nahum wird dieser grausame Racheakt des Hasmonäerkönigs erwähnt und dabei deutlich an Dtn 21,22f erinnert: Er hat lebende Menschen ans Holz gehängt.

Welche *Bedeutung* hat dieser Qumrankommentar zu Dtn 21,22f *für die Evangelien?* Wie die Natansweissagung wirft er neues Licht auf den Prozeß Jesu; gerade auch die Verurteilung zum *Tod am Kreuz* läßt sich nun besser verstehen. Die Juden hatten unter der Verwaltung der römischen Präfekten nicht das Recht, die Todesstrafe zu vollstrecken (Joh 18,31); deshalb wurde Jesus von den römischen Soldaten gekreuzigt. Aber der Hohepriester Kajaphas hatte Jesus vor Mitgliedern des Synedriums, wohl vorwiegend Sadduzäern, in der Paschanacht verhört und seinen Anspruch, der Messias und Sohn Gottes zu sein, als Blasphemie und todeswürdiges Vergehen verurteilt (Mk 14,63f). Wenn das Synedrium Jesus als falschen Messias an Pilatus übergab (Mk 15,1–5), so konnte es den Ausgang des Verfahrens leicht vorhersehen: Schon der Anspruch, der Messias und König der Juden zu sein, konnte den Römern juristisch als seditio (Aufruhr) oder als Majestätsbeleidigung erscheinen; dann war mit der Verurteilung zum Tod am Kreuz zu rechnen. Die Kreuzigung mußte auch in den Augen der sadduzäischen Obrigkeit die angemessene Sühne für solch ein Vergehen sein. Denn nach Joh 11,47–50 führt ein falscher Messiasanspruch zur Verführung Israels und zur Preisgabe des Gottesvolkes an eine fremde Macht: Läßt man diesen Mann gewähren, dem alles nachläuft, so werden die Römer eingreifen und sowohl „unsere Stätte", d. h. den Tempel, als auch das ganze Volk ins Verderben reißen. Aus diesem Grunde ist es besser, daß „ein Mensch für das Volk stirbt, als daß das ganze Volk zugrunde gehe", (V. 50). Von daher wird verständlich, daß die erregte Menge von Pilatus die Kreuzigung des falschen Gottessohnes forderte (Joh 19,10.15f). Ja, Johannes läßt die Juden zum Präfekten sagen: „Wir haben ein Gesetz, und nach diesem Gesetz muß er sterben, weil er sich zum Sohn Gottes gemacht hat" (Joh 19,7; vgl. 18,31). Mit dem „Gesetz" kann nur die Tora und speziell Dtn 21,22f gemeint sein, wobei diese Stelle wie in Qumran auf das Vergehen des Hochverrats und auf die Todesstrafe der Kreuzigung ausgelegt worden sein muß: Ein falscher Messiasanspruch gefährdet die Existenz des Volkes, ja, er ist auch Gotteslästerung, zumal ihn Jesus mit dem Ansinnen verband, den Tempel abreißen zu wollen (Mk 14,58). |

Nach Mk 15,29 wurde das dem *Gekreuzigten auf Golgota* vorgehalten: „Weh dir, der du den Tempel abreißen und in drei Tagen wieder aufbauen willst! Rette dich selbst und steige herab vom Kreuz!" Ähnlich verspotteten ihn auch die Hohenpriester und Schriftgelehrten (V. 31f). Mit diesen Worten, die dem vermeintlichen Retter Israels seine Ohnmacht und damit den als falsch erwiesenen, gotteslästerlichen Messiasanspruch vorhalten sollten, hat man nach der Ansicht des Markus den gekreuzigten Gottessohn „gelästert" (15,29). Der ans Holz Gehängte war also nicht nur von Gott verflucht, sondern auch von den Menschen, so wie das der Kommentar der Tempelrolle sagt (64,12). Freilich könnte es sein, daß es die eigentliche Absicht der Hohenpriester und Schriftgelehrten auf Golgota war, den Gekreuzigten nicht etwa zu verhöhnen, sondern ihn im letzten Augenblick zur Erkenntnis seines Irrtums und zum Bekenntnis seiner Schuld zu führen. Denn nach der Mischna (Sanhedrin 6,2) soll der Delinquent unmittelbar vor seiner Hinrichtung bekennen und Gott bitten: „Möge mein Tod eine Sühne für alle meine Sünden sein!" Solch eine Sühne schenkt die Hoffnung auf ein Leben in der zukünftigen Welt.

Nicht nur die Kreuzigung Jesu, sondern auch die *Abnahme und die Bestattung des Leichnams* (Mk 15,44f parr) folgt der alttestamentlichen Weisung Dtn 21,22f. Besonders deutlich wird das im Johannesevangelium gesagt. Der Leichnam soll „nicht am Kreuz bleiben" (19,31); deshalb nahm Josef von Arimathäa ihn ab und bestattete ihn (V. 39). Man soll ja nach Dtn 21,23 den Gehängten nicht über Nacht am Holz hängen lassen, sondern ihn unbedingt am gleichen Tag begraben.

Schon *Paulus* bestätigt, daß nicht nur die Juden, sondern auch die ersten Christen das Kreuz von dieser Deuteronomiumstelle her verstanden. Paulus zitiert sie in Gal 3,13: „Verflucht (von Gott) ist jeder, der am Holz hängt!" Sicherlich hat Paulus als eifriger Pharisäer und Verfolger der Kirche das Kreuz von Golgota nach Dtn 21,22f beurteilt und den Schluß gezogen, Jesus müsse ein von Gott Verfluchter und der Glaube an die Messianität des Nazareners ein gefährlicher Wahn sein. Aber als Apostel hat Paulus das torabedingte Ärgernis des Kreuzes überwunden: Der erhöhte Herr, der ihm vor Damaskus erschienen war, hatte ihm eine neue Erkenntnis des Kreuzes geschenkt, die freilich die Wahrheit von Dtn 21,22f nicht aufhob: Christus ist *für uns* zum Fluch geworden und hat am Kreuz als messianischer Gottesknecht | die Strafe für unsere Sünden auf sich genommen (Gal 3,10.13). So konnte der Apostel sagen, er kenne von nun an Christus nicht mehr „auf fleischliche Weise" (2 Kor 5,16). Diese falsche Erkenntnis bezog sich sicherlich auf Dtn 21,22f: Der Gekreuzigte ist der von Gott Verfluchte[19]. Die rechte, geistliche Erkenntnis sieht in Jesus den Sündlosen, den Gott für uns zur Sünde gemacht hat (2 Kor 5,21), den Messias, der am Kreuz uns zugut den Fluch des Gesetzes trug.

---

[19] Vgl. dazu meinen Aufsatz „Fleischliche und ‚geistliche' Christuserkenntnis nach 2. Korinther 5,16", in: Theol. Beiträge 14 (1983), S. 167–179.

Das sühnende Opfer am Kreuz war das Ziel des Weges Jesu, und „das Wort vom Kreuz" machte das Evangelium des Paulus aus. Es ist eine Torheit, den Opfergedanken deshalb abtun zu wollen, weil er dem modernen Menschen nicht mehr zugemutet werden könne. Ich meine hingegen, er sei gerade heute besonders aktuell; denn die Not der Armen in der Welt kann nur durch wirkliche Opfer von seiten der reichen Industrienationen gelindert werden. Und Jesu Botschaft war kein Appell an die Unterdrückten und Armen, sich selbst zu befreien und zu bereichern, sondern eine Mahnung an die Reichen, wirkliche Opfer zu bringen und ihren Reichtum den Armen zu geben. Ermöglicht wird dies durch die Liebe Gottes in Christus, der sein Leben für uns dahingegeben, sich für uns geopfert und am Kreuz den Fluch Gottes an unserer Stelle auf sich genommen hat[20].

---

[20] Der Herausgeber der Tempelrolle, der dazu einen ungemein ausführlichen und lehrreichen Kommentar verfaßt hat, meinte, auch an weiteren Punkten werde die Evangelienüberlieferung historisch bestätigt und erhellt. So seien die in Mk 8,15; 12,13f (vgl. auch 3,6) neben den Pharisäern erwähnten „Herodianer" mit den Essenern von Qumran gleichzusetzen. Diese hätten am Fest der Priesterweihe (2.–10. im Monat Nisan) sieben Körbe Brot im Tempel dargebracht (Tempelrolle 15,9–15), die man mit der Darbringung der zwölf Schaubrote im offiziellen, pharisäisch bestimmten Judentum vergleichen kann. Jesus hatte in einer Unterredung mit seinen Jüngern nach der Speisung der Viertausend (Mk 8,14–21) vor dem Sauerteig der Pharisäer und des Herodes (der Herodianer) gewarnt (V. 15) und dabei auf die zwölf Körbe gesammelten Brotes bei der Speisung der Fünftausend und die sieben Körbe gesammelten Brotes bei der Speisung der Viertausend hingewiesen (V. 19f). Nach Y. Yadin wollte er damit an die Opferpraxis dieser beiden Gruppen erinnern: Die zwölf Körbe weisen auf die Pharisäer, die eine Darbringung von zwölf Schaubroten befürworteten, die sieben Körbe auf die sieben Brotkörbe der Herodianer = Essener, für die die Darbringung dieses Opfers am Fest der Priesterweihe charakteristisch war. Die Essener seien wegen ihrer Begünstigung durch Herodes den Großen (vgl. Antiquitates 13,372–379) im Volk „Herodianer" genannt worden (Megillath Hamiqdasch, Jerusalem 1977, Bd. I, S. 111f). Ferner bestimmt die um die Heiligkeit Jerusalems besonders besorgte Tempelrolle drei Plätze ostwärts der Stadt, etwa 3000 Ellen (= 1500 Meter) vom Stadtrand entfernt, für die Aussätzigen und mit Ausfluß Behafteten (46,16f). Das erklärt die Notiz, Jesus sei in dem östlich Jerusalems gelegenen Betanien im Haus Simons des Aussätzigen zu Gast gewesen (Mk 14,3); dort befand sich nach der Tempelrolle der Wohnbereich der aussätzigen Bewohner Jerusalems.
Neues Licht fällt von der Tempelrolle auf das vieldiskutierte Problem, ob es in Jerusalem ein Essenerquartier und darüber hinaus für einige Jahrzehnte eine friedliche Koexistenz von Essenern und ersten Christen gab. Vgl. dazu R. Riesner, Essener und Urkirche in Jerusalem; in: Bibel und Kirche 40 (2/1985), S. 64–76.

19. Bergpredigt und Sinaitradition

Zur Gliederung und zum Hintergrund von Matthäus 5–7

Dem Freunde Martin Hengel zum 60. Geburtstag

Vorbemerkungen

Die Bergpredigt ist noch immer eine *„irritierende Größe"*[1], und zwar nicht nur für Ethiker und Politiker[2], sondern auch für die Exegeten. Selbst Grundfragen (wie die nach Zweck und Gattung des Ganzen sowie nach ihrer Gliederung und dem inneren Zusammenhang der Einzelabschnitte) werden entweder gar nicht oder aber recht verschieden beantwortet; die Bergpredigt ist, „wie es scheint, eine ungeordnete und nur schwer zu verstehende Ansammlung eigenartiger Lehren"[3]. U. Luz bestimmt mit manchen anderen den Zweck der Bergpredigt als *Jüngerethik,* wobei „Jünger" für Matthäus ein ekklesiologischer Begriff sei[4]. Das Handeln der Jünger sei für den Evangelisten nicht ein ethisches Zeichen der bereits anbrechenden neuen Welt und auch nicht Interimsethik. Vielmehr biete die Bergpredigt den reinen Willen Gottes, die Einlaßbedingung für das Gottesreich; sie setze das Evangelium nicht voraus, sondern sei dieses Evangelium, das durch die Verkündigung der Jünger die ganze Welt beanspruche (vgl. Mt 28,16–20)[5].

Aber m. E. ist die Bergpredigt von Matthäus *nicht als Evangelium* gedacht, sondern als *Gesetz des neuen Bundes,* und ihre Adressaten sind nicht primär die Jünger, sondern die *Vertreter des neuen Israel.* Das biblische Gegenstück zu dieser Predigt ist die *Gesetzgebung* durch Mose *am Sinai;* diese spielte in der neutestamentlichen Zeit eine wichtige Rolle, und zwar gerade auch da, wo man – wie Jesus – das nahe Ende der Geschichte erwartete und sich auf den neuen Bund vorbereiten wollte. Matthäus hatte die Kapp. *Ex 19–24* vor Augen, als er der Bergpredigt des

---

[1] H. D. Betz, Studien zur Bergpredigt. Tübingen 1985, S. 17.
[2] M. Hengel, Bergpredigt im Widerstreit. Theol. Beiträge 1983/2, S. 52ff. Vgl. auch: Leben in der Veränderung. Evang. Kommentare 3 (1970), Sp. 647–651.
[3] H. D. Betz a.a.O. S. VI.
[4] U. Luz, Das Evangelium nach Matthäus. EKK Bd. 11, Neukirchen 1985, S. 190.
[5] A.a.O. S. 190f.

Messias ihre Form gab. Ob er dabei eine Quelle benutzte, die ein vor-
matthäischer Redaktor gestaltet hatte[6], oder aber einen Auszug (Epito-
me, Breviarium) der Lehre Jesu, der von Judenchristen in Jerusalem
zusammengestellt worden war[7], mag zunächst auf sich beruhen. Ich gehe
im Folgenden von der Fassung der Bergpredigt aus, wie sie uns im
Matthäusevangelium geboten wird, und verzichte auf alle Spekulationen
darüber, was in ihr echtes Jesusgut, Gemeindebildung oder Redaktion
des Evangelisten sein könnte; solche Hypothesen haben lediglich das
Verdienst, sich gegenseitig selbst aufzuheben. Matthäus, ein Zeuge erster
Hand, bietet die Bergpredigt als *Lehre Jesu;* als solche nehme auch ich sie
an[8].

a) Die Bergpredigt als Tora des neuen Bundes

Diese Überschrift mag manchen überraschen. Denn das Wort „Bund"
kommt in der Bergpredigt gar nicht vor; erst recht nicht ist dort von
einem „neuen Bund" die Rede. Aber diese Predigt steht in einem Evangelium, nach dem mit Jesu Wirken nicht nur die Herrschaft Gottes, sondern
auch der neue Bund Wirklichkeit zu werden begann. Wichtigste Voraussetzung für das Schließen des neuen Bundes ist die *Vergebung der Sünden:*
„Ich werde ihnen ihre Schuld vergeben und ihrer Sünde nicht mehr
gedenken" (Jer 31,34). Schon der von Gott gewiesene Name „Jesus"
(Jeschua, Jehoschua) zeigte dem ersten Evangelisten, daß der Sohn Gottes
„Sein Volk retten wird" (jôshia`), aber nicht aus der Hand der Feinde,
sondern „von ihren Sünden" (Mt 1,21). Das geschah auf Golgatha, und
Matthäus macht dies in seiner Fassung der Abendmahlsworte ganz klar:
Jesus deutet den Wein als das Blut des neuen Bundes, das für viele
vergossen wird *zur Vergebung der Sünden* (26,28). Bei der Taufe des
Johannes wurden zwar die Sünden bekannt (3,6), aber von ihrer Vergebung sagt Matthäus nichts; die Rettung der Menschen wird eben durch
den ermöglicht, der sich taufen ließ, um so „alle Gerechtigkeit zu erfüllen" (3,15). Jesus war „dazu gekommen, das Gesetz und die Propheten zu
erfüllen" (5,17); eben dies entspricht dem Ziel des neuen Bundes und
dient der vollen Gemeinschaft Gottes mit seinem Volk (Jer 31,33b).

---

[6] A.a.O. S. VI; G. STRECKER, Die Bergpredigt, Göttingen 1984, S. 9f.

[7] H. D. BETZ a.a.O. S. 15,35.38. Das soll in der Art von Epiktets Enchiridion oder der Kyriai Doxai des Epikur, dazu auch der rabbinischen „Sprüche der Väter" geschehen sein.

[8] H. D. BETZ (a.a.O. S. VII) nimmt zwar an, daß wir vom historischen Jesus und seinen Lehren nur wenig wissen. Aber wie will er das wissen und mit guten Gründen beweisen? U. LUZ (a.a.O. S. 229f.) zeigt bei der Analyse etwa von Mt 5,17–20, wie schwierig es ist, zwischen Tradition und Redaktion zu unterscheiden. Vgl. dazu auch H. D. BETZ (a.a.O. S. 18): Die Abweichungen des Matthäus von der Lukasparallele können nicht „durchweg aus philologischen Gründen oder von der Theologie des Matthäus" her erklärt werden. Wie kann man dann aber die Annahme eines Breviariums der Judenchristen für die Bergpredigt wahrscheinlich machen?

b) Die Hörer der Bergpredigt

Die Bergpredigt ist deshalb an eine Menge gerichtet, die auf das Gottesvolk des neuen Bundes hinweisen soll (Mt 5,1). Zwar werden auch die Jünger Jesu eigens erwähnt (ibid.) – sie treten wohl deshalb zu ihm heran, weil sie später die Völker lehren und darum genau zuhören sollen (Mt 28,19f.) –, aber der Jüngerkreis ist in 5,1 noch unvollständig (vgl. 4,18–22); erst in 10,2ff. werden die Zwölf berufen, mit Namen genannt und ausgesandt.

Daß Matthäus die Bergpredigt als eine *Weisung des Messias für ganz Israel* verstand, hat er schon in den unmittelbar *voraufgehenden VV. 4,23–25* angezeigt. Dieser Kurzbericht gehört zur *Einleitung der Bergpredigt* mit hinzu, weil er deren Hörerschaft, die von Jesus gesammelte Menge, näher kennzeichnet: Sie stammte aus Galiläa und der Dekapolis, aus Jerusalem, Judäa und dem Ostjordanland (4,25). Die eigene Not und die Kunde von Jesus hatte diese Menschen hergeführt. Jesus konnte seinem Retter-Namen dadurch Ehre machen, daß er die Freudenbotschaft der Basileia verkündigte und diese Botschaft durch Heilungswunder als ein Evangelium sich verwirklichender Gottesherrschaft erwies (Mt 4,23, vgl. Jes 52,7).

In einer wichtigen Studie hat *G. Lohfink*[9] Mt 4,23–25 mit der Vorlage Mk 1,39; 3,7–10 genau verglichen und die Unterschiede betont: Während bei Markus Judäa fehlt, aber Idumäa, Tyrus und Sidon erscheinen, hat Matthäus die nicht-jüdischen Territorien weggelassen und Judäa hinzugefügt: *Nur Israeliten sollten die Bergpredigt hören,* denn sie war zuerst Weisung für „Sein Volk" (Mt 1,21). Auch dadurch wird sie als Gegenstück zur Gesetzgebung am Sinai charakterisiert.

c) Zur Gliederung der Bergpredigt

Die These Lohfinks, Matthäus habe im Volk Israel die Adressaten der Bergpredigt gesehen, wird *vom Aufbau dieser Predigt bestätigt,* vor allem von deren *Anfang Mt 5,1–20.* Diese Verse enthalten eine Art von Vorwort (Proömium), dessen Duktus nicht leicht zu verstehen ist. Nach den einleitenden Rahmenversen 1–2 verkündigt Jesus die 10 (8+2) Seligpreisungen (VV. 3–12) für die Armen und Verfolgten; dann erscheinen die Worte vom Salz und Licht, die den Jüngern zu gelten scheinen (VV. 13–16); schließlich folgt die programmatische Erklärung 5,17–20, in der Jesus von sich selbst, seinem „Ja" zu Gesetz und Propheten spricht (V. 18f.) und aus seiner Haltung Folgerungen für das rechte Lehren (V. 19) und Tun (V. 20) des Gottesworts zieht.

Wie läßt sich die *Abfolge dieser so grundverschiedenen Stücke* verstehen, was ist das Band, das dieses Vorwort der Bergpredigt zusammenhält?

---

[9] G. LOHFINK, Wem gilt die Bergpredigt? Theol. Quartalschrift 163 (1983), S. 264–284.

Bevor wir diese Frage beantworten, möchten wir eine *Gliederung der ganzen Predigt* versuchen, die ja manchen Exegeten noch immer als ungeordnet erscheint. Eine bloße Inhaltsangabe für die einzelnen Stücke, wie sie etwa in den Synopsen der Evangelien geboten wird und sich dort als recht hilfreich erweist, stellt freilich noch keine Gliederung dar; für diese müßte darüber hinaus ein *Thema,* ein roter Faden, gefunden werden, wenn die Bergpredigt wirklich eine geschlossene Komposition sein soll. Und das trifft für sie sicherlich zu. Denn die anderen Reden im ersten Evangelium können jeweils nach einem Thema benannt werden: Aussendungsrede, Gleichnisrede, Gemeindeordnung, endzeitliche Rede. Nur die Bergpredigt hat ihren Namen nach dem *Ort,* an dem sie gehalten wurde; er wird in der Einleitung erwähnt und könnte deshalb nebensächlich sein. Aber wir werden sehen, daß auch der Berg thematische Bedeutung hat und zumindest einen Hinweis auf den Zweck dieser umfangreichsten Rede des ersten Evangeliums geben kann.

d) Das Thema der Bergpredigt: Die Gerechtigkeit des neuen Bundes (5,20)

Das Thema der Bergpredigt wird am Ende des Proömiums genannt: Es ist die *Gerechtigkeit,* die für das Gottesreich und den neuen Bund als geboten erscheint, eine Gerechtigkeit, welche die der Schriftgelehrten und Pharisäer überbieten muß. Hinter dem περισσεύειν in Mt 5,20 steht m. E. das *hebräische Partizipium* mĕrubbäh = „mehr (gemacht) als" (min), das einen „Mehrwert" bedeutet. Es erscheint in den „Sprüchen der Väter" und paßt schon aus formalen Gründen zur Maxime Jesu Mt 5,20; seinem Inhalt nach paßt es auch zu den Schlußgleichnissen Mt 7,24–27. Rabbi El'azar ben Azarja (um 100 n. Chr.) spricht in Aboth 3,17 zum Ungleichgewicht von Wissen und Tun: Der Mensch, bei dem die Weisheit die Taten übertrifft, gleicht einem Baum, der viele Zweige, aber wenige Wurzeln hat; der Wind entwurzelt ihn und wirft ihn um. Da, wo die Taten überwiegen (mĕrubbîm), steht man gefestigt da. Auch nach der Bergpredigt muß dem Lehren (5,19) und Hören (7,21 ff.) das Tun entsprechen; auf dieses letztere kommt alles an (7,21.23).

Was mit dem *„Mehrwert" der Gerechtigkeit* des Gottesreichs gemeint ist, wird in 5,21–6,34 dargestellt, und zwar im Einklang mit dem in V. 20 angesprochenen Vergleich. Die noch unbekannte Größe der besseren Gerechtigkeit wird abgehoben von dem alten, den Hörern wohlvertrauten, *Verständnis von Gerechtigkeit, das man den Schriftgelehrten und Pharisäern* verdankte; nach Mt 23,2 hat Jesus deren Lehre als verbindlich angesehen. Jesus geht in der Bergpredigt durchaus pädagogisch vor: Die *jüdische Auffassung vom gottgewollten Vollzug der Gerechtigkeit bestimmt die Logik und die Gliederung des Hauptteils der Bergpredigt,* den Abschnitt 5,21–6,34. In kritischem Vergleich mit ihr hat Jesus das Bild von der besseren, der Basileia angemessenen, Gerechtigkeit gezeichnet.

Was charakterisiert die jüdische Gerechtigkeit, und wie wird sie erworben? P. Billerbeck hat beides – ihre Beschaffenheit und den Weg, sie zu erreichen – in seinen Bemerkungen zu Mt 5,20 gut dargestellt[10], es jedoch unterlassen, die *Grundzüge der rabbinischen Gerechtigkeitslehre als Prinzip der Gliederung* auf die Bergpredigt anzuwenden. Das soll im Folgenden geschehen.

Paulus hat von der jüdischen Gerechtigkeit mit Recht gesagt, sie erwachse „aus dem Gesetz", bzw. „aus den Werken des Gesetzes" (Röm 10,5; Gal 3,21; Phil 3,9; vgl. Röm 3,20; Gal 2,17). Gerecht vor Gott ist derjenige, dessen „Gerechtigkeitstaten", Verdienste (zakhijôth) die „Schulden" (ḥoboth), die er durch Gesetzesübertretungen (ʿăbĕrôth) angehäuft hat, überwiegen. *Verdienste* werden auf zweifache Weise erworben: Einmal *durch die Ausführung der Gebote Gottes* (miṣwôth), zum andern *durch gute Werke,* d. h. durch spontane Akte der Gottes- und Nächstenliebe wie Almosengeben, Beten, Fasten[11] und vor allem das Studium der Tora[12].

Aus diesen beiden Grundlagen der Gerechtigkeit ergibt sich die *Gliederung der Bergpredigt,* und zwar zunächst ihres Hauptteils 5,21–6,34. Als erstes wird gezeigt, wie der *Vollzug der Gebote* aussehen muß, wenn er im Sinne der besseren, für das Gottesreich erforderlichen Gerechtigkeit genügen soll. Das wird von Jesus an einigen Geboten aus dem Dekalog und dem Bundesbuch beispielhaft verdeutlicht (5,21–48). Dieser Teil I könnte demnach überschrieben werden: *„Die beim Tun der Gebote geforderte bessere Gerechtigkeit".* Als Teil II folgt: *„Die beim Tun guter Werke erwartete bessere Gerechtigkeit".* Sie wird an den Werken des Almosengebens, Betens und Fastens als solche herausgestellt (6,1–18); aber auch die darauf folgende Ermahnung, die Sorge um Nahrung und Kleidung fahren zu lassen (6,19–34), gehört zu diesem Thema hinzu.

Die Kapp. 5 und 6 bilden somit eine feste Einheit. Es geht deshalb nicht an, in 6,1–18 einen christlichen Gemeindekatechismus zu vermuten, der aus isolierter Sondertradition stamme[13]. Schon von den zentralen Begriffen her erweist sich der *ursprüngliche Zusammenhang.* Das Wort ṣᵉdaqah = δικαιοσύνη (5,20) kann auch das gute Werk des Almosengebens bezeichnen, mit dem Kap. 6 beginnt. Ebenso ist miṣwah sowohl das Gebot (5,21) als auch dessen Vollzug, die verdienstvolle Tat, und nicht zuletzt ein Akt der Mildtätigkeit.

---

[10] Kommentar zum Neuen Testament aus Talmud und Midrasch, München ²1956, S. 250–252.

[11] Ferner durch Gastfreundschaft, Krankenbesuche, frühzeitigen Besuch des Lehrhauses, Erziehung der Söhne zum Torastudium, die Beurteilung des Nächsten nach seiner verdienstlichen Seite (vgl. b Schabbat 127a; BILLERBECK a.a.O. zu Mt 7,2).

[12] BILLERBECK a.a.O. S. 251.

[13] G. STRECKER a.a.O. S. 101.

Einige Fragen sind noch offen und bedürfen der Klärung:

1. Ist tatsächlich die *Gerechtigkeit von 5,20* das beherrschende Thema? Oder stellt nicht die Weisung 5,16, man solle sein Licht leuchten und gute Werke sehen lassen, um so die Welt zum Lob Gottes zu führen, den alles einschließenden Themasatz dar?
2. Wie läßt sich das *Nicht-Sorgen um weltliche Dinge,* das scheinbar einem der jüdischen Weisheit eigenen Vorsehungsglauben entspringt, in die Reihe der Gerechtigkeit-wirkenden guten Werke einbeziehen?
3. Wie kann man das *aus verschiedenartigen Logien bestehende Kapitel 7* in einer an 5,20 orientierten Gliederung unterbringen?
4. Was ist der rote Faden, der *Einleitung und Proömium (5,1–20)* zu einem sinnvollen Ganzen verknüpft?

Die Antwort auf all diese Fragen soll darüber hinaus zeigen, daß die Bergpredigt tatsächlich von Matthäus als Gesetz des neuen Bundes gedacht war.

1. Die Gerechtigkeit als Thema der Bergpredigt

a) Vorkommen und Bedeutung des Begriffs

Fünfmal begegnet der Begriff *Gerechtigkeit (δικαιοσύνη)* in der Bergpredigt (5,6.10; 5,20; 6,1.33). Immer steht er an wichtiger Stelle. Dagegen fehlt er in der lukanischen Feldrede, wie überhaupt bei Markus und Lukas. Deshalb wird er meist als *Zusatz* und als Kennzeichen matthäischer Theologie bewertet; ja es wird sogar bezweifelt, ob er überhaupt zur Predigt Jesu passe. Auch ist umstritten, wie die Gerechtigkeit in der Bergpredigt zu *verstehen* sei: Muß der Mensch sie als Leistungsnachweis erbringen, wenn er in das Gottesreich eingehen will? Oder bezeichnet sie ein Verhalten Gottes, der seine Gerechtigkeit über uns walten läßt? Ist sie seine endzeitlich rettende Gerechtigkeit, die sich in den Heilstaten = „Gerechtigkeitserweisen" (ṣᵉdaqôth) für Israel ankündigte (Auszug aus Ägypten, Führung in der Wüste)? G. Strecker ist der Ansicht, die von Matthäus in die Bergpredigt eingetragene „Gerechtigkeit"[14] meine stets die *fromme Leistung,* die Gericht und Gottesreich erfordern, also eine iustitia coram Deo.

In der Tat hat Matthäus das rechte Handeln und die fromme Haltung als „Gerechtigkeit" charakterisiert. Sie muß „getan" werden: „Achtet auf eure Gerechtigkeit, daß ihr sie nicht vor den Menschen tut!" (6,1). Die Wendung „eure Gerechtigkeit" begegnet auch in 5,20, wo sie Eintrittsbedingung für das Gottesreich ist. Nicht ganz so klar liegt der Fall in 5,10,

---

[14] Der Weg der Gerechtigkeit, Göttingen ²1966, S. 150–7: Gerechtigkeit ist ein Vorzugswort des Matthäus und stets anthropologisch gemeint. Vgl. Bergpredigt a.a.O. S. 38f. 44.

einer Seligpreisung derer, die „um der Gerechtigkeit willen" verfolgt werden[15]. Gemeint ist wohl, daß der Wandel der Gerechten in der gottlosen Welt anstößig wirkt und deshalb Haß und Verfolgung auslöst; das wird vor allem auch in Sap. Sal. 2–5 gezeigt. Somit ist auch in Mt 5,10 „Gerechtigkeit" Inbegriff des rechten, unweltlichen Wandels vor Gott.

Aber trifft diese *ethische Bedeutung* auch für die beiden restlichen Stellen *Mt 5,6 und 6,33* zu? In 5,6 werden diejenigen selig gepriesen, die „hungern und dürsten nach Gerechtigkeit". Man urteilt gewöhnlich, das Wort δικαιοσύνη sei zu dieser Seligsprechung nachträglich hinzugefügt worden. Matthäus habe, wie ein Vergleich mit Lukas 6,20f. zeige, Jesu Seligpreisungen spiritualisiert und ethisiert: Nur die *geistlich* Armen und die nach *Gerechtigkeit* Hungernden seien der Seligkeit des Gottesreichs würdig, nicht einfach die sozial Armen und physisch Hungernden[16]. Matthäus verstehe deshalb auch an dieser Stelle „Gerechtigkeit" nicht etwa „theologisch" als Haltung oder Handlungsweise Gottes, nach deren Offenbarung der Fromme in der Drangsal der Gegenwart verlangt (Gen. subj.). Vielmehr meine δικαιοσύνη – wie in den bisher behandelten Fällen – eine vom Menschen geforderte Gerechtigkeit, eine Einlaßbedingung für das Gottesreich[17].

Aber es ist recht unwahrscheinlich, daß Jesus in *Mt 5,6* denjenigen selig preist, der immer strebend sich bemüht und deshalb erlöst werden kann, auch wenn er stets sein Ungenügen spürt. Ein „Hungern und Dürsten" als Verlangen nach einer besseren, vollkommenen Eigengerechtigkeit läßt sich mit der Forderung Mt 5,20 oder der Warnung 6,1 kaum vereinbaren. Und worin sollte dann die „Sättigung" bestehen? Wofür würde ein messianischer Retter von Sünden gebraucht (Mt 1,21), wenn man durch Sehnsucht nach ethischer Vollkommenheit die Seligkeit gewinnen könnte?

Die Stelle *Mt 6,33,* in der ein letztes Mal in der Bergpredigt der Begriff „Gerechtigkeit" erscheint, ist besonders aufschlußreich. Sie bietet die Mahnung Jesu: „Trachtet zuerst nach dem Reich Gottes und nach seiner (= Gottes) Gerechtigkeit, so wird euch dieses alles hinzugegeben werden!" Das passivum divinum προστεθήσεται deutet auf den Menschen als *Empfänger von Gottes Gaben,* und auch das „Suchen, Trachten" gilt einem Gut, das man nur empfangen, nicht aber selbst erwerben kann. Vor allem aber ist die Gerechtigkeit, die hier zusammen mit dem Gottesreich er-

---

[15] Nach G. STRECKER, Gerechtigkeit a.a.O. S. 151f. sind die Sätze 6,1 und 5,20 Bildung des Evangelisten; auch die Seligpreisung 5,10 ist als ganze von Matthäus geschaffen und zur ursprünglichen Siebenzahl von Seligpreisungen hinzugefügt; sie scheint ein Exzerpt aus V. 11f. zu sein.

[16] G. STRECKER, Gerechtigkeit a.a.O. S. 150f.

[17] A.a.O. S. 157. Vgl. Bergpredigt, vor allem S. 63, Anm. 114 zu Mt 5,20. Vgl. dagegen P. STUHLMACHER, Die Gerechtigkeit Gottes bei Paulus FRLANT 87, Göttingen, ²1966, S. 188ff.

währt wird, klar als *Gerechtigkeit Gottes* (δικαιοσύνη αὐτοῦ) bestimmt. Dennoch meint G. Strecker, hier sei – wie in Jak 1,20 – die vor Gott geltende, vom Menschen zu erbringende Gerechtigkeit gemeint, eine *iustitia activa*, die durch das rechte Tun zustande komme[18]. Aber nie bezeichnet die Wendung „Gerechtigkeit Gottes" eine sittliche Leistung, die „vor Gott" gilt, sondern stets die *Gerechtigkeit, die Gott eigen ist und mit der er uns hilft*. Auch die Zusammenstellung von Gottes Reich und einer dem Menschen abverlangten „Gerechtigkeit Gottes" wäre unverständlich, zumal wenn beide (wie in 6,33) Ziel des menschlichen Trachtens sein sollen. Außerdem ist die Basileia eine zukünftige Größe, während eine Gerechtigkeit als ethische Leistung in der Gegenwart zu erbringen wäre. Und wenn sich nach Strecker beide zueinander verhalten sollen wie Bedingung (Gerechtigkeit) und Folge (Gottesherrschaft), so sind sie in Mt 6,33 in falscher Reihenfolge genannt. Falls man δικαιοσύνη dort für einen Einschub des Evangelisten hält, muß man zugeben, er hätte ungeschickter und mißverständlicher kaum gemacht werden können.

Eine *durchgängig ethische Deutung des Begriffs „Gerechtigkeit" in der Bergpredigt ist somit nicht möglich*. Die Bergpredigt wird vom Evangelisten zwar nicht als Evangelium, sondern als „Lehre" Jesu bezeichnet (5,2; 7,28f.); sie ist m. E. als Gesetz des neuen Bundes gedacht. Aber die in ihr gebotene Ethik ist auf Gottes helfende Gerechtigkeit gegründet, wird durch diese ermöglicht; sie stellt unsere Antwort auf Gottes Liebe dar. Das wird noch klarer, wenn wir erkennen, wie Jesus sich die Erfüllung von Gesetz und Propheten denkt (5,17), aber auch, wenn man die Stellen Mt 6,1 und 6,33 zusammensieht und deren Bezug zur Bibel Jesu erforscht. Dann wird auch deutlich, warum Matthäus den Begriff „Gerechtigkeit" für die Gottesreichspredigt Jesu verwendet und zum Thema der Bergpredigt gemacht hat.

b) Der biblische Hintergrund der Gerechtigkeit: Mt 6,1.33 und Jes 56,1

Nach Mt 5,17 ist Jesus dazu gekommen, das Gesetz und die Propheten zu erfüllen. Das hat Matthäus auch bei der Komposition der Bergpredigt bedacht. Wir werden weiter unten sehen, daß ein zentraler Text der *Tora* den Hintergrund für Kapitel 5 abgab. Für Kap. 6 wird ein Wort aus den *Propheten* themagebend; es hat auch bei der thematischen Zusammenfassung der Gottesreichspredigt Jesu eine entscheidende Rolle gespielt. Dieses Jesajawort spricht von der göttlichen und der menschlichen Gerechtigkeit. Es erklärt, warum der erste Evangelist das Wort δικαιοσύνη so oft in der Bergpredigt verwendet, und beweist, daß er dies für die Verkündigung Jesu zu Recht tut.

---

[18] A.a.O. Gerechtigkeit S. 155; Bergpredigt S. 144f.

Es handelt sich dabei um den 1. Vers von Jes Kap. 56; er stellt das Programm Trito-Jesajas dar, paßt aber auch zur Botschaft Deutero-Jesajas:

„Achtet auf das Recht und tut Gerechtigkeit (ʿǎsû ṣᵉdaqah)!
Denn nahe ist Mein Heil (jᵉshûaʿtî), zu kommen,
und Meine Gerechtigkeit (ṣidqatî), daß sie offenbar werde!"

aa) Die Weisung Mt 6,1: „Achtet auf eure Gerechtigkeit, daß ihr sie nicht vor den Menschen tut!" – sie gibt zugleich das Thema des Abschnitts 6,1–18 (34) an – ist vom ersten Teil des zitierten Jesajaverses geprägt. Denn das „Achten auf Recht (προσέχειν = shamar) und das „Tun (ποιεῖν = ʿasah) von Gerechtigkeit" wird in Jes 56,1 a gefordert. Jes 56,1 b hingegen eröffnet den endzeitlichen Horizont, von dem her Jesus dieses Achten auf das rechte Handeln inhaltlich näher bestimmt: *Gottes Gerechtigkeit wird als Rettung, Heil in Kürze für Israel offenbart; ihr entsprechend muß das Tun des Volkes hilfreich, selbstlos, ganz auf den kommenden Gott bezogen sein.* Deshalb wird in Mt 6,1–34 – wie schon in 5,16 – die rechte Orientierung beim Tun der verdienstvollen Werke betont: Sollen sie wirklich „gerecht", d. h. Gott wohlgefällig und eines himmlischen Lohnes wert sein, so darf man sie nicht auf Menschenlob hin ausrichten. Vielmehr sind sie an der Gerechtigkeit des kommenden Gottes zu messen, der mit dem Messias „Jesus" als „Retter" zu Seinem Volke kommt (Mt 1,21; vgl. Jes 56,1 b). Außerdem kann es keinen Lohn im Himmel für etwas geben, was schon auf Erden belohnt worden ist; das ist auch nach rabbinischem Rechtsempfinden ausgeschlossen. In Mt 6,1–18 wird die sich zur Schau stellende, „ostentative", Frömmigkeit nicht mit einer neuen Lohntheorie kritisiert; vielmehr zieht Jesus aus der Verdienstlehre der Weisen alle Konsequenzen. Das geschieht so, daß er das wirklich „lohnende" Tun nach einer neuen Norm bemißt. Diese Norm ist die rettende, selbstlose Gerechtigkeit Gottes, die in Bälde geoffenbart werden soll, ja, die jetzt schon in der Welt wirksam ist.

bb) Von dieser Gerechtigkeit Gottes spricht der Vers *Mt 6,33,* der den Höhepunkt des zweiten Teils der Bergpredigt bildet:

„Trachtet nach dem Reich Gottes und nach seiner (= Gottes) Gerechtigkeit, so wird euch dieses alles hinzugegeben werden!"[19] Hier kommt der *zweite Teil von Jes 56,1 (b)* zur Geltung. Er zeigt: Die Offenbarung der heilschaffenden Gerechtigkeit Gottes ist Begründung und Maß für das menschliche Tun von Recht und Gerechtigkeit. Setzt man die Größen Heil und Gerechtigkeit Gottes in Jes 56,1 b zu Mt 6,33 in Beziehung, so

---

[19] Vgl. auch das parallele Wort Jes 51,1.5: „Hört auf Mich, die ihr der Gerechtigkeit nachjagt, die ihr den Herrn sucht . . . Nahe ist Meine Gerechtigkeit, und Mein Heil geht aus!". Siehe W. Grimm, Weil ich dich liebe. ANTJ Bd. I, Frankfurt-Bern 1976, S. 188 f. Jes 51,8 ist in Mt 6,20 benützt.

steht in diesem Vers an der Stelle von Gottes „Heil" die Gottesherrschaft; dann folgt hier wie dort die göttliche Gerechtigkeit, die durch ein Suffix als solche bestimmt ist.

Hatte Trito-Jesaja das nahe bevorstehende Kommen des göttlichen Heils verheißen, so verkündigte Jesus das baldige *Kommen der Gottesherrschaft*. Darauf weist Matthäus unmittelbar vor der Bergpredigt hin, wobei er die Summe der Basileia-Verkündigung Jesu so formuliert: „Tut Buße, denn die Gottesherrschaft ist nahe herbeigekommen!" (4,17; vgl. 3,2).

Vergleicht man die Matthäusfassung dieses Summariums mit der Markusvorlage 1,14 f., so fällt die veränderte Struktur auf: Der Bußruf geht der Ankündigung der nahen Basileia vorauf und wird mit deren Kommen begründet *(γάρ)*. Diese Änderung läßt sich m. E. nur so erklären, daß Matthäus auch für 4,17 die Stelle Jes 56,1 als Vorbild nahm: „Tut Gerechtigkeit, *denn* nahe ist das Kommen Meines Heils!" Von diesem Hintergrund her wird auch der *Inhalt des Summariums 4,17* neu bestimmt: Buße ist nach Matthäus das Tun der Gerechtigkeit, und die Gottesherrschaft offenbart die Gerechtigkeit Gottes als Heil[20]. Deutlich wird ferner, daß der erste Evangelist die kommende Gottesherrschaft und das Tun der Buße miteinander kausal verknüpft *(γάρ* Mt 4,17 = kî in Jes 56,1): Weil mit der Basileia die Gerechtigkeit Gottes bald offenbart werden wird, darum soll der Mensch jetzt schon Buße tun, d. h. recht handeln, wie Gott das verlangt. „Buße tun" bedeutet deshalb auch: Umdenken, sich dem kommenden Gott zuwenden und von seiner Heilsoffenbarung lernen, wie man mit dem Nächsten umgehen muß.

cc) *Die Entsprechung von göttlicher und menschlicher Gerechtigkeit in der Bergpredigt.* Auf diese Entsprechung von menschlichem Tun und Gottes Gerechtigkeit kommt es Matthäus in der *Bergpredigt* an. In ihr hat Jesus *im einzelnen dargelegt, was in 4,17 von seiner Verkündigung summarisch gesagt und in Jes 56,1 vorausverkündigt wurde.* Man versteht jetzt, warum den Seligpreisungen in Mt 5 keine Weherufe folgen, wie das in Lk 6,20–26 geschieht: Gottes Kommen bedeutet die Offenbarung des Heils, der helfenden Gerechtigkeit für diejenigen, die sie brauchen. Ferner wird deutlich, warum nach 5,20 die Gerechtigkeit der Gotteskinder die der Normaltheologie überbieten muß: Sie soll an der Gerechtigkeit Gottes orientiert sein und darum vollkommen sein wie die des himmlischen Vaters (vgl. 5,48). Schließlich verlangt Jesus für die guten Werke die volle Konzentration auf den kommenden Gott, auf seine Herrschaft und das durch sie geoffenbarte Heil (6,1–34; vgl. V. 33). *Schon auf das Proönium in 5,3–20 hat diese Jesajastelle eingewirkt; das zeigt das dreimalige Vorkom-*

---

[20] Zur Parallelität von Gottes Gerechtigkeit und seinem Heil vgl. Röm 10,10; auch dieser Vers mag von Jes 56,1 bestimmt sein, das nach Röm 3,21 zu den prophetischen Stellen zählen muß, die von einer Offenbarung der Gerechtigkeit Gottes sprechen.

men des Begriffs ‚Gerechtigkeit‘, wobei – wie in Jes 56,1 – sowohl der menschliche (V. 10.20) als auch der göttliche (V. 6) Vollzug der Gerechtigkeit zur Sprache kommt. Aber die Gerechtigkeit Gottes wird vorangestellt: In den Seligpreisungen wird den auf Gott Wartenden und wegen ihres rechten Handelns Verfolgten das Heil verheißen. Als Salz der Erde und Licht der Welt bewährt das Gottesvolk die Gerechtigkeit, die Gott als den Gütigen, als himmlischen Vater offenbart (5,13–16)[21]. Von der Stadt auf dem Berge erwarten die Völker das Recht, das ihnen Frieden (= Heil) gewährt (vgl. Mt 5,14 mit Jes 2,2–5). Und wenn Jesus das Gesetz und die Propheten erfüllt, so handelt er als der Messias, der mit Gerechtigkeit die Armen richtet (Jes 11,4), ja der genannt werden wird: „Der Herr ist unsere Gerechtigkeit“ (Jer 23,6).

Wie kann man aber auf *Gottes Gerechtigkeit achten,* wenn diese erst *bei dessen Kommen offenbart werden soll?* Nach Matthäus tritt sie im machtvollen Erlösungshandeln Jesu hervor, das die Gottesherrschaft antizipiert (12,28). Und Gott selbst läßt immer schon seine Gerechtigkeit walten über der ungerechten Welt. Denn er schenkt Sonnenschein und Regen für Gerechte und Ungerechte (Mt 5,45) und läßt so Tag für Tag seine Gerechtigkeit als Güte und Geduld anschaulich werden. Aus diesem Verhalten Gottes folgert Jesus auch die Liebe zum Feind (V. 44). Gerade auch *das Liebesgebot (Mt 5,44f.)* ist somit *nach Jes 56,1 strukturiert:* Dem Imperativ: „Liebet eure Feinde!“ (V. 44) folgt als Begründung – deshalb eingeleitet durch ein γάρ = kî – der Hinweis auf die offenkundige, täglich erwiesene Liebe und Selbstüberwindung Gottes (V. 45). Diese Entsprechung erscheint auch in V. 48: „Folglich seid vollkommen, wie euer himmlischer Vater vollkommen ist!“

dd) *Die helfende Gerechtigkeit,* die Liebe Gottes, *ist somit die Weise, in der die Basileia jetzt schon unter den Menschen wirkt.* Sie ist der Vorschein des neuen Bundes, der Vorgriff Gottes auf seine Kreatur, die der Erlösung bedarf. Es ist deutlich, daß *zwischen dem paulinischen Gebrauch der „Gerechtigkeit Gottes“ und dem, wie wir ihn in der Bergpredigt finden, volle Übereinstimmung besteht.* Und wenn Paulus in Röm 3,21 erklärt, die Offenbarung der Gerechtigkeit Gottes werde vom Gesetz und den Propheten bezeugt, so hat er an das Prophetenwort Jes 56,1 gedacht; denn nur dort verheißt Gott die Offenbarung seiner Gerechtigkeit. Auch das Beieinander von Indikativ und Imperativ ist bei Paulus und im ersten Evangelium da, wobei der Imperativ im Liebesgebot besteht.

ee) Damit wird die Weisung des alten Bundes transzendiert. In der Bergpredigt wird der *Horizont des neuen Bundes* sichtbar, wie dieser von Jeremia (31,31–34) und Ezechiel (36,26–38) verkündigt wurde. Denn die Forderung, vollkommen zu sein wie der himmlische Vater (Mt 5,48),

---

[21] Außer Jes 49,6 ist auch V. 3 für Mt 5,16 als Hintergrund zu nennen: Gott wird sich an seinem Knecht verherrlichen. Vgl. dazu W. Grimm a.a.O. S. 186ff.

wird eigentlich nur im *neuen Bund* erfüllt. Das Gesetz bleibt noch in Geltung, aber die Glieder des Neuen Bundes haben ein anderes Verhältnis zu ihm. Die Hörer der Bergpredigt sind keine neuen Menschen, aber sie werden als Gottes Kinder angesprochen; mit dieser Anrede wird die Verheißung der Gotteskindschaft der Basileia antizipiert. Ihre *guten Werke sind Antwort auf die* ihnen vorgegebene, täglich erlebte *Gerechtigkeit Gottes,* die ihrer Volloffenbarung harrt. Sie werden nur dann recht verstanden, wenn man ihretwegen nicht die irdischen Täter, sondern deren himmlischen Vater preist (Mt 5,16). Dieser Vers enthüllt nicht nur das Vorbild, sondern auch die *Vorgabe* der göttlichen Gerechtigkeit: *Gott ist der Vater,* dessen Güte im Tun des Guten erwidert wird. Deshalb wird auch der *missionarische Imperativ in 5,13–16* nicht als Sendung, sondern *als bereits vollzogene Setzung* formuliert „Ihr *seid* das Salz der Erde, ihr *seid* das Licht der Welt! Darum laßt euer Licht leuchten!" Jes 56,1 gegenüber ist die Folge von Imperativ und Indikativ verändert: Die erwählende, schöpferische Gerechtigkeit Gottes hebt den Imperativ fast auf; der Vollzug der Gerechtigkeit wird zum Aufzeigen dessen, was man ist und empfangen hat. Auch das entspricht den Bedingungen des *neuen Bundes.* Ihm nahe kommt auch die bessere Gerechtigkeit (Mt 5,20). Sie meint einen „Mehrwert", der nicht mehr ethisch zu verrechnen ist. Das Verb περισσεύειν bezeichnet eigentlich ein *Im-Überfluß*-vorhanden-sein. Es wird von Paulus im Blick auf das endzeitliche Gnadengeschenk Gottes gebraucht, vor allem da, wo er den soteriologischen Wert des Kreuzes bedenkt: Die überfließende Gnade (Röm 8,15), die Wahrheit (2.Kor 9,12), die Liebe Gottes (Phil 1,9) wurden mit Christi Tod offenbar. Auch in *Mt 5,20* ist eine *neue Qualität von Gerechtigkeit* gemeint, die eigentlich nur von Gott geschenkt werden kann. Schon in *Qumran* wurde erkannt, daß Gott „*meine Gerechtigkeit*" ist (1QS 10,11), daß er durch seine Gerechtigkeit die Sünde des bußfertigen Menschen tilgt und so das Gotteslob ermöglicht (11,12–15); ohne Gott „wird kein Wandel vollkommen, ohne sein Wohlgefallen kann nichts geschehen" (1 QS 11,17). Auch das erinnert an die Bedingungen des neuen Bundes.

Vor allem geht der Forderung einer neuen Gerechtigkeit in Mt 5,20 die feierliche Erklärung Jesu vorauf, er wolle das Gesetz und die Propheten *erfüllen* (Mt 5,17). Das „Erfüllen" der Tora und die „vollere", reichlichere Gerechtigkeit gehören zusammen. Jesu Toraerfüllung, die in der Lebenshingabe ihr Vollmaß erreicht, führt zum Geschenk der Gnadenfülle, von dem Paulus spricht (Röm 5,15). Die bessere Gerechtigkeit wird in der *Gemeinschaft mit dem Messias verwirklicht,* in dem Gottes Gerechtigkeit unsere Gerechtigkeit wird (Jer 23,6). Damit ist das Ziel des neuen Bundes erreicht. Jesus, der den Willen Gottes angesichts der nahen Basileia, des kommenden Heils und der Volloffenbarung der Gerechtigkeit Gottes verkündigte, stellte seine Hörer auf die Ordnung des neuen Bundes ein, der eigentlich in der Vor-Zeit der Gottesherrschaft in Kraft treten müßte;

dieser Ansicht war auch die „Gemeinde des neuen Bundes im Land Damaskus", von der die Qumranschriften reden.

2. Torastudium und Trachten nach Gottes Gerechtigkeit (6,19–34)

a) Der zweite Teil von Matthäus Kap. 6 scheint nicht in den Rahmen der guten, verdienstvollen Werke zu passen und nicht mit dem Thema der Gerechtigkeit vereinbar zu sein. Aber die dort so eindrücklich gegebene Warnung davor, den Tag mit der *Sorge für das leibliche Leben* zu verbringen, gehört doch auch zur *Lehre von der Gerechtigkeit,* die man durch gute Werke erwirbt.

Um dies zu verstehen, ist ein *kurzer Umweg* vonnöten. Für die Rabbinen war das verdienstvollste Werk das *Studium der Tora.* Eigentlich sollte es durchgehend, bei Tag und bei Nacht, betrieben werden, so wie das Jos 1,8 und Ps 1,2 nahegelegt wird. Schon in Qumran hat man Jos 1,8 wörtlich genommen und ein permanentes Schriftstudium eingerichtet, wobei man freilich in Schichten arbeitete (1 QS 6,6f.). Und von den Rabbinen wurde die Frage erörtert: Wie kann man sich ganz dem Studium widmen und dabei mit der Sorge um Nahrung und Kleidung fertigwerden? Dazu haben die Weisen manche mit Schriftbeweis versehenen Auskünfte gegeben: Das Studium stehe dem materiellen Gütererwerb nicht im Wege und lasse das Leben in jeder Hinsicht erfolgreich bestehen; so habe Salomo nur um Frömmigkeit und Weisheit gebeten, aber dazu auch Reichtum und Ehre erhalten[22]. Auch hat man *Kompromisse geschlossen:* Wer zwei Halakhoth am Morgen und zwei am Abend lernt und dazwischen seiner beruflichen Arbeit nachgeht, dem rechnet es Gott so an, als habe er die ganze Tora erfüllt. Das wird ausgerechnet bei der *Exegese des Mannawunders* gesagt, bei dem Gott sein Volk vom Himmel her speiste und ihm Tag um Tag seine Nahrung gab (Ex 16,4). Zu diesem Wunder wird in der Mekhilta gesagt[23]: „Der den Tag geschaffen hat, der hat auch den Lebensunterhalt für ihn geschaffen" (vgl. Mt 6,34). Darauf soll der Mensch vertrauen: „Wer heute genug zu essen hat und fragt: ‚Was will ich morgen essen?', der ist ein Kleingläubiger."[24] Sorge und Arbeit sollen deshalb dem Torastudium keinen Eintrag tun.

Jesus hat *in Mt 6,19–34 das Nicht-Sorgen neu begründet:* Nach ihm ist es nicht das Studium der Tora, das den Menschen voll in Anspruch nehmen und den Hang zum Gelderwerb, dazu die Sorge um Nahrung und Kleidung, verdrängen soll. An dessen Stelle erscheint nun das Trachten nach *Gottes Gerechtigkeit,* die Erwartung der Erlösung im kommenden Reich.

---

[22] Vgl. dazu die Belege bei BILLERBECK a.a.O. Bd. I S. 439f. zu Mt 6,33.
[23] MEKHILTA EXODUS ZU EX 16,4 (ED. Lauterbach BD. II, S. 102–104.
[24] A.a.O. S. 102f.

Freilich schließt die Weisung Jesu Mt 6,33 das *Studium der Schrift* nicht aus. Denn das Verbum ζητεῖν, welches dort das Sich-Ausrichten auf die neue Zeit beschreibt, vertritt ein hebräisches *darash,* das sowohl das Suchen nach Gott als auch das Forschen in der Tora (Midrasch) bezeichnen kann. Jesus hat mit seinem Wort Mt 6,33 dem Studium *ein konkretes Thema und Ziel* gegeben; es soll zur Erkenntnis von Gottes Reich und Seiner Gerechtigkeit führen.

Aber das Trachten nach diesen endzeitlichen Größen meint mehr als ein bloß theoretisches Studium in der Schrift. Die Qumrangemeinde sammelte die *„Willigen"* (ha-mitnaddĕbim) (1 QS 5,1), die sich in Erkenntnis und Vollzug der Tora auszeichneten; sie sollten sich jeder neu entdeckten Wahrheit der Schrift unterwerfen, mochte sie noch so anspruchsvoll und unbequem sein (1 QS 8,11 f.). So fordert auch Jesus, daß man den *Willen* des himmlischen Vaters tue; denn dies allein ermöglicht ein Anerkannt-Werden in seinem Gericht (Mt 7,21–23). Die Zeloten erklärten, man könne nicht zugleich Gott und dazu einen weltlichen Herrscher als Herrn anerkennen (Jos Bell 2,118). Und die Rabbinen betonten, keiner von denen, die am Sinai die Tora vernahmen und versprachen, Knechte Gottes zu sein, könne auch zum Knecht (= Sklaven) eines Menschen werden[25]. Dementsprechend lehrt Jesus, *keiner könne zwei Herren dienen* (Mt 6,24). Mit seinem Urteil greift er in den Alltag des Menschen ein: Man kann nicht ein Knecht Gottes und gleichzeitig Sklave des Mammons sein (ibid). Das größte Gebot, nämlich Gott mit ganzem Herzen und mit ganzem Vermögen zu lieben, wird hier auf den materiellen Besitz angewendet: Wer sich an ihn bindet, vollzieht Götzendienst.

Jedweder Kompromiß ist vermieden. Jesus hat das Verbot des Sorgens um weltliche Dinge *mit schroffer Einseitigkeit formuliert,* aber auch auf eindrucksvolle Weise begründet: Nicht nur aus der Tora, sondern auch aus dem *Buch der Natur* lernt man das Gottvertrauen: selbst die Vögel des Himmels (Mt 6,25) und die Lilien des Feldes (V. 28) können Lehrmeister sein. Beide, Tora und Natur, offenbaren die Fürsorge des Schöpfers, erleichtern die Entscheidung zwischen Gott und Mammon und machen frei für das Trachten nach dem Gottesreich. Während nach rabbinischem Urteil das Achten auf die schöne Natur vom Studium ablenkt und die Gottsuche irritiert (Aboth 3,10), hat es nach Jesu Meinung theologischen Wert. Der Qumranfromme erkennt aus dem Gesetz die Erwählung und die Verwerfung des Menschen durch Gott und erschließt aus ihr für sich die Verpflichtung zum Lieben der Frommen und Hassen der Gottlosen (1 QS 1,3f.; vgl. Mt 5,43). Jesus dagegen sieht durch Sonnenschein und Regen die uneingeschränkte Güte Gottes demonstriert und begründet damit das schrankenlose Liebesgebot (Mt 5,44f.). Die Lektion der

---

[25] Tosefta Baba Qamma 7,5 (R. Jochanan ben Zakkai).

Schöpfung leitet anscheinend dazu an, die Stellung des Menschen zu Gott optimistisch zu sehen; Jesus vollzieht einen Schluß „vom Leichten zum Schweren", von Blumen und Tieren zu den Kindern Gottes (Mt 6,26.30 Schluß), denen seine besondere Liebe gilt. Dieser Optimismus wird auch von der *vierten Bitte im Vaterunser* nicht gedämpft. Denn das tägliche Brot, um das Gott gebeten wird, erinnert an die Fürsorge, die Israel einst bei der Mannaspeisung erfuhr (Ex 16). Das seltene Wort περιούσιος gibt die merkwürdige Wendung jôm bᵉjômo (Ex 16,4) wieder und meint wie diese, daß das Brot „Tag um Tag" geschenkt wird. Das Mannawunder lehrt – wie bei den Rabbinen, so auch bei Jesus –, wie vertrauenswürdig der himmlische Vater ist. *Das Zeugnis der Schrift bestätigt die Lektion aus dem Buch der Natur.* Es eröffnet den endzeitlichen Horizont, da die Mannaspeisung als Vorausdarstellung der vollkommenen Fürsorge Gottes für die Erlösten galt (vgl. Joh.Offbg 2,17; syr.Bar 29,8). Die scheinbar so unbekümmerte Haltung Jesu in Mt 6,19–34 ist von der Erwartung getragen, daß die Basileia bald kommt und Gottes Gerechtigkeit jetzt schon am Werk ist. Die Vögel und Lilien wissen das besser. Sie leben – wie Israel in der Wüste – aus der Hand Gottes, führen eine endzeitliche Existenz, die wahrhaft verdienstvoll ist: Sie leuchten als Lehrer am Himmel der Natur und leiten somit viele zur Gerechtigkeit (vgl. Dan 12,3).

b) Verdienstvolle Gerechtigkeit (zu Mt 6,1–18)

Das Trachten nach der Gottesherrschaft, das Leben nach Seiner Gerechtigkeit, ist das erste, „verdienstvollste" Werk. Von Mt 6,33 her wird deutlich, wie die anderen guten Werke: Almosengeben, Beten und Fasten (6,1–18) getan werden müssen, um in Gottes Augen gerecht, verdienstvoll zu sein. Scheinbar wird in diesem Abschnitt das Handeln des einzelnen Frommen beurteilt. In Wahrheit aber bringt Jesus hier den *Dienst des Gottesknechtes Israel* zur Geltung. Das Kriterium für ein gutes Werk und für gerechtes Handeln entnimmt er Jes 49,3f., einem Bekenntnis dieses Gottesknechts:

„Und er sprach zu mit: ‚Mein Knecht bist du, Israel,
durch dich will Ich mich verherrlichen'.
Und ich sprach: ‚Umsonst habe ich mich gemüht,
ich habe meine Kraft für das Chaos und Nichts verbraucht.
Wahrlich, mein Recht ist beim Herrn
und mein Lohn bei meinem Gott'."

In diesen Versen, die Jesus im Gleichnis vom Knechtslohn (Lk 17,7–10) illustriert und aktualisiert hat, wird ganz Israel „Gottesknecht" genannt. Verdienstvoll ist nach dem Eingeständnis des Knechtes nur das, was der Ehre Gottes dient (vgl. Mt 5,16). Denn Gott allein entscheidet, was recht getan ist und Belohnung verdient. Wird das nicht bedacht, ist alle Mühe umsonst, und jedes Werk verpufft wirkungslos, nutzlos, sinnlos (V. 3f.).

Darum verurteilt auch Jesus das auf Beifall berechnete gute Werk: Ihr
bringt euch damit um den Lohn des himmlischen Vaters (Mt 6,1.2.5.16).
Nur dieser Lohn zählt für den Gottesknecht und erst recht für das Gotteskind, von dem Jesus spricht.

Verdienst gibt es nur da, wo selbstlos gedient, anderen Menschen
geholfen (Mt 6,2–4) und die Herrlichkeit Gottes sichtbar gemacht wird
(vgl. Mt 5,16). Das gilt auch von scheinbar „unsozialen" frommen Werken wie dem *Beten und Fasten.* In seiner für das Fasten gegebenen Weisung: Nicht das Gesicht entstellen, sondern es salben! (Mt 6,16 f.) spielt
Jesus mit dem *schwierigen Begriff mishḥat im Lied vom leidenden Gottesknecht
(Jes 52,14)*[26]. Dieses Wort meint dort wohl das entstellte, nicht-mehr-
menschliche Aussehen (mishḥat me'îsh mar'ehû) des stellvertretend leidenden Knechtes, das bei jedermann, Völkern und Königen, Aufsehen
erregt (Jes 52,15). Aber die erste Jesajarolle von Qumran liest mshḥtî für
mishḥat; es ist also wohl an das Verbum mashaḥ = ‚salben' gedacht. Jesus
greift m. E. in Mt 6,16 f. auf *beide Verbformen* zurück und bezieht das Wort
mar'äh speziell auf das Gesicht: Dieses soll man beim Fasten nicht „entstellen" (ἀφανίζειν = shiḥet), sondern es „salben" (mashaḥ) wie für ein
Freudenfest. Erst wo man „menschlich" aussieht, wird verhindert, daß
das Antlitz (mar'äh) „vor den Menschen scheint" (nir'äh), d. h. auffällt,
Beachtung findet. Die Bußleistung des Fastens soll unter dem Gegenteil
verborgen werden, unter dem Öl und Glanz der Freude verschwinden.
Denn das „Sich-Mühen" und die „Kraftverschwendung" sind umsonst,
wenn sie nicht der Verherrlichung Gottes dienen und von ihm belohnt
werden (Jes 49,3 f.).

c) Der Vorgriff auf den neuen Bund

Das *fröhliche Fasten* (Mt 6,16–18) ist wie das Nicht-Sorgen (Mt 6,19–34)
ein Handeln, das die Kräfte des alten Adam übersteigt. Beide sind durch
das Bekenntnis Ps 23,5 miteinander verknüpft, das sich auf die volle
Gemeinschaft mit Gott bezieht (vgl. Ps 23,6) und deshalb endzeitlichen
Klang hat: „Du salbst mein Haupt mit Öl und gibst meinem Becher
überfließende Fülle." Wie der Beter des Psalms, so nimmt auch das Kind
Gottes in seinem Leben *die Endzeit vorweg;* es dient im Vorgriff auf die
vollendete Freude in der Gottesgemeinschaft des neuen Bundes und der
erneuerten Schöpfung.

Gerechtigkeit und Gotteskindschaft wurden nach dem *Jubiläenbuch*
schon am Sinai als endzeitliche Eigenschaften Israels verheißen. Das
immer wieder abtrünnige und halsstarrige Volk wird einst eine „Pflanze
der Gerechtigkeit" sein, die den Menschen zum Segen gereicht (1,16); es

---

[26] Vgl. dazu meine Ausführungen im Aufsatz „Jesu Evangelium vom Gottesreich", in: Das
Evangelium und die Evangelien, ed. P. STUHLMACHER und U. LUZ, WUNT 28. Tübingen 1983, S. 72–74.

wird zum Volk Gottes „in Wahrheit und Gerechtigkeit", in dessen Mitte er wohnt (1,17). Dann werden die Israeliten in der Kraft des heiligen Geistes die Gebote Gottes „beachten", „erfüllen" (1,23 f.) und dadurch Kinder des lebendigen Gottes sein, der sie als „Vater in Gerechtigkeit und Wahrheit" liebt (1,25). Die neue Qualität des Toragehorsams beruht auf einem *neuen Sein,* das man der schöpferischen Kraft des heiligen Geistes verdankt (vgl. Ez 36,25–27). Darin liegt der Unterschied zu den Gotteskindern der Bergpredigt, zu denen nichts vom heiligen Geist gesagt ist; sie sind diejenigen, die „geistlich arm sind" (5,3). Dennoch soll die Gerechtigkeit, die nach dem Jubiläenbuch dem Volk der Endzeit eigen ist, jetzt schon das Handeln bestimmen, weil die Gerechtigkeit Gottes in der Schöpfung wirkt und der Messias gegenwärtig ist. Aus diesem Grunde hat Jesus auch den Vorgriff auf die Gotteskindschaft gewagt, die sowohl nach dem Jubiläenbuch (1,25) als auch nach den Seligpreisungen (Mt 5,9) eigentlich ein endzeitlicher Status ist.

3. Die Erwartung von Gottes richtender Gerechtigkeit nach Mt 7,1–27

Am 7. *Kapitel der Bergpredigt* scheint jegliches Ordnungsprinzip zu scheitern. Es bietet *verschiedene Einzelstücke:* Weisungen, Erklärungen, dazu die beiden Gleichnisse am Schluß. Aussichtslos wirkt auch der Versuch, das Thema der besseren Gerechtigkeit weiterzuführen, vor allem dann, wenn man diese von der rettenden Gerechtigkeit Gottes initiiert und an ihr orientiert sieht. Denn die *maßgebenden Imperative* in Mt 7,1–20 haben auf den ersten Blick wenig, was sie mit Gottes Gerechtigkeit und auch untereinander verbindet: „Richtet nicht!" (7,1); „Gebt nicht das Heilige den Hunden!" (7,6); „Bittet!" (7,7); „Tut!" (7,12); „Geht hinein!" (7,13); „Hütet euch!" (7,15). Ab 7,21 werden diese Mahnungen von Erklärungen abgelöst, in welchen die Bedingungen für das Bestehen im Gericht und für die Zulassung zum Reich Gottes angegeben sind (VV. 21–23). Eine ähnliche Form weisen die beiden Schlußgleichnisse – besser: Vergleiche – auf (7,24–27). Sie führen aber nicht *inhaltlich* weiter, sondern wenden den Blick zum Ganzen der Bergpredigt zurück, zeigen, wie man sich als rechter Hörer verhalten soll: Es kommt darauf an, die Worte Jesu nicht nur aufzunehmen, sondern sie auch zu tun. Dabei wird am Schluß herausgestellt, was nach 5,19 und 7,21 die Norm des Endgerichts und des Eingehens in die Basileia darstellt, nämlich das Tun des Gotteswillens.

a) Die Situation des Endgerichts

Der Ton des 7. Kapitels ist besonders ernst, ja „kritisch". Es geht um das Bestehen im Gericht; *Jesus stellt jetzt seine Hörer in die Situation des*

Endgerichts. Das Wort „*Gerechtigkeit*" erscheint *nicht mehr*, obwohl man es gerade für die Situation des Gerichts erwarten müßte. Die Wendung „Gerechtigkeit Gottes" wird deshalb vermieden, weil sie eben als helfende und nicht als richtende Macht verstanden werden soll (Mt 6,33 nach Jes 56,1). Auch Paulus spricht ja nie von der „Gerechtigkeit Gottes" im Zusammenhang mit dem Endgericht. Diese Gerechtigkeit wurde im Kreuz Christi als rettende Kraft offenbart (Röm 3,21–26); sie gehört zum tröstenden Eangelium und nicht zur Warnung vor dem Gericht. Auch die Gotteskindschaft wird in Kap. 7 nur noch an einer einzigen Stelle erwähnt: am Schluß des Abschnitts 7,7–11, der sich aus seinem Kontext deutlich heraushebt.

b) Das Verbot des Richtens und die Selbstkritik (Mt 7,1–5; vgl. 1 QH 1,22–26)

Der *thematische Satz: „Richtet nicht, damit ihr nicht gerichtet werdet!"* (7,1) läßt sich hinsichtlich seiner Stellung und Bedeutung etwa dem Imperativ 6,1 vergleichen. In ihm wird – *wie in Jes 56,1* – aus der erwarteten Offenbarung Gottes eine über Leben und Tod entscheidende Handlungsweise gefolgert. Heißt es in Jes 56,1 a: „Tut Recht!", so wird in Mt 7,1 ein Verbot formuliert: „Richtet nicht!"; d. h. zum rechten, endzeitlichen, Handeln gehört es, daß man den Nächsten nicht verurteilt. Der Nachsatz Mt 7,1 b: ... „damit ihr nicht gerichtet werdet" enthält ein *passivum divinum*, das die Kehrseite zu Jes 56,1 b darstellt: „Gottes Gericht steht vor der Tür, vor dem auch ihr euch verantworten müßt!" V. 2 begründet die Warnung in zwei parallelen Sätzen, in denen – ähnlich wie beim Vollzug der Gerechtigkeit – die Korrespondenz zwischen göttlichem und menschlichem Richten aufgezeigt wird. Es gilt: „Maß um Maß; euer Urteil über den Nächsten gibt den Maßstab ab, nach dem ihr gerichtet werdet!" Man könnte auch von einer *„negativen Seligpreisung"* sprechen: „Wehe den Richtenden, denn sie werden gerichtet werden!" Die fatale Folge einer Verurteilung des Bruders wird in 7,3–5 mit einer hyperbolischen Metapher drastisch aufgezeigt. Ihr Schluß bringt die positive Entsprechung zum Verbot des Richtens: Nicht Kritik, sondern *Selbst-Kritik ist vonnöten*: „Du Heuchler, zieh zuerst (πρῶτον, vgl. 6,33) den Balken aus deinem Auge!" Denn jeder hat mit der *strafenden Gerechtigkeit Gottes* zu rechnen und mit dem Christus, der als unerbittlicher Anwalt des Gottes handelt, der seinen Willen in der Welt durchsetzen will (Mt 7,21–23). Die Basileia offenbart auch das Gericht. Deshalb gilt es *das Endgericht einzuüben*. Denn gerade auch die Gerechten neigen zur Kritiksucht, zur Verurteilung der anderen. Aber das ist kein Vollzug der besseren Gerechtigkeit. *Die Einübung des Endgerichts ist Thema von Kap. 7*. Sie schützt vor einem Mißverständnis der helfenden Gerechtigkeit, des rettenden Jesus; sie warnt vor einer Sicherheit, die zum Deckel der Bosheit wird. Gott ist zwar unser himmlischer Vater, aber sein Name soll geheiligt werden (Mt

6,9). Ähnlich ist das Verhältnis von Kap. 6,19–34 zu Kap. 7: Der Erhalter der Schöpfung ist auch der Herr des Gerichts.

Für die Selbstkritik als Einübung des Endgerichts haben wir zeitgenössische Beispiele in den *Texten von Qumran.* Sie verraten den großen Ernst, die unerbittliche Strenge, mit der diese Büßer sich an der Norm Gottes maßen. Sie sprechen auch von dem Ungenügen eines solchen Unterfangens. Denn es ist dem Menschen, „dem Schmelzofen von Schuld und dem Bau der Sünde", gar nicht möglich, seine Sünden aufzuzählen, und erst recht nicht, sich zu verteidigen; es bleibt nur das Erschrecken vor den „gerechten Gerichten" des Gottes, vor dem nichts verborgen bleibt: *„Was soll der Ungerechte erwidern auf ein gerechtes Gerichtsurteil?"* (1 QH 1,22–26). Nur der völlige Verzicht auf eigene Gerechtigkeit und die Zuflucht zu Gott bleiben übrig, werden zum Gebot der Stunde: „Zu Gott will ich sagen: ‚Meine Gerechtigkeit!' . . . Sein Gericht will ich gerecht heißen" (1 QS 10,11). Dazu gehört die Versicherung, niemand seine böse Tat zu vergelten, da Gott über alle Lebenden richtet (1 QS 11,17 f.). Aber der Qumranfromme will gegenüber dem Frevler den Zorn bewahren und kein Erbarmen zeigen für diejenigen, die den rechten Weg verlassen (1 QS 11,20 f.). In diesem Verhalten sieht er sich im Einklang mit Gott, der die Kinder der Finsternis verworfen hat (vgl. 1 QS 1,3 f.).

Jesus verbot das Richten, das Verurteilen des Nächsten, *grundsätzlich* (Mt 7,1–5). Aber gleich im Anschluß daran bringt Matthäus die Warnung: „Gebt das Heilige nicht den Hunden und werft die Perlen nicht vor die Säue!" (7,6). Unbildlich gesprochen, läuft dieses Verbot auf die Haltung des Qumranfrommen hinaus, der sich vom Frevler distanziert (1 QS 11,20 f.). Jesus will wohl den Mißbrauch der guten Gaben Gottes (vgl. 7,11) verhindern. Böte man sie den Frevlern an, könnte das einen teuer zu stehen kommen (Mt 7,6 b). Auch in Qumran ging man sorgfältig mit „dem Heiligen" um. Man verbarg vor den Gottlosen den Rat der Tora (1 QS 9,17); d. h. man wollte die beim Studium der Schrift gewonnenen Erkenntnisse nicht dem Spott der Gegner aussetzen (vgl. 1 QS 9,22). Das widerspricht dem Geist Jesu, der auf die Offenbarung des Verborgenen drängt (Mt 13,38; 10,26 f.). Aber wie nach Ps 103,13 die Barmherzigkeit Gottes nur denen gilt, die ihn fürchten, so sollen auch die guten Gaben Gottes keine Schleuderware sein, sondern demütigen, dankbaren Menschen angeboten werden.

Die Warnung Jesu vor dem Richten mag sich auch gegen eine *Pauschalverurteilung Andersdenkender* wenden, wie sie bei der Feier des Eintritts in den Gottesbund *von der Qumrangemeinde praktiziert* wurde: Während man die „Männer des Gottesloses" segnete, richtete man gegen die „Männer des Belialsloses" einen Fluch, der sie dem ewigen Höllenfeuer überantworten sollte (1 QS 2,1–10); verflucht wurde ferner der Unbußfertige, der aus bloßem Heilsegoismus in die Gemeinde eintrat (1 QS 2,11–19). Dabei bezog man sich auf das *Deuteronomium,* wo zur Bundeserneuerung

ein Zeremoniell von Segen und Fluch gehört (Kapp. 27–29); dieses wurde
in Qumran auf die endzeitliche Hoffnung bezogen und dementsprechend
modifiziert (vgl. 1 QS 2,11–17 mit Dt 29,17–21). In der Bergpredigt fehlt
solch ein Fluch; auch die Weherufe Lk 6,24–26 stellen dazu keine Entsprechung dar. Segen und Fluch sind als Vorwegnahme des Endgerichts
gedacht, ebenso der Gebrauch von Wendungen wie „Kinder des Lichts –
Kinder der Finsternis", „Männer des Belialsloses", „Männer der Grube"
(= des Totenreichs). Solch eine verdammende Sprache wird in der Bergpredigt ihrerseits scharf verurteilt (Mt 5,22). Seligpreisung und Weheruf
stellen demgegenüber eine Ansage des göttlichen Vorgehens dar, greifen
aber nicht in seine Entscheidung ein.

c) Der Aufruf zur Entscheidung (Mt 7,13–20; vgl. Dt Kapp. 28–30)

Der Bezug zur *Rede Moses im Deuteronomium* und zur Bundeserneuerung, der auch im schon erwähnten Proömium des Jubiläenbuches gegeben ist (vgl. *Jub 1,16* mit Deut 28,13), läßt den *Aufbau von Mt 7,13–27*
besser verstehen; er beweist ebenfalls, daß Matthäus die Bergpredigt als
Weisung des neuen Bundes verstanden hat. *Das Wort von den beiden Wegen
(Mt 7,13 f.) ist von Deut 28–30 beeinflußt.* Denn das Halten der Gebote, das
den Segen sichert, wird in der Rede Moses als ein *Gehen auf Gottes Wegen*
bezeichnet (Dt 28,8 f.; 30,16; vgl. 11,28); dabei wird auch vor dem
falschen Wandel, dem Abweichen zur Linken oder Rechten, gewarnt
(Deut 28,14). Für den rechten, an der Tora orientierten Weg soll Israels
Auszug aus Ägypten und das Wandern mit Gott durch die Wüste ein
Vorbild sein (Dt 29,1–9.15). Hingegen nimmt Jesus in Mt 7,13 f. das
Angebot Gottes an Israel auf: „Siehe, ich habe dir heute vorgelegt das Leben
und das Gute, den Tod und das Böse!" (Dt 30,15; vgl. 11,26) und
gebraucht dabei das Bild vom Wandel: „Geht durch das enge Tor auf dem
schmalen Weg zum Leben!".

Die darauf folgende *Warnung vor den falschen Propheten (Mt 7,15)* muß
sich auf die Verlockung beziehen, vom rechten Weg abzuweichen und die
harte Forderung Gottes aufzuweichen, wie man das in Qumran den
„Forschern nach glatten Dingen" vorwarf. In *Dt 13* wird eindringlich vor
falschen Propheten, d. h. Träumern und Verführern, gewarnt und in *Dt
18,15–22* der echte, von Gott gesandte Prophet verheißen, auf den man
hören soll. Während das Deuteronomium von den falschen Propheten
die Verführung zu anderen Göttern befürchtet (13,7; 18,20; 27,15; 30,17),
geht es in der Bergpredigt um die *Mißachtung des Willens Gottes (7,21–23)
und der Worte Jesu,* die diesen Willen kundtun (7,24–27). In Dt 18,20–22
wird ein *Kriterium für die Wahrheit* der prophetischen Botschaft gegeben,
das auch den falschen, eigenmächtig ernannten Propheten entlarven hilft:
Das Eintreffen, die geschichtliche Verwirklichung der Prophetie weist sie
als Wort Gottes aus (Dt 18,22). Nach Mt 7,16–19 sind es die *guten oder*

schlechten Früchte, an denen man den Propheten erkennen, beurteilen, kann. Auch das Kriterium der Früchte mag dem *Schluß des Deuteronomiums* entnommen sein: Nach Kapp. 28–30 offenbaren die – im eigentlichen Sinn verstandenen – guten oder schlechten Früchte des Landes, wes Geistes Kinder dort ansässig sind, ob die Bewohner auf den Wegen Gottes wandeln oder nicht (vgl. auch Mt 7,16 mit Dt 8,8 und besonders Dt 29,18; 1 QS 2,11 ff).

d) Die Autorität Jesu (Mt 7,21–27; vgl. Dt 18,15–22)

Jesus spricht in der Bergpredigt *mit der Autorität des in Dt 18,15–22 angekündigten Propheten wie Mose,* auf den man hören soll (vgl. Dt 18,15 mit Mt 17,5). Gleichzeitig ist er als Messias der *„letzte Erlöser",* der am Handeln des „ersten Erlösers", Mose, gemessen wird. Das erklärt die in der Bergpredigt bewußt hergestellte Verbindung zur Mosetradition. Freilich geht die Autorität Jesu über die Moses hinaus. *Das zeigen die VV. 7,21–23.* In ihnen spricht Jesus als der messianische *Menschensohn,* der mit der Vollmacht seines himmlischen Vaters das Gericht vollzieht, das über den Zugang zum Gottesreich entscheidet (vgl. V. 21, dazu Dan 7,10–14; Mt 25,31–46). Er ist das Haupt der „Heiligen des Höchsten", die in seinem Namen weissagen und Dämonen austreiben (Mt 7,22, vgl. 7,21 f.). Aber keiner – selbst nicht der Bekenner oder Exorzist – kann sicher sein, ob er im Gericht bestehen oder verurteilt werden wird, ob er zu den Schafen oder zu den Böcken gehört (Mt 7,23; 25,33). Es wird ein Gericht nach den Werken sein; alles kommt darauf an, jetzt schon *den Willen Gottes zu tun* (Mt 7,21). Das rechte *Tun,* nicht das Hören allein, entscheidet nach dem *Schlußvergleich (Mt 7,24–27)* darüber, ob man im heiligen Sturm der Endzeit feststeht, ob man das Haus der eigenen Existenz auf einem Felsen oder auf Treibsand gebaut hat. Im Hintergrund dieses Vergleichs steht die *Weissagung Jes 28,16 vom Grundstein auf dem Zion,* den Gott gelegt hat, und vom Glaubenden, der nicht weicht. Sie hat eine wichtige Rolle in Qumran gespielt, wo man sie erweitert und auf den Bau eines Heiligtums (1 QS 8,7–10) oder einer Gottesstadt (1 QH 6,25–27) bezogen und damit die eigene Gemeinde verherrlicht hat. Diese schafft jetzt schon Sühne für das Land (1 QS 8,6); sie wird auch bei der Erde und Himmel bewegenden Katastrophe der letzten Tage nicht erschüttert, von den Pforten der Hölle nicht überwunden werden (1 QH 6,24–27). In Mt 16,18 und Lk 22,31 f. wird auf dieses Jesajawort angespielt, desgleichen in dem die Bergpredigt und Feldrede beschließenden Vergleich: Wer sein Haus auf einem Felsen erbaut hat, wer wirklich „glaubt" (= fest ist), der wird nicht weichen (Jes 28,16), nicht erschüttert werden (Lk 6,46; vgl. 1 QS 8,7; 1 QH 6,27); er wird nicht fallen (Mt 7,26).

e) Das Gebet um Vergebung (Mt 7,7–11)

Es bleibt noch zu klären, wie der Abschnitt Mt 7,7–11 in Kap. 7 eingeordnet werden kann. In VV. 7–11 weist Jesus auf das Gebet, das der Erhörung gewiß sein kann. Im *Kontext der Gerichtsparänese* meint die Verheißung: „Bittet, so wird euch gegeben, suchet, so werdet ihr finden!" (Mt 7,7) eher die Versicherung: „Bittet, so wird Gott euch vergeben! Sucht ihn, so werdet ihr ihn als einen Gnädigen finden!"[27]. Denn angesichts des unerbittlichen Gotteswillens (Mt 7,21) hat der Mensch, der sich ins grelle Licht des Endgerichts stellt, *keine andere Wahl als das Gebet,* das Bitten, Anklopfen und Suchen nach einem barmherzigen Gott. Nach dem Proömium des Jubiläenbuches suchte Mose Zuflucht im Gebet. Die Vorschau auf die kommende Geschichte Israels bewog ihn zur Bitte: „Verlaß dein Volk nicht... Laß es nicht für immer von der Sünde beherrscht werden... Schaffe ihnen ein reines Herz und einen heiligen Geist... Hoch sei, Herr, dein Erbarmen über deinem Volk!" (Jub 1,19–21).

Jesus sichert allen, die sich demütig zu Gott wenden, dessen Erbarmen und die Erhörung ihrer Bitten zu: „Wenn ihr, die ihr böse seid, euren Kindern gute Gaben geben könnt, wie viel mehr wird euer himmlischer Vater Gutes geben denen, die ihn bitten!" (Mt 7,11). Dabei erinnert Jesus an den 103. Psalm, der für ihn besonders bedeutungsvoll war[28]. Denn in Ps 103,13 bekennt der Beter: „Wie sich ein Vater seiner Kinder erbarmt, so erbarmt sich der Herr über die, so ihn fürchten!" Auch von diesem Psalm her darf man vermuten, daß Jesus bei den guten Gaben Gottes in Mt 7,11 besonders an das Gnadengeschenk der *Vergebung* gedacht hat; diese wird Ps 103,3.10–12 gerühmt. Selbst die in Mt 7,12 folgende „*Goldene Regel"* könnte ihre positive Formulierung der Stelle Ps 103,13 mit verdanken: Gott handelt uns gegenüber so, wie er es von uns erwartet; er erbarmt sich über uns wie ein menschlicher Vater über seine Kinder. So sollen wir dem Nächsten gewähren, was wir von ihm wünschen, und ihm vergeben, damit er uns vergibt und wir auch der Vergebung Gottes gewiß sein können (vgl. Mt 5,23–26; 6,14). Die „Goldene Regel" hat eine theologische Tiefendimension.

4. Das Proömium der Bergpredigt und die Sinaigesetzgebung

Wie läßt sich die Komposition des Rahmens (Mt 5,1f.) und des Proömiums (5,3–20) der Bergpredigt verstehen? Wie kam der Evangelist

---

[27] Hinter Mt 7,7 steht Jes 55,6: „Sucht den Herrn jetzt, da er sich finden läßt! Ruft ihn jetzt an, da er nahe ist!" (W. GRIMM a.a.O. S. 152 f.).

[28] Vgl. dazu meinen Aufsatz „Jesu Lieblingspsalm". Die Bedeutung von Ps 103 für das Werk Jesu, in: Theol. Beiträge 15, 1984, S. 253–296.

dazu, deren einzelne Abschnitte so und nicht anders zusammenzuordnen? Unsere Antwort lautet: Matthäus hat das ganze Stück 5,1–20 nach dem *Vorbild der Sinaigesetzgebung,* speziell nach deren *Proömium Ex 19,1–8,* gestaltet; dann ging er in 5,21–48 gleichsam zu Ex Kapp. 20–23 weiter. Nicht berücksichtigt hat er die dazwischen (Ex 19,9–25) erzählte Sinaitheophanie, die Vorbereitung Israels auf das Kommen Gottes und dessen Erscheinen; sie hätte zur Bergpredigt nicht gepaßt.

Man hat zwar bisher schon *Mose und Jesus* miteinander verglichen und vor allem den Berg Sinai als Vorbild für den Berg der Predigt Jesu (Mt 5,1) angesehen[29]. Dabei ließ man es aber bewenden; erst bei den Antithesen 5,21–48 kam man zum Dekalog und zum Bundesbuch, auf die sich Jesus ausdrücklich bezieht. Ich möchte darüber hinaus auch zeigen, daß die *Abschnitte Mt 5,1–20 und Ex 19,1–8 nach Form und Inhalt einander vergleichbar sind.* Besonders hat Ex 19,1–8 für die Komposition des Proömiums als Vorbild gedient. Auf dem Hintergrund des Sinaigeschehens läßt sich auch die Eigenart der Lehre Jesu besser erkennen; das Gleiche gilt für die Gerechtigkeit des Gottesreiches und die Tora des neuen Bundes. Und weil für Matthäus das Sinaigeschehen ein Vorbild für die Bergpredigt ist, muß nach ihm auch die sie *hörende Menge* aus *Vertretern ganz Israels* bestehen. Diese Menge gewinnt durch das Wort Jesu eine neue Gestalt; sie wird transparent für das Volk des neuen Bundes.

Eine enge Beziehung zwischen Bergpredigt und Sinaitradition wird dann recht wahrscheinlich, wenn man in Rechnung stellt, daß das *frühe Judentum* speziell der Perikope Ex 19 große Bedeutung zugemessen hat. Die Grundzüge der jüdischen Frömmigkeit und der Aufgabe, die das Gottesvolk an den Völkern hat, wurden gerade auch den Versen 1–8 von Ex 19 entnommen. Kurz deren *Inhalt:* Die Israeliten kommen in der Wüste Sinai an und lagern sich „dem Berg gegenüber" (VV. 1–2). Mose steigt auf den Berg. Dort wird er von Gott beauftragt, dem unten verbliebenen Volk eine Botschaft Gottes zu überbringen (V. 3). Diese enthält 1) den Hinweis auf das bereits geschehene Heilshandeln Gottes, die Herausführung aus Ägypten und die Hinführung zum Gottesberg (V. 4), 2) die Verheißung, Israel solle ein Königtum von Priestern und das heilige Eigentumsvolk Gottes sein, wenn es auf seine Stimme hört und den Bund bewahrt (VV. 5–6), 3) die Übermittlung dieses Auftrags an die Ältesten des Volkes, das daraufhin einmütig antwortet: „Alles, was der Herr befohlen hat, wollen wir tun!" (VV. 7–8).

---

[29] Anders G. STRECKER, Bergpredigt a.a.O. S. 25 f.: Das Bergmotiv Mt 5,1 ist „nicht dem Sinai als dem Berg des Alten Bundes parallel gestellt. Jesus tritt nicht als neuer Mose auf." Statt dessen erscheine Jesus als der Kyrios-Gottessohn, „dessen nachösterliche Hoheit in seiner Lehre reflektiert wird".

a) Die Sinaiexistenz der Gemeinde von Qumran

Die Wirkungsgeschichte der Sinaitradition im frühen Judentum wird besonders an der *Qumrangemeinde* sichtbar, deren am Toten Meer gefundene Texte mit den Essenerberichten des Philo, Josephus und Plinius zu vergleichen sind. Diese Gemeinde hatte in Ex 19 geradezu das Modell für die Existenz des wahren Bundesvolkes gefunden und solche Existenz in endzeitlicher Ausrichtung zu verwirklichen gesucht. Dazu trieb sie die Überzeugung, das Ende der Tage sei angebrochen, das Kommen Gottes zu Gericht und Heil stehe unmittelbar bevor, ferner das durch solche Hoffnung genährte Bestreben, den von Gott am Sinai gestifteten Bund wieder aufzurichten, den im Gesetz geoffenbarten Willen des göttlichen Bundesherrn ganz ernst zu nehmen und so den neuen Bund vorzubereiten. *Wie* man sich auf den kommenden Gott vorbereiten müsse, um nicht vom heiligen Feuer seiner Herrlichkeit verzehrt zu werden, das eben ließ sich exemplarisch der *Sinaiperiokope Ex 19* mit ihrer Schilderung einer Theophanie und der Heiligung Israels ableiten. M. E. übernahm man in Qumran die Sinaitradition bis zu den Details und gestaltete nach ihr das gemeinsame Leben in der Wüste. Rituelle Reinheit und die Lauterkeit des Herzens erschienen als wichtigste Erfordernisse, um dem heiligen Gott würdig begegnen und seinem Willen so gut wie möglich entsprechen zu können[30].

aa) Schon der *erste Vers von Ex 19* war bedeutungsvoll. Das dort angegebene *Datum* des 3. Monats, in dem Israel am Berg Sinai ankam, ließ für die Qumrangemeinde und für das pharisäisch bestimmte Rabbinat das im 3. Monat abgehaltene Pfingstfest *(Wochenfest) zum Bundesfest* werden, wofür in Qumran der 15. Tag dieses Monats, ein Sonntag, festgelegt wurde. Dort hat man ferner dem in Ex 19,1 erwähnten *Auszug der Israeliten aus Ägypten* einen *Auszug der Büßer aus dem Land Juda* gegenübergestellt (CD 4,3; 6,5); dieser führte zur Begründung der Qumrangemeinde, die sich als Bußbewegung verstand (CD 1,9ff.). Das Kulturland Palästinas erschien somit den Frommen als ein „Haus der Knechtschaft", unrein, verführerisch wie Ägypten mit seinen Fleischtöpfen; ein bußfertiges, von Gottes Willen geleitetes Leben ließ sich nur in der Wüste führen (CD 6,5f.)[31].

---

[30] Vgl. dazu meine Aufsätze: Le ministère cultuel dans le secte de Qumrân et dans le Christianisme primitif. In: Recherches Bibliques IV, 1959, S. 163–202. Ferner: The Eschatological Interpretation of the Sinaitradition, in: Rev Qumran 6 (21), S. 89–108; Rechtfertigung und Heiligung, in: Festschrift für A. KÖBERLE, Darmstadt 1978, S. 30–44.

[31] Buße meint in Qumran nicht nur eine geistliche, sondern auch eine räumliche Abkehr von der Welt (vgl. 1 QS 8,13–16; 5,1ff.; CD 4,3; 6,5). Vergleicht man den Auszug der Qumranleute aus dem Kulturland mit dem Exodus, so entspricht Ägypten dem Land Juda und die Wüste Sinai dem Land Damaskus, das demnach auch außerhalb des Kulturlandes (in der Wüste Juda?) liegen müßte.

Der Entschluß, in der Wüste zu wohnen, ergab sich einmal aus der *Sinaitradition* – die „Wüste Sinai" war nach Ex 19,1 gleichsam das Ziel der aus Ägypten Ausgezogenen –, zum andern aus dem in Qumran zitierten und im Neuen Testament auf Johannes den Täufer angewandten himmlischen Befehl: „In der Wüste bereitet dem Herrn einen Weg!" (*Jes 40,3;* 1 QS 8,13–15). Ex 19 und Jes 40,3 sind zusammengesehen, wenn die Wegbereitung für Gott in Qumran als das „Studium der Tora" bezeichnet wird, die Gott „durch Mose befohlen hat gemäß allem, was von Zeit zu Zeit geoffenbart wurde" (1 QS 8,15f.). Dem kommenden Gott in der Wüste einen Weg zu bereiten, heißt demnach, das durch Mose vermittelte *Gesetz in der Wüste zu verwirklichen* (vgl. Ex 19,8); die in 1 QS 8,15f. erwähnte Mittlerrolle Moses tritt ja gerade auch in der Erzählung Ex 19 klar hervor. Aber nach 1 QS 8,15f. wird die am Sinai befohlene Tora immer von neuem geoffenbart; auch die Propheten sind in 1 QS 8,16 als vom Heiligen Geist geleitete Offenbarer des Gesetzes angeführt. Wo solche Propheten fehlen, wird der aktuelle Sinn der Tora durch ein intensives Studium „gefunden" (1 QS 8,11f.). Zur Wegbereitung für Gott gehört auch, daß man die Ergebnisse des Torastudiums rücksichtslos in die Praxis umsetzt (ibid.). Das wurde gerade auch mit der Perikope Ex 19 in Qumran gemacht.

bb) In Ex 19,2 wird der Aufenthalt Israels am Sinai zweimal als ein *„Sich-Lagern"* (ḥanah) „in der Wüste Sinai", „gegenüber dem Berg" (ha-har) bezeichnet. Dementsprechend beschrieben die Qumranleute ihre Wohnweise als ein Leben in „Lagern" (maḥanäh CD 13,4–13 passim; 14,3). Nur befand sich das Zentrum der Qumran-Essener eben nicht in der „Wüste Sinai", sondern in der „Wüste Juda", am Rande des Toten Meeres.

cc) Der *Rigorismus des Toragehorsams* in Qumran, der erklärte Wille, alles von Gott Gebotene zu erfüllen und das in einem gemeinsamen Leben zu tun, hat m. E. seine Wurzel in der auch von den Rabbinen hoch gepriesenen Bereitschaftserklärung am Sinai: „Da antwortete das ganze Volk zusammen (jaḥdâw) und sagte: ‚Alles, was der Herr sagt, wollen wir tun!'" (Ex 19,8). Diese einmütig abgegebene Erklärung hat Gestalt und Gesinnung der Qumrangemeinde entscheidend geprägt. M. E. läßt sich ihre eigenartige *Selbstbezeichnung jaḥad = „Einung",* „Gemeinschaft" (1 QS 1,1ff.; 5,1ff.) von Ex 19,8 her am besten erklären: Am Sinai war ganz Israel „gemeinsam" zum Tun des Gotteswillens bereit; das wird Ex 24,7 mit fast den gleichen Worten noch einmal gesagt, und zwar bei der Bundesverpflichtung. Die Qumranleute in der Wüste Juda wollten das geschlossen bezeugte „Ja" der Väter nachsprechen und in einem heiligen Leben bewähren. Die einzigartige Gemeinschaft und vielbewunderte Einheit der Qumran-Essener hatte das Ziel, die Sternstunde Israels am Sinai zur eschatologischen Stunde, zum Kairos endzeitlicher Existenz zu machen; der essenische Jaḥad ist ein *Zusammenschluß zur Verwirklichung der Tora*. Echter Gesetzesgehorsam ist nur in der *„Einung"* der von Gott Erwählten möglich; nur sie können dem kommenden Herrn den Weg bereiten. Wahrscheinlich ist auch der Ausdruck *„die Willigen"*, der die um Aufnahme in die Gemeinde ersuchenden Bewerber bezeichnete (1 QS 5,1 ff.), von dieser die Bereitschaft zu völligem Toragehorsam bekundenden Erklärung Ex 19,8 hergeleitet: Ganz Israel war damals ein Volk von „Willigen", „Sich-Verpflichtenden" (mitnadd^{e}bîm).

dd) Zu den von Philo, Josephus und Plinius gerühmten Besonderheiten der Essener zählte nicht nur der Gemeinschaftssinn, der Verzicht auf privates Eigentum, sondern auch die *Ehelosigkeit,* sowie die *strenge Beachtung ritueller Reinheit*. Gerade diese beiden zuletzt erwähnten Tugenden wurden wesentlich durch priesterliche Ideale bestimmt; die den Priestern während ihres Dienstes am Heiligtum auferlegte Keuschheit und Reinheit waren für sie Vorbild. Aber Keuschheit und Reinheit waren in Qumran zeitlich entschränkt; darüber hinaus wurden sie auch auf die Laienmitglieder der Gemeinde ausgedehnt. Diese Erweiterung in zeitlicher und personeller Hinsicht geschah m. E. unter dem Eindruck der *Sinaitradition*. Nach Ex 19,10–15 hatte Gott befohlen, ganz Israel solle „sich heiligen heute und morgen", dabei seine Kleider waschen und sich des geschlechtlichen Verkehrs enthalten. So heiligten sich alle für den 3. Tag, an dem Gott vor den Augen des Volkes auf den Berg herabkommen sollte. Da im Unterschied zum Sinaigeschehen für die Qumranleute der Zeitpunkt unbekannt war, an dem Gott erscheinen würde, mußten diese Maßnahmen zur Heiligung nicht nur für einige Tage, sondern *dauernd* beachtet werden. Dies führte zur Ehelosigkeit der Essener und zu täglichen Tauchbädern in Qumran.

Der Befehl zur Heiligung Israels wird in *Ex 19,21–26* wiederholt, wobei neben dem Volk auch *die Priester eigens erwähnt* sind; beide werden davor gewarnt, die Schranke zum Berg Sinai zu durchbrechen (vgl. auch V. 12 f.). Die *Gliederung der Qumrangemeinde in Priester und Laien* hat ihre Entsprechung in den *Ex 19,21 ff.* erwähnten Gruppierungen: *Priesterschaft und Volk*. Die Ausdehnung der priesterlichen Reinheitsgebote auf alle Glieder der Gemeinde entsprach der in Ex 19,5 f. gegebenen Verheißung, Israel werde für Gott *ein Königtum von Priestern und ein heiliges Volk* sein, wenn es auf die Stimme Gottes hören und seinen Bund bewahren werde. Diese Verheißung gab – neben Ex 19,8 – dem Leben des Qumran-Jaḥad seinen Sinn und sein Ziel. Er sollte eine priesterlich dienende Gemeinschaft und ein heiliges Eigentumsvolk Gottes sein; darum galt es, auf die Stimme Gottes zu hören und den Bund zu bewahren, d. h. ein Jaḥad von Torafrommen zu sein.

ee) Gerade deshalb hat man alljährlich *am Pfingstfest den Bund mit Gott befestigt,* wobei die Vollmitglieder „hinübergingen", d. h. ihren Eintritt in den Bund symbolisch wiederholten, während die Novizen in den Bund „eintraten", d. h. in ihn neu aufgenommen wurden. Vom Verlauf dieses

Festes, dem dabei befolgten Ritual mit Sündenbekenntnis, Segen und Fluch, berichtet die „Ordnung der Einung", die sogenannte „Gemeinderegel" (1,18–3,12). Für uns wichtig ist, daß diesem Ritual ein Proömium voraufgeht, das einige *Grundregeln* des spezifisch essenischen Gemeinschaftslebens gleichsam *als Bundesverpflichtung* formuliert (1,1–17). Ähnliche Regeln gehören zum Eid, den nach dem Bericht des Josephus der Essener beim Eintritt in die Gemeinde ablegen muß (Bellum 2,131–142)[32]. Solche Sätze sind Ergebnis der Suche nach dem aktuellen Gotteswillen. M. E. bietet auch die *Bergpredigt Jesu,* wie sie Matthäus darstellt, *Grundregeln* für ein Leben, das am neuen Bund der Gottesherrschaft orientiert ist.

ff) Die Schranke, die Mose am Sinai aufrichten mußte, um das Volk vor der Heiligkeit Gottes zu schützen (Ex 19,12f.21–24), wurde in Qumran neu als *Schranke des Gesetzes* gedeutet, durch die man nicht hindurchbrechen darf (CD 20,25). Ähnlich haben die Rabbinen einen „Zaun" von Zusatzbestimmungen um die Tora gebaut, der die Verletzung der eigentlichen Gebote Gottes verhindern und so das Volk schützen sollte (Aboth 1,1). Jesus sagt nichts von solch einer Schranke. Denn die Gottesherrschaft bringt nicht nur die „Einung" der Reichsgenossen, sondern auch deren Gemeinschaft mit Gott: Gottschau und Gotteskindschaft (Mt 5,8f.). Und der freiwillige Opfertod des Christus bedeutet den Durchbruch durch den Zaun der Tora und den Zugang der Geheiligten zu Gott (Eph 2,14f.; vgl. Röm 5,1f.).

Auch die Ex 19,16–20; 20,15–18 geschilderte *Theophanie,* das von Donner und Blitzen begleitete Kommen Gottes zum Berg Sinai, blieb in Qumran nicht unbeachtet[33]. Die Sinaitheophanie hat die Vorstellungen von der endzeitlichen Ankunft Gottes maßgeblich bestimmt, dazu auch die eschatologische Existenz der Gemeindeglieder: „Wer die Schranke der Tora durchbricht, wird aus dem Lager ausgerottet werden, wenn die *Herrlichkeit Gottes* für Israel offenbar werden wird" (CD 20,25f.). Der

---

[32] Schon der Stil dieser von Josephus gegebenen Bestimmungen des Eintrittseides der Essener erinnert an die in der ‚Gemeinderegel' (Serekh Ha-jaḥad) gegebenen Grundregeln. Nach Josephus sind es kurze Infinitive, wobei manche Pflichten in antithetischer Form geboten werden, z. B.: „. . . die Ungerechten stets zu hassen und auf der Seite der Gerechten zu kämpfen, . . . zu beachten, was gerecht ist gegenüber den Menschen, und niemandem aus freiem Entschluß oder auf Befehl Schaden zuzufügen" (Bell 2,131; vgl. dazu 1 QS 1,3f.: „. . . zu lieben jeden, den Er erwählt hat, und den zu hassen, den Er verworfen hat . . . Gerechtigkeit und Recht zu üben im Lande und nicht mehr in Herzenshärtigkeit zu wandeln." Das ist eine Abkehr vom alttestamentlichen Gebotsstil mit seinen Imperativen, Prohibitiven, Jussiven und indikativisch gegebenen Weisungen. Dagegen bringt Jesus in der als Anrede gehaltenen Bergpredigt diesen alttestamentlichen Gebotsstil wieder zur Geltung.

[33] Sie wirkt in den Schilderungen des Psalters nach (vgl. etwa Ps 50), aber auch im Kult des Großen Versöhnungstags, wenn Gott im Allerheiligsten durch die Wolke des Weihrauchs vor dem Hohenpriester verhüllt wird. Vgl. H. Gese, Die Sühne, in: Aufsätze zur Biblischen Theologie, Tübingen [2]1983, S. 104.

durch Gesetzesübertretung unheilig gewordene Mensch wird von dem heiligen Feuer der Herrlichkeit Gottes verzehrt werden, genauso wie einer, der am Sinai die von Mose errichtete Schranke durchbrochen hätte. Das frühe Judentum hat gleichsam die lokale Bestimmung dieser Schranke aufgehoben und sie symbolisch gedeutet. Die lokale Schranke im Tempelvorhof der Heiden hatte eine ähnliche Funktion. Sinai und Tempel hatten als Stätten der Gottesgegenwart einen gleichen Grad von Heiligkeit.

Nichts davon gilt für die Bergpredigt. Matthäus erwähnt nichts von einer Heiligkeit des Berges, auf dem Jesus saß; dieser liegt auch nicht in der Wüste (vgl. 4,23–5,2; 7,28f.). Jesus gab die Weisung des neuen Bundes in Galiläa, einem Land, das von der Schrift her eher „im Dunkeln" lag (Mt 4,15f.). Dagegen galt in Qumran die Wüste als das heilige, der Ankunft Gottes würdige Land (1 QS 8,13–16). Und die Rabbinen sahen in der Wüste Sinai das neutrale, weltoffene Gebiet, weil die dort gegebene Tora allen Völkern gelten sollte und auch allen angeboten worden war (Mekh. Baḥodesh zu Ex 19,1).

b) Die Komposition von Matthäus 5,1–20; vgl. Exodus 19,1–8

Im folgenden wird ein *Vergleich der beiden Abschnitte Mt 5,1–20 und Ex 19,1–8 durchgeführt;* er soll die Gliederung von Mt 5,1–20 ermöglichen und die Eigenart der Lehre Jesu aufzeigen.

aa) Deutlich erinnert die in Mt 5,1–2 gegebene *Situationsbeschreibung* an die Ex 19,1–3 geschilderten äußeren Umstände des Sinaigeschehens. *Mt 5,1–2:* „Als er (Jesus) die Volksmengen sah, stieg er auf den Berg. und als er sich gesetzt hatte, traten seine Jünger zu ihm. Und er öffnete seinen Mund und lehrte sie folgendermaßen . . ."

Ex 19,1–3: „(1) Im dritten Monat, nach dem Auszug der Kinder Israel aus dem Land Ägypten, an jenem Tag, kamen sie in die Wüste Sinai. (2) Und als sie von Rephidim aufgebrochen und in die Wüste Sinai gekommen waren, schlugen sie in der Wüste ein Lager auf, und Israel lagerte sich dort dem Berg gegenüber. (3) Und Mose stieg zu Gott hinauf, und der Herr rief zu ihm vom Berg her folgendermaßen . . ."

Gleich ist hier und dort die *Ortsangabe: „Der Berg".* Wie in Ex 19,2, so trägt auch in Mt 5,1 der Berg keinen Namen, sondern hat nur den Artikel. Dieser bedeutet, daß „der Berg" nicht etwa geographisch, sondern theologisch wichtig ist[34], und zwar als Ort der Offenbarung. Von ihm her wird die Weisung für den alten bzw. für den neuen Bund

---

[34] Anders G. STRECKER, Bergpredigt a.a.O. S. 25f.: Jesus tritt nicht als neuer Mose auf. STRECKER urteilt mit J. WELLHAUSEN, der Sinai sei nicht der Berg Moses, sondern der Sitz Gottes (S. 26, Anm. 6), und Jesus sei für Matthäus der Gottessohn und Davidssohn. Das ist richtig, schließt aber nicht aus, daß Jesus als der messianische Erlöser dem ersten Erlöser Mose gegenübergestellt wird, diesen freilich überragt.

gegeben. In beiden Fällen wird ein Hinaufsteigen Moses bzw. Jesu auf den Berg erzählt.

Matthäus gibt *kein Datum;* dieses ist auch in Ex 19,1 unzureichend, nur halb, bestimmt. Allerdings haben die Rabbinen gerade die unbestimmte Angabe „an diesem Tage" für theologisch bedeutsam angesehen[35]. In Mt 5,1 werden die Jünger Jesu ausdrücklich genannt; dafür fehlen die in Ex 19,22 erwähnten Priester: Im Volk des neuen Bundes gibt es keine Ternnung zwischen Klerus und Laien.

Ebensowenig bedarf dieser Bund eines Mittlers. Während nach Ex 19 Gott selbst dem Volk Weisung gibt und Mose deren herauf- und herabsteigender Überbringer ist, stellt Matthäus mit Jesus den autoritativen Sprecher des „Ich aber sage euch" vor. Sein Wort wird zwar als „Lehre" bezeichnet (5,2) – dazu paßt, daß Jesus wie ein Rabbi sitzend spricht (5,1) –, aber die Bedeutung seines Lehrens wird schon mit der Wendung: ... „und er öffnete seinen Mund" angedeutet (V. 2); sie ist wohl mit dem Distanz-überbrückenden „Rufen" (qaraʾ) Gottes in Ex 19,3 zu vergleichen.

Verschwunden ist die *Schranke,* die den Sprecher von seinen Hörern trennt. Rituelle Reinheit ist nicht erforderlich, zumal Jesus die Menschen reinen Herzens selig preist (Mt 5,8). Er ist der „Zugängliche" (vgl. 5,1); als Lehrer gehört er zum Volk und legt diesem das Wort Gottes aus[36]. Dennoch verraten die beiden Vergleiche am Schluß, dazu die Reaktion der Hörer (Mt 7,24–29), daß hier *kein gewöhnlicher Lehrer* spricht. Das Wort Jesu hat eine über Leben und Tod entscheidende Macht, wie man sie – mit ähnlichen Vergleichen – in rabbinischen Kreisen nur dem Wort der Tora beimaß[37]. Ja, das *Numinose, Furchterregende,* das im Sinaibericht das Kommen Gottes umgibt (Ex 19,16–18; vgl. Hebr 12,18f.), geht nach Mt 7,28 von der Lehre Jesu aus: Sie hat die Hörer in Schrecken versetzt; denn diese nahmen die Vollmacht des Messias-Menschensohns[38] wahr.

---

[35] Vgl. dazu S. J. AGNON, Attäm Reʾîtäm. Kommentar zur Toraübergabe (Jerusalem 1958, S. 44f.). Die auffallende Wendung „an diesem Tag" (Ex 19,1) bedeutet nach dem Urteil der Rabbinen: „An jedem Tag, an dem du dich mit der Tora beschäftigst, sollst du sagen: ‚Heute (bajjôm hazzäh) habe ich sie am Sinai empfangen'" (vgl. Deut 26,17ff.): Die Worte der Tora sollen für dich immer so neu sein, als ob sie dir ‚heute' gegeben würden (Midr. Tanchuma Jethro, bzw. Raschi). Wie das erste Passah in Ägypten in der Passah-feier vergegenwärtigt wird, so soll beim Studium der Tora die Sinaigesetzgebung gegenwärtig sein.

[36] Gott hat gesprochen. Die Form ἐρρέθη = näˀˀmar (Mt 5,17.21.27.31.33) ist ein passivum divinum.

[37] Siehe zu Mt 7,24–27 die für den Vollzug der Tora geltenden Vergleiche des R. ELAZAR BEN AZARJA und ELISHA BEN ABUJA in Aboth 3,17.

[38] So richtig G. STRECKER, Bergpredigt a.a.O. S. 27: „In seiner (Jesu) Rede ereignet sich göttliche Epiphanie." Unverständlich ist dagegen die Bemerkung a.a.O. S. 28: In Mt 7,28 erscheine die Volksmenge als „applaudierender Chor". Der Begriff „Vollmacht" der Evangelien meint die dem Menschensohn verliehene Autorität; sie ist von Dan 7,14 herzuleiten (shŏlṭan = LXX: ἐξουσία).

bb) Mt 5,3–12. Jesus beginnt mit der *Seligpreisung der geistlich Armen,* der Menschen, die ihre ganze Hoffnung auf Gott setzen. Ihnen wird die kommende Basileia das Gegenteil ihres gegenwärtigen Geschicks bringen. Seligpreisungen fehlen in der Tora Moses; diese kennt statt dessen Segen und Fluch. Jesus verkündigt in den Seligpreisungen die *schicksalwendende Macht der Gerechtigkeit Gottes,* deklariert dessen Heilshandeln beim Gericht, das den jetzt Ohnmächtigen und darum auch „Willigen" (= Empfangsbereiten) zugute kommt[39]. In der Zuwendung Gottes zu den Zerschlagenen wird das Heil offenbar, das in Jes 56,1; 61,1 f. angesagt wurde[40]. Die Tora des neuen Bundes beginnt demnach mit einem evangeliumsartigen Zuspruch, mit dem Hinweis auf den Trost Israels: Gott wird zu denen kommen, die ihn brauchen[41].

Ex 19,4. Auch die *Gesetzgebung des alten Bundes,* das Reden Gottes am Sinai, *beginnt evangeliumsgemäß,* mit einem Hinweis auf die Erlösung des Gottesvolkes; nur erinnerte Gott an ein Geschehen der Vergangenheit. *Den Seligpreisungen entspricht in unserer Gegenüberstellung der Hinweis Ex 19,4:*

„Ihr habt gesehen, was Ich an Ägypten getan habe; und Ich habe euch auf Adlersflügeln getragen und zu Mir gebracht."

Gott hat durch seine Heilstaten für Israel, vor allem bei dessen Rettung am Schilfmeer, geoffenbart, daß er der wahre Gott ist und für immer als König herrscht (Ex 15,18 im Schilfmeerlied). Israel, das mit seinem Bekenntnis zum Königtum Gottes sich dessen Führung anvertraute, empfing am Sinai das Gesetz seines Herrn. So ging schon im alten Bund dem Gesetz das Heilshandeln Gottes vorauf, und die Weisung am Sinai begann mit einem *Evangelium,* so wie auch der Dekalog. Vorbereitet wurde dieses Evangelium durch die Erklärung Gottes bei der Berufung Moses: „Ich habe gewiß das Elend meines Volkes in Ägypten gesehen und ihr Schreien wegen ihrer Arbeitsaufseher gehört. Ich kenne ihr

---

[39] Eine negative Entsprechung zu den Seligpreisungen stellt 1.Kor 6,9–11 dar: Die Ungerechten, Hurer, Götzendiener usw. werden das Reich Gottes nicht ererben.

[40] Gewöhnlich sieht man in den Armen, Hungernden und Weinenden von Lk 6,20f. die von Jesus intendierten Empfänger der Seligpreisungen. Die Seligpreisungen seien von Matthäus nicht nur vermehrt, sondern auch vergeistigt worden, so daß nunmehr eine ethische Leistung für den Empfang des Heils vorausgesetzt werde (vgl. G. STRECKER, Bergpredigt a.a.O. S. 30f.). Aber einmal sieht auch Lukas in den Armen usw. nicht nur sozial Schwache und Ausgebeutete, zum andern entsprechen die von Matthäus gebotenen Seligpreisungen sachlich ganz dem Wirken Jesu nach Jes 61,1f.; vgl. Mt 11,5.

[41] Man findet in den Seligpreisungen einen ethischen Nebensinn; sie seien keine vor die Forderungen gestellte Gnadenverkündigung (U. LUZ a.a.O. S. 188f.). Diese ethische Deutung ist vom Hintergrund der Mosetradition her wenig wahrscheinlich. Die Seligpreisungen entsprechen dem Ex 3,7 verheißenen Rettungshandeln Gottes: „Ich habe gewiß das Elend meines Volkes in Ägypten gesehen und ihr Wehgeschrei wegen ihrer Aufseher gehört. Ich kenne ihr Leiden. So bin ich herabgekommen, sie aus der Hand der Ägypter zu retten."

Leiden und bin herabgekommen, sie zu erretten" (Ex 3,7). Das ist der *Geist der Seligpreisungen,* in denen Jesus den Elenden ihre baldige Rettung durch Gott verheißt. Deshalb will die ihnen folgende Weisung des neuen Bundes keine lex externa sein, genau so wenig wie die Sinaitora. Vielmehr ermöglicht sie die *Gemeinschaft des erlösten Volkes mit seinem Gott,* die das eigentliche Ziel des Heilshandelns ist: *„Ich habe euch zu Mir gebracht"* (Ex 19,4b.). Die Gemeinschaft mit Gott hatte Israel beim Auszug aus Ägypten und auf seinem Weg durch die Wüste erlebt, sie sollte mit der Übernahme des Gesetzes gefestigt, „legalisiert" werden. Israel wartete damals auf das Kommen Gottes und das Erschallen seines Wortes; es „stand" vor Gott (coram Deo), und die Rabbinen sprechen von der ᶜamîdah, dem „Stehen" Israels am Sinai. Die Zuwendung Gottes und die Hinwendung Israels zu Gottes Wort führte nach jüdischem Verständnis zur Volkwerdung (vgl. Ex 19,8); vollendet wird sie freilich erst im neuen Bund (Jer 31,31–34).

Analog dazu beginnt mit den *Seligpreisungen Jesu* nach Matthäus *die Gemeinschaft mit dem rettenden Gott und die Volkwerdung der „Heiligen des Höchsten".* Das wird durch die Gegenwart des Messias offenbart; sein Name „Jesus" zeigt, daß er der von Gott gesandte Retter, daß in ihm „Gott unsere Gerechtigkeit" ist (Mt 1,21; Jer 23,6). In der Basileia wird diese Gemeinschaft mit Gott vollendet; die in den Seligpreisungen 6 und 7 (VV. 8 und 9) verheißene Schau Gottes und Gotteskindschaft stehen im Einklang mit der schönen Schlußwendung von Ex 19,4[42]. Endzeitlich ausgerichtet, läßt sich diese Erklärung Gottes: „Ich habe euch zu mir gebracht" auch auf die anderen Seligpreisungen beziehen. Zwar sind die beiden ersten von einem Schriftwort wie Jes 61,1f. bestimmt, und das Erben des Erdreichs durch die Sanftmütigen (Mt 5,5) erinnert an Ps 37,11. Aber schon die Erklärung Gottes Ex 19,5: „Mir gehört die ganze Erde"[43] bedeutet für das Eigentumsvolk (ibid.) die Teilhabe an Gottes Besitz und die Gemeinschaft mit ihm.

Diese Gemeinschaft mit Gott kommt in den *lukanischen Seligpreisungen* (Lk 6,20–23) nicht so zur Geltung wie bei Matthäus, der nicht nur der Sinaitradition, sondern auch der Absicht Jesu näher steht; bei Lukas ließen sich allenfalls das Wort „Gottesherrschaft" (6,20) und der „Lohn

---

[42] Die Rabbinen haben sich über den Sinn dieser Aussage: „Ich habe dich zu Mir gebracht" den Kopf zerbrochen (vgl. AGNON a.a.O. S. 68). R. AQIBA meinte, Gott habe Israel zum Sinai gebracht; die Toraübergabe führe zur Gemeinschaft mit Gott. Ähnlich ist auch der Schluß, der aus dem fehlenden Buchstaben Jôd in der Hiphilform 'abî' = „Ich will bringen" gezogen wurde: Wegen seines Zahlenwertes 10 weist das Jod auf die Zehn Gebote hin, durch welche die Gemeinschaft Gottes mit Israel hergestellt wird. Auch auf das Wunder der Erwählung ließ sich Ex 19,4 beziehen: Als der Herr der ganzen Welt (vgl. Ex 19,5) erwählt Gott sich das Volk Israel aus allen Nationen als sein Eigentum.

[43] Das würde sicherstellen, daß in Mt 5,5 nicht etwa das Land Israel, sondern die ganze Erde den Sanftmütigen verheißen wird.

im Himmel" (V. 23) in diesem Sinne deuten. Bei Matthäus wird unmiß-
verständlich vom eschatologischen Ziel der Gottesgemeinschaft gesprochen, das durch Jesus erreicht wird. Jesus trägt zugleich den Namen
„Immanuel" (Mt 1,23) und verheißt am Schluß des Evangeliums: „Ich
will bei euch sein bis ans Ende der Welt" (28,20).

cc) Die *letzte Seligpreisung* Mt 5,11 bildet bereits den *Übergang zu den
Bildworten von Salz und Licht (5,13–16)*, in denen Jesus das missionarische
Sein, den „Beruf" des von Gott beschlagnahmten Bundesvolkes der
βασιλεία ansagt. Denn die Erfahrung des Leidens ist nach jüdischer An-
schauung das Salz der neuen Existenz[44]. Der Gottesknecht, der zum Licht
der Völker werden soll (Jes 42,6; 49,6; vgl. Joh. 8,12; 12,46), ist mit dem
Leiden vertraut, in dem sich seine Treue zu Gott und die Bereitschaft zum
Opfer für das Volk bewähren (Jes 50,6; 52,13–53,12).

Der *Berufungszusage:* „Ihr seid das Salz der Erde . . . ihr seid das Licht
der Welt . . . die Stadt auf dem Berge" *(Mt 5,13–16)* ist die feierliche
Verheißung Gottes an Israel in *Ex 19,5* an die Seite zu stellen. In ihr wird
gleichsam konkret gezeigt, was Gott mit dem Zu-sich-Bringen Israels
(Ex 19,4) bezweckt:

V. 5 „Und jetzt, wenn ihr genau auf Meine Stimme hört und Meinen
Bund bewahrt, sollt ihr Mir ein Eigentumsvolk aus allen Völkern sein,
denn Mir gehört die Erde.

V. 6 Und ihr sollt Mir ein königliches Priestertum und heiliges Volk
sein. Das sind die Worte, die du zu den Kindern Israels sagen sollst."

In dieser Zusage, die – lange vor Martin Luther – ein *allgemeines und
doch königliches Priestertum der Erwählten* vorsah, liegen Sein und Sollen,
Verheißung und Berufung ineinander. Vorrangig ist das von Gott gesetzte Sein: Gott als Schöpfer der Welt und Herr der Völker holt sich aus
diesen ein Volk heraus, das ihm zugehörig und heilig sein, ihm priesterlich dienen soll. Während der Mensch als Ebenbild Gottes die Schöpfung
beherrscht (Gen 1,26), soll das von Gott erwählte Volk ihm priesterlich
dienen, falls es auf sein Wort hört und seinen Bund hält. Mit Ex 19,5 f.
erhielt Israel nach rabbinischer Sicht drei Kronen, d. h. *ein dreifaches Amt:*
das der Tora, das des Königtums und das des Priestertums. Aber dieses
Ideal wurde nicht Wirklichkeit. Nach der Mekhilta des R. Simon ben
Jochai hätte ganz Israel von den heiligen Abgaben essen dürfen; als es
jedoch das Goldene Kalb verehrte, wurde ihm dieses Recht weggenommen und dem treu verbliebenen Stamm Levi gegeben[45]. In Jes 43,22–26
wird dieser Gegensatz zwischen Berufung und Abfall Israels (Ex 19,5 f.

---

[44] M. D. GOULDER, Midrash and Lection in Matthew, 1974, S. 254; vgl. b Berakhoth 5 a:
„Das Leiden reinigt den Leib des Menschen."

[45] AGNON a.a.O. S. 86. Zur Wendung niṭṭal mehäm wᵉnittan la-kohanîm vgl. die Drohung
Mt 21,43: Das Gottesreich wird von euch weggenommen und einem Volk gegeben
werden . . .

und Ex 32) von Gott so beklagt: „... Du hast dich nicht um Mich gemüht, hast Mir nicht die Schafe deiner Brandopfer dargebracht ... nein, du hast Mich belästigt mit deinen Sünden, Mir Mühe gemacht mit all deiner Verschuldung." Deshalb schaut auch Daniel, wie erst in der Endzeit das Volk der Heiligen des Höchsten gesammelt und vom Menschensohn vertreten wird (7,13–22).

Wie Ex 19,5f. dem ganzen Volke gilt, so ist auch *Jesu Wort vom Salz und Licht (Mt 5,13–16)* nicht etwa nur an die Jünger[46], sondern an die *Gotteskinder des neuen Bundesvolkes* (vgl. 5,16), an das „Volk der Heiligen des Höchsten" gerichtet. Es ist eine Zusage, die beides, Indikativ und Imperativ[47], die Satzung Gottes und die Weisung des Messias, enthält. Verglichen mit den drei Kronen Israels nach Ex 19,5f. wirkt diese Zusage eher bescheiden; von einem Königtum und Priestertum ist nicht die Rede. Aber hier wird zum ersten Mal der Ehrentitel „*Gotteskinder*" nicht (wie in Mt 5,9) als zukünftige Auszeichnung, sondern als eine schon in der Gegenwart geltende Standesbezeichnung vorausgesetzt (V. 16). Die Gotteskindschaft ist Ausdruck der engsten Gemeinschaft mit Gott. Zwar hat R. Aqiba in der Gottessohnschaft der Israeliten deren große Auszeichnung vor den anderen Menschen gesehen und sie auf Deut 14,1 zurückgeführt (Aboth 3,14). Aber in der Apokalyptik bezeichnet die Gotteskindschaft den erst in der Endzeit – nach der endgültigen Umkehr Israels und seiner Hinwendung zu Gott – eröffneten Stand der vollen Gemeinschaft mit Gott, der auch das untadelige Tun, die Erfüllung des Gesetzes mit einschließt (Jub. 1,25). Das auf den *Messias bezogene Orakel 2. Sam 7,12–14,* in dem Gott die Adoption des zukünftigen Königs zusichert, wurde in der jüdischen Endzeiterwartung[48] und auch im Neuen Testament (Apk 21,7) gleichsam *demokratisiert* und zugunsten des neuen, mit dem Gottesgeist begabten Israel ausgeweitet; aber dabei wurde der Messias – als eigentlicher Gottessohn – zum Mittler der Gotteskindschaft.

Jesus betont aber den *neuen Beruf,* die *universale Aufgabe,* die sich aufgrund der Erwählung und aus dem Stand der Gotteskindschaft[49] ergibt. Die Erklärung Gottes, Ihm gehöre die ganze Erde (Ex 19,5; vgl. Mt 5,34), enthält für Jesus die Verpflichtung zum Dienst an den Völkern: Die Gotteskinder sollen als Salz und Licht auf der Erde wirken (5,13f.), sie sollen als Volk, das Gott aus allen Nationen gewählt hat, die Menschen zum Lobpreis des himmlischen Vaters bringen (Mt 5,16 Zielsatz). Das soll nicht durch priesterlichen Opferdienst, sondern durch die guten

---

[46] So G. Strecker, Bergpredigt a.a.O. S. 28: Mt 5,13–16 behandelt das „Wesen der Jüngerschaft".

[47] Aber gerade dabei wird deutlich, daß der Imperativ aus dem Indikativ hervorgeht und wesenhaft zu ihm gehört wie die gute Frucht zum guten Baum: „Ihr seid das Licht; darum laßt euer Licht leuchten!"

[48] T Judah 24,3; Jub 1,25.

[49] G. Strecker a.a.O S. 54 bestreitet den Indikativ.

Werke geschehen, die für Gott und seine rettende Gerechtigkeit Zeugnis ablegen. Nach den Bildern in Mt 5,13–16 wird das neue Israel wie die endzeitlich erhöhte, in die Welt leuchtende Gottesstadt die Völker zur Wallfahrt verlocken (Jes 2,2f.). Es soll als Friedensstifter einen willig angenommenen Schalom vermitteln: die Waffen werden zu Pflugscharen umgeschmiedet. Dieses Jesajawort wird von Jesus im Mt 5,9 gedeutet. Auch das den Sanftmütigen verheißene Erben der Erde (Mt 5,5) verpflichtet jetzt schon zum Dienst: *Sanftmut ist – wie das Friedensstiften – keine Tugend der Passivität,* kein quietistisches Dulden, sondern eine zum guten Werk bereite, mitreißende, offenbarende Kraft. Auch die dem himmlischen Vater gemäße „Vollkommenheit" (Mt 5,48 hebr. sh^elemîm) soll horizontal wirken, ausstrahlen und *Schalom* stiften, auch unter denen, die Gott nicht kennen.

Wieder tritt der Unterschied zu der Berufung und Verheißung an das alte Gottesvolk hervor: Während in Ex 19,5f die *Exklusivität Israels,* seine Erwählung aus allen Völkern, seine Heiligkeit und sein priesterlicher *Dienst für Gott* betont wird (die Entweltlichung, Distanzierung), gehört zu Jesu Vision des neuen Bundes die *expansive Kraft* des Gottesvolkes, sein missionarischer *Dienst an der Welt.* Die Heiligkeit Israels wird von Jesus in Helligkeit, Leuchtkraft, umgesetzt, der priesterliche Opferdienst für Gott in gute Werke, die den Mitmenschen gelten und diese zum unblutigen Gottesdienst des Lobpreises führen (Mt 5,16)[50]. Die zukünftige Gemeinschaft mit Gott setzt den missionarischen Dienst an der Welt voraus. Die große, geschichtlich von Israel nie eingeholte Berufungszusage *Ex 19,5f.* wurde von Jesus *im Sinne Deutero-Jesajas verwandelt.* Dieser hatte einen zweiten Exodus und eine neue Heilszeit der Sündenvergebung angesagt (Jes 43,14–21), aber auch in der Gegenwart schon das Zeugnis Israels, den Dienst des erwählten Volkes an den Heiden erwartet (Jes 43,10.13): Der Gottesknecht ist das Licht der Heiden (Jes 42,6; 49,6), das den einen wahren Gott, den Schöpfer und Herrn der Welt, offenbart. Hinter Mt 5,16 steht das *Bekenntnis des Gottesknechts Jes 49,3:* „Er sprach zu mir: ‚Du bist mein Knecht, Israel, in dem ich mich verherrlichen will.‘ Aber ich habe mich vergebens gemüht. . ." Die Werke des neuen Israel sollen *Gottes Ehre* dienen. Auch die Vollmacht des Menschensohns, der Sünden vergibt und alle Gebrechen heilt (Mk 2,10), wird zur Verherrlichung Gottes eingesetzt (Mk 2,12), dessen Werke Jesus an den Menschen vollzieht (vgl. Ps 103,3).

In neutestamentlicher Sicht wird die *Verheißung Ex 19,5* durch das Christusgeschehen erfüllt, durch den *Tod des Messias* am Kreuz. Am Kreuz hat der Messias sein im Namen „Jesus" angezeigtes Ziel erreicht, nämlich das Volk Gottes von seinen Sünden zu erretten (Mt 1,21) und es

---

[50] Mt 5,16, das mit 5,48 zusammengehört, wird gelegentlich als Thema der Bergpredigt bezeichnet (vgl. G. STRECKER a.a.O. S. 55).

so zum Partner Gottes im neuen Bund zu machen (Jer 31,34; Mk 14,24 par). Nicht aus eigener Kraft, sondern durch das Blut Jesu wird das königliche Priestertum, das heilige Volk, konstituiert (1. Petr 2,9; Offbg 1,5). Der neue Bund ist auf den Tod Jesu gegründet, die Heiligen des Höchsten sind die Geheiligten; die vom Opferblut Jesu *Gewaschenen* bilden das allgemeine königliche Priestertum (Offbg 5,9f.; 20,6). Das bedeutet aber nicht nur, daß die Verheißung Ex 19,5f. im alten Bund unerfüllt blieb, sondern auch, daß die Zusage Mt 5,13–16 ein auf das Kreuz hinweisendes Wort ist. Bis dahin war Jesus allein der „Heilige Gottes", der einen heiligen, den Tempelkult ersetzenden Dienst (Mk 1,24; 2,10) vollzog.

Noch eine weitere Parallele, die das Verhältnis von Judentum und Christentum, altem und neuem Bund beleuchtet, läßt sich anführen. Nach rabbinischer Auslegung führte die Berufung Israels Ex 19,5f. zur *Einheit und Solidarität des Volkes:* Israel wurde *ein* Volk auf Erden, von Gott erkauft und durch wunderbare, furchterregende Taten erlöst und ins Land gebracht (1. Chron 17,21), es wuchs zusammen wie *ein Leib und eine Seele.* Das wird am Diebstahl Achans sichtbar: Für die Sünde dieses einen Mannes wurde das ganze Volk bestraft, und das Leiden des Einen spürten alle (Jos 7,25). In der Mekhilta wird zu Ex 19,5 gesagt, Israel sei einem Lamm zu vergleichen: Wird eines seiner Glieder verletzt, so spüren alle seine Glieder den Schmerz; sündigt ein einziger in Israel, so leiden alle unter seiner Strafe (Baḥodesh 2). Ähnlich kann *Paulus* vom neuen *Gottesvolk der Kirche* sprechen: Es ist der Leib Christi, in dem alle Glieder leiden, wenn eines von ihnen leiden muß (1. Kor 7,26).

Darf man Mt 5,13–16 christologisch deuten? Gehört in die Bergpredigt schon die theologia crucis, wie sie in den Leidensankündigungen oder in Mk 10,45; 14,26 parr. angesprochen wird?

Eine Antwort darauf erhalten wir von den Versen 5,17–20 her, wenn wir diese vor dem Hintergrund des nächsten Abschnitts der Sinaiüberlieferung, nämlich Ex 19,7f., betrachten.

dd) Mt 5,17–20 auf dem Hintergrund von Ex 19,7f.: Das Tun der Tora

Die Verse Mt 5,17–20 stellen nicht nur den Abschluß, sondern auch den *Höhepunkt des Proömiums* dar. Das verrät schon die ernste Sprache: „Wähnt nicht, daß ich"... (V. 17), „wahrlich, ich sage euch"... (V. 18), ... „denn ich sage euch"... (V. 20). Nach dem „Beruf" des Gottesvolkes (VV. 13–16) *spricht Jesus nun von sich selbst,* seinem Auftrag und dem erklärten Willen, das Gesetz und die Propheten zu erfüllen, sie keinesfalls aufzuheben. Die *Verse 18–19 gelten der Tora:* Sie wird bis hin zum kleinsten Detail in Geltung bleiben, fortbestehen wie Himmel und Erde, „bis alles geschieht" (V. 18). Daraus wird gefolgert, das rechte Lehren und Tun der Tora sei unaufgebbar, gerade auch im Blick auf das komende Gottesreich (V. 19). Wer aber in dieses eingehen will, bedarf einer *besseren Gerechtigkeit* als die der jüdischen Lehrer und Observanten der Tora (V. 20).

Der Abschnitt 5,17–20 ist *chiastisch* aufgebaut: die VV. 17+20 und die VV. 18+19 gehören zusammen. Die Tora-Verse 18 und 19 verhalten sich zueinander wie Indikativ und Imperativ, wie Gottes Setzung und Forderung: Aus der unverkürzten und von Gott selbst gesicherten Geltung des Gesetzes erwächst die Notwendigkeit, es recht zu lehren und zu tun (V. 19). Ähnlich ist der Zusammenhang zwischen den VV. 17 und 20: Der Auftrag des Messias, das Gesetz und die Propheten zu erfüllen, verpflichtet sein Volk zum Vollzug der Gerechtigkeit durch Werke der Tora. Aber diese Gerechtigkeit muß die landläufige weit übertreffen. Das wird dann möglich sein, wenn diese *Gerechtigkeit an der Toraerfüllung Jesu orientiert, ja* durch sie ermöglicht wird. Denn der Messias führt eine neue Ära des Toragehorsams und der Gerechtigkeit herauf. Das Halten des Gesetzes und die Arbeit der Schriftgelehrten sind nach jüdischer Auffassung Voraussetzung für das Kommen der messianischen Zeit (vgl. Targume zu Gen 49,10)[51]. Aber Jesus bringt eine *neue Toraerfüllung* und fordert deshalb eine bessere Gerechtigkeit.

Schon die Väter Israels hatten am Berg Sinai sich zum Toragehorsam verpflichtet; das wird Ex 19,7f. erzählt. Mose kam vom Berg Sinai zurück und legte den Ältesten „alle diese Worte vor, die ihm Gott befohlen hatte" (V. 7). „Da antwortete das ganze Volk zusammen und sagte: ,Alles, was der Herr gesagt hat, wollen wir tun'; da brachte Mose die Worte des Volkes zu Gott zurück" (V. 8).

Es fällt zunächst auf, daß Israel anscheinend die erinnernden und verheißenden Worte Gottes von Ex 19,3–6 als Weisung verstand (V. 7), die man „tun", ausführen muß (V. 8). Das in V. 5 erwähnte Hören auf Gottes Stimme und das Halten seines Bundes wurde zum Hinweis darauf, daß, was Gott zu sagen habe, vor allem Willenskundgebung sei, die befolgt, getan werden muß. Obwohl die Botschaft Moses und die Antwort des Volkes sich eigentlich auf das schon gesprochene Wort Gottes beziehen (ṣiwwahû V. 7, dibbär V. 8), haben die Rabbinen in V. 8 den gemeinsam bekundeten, grundsätzlich geltenden Ausdruck der Bereitschaft gefunden, *alles, was Gott jetzt sage und noch sagen werde,* zu tun; zu dieser Deutung sahen sie sich dadurch berechtigt, daß in Ex 24,7, d. h. nach dem inzwischen befohlenen Dekalog (Ex 20) und dem Bundesbuch (Ex 20–23), eine ähnliche, rückblickende und Ex 19,8 korrespondierende Erklärung Israels folgt: „Alles, was der Herr gesagt hat, wollen wir tun und hören!" Von daher gesehen hat Israel in Ex 19,8 sein uneingeschränktes „Ja" zu Gottes Gebot gegeben, als dieses *noch gar nicht verkündigt und von ihm vernommen worden* war. Analog zu Ex 24,7 haben die Rabbinen

---

[51] Vgl. dazu meine Schrift „Jesus und Daniel" II, Frankfurt 1985, S. 81 f.

deshalb in Ex 19,8 das besonders beachtenswerte, ja geradezu klassische Beispiel für das *rechte Verhältnis von Hören und Tun des Gotteswortes* gesehen: Israel hatte vertrauensvoll das gehorsame Tun versprochen, noch ehe es wußte, was Gott konkret im Einzelnen von ihm fordern würde. Die Rabbinen sprachen im Blick auf Ex 19,6 von einer *„Sternstunde"* *Israels;* mit einer bedingungslosen Bereitschaftserklärung hatte es sich seiner – ihm unmittelbar zuvor verheißenen – Berufung und Ausnahmestellung unter den Völkern würdig erwiesen (vgl. Ex 19,5f.). Ja, es hatte eine unerhörte, nur den Engeln bekannte und mögliche Leistung vollbracht. So meinte Rabbi Eliezer, eine Himmelsstimme (bath qôl = Echo der Gottesstimme) sei ausgegangen und habe gefragt: „Wer hat meinen Kindern dieses Geheimnis geoffenbart, mit dem die Dienstengel ihre Aufgabe verrichten?" Er urteilte, Israel habe damals eine Bereitschaft bewiesen, wie sie für den *Dienst der Engel* gelte, von denen Psalm 103,20 sagt: „Preist den Herrn, ihr seine Engel, ihr starken Helden, die ihr sein Wort *tut,* um auf die Stimme seines Wortes zu *hören!"*[52].

Die für das Judentum charakteristische „Orthopraxie" beruht nicht zuletzt auf dem großen Versprechen von Ex 19,8, mit dem Israel seine Antwort auf das Heilshandeln Gottes und dessen große Zusage (Ex 19,3–6) gegeben hat. Beide Bundespartner waren entschlossen, sich ganz für den anderen einzusetzen. Die Bindung an das Wort Gottes, die Bereitschaft, es *gemeinsam und ganz zu tun,* hat das Volk Gottes als solches konstituiert, seine Einheit zum Ausdruck gebracht. Diese Einheit fanden die jüdischen Ausleger durch die Singularform: „Die Israeliten lagerte (sic!) sich". . . (wajjiḥan) ausgedrückt: Die Schrift wolle damit sagen, daß das Volk mit *einem Herzen* und *einem Sinn* am Sinai versammelt war[53]. Man wird an die Gemeinschaft der Jerusalemer Urgemeinde erinnert, die durch das Wort des Evangeliums und die Kraft des Geistes geschaffen war (Apg 2,42–46).

Paulus hat wohl in Röm 3,2 an Ex 19,8 gedacht: Den Israeliten wurden „die Worte Gottes anvertraut". Und wenn Jesus in den sogenannten „Antithesen" der Bergpredigt (Mt 5,21–48) sich auf das berief, was „den Alten gesagt worden war", so erinnerte er mit dieser Wendung seine Hörer an die weiterhin geltende Selbstverpflichtung der Väter, „alles, was Gott gesagt hat, zu tun". Nach rabbinischer Ansicht haben die Israeliten sich damit „alle eines Herzens dazu vereinigt, die Gottesherrschaft mit Freuden auf sich zu nehmen" (leqabbel ʿalehäm malekhûth shamajjîm besimḥah); eben dies habe Gott dazu veranlaßt, mit dem Volk den Bund zu schließen. Betont wird auch der Zustand des Heils: zur Zeit dieser Verpflichtung habe es in Israel keine körperlichen Gebrechen gegeben[54].

---

[52] So b Schabbat 88a.   [53] AGNON a.a.O. S. 47.   [54] AGNON S. 89.

Dieser Selbstverpflichtung Israels zum Toragehorsam und zur Übernahme der Gottesherrschaft entspricht *die Erklärung Jesu Mt 5,17:* sein
volles „Ja" zu Gesetz und Propheten, die er nicht auflösen, sondern
erfüllen will. Gott selber hebt sie nicht auf. Vielmehr will er, daß nicht
einmal ein Jota – gemeint ist das hebräische Jod, das als mater lectionis
gesetzt werden oder auch wegbleiben kann – vergehen soll, dazu auch
kein „Hörnchen", d. h. das manche hebräischen Buchstaben verzierende
Strichlein (Mt 5,18). Gesetz und Propheten sollen bis zum Ende der alten
Welt bestehen. Dann aber stoßen sie offenbar doch an eine *Grenze.* Diese
wird freilich recht unbestimmt, apokalyptisch-geheimnisvoll angegeben: . . .„bis alles geschehe" (V. 18 Schluß). G. Strecker meint, auch diese
Bestimmung bezeichne eine ewige Dauer der Tora; der ganze V. 18
vertrete die vor-matthäische, judenchristliche Tradition, die zur These
des Paulus, Christus sei des Gesetzes Ende (Röm 10,4), im Gegensatz
stehe[55]. M. E. bedeuten beide Aussagen, *Mt 5,18 und Röm 10,4, das
Gleiche.* Denn Christus hob für Paulus zwar den Fluch des Gesetzes auf,
und zwar durch seinen Tod am Kreuz; aber durch den Geist wird auch die
Erfüllung des Gesetzes in der Liebe ermöglicht (Röm 13,8–10). Eben
diese *Erfüllung wird in Mt 5,17 als messianisches Programm* bezeugt und in
den Antithesen als Bewährung der besseren Gerechtigkeit gefordert (VV.
21–48). Mt 5,17f. und Röm 10,4 sind beide von dem auf Gen 49,10
beruhenden Grundgesetz jüdischer Hoffnung bestimmt, bis zum Kommen des Messias müsse die Tora in ihrer jetzigen Auslegung in Geltung
bleiben; dann aber trete eine Wende, eine andere Art ihres Vollzuges,
ein[56].

In Mt 5,17a würde man als Gegenbegriff zum entschieden verneinten
„Auflösen" des Gesetzes (καταλύειν = biṭṭel) eigentlich das Verbum *„aufrichten"* (ἱστάναι = heqîm)[57] erwarten, das Paulus in Röm 3,31 dem
Aufheben der Tora gegenüberstellt. Jesus hätte dann den Auftrag, das
Gesetz und die Propheten – die in diesem Falle als Ausleger des Gesetzes
verstanden wären – „aufzurichten", d. h. sie neu auszulegen, einzuschär-
fen, ihre aktuelle Bedeutung zu „offenbaren", wie man das in Qumran
und auch bei den Rabbinen getan hat. G. Strecker will das „Erfüllen" in
diesem Sinne verstehen und es auf die Lehre Jesu beziehen. In Mt 5,19 sei
ja von der Lehre die Rede, und die VV. 21 ff. stellten Jesus als Lehrer dar:

---

[55] G. Strecker, Bergpredigt a.a.O. S. 59.
[56] O. Betz, Jesus und Daniel, S. 82–89.
[57] In b Schabbat 116a/b, wo das Evangelium der Tora gegenübergestellt wird, heißt es:
„Ich, Evangelium, bin nicht dazu gekommen, um vom Gesetz Moses wegzunehmen,
sondern bin gekommen, um zum Gesetz Moses hinzuzufügen." J. Jeremias hält das Verb
‚hinzufügen' für ursprünglich gegenüber dem ‚erfüllen' in Mt 5,17 (Neutestamentliche
Theologie I, Gütersloh 1971, S. 87f.). Aber ‚erfüllen' ist m. E. der dem messianischen
Sendungsbewußtsein Jesu entsprechende Begriff.

dieser bestätige die Tora in ihrer eigentlichen Bedeutung[58]. Aber eine solche Aufgabe müßte als *ἱστάναι* bezeichnet werden. Das Erfüllen von Gesetz und Propheten meint etwas anderes als nur das aktualisierende Lehren der Tora, so gewiß auch dieses in der Bergpredigt durch Jesus geschieht. Man muß daran denken, wie Matthäus das „Erfüllen", „Erfüllt-Werden" in den Einleitungsformeln für alttestamentliche Zitate gebraucht: Mit Jesu Kommen und Wirken werden prophetische Weissagungen heilsgeschichtlich „erfüllt".

Das *„Erfüllen" in Mt 5,17 kann demnach nicht nur das Lehren, sondern muß auch das Tun Jesu bedeuten.* Mt 5,17 gehört m. E. mit Mt 3,15 zusammen: Dieses ist die erste, jenes die zweite Selbstaussage Jesu im Matthäusevangelium: beide werden nur dort überliefert. In *Mt 3,15* begründet Jesus seinen Entschluß, die Bußtaufe auf sich zu nehmen, dem widerstrebenden Täufer gegenüber mit der Auskunft: . . . „es geziemt sich für uns, *alle Gerechtigkeit zu erfüllen" (πληρῶσαι πᾶσαν δικαιοσύνην).* Wie in 5,17, so spricht Jesus schon in 3,15 vom Auftrag des „Erfüllens". Andererseits verknüpft das Objekt „Gerechtigkeit" die Aussage 3,15 mit der Forderung 5,20, es gelte eine „bessere Gerechtigkeit" zu erbringen. Dementsprechend will Jesus in 5,17 sagen, daß er die Tora und die Propheten nicht nur recht lehren, sondern auch tun werde. Er wird sie erfüllen, so wie er nach 3,15 alle Gerechtigkeit erfüllt. Jesus erklärt sich also in Mt 5,17 solidarisch mit denen, welche die bessere Gerechtigkeit tun (5,20), so wie er in 3,15 seine Solidarität mit den von Johannes Getauften bekundet hat.

Einfacher als das Erfüllen des Gesetzes ist das *Erfüllen der Propheten* zu deuten, auf das ja gerade Matthäus oft verweist; es meint eine heilsgeschichtliche Verwirklichung, das Einlösen, der auf die Endzeit gerichteten Prophetie. Bedeutsam dafür ist *die Stelle Lk 4,21,* eine Selbstaussage Jesu aus seiner Predigt in Nazareth. Während Matthäus die Bergpredigt als erste öffentliche Rede Jesu bietet, wurde die erste Predigt, von deren Inhalt uns Lukas berichtet, in der Synagoge von Nazareth gehalten (Lk 4,16–30). Der die ganze Predigt zusammenfassende Satz Lk 4,21 ist auch im dritten Evangelium die *erste öffentliche Selbstaussage Jesu,* und sie enthält ebenfalls das Verb *„erfüllen":* „Heute ist dieses Schriftwort in eure Ohren (d. h. während ihr es hört) erfüllt" (4,21). Mit „diesem Schriftwort" meint Jesus die zuvor von ihm verlesenen Verse aus der prophetischen Lektion *Jes 61,1,* die gleichsam das Programm für ihn, den mit Gottes Geist Gesalbten, enthalten: Er ist dazu gesandt, den Armen das Evangelium zu bringen, den Gefangenen die Entlassung, den Blinden das Sehen anzukündigen und den Zerschlagenen, d. h. den Bußfertigen, mit der Vergebung zu begegnen und so das willkommene Jahr des Herrn anzusagen (Lk 4,16 nach Jes 61,1 f.). Daß Jesus auch *nach Matthäus in Jes 61,1 f.*

---

[58] Bergpredigt a.a.O. S. 57.

den von Gott vorausgekündigten und *vom Messias zu erfüllenden Auftrag* sah, beweist Jesu Antwort auf die *Täuferanfrage Mt 11,5 par.* Er beschreibt darin sein Wirken als die Heilung von Kranken, darunter auch Blinden, und als Evangeliumsverkündigung an die Armen; auch das ist klarer Hinweis auf Jes 61,1 f.

Zu dieser sicherlich historischen Überlieferung kommt hinzu, daß *die Bergpredigt mit einem deutlichen Hinweis auf Jes 61,1f. beginnt.* Denn die beiden ersten Seligpreisungen (Mt 5,3 f.), die den geistlich Armen und den Trauernden gelten, nehmen das Prophetenwort vom großen Erlösungsjahr Gottes auf, das die Offenbarung der rettenden Gerechtigkeit für die jetzt Unterdrückten bringt.

Von daher läßt sich verstehen, wie Jesus *die Propheten erfüllt.* In Mt 5,17 stellt sich Jesus – wie in Lk 4,18 – als einen von Gott Gesandten vor; das liegt im Ausdruck ἦλθον = „Ich bin gekommen", d. h. „Gott hat mich dazu gesandt" (ἀπέσταλκέν με Lk 4,18). Dieses „Gekommen-sein" kann auch den „Menschensohn" zum Subjekt haben, wie das etwa in Mk 10,45 und Lk 19,10 der Fall ist. Jesu Auftrag ist der des von Gott bevollmächtigten Menschensohns nach Dan 7,13 f. Seine Vollmacht (ἐξουσία = schŏlṭan, Dan 7,14) hat Jesus im Sinne von Jes 61,1 f.; Jes 11,4; Jes 53 vor allem dazu benützt, um Gottes „Volk von seinen Sünden zu retten" (vgl. Mt. 1,21 f.), und auf solche Weise hat er „die Propheten erfüllt". Nach der *ersten Selbstaussage Jesu im Markusevangelium* hat der Menschensohn die Vollmacht, Sünden zu vergeben und Gebrechen zu heilen (Mk 2,10, vgl. Ps 103,3). Er ist ferner der Herr über den Sabbat (Mk 2,28): Er richtet diesen Tag in dessen wahrer, ur- und endzeitlicher, Bedeutung wieder auf, indem er an ihm gebeugte, kranke Menschen „aufrichtet", sie wiederherstellt (Mk 3,1–6; Lk 13,10–17). *Das Wort der Frohbotschaft wird so mit der befreienden Tat verbunden,* der Zuspruch der Vergebung mit der Heilung, die Lehre über den wahren Sinn des Sabbats mit einem Akt, der Leben und Sabbatruhe schenkt. Deshalb *geht der Bergpredigt der Sammelbericht Mt 4,23–25 voraus,* nach dem Jesus das Evangelium vom Reich verkündigt und jede Krankheit und alle Gebrechen heilt, und darum auch folgt in Kapp. 8 und 9 ein großer Bericht von Wundern. In den Seligpreisungen sagt der Messias das als endzeitliches Heilshandeln Gottes an, was er zeichenhaft mit seinem heilenden und vergebenden Handeln vollzieht. Und Heilswort und Heilstat *sammeln* das Volk, das nun vom Berg her die Tora des neuen Bundes vernimmt. Nach der rabbinischen Deutung von Ex 19,8 soll es am Sinai unter den Israeliten keine Blinden, Tauben und Lahmen gegeben haben. So bringt auch Jesus in der Bergpredigt den „vollkommenen" Menschen zum himmlischen Vater, der „vollkommen" ist (vgl. Ex 19,4 mit Mt 5,48). In den Seligpreisungen „richtet er die Armen mit Gerechtigkeit" (Jes 11,4), und in Mt 5,20 fordert er die Gott entsprechende überragende Gerechtigkeit.

Ähnlich wie die Propheten *erfüllt Jesus auch das Gesetz.* Freilich geschieht das auch durch die Lehre, wie das in den folgenden Antithesen sichtbar wird. Aber entscheidend ist das *Tun des Gotteswortes,* so wie es in Ex 19,8 von Israel versprochen wurde. Jesus erfüllt das Gesetz nicht nur als der Prophet wie Mose, auf den man hört (Dt 18,15–22; Mt 7,24–27), sondern auch als der Erlöser wie Mose, als ein go'el 'aḥᵃ rôn, der rettet und heilt. Denn die Befreiung ist im Evangelium der Propheten schon vorausgesetzt; sie wird im Tempus des Perfekt verkündigt. Nach Jes 52,7 meldet der Freudenbote: „Dein Gott ist König geworden!" Und: „Blinde sehen, Lahme gehen…" kann Jesus sagen, wenn er den Armen frohe Botschaft bringt (Mt 11,5).

Gesetz und Propheten werden von Jesus diakonisch erfüllt (vgl. Mk 10,45 und Jes 43,22–28). So versteht auch Paulus die „Erfüllung des Gesetzes" (Röm 13,10), das „Erfüllen des Gesetzes Christi" (Gal 6,2); es geschieht durch das Tun der Liebe, das als die Summe des Gesetzes gilt. *Jesus verkörpert auch selbst die Haltung derer, die er in den Seligpreisungen anspricht:* Er ist demütig und niedrig und mit dem himmlischen Vater völlig geeint (Mt 11,25–30). Von daher gesehen, besteht ein *Unterschied zu Ex 19,8.* Dort wird das vorbehaltlose Tun des Gotteswortes mit dem Wort „alles" (kol) zugesichert, das dann in Qumran *quantitativ* aufgefaßt wurde: Man muß alle, auch „die verborgenen Dinge" in der Tora tun (1 QS 5,8–11). Dagegen versteht Matthäus im Sinne Jesu die „ganze Gerechtigkeit" (3,15), die „bessere Gerechtigkeit" (5,20) – trotz der scheinbar quantitativen Sprache – eher in einem *qualitativen* Sinn: Der Vollzug der besseren Gerechtigkeit und ganzen Gerechtigkeit erfordert eine *andere Einstellung zum Gesetz:* Es soll als *Wegweiser zum Herzen Gottes* verstanden werden, als Tora des neuen Bundes, die dem Menschen ins Herz geschrieben, in seinen Willen eingegangen ist (vgl. Jer 31,32 f.). Der Wille Gottes – eigentlich sein Wohlgefallen (raṣôn) – muß auch den Gotteskindern „unwillkürlich" sein; diese sollen vollkommen handeln wie ihr himmlischer Vater, der vollkommen ist (5,48). Wenn in Lv 19,2 eine Gott entsprechende Heiligkeit von Israel gefordert wird, so jetzt die Vollkommenheit (vgl. Jos 24,14; 1 QS 8,1.20), d. h. die Einung im Wollen. Der Wille Gottes gehört nicht etwa zu den „verborgenen Dingen" in der Tora, die man durch intensive Schriftforschung erst entdecken müßte (1 QS 5,11 f.); er wird vielmehr allen Geschöpfen tagtäglich offenbar – durch das Strahlen der Sonne und das Strömen des Regens über Gerechte und Ungerechte.

Mit solcher Erfüllung von Gesetz und Propheten machte Jesus seinem Namen (Mt 1,21) alle Ehre. In einer rabbinischen Auslegung zu Ex 19,8 wird betont, Israel habe sich mit seiner Bereitschaft zum vollkommen Gehorsam ganz anders verhalten als etwa *Esau und Ismael,* die das Angebot der Tora ablehnten. Dabei hätten diese beiden schon aufgrund *ihrer Namen ein „Ja" zum Gesetz sprechen* und dabei so antworten müssen, wie Israel es tat, nämlich Gottes Wort zu „tun", ehe man es noch „gehört"

hat. Denn der Name „*Esau*" *läßt sich vokalisieren als* ʿa*sû* = „*tut!*" bzw. „*sie
taten*" – er weist also seinen Träger als „Täter" (der Tora) aus. Und der
Name „*Ismael*" kann den bezeichnen, der „*auf Gott hören wird*" (Jishma-
ʾel). Aber nicht Esau oder Ismael, sondern gerade Israel hat sich zum
Hören und Tun bereit erklärt, obwohl weder das eine noch das andere in
seinem Namen angezeigt ist. So gibt es bedeutungsvolle Namen, denen
kein Tun ihrer Träger entspricht, und andererseits Täter des Gotteswortes, deren Name nichts Derartiges verspricht[59]. Demgegenüber erscheint
bei Jesus die Einheit von verheißungsvollem Namen und entsprechen-
dem Tun, gerade auch dadurch, daß er alle Gerechtigkeit, sowie das
Gesetz und die Propheten erfüllt.

Die heilsgeschichtliche, endgeschichtliche Auswirkung dieses „Erfüllens" von Wort und Willen Gottes nach Mt 5,17 gehört zusammen mit
dem „*Geschehen aller Dinge*" (Mt 5,18). So wird nunmehr eine Deutung
dieser geheimnisvollen Wendung möglich: „*Erfüllt*" Jesus als der zur Erde
gesandte, bevollmächtigte Menschensohn das Gesetz und die Propheten,
so trägt er zum Kommen der heilsgeschichtlichen Vollendung, zum
„Geschehen" der von Gott bestimmten Endereignisse bei; er führt aber
auch Gesetz und Propheten zu Ende. *Das Menschensohn-Kapitel Dan 7* ist
zum Verständnis der Aussage Mt 5,18 Schluß sehr wichtig. Der Menschensohn ist der Gegenspieler des Tyrannen, der kraft seiner Willkür
„Zeit und Gesetz" verändert (Dan 7,25), bis Gott das Gericht abhält.
Demnach muß der Menschensohn der Erfüller des Gesetzes (Mt 5,17)
und auch ein Hüter der heiligen Zeiten, ein Herr über den Sabbat sein
(Mk 2,28); dazu wird er unmittelbar vor der Zeit des Endgerichts gesandt
und bevollmächtigt (Dan 7,13f.). Was „alles geschehen wird", ist *von
Daniel vorhergesagt:* Die große Drangsal vor der Erlösung (Dan 12,1),
dann die Totenauferstehung und das Gericht (Dan 12,2). Auf dem Höhepunkt der Not erfolgt nach Mk 13,26 die Parusie des Menschensohns
vom Himmel her, welche die Drangsal beendet und wiederum Jesus als
den Retter offenbart. Dann hören Gesetz und Propheten in ihrer äußeren,
buchstäblichen (Mt 5,18) Form zu bestehen auf, weil sie in die Herzen
eingeschrieben sind.

Aber während seines Erdenwirkens erfüllt der Menschensohn kraft
seiner Vollmacht das Wort der Tora und der Propheten. Sein Tun der
Tora hat eine besondere Qualität: Jesus nimmt sich die Macht und Gerechtigkeit Gottes zum Vorbild, ja, er nimmt an ihnen teil. Beim Kommen der Gottesherrschaft wird die Gerechtigkeit *als schöpferische Kraft
offenbart:* Wenn Himmel und Erde vergehen (V. 18), führt Gott einen
neuen Himmel und eine neue Erde herbei, in denen Gerechtigkeit wohnt
(2.Petr 2,13; Offbg 21,1; vgl. Jes 65,17; 66,22). Jesus hat sein „Erfüllen"
der Tora, das am Sinai von Israel gesprochene naʿa*säh* = „Wir wollen

---

[59] AGNON a.a.O. S. 86.

tun!'", *mit einem anderen*, keineswegs geringeren *na⁽ᶜᵃ⁾säh* verbunden und auch transzendiert. Es ist das *von Gott Gen 1,26 gesprochene: „Wir wollen (einen Menschen) machen!" (na⁽ᶜᵃ⁾säh)*. Als Menschensohn, der vom Vater bevollmächtigt wird, hat sich Jesus gleichsam in dieses „Wir" des Schöpfers miteinbezogen (vgl. Joh 1,3). Während seines Erdenwirkens hat er freilich nicht Menschen erschaffen, sondern sie *neu gemacht*, „wiederhergestellt" (ἀποκαθιστάνειν Mk 3,5); er hat sie im Sinne von Jes 61,1 f. geheilt und ihnen so das ewige Heil geschenkt. Der neue Bund kennt keine neue Tora, sondern neue Menschen, die Heiligen des Höchsten (vgl. Jer 31,31–34; Ez 36,25 ff.). Wurde von den Rabbinen Israel am Sinai als „heil", nämlich körperlich vollkommen, verstanden, so will Jesus die geistlich vollkommenen Gotteskinder (Mt 5,48). Denn körperliche Vollkommenheit kann auch ein Hindernis sein und ist keinesfalls Erfordernis für die Aufnahme in das Gottesreich (Mt 5,29 f.). Aber *Jesus hat* nicht nur das am Sinai verkündigte Gebot erfüllt, sondern *auch das getan, was durch Gott am Anfang geschah und im ersten Kapitel der Genesis berichtet wird.* Allerdings tat er es am Ende der Zeit, als Wiederherstellung des gefallenen Menschen angesichts des Gottesreiches; so hat er die Tora *ganz* erfüllt. Mit solcher Gesetzeserfüllung *gab Jesus das, was er befahl.* Die bessere Gerechtigkeit, die aus dem Tun der Gebote entsteht und im Liebesgebot gipfelt (Mt 5,21–48), wird durch schöpferische Diakonie ermöglicht. Das Gleiche gilt von der Gerechtigkeit aufgrund guter Werke wie Almosengeben, Beten, Fasten und dem Trachten nach dem Gottesreich (Mt Kap. 6). Denn *in die Mitte der Bergpredigt hat Matthäus das Vaterunser gestellt* (6,9–13), das uns so beten lehrt, daß *wir an der Verwirklichung des Gottesreiches mitbeteiligt sind;* dabei legt Matthäus auf die Vergebung der Schuld besonderen Wert (6,14 f.). Jesus hat demnach dafür gewirkt, worum im Vaterunser gebeten wird. Er hat den Namen Gottes geheiligt; er hat die Vergebung der Schuld und das Kommen des Reiches dadurch ermöglicht, daß er sein Leben für uns gab. So wurde der Wille des Vaters getan, der Mensch vom Bösen erlöst und dem Reich nahegebracht.

Die Erfüllung des Gesetzes angesichts der nahen Gottesherrschaft und der dabei erfolgenden Offenbarung der Gerechtigkeit Gottes (Mt 5,17; 6,33), das Erfüllen aller Gerechtigkeit (Mt 3,15), *bringt auch das zum Ziel, was in dem wichtigen Wort Jes 56,1 prophetisch vorhergesagt und gefordert wird:* Man soll auf das Recht achten und Gerechtigkeit tun, weil Gottes Heil nahe herbeigekommen ist und die Offenbarung Seiner Gerechtigkeit unmittelbar bevorsteht. Ich glaube, daß *das dunkle Wort Mt 3,15 von Jes 56,1 abhängt* und von dort gleichsam seinen verpflichtenden Charakter erhält. Und das Gleiche gilt von *Mt 5,17,* zumal Jes 56,1 für das Verständnis der Komposition der ganzen Bergpredigt und für das Verstehen der Gerechtigkeit eine große Rolle spielt.

Abschluß

1. Trotz der immer wiederholten Warnung, nicht „unter Umgehung der quellenkritischen Erkenntnisse vom Text der Bergpredigt direkt auf den historischen Jesus zurückzuschließen"[60], halte ich es noch immer für das Beste, sich zunächst dem Evangelisten anzuvertrauen. Er will uns in dieser ersten großen Rede die Lehre Jesu bieten: Jesus selbst, nicht der Glaube einer Gemeinde oder die Theologie des Matthäus, kommt in der Bergpredigt zur Sprache. Gerade in dieser Predigt sind die so hoch geschätzten „quellenkritischen Erkenntnisse" zu diffus, zu verschieden und mit zu vielen Hypothesen belastet, als daß sie wirklich hilfreich wären. Abgesehen davon, räumt man auch im Kreis der kritischen Forscher durchaus ein, daß es in der Bergpredigt Aussagen gibt, die zum Urgestein der Überlieferung gehören; man denkt dabei besonders an gesetzeskritische und ethische Radikalismen[61]. Daß aber diese Lehre Jesu von sekundärer Überlieferung überlagert, der Situation der Gemeinde angepaßt[62] und auch noch auf die Theologie des ersten Evangelisten zugeschnitten worden sei, bleibt eine Behauptung, die sich nicht beweisen läßt. Gewöhnlich führt man den Grundbestand von Mt Kapp. 5–7 auf die sogenannte *„Logienquelle"* zurück, in der, wie der Abschnitt Lk 6,20–49 beweise, schon eine ähnlich komponierte Rede vorlag. Die Annahme einer solchen evangelienartigen Sammlung von Jesusworten, die etwa in den fünfziger Jahren aufgezeichnet worden sein soll, stößt auf manche Schwierigkeiten; z. B. ist die ungleichartige Benützung dieser sogenannten „Quelle" in den beiden Großevangelien nicht befriedigend zu erklären. Dieses Problem wird nicht dadurch gelöst, daß man für Matthäus und Lukas „je unterschiedliche Q-Exemplare (Q^{Mt} bzw. Q^{Lk})" als Vorlage annimmt und diesen auch noch einen Teil des Sonderguts in diesen Evangelien zuweist[63]. Mit solchen Hypothesen wird es eher noch fragwürdiger, von einer Logiensammlung als schriftlicher Vorlage der beiden Evangelien zu sprechen, vor allem dann, wenn man auch die Verschiedenheit des Sondergutes bei Matthäus und bei Lukas bedenkt. Ferner wissen wir nichts vom *Standort des Evangelisten,* von seiner Gemeinde, deren Interessen die ursprüngliche Jesustradition überformt oder ergänzt haben sollen; und die Bergpredigt ist ja in ihrer Radikalität alles andere als gemeindegemäß. Nirgends macht sie den Eindruck, gebändigt, domestiziert, verkirchlicht zu sein. Selbst wenn wir die Komposition dieser Rede dem Evangelisten und zum Teil schon einem von ihm benutzten Stück mündlicher oder auch schriftlicher Überlieferung zuschreiben und wenn wir etwa die Verse Mt 5,17–20 als Schlüssel für die Komposition des

---

[60] G. Strecker a.a.O. S. 10.
[61] G. Strecker a.a.O. S. 11.
[62] G. Strecker a.a.O. S. 11.
[63] G. Strecker a.a.O. S. 10.

Ganzen betrachten, so ist damit nicht erwiesen, daß Matthäus die Lehre Jesu wegen eigener oder auch kirchlicher Interessen verändert hat. Das Erschrecken über diese Lehre, das nach dem Bericht des Matthäus die ersten Hörer erfaßte, mag auch die Mitchristen des Evangelisten überkommen haben. *Die Bergpredigt ist alttestamentlich-jüdisch gedacht und transzendiert zugleich dieses Ursprungsmilieu.*

· 2. Gerade dies trifft auch *für die uns sonst bekannte Lehre und das Verhalten des irdischen Jesu zu.* Das exegetische Prinzip der Kohärenz, der Übereinstimmung mit dem Gesamtbild des Wirkens Jesu, gilt gerade auch für die Bergpredigt. Sie ist die Tora des messianischen Menschensohnes, der seine Vollmacht dazu einsetzt, das Gottesvolk der Heiligen der letzten Zeit zu sammeln und auf das nahe Kommen Gottes auszurichten. Mit der Authentizität dieser Predigt ist auch die Messianität Jesu geoffenbart. Dabei geht es in ihr eben *nicht um eine Kritik am Gesetz* und eine Verschärfung jüdischer Ethik, obwohl dies von uns so empfunden werden mag. Vielmehr *soll das Gesetz erfüllt,* in seiner wahren, von Anbeginn intendierten und für die Existenz in der Endzeit entscheidenden Bedeutung geoffenbart werden. Die Bergpredigt ist die letzte, unüberbietbare Kundmachung des Gotteswillens, die Tora des neuen Bundes. Sie fordert eine Gerechtigkeit, die an der Vollkommenheit Gottes und an dessen Gerechtigkeit Maß nimmt und deshalb keine Halbheiten duldet. Freilich wird der neue Bund mit der Verkündigung der Bergpredigt noch nicht voll verwirklicht, ebensowenig wie die Herrschaft Gottes, deren Ankunft sie vorbereitet. Aber *der Messias schafft durch sein Wirken die wichtigste Voraussetzung für die Aufrichtung des neuen Bundes:* Er bringt das Angebot der Sündenvergebung (Jer 31,34) und mit ihr der Gotteskindschaft der Heiligen, ihrer vollkommenen Gemeinschaft mit Gott. Das von Jesus zum neuen Bund berufene Gottesvolk rekrutiert sich aus den geistlich Armen, die nach einer Gerechtigkeit hungern, die sie selbst nicht verwirklichen können – aus Menschen, die einen gnädigen Gott brauchen, weil sie von Gott, dem Richter, und von seiner strafenden Gerechtigkeit wissen. Gerade sie sind dazu berufen, Salz und Licht der Welt zu werden; ihnen gilt auch die Forderung, vollkommen zu sein wie ihr himmlischer Vater (Mt 5,3–16.48). Deshalb geht dieser Forderung die Versicherung Jesu vorauf, er sei dazu gekommen, das Gesetz und die Propheten zu erfüllen (5,17).

3. Man muß auch in diesem Zusammenhang an die *Ereignisse bei der Sinaigesetzgebung* erinnern, die solchen geistlich Armen bekannt waren und ihnen zur Warnung dienten (vgl. 1.Kor 10,11). Israel war nicht imstande, zu halten, was es versprochen hatte. Sein Geist war willig, aber sein Fleisch war – trotz der ihm nachgerühmten Vollkommenheit! – eben schwach: Bei der Wahl zwischen dem im Wolkendunkel verborgenen Gott und einem sichtbaren Gott fiel es letzterem zu: „Sie vertauschten die Erhabenheit des unvergänglichen Gottes" und Schöpfers mit dem selbst

gemachten Bild eines Geschöpfes (vgl. Röm 1,23) und schrieben diesem auch ihre Errettung und Volkwerdung zu: „Das sind deine Götter, Israel, die dich aus Ägypten geführt haben!" (Ex 32,8; vgl. 32,31). Ohne den Fürbitter Mose, der in die Bresche sprang und sich selbst als Sühne anbot (Ex 32,30–32), wäre Israel verloren gewesen. Nicht nur das Alte Testament, sondern auch die Rabbinen haben Mose, den Interzessor, als den Retter des Volkes gepriesen: Gott wollte damals Israel vernichten, aber als Mose aufstand und um Erbarmen flehte, gereute es Gott (Exodus Rabba zu Ex 32,32 [101 b]). Der *Duktus der Bergpredigt*, die Abfolge von Weisung (Kapp. 5–6) und Warnung vor dem Gericht (Kap. 7), *ist nicht zuletzt durch den Kontrast zwischen Ex 19 und Ex 32 bestimmt.* Deshalb werden die geistlich Armen, Trauernden, Demütigen, nach Gerechtigkeit sich Sehnenden selig gepriesen; und aus diesem Grunde gehört der Hinweis auf das Gericht und die Warnung vor dem Richtgeist zu der Weisung des neuen Bundes. *Auch Paulus hat das verstanden.* Die Gemeinde in Korinth steht zwar im neuen Bund (vgl. 2.Kor 3), muß aber gewarnt werden: „Richtet nicht vor der Zeit, bis der Herr kommt, der die verborgenen Dinge der Finsternis aufhellen und die Anschläge der Herzen offenbaren wird . . . Und dann wird das Lob erfolgen von Gott" (1.Kor 4,5 f.). Seinen Ausführungen über das Herrenmahl, das Mahl des neuen Bundes (1.Kor 11), schickt Paulus den Hinweis auf den Abfall, die Rebellion und den Götzendienst Israels voraus und die Erinnerung an dessen Bestrafung (1.Kor 10,6–10). Denn das Tun und Ergehen des alten Bundesvolkes hat typologische Bedeutung für die Gemeinde des neuen Bundes; es soll denen zur Warnung dienen, die vor dem Ende der Zeiten stehen (1.Kor 10,11).

In *Qumran* hat man den Bund mit Gott durch strikten Gesetzesgehorsam aufrecht zu halten und in den neuen Bund überzuleiten versucht (CD 6,19; 8,21); man sprach von dem „ewigen Bund" (1 QS 5,5 f.; 1 Op Hab 2,3; vgl. Jer 32,40). Aber man wußte auch, daß eine von Gott mit dem Heiligen Geist vollzogene Taufe und Reinigung vonnöten sei, um den ewigen Bund voll verwirklichen zu können (1 QS 4,20–22). Und es sind gerade die Rechtschaffenen und die Menschen mit „vollkommenem Wandel", die dieser Reinigung von Lüge und unsauberem Geist bedürfen (1 QS 4,21 f.). Diese Stelle, die deutlich an Ez 36,25–27 und damit an die Neuschaffung des Menschen durch Gott erinnert, zeigt, daß der Toragehorsam auch in Qumran ohne Gottes Hilfe nicht zum Ziel führt, daß der neue Bund die Sündenvergebung braucht.

Nach dem Zeugnis des Neuen Testaments hat Jesus das Gesetz und die Propheten erfüllt *als der Menschensohn, der den Weg des leidenden Gottesknechts ging:* Sein Blut ist die Kraft, welche die Vielen von Sünden reinigt und so die Aufrichtung des neuen Bundes ermöglicht (Mk 14,26 par; 1.Kor 11,25). Es ist deshalb kein Zufall, daß der „neue Bund" vor allem im Zusammenhang mit dem Abendmahl und der Deutung des Todes

Jesu erwähnt wird, aber auch, daß das Liebesgebot als das Gebot der durch den Tod Jesu eingesetzten neuen Ordnung gilt (Joh 13,34f.). Dieses Gebot wird in der Bergpredigt erstmals deutlich gelehrt.

4. Dies ist bei *einer aktualisierenden Auslegung* der Bergpredigt zu bedenken. *Fragwürdig ist der eklektische Gebrauch, aber auch eine durchgängig ethische Deutung* dieser Rede. *a) Eklektisch* ist das gerade in letzter Zeit übliche Verfahren, ein politisches Anliegen mit einem Satz aus der Bergpredigt zu begründen und in diesem Satz dann den Kern dieser Predigt und den Inbegriff des Christentums zu sehen. Das gilt etwa von dem Gebot der Feindesliebe und dem Verzicht auf Widerstand gegen das Böse (Mt 5,39–44)[64] oder von der Verweigerung des Eides (Mt 5,34f.)[65]. Bei solch einer spontan zupackenden, aktualisierenden und auch politisierenden Exegese der Bergpredigt darf deren geschichtlich bedingter Ausgangs- und Zielpunkt nicht übersehen werden: Jesus wollte „der Beschneidung dienen" (Röm 15,8), das Volk gewinnen und den neuen Bund aufrichten. Er trachtete nach dem Reich Gottes und nach Gottes Gerechtigkeit, weil nur mit diesen Größen der ewige Friede kommt, und nicht umgekehrt Friedensbemühungen von Menschen oder ein Verzicht auf Widerstand das Reich Gottes heraufführen können.

b) Ein von aktuellem Interesse geleiteter, eklektischer Gebrauch der Bergpredigt ist menschlich verständlich und auch notwendig, wo er gegen einen ungerechten Staat, eine leblose oder satte Kirche gerichtet wird und das Gewissen des Volkes wecken soll. Aber *eine wissenschaftliche Exegese,* die das Ganze der Bergpredigt behandelt und es dem Wirken Jesu einordnen will, *darf nicht einseitig sein.* Ich halte es z. B. für falsch, die Bergpredigt *durchgängig „ethisch" auszulegen* und dabei zu behaupten, solch ein Verständnis stimme mit dem Anliegen des Evangelisten Matthäus überein; diesem gehe es in der Bergpredigt nur „um die Erfüllung von konkreten Geboten, um die Verwirklichung der von Jesus geforderten Gerechtigkeit"[66]. Es spricht in ihr der Menschensohn, der nicht nur lehrt und ethische Forderungen stellt, sondern auch selbst das Gesetz und die Propheten erfüllt und dabei Gottes helfende Gerechtigkeit offenbart. Wäre das nicht der Fall, so hätte Matthäus das Evangelium Jesu auf die Bußpredigt des Täufers oder der Qumrangemeinde reduziert. Allerdings rechnen auch diese beiden fest mit einer messianischen Erlösung, welche durch die eigene Buße und das Streben nach vollkommenem Toragehorsam keineswegs überflüssig, sondern in ihrer Notwendigkeit um so deutlicher begriffen wird. Dabei darf man sich nicht mit der Auskunft begnügen, in der Bergpredigt spreche nach Auffassung des Matthäus der

---

[64] L. TOLSTOI, Mein Glaube, 1885, zitiert von G. STRECKER, der zu TOLSTOI die religiösen Sozialisten L. RAGAZ und FR. NAUMANN stellt (a.a.O. S. 15f.).

[65] So bei den Täufern, vgl. C. BAUMANN, Gewaltlosigkeit im Täufertum. StHCHTh 3, Leiden 1968; O. BAUERNFEIND, Eid und Frieden, Stuttgart 1956.

[66] G. STRECKER a.a.O. S. 16.

auferstandene und erhöhte Herr, dessen Messianität erst mit Ostern, mit dem Glauben der Gemeinde, beginne. Für Matthäus handelt Jesus sofort nach seiner Taufe messianisch, mit der Vollmacht des Menschensohnes; das entspricht m. E. auch dem historischen Sachverhalt. Zum messianischen Sendungsbewußtsein des irdischen Jesus paßt die Bergpredigt, so wie sie uns überliefert ist. Ihr Thema von der *Gerechtigkeit des Gottesreiches ist kein nachösterliches Gemeindeanliegen,* auch dann nicht, wenn man Matthäus einer judenchristlichen, gesetzestreuen Kirche verpflichtet sieht.

5. Von daher gesehen behält die Auslegung, die *M. Luther* der Bergpredigt gegeben hat, weiterhin ihr gutes Recht[67]. Luther setzte sich zunächst mit der römisch-katholischen Exegese seiner Zeit auseinander, die in den Forderungen der Bergpredigt keine allgemein verbindlichen Gebote (praecepta), sondern „Räte" (consilia) sah, die nur den vollkommenen Christen, etwa den Mönchen, galten. Demgegenüber fand Luther *in der Bergpredigt das Gesetz Christi, das ohne Unterschied und in der gleichen Weise allen Christen gilt.* Aber mit ihren radikalen Forderungen zeigt diese Predigt besonders deutlich, daß man durch Gesetzesgehorsam nicht das Heil gewinnen, sondern nur kläglich scheitern und der eigenen Sündhaftigkeit und Unfähigkeit bewußt werden kann[68]. Gerade so wird die Bergpredigt zu einem Erzieher auf Christus hin, denn sie lehrt uns „zu Christo krichen, der es alles aufs allerreinest und vollkommenst erfüllet hat und sich mit seiner erfullung uns schenket, das wir durch ihn fur Gott bestehen und das gesetz uns nicht schuldigen noch verdammen kann"[69]. Diese Deutung der Bergpredigt wird durch unsere Untersuchung, speziell von Mt 5,17, bestätigt.

---

[67] Sie ist kurz dargestellt von G. Strecker a.a.O. S. 13f.

[68] Vgl. WA 32,359, 17ff., zitiert von G. Strecker a.a.O. S. 13f., Anm. 5: „Nemlich das wir durchs gesetz lere nicht können gerecht noch selig werden, sondern nur dadurch zur erkenntnis unser selbs komen, wie wir nicht einen tütel vermögen recht zu erfüllen aus eigenen krefften."

[69] WA 32,359,17ff., bei G. Strecker a.a.O. S. 13f.

Gliederung der Bergpredigt

Die Tora des Neuen Bundes: Das Tun der besseren Gerechtigkeit der Gottesherrschaft

Mt 5,1–2   *Der Rahmen.* Die Situation des Toraempfangs: Ort = der Berg; der Lehrer; die Hörer als Repräsentanten Israels (vgl. dazu Ex 19,1–3a)

A Mt 5,3–20   *Das Vorwort.* Hinführung zum Thema: Die Gerechtigkeit der Gottesherrschaft

     (a) *5,3–12* Die Seligpreisungen: Die endzeitliche Offenbarung von Gottes aufrichtender Gerechtigkeit vor der Welt (vgl. Ex 19,3b–4)

     (b) *5,13–20* Die Worte vom Salz und Licht (VV. 13–16) und das Bekenntnis zu Gesetz und Propheten (VV. 17–20; vgl. Ex 19,5–8)

     = Der schon jetzt notwendige, der Basileia vorgreifende Erweis der vom Gottesvolk geforderten, „besseren" Gerechtigkeit vor der Welt.
     Dieser Erweis ist möglich
     a) durch die Erwählung Gottes (VV. 13–16)
     b) die Gabe von Gesetz und Propheten (VV. 17–20), die der Messias-Menschensohn erfüllt (V. 17)
     5,20 Das Thema: Die („bessere") Gerechtigkeit, welche die der Schriftgelehrten und Pharisäer übertrifft
     Die *Durchführung des Themas* richtet sich nach der Lehre von Schriftgelehrten und Pharisäern über den Erwerb von Gerechtigkeit:
     a) durch die Befolgung von Gottes Geboten (Mt 5,21–48)
     b) durch gute Werke wie Almosengeben, Beten, Fasten und besonders das Torastudium (Mt 6,1–34)

B Mt5,21–7,23 *Der Hauptteil der Bergpredigt*: Die bessere, am Willen Gottes orientierte Gerechtigkeit

     (1.) *5,21–48* Die sechs „Antithesen" („Ich aber sage euch!")
     = *Der Erweis der „besseren" Gerechtigkeit beim Tun von (apodiktischen) Geboten*
     (Struktur: Imperative
     a) Verbote V. 21–22; 27; 31 f.; 33 a–36; (38); (43); 46 f.
     b) Gebote V. 23–26; 28–30; 33 b; 37; 39–42; 44 f.; 48
     dabei V. 45 f.: Das Vorbild des himmlischen Vaters)

     (2.) *6,1–34* Das Almosengeben, Beten, Fasten und das Nicht-Sorgen
     = *Der Erweis der „besseren" Gerechtigkeit beim Tun guter (verdienstvoller) Werke*
     (Struktur: 6,1 „Achtet, daß ihr nicht" – 6,33 „Trachtet nach der Basileia…")

a) *6,1–18* Das rechte Almosengeben, Beten, Fasten; „Nicht so" V. 1 f.; 5.7 f.; 16; „Sondern so" V. 3 f; 6.9–15; 17 f.;

b) *6,19–34* Statt Gelderwerb und Sorgen um das leibliche Wohl die Sorge um Gottes Reich und Gerechtigkeit

VV. 19–24 Sammelt euch nicht Schätze auf Erden, sondern Schätze im Himmel!

VV. 25–34 Sorgt nicht um Nahrung und Kleidung, sondern achtet auf Vögel und Lilien!

Zielsatz *V. 33* Trachtet nach Gottes Reich und Gerechtigkeit!

(3.) *7,1–23* Verschiedene Warnungen, Mahnungen, Erklärungen

= *Der Ausblick auf das Endgericht und Gottes (richtende) Gerechtigkeit*

(Thema und Struktur:

7,1–6   Richtet nicht, damit ihr nicht gerichtet werdet, sondern Vergebung erlangt!

7,7–12   Bittet, so wird euch gegeben (= vergeben)!

7,13–14   Geht durch das enge Tor, damit ihr zum Leben gelangt!)

a) *7,1–15* Warnungen und Mahnungen

aa) *7,1–5* Seht nicht auf die andern, sondern achtet auf euch selbst, weil es im Gericht um eure Sache geht!

7,6 Achtet auf die andern, wenn es um Gottes Sache, etwa das Angebot der Versöhnung, geht!

bb) *7,7–11* Achtet auf euch und seht auf Gottes (helfende) Gerechtigkeit! Darum bittet, so wird euch vergeben!

7,12 Achtet auf die andern: gebt (vergebt) ihnen, damit sie euch geben (vergeben)!

cc) *7,13–14* Achtet auf das enge Tor und den schmalen Weg zur Gerechtigkeit, wenn ihr den Weg zum Leben der Basileia gehen wollt!

7,15 Achtet auf falsche Propheten!

b) *7,16–23* Erklärungen über die Kriterien des Endgerichts:

(Struktur: Deklaratorische Indikative)

aa) VV. 16–20 Die gute Frucht der Gerechtigkeit wird verlangt, nicht faule Frucht

bb) VV. 21–23 Das Tun des Gotteswillens ist gefordert, nicht nur ein Lippenbekenntnis

C *7,24–27*   *Das Schlußwort*: Die rechte Einstellung zur Bergpredigt: Hören und Tun

7,28–29   *Der Rahmen*: Der Eindruck auf die Hörer

Sinaitradition und Bergpredigt

a) *Die Situation des Toraempfangs: Der Berg*

Ex 19,1–3a	*Mt 5,1.2*

1. An diesem Tag des dritten Monats nach dem Auszug der Kinder Israel aus Ägyptenland kamen sie in die Wüste Sinai.
2. Denn sie waren ausgezogen von Rephidim und kamen in die Wüste Sinai und lagerten sich dort in der Wüste gegenüber dem Berge.

    1. Da er aber das Volk sah, ging er auf einen Berg und setzte sich; und seine Jünger traten zu ihm.

3a. Und Mose stieg hinauf zu Gott. Und der Herr rief ihm vom Berge zu und sprach:

    2. Und er tat seinen Mund auf und lehrte sie und sprach:

b) *Die Verkündigung des Heilshandeln Gottes in Vergangenheit und Zukunft:*
   Der Erweis der rettenden Gerechtigkeit Gottes im alten und neuen Gottesvolk

Ex 19,3b–4	*Mt 5,3–12*

3b. So sollst du sagen zu dem Hause Jakob und verkündigen den Kindern Israel:
4. Ihr habt gesehen, was ich mit den Ägyptern getan habe und wie ich euch getragen habe auf Adlersflügeln und euch zu mir gebracht.

    3. Selig sind, die da geistlich arm sind; denn das Himmelreich ist ihr.
    4. Selig sind, die da Leid tragen; denn sie sollen getröstet werden.
    5. Selig sind die Sanftmütigen; denn sie werden das Erdreich besitzen.
    6. Selig sind, die da hungert und dürstet nach der Gerechtigkeit; denn sie sollen satt werden.
    7. Selig sind die Barmherzigen; denn sie werden Barmherzigkeit erlangen.
    8. Selig sind, die reinen Herzens sind; denn sie werden Gott schauen.
    9. Selig sind die Friedfertigen; denn sie werden Gottes Kinder heißen.
  10. Selig sind, die um Gerechtigkeit willen verfolgt werden; denn das Himmelreich ist ihr.
  11. Selig seid ihr, wenn euch die Menschen um meinetwillen schmähen und verfolgen und reden allerlei Übles wider euch, so sie daran lügen.
  12. Seid fröhlich und getrost; es wird euch im Himmel wohl belohnt werden. Denn also haben sie verfolgt die Propheten, die vor euch gewesen sind.

c)　*Der von Gott gegebene Beruf des Gottesvolkes in der Welt:*
　　Der priesterliche Dienst und das Zeugnis der guten = gerechten Werke

Ex 19,5.6	Mt 5,13–16
5. Werdet ihr nun meiner Stimme gehorchen und meinen Bund halten, so sollt ihr mein Eigentum sein vor allen Völkern; denn die ganze Erde ist mein.	13. Ihr seid das Salz der Erde. Wenn nun das Salz kraftlos wird, womit soll man's salzen? Es ist zu nichts hinfort nütze, denn daß man es hinausschütte und lasse es die Leute zertreten.
6. Und ihr sollt mir ein Königreich von Priestern und ein heiliges Volk sein. Das sind die Worte, die du den Kindern Israel sagen sollst.	14. Ihr seid das Licht der Welt. Es kann die Stadt, die auf dem Berge liegt, nicht verborgen sein.
	15. Man zündet auch nicht ein Licht an und setzt es unter einen Scheffel, sondern auf einen Leuchter; so leuchtet es allen, die im Hause sind.
	16. So soll euer Licht leuchten vor den Leuten, daß sie eure guten Werke sehen und euren Vater im Himmel preisen.

d)　*Die konkrete Ausübung des Berufs durch das Tun von Gottes Weisung:*
　　Das Tun von Gottes Wort, die Erfüllung der Tora und die bessere Gerechtigkeit

Ex 19,7.8	Mt 5,17–20
7. Mose kam und berief die Ältesten des Volkes und legte ihnen alle diese Worte vor, die ihm der Herr geboten hatte.	17. Ihr sollt nicht wähnen, daß ich gekommen bin, das Gesetz oder die Propheten aufzulösen; ich bin nicht gekommen aufzulösen, sondern zu erfüllen.
8. Und alles Volk antwortete einmütig und sprach: Alles, was der Herr geredet hat, wollen wir tun. Und Mose sagte die Worte des Volks dem Herrn wieder.	18. Denn ich sage euch wahrlich: Bis daß Himmel und Erde vergehe, wird nicht vergehen der kleinste Buchstabe noch ein Tüpfelchen vom Gesetz, bis daß es alles geschehe.
	19. Wer nun eines von diesen kleinsten Geboten auflöst und lehrt die Leute so, der wird der Kleinste heißen im Himmelreich; wer es aber tut und lehrt, der wird groß heißen im Himmelreich.
	20. Denn ich sage euch: Es sei denn eure Gerechtigkeit besser als die der Schriftgelehrten und Pharisäer, so werdet ihr nicht in das Himmelreich kommen.

IV. Johannes

20. „Kann denn aus Nazareth etwas Gutes kommen?"

Zur Verwendung von Jesaja Kap. 11 in Johannes Kap. 1

Nathanael hat bekanntlich diese seine Frage selbst beantwortet, obwohl sie so gestellt war, daß jede Erwiderung überflüssig zu sein schien. Ganz überraschend ist der Inhalt dieser Antwort; denn er stellt das am höchsten greifende Bekenntnis aus dem Kreis der ersten Jünger dar: Jesus, der Nazarener und Josephssohn, wird von Nathanael als „Sohn Gottes" und als „König Israels" bekannt (Joh 1,49). Was die plötzliche Wendung[1] zum Glauben herbeigeführt hat, war die wunderbare Menschenkenntnis Jesu, die Nathanael an sich erfuhr (1,50). Diese beruhte auf einer übernatürlichen Weise des Sehens – einer Einsicht, die das Wesen eines Unbekannten intuitiv erfaßt: „Siehe, in Wahrheit ein Israelit, in dem kein Falsch ist!" (1,47), und einer Fernsicht, der nichts verborgen blieb: „Ehe Philippus dich rief, sah ich dich, wie du unter dem Feigenbaum warst!" (1,48). Das zuerst gefällte Urteil der Einsicht war, existentiell betrachtet, für Nathanael das wichtigere; aber erst der folgende Erweis der Fernsicht Jesu hat das Bekenntnis des Glaubens provoziert (1,50). Denn seine Wahrheit war für Nathanael unmittelbar evident, weil sie einem soeben erlebten Sachverhalt entsprach; dadurch wurde das davor gesprochene, existentiell bedeutsame, aber nicht objektiv nachprüfbare, Urteil gleichsam verifiziert[2]. Schwieriger als der innere Zusammenhang dieser beiden Jesusworte ist ihr Verhältnis zum Bekenntnis Nathanaels: Was hat das wunderbare Wissen Jesu mit dem „Gottessohn" und „König Israels" zu tun[3]? |

---

[1] Man wird bei diesem Wandel an den ungläubigen Thomas erinnert, dessen Zweifel bei der Begegnung mit dem auferstandenen Jesus in ein ähnliches, aber noch volleres Bekenntnis des Glaubens umschlug: „Mein Herr und mein Gott!" (Joh 20,28). In beiden Fällen bezeichnet Jesus selbst das abgelegte Bekenntnis als Ausdruck des Glaubens (πιστεύειν absolut 1,50; 20,29) und hier und dort wird der Glaube durch einen Sehakt begründet (1,46.50; 20,29).

[2] Ähnlich verfuhr der johanneische Jesus im Gespräch am Jakobsbrunnen; Das nicht objektiv beweisbare Wort Jesu, er habe ein Wasser für das ewige Leben zu bieten (4,14), wurde der samaritanischen Frau durch die Enthüllung ihrer Vergangenheit bedeutsam gemacht (4,18).

[3] Vgl. die Feststellung von R. E. BROWN; „It is difficult to explain, why the fact that Jesus had seen Nathanael under the fig tree, produces such an impression" (The Fourth Gospel I, 1966, S. 87).

In den Kommentaren zum Johannesevangelium hat man dieses Wissen als *prophetisch* bezeichnet und neben den alttestamentlichen Propheten auch die der Essener als mögliche Vorbilder erwähnt[4]. Aber die prophetischen Parallelen werden für nicht ausreichend gehalten: Jesus sei für Johannes auch der *Logos*, der *wie Gott* den Menschen ins Herz sehen könne und alles wisse[5], ferner sei seine wunderbare Fähigkeit des Schauens nicht wie die des Propheten befristet und an ein bestimmtes Orakel gebunden, sondern immer verfügbar und unbegrenzt. Denn sie beruhe auf der Einheit von Vater und Sohn; die Allwissenheit diene dem theologischen Hauptanliegen des Evangelisten, Jesus als den Offenbarer Gottes darzustellen[6]. Als religionsgeschichtliche Analogien erwähnt R. Bultmann die jüdische Weisheit und die Gesandten der Mandäer; das eigentliche Vorbild dafür, wie Jesu Allwissenheit am Menschen wirke, sei jedoch der θεῖος ἄνθρωπος, der „*Göttliche Mensch"*[7]. Diesen Charismatiker, der predigend durch die Länder zieht, Wunder tut und auch die Geheimnisse der ihm begegnenden Menschen enthüllt, hat L. Bieler als einen im Zeitalter des Hellenismus weit verbreiteten Frömmigkeitstypus herausgestellt[8].

Aber solche Deutungen befriedigen nicht. Abgesehen von der Frage, ob es den von Bieler behaupteten Typus des „Göttlichen Menschen" überhaupt gegeben habe[9], bleibt hier, und auch bei den davor erwähnten Erklärungen, die enge, kausale, Beziehung zwischen dem Wissenserweis Jesu und dem Bekenntnis Nathanaels unbeachtet. Dieses Bekenntnis ist messianisch, ja, es stellt den Gipfel in einer Reihe von messianischen Aussagen dar[10]. Folglich muß auch das Wissen Jesu messianisch und mit der jüdischen Messiastradition vereinbar sein. Damit drängt sich die Frage auf: Wo gibt es eine Überlieferung, in der die Allwissenheit und speziell die Fähigkeit, den Menschen ins Herz zu sehen, dem Messias als dem Gottessohn und König zugeschrieben sind?

---

[4] So etwa A. SCHLATTER, Der Evangelist Johannes, 1930, S. 58; W. BAUER, Das Johannesevangelium 1933[3], S. 40. Jesus ist für den Evangelisten der Prophet vgl. Joh 1,21 und Dt 18,15–18.

[5] W. BAUER a. a. O. S. 41.50; C. K. BARRETT, The Gospel according to St. John 1956, S. 154.

[6] R. BULTMANN, Das Evangelium nach Johannes, 1962[17], S. 71 f.

[7] A. a. O. S. 71.138. So auch R. SCHNACKENBURG, Das Johannesevangelium 1965, S. 314.

[8] ΘΕΙΟΣ ΑΝΗΡ. Das Bild des „Göttlichen Menschen" in Spätantike und Frühchristentum, I und II, 1935, 1936.

[9] Er scheint mir – ähnlich wie der „Gnostische Erlöser" – das künstliche Gebilde einer allzu rasch systematisierenden Religionswissenschaft zu sein. Dem sogenannten „Göttlichen Menschen" fehlen sowohl ein fester Titel als auch die klar umrissenen Züge, die ein religionsgeschichtlicher Typus besitzen sollte.

[10] Joh 1,41,45,49.

1. Die Weisheit des Messias nach Jes 11,3–4

1964 hat J. Starcky ein Fragment aus Qumran veröffentlicht, das er 4 Q *mess ar* genannt hat; denn das Thema dieses Fragments ist der Messias, die Sprache das Aramäische[11]. Es handelt sich dabei gleichsam um einen theologischen Steckbrief des Messias, dessen körperliche und geistige Eigenschaften in den einzelnen Stadien seines Lebensweges angezeigt werden. Die stark versehrten ersten drei Zeilen erwähnen körperliche Merkmale, so etwa rote Haare und ebenmäßige Zähne. In seiner Jugend zeichnet sich der künftige Messias durch Löwenkräfte aus, während er über kein Wissen verfügt (Z. 4). Das ändert sich mit dem Studium „der drei Bücher" (Z. 5): Er erwirbt Klugheit und Wissen, so daß die Menschen zu ihm kommen und ihm zu Füßen sitzen (Z. 6). Vor allem wird sein Alter durch Rat und Klugheit ausgezeichnet sein (Z. 7):

Er wird die Geheimnisse der Menschen kennen, und seine Weisheit wird zu allen Völkern gelangen, und er wird die Geheimnisse aller lebenden Wesen kennen, so daß alle ihre Anschläge wider ihn ein Ende finden werden. Und die Herrschaft über alle Lebenden wird groß sein; denn er ist der Erwählte Gottes, von Ihm gezeugt. Und der Hauch seines Atems. . . (Z. 8–10). |

Diese „notae Messiae" sind nach *alttestamentlichen Traditionen* festgelegt worden. Für die Jugendzeit ist das Bild des jungen David maßgeblich[12]; die Weisheit des regierenden Messias ist vor allem nach Jes. 11,2–4 dargestellt. Der Schoß aus den Wurzeln Isais wird den Geist der Weisheit und der Einsicht besitzen[13] und kraft dieses Geistes für die Durchsetzung der Gerechtigkeit wirken:

Er wird nicht richten nach dem, was seine Augen sehen, noch Recht sprechen nach dem, was seine Ohren hören. Er wird die Armen richten mit Gerechtigkeit und den Elenden im Lande Recht sprechen mit Billigkeit (Jes 11,3b–4a).

Diese Verse Jesajas sind im Fragment 4 Q *mess ar* auf die universale Herrschaft des Königs der Endzeit abgestimmt: Er erfaßt intuitiv die geheimen Gedanken der Menschen; seine Weltherrschaft ist dadurch gesichert, daß er die Anschläge eventueller Gegner im Voraus erkennt[14].

---

[11] Un texte messianique araméen de la grotte 4 de Qumrân, in: Travaux de l'Institut Catholique de Paris 10, 1964, S. 51–66. Vgl. auch J. CARMIGNAC, Un texte messianique araméen, in: Revue de Qumran 5, 1965, S. 206–217.

[12] Vgl. 1. Sam 16,12; 17,42; dazu Davids Kampf mit dem Löwen 1 Sam 17,34–36 und Gen 49,9. In dem hebräischen Text des Psalms 151 (LXX) aus der Höhle 11 von Qumran hebt der junge David seine Demut und Frömmigkeit hervor, die wohl seine Erwählung aus der Reihe der Brüder begründen sollen.

[13] Jes 11,2 vgl. Z. 6 des Qumranfragments.

[14] Das zerstörte Ende des Fragments scheint auf Jes 11,4b anzuspielen, wonach die Gewalttäter und Gottlosen durch das Wort des richtenden Messias umkommen. Das wird in dem Segensspruch für den „Fürsten der Gemeinde" breit ausgeführt (1 QS b 5,24f).

Aber der Qumranexeget weiß sich auch dem friedlichen, die Völker verbindenden Geist der Chokma-Literatur verpflichtet: Wie einst unter Salomo[15], so wird man in der Endzeit die Weisheit des israelitischen Königs rühmen und ratsuchende Menschen aus aller Welt zu ihm führen.

Der *Vierte Evangelist* hat seine Darstellung von der Berufung der ersten Jünger an solcher, von Jes 11 inspirierter, messianischer Überlieferung orientiert und Jesus als das Ziel suchender Menschen bezeugt. Im Unterschied zu den Synoptikern, bei denen Jesus die Jünger findet und ruft, geht in Joh 1 die Initiative von den Jüngern aus. Sie suchen den Messias, und wenn sie ihn gefunden haben, führen sie den Bruder oder Freund zu ihm: Sie sollen kommen, sehen und an ihn glauben (1,46.50)[16]. Ferner sind in Qumran und bei Johannes der Umfang und die Dauer der Weisheit im engen Verhältnis ihres Trägers zu Gott begründet: Der Messias wird nach 4 Q *mess ar* der von Gott (zum König Israels) Erwählte[17] und der von Ihm Gezeugte sein; der gleiche Sachverhalt wird von Nathanael mit dem Titel „Sohn Gottes" und „König Israels" zum Ausdruck gebracht (Joh 1,49). Vor allem aber hat der Evangelist – wie das Qumranfragment – die Weisheit des Messias als ein intuitives Erkennen der geheimen Gedanken im Menschenherzen bezeugt[18] und die urchristliche Überlieferung von der Berufung der Jünger dazu benützt, dieses Erkennen in einzelnen Szenen anschaulich darzustellen. Darüber hinaus findet sich auch bei ihm ein zusammenfassender Satz:

Jesus kannte alle Menschen und hatte es nicht nötig, daß jemand über den Menschen Zeugnis ablege; denn er erkannte selbst, was im Menschen war (Joh 2,24f).

Dieser Satz erinnert nach Form und Inhalt deutlich an das oben zitierte Lob der Weisheit des Messias in 4 Q *mess ar* Z. 8–10; hier und dort wird diese Weisheit in zwei parallelen Aussagen betont. Aber Johannes lehnt sich im negativ formulierten Mittelsatz 2,25a stärker an das Orakel Jesajas an: Je- | sus hatte es nicht nötig, daß jemand über den Menschen Zeugnis ablege; der Messias richtet nicht nach dem, was seine Ohren hören (Jes 11,3b).

An diesem Punkt tritt ein Unterschied in der *theologischen Tendenz* hervor: In 4 Q *mess ar* wird Jes 11,3 nach dem Ideal der jüdischen Weisheit

---

[15] 1 Kön 5,9–14; 10,1–10.

[16] Zur Verbindung dieser Verben vgl. 1.Kön 10,7, wonach die Königin von Saba vor Salomo bekannte: „Ich habe es nicht glauben wollen, bis ich hergekommen bin und es mit eigenen Augen gesehen habe."

[17] Z. 10 des Qumranfragments; vgl. 2Sam 5,2f.

[18] In 4 Q mess ar dominieren die Begriffe „wissen" (jĕda') und „Erkenntnis" (manda'); Nathanael fragt Jesus erstaunt: „Woher kennst du mich?" (1,48), und beherrschend ist das Verbum γιγνώσκειν im zusammenfassenden Satz Joh 2,24f.

gedeutet; das Wissen des Messias hat Eigenwert[19]. Der Vierte Evangelist hat dagegen das *Richten Jesu* thematisch entfaltet; Weisheit und Menschenkenntnis haben als die Gaben des Richters lediglich dienende Funktion. Auch bedeutet das Richten Jesu kein Verdammen und Überantworten an das Gericht, sondern ist Dienst am Menschen und zielt auf dessen Rettung hin. Auch die Jünger, die Jesus suchen, empfangen von ihm ein Urteil über sich selbst; aber dieses kommt dem Ruf in den Raum des Heils und der Versetzung in die Basileia gleich. Wenn Jesus dem Simon, Sohn des Johannes, den Beinahmen „Kephas" gibt (Jo 1,42), so bestimmt er damit die tragende, die Katastrophe der Endzeit überdauernde, Rolle des Jüngers. Das Wort über Nathanael: „Siehe, in Wahrheit ein Israelit, in dem kein Falsch ist!" (Joh 1,47) ist ein Urteil des Messias, das den Empfänger als Angehörigen des Heilsvolkes deklariert. Weil aber Jesus dieses Urteil vor seiner Inthronisation, im Stand der Verborgenheit, fällt, wird es zu einem Satz, der des Glaubens bedarf. Jesu Weisheit ist nicht unwiderstehlich, sie entwaffnet und vergewaltigt nicht; sie dient auch nicht dem eigenen Ruhm wie die Weisheit des $\theta\varepsilon\tilde{\iota}o\varsigma\ \dot{\alpha}v\dot{\eta}\varrho$. Das erhellt aus der Selbstaussage Joh 5,30. In ihr greift Jesus wieder auf Jes 11,3 zurück, aber sagt anscheinend das Gegenteil: „Ich kann nichts von mir aus tun. Wie ich höre, so richte ich, und mein Gericht ist gerecht". Jedoch zeigt die Fortsetzung dieser Erklärung, daß Jesus gerade so auf der von Jesaja vorgezeichneten Linie bleibt: „Denn ich suche nicht meinen Willen, sondern den Willen dessen, der mich gesandt hat." Es ist der Vater, auf den Jesus hört, und gerade diese Bindung an Gott macht für ihn das Zeugnis von Menschen entbehrlich[20].

Es kommt nicht von ungefähr, wenn der Vierte Evangelist Jes 11,3 als messianisches Kriterium benützt; denn das geschieht auch in anderen Texten seiner Zeit. In den Bilderreden des äthiopischen Henochbuches werden die Weisheit und Einsicht des Menschensohnes hervorgehoben, der dank dieser Geistesgaben „die verborgenen Dinge richtet und es keinem Menschen möglich macht, ein Wort der Lüge vorzubringen" (49,4). Ausschlaggebend ist auch hier das einzigartige Verhältnis zu Gott; denn der Menschensohn ist „der Erwählte vor dem Herrn der Geister, nach Seinem Wohlgefallen" (ibid). Besonders aufschlußreich ist eine negative Notiz des *Talmud* über Bar Kosiba (b Sanh 93b). Sie lautet:

Bar Kosiba regiere zwei und ein halbes Jahr als König. Er sagte zu unseren Lehrern: „Ich bin der Messias!" Da sagten sie zu ihm: „Vom Messias steht

---

[19] Die dem Satzteil Joh 2,25a entsprechende Aussage in 4 Q mess ar Z. 10 lautet: „Und seine Weisheit wird zu allen Völkern gelangen."

[20] Vgl. dazu das Fragment 4 Qp Jes a, Z.7, in dem Jes 11,3 so gedeutet wird, daß der richtende Messias sich an die gesetzeskundigen Priester hält: Was ihn vom Zeugnis der Menschen unabhängig macht, ist die Bindung an das Gesetz und den Gesetzeslehrer. Beim johanneischen Jesus steht der Wille Gottes an der Stelle des Gesetzes.

geschrieben, daß er riecht[21] und richtet (d. h. als Richter intuitiv die Wahrheit erkennt und durchsetzt). So wollen wir sehen, ob er riecht und richtet!" Als sie bei ihm feststellten, daß er nicht roch und richtete, töteten sie ihn.

Hier ist Jes 11,3 zu einer Formel verdichtet und als Probierstein der Rabbinen gebraucht: Wer der Forderung nach intuitiver Menschenkenntnis und richterlicher Unabhängigkeit nicht genügt, erhebt den Messiasanspruch zu Unrecht und verdient den Tod eines falschen Propheten[22]. Auch in der *synoptischen* | *Leidensgeschichte* wird von einem messianischen Test berichtet. Im Anschluß an das Verhör sollen Mitglieder des Synhedriums Jesus das Gesicht verhüllt, ihn geschlagen und dabei gerufen haben: „Weissage (uns, Messias): Wer ist's, der dich geschlagen hat?" (Mk 14,65; Mt 26,68; Lk 22,63f). Hier wird Jes 11,3 auf frivole Weise angewendet: Jesus soll seine Messianität dadurch beweisen, daß er „nicht richtet nach dem, was seine Augen sehen".

2. Jes 11,2 in Joh 1,32–34: Der bleibende Besitz des Geistes

Die Tatsache, daß der Vierte Evangelist das Orakel Jes 11 in Jesu Person und Wirken erfüllt sah, tritt auch *an anderen Stellen* seines Evangeliums hervor. Nach Jes 11,2 ist es der auf ihm ruhende Gottesgeist, der dem Messias Weisheit und Einsicht schenkt und ihm das intuitive Erkennen der Wahrheit ermöglicht. Der Vierte Evangelist hat auch die Verbindung zu diesem Vers hergestellt. Unmittelbar vor der Berufung der Jünger hat er die *Taufe Jesu* erwähnt, wobei er dieses Ereignis freilich nicht in einem eigenen Bericht erzählt, sondern es in ein Zeugnis Johannes des Täufers eingebaut hat (1,32–34). Diese formale Abweichung von der synoptischen Darstellung ist durch eine inhaltliche Differenz mitbestimmt: Nach dem Vierten Evangelium hat die Tauftätigkeit des Johannes keinen Eigenwert, sondern lediglich den Sinn, den Christus für Israel offenbar zu machen (1,31); sie dient somit dem gleichen Zweck wie der in 4 Q *mess ar* enthaltene „Steckbrief" des Messias. Eine wenig beachtete Notiz in der johanneischen Darstellung bestätigt den von uns behaupteten traditionsgeschichtlichen Zusammenhang: Der in Taubengestalt herabfahrende Geist sei, so wird ausdrücklich gesagt[23], auf Jesus „geblieben" (1,32f).

---

21 *mōreh* = *mĕrīḥ* (Part Aph von *rīḥ*). Die Aussage *wahărīḥō bĕjir'ath J"* (Jes 11,3a) wird von den Rabbinen so interpretiert: Er (sc. Gott) wird ihn riechen lassen (= intuitiv erkennen lassen) durch die Gottesfurcht (sc. des Messias). Vgl. dazu den Kontext in b Sanh 93b.

22 Diese apologetische Geschichte, mit der sich die Rabbinen von der Tragödie des Bar Kosiba-Aufstandes distanzierten, spiegelt insofern einen historisch zutreffenden Sachverhalt, als Bar Kosiba nach den im Wadi Cheber gefundenen Briefen ein hartes Regiment geführt haben muß; auch hat er den unschuldigen Eleasar aus Modein auf bloßen Verdacht hin umbringen lassen (H. GRAETZ, Geschichte der Juden, 1866², IV, S. 162).

23 Zweimal wird das *μένειν ἐπ' αὐτόν* erwähnt (v. 32, 33).

Damit weist der Evangelist auf Jes 11,2: Auf dem idealen Davididen „ruht"[24] der Geist Gottes, den das Prophetentargum als „Geist der Prophetie" näher bestimmt. Das Bleiben, der dauernde Besitz, des Geistes ist gerade das, was den Messias vom Propheten unterscheidet[25] und sein einzigartiges Verhältnis zu Gott ausmacht. Noch deutlicher tritt der Einfluß von Jes 11,2 auf den Taufbericht im *Nazoräerevangelium* und in den *Pseudoklementinen* hervor[26].

3. Jes 11,1 in Joh 1,46.49: Der Nēṣer aus Nazareth

Es wurde gezeigt, daß die Verse Jes 11,2–3 zwischen der abweisenden Frage Nathanaels und seiner bekennenden Antwort vermitteln, weil sich nach ihnen das Wissen Jesu als ein Merkmal des Messias enthüllt. Aber auch der Vers Jes 11,1 wurde von Evangelisten mitbedacht; gerade er läßt den tieferen Sinn der Frage Nathanaels verstehen. Denn diese Frage war nicht etwa spöttisch oder ironisch gemeint[27]; eher schwingen in ihr Unmut und Enttäuschung mit. Sie ist gleichsam als „nota Messiae negativa" im Sinne des Schriftbeweises anzusehen: Aus Nazareth kann der Messias nicht kommen; denn dieser Ort ist nirgends im Alten Testament erwähnt. Nathanael ist nämlich ein Mann der Schrift; das für ihn charakteristi- | sche Sitzen unter dem Feigenbaum dient nach rabbinischer Überlieferung dem intensiven Studium der Tora[28]. Wer als „echter Israelit" auf den „König Israels" wartet, der forscht notwendigerweise in der Schrift, da sie von ihm Zeugnis ablegt (Joh 5,39). Deshalb mußte Nathanael es als ärgerlich empfinden, wenn ihm Philippus den Josephssohn aus Nazareth als den Mann beschrieb, „von dem Mose im Gesetz und die Propheten geschrieben haben" (1,45). Auch nach dem erhellenden Gespräch Nathanaels mit Jesus blieb ein Problem ungelöst: Dem messianischen Indiz, das aufgrund der Schrift mit dem wunderbaren Wissen Jesu

---

[24] Hebr. *nûḥ*, aram. *šĕrā'*. Der Vierte Evangelist verwendet dafür sein Lieblingsverbum μένειν.

[25] Vgl. A. SCHLATTER a. a. O. S. 111 zu Joh 3,34. Er verweist auf Gen r 11,8: „Der Heilige Geist, der auf den Propheten ruhte, ruhte auf ihnen nur nach Maß: Der eine weissagte ein Buch, der andere zwei." Diese Einschränkung gilt nicht für den Messias, den Geistgesalbten kat exochen.

[26] Nach dem Taufbericht des Nazoräerevangeliums soll die Himmelsstimme erklärt haben: „Fili mi, in omnibus prophetis expectabam te, ut venires et requiescerem in te. Tu es enim requies mea, tu es filius meus primogenitus, qui reges in sempiternum" (Hieronymus in Jes 11,2 vgl. E. Klostermann, Kl. Texte 8, S. 6). Nach den Pseudoklementinen (Hom 3,10; Recog 2,22) kam der wahre Prophet in Christus zur Ruhe, nachdem er sich in den alttestamentlichen Propheten jeweils nur stückweise offenbart hatte (H. SCHOEPS, Theologie und Geschichte des Judenchristentums, 1949, S. 109).

[27] So etwa A. SCHLATTER a. a. O. S. 58: Das Neutrum „etwas Gutes" verrate den spöttischen Ton.

[28] jBer 5c; bChag 14b; Qoh r 5,11 (28a).

gegeben war, widersprach die schriftwidrige Herkunft aus Nazareth; aus diesem Orte konnte eben nichts „Gutes", d. h. Heilbringendes im Sinne der Endzeiterwartung kommen. Wie konnte dann aber der Graben, der zwischen der Messiaswürde Jesu und seiner Herkunft aus Nazareth klaffte, für einen Mann der Schrift wie Nathanael überwunden werden? Nathanael gehörte nicht zu den in ihrer Messiasdogmatik befangenen Schriftgelehrten, denen Jesus im Johannesevangelium sonst gegenübersteht. Er war „in Wahrheit ein Israelit, in dem kein Falsch ist" (1,47). Was der Evangelist mit diesem Urteil sagen will, läßt sich auf dem Umweg über Qumran erfahren. Dort kannte man ein Suchen nach Gott und Forschen in der Schrift, das mit „geteilten Herzen" geschieht und deshalb zu Irrtum und Trug, zum „Planen der Ränke Belials", führt (1 QH 4,13f.20). Im Gegensatz dazu steht die Gottsuche „mit ganzem Herzen", einem Herzen, das dem von Gott gesandten Lehrer und Offenbarer der Schrift nicht widerstrebt, sondern sich von ihm „auf den Weg nach Gottes Herzen" führen läßt (CD 1,10f). Denn die Schrift ist voll von „geheimen Dingen" (1QS 5,11); sie hält Überraschungen für alle bereit, die sich der Offenbarung Gottes nicht von vornherein verschließen. Nathanael war solch ein Mann; ihn hat die Begegnung mit dem Offenbarer Gottes zu einem neuen, tieferen, Verstehen der Schrift geführt. Dabei wurde sein Vorurteil, aus Nazareth könne nichts Gutes kommen, abgebaut. Denn gerade das in der Begegnung mit Jesus aktuell gewordene und bestätigte Orakel Jes 11 hat Nathanael gelehrt, daß ein Mann aus Nazareth tatsächlich der Messias sein kann. Das gilt speziell vom Vers Jes 11,1: „Ein Reis wird aus dem Stumpf Isais hervorgehen und ein Schoß aus seinen Wurzeln Frucht bringen": Der „Schoß" (*nēṣer*), der im Targum mit dem Messias identifiziert ist, muß in Joh 1,46 auf Nazareth (*nāṣĕrath, naṣārā*) bezogen und als „Nazoräer" (Mt 2,23) verstanden werden. Das Heil Gottes kommt in der Tat aus Nazareth, weil der Heilbringer nach Jes 11,1 ein *nēṣer* ist. Diese spekulative Verbindung von *nēṣer* und Nazareth hat der Vierte Evangelist nicht selbst erdacht; er setzt sie bei seinen Lesern als bekannt voraus. Hier wird ein urchristlicher Schriftbeweis aufgegriffen, der auch bei Matthäus und Markus erscheint. Mit der Tatsache, daß sich die Familie Josephs nach der Rückkehr aus Ägypten in Nazareth niederließ, wurde nach *Matthäus* erfüllt, „was von den Propheten gesagt worden ist: Er wird ,Nazoräer' heißen" (2,23). Man hat an dieser Stelle viel herumgerätselt, da es im Alten Testament kein solches Prophetenwort gibt und der Begriff „Nazoräer" vielen Deutungen offensteht[29].

---

[29] Erwogen wurde u. a. die Verbindung mit *nāzīr* = *Geweihter*, zumal die LXX den hebräischen Buchstaben zajin durch das zēta wiederzugeben pflegen (ναζίρ, ναζιραῖος Ri 13,5); aber Jesus wird im Neuen Testament nicht als Nasiäer geschildert, sondern gilt beim Volk als ein „Fresser und Weinsäufer" (Mt 11,19). Häufiger ist die Ableitung vom aramäischen Verbum *nĕṣar* = *bewahren* und in Verbindung damit der Hinweis auf die judenchristlichen und mandäischen „*Nazoräer*" = *Observanten* (der Tora?). Aber im

Aufgrund unserer Analyse von Joh 1,46–49 bestätigt sich die schon früher
hier und da geäußerte Vermutung, Matthäus habe vor allem an Jes 11,1
und den dort geweissagten *nēṣer* gedacht; aus Jesajas Wort sei zu entnehmen, der messianische Davidssproß werde aus Nazareth kommen und
„Nazoraios" heißen. Auch der von | *Markus* gegebene kurze Bericht von
Jesu Synagogenpredigt in Nazareth (Mk 6,1–6) setzt als Hintergrund Jes
11 und das Wortspiel zwischen messianischem *nēṣer* und dem Mann aus
Nazareth voraus. Die Hörer Jesu sind über seine Weisheit und Machttaten
erstaunt und fragen sich, woher er solche Gaben erhalten habe (Mk 6,2
vgl. Jes 11,2). Aber sie nehmen Anstoß an ihm, gerade weil sie ihn und
seine Familie kennen (Mk 6,3). Es bleibt ihnen eben verborgen, daß in Jes
11,1 der Messias *nēṣer* genannt wird und darum aus Nazareth kommen
kann.

Auch hier zeigt die *rabbinische Überlieferung*, daß eine solche Deutung
der Schrift durchaus nicht ungebräuchlich war. Im *Targum* zu Jes 11,1
wird der Begriff *nēṣer* einfach durch *mĕšiḥā'* = *Messias* ersetzt und das vom
Propheten gebrauchte Bild in die Sache übertragen: Der Messias wird aus
den Kindeskindern Isais hervorwachsen[30]. Vor allem aber hat *R. Aqiba*
durch ein Wortspiel seiner Überzeugung Ausdruck verliehen, eine wichtige Messiasweissagung gehe mit einer zeitgenössischen Gestalt in Erfüllung. Er begrüßte nämlich Bar Kōsibā, den Mann aus dem Dorf Kōsibā,
als Bar Kokhbā', d. h. als den Sternensohn, der nach Num 24,17 aufstehen wird, um Edom (= Rom) zu besiegen. Wie in Mt 2,23 wird der
Herkunftsort, der an sich unmessianisch und schriftwidrig ist, mit der
messianischen Weissagung verbunden[31], was zu einem neuen, messias-
haltigen, Namen führt. Schließlich wird in einem Stück *antichristlicher
Polemik der Rabbinen* das Wortspiel mit *nēṣer* bestätigt. In einer Baraitha
b Sanh 43a wird im Anschluß an den Bericht von der Hinrichtung Jesu
auch die Tötung seiner fünf Jünger Matthai, Naqai, Nēṣer, Buni und
Todah erzählt. Sie sollen sich unter Berufung auf die Schrift verteidigt
haben, wobei sie jeweils den eigenen Namen als Hinweis auf ein günsti-
ges Orakel verstanden; bei jedem wurde dieser Schriftbeweis durch einen
analog dazu gebildeten Beweis mit negativem Ergebnis abgelehnt. Der

---

Westaramäischen müßte *nēṣar* = *bewahren* ein *nēṭar* sein. Für Mt 2,23 kommt nur eine
spekulative, auf der Schrift aufgebaute, Bedeutung der Bezeichnung „Nazoraios" in
Frage. B. Gärtner erklärt Nazoraios von einem hebr. part. pass. *nāṣūr* und verweist auf
die Stellen Jes 42,6 und 49,6: Christus bzw. die Christen sind die von Gott „Bewahrten",
der heilige Rest (Die rätselhaften Termini Nazoräer und Iskarioth, Horae Soederblomia-
nae IV, 1957, S. 5–36). Ch. Rabin denkt an den semitischen Stamm *nṣr* (syr. *nēṣar*) mit
der Bedeutung *zwitschern, murmeln*; für Mt 2,23 aber zieht er den in CA 1,7 erwähnten
Vers Jes 60,21 in Betracht ((*Nōṣĕrîm*, in: Textus , 1966, S. 44–52). Aber der *nēṣer* dieses
Verses läßt sich nicht auf den Messias beziehen.

[30] *jitrabbē'*. Vgl. dazu Joh 3,30 von Jesus: ἐκεῖνον δεῖ αὐξάνειν.

[31] j Taanith 68d. Nach Ekha r. zu 2,2 wird das Verfahren der Änderung des Namens Bar
Kosiba in Bar Kokhba mit der haggadischen Methode *'al tiqrē'* gerechtfertigt.

Jünger Nēṣer soll sich mit dem Hinweis auf Jes 11,1 verteidigt haben: „Soll Nēṣer getötet werden? Steht nicht geschrieben: ‚Nēṣer wird aus seinen Wurzeln Frucht bringen?'" Aber er wurde durch Jes 14,19 widerlegt: „Du aber wirst hingeworfen werden fern von deinem Grabe wie ein verachtetet Schoß (nēṣer)."

Die Polemik, die in dieser Baraitha gegen die Jünger Jesu gerichtet wird, dürfte in einem früheren Stadium der Überlieferung *Jesus selbst* und speziell der christlichen Darstellung seiner Herkunft und seines Todes gegolten haben, so wie das auch in dem unmittelbar davor stehenden Text geschieht. Erst sekundär hat man diesen Schriftbeweis auf die Jünger Jesu, die ersten Nazoräer, übertragen und dabei spielerisch ausgebaut; der frühere Kern mag vom *nēṣer* und Nazoräer Jesus gehandelt und seriöser gelautet haben. So gesehen, wäre diese Baraitha ein Zeugnis davon, wie man auf jüdischer Seite den christologischen Schriftbeweis der Alten Kirche zu widerlegen suchte. Dieser Schriftbeweis war teilweise im Geist und mit den Methoden des jüdischen Midrasch ausgeführt worden; man braucht sich deshalb nicht zu wundern, wenn man ihm mit ähnlichen Mitteln entgegentrat.

Schlußbemerkung

In einem jüngst erschienenen Aufsatz „Wunder und Christologie"[32] hat *J. Becker* die These R. Bultmanns, Johannes habe bei der Abfassung seines Evangeliums u. a. auch eine „Semeiaquelle" benützt, zu verteidigen und die theologische Eigenart dieser Quelle herauszustellen versucht. Nach der Analyse Bultmanns und Beckers ist zu dieser Quelle außer den johanneischen Wundergeschichten und wenigen anderen Stücken auch die Perikope von der Berufung der Jünger 1,33ff zu rechnen und damit die von uns behandelte Begegnung zwischen Jesus und Nathanael. J. Becker hat von Bultmanns Johanneskommentar auch den „Theios | Aner" übernommen und ihn für die Semeiaquelle absolut gesetzt: Die religionsgeschichtlichen Voraussetzungen dieser Quelle seien „einzig und allein zutreffend" mit dieser Vorstellung des Hellenismus zu erklären (S. 141), ihr Verfasser folge „inbezug auf die Gattung der Wundererzählungen den Aretalogien der hellenistischen Wundertäter" (S. 137) und biete eine Epiphanienchristologie nach dem Modell des Theios Aner (S. 137–141): „Es ist in der Tat nicht mehr viel, was den Jesus der Semeiaquelle von diesen Wundermännern der Antike trennt: Sein Name Jesus, seine jüdische Herkunft, seine Ankündigung durch die Propheten des Alten Testaments und daß er als Christus Sohn Gottes ist, wären zu nennen. Das ist wenig genug!" (S. 141). Dieses Fazit wird auch in die

---

[32] NTS 16, 1970, S. 103–148.

Frage gefaßt: „Soll das der sein, von dem Mose und die Propheten geschrieben haben? (1,45)" (S. 141).

Das *Beispiel des Nathanael* hätte J. Becker darauf aufmerksam machen können, daß auf skeptische Fragen gelegentlich eine recht positive Antwort gegeben werden muß. Man müßte dann allerdings wie Nathanael dazu bereit sein, „zu kommen und zu sehen", „zu suchen und zu finden". Das bedeutet, daß man sich zu allererst gründlich mit den vom Text gestellten Einzelfragen befassen sollte, anstatt sich von allgemeinen Eindrücken und allerlei Vorurteilen[33] leiten zu lassen und stets nur bei anderen „über das Maß des Erträglichen" hinausgehende Hypothesen zu entdecken (S. 141). Dann könnte es sich zeigen, daß man auch die johanneischen Wundergeschichten mit gutem Erfolg vom Hintergrund des Alten Testaments und der jüdischen Exegese her erklären kann, während man auf den – bisher noch nirgends gründlich durchgeführten! – Vergleich mit den hellenistischen Aretalogien auch weiterhin wird verzichten können.

---

[33] So meint J. Becker z. B.: „Der Titel ,Sohn Gottes' . . . wird zumindest schon in neutestamentlicher Zeit mit dem Vorstellungskreis der vielschichtigen Gestalt des Theios Aner verbunden gewesen sein. Das dürfte seit G. P. Wetter als bewiesen gelten." Aber schon im Hellenismus ist die Verbindung von Theios Aner und Gottessohn nur zufällig: „θεῖος ἀνήρ ist mindestens in vorchristlicher Zeit kein feststehender Begriff. . . Daß solche θεῖοι auch nur in der Regel Göttersöhne seien, läßt sich aus dem Material nicht entnehmen" (W. von Martitz, Art. υἱός ThW VIII, S. 339).

21. Das Problem des Wunders bei Flavius Josephus im Vergleich zum Wunderproblem bei den Rabbinen und im Johannesevangelium

1. Das Problem des Wunders bei den Rabbinen

Den Rabbinen lag daran, das Wunder gegen den *Verdacht von Magie und Zauberei* zu schützen; das hat E. E. Urbach in seiner jüngst erschienenen Theologie der Weisen deutlich gezeigt[2]. Auch bei der Exegese der biblischen Wunder hat man dieses Anliegen entdeckt. So wird der doppelte Ruf 'anneni, mit dem Elia auf dem Karmel ein die Wahrheit und Wirklichkeit Gottes beweisendes Wunder erbat (1 Kön 18,37), vom Amoräer Abbahu so ausgelegt: „Erhöre mich, daß Feuer vom Himmel falle; erhöre mich, daß man nicht sage, das sei ein Werk der Zauberei!"[3] Die Zauberei wurde ja in allen Bevölkerungsschichten der hellenistisch-römischen Welt anerkannt und praktiziert, vor allem in den Zentren der jüdischen Diaspora, Alexandrien und Babylonien; wie besonders das Sefer Ha-Razim[4] zeigt, blieben auch die Juden davon nicht unberührt. Selbst in Palästina kämpfte man mit der Zauberei: Schimon ben Schetach soll achtzig Zauberinnen gehängt haben[5]; R. Eliezer rühmte sich, dreitausend Lehren über das „Gurkenpflanzen", die Zauberei, zu besitzen[6]; von Schimon ben Jochai wurde erzählt, er habe die Stadt Tiberias gereinigt, indem er die dort begrabenen Toten durch ausgestreute Bohnenstücke wieder heraufkommen ließ[7]. Freilich tritt in diesen Berichten auch die Kritik an solchem Handeln deutlich hervor[8]. Bedenklich erschien Schimon ben Schetach die Art, mit der Choni der Kreiszieher Gott um Regen bat[9], und

---

[1] Literatur: G. Delling, Josephus und das Wunderbare, NovTest 2 (1958), S. 291–308, jetzt in: Studien zum Neuen Testament und zum hellenistischen Judentum, Göttingen 1970, S. 130–145. G. MacRae, Miracles in the Antiquities of Josephus, in: C. F. D. Moule (ed.), Miracles, London ²1966, S. 129–147; K. H. Rengstorf, Art. σημεῖον, ThWNT VII, S. 199ff.

[2] E.E. Urbach, Ḥaza"l (Die Weisen, Jerusalem ²1971). Das 6. Kap. (S. 82–102) trägt die Überschrift „Zauberei und Wunder".

[3] Ber 6 b, dort von R. Huna im Namen R. Chelbos überliefert, vgl. aber ib. 9 b und Urbach S. 86.

[4] Ed. M. Margalioth, Jerusalem 1966.

[5] Vgl. m Sanh 6,4 mit j Chag 2,2 77d; j Sanh 6,9 23c.

[6] Freilich habe nur R. Akiba nach ihnen gefragt (b Sanh 68a).

[7] Qoh r 10,8 zu 9,1; vgl. Ber r 79,6 zu 33,18.

[8] Rabbi Eliezer war in den Bann getan worden, und auch gegen Schimon ben Jochais Reinigung richtete sich der Spott (a.a.O.).

[9] m Taan 3,8 und besonders b Taan 23 a: „Wärest du nicht Choni, so hätte ich dich in den Bann getan; würde nicht der Name Gottes entweiht worden sein, selbst wenn es Jahre gleich den Jahren Elias wären, als der Schlüssel für den Regen in der Hand Elias war!"

der charismatische Wundertäter Chanina ben Dosa war zwar beim Volk
angesehen, jedoch den rabbinischen Meistern der Lehre etwas suspekt[10].
Die Verwerfung Jesu im Talmud wird mit dem fest geprägten Urteil begründet: Er betrieb Zauberei und verführte Israel zum Abfall[11]. Jesu Wunder erschienen als Zauberei.

Wie konnte man das echte, durch Gottes Kraft gewirkte Wunder vom
„Werk der Zauberei" unterscheiden? Einen ersten Hinweis bot die *selbstlose Haltung des Wundertäters*, die Tatsache, daß er auf Ruhm und Ehre
verzichtete: Das Gelingen des Wunders sollte keinesfalls sein Verdienst
sein, und erst recht nicht wollte er daran verdienen. So wurde von Chanina
ben Dosa erzählt, er sei beschämend arm gewesen und dazu auch bescheiden (b Taan 24b–25a); die Vermutung, er sei ein Prophet oder eines
Propheten Schüler, wies er weit von sich (b Ber 34b), desgleichen auch sein
Enkel Abba Chilkia (ib. 23a b)[12]. Es stand bei Gott, ob die Heilung eines
Kranken durch Gebet gelang oder nicht (b Ber 34b). Wurde ein Wunder
provoziert, als dringlich von Gott erfleht, so konnte der Wundertäter feier-
lich und formelhaft erklären, es solle nicht der eigenen Ehre oder der des
Vaterhauses dienen, sondern nur der Ehre Gottes[13]. Man hat sich dabei am
Vorbild alttestamentlicher Propheten orientiert: Amos wollte kein Pro-
phet sein (7,14), und Elia hatte die Bitte um das Gotteswunder auf dem
Karmel damit begründet: „. . . damit das Volk erkenne, daß Du Israels
Gott bist!" (1 Kön 8,36f). Solche *Anlehnung an das Handeln biblischer
Gottesmänner* wurde wohl als weiteres Merkmal des echten Wundertäters
gewertet; es tritt auch sonst in rabbinischen Wundergeschichten hervor.
Dabei ist die *Eliatradition* bevorzugt: Der Kreis, den der Regenspender
Choni zu ziehen pflegte, hat sein Vorbild in dem Kreis, mit dem Elia auf
dem Karmel um Regen bat[14], die zwölf Wasserstellen, die Nakdimon ben
Gorion von einem heidnischen Hegemon erbat, erinnern an die zwölf Was-
sergüsse, die Elia in die Grube auf dem Karmel schütten ließ[15]. Das Gebet, das Chanina für den kranken Sohn des Rabban Gamliel im Obergemach verrichtete (b Ber 34b), mag an Elias Beten im Obergemach der
Witwe von Zarpath orientiert sein (1 Kön 17,19f); auffallend ist die Ge-
betshaltung, bei der Chanina wie Elia auf dem Karmel seinen Kopf zwischen den Knien barg (b Ber 34b; 1 Kön 18,42).

---

[10] G. Vermès, Chanina ben Dosa, JJSt 23 (1972), S. 28–50.
[11] b Sanh 43 a (Bar), vgl. b·Sanh 107 b, dazu Justin Dial.69: Er war ein μάγος und
λαοπλάνης, anders Lk 23,2.
[12] Zur Vermutung, Chanina ben Dosa könne ein Essener gewesen sein, vgl. A. Büchler,
Types of Jewish-Palestinian Piety, New York 1968, 101f.
[13] Nakdimon ben Gorion (b Taan 19b), vgl. Rabban Gamliel (b Bab Mez 59b).
[14] m Taan 3,8. In der Parallelerzählung b Taan 23a wird zusätzlich an die dreijährige
Dürreperiode unter Elia erinnert; vgl. S. 1 Anm. 9.
[15] b Taan 19b; 3mal 4 Eimer = 1 Kön 18,31. Josephus hat diese Symbolik der Zahl
Zwölf (entsprechend der Zahl der Stämme) nicht mehr erkannt (Ant 8,341).

2. Das Problem des Wunders bei Josephus

a) Das Wunder als geschichtlicher Machterweis Gottes

Bei Josephus, der an manchen Stellen die das Wunder ausschmückende Haggada der Rabbinen verwertet[16], geht es _nicht so sehr um die Abgrenzung des Wunders von der Zauberei_. An diesem Punkt ist er weniger ängstlich. So erzählt er Ant 8,46—49 voll Stolz, wie der Jude Eleazar vor Vespasian durch die magische Kraft eines Rings und durch allerlei Zaubersprüche demonstrativ einen Dämon austrieb; diese Kunst wird auf Salomo zurückgeführt. Bei der nur im Bellum berichteten Heilung der Quelle von Jericho fügt Josephus zur biblischen Darstellung eine Reihe von kultischmagischen Handlungen hinzu, wodurch das Wunder gesteigert wird und in die Nähe einer Zauberhandlung gerät (Bell 4,459—464)[17]. Auch bei der Wiedergabe der Karmelgeschichte 1 Kön 18 setzt Josephus den Akzent anders als die Rabbinen. Das Gebet Elias wird verkürzt und in indirekter Rede gegeben: Der Zauberei wird nicht gedacht, vielmehr soll Gott dem lange Zeit im Irrtum befangenen Volk Seine Macht offenbar werden lassen (Ant 8,342). Dementsprechend ist auch das Echo Israels auf dieses Wunder gestaltet: Josephus steigert den biblischen Akklamationsruf zur Anbetung des einen, größten und allein wahren Gottes und ergänzt diesen Akt durch eine Abrogation der Götzen, die bloße Namen seien, von einer schlechten und sinnlosen Meinung erzeugt (Ant 8,343). Solche Auslegung verrät zwar ein ähnliches existentielles Interesse wie bei den Rabbinern: In einer von Heiden beherrschten Welt gilt es, die Wirklichkeit des wahren Gottes zu sehen[18]. Aber bei Josephus ist es vor allem das _Feld der Geschichte_, auf dem sich das Wunder bewährt; die meisten der in kleineren Kreisen spielenden Elisawunder läßt er einfach aus. Wie am Karmel, so offenbarte Gott am Schilfmeer Seine Macht (τὴν σὴν ἐμφάνισον ἡμῖν δύναμιν Ant 2,336, vgl. 2,332 ἰσχύν); dieses Ereignis war eine Epiphanie[19] Gottes (ἐπιφάνεια τοῦ θεοῦ, 2,339; vgl. 8,119; 9,60; 18,286). Das Wunder ist formal ein paradoxes, d.h. den menschlichen Verstehenshorizont übersteigendes, Geschehen (Ant 3,30; 8,327; 9,60); inhaltlich offenbart es den einen Gott als größten und wahren (Ant 8,343; 10,263); es ist Sein Werk (ἔργον), auch wenn es durch einen menschlichen Mittler vollzogen wird (Ant 2,331.302; 3,85)[20]. Gott kann die Hügel in Ebenen und das Meer in

---

[16] So etwa bei den Legenden von der Geburt Moses (Ant 2,205—223), aber auch Ant 3,11; 8,408; 9,47f.; 10,27 (MacRae S. 133).

[17] Vgl. auch die Darstellung des Wunders von Mara Ant 3,6f.

[18] Vgl. die Rede des Zambri, der nach Ant 4,149 gegen die Tyrannei des Monotheismus und für den beim Götzendienst möglichen Pluralismus plädiert.

[19] Zur Bedeutung von ἐπιφάνεια bei Josephus (= das Sichtbarwerden des göttlichen Wirkens) vgl. G. Delling S. 144. Der Begriff δόξα im Johannesevangelium ist das jüdische Gegenstück.

[20] Vgl. dazu MacRae S. 136.

Land verwandeln (Ant 2,333), aber Seine Schöpfermacht wird im Raum
der Geschichte epiphan. Er macht die Kleinen groß und entmachtet die
Tyrannen mit ihren großen Heeren (Ant 2,333.344; vgl. 10,21); das Wun-
der ist das Mittel des Retters, der Heil schafft, wo alle Hoffnung am Ende
ist (Ant 2,223.332.342-45). Die Reaktion der Menschen auf das Wunder
Gottes ist nicht etwa der Glaube, sondern der Lobpreis, die Akklamation.
Josephus hat Ex 14,31 übergangen, wonach Israel nach der Rettung am
Schilfmeer an Gott und an Mose glaubte; statt dessen berichtete er vom
Loblied, das Mose in Hexametern abgefaßt hatte (Ant 3,346). Außer der
geschichtsentscheidenden Macht Gottes wird dessen Voraussicht durch das
Wunder offenbar: Neben der δύναμις steht die πρόνοια (Ant 2,286), die
Josephus gegen den Zweifel der Epikuräer verteidigt (Ant 10,277—80). So
läßt das Wunder die göttliche Lenkung und damit den *Sinn der Geschichte*
aufleuchten, wobei gleichzeitig die Grenze des menschlichen Wollens und
Begreifens sichtbar wird (Ant 2,222f.331; 8,409.418—20). Als der Herr
der Geschichte verfügt Gott über die Zukunft; hilfreich ist aber auch der
Blick in die Vergangenheit. Darum faßt Mose in einer Rede am Sinai die
wunderbaren Taten Gottes für Israel wie in einer Rezitation der sideqôt J.
zusammen; er erwähnt dabei die Verwandlung des Nilwassers in Blut, den
wunderbaren Weg Israels durch das Schilfmeer, die Speisung vom Himmel
her und das Wasser aus dem Felsen (Ant 3,86f).

Mit dieser theologischen Hochschätzung des Wunders verträgt sich scheinbar nur schlecht die *rationalisierende Abschwächung und innere Distanzierung*, die Josephus auch gegenüber den biblischen Wundern hie und da
erkennen läßt. So läßt er die vermittelnden, helfenden oder auch strafenden Engel des öfteren weg[21], das Wunder von Wachteln und Manna wird
vernünftelnd erklärt (Ant 3,25—32), ebenso die Wüstenwanderung Elias
und seine Himmelfahrt (Ant 8,349; 9,28). Eine deutliche Distanz gegenüber dem Wunder zeigt sich Ant 2,34f; 3,81f; manchmal setzt sich Josephus mit dem Hinweis auf die Autorität der Heiligen Schrift über die
eigene und beim Leser erwartete Skepsis hinweg[22]. Aber er verfährt dabei
auch inkonsequent. Während er in den Antiquitates fast die ganze Reihe
der Elisawunder ausläßt, hat er im Bellum die Heilung der Quelle bei
Jericho ausgemalt und gesteigert (4,459—64), und der Wegfall des Engels
in der Löwengrube wird dadurch wettgemacht, daß der König die Bestien
füttern läßt, ehe sie Daniels Gegner verschlingen (Ant 10, 261f). Anstößige
Details werden kritisiert oder entfernt, aber die Bedeutung des Wunders
bleibt. Das gilt auch da, wo Josephus meint, Mose habe selbst über seinen

---

[21] Es fehlt Ant 9,20 der zwischen Gott und Prophet vermittelnde Engel, Ant 8,349
der Elia helfende Engel (1 Kön 19,5), ebenso der Engel in der Löwengrube Ant 10,259
und der Strafengel im Lager Sanheribs. Vgl. dazu A. Schlatter, Die Theologie des
Judentums nach dem Bericht des Josefus (BzFchTh 2. Reihe Bd. 26, 1932, S. 55ff).
[22] Ant 9,46 (Elisa); 9,208.214 (Jona); 10,218.251 (Daniel); vgl. MacRae S. 138.

Tod geschrieben, damit man nicht behaupte, er sei wegen seiner überragenden Tugenden zu Gott entrückt worden (Ant 4,326). Dennoch wird die Entrückung angedeutet: Eine Wolke ließ sich auf Mose herab und er wurde unsichtbar (ib.)[23].

b) Das Wunder als Zeichen (σημεῖον) des Gottesboten

Die gelegentliche Wunderkritik des Josephus ist nicht das eigentliche Problem. Mit ihr wird ein Zugeständnis an die hellenistische Historiographie gemacht[24], durch das Josephus eher das Gegenteil erreicht: Das dennoch berichtete Wunder muß für den Leser umso glaubwürdiger sein. Im Vergleich zum Wirken des rabbinischen Charismatikers fällt die *geschichtliche Funktion* von Wunder und Wundertäter bei Josephus besonders auf. Das zeigt die Darstellung des Onias=Choni (Ant 14,22—24). Josephus bestätigt insofern die rabbinische Tradition, als er Onias als einen Nothelfer vorstellt, der in der Zeit der Dürre durch sein Gebet Regen erwirkt hatte[25]. Aber er läßt ihn in einem kritischen Augenblick der Geschichte Israels auftreten, nämlich im Bruderkrieg der Hasmonäer Hyrkan II und Aristobul II (65 v. Chr.). Dabei wurde Onias von den Anhängern Hyrkans dazu gedrängt, die im Tempelgelände sich verteidigende Schar Aristobuls feierlich zu verfluchen. Als er es ablehnte, gegen die eigenen Landsleute und Priester Gottes so vorzugehen, wurde er von den empörten Juden gesteinigt. Sicherlich hat Onias sich deshalb geweigert, weil er nicht die Rolle eines Bileam übernehmen wollte, den sein König zur Verfluchung Israels gezwungen hatte. Umgekehrt hielten ihn wohl seine Exekutoren für einen falschen, das Volk verführenden Propheten, der nach Dtn 13,1—6 die Strafe der Steinigung verdient hat. Erst die folgende Katastrophe stellte nach Josephus die Unschuld des Gerechten und Gotteslieblings heraus[26]. Hier wird das Josephus eigentlich bedrängende Problem des Wunders sichtbar, sofern dieses nun nicht mehr als Werk Gottes unmittelbar, unwiderstehlich, epiphanieartig in die Geschichte einbricht, sondern von einem Menschen vollzogen wird, dessen Autorität angezweifelt werden kann. Die Frage nach der *Wahrheit* bricht auf: Wie kann man wissen, ob man es mit

---

[23] Das ist die Terminologie der Entrückung, vgl. G. Friedrich, Lk 9,51 und die Entrückungschristologie des Lukas, in: Orientierung an Jesus (Festgabe für J. Schmid) S. 53.

[24] Vor allem mit der Wendung: „Ein jeder möge urteilen, wie ihm beliebt", vgl. dazu Dionys von Halicarnaß 1,48.14; 2,40.3; 2,74.5 und Plinius HistNat 9,18 (MacRae S. 141).

[25] Vgl. später das Regenwunder Ant 18,285, das von Gott gesandt wurde, um dem Heiden Petronius die Richtigkeit seines Entschlusses zu bestätigen.

[26] 14,22: δίκαιος καὶ θεοφιλής; das letztere Prädikat könnte eine hellenisierende Umschreibung der bei den Rabbinen berichteten Tatsache sein, daß Gott den Choni gewähren ließ wie ein Vater seinen geliebten Sohn (Taan 3,8, vgl. b Ber 34b). Auch Nakdimon ben Gorion gehört zu den Lieblingen ('ahubim) Gottes (b Taan 19b).

einem Boten Gottes und echten Propheten zu tun hat, der seinem Volk in
einer geschichtlichen Not helfen will, oder aber mit einem Verführer, der
ja auch das Mittel des Wunders besitzt? (Dtn 13,2). Es ist dies nicht die
vom hellenistischen Synkretismus aufgedrängte Problematik ‚Wunder —
Zauberei‘, sondern die im Alten Testament gestellte und in der Spätzeit des
Zweiten Tempels wieder aktuell gewordene Frage nach den Kriterien
wahrer Prophetie. Der Gottesbote bedarf der Legitimation, die ihm ein
Wunder liefern kann. Aber dieses legitimierende Wunder ist nach Josephus
nicht die alle überzeugende Machttat und Epiphanie, sondern das *Zeichen*
(σημεῖον[27]), *das beglaubigen*, den Glauben an die Sendung des Wundertäters erwecken soll (Ant 2,280.283f; 9,23; 10,28), ein Zeichen, dem auch
widersprochen werden kann. Die Berufung und das erste Auftreten des
Mose zeigen am besten, was Josephus unter einem Semeion versteht. Gott
versprach Mose beim feurigen Busch, er solle getrost sein und wissen,
Seine allmächtige Hilfe werde stets bei ihm sein; Mose werde Zeichen
(σημεῖα) anwenden, die ihm bei allen Menschen Glauben verschafften,
,,daß Du von Mir gesandt bist und alles Meinen Befehlen entsprechend
ausführst" (Ant 2,274)[28]. Das σημεῖον bezeichnet demnach den von Gott
gesandten Propheten und Befreier des Volkes. Es ist als solches noch nicht
notwendend wie das Wunder der Epiphanie, sondern Hinweis auf das von
Gott beabsichtigte, noch bevorstehende Heil. Das Zeichen wird zwar gesehen — im Einklang mit dem griechischen Begriff σημεῖον und dem hebräischen ʾōt[29] — aber es muß *geglaubt* werden, weil die von ihm gewiesene
Sache erst in Zukunft voll bestätigt wird. Das Zeichen wird in der Regel
auch *nicht erbeten*, wie das die Not wendende Wunder[30], sondern befehls-
gemäß vorgeführt und auch den Unwilligen, wie etwa dem Pharao, aufge-
drängt. Es wirkt jedoch auch geschichtlich insofern, als es eine *Scheidung*
bei den Zeugen hervorruft, die das σημεῖον in Glaubende und Ungläubige
gruppiert und so für Heil oder Unheil vorherbestimmt. Bei den Landsleuten Moses wirkte zwar die bloße Erzählung Moses von den σημεῖα am
Dornbusch nicht überzeugend, umso mehr aber die Schau (Ant 2,280),
nicht dagegen beim Pharao, der mit der Ablehnung des Zeichens gleichsam
sich selbst richtete, d.h. das über ihn gefällte Verdammungsurteil Gottes
offenbarte. In Ant 2,284—7 schildert Josephus, wie Mose erstmals vor
dem Pharao erscheint und ihm vom Auftrag Gottes und den ihm zur
Verfügung stehenden Semeia erzählt; der biblische Bericht ist erheblich

---

[27] G. Delling meint S. 143, daß ἐπιφάνεια gelegentlich zu einem Wechselwort für
σημεῖον werden könne. Das ist nicht richtig; in der von ihm angegebenen Stelle Ant
8,119 steht bezeichnenderweise δήλωσις, nicht σημεῖον.
[28] πρὸς τὸ πιστεύεσθαι παρὰ πᾶσιν. . . ʿότι πεμφθεὶς ὑπʾἐμοῦ.
[29] Rengstorf S. 209f.
[30] Eine Ausnahme bildet Ant 10,28: Der todkranke König Hiskia erbittet von Jesaja
ein Zeichen, damit er an ihn glauben könne ,,als an einen, der von Gott kommt". Das
Gekommen-Sein ist an dieser Stelle identisch mit dem Gesandt-Sein.

ausgebaut (vgl. Ex 7,8—13). Der Pharao mißtraut ihm von vornherein; er bezeichnet Mose als einen schlechten Kerl und Betrüger, der ihn durch Wunderkünste und magische Praktiken zu erschüttern suche (2,284). Er zweifelt nicht an Moses Befähigung zur Magie, zumal er selbst Weise besitzt — Josephus nennt sie auch Priester —, die solche Kunst beherrschen. Aber er bestreitet dem Mose a priori die Möglichkeit, seine wunderbaren Zeichen als göttliche erweisen zu können (Ant 2,285). Mose behauptet aber, seine eigenen Handlungen seien so viel stärker als Magie und Kunst, wie sich das Göttliche vom Menschlichen unterschiede. Er werde zeigen, daß seine Werke nicht nach Art des Betrugs und der Irreführung (κατὰ γοητείαν καὶ πλάνην) der wahren Meinung sich offenbaren, sondern nach der Voraussicht und Macht Gottes (Ant 2,286)[31]. Hier haben wir eine Definition des echten σημεῖον: Es partizipiert an Gottes Macht und an Seinem die Geschichte lenkenden Plan[32], weil es in Gottes Auftrag geschieht. Freilich wird hier eine bloß quantitative Differenz in eine qualitativen Unterschied umgesetzt, und man mag fragen: Wie kann das bloß stärkere, aber der Magie analoge Mittel kennzeichnend für das ganz Andere, Göttliche sein? Abgesehen davon, daß Josephus durch die biblische Vorlage gebunden war, ist dieses Mose in den Mund gelegte Argument deshalb gültig, weil das Zeichen Moses vom *Geschichtsverlauf in seiner Wahrheit bestätigt* wurde: Der ungläubige Pharao verfiel der Strafe (Ant 2,302 f). Das Zeichen wird durch die von ihm angezeigte Zukunft verifiziert. Der Unglaube ist Verstocktheit von Anfang an, die vom σημεῖον als solche entlarvt wird; er ist von Gottes Voraussicht eingeplant.

Diese Ausgestaltung des biblischen Berichts und die angestrengte Beweisführung verraten die Problematik, aber auch die Bedeutung, die Josephus im Zeichen sieht: Es kann schicksalhaft für die Geschichte eines Volkes sein. Der Kampf Moses gegen die Magier des Pharao verwandelt sich in der Darstellung des Josephus in einen Sieg über Goeten und Verführer des Volkes[33]. Das σημεῖον hat eine geschichtliche Funktion, es gleicht darin dem *prophetischen Wort*. Nichts ist nach Josephus segensreicher als die Prophetie, durch die Gott uns wissen läßt, wogegen wir uns schützen sollen (Ant 8,418, vgl. 18,64). Das könnte ähnlich vom σημεῖον gesagt

---

[31] Κατὰ δὲ θεοῦ πρόνοιαν καὶ δύναμιν φαινόμενα. Das entspricht dem Gebrauch der Präposition κατά in Röm 1,3f.

[32] Vgl. dazu die Bedeutung des Zeichens ('ôt) in Qumran (1 Q 27,1 I, 1,5), dazu Gottes Plan (mahašabah) und Wissen (de'ah 1 QS 3,15f), die dort aber auf die endzeitlichen Entscheidungen bezogen sind. In Ant 8,232 (vgl. 1 Kön 13,1ff) ist das σημεῖον eindeutig und unwiderstehlich, weil es die für die Zukunft angedrohte Katastrophe zeichenhaft vorwegnimmt.

[33] Anders MacRae, der an einen Sieg über Magie und Zauberei denkt (S. 135f). Die Stäbe der ägyptischen Zauberer sahen aus wie Schlangen; vgl. aber 2,285: δράκοντες ἦσαν.

werden; Josephus nennt nicht zuletzt aus diesem Grunde die Werkzeuge der Befreiung und Messiasprätendenten seiner Zeit „Propheten", zumal sie sich durch ein Zeichen beglaubigen. Der Begriff σημεῖον wird von Josephus gegenüber dem biblischen Sprachgebrauch *verengt*, ausschließlich in den Dienst der Prophetie gestellt; diese Tatsache ist wichtig und nicht immer klar erkannt[34]. Es leuchtet ein, daß bei Josephus die Wunder eines Elia oder Elisa keine σημεῖα sind. Aber auch die von Gott gewirkten Wunder zur Befreiung Israels, die in der Bibel als σημεῖα bezeichnet werden (Ex 10,1f; Jer 32,20; Ps 78,43; 105,27 sind bei Josephus nicht so genannt[35]. Die ägyptischen Plagen, in LXX Ex 10,1f; 11,9f σημεῖα, werden von Josephus mit anderen Begriffen beschrieben[36].

c) Die Zeichen in der Zeit des Josephus

Die Auslegung von Ex 7,1—13 und die darin zutage tretende Bedeutung des Begriffs σημεῖον ist m. E. stark *von eigenen Erfahrungen des Josephus* mitbestimmt; sie reflektieren aktuelle Geschichte. Josephus kannte aus seiner Zeit Männer, die sich durch das Versprechen wunderbarer Zeichen als Werkzeuge der von Gott geschenkten Befreiung legitimieren wollten. Bei der Darstellung dieser zeitgenössischen Gestalten taucht der Begriff σημεῖον im Werk des Josephus wieder auf; aber er wird nun für die Versprechungen von Verführern und falschen Propheten, Wegbereitern der geschichtlichen Katastrophe Israels, gebraucht. Nach Ant 20,97f gab sich Theudas als einen Propheten aus; dabei hat er sicherlich an den in Dtn 18,15—22 verheißenen Propheten wie Mose gedacht und, wie das von ihm versprochene Zeichen der Jordanspaltung zeigt, in Josua das Vorbild eines solchen Mose-gleichen Propheten und Erlösers gesehen (vgl. Jos 3,7; 4,14—17)[37]. Josephus nennt ihn einen Verführer (γόης); er unterstellt ihm, wie auch Lukas (Act 5,36), das illegitime Ἐγώ εἰμι, dessen die Rabbinen später Bar Kochba bezichtigten (b Sanh 93b). Den gleichen Anspruch

---

[34] Bei K. H. Rengstorf, Art. σημεῖον, S. 221—223, wird nicht zwischen dem Epiphaniewunder Gottes und dem Semeion unterschieden.

[35] Rengstorf (S. 223) meint, Ant 2,274.276.280 u.a. beziehe sich σημεῖα auf die Ereignisse beim Auszug, aber es sind die Mose legitimierenden Zeichen gemeint, ebenso Ant 2,286; in 8,343 fehlt der Begriff. Nur Ant 2,327 könnte er auf die Wunder in Ägypten bezogen sein, aber das eigentliche Wunder der Befreiung, der Durchzug, steht noch bevor. Auch hier beglaubigen die σημεῖα.

[36] πληγαί Ant 2,296.305; πάθη 2,293.299 προσβολαὶ κακοῦ 2,309.300.

[37] D. Georgi hält Theudas für einen uneschatologischen Wundertäter (Die Gegner des Paulus im 2. Korintherbrief, Neukirchen 1964, S. 123). Das erscheint mir ganz unwahrscheinlich, zumal in Act 5,36 die Bewegung des Theudas richtig mit der Sache Jesu auf eine Ebene gestellt wird. Freilich erwähnt Josephus bei der Schilderung des Theudas den Begriff σημεῖον nicht, ebensowenig wie beim Ägypter. Dieser Begriff erscheint bei den spätjüdischen Propheten lediglich da, wo das bloße Faktum versprochener Zeichen erwähnt wird, aber deren inhaltliche Beschreibung fehlt. Sachlich sind aber Jordanspaltung und Mauereinsturz Zeichen der kommenden Erlösung.

wie Theudas erhob der aus Ägypten kommende Jude, der die Mauern Jerusalems durch sein Befehlswort zum Einsturz bringen und damit ein bestätigendes Zeichen geben wollte (Ant 20,169f); Josephus heißt ihn einen Betrüger und falschen Propheten (Bell 2,261). Kurz vor dem Ausbruch des Jüdischen Krieges traten Männer auf, die unter dem Vorwand göttlicher Eingebung Unruhe und Aufstände verursachten, die Volksmenge in dämonische Begeisterung versetzten und in die Wüste führten; dabei versprachen sie, Gott werde dort σημεῖα τῆς ἐλευθερίας zeigen, d.h. Zeichen, die die nahe Erlösung ankündigten (Bell 2,259, vgl. Ant 2,327). Josephus nennt diese Männer „Verführer und Betrüger". In der Parallelstelle Ant 20,167 spricht er auch von „Goeten", die in der Wüste „Wunder und Zeichen" zeigen wollten, die „nach Gottes Vorsehung" geschehen (Ant 20,168); auch hier will man Gottes Geschichtsplan bestätigen und durch Zeichen der Mosezeit die Erlösung Israels anzeigen (vgl. Lk 21,28). Kurz vor der endgültigen Erstürmung Jerusalems kündigte ein „falscher Prophet" „die Zeichen der Rettung" an (Bell 6,285) und lockte dadurch viele verzweifelt glaubende Juden in den Tempel. Noch im Jahre 73 n. Chr. führte ein Weber Jonathan die Juden der Cyrenaika in die Wüste, um ihnen dort „Zeichen und Erscheinungen" zu zeigen; auch sein Unternehmen erwies sich als Schwindel (Bell 7,437—442). Diese Darstellung des Josephus zeigt, daß die spätjüdischen Propheten *in den Schranken der Schrift* liefen und die klassischen Wunder von Exodus und Landnahme als σημεῖα versprachen. Was einst als rettendes Werk Gottes geschah, wird am Ende der Zeit zum analogen Zeichen der Befreiung, das gleichzeitig den „Propheten" als letzten Erlöser ausweist. Das „Zeichen" bringt auch jetzt nicht die Verwirklichung des Heils, sondern kündigt es an: Eine Spaltung des Jordan bedeutet ja nicht die Befreiung von Rom in dem Sinne, wie es der Weg durch das Schilfmeer Israels Rettung war.

Nach Josephus haben Goeten und falsche Propheten solche „Zeichen" versprochen (vgl. auch Mt 24,11.24). Umso dringlicher wird die Frage nach den *Kriterien*, mit denen man *den wahren Propheten* erkennt. Eine erste Antwort gibt Josephus in der Wiedergabe der Vision Michas ben Jimla 1 Kön 22 in Ant 8,406—9. Er läßt dabei bezeichnenderweise die Aussage weg, daß Gott selbst Lügengeister den Propheten Ahabs eingegeben und diese betört hat (v. 22f). Für Josephus können Lüge und Verführung nicht von Gott ausgehen; vielmehr haben die falschen Propheten selbst durch ihr Versprechen des Sieges den König zum Krieg provoziert (Ant 8,406). Die Macht des die Geschichte lenkenden Gottes wird jedoch auch hier nicht geleugnet: Das „Schicksal" (τὸ χρεών) hat wohl bewirkt, daß die falschen Propheten eher Gehör fanden als der wahre Gottesbote; so gaben sie den Anstoß zu Ahabs Ende (Ant 8,409). Letzte Instanz für die Wahrheit eines Propheten und die Echtheit eines σημεῖον ist die Geschichte selbst; weil sie von Gottes Voraussicht gelenkt ist, wird sie zum Gericht. Für Josephus gilt Daniel als einer der größten Propheten (Ant 10,266), nicht etwa deshalb, weil er den Kampf gegen die Heiden so großartig bestand, sondern weil er von Rom als dem vierten Weltreich und von der Zerstörung Jerusalems sprach (Ant 10,276), Weissagungen, die Josephus selbst ähnlich wiederholt und deren Erfüllung er erlebt hat. Darum wird Daniel für ihn zum Kronzeugen der Lenkung der Geschichte und der Wahrheit der Prophetie, zumal er auch die Zeiten der kommenden Ereignisse angesagt hat (Ant 10,267.279—281); gerade diese Gabe hat Josephus von sich selbst gerühmt (Bell 3,406—8). Das Scheitern der spätjüdischen Propheten enthüllt sie als Verführer (vgl. Gamaliels Argument Act 5,35—39). Josephus hat den Begriff γόης, der in der klassischen Gräzität einen Zauberer bezeichnet und mit dem μάγος und φαρμακεύς oder auch σοφιστής in einem Atemzug genannt wird[38], auf die *Ebene der Geschichte* gestellt und zum Volksverführer und Pseudopropheten gemacht. Eine ähnliche Wandlung erfuhr die Bezeichnung σοφιστής: Sie meint nicht mehr den Zauberer und Wundertäter[39], sondern den politisch-religiösen Führer wie etwa den Zelotenvater Judas aus Galiläa (Bell 2,118). Schließlich erklärt sich die Tatsache, daß Josephus für die Messiasprätendenten seiner Zeit den Begriff „Propheten" verwendet, nicht zuletzt von daher, daß er ihr Auftreten und ihren Anspruch an den Kriterien von Dtn 13,1—6 und vor allem Dtn 18,15—22 mißt. Ausschlaggebend war für ihn vor allem Dtn 18,22: Wenn das, was der kommende Prophet im Namen Gottes verkündigt, nicht eintrifft und in Erfüllung geht, so ist seine Botschaft nicht Wort des Herrn und in Vermessenheit[40] gesprochen. Andererseits haben diese Männer sich selbst in erster Linie auf das Orakel Dtn 18,15—22 berufen, wo freilich nichts von einem legitimierenden σημεῖον steht. Seine eigene Prophetie hat Josephus nicht durch ein Zeichen gestützt, sondern vom Geschichtsverlauf beglaubigt gesehen.

d) Die Prophetenrolle des Josephus

Wo Heils- und Unheilspropheten einander gegenüberstehen, verdient der letztere den Vorzug (Ant 8,403-10). Das hatte Josephus aus dem Schicksal der Heilspropheten des Jüdischen Krieges gelernt, von denen er selbst als ein durch die Geschichte gerechtfertigter Unheilsprophet sich abheben will. Sein *eigener „prophetischer" Anspruch* hat m. E. auch auf die Wiedergabe der Gotteserscheinung abgefärbt, die Elia vor der Höhle des Berges Horeb erlebt hat (Ant 8,349ff). Sie ist nun nicht mehr wunderbare Epiphanie oder der Theophanie bei der Gesetzgebung vergleichbar, obwohl Josephus an diese ausdrücklich erinnert[41]. Elia hörte lediglich den Donner eines

---

[38] Liddell-Scott s.v.

[39] L. Bieler, Theios Aner, Darmstadt 1967, S. 80.

[40] MT b^ezadon; LXX sprechen von ἀσέβεια, ähnlich Targum Onkelos; vgl. dazu die Beurteilung des Webers Jonathan als πονηρότατος ἄνθρωπος Bell 7,437.

[41] Ant 8,349. Er bezeichnet als Ziel der 40tägigen Wüstenwanderung Elias den „Berg Sinai, wo Mose von Gott die Gesetze empfangen hat".

Erdbebens und sah das glänzende Strahlen eines Feuers. Als es still geworden war, gab eine „göttliche Stimme" ihm den Auftrag, Jehu von Israel
und Hasael von Damaskus als Könige zu bestimmen und Elisa zum Propheten zu machen (Ant 8,351f). Es scheint mir, daß diese Reduktion des
Epiphaniegeschehens sich aus der Bedeutung ergab, die gerade diese Geschichte für Josephus gehabt hat. Wie ich an anderer Stelle nachzuweisen
versuchte[42], hat Elias Beauftragung vor der Höhle am Horeb als Verstehenshilfe für das Erlebnis gedient, das Josephus in der Höhle von Jotapata gehabt hat (Bell 3,350—4). Er sagt darüber, Gott habe ihm damals das
Schicksal der Juden und die Zukunft des römischen Kaisers in nächtlichen
Träumen gezeigt; die zweideutigen Träume habe er mit Hilfe der Prophetensprüche in der Schrift geklärt (Bell 3,351f). Daraufhin kündigte er als
Bote großer Ereignisse dem Vespasian die Kaiserwürde an (Bell
3,399—409). Gerade die Geschichte 1 Kön 19, die ähnliche Umstände und
einen analogen Auftrag an Elia erwähnt, mag von Josephus als ein
Schlüssel und als Rechtfertigung des Entschlusses, zu Vespasian überzugehen, benützt worden sein. So ist es denkbar, daß die eigene, auf ein
inneres Erlebnis beschränkte, Berufung des Josephus zu einer Angleichung
des alttestamentlichen Vorbildes führte[43] Neben Elia war wohl Daniel maßgeblich, und zwar als Prophet, der wie Josephus selbst (Bell 3,406—8)
auch das Datum der kommenden Dinge voraussagen konnte (Ant 10,267)
und von Königen und Völkern Ehre und Ruhm empfing (ib).

Von der *Auseinandersetzung mit dem spätjüdischen Zelotismus* her ist
schließlich erklärlich, daß Josephus die Darstellung Elias an bestimmten
Punkten abschwächt. Elia ist nicht mehr der „Gottesmann", wie er von
der Witwe in Zarpath bezeichnet wird (1 Kön 17,18.24); Josephus unterschlägt diesen Titel und führt statt dessen am Anfang des ganzen Zyklus
Elia ein als „Propheten des höchsten Gottes" (Ant 8,319). Diese Auslassung spricht nicht dafür, daß Josephus in Elia einen „Theios Aner" im
Sinne des behaupteten hellenistischen Typos und Wundermanns sah[44].
Elia ist ferner *kein Eiferer* mehr. In der Wiedergabe von 1 Kön 19 fehlt der
Hinweis auf Elias eifernden Einsatz für Gott (Ant 8,352, vgl. 1 Kön
19,10); auf dem Karmel bringt nicht etwa er selbst die Baalspropheten
um, sondern das Volk (Ant 8,343, vgl. 1 Kön 18,40). Auch bei Elisa ist

---

[42] Offenbarung und Schriftforschung in der Qumransekte, Tübingen 1960, S. 106f.
Vgl. auch den Aufsatz „Die Vision des Paulus im Tempel von Jerusalem", in: Verborum Veritas (Festschrift für G. Stählin), Wuppertal 1970, S. 113ff, bes. S. 122.

[43] Vgl. Vit 208, wonach ihm eine tröstliche Weissagung durch einen Unbekannten
überbracht wurde. Dem entspricht die Reduktion der übermenschlichen Offenbarungsmittler bei der Wiedergabe alttestamentlicher Berichte; dazu Delling S. 144f.

[44] Zur Kritik an einem Typus des „Theios Aner" vgl. meine Aufsätze „The Concept of
the So-Called Divine Man in Mark's Christology", in der Festschrift für A. Wikgren
(Suppl NovTest XXXIII, Leiden 1972, S. 229—240), und „Was kann aus Nazareth
Gutes kommen? " in der Festschrift für K. Elliger, Neukirchen 1973, S. 9—16.

der religiöse Eifer gedämpft: Es wird nicht gesagt, daß Elisa die Gottlosen, die dem Schwert Jehus entrinnen, töten wird (Ant 8,352, vgl. 1 Kön
19,17); auch das Schlachten der Ochsen bei der Berufung fehlt (8,354, vgl.
1 Kön 19,21). An solchen Stellen ist das antizelotische Interesse des Josephus federführend, das auch bei der rabbinischen Exegese gelegentlich
hervortritt[45]. Schließlich wird die Messiaserwartung da unterdrückt, wo sie
mit der von Josephus behaupteten geschichtlichen Rolle Roms in Konflikt
gerät[46].

3. Das Problem der Zeichen im Johannesevangelium

a) Wunder und Zeichen im Neuen Testament

Auch im Neuen Testament begegnet man dem begrifflichen Unterschied
zwischen *Machttaten und Zeichen*. In den drei ersten Evangelien sind die
Wunder Jesu Siege über den Satan, die Gottes Macht offenbaren. Sie heißen δυνάμεις = Machttaten, ein Begriff, den Josephus nicht als terminus
technicus für die Wunder gebraucht, obwohl diese auch bei ihm die Macht
Gottes kundtun. M. E. ist der neutestamentliche Plural δυνάμεις mit den
gebu rot in Qumran, den Heilstaten in der alten Zeit und im Eschaton, zu
vergleichen[47]. Das charakteristische Wunder Jesu ist die Austreibung von
Dämonen, mit der er die Gottesherrschaft hereinbrechen sieht (Mt 12,28).
Diese Machttaten Jesu werden nun aber nicht für das Volksganze und auf
politischer Ebene wirksam, sondern betreffen einzelne Menschen: Das Heil
wird durch Heilungswunder signalisiert. Dagegen erscheint der Begriff
σημεῖον da, wo Jesus seine Sendung durch ein Wunder legitimieren soll: Die
Pharisäer fordern ein „Zeichen vom Himmel" (Mk 8,11, vgl. 1 Kor 1,22);
Jesus aber lehnt solche Zeichen ab. Die falschen Messiasse werden „Zeichen
und Wunder" tun und sogar manche der Erwählten verführen (Mk 13,22 par);
sicherlich sind wie bei den „Propheten" des Josephus Zeichen der Befreiung im Sinne der Mosezeit gemeint (vgl. den Hinweis auf die Wüste Mt

---

[45] M. Hengel, Die Zeloten, AGSU I, Leiden 1961, S. 172—175.

[46] In Ant 10,210 weigert sich Josephus, über die Bedeutung des großen Steins Auskunft zu geben, der nach Dan 2,44f das letzte der vier Weltreiche zerstören soll. Er tut
das in klarer Kenntnis der rabbinischen Exegese, die das vierte Weltreich auf Rom und
den es zerstörenden Stein auf die Herrschaft des Messias bezog; im dritten Weltreich
sah er wie die Rabbinen das Reich Alexanders des Großen (Ant 10,209). Allerdings
deutet Josephus mit dem Urteil, Daniel habe im Unterschied zu den anderen großen
Propheten Gottes auch gute Botschaft gebracht (Ant 10,268), die apokalyptisch-
rabbinische Auslegung Daniels an. Zur Deutung von Jes 38,5 in Ant 10,25 vgl.
Thackeray z.St.

[47] Vor allem 1 QM 13,8; 14,13; CD 4,28f; vgl. meinen Artikel „Macht" im Theolo-
gischen Begriffslexikon zum NT II,1, S. 922—34. Man sollte die δυνάμεις der syn.
Evangelien nicht unmittelbar zum Hellenismus in Beziehung setzen, obwohl δύναμις
(Singular!) in der hell. Literatur als Bezeichnung für das göttliche Wunder erscheint
(W. Nicol, The Semeia in the Fourth Gospel, Leiden 1972, S. 62).

24,26). Man steht demnach den Männern, die σημεῖα versprechen, auch hier mißtrauisch gegenüber. Nach Lukas wurde Jesus zwar von Gott her durch „Machttaten, Zeichen und Wunder" ausgewiesen (Act 2,22), aber der Evangelist ist wie Markus bestrebt, die Wunder Jesu gegen ein Mißverstehen im Sinne der σημεῖα zu schützen. Das zeigt schon die Komposition der Wunder: Der Sturmstillung und der Dämonenaustreibung bei Gadara, die wegen ihrer Beziehung zum Schilfmeerwunder fälschlich für „Zeichen der Freiheit" gehalten werden konnten, folgen die Heilung der blutflüssigen Frau und die Auferweckung des Töchterlein des Jairus, die in aller Stille geschehen (Mk 4,35—5,45 par); beim ebenfalls σημεῖον-verdächtigen Speisungswunder wird — im Unterschied zu Joh 6,14 — keine Reaktion der Menge erwähnt (Lk 8,22—56; 9,17).

b) Semeia-Quelle und Semeia-Kritik im Johannesevangelium?

Dagegen werden im vierten Evangelium die Wunder Jesu σημεῖα genannt. Meist schreibt man die sieben johanneischen Wundergeschichten einer außersynoptischen Vorlage zu, die als „*Semeia-Quelle*" bezeichnet wird. Übereinstimmend mit Josephus werden die johanneischen σημεῖα als legitimierende Zeichen verstanden. Sie dienen nicht der Offenbarung der Gottesherrschaft, sondern sind auf die Person Jesu konzentriert; sie sollen den Glauben an seine göttliche Sendung erwecken. Dagegen erscheint es mir problematisch, wenn man jede soteriologische Funktion dieser Zeichen bestreitet[48] oder zwischen der sogenannten „Semeia-Quelle" und dem Rest des Evangeliums einen breiten, garstigen, Graben zieht: Während die Quelle massive und stark gesteigerte Wunder biete, habe der Evangelist diese nur symbolisch verstanden (so R. Bultmann) oder aber durchweg gegen die Christologie dieser Quelle polemisiert[49]. Schließlich wird die Eigenart des johanneischen σημεῖον wenig präzis erfaßt, wenn man meint, das „bis an die Grenze des Erträglichen gesteigerte" Wunder werde als Epiphanie geschildert und komme in einer Akklamation der Zeugen zum Ziel[50]. Darf das σημεῖον mit der Epiphanie verbunden werden? Nach Josephus wird es zwar „gezeigt" und „gesehen", auch übersteigt es das menschliche Leistungsvermögen, weil es nur so den göttlichen Auftrag des Wundertäters erweist; darin liegt wohl auch die Steigerung der johanneischen σημεῖα gegenüber den synoptischen Wundern begründet. Aber es ist kein Zufall, daß der Evangelist den hellenistischen Begriff ἐπιφάνεια meidet und statt dessen von einer Offenbarung der δόξα spricht. Das σημεῖον ist bei Johannes, wie bei Josephus, auf den *Glauben* angewiesen;

---

[48] Das tut R. Fortna, From Christology to Soteriology, Interpretation XVII (1973), S. 32.
[49] J. Becker, Wunder und Christologie, NovTest 16 (1970), S. 130—148, bes. S. 147.
[50] J. Becker S. 139, Der Begriff „Epiphanie" wird bei der Exegese der neutestamentlichen Wunder zu viel und zu ungenau gebraucht.

es stellt in die Entscheidung, scheidet die Menschen, und nur wenige glauben (2,11; 4,53; vgl. 9,38). Darum findet sich eine Akklamation nur in Joh 6,14f, wo sie abgelehnt wird.

Die Mißdeutung des johanneischen σημεῖον wird nicht zuletzt durch die *hellenistische Herkunftsbestimmung* der sogenannten „Semeia-Quelle" verschuldet. Im Gefolge R. Bultmanns meint z.B. J. Becker, diese Quelle biete eine vom Typos des „Theios Aner" geprägte Christologie. Der für sie besonders bezeichnende Titel „Gottessohn" sei schon in neutestamentlicher Zeit mit dem Vorstellungskreis der vielschichtigen Gestalt des ϑεῖος ἀνήρ verbunden gewesen; das dürfe nach G. P. Wetter als bewiesen gelten. Auch der Titel „der Prophet" passe zu dieser Vorstellung (S. 140). Schließlich gehörten „alle theologischen Wesenszüge der Wundergeschichte der Quelle in diese ϑεῖος-ἀνήρ-Vorstellung des Hellenismus: Es ist in der Tat nicht mehr viel, was den Jesus der Semeiaquelle von diesen Wundermännern der Antike trennt: Sein Name Jesus, seine jüdische Herkunft, seine Ankündigung durch die Propheten des Alten Testaments und daß er als Christus Gottes Sohn ist, wären zu nennen. Das ist wenig genug" (S. 141).

Was Becker als Beweis für die Theios-Aner-Vorstellung in der Quelle beibringt, ist freilich noch weniger, und dieses Wenige ist *problematisch* genug. Es ist ja keineswegs sicher, daß schon in neutestamentlicher Zeit der Titel „Sohn Gottes" dem Typos des Theios Aner zugehöre; das hat zwar G. P. Wetter behauptet, in den Quellen fehlt dafür jeder Beleg[51]. Neu ist Beckers These, auch der Titel „der Prophet" passe zu dieser Vorstellung; den Beweis ist er schuldig geblieben[52]. Schließlich ist der Theios Aner für die Deutung der johanneischen σημεῖα keineswegs grundlegend, sondern im Gegenteil ganz entbehrlich; das hat W. Nicol in seinem besonnenen und gründlich gearbeiteten Buch „The Semeia in the Fourth Gospel" gezeigt[53]. Auch für die synoptischen Wundergeschichten trägt er nichts aus[54]. Andererseits läßt sich kaum bestreiten, daß mit „dem Propheten" Joh 6,14 der Erlöser wie Mose (Dtn 18,15–22) gemeint ist, ferner daß der johanneische „Gottessohn" aus dem gemeinchristlichen Credo stammt. Schließlich hätte schon der Begriff σημεῖον Becker davor warnen müssen, die religionsgeschichtlichen Voraussetzungen der Semeia-Quelle einzig und allein dem hellenistischen Theios Aner zuzuschreiben. Wie er selbst zugibt, kommt

---

[51] W. von Martitz, Art. υἱός, ThWNT VIII, S. 338–40.

[52] Man sollte endlich aufhören, die „über das Maß des Erträglichen hinaus hypothetische" (vgl. Becker S. 141, Anm. 5) These vom Typos des Theios Aner für das NT zu strapazieren.

[53] A.a.O. S. 84–93. Vgl. dazu auch meinen oben (Anm. 44) erwähnten Aufsatz in der Elliger-Festschrift.

[54] Nicol S. 93 und mein Aufsatz „The Concept . . . " (s. oben Anm. 44).

gerade dieser Begriff in den Aretalogien der hellenistischen Wundertäter gar nicht vor[55].

Gerade im *Gebrauch von* σημεῖον stimmt aber die Quelle mit dem restlichen Teil des Evangeliums auffallend überein; von daher könnte man zweifeln, ob sich eine solche Semeia-Quelle überhaupt postulieren läßt[56]. Stereotyp ist in der Quelle die Wendung σημεῖον(-α) ποιεῖν, zunächst in den abschließenden Sätzen 2,11; 4,54; 20,30 und dann in Feststellungen, die von miterlebten Zeichen Jesu berichten (6,2.14; 12,37); bei den letzteren ist eine Kritik am Verhalten der Zeugen impliziert. Auch an den zehn Stellen im restlichen Teil des Evangeliums überwiegt die Wendung „Zeichen tun": In 2,18; 6,30 wird wie in Mk 8,11 von den Juden ein legitimierendes Zeichen gefordert, in 3,2; 7,31; 11,47 die exzeptionelle Wunderkraft Jesu bestätigt; hingegen hat Johannes der Täufer kein Zeichen getan (10,41). Der Aussage 2,23 entspricht formal 12,37; 12,18 erinnert an 6,2. Die Wendung σημεῖα ποιεῖν (. . . πιστεύειν) ist *biblisch* und erscheint gerade an den wichtigen Stellen über Moses legitimierenden Zeichen (Ex 4,17.30). Ferner spricht der Evangelist vom ἔργον bzw. den ἔργα Jesu, die sich nicht nur auf die Reden, sondern gerade auch auf die Wunder beziehen[57]. Für Josephus ist die Machttat Gottes ein ἔργον, auch wo sie durch menschliche Mittler vollzogen wird (Ant 2,302; 3,85); dementsprechend bezeichnet dieser Begriff bei Johannes besonders die Einheit des Wirkens von Vater und Sohn (10,25.32.37; vgl. 5,17–20; 9,4). Dabei wird deutlich, daß Jesus mehr ist als der Bote, den ein σημεῖον legitimiert. Er ist der Sohn, der im Reden und Handeln und mit der Hingabe des Lebens das Werk des Vaters tut. Das σημεῖον wird eingebettet in das Wirken von Vater und Sohn (vgl. 5,1–20; 9,3f). Andererseits wird das Werk Jesu zum Zeichen, weil es als Taterweis von Vater und Sohn die messianische Sendung Jesu aufzeigt. So kommt es, daß im Zeichen die Herrlichkeit Gottes offenbart wird, die auch den Sohn verherrlicht (11,4). Die Auferweckung des Lazarus, der mehr als drei Tage im Grabe lag (11,17.39), steht an der Stelle des Jonazeichens bei Matthäus (Mt 12,39f); sie ist wie diese Hinweis auf die Auferstehung Jesu. Wichtig ist, daß auch die Auferstehung Jesu bei Johannes zu den σημεῖα Jesu zählt (20,30). Jesus beantwortet die Frage der Juden: „Welches Zeichen zeigst du dafür, daß du dieses tust? " (2,18) mit dem Hinweis auf seinen Tod und die Aufer-

---

[55] A.a.O. S. 137, Anm. 1: „Eine befriedigende Lösung für dieses Problem steht noch aus".

[56] Eine gute Kritik an den von Bultmann behaupteten Quellen des Johannesevangeliums und speziell an R. F. Fortna und J. Beckers Beiträgen zur Semeia-Quelle wird von B. Lindars vollzogen, der mit Recht die synoptische Tradition als für Johannes maßgeblich ansieht (Behind the Fourth Gospel, London 1971).

[57] W. Nicol gegen R. Bultmann a.a.O. S. 116–119; vor allem an den Stellen 7,3.21; 10.32f; 14,11.

stehung: Den abgerissenen Tempel seines Leibes wird er in drei Tagen
wieder auferbauen (2,19—21). Die Auferstehung ist demnach nicht nur
das Werk Gottes, sondern als Hingang zum Vater auch die Tat Jesu, die
den Gekreuzigten als den Gerechten legitimiert (16,10).

Auch die *christologische Differenz* zwischen Semeia-Quelle und Rest-
Evangelium ist *recht künstlich*[58]; eindrucksvoller erscheint auch hier, was
beiden Teilen gemeinsam ist. In den johanneischen Wundern offenbart
Jesus seine Herrlichkeit (2,11) und gewinnt den Glauben an seine Sendung
und seine Person (2,11; 4,53, vgl. 12,37; 20,31; Ant 2,274). Genau das
Gleiche gilt von den Reden (3,18; 5,24; 6,35.47; 7,38 u.a.), aber auch von
den redaktionellen Sätzen des Evangelisten (2,23f; 10,42; 12,42; 19,35).
Das „Ego eimi" des Offenbarers, das in den Reden soteriologisch entfaltet
ist, wird auch im Wunder vom Seewandel sowohl offenbarend als auch
soteriologisch verkündigt (6,20); in dieser Bedeutung erscheint es auch in
der Leidensgeschichte (18,6.8)[59]. Wie das Beispiel der spätjüdischen Propheten zeigt, gehören das σημεῖον und das Ego eimi fest zusammen; von
daher ist es unsachgemäß, sie auf verschiedenartige Quellen zu verteilen.
Die Offenbarungseinheit von Vater und Sohn ist nicht auf die johanneischen Reden beschränkt[60], sondern schon vom Begriff σημεῖον her
auch in den Wundern vorausgesetzt; an Stellen wie Joh 2,4 und 4,48 wird
sie darüberhinaus ausdrücklich betont.

c) Der Einfluß der Elia- und Elisatradition

Auf diese dunklen, meist als sekundär bezeichneten Verse 2,4 und 4,48 ist
abschließend noch einzugehen. Der theologische Unterschied zwischen
Semeia-Quelle und Rest-Evangelium wird von den Exegeten meist dadurch
erreicht, daß sie die volle Aussagekraft der Semeia-Quelle nicht erkennen.
Diese beruht nicht zuletzt in der Aufnahme und Deutung *alttestamentlicher Aussagen und Traditionen*, die auch im Rest des Evangeliums
erscheinen und für dessen Einheit sprechen. So spielt bei der Berufung der
ersten Jünger (1,40—51), die zur Semeia-Quelle gerechnet wird[61], die
messianische Weissagung Jes 11,3 eine wichtige Rolle: Von ihr her, und
nicht etwa aus der Vorstellung des Theios Aner, will die wunderbare Menschenkenntnis Jesu verstanden sein, der als der vom Geist Gesalbte keiner
von außen kommenden Information bedarf. Diese Tradition beherrscht
auch die redaktionellen[62] Sätze 2,23—25 und die Selbstaussage 5,30: „Wie

---

[58] J. Becker sieht vor allem im Kreuz eine Korrektur des Evangelisten; aber schon das
Täuferzeugnis der Quelle hat in 1,29.36 einen deutlichen Hinweis auf das Kreuz.
[59] Vgl. dazu meinen Beitrag „Der Name als Offenbarung des Heils" zum Jahresbericht
des Institutum Judaicum Tübingen 1972, S. 121—9.
[60] So J. Becker S. 145.
[61] R. Bultmann S. 68.75.
[62] Ib. S. 91.

ich höre, richte ich"...,die aus der Quelle der Offenbarungsreden stammt[63]. In diesen angeblich heterogenen Stücken wird demnach eine spezielle biblische Tradition auf die gleiche, verdeckte Weise zur Geltung gebracht. Ferner werden die Verse 12,37f von Bultmann zur Semeia-Quelle gerechnet[64]; in ihnen wird der Unglaube der Juden mit dem Zitat Jes 53,1 begründet. Warum verwendet die „Quelle" diesen zu Wundertaten wenig passenden Vers? Die Antwort darauf ergibt sich m. E. aus dem Kontext, der von der Verherrlichung und Erhöhung Jesu spricht (12,23—34) und sich auf Jes 52,13, die Verherrlichung und Erhöhung des Gottesknechts, bezieht; die Weiterführung durch Jes 53,1 war deshalb naheliegend. Somit sind auch hier Offenbarungsreden und Semeia-Quelle fest miteinander verbunden.

Ferner wird die Theologie der Semeia-Quelle durch das *Ausklammern* anstößiger, den Handlungsablauf scheinbar störender aber gewichtiger, Sätze reduziert. Man weist so dem Evangelisten zu, was m. E. ursprünglich zu den Wundergeschichten gehört, und verwandelt in theologische Kritik an naiven Epiphanien, was in den σημεῖα selber zum rechten Verständnis des Wunders gesagt wird. Als eine crux interpretum und Aporie des Evangeliums[65] gilt vor allem der *Vers Joh 4,48*, in dem Jesus die Bitte des Königlichen um Heilung des Sohnes abzuweisen scheint mit der schroffen Kritik: „Wenn ihr nicht Zeichen und Wunder seht, so glaubt ihr nicht!" Bultmann meint, nach v 47 habe dieser Satz keinen Sinn, da der Königliche gar kein legitimierendes Wunder verlangt hat und mit der Bitte seinen Glauben beweist[66]. Der Vers 48 stamme vom Evangelisten: Für ihn sei es „ein Mißverständnis, wenn der ‚Glaube' von Jesus wunderbare Befreiung von leiblicher Not erwartet"[67]. Aber m. E. gehörte dieser Vers von Anfang zur Wundergeschichte. Er spielt in ihr eine ähnliche Rolle wie das abweisende Wort Jesu an Maria: „Weib, was habe ich mit dir zu schaffen? Meine Stunde ist noch nicht gekommen!" (2,4). Bultmann hält diesen Vers 2,4 für einen festen Bestandteil und ein stilgemäßes, die Spannung erhöhendes Element des Weinwunders: Jesus bedeute seiner Mutter, er gehorche einem eigenen, die menschliche Verbundenheit übersteigenden Gesetz[68].

Es gilt, zunächst den *alttestamentlichen Hintergrund* von Joh 2,4 und 4,48 ins Auge zu fassen[69]. Die spätjüdischen Propheten bei Josephus beweisen,

---

[63] Ib. S.177. 197. Vgl. dazu meinen Aufsatz in der Elliger-Festschrift (Anm. 44).
[64] Ib. S. 346.
[65] W. Nicol S. 28f; vgl. auch E. Schweizer, Die Heilung des Königlichen in Joh 4,46—54, EvTheol 11 (1951—52), S. 64f.
[66] A.a.O. S. 151.   [67] Ib. S. 152.   [68] Ib. S. 79—81.
[69] O. Michel hat vom Kanawunder geurteilt, es stelle die Fortsetzung des alttestamentlichen und prophetischen Zeichens dar (Der Anfang der Zeichen Jesu, in: Die Leibhaftigkeit des Worts, Köberle-Festschrift, Hamburg 1958, S. 18). R. Bultmann warnt dagegen davor, das Alte Testament als Quelle der evangelischen Wundergeschichten zu hoch

daß für die Anerkennung eines Semeion dessen Beziehung zu vergangenen, alttestamentlichen Heilstaten maßgebend war. Hier kommt nun die *Eliatradition* in Frage, die auch sonst für die evangelische Wunderüberlieferung eine wichtige Rolle spielt[70]. An Joh 2,4 erinnert das an Elia gerichtete Wort der Witwe von Zarpath: „Was habe ich mit dir zu schaffen, du Gottesmann? " (1 Kön 17,18). Der vierte Evangelist übernimmt hier die Eliatradition in der Rolle, die sie Lk 4,25f spielt. Das Weinwunder in Kana markiert bei Johannes nicht nur den Anfang der Zeichen, sondern auch das erste Auftreten Jesu in der Öffentlichkeit; es steht somit an der Stelle, die bei Lukas die Antrittspredigt Jesu in Nazareth einnimmt. Gerade beim ersten Auftreten eines Gottesboten entscheidet sich die Frage seiner Legitimation; man braucht nur an die Begegnung Moses mit den Führern Israels (Ex 4,27—31) und an sein Erscheinen vor dem Pharao zu denken (Ex 7,1—13). Um diese Legitimation geht es in Lk 4,16ff und in der Kanageschichte Joh 2, wo Jesus zunächst vor seinen Bekannten und Verwandten steht. Wie in Kana (Joh 2,4) gibt es auch in der Nazarethperikope Lk 4,16ff einen Bruch, und zwar durch Jesu unerwartete Kritik an einem Wunderglauben, der auf Jesus gerichtet ist und auf die persönliche Beziehung zu ihm baut (Lk 4,23—27). Man könnte die in Lk 4,23—27 geäußerte Kritik in die interpretierenden Sätze Bultmanns zu Joh 2,4 kleiden: „Die menschliche Verbundenheit und die aus ihr erwachsenden Motive kommen für das Handeln Jesu nicht in Frage; der Wundertäter untersteht einem eigenen Gesetz und hat auf eine andere Stimme zu hören"[71]. In Nazareth rechtfertigt Jesus die Ablehnung der Wundererwartung dadurch, daß er auf Elia und Elisa weist: Elia wurde in der Zeit des Hungers nicht zu seinen Landsleuten, sondern zu einer Witwe in Sidonien als Helfer gesandt (Lk 4,25); Elisa hat keinen Israeliten, sondern nur den Syrer Naeman vom Aussatz befreit (Lk 4,27).

Dieser Hinweis auf *Elia und Elisa wird auch in Joh 2,4 und 4,48* zur Geltung gebracht[72]. Mit ihm erinnert Jesus, trotz der in beiden Fällen gewährten Hilfe, an das Gesetz, dem er als Gesandter Gottes unterworfen ist. Maria und der Königliche werden nicht etwa brüskiert oder kritisiert[73], auch wird das Wunder nicht grundsätzlich abgelehnt oder in Frage gestellt. Vielmehr warnt Jesus vor der Gefahr, daß man über der Person des Wundertäters den durch ihn handelnden Gott vergißt und so den Sinn des σημεῖον: die Legitimation des Boten und dessen Auftrag, übersieht. Das

---

einzuschätzen (Die Geschichte der synoptischen Tradition, Göttingen ³ 1957, S. 245). S. 245).

[70] B. Lindars, Elijah, Elisha and the Gospel Miracles, in C. F. D. Moule (ed.), Miracles, London ² 1966. Auch die Moseüberlieferung ist wichtig, vgl. O. Michel S. 19.

[71] A.a.O. S. 81.

[72]   Vgl. auch Joh 4,44 mit Lk 4,24.

[73] Der Plural in 4,48 zeigt, daß eine allgemein geltende Lehre gegeben wird.

Zögern Jesu, sein Ruf zur Besinnung, dient gerade der Offenbarung des Wunders als eines göttlichen Werks (vgl. auch Joh 7,1—7). Dabei stellen die Sätze Joh 2,4 und 4,48 keine sekundären Einschübe in beide Wundergeschichten dar, sondern sind von ihrem alttestamentlichen Hintergrund her fest mit dem Ganzen verbunden. Das Anfangswunder Jesu will nämlich als ganzes mit dem ersten Wunder Elias, seiner Lk 4,25f erwähnten Hilfe für die Witwe, verglichen sein. Hier und dort wird der Gast zum Geber, zum Spender des Heils: Elia sorgte dafür, daß das Mehl im Krug ὑδρία) der Witwe und das Öl nicht ausgingen (1 Kön 17,12.14.16); ähnlich wehrt Jesus dem Mangel im Hochzeitshaus, indem er das Wasser der Krüge (ὑδρίαι Joh 2,7) zu Wein werden läßt.

Daß diese Verbindung nicht hypothetisch ist, geht aus der *Komposition*[74] der beiden ersten johanneischen Wunder hervor. Denn das zweite Wunder Jesu, die *Heilung des Sohns des Königlichen* (Joh 4,46—54), hat ihr alttestamentliches Gegenstück im zweiten Wunder Elias, der Heilung des Sohnes der Witwe (1 Kön 17,17—24). Eine Brücke zwischen beiden Geschichten bildet die Zusage Jesu: „Dein Sohn lebt!" (Joh 4,50f.53; 1 Kön 17,23); auch die Tatsache, daß die johanneische Geschichte vom Sohn und nicht vom Knecht des Königlichen spricht und dieser als todkrank dargestellt wird, könnte analog zu erklären sein (vgl. Joh 4,47.49 mit 1 Kön 17,17—20). Das alttestamentliche Vorbild mag ferner veranlaßt haben, daß Joh 4,46ff am *Schauplatz* des ersten Wunders, in Kana, spielt, obwohl Johannes die Herkunft des Bittstellers aus Kapernaum bewahrt hat (4,46); denn auch die beiden ersten Eliawunder geschahen ja am gleichen Ort. Schließlich läßt sich die *Zählung der beiden ersten Wunder* Jesu (Joh 2,11; 4,54) mit der Einheit des Orts und der Analogie zu den beiden ersten Eliawundern erklären. Sie ist nicht in der Quelle, sondern nur im fertigen Evangelium sinnvoll, weil dort die Zusammengehörigkeit der beiden Wunder durch den zwischen ihnen liegenden Erzählungs- und Redenstoff etwas verdeckt wird. Eine zweite Erklärungsmöglichkeit bietet die Mosetradition[75]. In Ex 4,8 wird dem Mose verheißen: „Wenn die Ägypter dir nicht glauben und nicht auf die Stimme des ersten Zeichens hören werden, so werden sie auf die Stimme des letzten Zeichens hören". Das erste der damit gemeinten Zeichen ist die Verwandlung des Nilwassers in Blut (Ex 7,14—25), die sich auf die Verwandlung des Wassers in Wein beim ersten Wunder Jesu beziehen läßt; das letzte ist die Tötung der erstgeborenen Söhne, die man dem zweiten Wunder Jesu Joh 4,46—54 insofern ver-

---

[74] Auch die Tatsache, daß dem Kanawunder Joh 2 die Geschichte von der Tempelreinigung folgt, mag von der Eliatradition bestimmt sein. Denn 1 Kön 18 wird von Elias eiferndem Einsatz für Gottes Altar auf dem Karmel berichtet; vgl. 1 Kön 18,30—32 und 19,10—14 mit dem Eifer Jesu für das Gotteshaus Joh 2,17.
[75] Den Hinweis verdanke ich Herrn Werner Grimm.

gleichen kann, als dort die entgegengesetzte Heilstat, die Rettung des Sohnes, erzählt wird[76].

Schließlich mag die Lk 4,25–27 erwähnte Sendung Elias und Elisas, die Johannes in 2,4 und 4,48 besonders zur Geltung gebracht hat, für die Zusammenfassung und Zählung der beiden ersten Wunder Jesu maßgebend gewesen sein. Denn das zweite Wunder in Kana ist nicht nur von Elia und 1 Kön 17 her zu verstehen, sondern auch von der Elisageschichte her, auf die Lk 4,27 verweist, nämlich der *Heilung des Syrers Naeman* (2 Kön 5). Auf diese Geschichte und die ihr in Lk 4,27 zugewiesene Rolle nimmt der schwierige Vers *Joh 4,48* Bezug. Auch Naemans Heilung wurde auf eine Belastungsprobe gestellt, zunächst durch den ungläubigen König Israels (2 Kön 5,7), und dann durch Naeman selbst, dessen eigene, recht konkrete, Vorstellungen von einer Wunderheilung zerbrochen wurden. Naeman meinte, der Prophet werde zu ihm treten und ihn unter Anrufung des Gottesnamens und durch Handauflegen heilen (2 Kön 5,10f); anders, johanneisch, ausgedrückt: Er wollte Zeichen und Wunder sehen, um glauben zu können (Joh 4,48). Aber er mußte lernen, daß ein Wunder Gottes auch ganz anders, in Abwesenheit des Wundertäters und als Fernheilung sich vollziehen kann, daß man dem Wort gehorchen und glauben muß. Diese Lektion ist in Jesu Wort an den Königlichen Joh 4,48 aufgenommen und dadurch zur Lehre über den rechten Wunderglauben gestaltet. Von 2 Kön 5 und Lk 4,27 her verstanden, weist Jesu Tadel in Joh 4,48 nicht etwa ein legitimierendes Wunder ab, sondern einen Wunderglauben, der an eine feste Vorstellung vom Wunder und Wundertäter gebunden ist und darum den Zeichencharakter, das Wirken Gottes und dessen unmögliche Möglichkeiten, nicht erkennt, „mit sehenden Augen nichts sieht". Der durch das Wort 4,48 gewarnte Wunderglaube ist ähnlich voreingenommen und der Offenbarung Gottes gegenüber verschlossen wie das 5,38–40 gerügte Schriftverständnis oder die Messiaserwartung der Juden 7,41f. Gerade durch das Festhalten solcher Vorurteile kann der — schon vorhandene, aber unerprobte — Glaube Schiffbruch erleiden, wie das Beispiel der Einwohner Nazareths zeigt (Lk 4,28f); auch Naeman wäre fast gescheitert. Der Königliche von Joh 4 besteht die Probe: Er glaubt dem Wort Jesu, ohne ein Wunder zu sehen (v 50); er gehorcht dem Befehl, zu „gehen" (πορεύεσθαι v 50), d.h. ohne den Wundertäter „hinunterzugehen" (καταβαίνειν v 51). Genau das Gleiche tut schließlich Naeman: Er gehorcht dem Wort und „geht" (4 Bas 5,12), „steigt hinunter" zum Jordan (ib. 5,14), und zwar allein. Sucht man in dieser Geschichte eine *Lektion des Evangelisten* für die Christen seiner Zeit, so wendet er sich nicht etwa gegen eine Mission, die „unter Berufung auf Zeichen und Wunder um

---

[76] Für die Bedeutung der Moseüberlieferung in den johanneischen σημεῖα vgl. die bei W. Nicol S. 65, Anm. 1 angegebene Literatur. Der Evangelist liebt es, mehrere Traditionsstränge zu verbinden.

Glauben warb"[77]. Vielmehr warnt er vor einem falschen Wunderglauben, sei es, daß einige Christen sich sich ein Vorrecht auf wunderbare Hilfe durch Jesus ausrechnen (Joh 2,4; Lk 4,23—27), oder aber, daß sie an der Möglichkeit eines Wunders zweifeln, weil der Heiland nicht mehr persönlich zugegen ist und nur noch durch seine Boten, durch sein Wort spricht (Joh 4,48; 2 Kön 5,10.14).

Auch hier macht der biblische Hintergrund deutlich, daß 4,48 nicht etwa ein späterer Zusatz ist. Denn die Naemangeschichte bestimmt ja auch 4,49f; ja, es mag sein, daß der Begriff „Königlicher" den synoptischen „Hauptmann" deshalb ersetzt, weil Naeman ein königlicher Beamter war (2 Kön 5,1.5).

Übrigens greifen Motive der Naemangeschichte auch auf die Heilung des Lahmen am Teich von Bethesda über (Joh 5,1—11)[78], ferner mag das Weinwunder Joh 2 durch die Tat Elisas in Jericho beeinflußt sein, der dort schlechtes Wasser in gutes verwandelte[79]. Daß das Motiv der *Verwandlung* des Wassers in Wein von der heidnischen *Dionysostradition* übernommen sei, wird zwar immer wieder behauptet[80], läßt sich aber mit den dort angeführten Stellen nicht belegen. Diese sprechen von einem Aufgefülltwerden leerer Krüge durch Wein[81], vom Fließen des Weins[82], oder aber von einem Weinbrunnen, der aus der Erde springt[83] nicht aber von einer

---

[77] R. Bultmann S. 152.

[78] Vielleicht auch auf das Jesuwort von der Wiedergeburt durch die Taufe und den heiligen Geist Joh 3,4—6, die im Gegensatz zur fleischlichen Geburt steht. Vgl. 2 Kön 5,14: Naeman tauchte im Jordan unter und sein Fleisch wurde rein wie das eines neugeborenen Kindes. Die johanneische Version des Speisungswunders erinnert an die Speisung der Prophetenschüler durch Elisa (vgl. 2 Kön 4,42—44, speziell v 42f mit Joh 6,9f).

[79] Vor allem die Josephusversion dieses Wunders (Bell 4,459—467) ıst aufschlußreich. Hier wird ausdrücklich von einer Verwandlung der Quelle gesprochen (ἔτρεψεν τὴν πηγήν § 464), die dann zum Spender von Kindersegen und reicher Nahrung wird. Als Motiv für die Heilung gibt Josephus an, der Prophet sei einst von den Einwohnern Jerichos gastfreundlich aufgenommen worden und habe ihnen und dem ganzen Land mit einer ewig währenden Gnadentat vergolten (§ 461). Das gleiche Motiv findet sich auch in der Haggada von R. Schimon ben Jochai, der in den Quellen von Tiberias geheilt wurde und dafür mit der guten Tat lohnte, daß er Basare errichtete und die Stadt von den dort begrabenen Totengebeinen reinigte (Pes. de Rab Kahana, Pisqa 10; Qohelet Rabba 10,8 zu 9,1).

[80] R. Bultmann S. 83: „Die Verwandlung des Wassers in Wein . . . ist ein typisches Motiv der Dionysoslegende"; C. K. Barrett, The Gospel According to St. John, London 1965, S. 157: „The God Dionysos was not only the discoverer of the wine but also the cause of miraculous transformations of water into wine."

[81] Pausanias VI, 26,1f; Athenaeus I 61 (34a), vgl. G. Delling in Kl. Texte Nr. 79, Nr. 18.

[82] Plinius HistNat II, 106,11; 31,3.

[83] Euripides Bakchen 704.707.

Verwandlung[84]. Auch setzt die Angabe des Fassungsvermögens der sechs steinernen Krüge die Kenntnis der jüdischen Halacha beim Leser voraus[85]. Zustimmung verdient deshalb das Urteil des hochzuverehrenden Jubilars: „Hier (d.h. in der alttestamentlichen Tradition) liegen die Wurzeln der Kana-Geschichte, nicht in der angeblich synkretistischen Geisteswelt des vierten Evangeliums und in den Mythen von der Epiphanie des Gottes Dionysos"[86].

---

[84] Erst der Christ Photius spricht von der Verwandlung bei Bakchus Bibl CCXX, Philostrat Vit Apoll 2,9 von der Möglichkeit, Apollo könne Wasser in Wein verwandeln.

[85] Jeder Krug faßt 2—3 Metreten = ca. 100 l, zusammen = 600 l. Nach m Miqwaoth I,7 sind zum Tauchbad 40 Sea = 525 l als Mindestmenge erforderlich. Nach Joh 13,10 braucht der Christ kein Tauchbad mehr.

[86] O. Michel, Der Anfang der Zeichen, S. 19.

22. „To Worship God in Spirit and in Truth": Reflections on John 4, 20—26*

a) The problems of the text and previous attempts at solution.

"God is spirit, and those who worship him must worship in spirit and in truth" (John 4, 24) — this dogmatic sounding utterance represents a high point in the conversation between Jesus and the Samaritan woman at Jacob's well near Shechem (Sychar). It confirms the Solomonic judgment concerning the dispute about Gerizim and Jerusalem:

> "Woman, believe me, the hour is coming when neither on this mountain or in Jerusalem will you worship the Father. You worship what you do not know; we worship what we do know, for salvation is from the Jews. But the hour will come, and is now, when the true worshipers will worship the Father in spirit and truth, for such the Father seeks to worship him" (John 4, 21-23).

One must ask what such a worship in spirit and truth means. Furthermore, how is this strange aspect of time, the juxtaposition of present and future, to be understood? Finally what is this search by God for the true worshiper? V22 is full of problems: Who are those who know about the true worship? On what is their knowledge that salvation comes from the Jews grounded and what does this salvation mean concretely? It is also astonishing that in v25 the Samaritan woman was not satisfied with Jesus' statement and referred to the Messiah who "will tell us everything." Yet this seemingly skeptical response, which Jesus rejects, leads to the messianic self-revelation: "I who speak to you am he" (John 4, 26). At this point one could ask: What does the Messiah | have to do with worship in spirit and in truth? How could the Samaritan woman expect a full explanation from the Messiah after just having experienced and acknowledged Jesus as a prophet (John 4, 18f) and after having asked his opinion on the true place of worship (4, 20)?

R. Bultmann has attempted to solve this problem in light of literary criticism: In this chapter, with its many inconsistencies, the evangelist has utilized and commented on various sources such as written *Vorlagen,*

---

*Translation from the German by Mrs. Nora Quigley and the editors, with corrections by the author.

and his work was finally published by an ecclesiastical redactor who added several insertions.[1] A so-called "Semeia-Quelle" (Sign Source), which offers the "signs" of Jesus to the evangelist, contains among others a conversation with a Samaritan woman.[2] Bultmann includes the verses (4) 5-9. 16-19. 28. 30. 40 in this basic source and considers v 25f as belonging to it also. In this source which derives from the Hellenistic Church Jesus is depicted according to the ideal "Divine Man" (Theios Anēr, i.e. Theios Anthrōpos), miraculous power and supernatural knowledge of human nature establish messiahship.[3]

The evangelist provided the story of Jesus' conversation at the well with an introduction and with ample commentary by developing it further through theological reflections. He is responsible for the verses 1-3 (4). 10-12. 15. 20-22a. 27. 29. 31-39.

Bultmann assumes that some sentences from the non-Christian source of Gnosticizing "Offenbarungsreden" (revelatory discourses) were also added, for instance, vv 13-14 and 24, and probably v 23.[4] Finally v 22b appears as a gloss from the pen of the ecclesiastical redactor, because this verse is not compatible with the otherwise negative assessment of the Jews in the Fourth Gospel. Also, v 22a should be considered a gloss; in any case it refers to the contrast between Samaritans and Jews; however, it is likely that John, employing "we", places these two groups, which are labeled as uncomprehending, in contrast to Jesus and his disciples.[5]

This literary criticism concluded that the particular, questions-provoking verse about true worship stems from the evangelist. He deliberately inserted the mention of it into Jesus' conversation and supplied the answer with the help of the pre-Christian Gnostic revelatory discourses. According to Bultmann, John intended to elevate the stories from the Semeia-source, which usually reflects a primitive, objectifying theologia gloriae, to the level of his own Christology. According to it, the revelation of the Son of God is to be believed in contrast to his appearance, namely that as a "pure human being" Jesus of Nazareth claimed that he was the Saviour sent by God and the all-decisive eschatological event. In accord with this Christology the cultic veneration for God in vv 20-24 is not only something spiritual, internal but | stands in relation to eschatology. It is appropriate to God's being

---

1. *Das Evangelium des Johannes*, (Göttingen, Vandenhoeck & Ruprecht, 1964[10],) p. 127-142.

2. Assignment to this source is not totally certain, any more than to the section John 1,35-50. In this regard, see D. M. Smith, *The Composition and Order of the Fourth Gospel*, (New Haven: Yale University Press 1965) p 38.

3. Op. cit. p 131, see my article "The Concept of the So-Called Divine Man in Mark's Christology", in A. P. Wikgren Festschrift, Suppl. to *Novum Test* 33 (1972), p 229-240.

4. Op. cit. p 127f.

5. P 139 note 6.

because it is unworldly: The spirit manifests itself as God's marvelous deed for human beings, which occurs in the word of proclamation, and the truth as the reality of God, which lifts the believer up from worldly existence and places him in the eschatological, truly free way of being.[6]

Recently, in articles on John 4,22, F. Hahn and K. Haacker have refuted Bultmann's interpretation.[7] After a good summary of the divergent opinions in exegesis, F. Hahn proposed that in chapter 4 John reworked an old *Vorlage*, which in essence is identical to the stories of the *Semeia-Quelle* reconstructed by Bultmann. He designates it form-critically as a *"Mission Legend"* which originally did not relate to the Messiah but to the Samaritan *Ta'eb*, the "returning" redeemer (p. 73). The evangelist resolved the tension-filled relationship between Samaritans and Jews as given in the *Vorlage* by proclaiming Christ as the one who brings universal salvation, he who opened the way to a proper worship of the Father and to a unity of all true worshipers of God (p. 74). According to F. Hahn, verses 20-26 form a unit to which v 22, rejected by Bultmann, also belongs: The intrinsic connection of these verses becomes apparent when the whole unit is left in its present form (p. 75). Hahn proves convincingly that v 22b fits very well into the overall theme of chapter 4. One notices that in v 9 Jesus is addressed as a Jew and, as such, he is an opponent of the Samaritans, but in v 42 he is acknowledged as the "Savior of the world." The statement in the middle— "Salvation is from Jews" (v 22)—appears a necessary pointer which allows for the bridging of the contrasts, the linking of the two poles (p. 76); John 4,22b is genuinely Johannine (p. 82). Hahn thinks that the tension between the salvation history role of the Jews and the critique of their unbelief is established throughout the fourth Gospel and evident in its theological validity (p. 76-83). Salvation comes from the Jews because they are the bearers of the witness to divine promises, as "descendants of Abraham and followers of Moses who pointed to Christ", and "God has bound himself to his promise" (p. 82). From this Hahn also explains v 22a: The Jews know about the God promising salvation. Thus, insofar as they reject Jesus, can they be reprimanded concerning their unbelief and the offense of their disposition coming to expression therein (p. 82). Hahn has made good observations, but the reason given here for the salvation history role of the Jews is not convincing. The Samaritans too are sons of Abraham and have, like the Jews, Jacob for their father (v 12: the evangelist!). They also have Moses who points to Christ in his Law (John 5,46). Why should they not also know the proper worship of God?

---

6. P 140. For a critical analysis see also H. M. Schenke, "Jakobsbrunnen-Josephsgrab—Sychar. Topographische Untersuchungen und Erwägungen in der Perspektive von Joh 4; 5; 6", *ZDVP* 84(1968) p 159-184. Schenke finds four layers in our chapter, the *Vorlage* has the verses 5-7, 9, 16-23, 28-30, 35f, 40.

7. In *Wort und Wirklichkeit*: Festschrift für Eugen Ludwig Rapp (Meisenheim 1976).

8. "Das Heil kommt von den Juden. Erwägungen zu Joh 4, 22b", p 67-84.

The essay of K. Haacker[9] goes further concerning these points. He demonstrates the value of the literary critical analysis of John 4 through | the verification of religion-history elements in it. Above all, this holds true for verse 22a, which criticizes the ignorance of the Samaritans: see Sir 50, 25f, according to which "the foolish people live in Shechem", and T. Levi 7, where Shechem is mentioned as "the city of the ignorant." To these can be added the message sent to Antiochus Epiphanes by the Samaritans, according to Josephus (Ant 12,258-264), which supports such criticism. Already in the second century B.C. this reproach about foolishness plays a role in the dispute between Jews and Samaritans, and in this context John 4,22a finds its place (p. 111-119). Haacker likewise offers an exegetical basis for the dogmatic sounding statement of John 4,22b in the messianically interpreted passage Gen 49,10. According to the blessing given by Jacob (see John 4,5f), the tribe of Juda assumes a key role for Israel's salvation (p. 120-122). As a consequence of this literary critical judgment it follows that v 22 as a unit is, as it were, a sectarian yet a Jewish ("judaistische") answer to the question in v 20, while vv 21.23f transcend the historical conflict between Jews and Samaritans. Haacker considers that v 22 is more primitive, the section vv 21.23f being a reflective insert by the evangelist. When one leaves it out, a close relationship results: Jesus' remark on salvation being from the Jews (v 22b) is echoed by the reference to the coming of the Messiah attributed to the Samaritan woman in v 25 (p. 123).

Still, Haacker's worthwhile suggestions do not offer a fully satisfying explanation to the questions posed above. It seems to me that there is no difference between a partial, more primitive concept of salvation and a later, universal one, especially no different literary strata. One must begin methodically from the unity of the text and understand it in its inner logic. This entails going back to its spiritual foundations in the Old Testament and in the Jewish traditions. Haacker failed to do this for John 4,22a, and he did not see the full influence Gen 49,10 had on John 4, 22b.

b) The difference between Samaritans and Jews: the influence of 2Kings 17,24-41 (see Josephus, Antiquities 9,288f).

The fundamental text on the origin of the Samaritans and their cult is found in 2Kings 17,24-41. It would be strange if the evangelist who was so fully aware of the difference between Jews and Samaritans had neglected this. It mentions specifically the ignorance of the Samaritans with regard to the true worship of God and also the disastrous results: "They do not know (*lo᾽ yad$^{e c}$u*, LXX = *ouk oidasin*, see John 4,22a: *ouk oidate*) the law of the god of the land; therefore he has sent lions among them (according to Ant 9.289, an epidemic) which are causing havoc, because they do not understand how to give due worship to the god of

---

9. "Gottesdienst ohne Gotteserkenntnis. Joh 4, 22 vor dem Hintergrund des jüdisch-samaritanischen Auseinandersetzung", op. cit. p 110-126.

the land. So the king of Assyria gave the following order: 'Send back one |
of the priests whom you carried away from there; let him go and live
there and teach them how to give due worship to the god of the land' "
(2Kgs 17,26f). The proper worship brings redemption, according to
Josephus, salvation (*sōtērion* 289). With this background, we can notice
that in John 4,22a, Jesus compares the ignorance of the Samaritans to the
knowledge of the Jews (Jews and not Christians are meant) regarding
the true worship of God. The reference to John 4,22b also becomes clear:
salvation for the Samaritans came from the Jews. One can go a step
further and ascertain the place of v 22 in the whole of John 4. Even Jesus'
revealing statement to the Samaritan woman, "You have had five
husbands and he whom you now have is not your husband" (v 18) is
dependent on 2Kgs 17. It describes not only the woman's unsuccessful
married life but also symbolically the perverted service of God by her
people, as 2Kgs 17,29-33 (and Ant 9,288ff) described. The five Samaritan
tribes worshiped each a strange god on the high places, as well as God,
the Lord. While seven strange gods are mentioned in 2Kgs 17,29-31,
Josephus stated that each of the five Samaritan tribes brought its own
god, so thus the impression of five gods arose. "The Samaritans feared
the Lord, but also worshiped (*ʿabᵉdu*, LXX = *elatreusan*) their own gods
with the practices of the nations from among whom they had been
carried away" (2Kgs 17,33). In John this syncretistic joining of worship-
ing strange gods and the one true God is transposed into a chronological
succession: The Samaritan woman had five husbands and the one she
has now is not her husband. This succession can be explained from 2Kgs
17,34 a statement that is also important for John 4,22a, because it attests
to the continuing ignorance of the Samaritans: "To this day they do
according to the former practice. They do not fear the Lord in the right
way and do *not* abide[10] by their statutes or ordinances or the law or the
commandment which the Lord had commanded the sons of Jacob,
whom he named Israel." From this one can surmise that the Samaritans
had abolished the worship of idols and worshiped only Yahweh but
"they worship what they do not know" (John 4,22a) for only the Jews
had knowledge.

From this biblical background Jesus appears in John 4 first of all in the
role of the Jewish priest who once had taught the true worship of God to
the Samaritans. The Samaritan woman recognizes him as such as she
asks him about the proper way to worship (v 20). He is, as it were, a
traveler from foreign lands, the Jewish prophet who sees into her
problem-filled life and as a prophet like Moses (Deut 18,18) knows an
answer to all the questions of her people. She awaits this teacher in the
Messiah, too (v 25). He may be compared to the returning Elijah in

---

10. Differently in LXX and the Targum: They practise fear of God and live by
their laws and justice and thus also according to the justice and the commandment, which the Lord gave to the sons of Jacob.

Judaism or to the awaited Prophet who will tell them what must be done |
with the stones from the defiled altar of the Temple (1Macc 4,46).
Finally, he is reminiscent of the unnamed man who, according to
Josephus, wanted to show to the Samaritans on Mount Gerizim the holy
vessels which should be buried there where Moses placed them.[11] Just
as Jesus wished to gather the lost sheep of Israel (see Matt 15,24) so he
sought out the Samaritans (John 10,16) because, according to God's
historical decree, they were the sons of Jacob (2Kgs 14,34). Thus, he
wants to restore the unity of the people of God. As previously mentioned, K. Haacker has pointed to polemics between Jews and Samaritans behind John 4,22 and he mentions especially Sir 50,25f and T. Levi 7
wherein the Samaritans are depicted as foolish people, and Deut 32,21,
serving as scriptural background for this (p. 111f). But in John 4,22 the
direct reference is to 2Kgs 17, whereby the evangelist wants to show
how Jesus tries to do away with Jewish-Samaritan ignorance and
polemics. The Jews must prove themselves as helpers to the Samaritans.[12] The unity of the section John 4,18-22 becomes clear. But the
question concerning the true worship of God in John 4,23-24 remains
open. Does it also have a basis in the Old Testament?

c) The overcoming of opposition: The commitment to true worship at
   Shechem (Josh 24).

In 2Kgs 17,34-41, the obligation of the Samaritans for proper worship
is shown explicitly: They too belong to the "sons of Jacob" (v 34, see
John 4, 12) to whom God gave his Law. With them too he made his
covenant in which he commanded them not "to fear, to bow down to
any other gods (*hištaḥawah*, LXX = *proskynein*, Targum *s^egad*), not to
serve them (*ʿabad*, Targum *p^elaḥ*), nor to sacrifice to them, but you shall
fear Yahweh, who brought you out of the land of Egypt with great
power and with an outstretched arm; you shall bow down to him, and to
him you shall sacrifice" (2Kgs 17,35f). From this the background of the
Johannine verb *proskynein* becomes clear: it corresponds (in the strict
sense) to the Hebrew verb *hištaḥawah* (LXX *proskynein*) central to 2Kgs
17,35f. This text also contains the related concepts fear of God and
especially worship (service) of God, *ʿabodah*, which according to Aboth
1,2 is one of the three pillars of the world. Also important in 2Kgs
17,35-38 is the covenant and the reference to God as he who brought
Israel out of the land of Egypt. From this the road leads to another

---

11. Ant 18, 85-87. Behind this promise stands the view that a valid proof can
be brought forward that Gerizim was a sacred mountain chosen by God. This
event took place under Pilate who saw it as a rebellious action *(thorybos)* taken by
the mob of assembled Samaritans, whom he opposed by force of arms.

12. Compare Rom 10, 19, where Paul cites Deut 32, 21 with the question: "Did
Israel not understand?" They did; however, they remained stubborn and, as a
result, God turned to the Gentiles in order to make the Israelites jealous. See
also Rom 11, 11.

biblical tradition which is also important for John 4. It is the making of
the Covenant at Shechem (Josh 24) whereby Israel is exhorted to
abandon idol worship and to choose the worship of the one true God,
who delivered them from slavery in Egypt. In this pericope we find a
firm scriptural basis for John 4,23-26. |

Before we explain the details, there must be a brief comment on the
concepts of "spirit and truth" which, according to John 4,23f, describe
the character and manner of the new eschatological worship of God. Of
the indications mentioned in v 24 on the being and action of God, only
the mark of the Spirit is to be expected for the new worship of God, for
God is spirit. The word "truth" gives the impression of being a later
insert since it is not the exact equivalent of "spirit" as indicated, for
instance, in the expression "the Spirit of truth" for the Paraclete (John
14,16f). The "spirit" is the power of God's creative work, which can
"beget a human being from above" and which prepares him for God's
kingdom (John 3,3-6); the opposite of the spirit is the flesh. "Truth" is
the essence of God's revelation which comes through the Word made
flesh (John 1,17), but also is predicated of human action inasmuch as it is
performed "in God" and therefore does not have to fear God's light and
the final judgment (John 3,21). The opposite of truth is not only
falsehood, but also the evil and the reprehensible which are manifested
in the deeds of the "old person" (John 3,20). The definition that God is
spirit can be drawn from the Bible[13] but there is no scriptural basis for
worship in "spirit and truth" (John 4,23f). This does not apply to the
Johannine expression "grace and truth", which is well attested biblically
(Gen 32,10; Hos 4,1; Ps 40,11, etc.). How does the link between spirit
and truth come about, and why as the sign of worship is spirit completed by the concept "truth?"

We find an important indication for this in Joshua 24, a chapter to
which we must turn from 2Kgs 17,24-41 in any case. Joshua appears at
the assembly at Shechem as the representative of God (Josh 24,2) who
reveals himself to the Israelite congregation as the Lord of history: He
led Abraham into the Land (v 3); then by his marvelous helps he freed
the people from the domination of Egypt (vv 4-7) and after a long
wandering in the desert he brought them into the land of Canaan where
he helped to vanquish their enemies (vv 8-12). In all these events God
showed himself to be the "Redeemer" (v 10) and as a gracious Lord he
gave Israel a land not acquired by their own labor to be their possession
(v 13). In response to this merciful guidance God expects proper worship, an unequivocal decision by the people for Yahweh and a definite
denial of other gods: "So now, *(we'attah)* fear Yahweh and serve *('ib'du)*

---

13. See Isa 31,3: "The Egyptians are men, not God; and their horses are flesh,
and not spirit." The domain of the creaturely, perishable, human is the flesh;
that of the creative, eternal and divine is the spirit.

him in sincerity and truth *(b^{e}tamim uba$^,e$met);* put away the gods which
your fathers served beyond the Euphrates and in Egypt and serve
Yahweh (alone!)" (v 14). Joshua places before them the alternative
choice of idol worship but clearly renounces this for himself: "But as for
me and my house, we will serve Yahweh!" (v 15). The people follow his
example and ceremoniously reject the other gods, acknowledging the |
God who led them in history and saved them from oppression (vv
16-18): "We will serve Yahweh our God and his voice we will obey" (v
21. 24). That day Joshua made a covenant with the people, and made
statute and ordinance for them at Shechem (vv 25-28).

The relationship between Joshua 24 and Jesus' conversation in John 4
is immediately evident. Obvious points of contact are the place
Shechem, and, the similarity of persons (there it is Joshua, here Jesus (=
Jehoshua) who are both representatives of God). But above all, the
theme of Joshua 24 is like that of John 4, 20-26: the decision to worship
the true God in contrast to the gods of their fathers[14] which has to be
made "now."[15] Thus the making of a covenant at Shechem with the
obligation to worship God "in truth" was binding on all of the Israelites
including the tribes of the Samaritans later. In Joshua 24, 14, as well as in
John 4, 23f, we find a dual characterization of proper worship, namely
"in sincerity and truth." In John 4, 23f this formula is introduced again
and explained. It is likened to the being of God which is defined as
spirit. This emphasizes that true worship is correspondence, reaction
and answer to the revelation of God's being; as is shown in Shechem to
be the grateful acceptance of God who revealed himself to his people as
a helper and redeemer. Thus, the definition of God in John 4, 24 is seen
as a summary of the historical revelation of the gracious God; "in spirit
and truth" are experienced as his ways of acting, as a gift bestowed on
human beings. The spirit is the power that will be given to the elect in
End-time. In "spirit and truth" the eschatological and the historical,
traditional dimensions of proper worship are united. With "truth" the
Samaritan woman, who asks about true worship, is reminded of the
ancient promise made by her forebears, sworn in the community of
Israel to serve God in truth (Josh 24, 14). She is guided through the dark
episode of Samaria's history in 2Kgs 17, through the cloud of ignorance
and syncretistic cult to the covenant of Shechem and its commitment:
The "must" *(dei)* of true worship of God (John 4, 24) has its basis in this
emphatic reminder. However, Jesus is not only a prophetic preacher as
Joshua once had been, but is also the Christ, the one anointed by the
Spirit (v 25f). He ushers in the End-time, which bears the mark of the

---

14. Compare Joshua 24,15: "Your ancestors served the gods" with John 4,20:
"Our fathers worshiped on this mountain."

15. Compare Joshua 24,14: And *now (w^e`attah)* with John 4,23: "And now"
(kai nyn), also Joshua 24, 15 "today" *(hayyom).*

eternal and therefore is also the era of the Spirit, corresponding fully to God's being and actions. For this reason, worship of God is now qualified by the concept of "spirit" and is thus eschatologically oriented. Joshua too was a "man in whom the Spirit dwells" (Num 27, 18) and resembles the Johannine Jesus "on whom the Spirit rested" (John 1, 32f). The Samaritan woman saw in Jesus a successor of Moses and therefore a man like Joshua, who was the immediate successor of Moses. In John 4, 19, she calls Jesus a "prophet", thinking of the reference in Deut 18, 15-22 according to which a prophet like Moses = Joshua will | arise. Her messianic expectation is also influenced by this promise: The coming Messiah should proclaim everything as the new Moses who, according to Deut 18, 18 will relate to Israel what God puts into his mouth. Finally, we must mention Joshua's exemplary and decisive confession to God, whom he will serve with his entire household (Josh 24, 15). According to John 4, this has a correspondence in Jesus. In contrast to the disciples, who are concerned about food for the body (John 4, 31-33), Jesus says that his food is to do the will of him who sent him and to accomplish his work (John 4, 34). This statement by Jesus reminds us of the rabbinic play on words: *maṣṣot* and *miṣwot*. But the unity of Jesus with God is not only that of the pious, who do God's will, and that of the prophet, who possesses God's Spirit, but also that of the Son, who carries out what he sees the Father doing (John 5, 19f) and collaborates in creation and new creation (John 1, 3; 5, 21); the Son not only possesses the Spirit, but he also gives it (John 20, 22). Thus, worship in spirit is the activity of those who are begotten by God through the Spirit (John 3, 5f) and called his children (John 1, 12f). Therefore, they pray in the Spirit to God as their Father (John 4, 23f) and listen to Jesus who tells them the truth as does the Samaritan woman.

It is significant in this reminiscence of Joshua 24 in John 4 that the covenant of Shechem united the now separated tribes of Jews and Samaritans into one Covenant- and worship-community. Secondly, at that time no precise place of cult was designated for divine worship in truth. The conflict which broke out later whether Gerizim or Jerusalem should be that place seems from this perspective to have been introduced historically and improperly. Not the place, but the form of divine worship is decisive, namely, full concentration upon the one God which guarantees a response to his works. As characteristics of divine reality, spirit and truth have the power to transcend human discord and to create eschatological unity. The dispute between Jews and Samaritans had been ignited because of terrestrial perspectives on the place for revelation and divine worship.

A second Old Testament passage which may shed light on John 4, 23f, is Ps 42 and 43, which form a unit. The suppliant who is abroad, in the area of the Jordan's source and Mt. Hermon (Ps 42, 7), and seems oppressed because of his loyal devotion to God so far away (Ps 42, 10f), remembers the pilgrimages to the house of God (Ps 42, 5). But he is now deprived of these, being far from God in a foreign land. Earlier, in the company of pilgrims he had experienced the blessings of God's presence. Now in his desperate situation he prays:

> Send out your light and your truth! Let them lead me, let them bring me to your holy mountain and to your dwelling! Then I will go to the altar of God, to God my exceeding joy; and I will praise you with the lyre, O God, my God (Ps 43, 3f).

Here the desired goal is divine worship in the Temple. The physical distance makes a pilgrimage impossible but God's light and truth are called powers which eliminate the dividing might of space and, as it were, allow for a spiritual divine worship. The prayer from afar finds its way to God, and divine worship in light and truth consists of praise of God, whom one trusts as Savior (Ps 43, 4; 42, 12). The waters of the Jordan are not life-giving but rather frightening, recalling the power of *Tehom* (Ps 42, 8), whereas light and truth are sought as helping powers. With this text in mind one can understand the statement in John 4, 23b: God seeks those who worship him; his initiative is emphasized here. He gives them light, truth and the holy Spirit which will lead people to him. God's benevolent approach makes true divine worship possible. The eschatological view of Jubilees 1, 15-17 is also important for this statement. There God promises the ingathering of Israel and the building of his temple. He desires to live with them and they will be his people in truth and faithfulness. They "will seek me, and I shall be found by them" (Jub 1, 15-17). God must be sought and spirit and truth are God's gifts for the seekers. This becomes clear in the texts that stand between the Old Testament basis for true divine worship and its eschatological re-establishment by Jesus, namely, the writings of the Qumran community.

d) Divine worship in spirit and truth at Qumran.

The Qumran texts are pertinent to our theme not only because the cult of that community was separated from that of the Temple in Jerusalem, but also because in them the close association of spirit and truth occurs. Here the concept "truth" occupied the foreground in divine worship. The waiting for God's revelation in Hab 2, 3 is fulfilled (according to 1QpHab 7, 10-12) in the attitude of the pious and the "men of truth", "whose hands shall not tire in the service of truth (*me'abodat ha'emet*) when the final age is prolonged." Service of truth means divine worship in a comprehensive sense. In the Community Rule (1QS, *Serekh ha-Yaḥad*) it is stated that the "foundation of the spirit of holiness for eternal truth" (*yᵉsod ruaḥ qodeš l'emet 'olam* 9, 3-5) is established in Israel through the council of fifteen men. This atones for the sins of the people and obtains God's benevolence for the Land. The community in whose life the holy spirit and truth are embodied[16] understands itself as a living, spiritual sanctuary (1QS 8, 5f; 9, 6f) which replaces the defiled, malfunctioning Temple in Jerusalem. Their life in spirit and truth effects | forgiveness better than any sacrifices. "The proper offering of the lips shall be as an acceptable fragrance of righteousness, and perfection of way is a delectable free-will offering" (1QS 9, 5). The phrase "foundation of the spirit of holiness for eternal truth" means also that God himself is the builder of this spiritual house and fills it with his power (see 1QH 6, 25f). Thus it is founded in truth (1QS 8, 4) and its living stones become witnesses of truth at judgment (1QS 8, 6). In the Hymns (Hodayoth) this worship, oriented toward the consummation of history, is performed; they give an example for a "thanksgiving offering of the lips." It joins in the spiritual worship of the angels, with whom the community knows it is already invisibly united. There is a second place in the Community Rule where spirit and truth are mentioned as the foundation of the new, eschatological existence. 1QS 3, 6ff speaks of the sanctification of human beings: One is not purified through rites of atonement and immersion alone, not even the waters of seas and rivers can accomplish this. Only through the "spirit of God's true counsel" can the ways of a person be expiated of all failings, so that he can behold the light of life (3, 6f). Through the holy spirit, who is given to the community by God's truth, man will be cleansed of all his sins (1QS 3, 8). Water and spirit should not exclude each other any more than in John 3, 5ff, but belong close together. The holy spirit, which here too is united with truth, is the power which purifies and renews old, sinful human beings. Thus the context makes clear how the cleansing and life in spirit and truth come about: Through the humble submission to God's precepts (1QS 3, 8) and through perfect conduct in the ways of God as he commanded concerning times appointed for him (1QS 3, 9f). The Qumran community stands in the tradition of the Covenant on Mount Sinai, and also in that of Shechem when it strives for a perfect and true divine worship. It is a "house of perfection and truth" in Israel (beth tamim we'emet, see Joshua 24, 14) wherein one brings an offering of pleasant fragrance and where the covenant is established according to the eternal precepts (1QS 8, 9f). The members of the community are told to "do truth and righteousness, and justice and loyal love and to walk humbly each with his neighbor." Into these words, taken from Micah 6, 8, the "doing of truth" is inserted; we find this expression in John 3, 21, too. Truth is given in the Torah insofar as it is understood and interpreted correctly and one encounters the holy spirit in the holy Scripture which is revealed by the spirit (1QS 8, 15f). The Teacher of the community too is graced by the spirit (1QH7, 6f). Both ideas are somewhat burdened by a sectarian narrowness and a polemical intent since only

---

16. Compare here the explanation by J. Licht, *Megillath Ha-S^erakhim* (Jerusalem 1965) p 189.

the community actualizes them in the present. On the other hand, even it is still imperfect. The complete purification of the elect through the | spirit and God's truth is awaited in a baptismal act which God himself will accomplish from heaven. Only then will knowledge and conduct become irreproachable like that of the angels (1QS 4, 20-22). The promises of Ezekiel 36, 25-27 stand in the background of both Jesus' statement in John 3, 5-8 and 1QS 4, 20-22.

In Qumran we find also the familiar expression "Spirit of truth" of the Johannine farewell discourses,[17] but the statement "God is spirit" is missing. Instead God is defined as truth (IQH 4, 40; 15, 25), where it is clear that this expression wishes to emphasize the character of God's historical deeds in relation to human beings: his mouth (1QH 11, 7) and especially his actions are truth (1QH 14, 12; 1QH 1, 30; 1QS 10, 17). God's truth proves itself in his loving attention toward men, and "he judges with great pity and forgiveness" (1QH 11, 8f). Thus it becomes possible for the actions of a purified person to be in "his truth" (1QH 6, 8f). The benedictions (1QSb) show clearly that proper divine worship represents the human response to God's benevolence. He is the Source of all blessings (1, 5). "He opens from heaven an eternal fountain which (shall not deceive)." He will "(not withhold the waters of life from) the thirsty" (1, 6). This means that God is merciful with the holy spirit and grace (2, 24), merciful with eternal truth (2, 28). The blessing of Aaron is thereby furnished with the gifts of spirit and truth. Ultimately a priestly worship with the angels is made possible through the power of such blessings. We find that in these blessings the themes of John 4 also appear. The fountain which gives water for eternal life (see John 4, 14) plus the gifts of Spirit and truth make an eschatological worship possible (John 4, 23f).

In the Temple Scroll from Cave 11, recently published and richly commented on by Y. Yadin,[18] a program for an "unspiritual," that is, for a real cult in the Temple is offered. Here the concepts of "spirit and truth" appear only rarely with a different meaning.[19] Instead of this, the design, the buildings, courtyards and implements of the Temple, which God commanded Moses to build, are described in detail (Columns 3-12; 30-45) and also the various sacrifices and gifts for the feasts (16-30). Further, we find descriptions of instructions for the purification of the Temple and the holy city (45-47), the laws for the holy life of the people, where especially the second part of Deuteronomy serves as a basis. It is obvious that this scroll describes a sanctuary that Israel should have

---

17. See my book, *Der Paraklet* (AGSU II, Leiden: Brill 1963).

18. Y. Yadin, *Megillath Ha-Miqdash* (Jerusalem 1977-78) 3 volumes.

19. Truth col. 55, 5.20; 56.4 echoing texts of Deuteronomy. "Men of Truth" (57,8) as counsel to the king: *Ruaḥ* represents "direction toward heaven" (Col 30-40 on the building of the Temple).

built, and not a temple erected by God at the end of time.[20] In the scroll God Himself announces: "I will sanctify my Temple through my glory because I will let my glory dwell upon it until the day of blessing (i.e. the last day), when I will create my Temple in order to establish it myself forever according to the Covenant which I made with Jacob at Bethel" (29, 8-10). The building of a new temple is promised also in Ethiopic Henoch 90, 27 and in Jubilees 1, 15-17. God declares: "And I shall build my sanctuary in their midst and I shall dwell among them. I shall be their God and they shall be my people in truth and in faithfulness" (Jub 1, 17). In Jub 1, 23 the gift and the purification of the holy spirit is promised to God's people of this time with the filial relationship. God will be their father "in truth (uprightness) and faithfulness" and he will love them (Jub 1, 25). Again we find Johannine motifs: the dwelling of God among men (see John 1, 14), the truth as one of the two basic powers of eschatological existence (see John 4, 23f) and the giving of the Spirit, whereby the Israelites become true children of God (John 1, 12f; 4, 23f). The recollection of the Covenant which God made with Jacob at Bethel[21] concerning the eschatological sanctuary which God himself will build is important. The eschatological Temple represents the redemption of the promise which God made to Jacob at Bethel.[22] This throws some light on the obscure remark in John 1, 51 according to which Jesus' disciples will see the heavens open and the angels of God ascending upon the Son of Man (see Gen 28, 12). According to John 2, 19-21, the Son of Man is the sanctuary which is destroyed on Good Friday and is rebuilt on Easter Sunday in which eschatological glory dwells (John 1, 14). So he himself is the fulfillment of what Jacob saw at Bethel, he is the place declared holy by angels. This is also important for the conversation at Jacob's well: Jesus is the true wellspring and the sanctuary of God (John 4, 14). The worship in spirit and truth is therefore not tied to a localized temple, to a mountain chosen by God, but to a person, the "Holy One of God" (John 6, 69) from whom salvation comes. This is why the teaching about the true worship is placed in a messianic framework (4, 19, 25f) and is concluded with the self-revelation of the Messiah (4, 26). Therefore the statement about salvation coming from the Jews is central to the teaching (4, 22). This no longer means salvation which is due to the knowledge of Jews but specifically the redemption that Jesus the Messiah brings.

---

20. Comp. Y. Yadin, op cit., vol. I, p 140f.

21. Y. Yadin points to the meaning of the covenant at Bethel in the Book of Jubilees (27, 19ff; 31-32, also T. Levi 7,4; 8; 9,3), op. cit. I, 142; II, p 92. See also the fragment DJD III, No. 13, p 181ff, where God "revealed to Jacob at Bethel (the covenant? secrets?)."

22. God commands Jacob not to build a temple at Bethel (Jub 32, 22).

e) The messianic basis for true worship: salvation comes from the Jews
(John 4, 22b).

In light of tradition history, the statement in John 4, 22b is determined
by Jacob's blessing of Judah (Gen 49, 10): "The sceptre shall not depart
from Judah, nor the ruler's staff from between his feet until Shiloh (to
whom it belongs? the ruler?) comes, and to him shall be the obedience of
the peoples." This prophecy, which probably applied to David originally, has three different concepts, namely the "sceptre" $(m^e hoqeq)$,
"Shiloh"[23] and the obedience $(yiqq^e hah)$ of the peoples. How were they
interpreted in the New Testament times? The Septuagint looks upon the
sceptre as a leader $(h\bar{e}goumenos)$, upon Shiloh as "the things stored up |
for him" $(ta\ apokeimena\ aut\bar{o}$ for $seloh)$, and upon the obedience as the
expectation $(prosdokia)$ of the nations. In the so-called "Patriarchal Blessing" from the Qumran Cave 4 (4Q Patr 1-7) the sceptre is applied to the
covenant of kingship which God made with the house of David (obvi-
ously reading $m^e huqqaq$, a Pual). Shiloh is interpreted messianically, and
precisely in connection with Isa 11, 1.4 and 2Sam 7, 12f as "the Anointed
(Messiah) of righteousness, the offshoot from David, for to him and his
offspring is given the covenant of kingship for eternal generations"
(4QPatr 4). The obedience of the peoples does not receive comment. In
the Targums to Gen 49, 10[24] the sceptre is understood to be the scribe
(Onkelos), or collectively, as the scribes who teach the Torah (Jerusalem
Targum I and II). Accordingly, the Jews are the teachers. Shiloh is the
Messiah to whom kingship belongs. The nations will obey him $(yi\check{s}tame$
un Onkelos), i.e. serve him $(yi\check{s}ta\,\mathfrak{b}^e dun$ Jerusalem Targum II). Gen 49, 11
was understood as indicating the military subjugation of the nations
because the blood of the grapes applied to the blood of enemies. In the
Apocalypse of John, Christ is portrayed as the victorious Lion from the
tribe of Judah, but his victory over his foes is achieved on the cross (Rev
5,5). Christ is also the lamb that was sacrificed (Rev 5, 6) and the
believers have washed their robes in his blood (Rev 7, 14; see Gen 49,
11). Paul plays on Gen 49, 10 in Rom 15, 12 but relates it also to Isa 11,
1.10: "A shoot springs from the stock of Jesse, . . . rising up to rule the
nations, and in him shall the nations trust" (LXX). According to Paul the
coming of this Messiah will lead the Gentiles to true worship of God
(Rom 15, 8-12). In the conversation with Jesus in John 4 the Samaritan
woman understands that he alludes to Gen 49, 10 in speaking of
salvation from the Jews. She responds to him in v 25: "I know that the
Messiah comes (= is coming)." This knowledge is based on Gen 49, 10,
whereby like the Jewish exegesis, she understands the coming Shiloh

---

23. According to S. Mowinckel, *He That Cometh* (Oxford Blackwell[2] 1959) p 13,
note 2, it is derived from the Accadian *šelu* or *šilu* = Ruler and it translates "his
(Judah's) ruler."

24. Arranged in the critical edition by G. Dalman, *Aramäische Dialektproben*,
1926 (rep. Darmstadt 1960) p 6f.

messianically. The evangelist too presents this interpretation as correct when he explains the pool of Siloam to mean "sent." He is thinking not only of the root *šalaḥ* = to send, but also Gen 49, 10 (Shiloh). For him Jesus as the Messiah is the Son sent from the Father. This concept is central to Johannine theology.[25] The awaited didactic activity of this coming Messiah is also an interpretation of Gen 49, 10 for the Samaritan woman (4, 25). "To whom shall be the obedience of the people" means that they will listen to him as an authoritative teacher (see Targum Onkelos *yištam^eun*), as the woman listens to him and later on her fellowmen (4, 42). In John 4, 22b the expression about the coming of Shiloh is described as the salvation *(sōtēria / = y^eṧu 'ah)* which will come to human beings through the Messiah Jesus *(Y^ehoshu^ca)*. He is the Saviour of the world (John 4, 42).[26] Even for the Samaritan woman he is more than simply a teacher of salvation. His "declaration" *(anaggellein, v 25)* | points to the realization, the coming of salvation. The woman grasped this after Jesus' self-revelation in v 26. In v 29 she proclaims Jesus as the one who told her everything she had done, and thus the Christ, the one who has been sent, who forgives her sin in the name of God. The word of forgiveness establishes the community of salvation; in other words, fellowship with Jesus means salvation. For this reason the Samaritans declare after Jesus had stayed with them for two days (John 4, 40): "We have heard for ourselves and we know that this is indeed the Savior of the world" (John 4, 42).

The Messiah of the Jews, from the tribe of Judah, brings salvation not only to the Jews but to the nations. John 4, 22b is to be understood in a universal sense. The conversation with the Samaritan woman in John 4 has an intent similar to that with Nicodemus in chapter 3. There the discussion concerning the new creation through God's Spirit develops into testimony about the Son of Man Who will be lifted up on the cross so that everyone who looks at him believing will have eternal life (3, 3-16). So in John 4, the discussion about the living water and proper divine worship leads to the Messiah who, by his coming will give not only instruction but also his life for the salvation of all. In John 3, through cross and exaltation of the Son of Man, Ezekiel's prophecy about the new creation through God's Spirit is realized (Ezek 36, 25-27). So too, these events constitute a prerequisite for life in the forgiveness by God (4, 19), for divine worship in spirit and truth (4, 23f), and for the salvation of the world (4, 42). God comes to the world in his Son and seeks people who will worship him. In contrast to Jewish tradition, John 4, 23 reverses the direction of this search: it is not that human beings should seek God, but God seeks them by sending his Son; therefore he

---

25. See the important work of Jan A. Bühner, *Der Gesandte und sein Weg im 4. Evangelium*, (WUNT 2,2 Tübingen 1977).

26. See 4QFlorilegium, line 11-13: the Davidic shoot will arise at the end of time to save Israel.

talked with a Samaritan woman; this was surprising to her and to the disciples (4, 9.27). Indeed, with Jesus the Messiah is already here and salvation is already present. On the other hand, his hour has not yet come inasmuch as worship in spirit and truth belongs to the post-Easter future.

This worship is connected also with Gen 49, 10 and the Jewish tradition of interpretation. It indicates the Johannine understanding of the obedience of the nations. The Samaritan woman interprets it to be attentive listening (šᵉ*maꞏ*, so Onkelos), Jesus understands it as service (*yišta ⱱᵉdun*, Jerusalem Targum II). By this he does not mean the enslavement of subjugated nations to the Messiah, but the service of all people for God whom they see as their Father. The word *wᵉlo* = "and *him* (shall they obey)" (Gen 49, 10) now refers to God; the service of the nations becomes divine worship (see also Rom 15, 8-12). Thus the concept "truth" takes a new meaning. Referring to God, it indicates the unity of word and deed, promise and fulfillment, which will become evident in | the final age. The truth of God's love for the world emerges especially in salvation through Christ (John 3, 16) and therefore belongs together with God's grace (John 1, 17). For this reason, the worship oriented to God in truth is not offered properly if the new law of love (13, 34f) is not fulfilled with it.

Conclusion

The examination in light of tradition-history makes it clear that from its biblical basis John 4,20-26 (or for that matter, the entire chapter 4) is so closely intertwined that any literary critical division appears to be arbitrary and its assignment to various sources seems unlikely. It is not possible that the same scriptural texts serve as the basis for a part of the revelatory discourse (v 23f), the *Semeia Source* (v 25), the commentary of the evangelist (v 21) and a gloss of the redactor (v 22b). Such coincidences do not occur. In the Fourth Gospel we have before us the uniform work of John, the seamless robe of Christ. Moreover verses 4,20.22 are not a particular Jewish answer to the Samaritan woman's question in contrast to a universal one in verses 21,23f. Rather verse 22b interprets Gen 49,10 in a universal way. The *Messias Judaeorum* is the salvation for all nations.

Does this exposition belong to the evangelist alone, or is it rooted in Jesus' legacy and in early Christian tradition?

1) In Acts, Luke narrates how the promise of the eschatological gift of the Spirit was fulfilled at Pentecost. From heaven Christ poured upon the disciples the Spirit which, as the exalted One, he had received from

the Father (Acts 2,33). In the power of this Spirit the Apostles proclaimed in various languages to an international crowd God's great
saving deeds (Acts 2,4-11). It is clear that God seeks men, making
worship in the Spirit possible, and also that this worship consists in
praise of God's great deeds. As Peter said in his Pentecost sermon, the
prophecy of Joel was fulfilled with the outpouring of the Spirit. God
manifests his truth in the last days by transforming his word into action
(Acts 2,17). The Spirit is given to all human beings without distinction
(Acts 2,17f, quoting Joel 3,1-2), and salvation is realized on the day of the
Lord. For "whoever calls on the name of the Lord shall be saved" |
(sōthēsetai Acts 2,21 quoting Joel 3,5). In calling upon this name the
Christian appeals to the great saving events of cross and resurrection,
which bestowed on him forgiveness and new life in the power of the
Spirit. Joel 3,5 plays an important role in early Christianity and indeed
with both meanings possible in the Hebrew form yiqra', the active and
passive (or reflexive) Niphal yiqqare'. [27] Christians are those who call
upon the name (Acts 9,14.21), and who acknowledge this Jesus as the
Christ (11,26). In the power of the Spirit, whom they received at
baptism, they confess Jesus as the Lord (1Cor 12,3), and thereby his
saving power. On the other hand, all nations upon whom God's name is
called will search for the Lord (Acts 15,17). As in John, the new worship
is based on God's saving action in Christ. One proclaims this event and
acknowledges Jesus as the redeeming Lord. This tradition appears also
in Paul's writings: worship consists of confession, the invoking of the
name in which salvation is guaranteed (Rom 10,9-13).

What about the role of Jerusalem? In Acts 2, Luke thinks of the
unquoted continuation of Joel 3,5: "For in Mount Zion and in Jerusalem,
shall the Savior appear . . . and they who have glad tidings, whom the
Lord has called" (LXX 2,32). For Luke, Jerusalem is the place where the
history of Christ as the revelation of salvation was manifested (Acts 1,4)
and therefore the origin of the Christian mission (Acts 1,8). What the
prophets Isaiah and Micah said about the central, enlightening role of
Zion at the end of time (Isa 2,2-4; Mic 4,1-4) is fulfilled in the Church's
mission. Luke was thinking especially of Isaiah 2,3. "Out of Zion shall
go forth the Law, and the word of the Lord from Jerusalem." This is the
main theme of Acts and for this reason the gospel there is called the
"Word of God" (of the Lord). For Christians the "instruction" goes out
from Jerusalem as shown by the apostolic council (Acts 15). Yet nothing
can be found there about the most important statement of this Isaiah
text, namely, the promised pilgrimage of the nations (Isa 2,2-3a).
"Come, let us go up to the mountain of Yahweh, to the house of the God
of Jacob; that he may teach us his ways and that we may walk in his

---

27. See P. Billerbeck, Kommentar zum Neuen Testament, II p 615-617. The
passive form is used already in Acts 2, 39, where the subject is God; see Phil 2,
10-15.

paths." For Luke, Jerusalem is the place of the Word, which goes forth to the nations, but not the goal of a pilgrimage, and not the only place where God is worshiped in truth. The Jerusalem community worshiped in the Temple (Acts 2,46), but this was not required of Gentile Christians. Prayer in the name of Jesus and in the power of the Spirit, the praise of God, took place in distant, widely scattered communities (see 1Cor 14; Col 3,26). Forgiveness and sanctification are no longer linked to Jerusalem. Peter emphasizes in his sermon at the apostolic council that God gave the Holy Spirit to the Gentiles and purified their hearts through faith (Acts 15,8f). Advocating God's grace and the freedom | from the Law for the Gentiles, Peter influences the council as a guide to Shalom (Petros is linked with the Hebrew word *patar* = to declare free).

2) As at last we go back to *Jesus*, we find that he proclaimed the universal salvation brought to pass by the Messiah. "For the Son of Man came not to be served but to serve, and to give his life as a ransom for many (i.e. for all)" (Mark 10,45). The Evangelist John interpreted this statement of Jesus anew in 3,16 and made its universal meaning very clear.[28] Jesus purified the Temple of Jerusalem because he saw it as a house of prayer for all nations (Mark 11,15-17), but he also proclaimed the building of a new sanctuary not made by human hands (Mark 14,58). As the reference to a period of three days indicates, he meant by this the repentant Israel (see Hos 6,2), the community of the Messiah which defies the assault of the power of chaos (Matt 16,18; see 1QH 6, 25ff). This spiritual house of God signifies also a spiritual worship introduced with the gospel of "Today," the fulfilled prophecy and God's great year of liberty, as Jesus once proclaimed it in Nazareth (Luke 4, 16ff, quoting Isa 61, 1f).[29]

3) Worship in spirit and truth, as it occurred at Qumran and even more strictly among Christians, especially the circle around Stephen, represents an important innovation in antiquity. This worship without a sacrificial cult can also be taken for granted for the synagogues of the Greek-speaking Jews in Egypt, as indicated by the name "prayer house" *(proseuchē)* for the synagogue.[30] It also appears in the Stoa.[31]

The spiritualization of worship was further advanced in Christian gnosis. In the logion 76 of the Gospel of Philip from *Nag Hammadi* there appears a spiritual explanation of three chambers in the Jerusalem Temple structure. They refer to the three sacraments: the "holy" (house) points to baptism, the holy of the holy (one) to redemption, the holy of

---

28. See W. Grimm, *Weil ich Dich liebe. Jesus und Deuterojesaja* (ANTI I, Bern-Frankfurt 1976).

29. See A. Finkel, *The Pharisees and the Teacher of Nazareth* (AGSU IV, Leiden: Brill 1964, reprinted 1974).

30. W. Schrage, "Synagogē" in *T.W.N.T.*, vol VIII, p 810ff. Also M. Hengel "Zwischen Jesus und Paulus", *Z. Theol. Kirche* 72 (1975) p 182f. Yet Prov 16,6: "By grace and truth sin is atoned for."

31. E. Norden, *Agnostos Theos* (rep. Darmstadt 1956) p 129f.

the holy ones to the bridal chamber, which is the symbol for the divine world of the pleroma (col 117,14; 118,4). It seems that column 117,30-36, which is a very damaged section, mentions those who do not worship in Jerusalem but rather in spirit and in truth.[32] Here too, the tearing of the veil in the Temple is mentioned which is elaborated further in logion 125. The veil. . . . "was rent from top to bottom (see Matt 27,51). Those above opened to us who are below in order that we might go into the secret of the truth" (col 133, 10.13).[33] This entering means the passing through the worthless symbols and weaknesses of earth to the perfect heavenly glory (col 133, 14-17).

These statements are closely related to Johannine thought but are further expansions. Worship in spirit and truth is celebrated as praise of the heavenly world but also as overcoming the earthly, illusionary world | of an evil demiurge. The Holy Spirit, received in the gnostic sacrament, is the power of the world-conquering gnosis and the awaited salvation is found in the return of the individual soul to its heavenly abode. This is no longer the truth as John proclaimed it.

---

32. So the emendations by H. M. Schenke and M. Krause. Compare line 30f *ne netshlel. . . . tierosolyma. . . .*, also O. Hofius, *Der Vorhang vor dem Thron Gottes* (Tübingen 1972) p 129f.

33. R. McL. Wilson, *The Gospel of Philip* (New York: Harper and Row 1962) p 189.

Bibliographische Nachweise

I. Judentum

1. Die Geburt der Gemeinde durch den Lehrer
   New Testament Studies III (1957), S. 314–326
2. Das Volk Seiner Kraft
   New Testament Studies IV (1958), S. 67–75
3. Stadt und Gegenstadt. Ein Kapitel zelotischer Theologie
   Festschrift für Ludwig Rapp. Meisenheim 1978, S. 96–109
4. Rechtfertigung in Qumran
   Rechtfertigung. Festschrift für Ernst Käsemann. Tübingen 1976, S. 17–36
5. Der Tod des Choni-Onias im Licht der Tempelrolle von Qumran
   (Bemerkungen zu Josephus Antiquitates 14,22–24)
   Bime Bjet Scheni. Festschrift für Abraham Schalit. Jerusalem 1980/1 (in
   hebräischer Übersetzung: Moto schäl Choni-Chonaw) S. 61–84

II. Jesus

6. Jesu Heiliger Krieg
   Novum Testamentum II,2 (1957), S. 116–137
7. Felsenmann und Felsengemeinde
   (Eine Parallele zu Mt 16,17–19 in den Qumranpsalmen)
   Zeitschrift für Neutestamentliche Wissenschaft 48 (1957), S. 49–77
8. Albert Schweitzers Jesusdeutung im Lichte der Qumrantexte
   in: Albert Schweitzer. Sein Denken und Weg. Tübingen 1962. S. 159–171
9. Die Frage nach dem messianischen Bewußtsein Jesu
   Novum Testamentum VI/1 (1963), S. 20–48
10. The Dichotomized Servant and the End of Judas Iscariot
    (Light on the dark passages Matthew 24,51 and parallel; Acts 1,18)
    Revue de Qumran V (17) 1964, S. 43–58
11. Jesu Lieblingspsalm
    (Die Bedeutung von Psalm 103 für das Werk Jesu)
    Theologische Beiträge 15 (1984), S. 253–269

12. Jesu Tischsegen
    (Psalm 104 in Lehre und Wirken Jesu)
    Bisher noch nicht veröffentlicht
13. Jesu Evangelium vom Gottesreich
    Das Evangelium und die Evangelien. WUNT 28, Tübingen 1983, S. 55–77

III. Synoptiker

14. The Kerygma of Luke
    Interpretation XXII (1968), S. 131–146
15. The Concept of the So-Called „Divine Man" in Mark's Christology
    Studies in New Testament and Early Christian Literature. Essays in Honour
    of Allen P. Wikgren. Supplementa Novi Testamenti XXXIII Leiden 1972,
    S. 229–240
16. Neues und Altes im Geschichtshandeln Gottes
    (Bemerkungen zu Mattäus 13,51 f.)
    Wort Gottes in der Zeit. Festschrift für K. H. Schelkle, Düsseldorf 1973,
    S. 69–84
17. Jesus in Nazareth
    (Bemerkungen zu Markus 6,1–6)
    Israel hat dennoch Gott zum Trost. Festschrift für Schalom Ben-Chorin,
    Trier 1978, S. 44–60
18. Die Bedeutung der Qumranschriften für die Evangelien des Neuen
    Testaments
    Bibel und Kirche 40 (2/1985), S. 54–64
19. Bergpredigt und Sinaitradition
    (Zur Gliederung und zum Hintergrund von Matthäus 5–7)
    Bisher noch nicht veröffentlicht

IV. Johannes

20. „Kann denn aus Nazareth etwas Gutes kommen?"
    Wort und Geschichte. Festschrift für Karl Elliger. Neukirchen 1973, S. 9–16
21. Das Problem des Wunders bei Flavius Josephus im Vergleich zum
    Wunderproblem bei den Rabbinen und im Johannesevangelium
    Josephus-Studien. Festschrift für Otto Michel zum 70. Geburtstag. Göttin-
    gen 1974, S. 23–44
22. „To Worship God in Spirit and in Truth": Reflections on
    John 4,20–26
    Standing Before God. Festschrift für John M. Oesterreicher. New York
    1981, S. 53–71

Stellenregister

Altes Testament

Genesis (Gen)			12,1	165
1,4	172		12,12	178
1,5	207		12,25	33
1,12	205		12,29	178
1,26	15, 375		14–16	214
3	58		14	279, 283
3,15	120		14,13	47
3,18 f.	204		14,15	279
3,21	114		14,20	279
3,23	204		14,31	224, 225, 280, 401
4,7	57, 58		15,17 f.	145
4,17	176		15,17	328
10	77		15,18	362
15,9 f.	172		15,20 f.	31
15,17	172		16	212, 224, 225, 227, 347
18,23	200		16,2	225
22,4	153		16,3	225
22,6	70		16,4	49, 200, 211, 213, 216,
28,12	432			226, 345, 347
32,10	426		16,5	213, 213, 219, 226
33,3	200		16,8	204, 212
41,35	209		16,11	225
49,9	389		16,14	224
49,10	135, 144, 210, 239, 245,		16,15	212, 218, 224, 226, 227,
	246, 326, 368, 370, 423,			228, 229
	433–435		16,19–21	212
49,11	159, 433		16,21	225
			16,22	212
Exodus (Ex)			16,31	227, 228
3,7 f.	362		18,21	215
4,8	416		19–24	333
4,17	412		19	355 ff., 378
4,27–31	415		19,1–3	360
4,30	412		19,1–8	355, 360 ff., 383 f.
7,1–13	405, 415		19,1 f.	355
7,8–13	404		19,1	356 f., 360 f.
7,14–25	416		19,2	357, 360
10,1 f. LXX	405		19,3–6	368 f.
11,9 f.	405		19,3	270, 355, 361

Umwelt des Alten Testaments

AT-Apokryphen und Pseudepigraphen

Neues Testament

Qumranschriften

5,5	164	6,32 f.	85
5,6 f.	164	6,32	85
5,6	164	6,35	123
5,8 f.	183	6,36	112
5,8	164	7	108, 115, 123
5,9 f.	164	7,4	119
5,9	100	7,6–12	115
5,13	164	7,6–8	122
5,15 f.	6, 22	7,6 ff.	21, 102, 114, 117 f., 121 f.
5,15	45	7,6 f.	14, 430
5,18	5, 120	7,7 f.	83
5,20–39	103	7,7	123
5,20 ff.	103 ff.	7,8 f.	21
5,21	21	7,8	40
5,22 f.	121	7,9	102, 108, 114
5,23 f.	116	7,12	114, 116, 123
5,23	104	7,14	55
5,24	9, 107, 110	7,19 f.	40, 55
5,26 f.	164	7,19	51
5,25	122	7,20–22	9, 17, 325
5,30 ff.	104	7,20 f.	18
5,30 f.	5	7,21 f.	23
6,4	125	7,22	11
6,5	104, 107	7,23	10
6,8 f.	431	7,26 ff.	21
6,13	107	7,28	53
6,15 f.	101	7,34	107
6,17	104	8	132, 164
6,19–21	119	8,2	40
6,19	104	8,4–6	34
6,20–24	107	8,4–10	101
6,20 ff.	83	8,4	164
6,21 f.	121	8,5–10	100
6,21	104, 112, 119	8,6	164
6,22–25	55, 279	8,8 f.	164
6,22 ff.	79	8,9	164
6,22 f.	5	8,11	21
6,22	83, 104, 119, 121	8,13 f.	132
6,23	119	8,20–26	181
6,24–27	353	8,35	22
6,24	4, 88, 90, 119	9	164
6,25 ff.	17, 79, 437	9,10	131
6,25–36	33	9,13	14
6,25–27	33, 353	9,14 f.	53
6,25 f.	430	9,20–24	131
6,25	102, 109, 114, 120	9,28	102
6,26 f.	111 ff.	9,29–32	10
6,26	79, 102, 108 ff.	9,29 f.	22, 24
6,27	112, 120, 122, 353	9,30–36	325
6,28	90, 123	9,31 f.	22
6,29 ff.	123	9,32	23
6,29	85	9,33	40
6,30	21, 85	9,34–36	10, 21
6,31	4, 90, 96, 123	9,34	10

Jüdisch-hellenistische Schriften

Rabbinisches Schrifttum

Griechisch-römische Schriften

Altchristliches Schrifttum

Autoren-Register

Adam, A. – Burchard, Chr. 318
Agnon, S. J. 361, 363, 364, 369
Albeck, Ch. 61, 203
Allegro, J. M. 11, 34, 91, 119, 173, 265, 269, 319

Bacher, W. 101
Baeck, L. 277
Baillet, M. 35, 110, 159
Bardtke, H. 3ff., 7, 10, 81f., 271
Barrett, C. K. 388, 418
Barth, K. 310
Baumgarten, J. 7, 103
Bauer, W. 120, 388
Bauernfeind, O. 26, 32, 82, 319, 379
Becker, J. 284, 396f., 410f.
Benoit, P. 167f.
Bentzen, A. L. 8
Betz, H. D. 274ff., 333, 334
Betz, O. 17, 23, 53, 144, 150, 165, 174, 177f., 210, 224, 232, 234, 235, 238, 259, 265, 271, 275, 284, 294, 312f., 315, 321ff., 348, 354, 356, 368, 370, 408f., 411, 413f., 421, 431
Bieler, L. 275, 277f., 388, 407
Billerbeck 49, 51, 86, 92, 99, 106, 113, 123, 146, 161, 165, 167, 177, 183, 186, 236, 239, 260, 266, 270, 337, 345, 436
Black, M. 16, 20, 114
Böcher, O. 25
Bonnard, P. 287
Borgen, P. 227
Bornkamm, G. 141, 180, 244
Bousset, W. 8, 151
Braun, H. 185, 232
Brown, R. E. 387
Brownlee, W. H. 7ff., 100, 173, 291
Bruce, F. F. 264
Büchler, A. 399
Bühner, J. A. 434
Bultmann, R. 110, 128, 140ff., 147ff., 157ff., 160, 217, 240, 273, 276, 278f., 280, 285, 303f., 309f., 388, 396, 410ff., 418, 420ff.

Carmignac, J. 164, 181, 389
Chamberlain, John V. 7, 16
Charles, R. H. 9
Clavier, H. 99, 113f.
Colpe, C. 158
Conzelmann, H. – Lindemann, A.: 50
Conzelmann, H. 141, 233, 240, 257, 261, 306
Cowley, A. C. 37
Cullmann, O. 99, 108, 119, 142

Dahl, N. A. 141, 154
Dalman, G. 178, 433
Daube, D. 22
Davies, W. D. 287
Delcor, M. 16, 38
Delling, G. 398, 400, 403, 408, 418
Dibelius, M. 89, 109, 210, 264, 281f., 303
Dodd, C. H. 182, 243, 272
Dupont-Sommer, A. 16, 319

Eberle, G. 121
Elbogen, J. 221
Elliger, K. 284, 313, 408
Elliott-Binns, L. E. 11f.
Eltester, W. 13, 305, 311

Fenton, J. C. 285, 287
Fiebig, P. 282
Finkel, A. 260, 437
Fisher, L. R. 179
Flender, H. 259
Förster, W. 171
Fortna, R. 410, 412
Friedrich, G. 270, 402
Fuchs, E. 86f., 157

Gaechter, P. 287
Gärtner, B. 395
Garnett, D. 65
Gaster, T. H. 16
Georgi, P. 274, 277f., 405
Gese, H. 188, 359
Gnilka, J. 321